易學典籍選刊

周易姚氏學（外二種）

下

〔清〕姚配中 撰

何伯勤 點校

中華書局

周易姚氏學卷第十四

旌德姚配中撰

周易繫辭上傳

天尊地卑，乾坤定矣。【注】虞翻曰：「天貴，故『尊』。地賤，故『卑』。」【案】「尊」，貴；「卑」，賤也。太極生兩儀，清陽爲天，濁陰爲地。天地者，乾坤之象也。聖人作易，乾以效天，坤以法地。乾鑿度云：「易始于太極，太極分爲二，故生天地。」鄭注云：「輕清者上爲天，重濁者下爲地。」又云：「易者，所以經天地，理人倫，而明王道。是故八卦以建，五氣以立，五常以之行。象法乾坤，順陰陽，以正君臣、父子、夫婦之義。」鄭注云：「天地陰陽，尚有尊卑先後之序，而況人道乎！」又云：「昔者聖人因陰陽，定消息，立乾坤，以統天地。」鄭注云：「夫乾坤者，法天地之象質。然則有天地，則有乾坤矣。」案：自此至「變化見矣」，皆指説天地自然之易，聖人則之，亦因其自然者也，故曰「是故剛柔相摩，八卦相盪，鼓之以雷霆」云云。

未有易，則天地即易，故「成象」、「成形」、「變化見」。既法以作易，則易即天地，故「剛柔相摩，八卦相盪」，而雷風日月之道可見也。**卑高以陳，貴賤位矣。**【案】「以」，已；「陳」，列；「卑」，下也。天地陳列之有高下，易貴賤之位也。此上統論陰陽之尊卑貴賤，以明卦爻所由有尊卑貴賤。**動靜有常，剛柔斷矣。**【案】「斷」猶判也。著不息者天，著不動者地，故「有常」。陽剛恒動，陰柔恒靜，故剛柔判。天地動靜之有常，易剛柔之判也。「乾坤定」言分，「貴賤位」言位，「剛柔斷」則言其性之各不同也。**方以類聚，物以羣分，吉凶生矣。**【注】荀九家曰：「『方』，道也。」【案】太極者，一陰一陽之道也。陽道類聚而成乾，陰道類聚而成坤，乾坤生於太極，故以「方」言之。已成乾坤，名體已著，故以「物」言之，陽物、陰物也。分陰分陽，陽陰既判，則各自爲羣，故「物以羣分」。乾坤二卦，各有失位之爻。「吉凶者，言乎其失得」。「文不當」，而吉凶生矣。此上皆言太極生兩儀之奧。天地自然之易，聖人所取法者也。陽尊陰卑，道不同也。尊貴卑賤，勢不同也。同則合，不同則分，理之不可易者也。一動一靜，天地之間，動之極而靜者不能附，靜之極而動者不終留。故其始也，一陰一陽，陰陽交，陰隨陽動；其繼也，陰日以凝，陽日以升，動者聚於動，靜者聚於靜，而動靜分矣。動之聚而成天，靜之聚而成地。地不靜，无以知天之動；天不動，无以成地之靜。地之常靜，乃天之動實使之，此陽所以貴於陰，而陰陽不能不分者也。夫太極不可知，合天地而知之。太極所以爲太極不可知，以天地之陰陽往來生物成物知之。太極之道，无時不存，无物不在也。故曰：「易有太極。」淮南子天文云：「清陽者薄靡而爲天，重濁者凝滯而爲地，清妙之合專易，重濁之凝竭難，故天先成而地後定。」樂記疏引鄭注云：「君臣尊卑之有貴賤，如山澤之有高卑也。『動靜』，雷風也。『類聚』、『羣分』，謂水火也。」鄭蓋以此上謂八卦，所謂「天地定位，山澤通氣，雷風相薄，水火不相射」也。「類聚」、「羣分」，即「流溼」、「就燥」，離上、坎下之義，義亦通。虞則專以乾坤言，唯據卦爻，不謂天地自然之易。**在天成象，在地成形，變化見矣。**【案】「在」，易在也。「在天成象」，故「觀象於天」。太極之象，易之象也。「在地成形」，故「觀法於地」。太極之形，易之形也。「成象」、「成形」，皆易之變化，故「變化見矣」。此天地自然之易，聖人所則效者也。樂記疏引鄭注云：「『象』，日月星辰也。『形』，草木鳥獸也。」據鄭氏上注義，則此總言八卦，所謂「八卦相錯」。**是故剛柔相摩，八卦相盪。**【注】鄭康成曰：「『摩』，迫也。」見樂記疏。案：鄭樂記注云：「『摩』猶迫也，『蕩』猶動也。」【案】「盪」，當作「蕩」，釋文云：「『盪』，衆家作『蕩』。」動也。乾剛坤柔相摩而成八卦，八卦相蕩而成六十四。謂之「卦」者，「天垂象，見吉凶」，「縣象著明，莫大乎日月」，「日月爲易，象陰陽」，「觀變於陰陽而立卦」，取懸象之義。卦者，挂也。此下言聖人法天地之易而作易，易明而天地之道著，天下之理得矣。疏引易緯云：「卦者，挂也。言懸挂物象以示於人，故謂之卦。」「乾坤相竝俱生」，故曰「摩」。八卦交錯，故曰「蕩」。乾鑿度云：「乾坤相竝俱生。」案：乾坤偶相索，生六子，故「摩」。八卦互相往來，故「蕩」，謂重爲六十四也。虞云：「旋轉稱『摩』，薄也。乾以二、五摩坤，成震、坎、艮。坤以二、五摩乾，成巽、離、兑。」虞以「相摩」亦據六畫言。

鼓之以雷霆，潤之以風雨。日月運行，一寒一暑。【注】虞翻曰：「『鼓』，動。『雷』震『霆』艮，『風』巽『雨』兑也。『日』離『月』坎〔一〕，『寒』乾『暑』坤也。運行往來，『日月相推，而明生焉；寒暑相推，而歲成焉』，故『一寒一暑』也。」案：寒暑亦謂坎離。乾起於坎，而終於離；坤起於離，而終於坎。虞據消息，故以乾坤言耳。董子五行之義云：「火主暑，而水主寒。」震反成艮，故艮爲霆。京房云：「霆者，雷之餘氣，挺生萬物也。」風亦言潤者，地氣上騰，凝則爲雨，散則爲風。小畜「風行天上」，所

〔一〕「月坎」，原倒，據李鼎祚周易集解及崇文書局本、南菁書院本乙正。

以「密雲不雨」也。「鼓之以雷霆」，震艮成頤、大過；「潤之以風雨」，巽兑成小過、中孚也。日月往來，運行不息，十二會而成一歲。冬至在坎，夏至在離。坎離，乾坤二用，故「日月運行，一寒一暑」。日月爲易，六十四卦，皆成既濟，故坎離獨主一歲之終始焉。坎離配戊己，中宫也。【案】易道明，而天地之道顯，故不言卦名，而言日月風雨焉。**乾道成男，坤道成女。**

【注】荀爽曰：「『男』謂乾初適坤爲震，二適坤爲坎，三適坤爲艮，以成三男也。『女』謂坤初適乾爲巽，二適乾爲離，三適乾爲兑，以成三女也。」【案】「成男」、「成女」，天地之道，非人不顯也。太玄云：「善言天地〔一〕者以人事，善言人事〔二〕者以天地。」玄告文。董子曰：「天地之陰陽當男女，人之男女當陰陽。」循天之道文。**乾知大始，**【注】荀九家曰：「『始』謂乾稟元氣，『萬物資始』也。」【案】乾靜專動直，「大生焉」，故「知大始」。乾陽剛明專，故「知」，謂元也。**坤作成物。**【注】荀爽曰：「『物』謂坤任育體，『萬物資生』。」【案】「作」當爲「化」。釋文云：

〔一〕「地」，諸本皆脱，據太玄補。
〔二〕「事」，諸本皆脱，據太玄補。

「虞、姚作『化』。」坤⚋靜翕動闢，「含萬物而化光」，故「化成物」。**乾以易知，坤以簡能。**【案】「易」，平易。「簡」亦易也。謚法曰：「平易不疵曰簡。」⚊⚋者，乾坤之易簡。乾⚊，一也；坤⚋，亦一也。「爲物不貳，則生物不測」，所以「知大始」、「化成物」也。**易則易知，簡則易從。易知則有親，易從則有功。**【案】「乾以易知」，乾之知也；「易則易知」，人易知之。「坤以簡能」，坤之能也；「簡則易從」，人亦能之。周頌曰：「岐[一]有夷之行。」「易知」、「易從」，天下歸之矣。**有親則可久，有功則可大。可久則賢人之德，可大則賢人之業。**【案】天行健不息，故「可久」。坤厚載物，故「可大」。周之興也，廣封懿親，以藩屏周室，有親可久也。秦二世而亡，无親故耳。禹、稷躬稼，而有天下，有功可大也。賢人法乾坤者，「與時偕行」，「自强不息」，可久之德也；「厚德載物」，美中暢外，可大之業也。此以人事明乾坤之易簡也。**易簡而天下之理得矣。天下之理得，而成位乎其**

[一]「岐」，原作「歧」，據毛詩周頌天作改。

中矣。【注】荀爽曰：「陽位成於五，陰位成於二，五爲上中，二爲下中，故曰『成位乎其中』也。」【案】乾易坤簡，六十四卦，皆乾坤也。爻效象像，天下之理盡矣。易者，元也。乾元託位於五，坤元託位於二，易无體，故曰「成位乎其中」，不言易也。此第一篇，言太極生兩儀，天地有自然之易，聖人法天地而作易，而天地之道顯，易簡之法則也。繫辭篇數，諸家各不同。據漢書費直傳，先稱繫辭十篇，後稱文言，則所謂十篇指繫辭，不謂十翼明矣。蓋上、下各十篇也。十篇之舊，已无可攷，兹依文分之。

聖人設卦、觀象、繫辭焉，而明吉凶。【案】「而明吉凶」，當作「而明吉凶悔吝」。釋文云：「虞本更有『悔吝』二字。」「設卦」謂伏羲，「觀象、繫辭」謂文王也。「吉」，實也；有實，善也。「凶」，空也；就空，亡也。「悔」，悔恨也；「吝」，恨惜也。伏羲作八卦，因而重之爲六十四，无九、六爻之稱，故下繫云：「爻在其中。」爻之義在畫中，未發成爻也。至文王繫辭，乃有九、六之爻。淮南子云：「伏羲爲之六十四變，周室增以六爻。」參同契云：「文王聖之宗，結體演爻辭。」乾鑿度以「高宗伐鬼方」爲「文王挺以按易」，則九、六之爻爲文王所增明矣。解在贊元及明夷。爻辭有言畫者，有言爻者，故「觀象繫辭」，「吉凶悔吝」，其本在畫也。若「剛柔相推」，則由畫而變而化矣。**剛柔相推，而生變化。**【案】「剛柔者，立本者也」，謂畫。「推」，推究也。推剛畫之九，推九之柔；推柔畫之六，推六之剛，故「相推」。九、六，畫之變，由變而化，則陰陽易。是故吉凶者，失得之象也。【案】「失得」謂失位、得位。「象」，卦象，即天下之象也。悔吝者，憂虞之象也。【注】干寶曰：「『憂虞』未至[一]於『失得』[二]，『悔吝』不入於『吉凶』。」變化者，進退之象也。【注】荀爽曰：「春夏爲『變』，秋冬爲『化』。息卦爲『進』，消卦爲『退』。」案：荀據陽爲義。虞注易以乾爲變，坤爲化，亦據陽説。【案】陽動而進，變七之九；陰動而退，變八之六，此陰陽之變，未離本體者也。變則化，陽化而退，化之陰；陰化而進，化之陽。陽變進化退，陰變退化進，以退爲進，以進爲退也。剛柔者，晝夜之象也。【注】荀爽曰：「『剛』謂乾，『柔』謂坤。乾爲『晝』，坤爲『夜』。」案：荀據卦爲義。【案】「剛柔」謂畫。陽爲「晝」，陰爲「夜」。六爻之動，三極之道也。【案】「動」謂變化。「三極」，六畫三才之極。六畫謂之才。才，始也。

[一]「至」，諸本皆作「之」，據李鼎祚周易集解改。
[二]「失得」，諸本皆倒，據傳文及李鼎祚周易集解乙正。

「六爻之動」謂之極，天地人之極也。鄭云「三才也」者，亦謂由才而極，非謂極爲才。三才各一陰一陽，六爻之動準焉，故「六爻之動，三極之道」。陽極於九，陰極於六，六十四卦極於既濟，天地人之極也。**是故君子所居而安者，易之序也。**【案】「序」當作「象」，釋文云：「虞本作『象』。」謂卦象也。君子无在非易，故「所居而安者，易之象」，言其居而安，即易象之未動者也。**所樂而玩者，爻之辭也。**【案】「樂」當作「變」，釋文云：「虞本作『變』。」動也。「玩」，習也。君子動，即爻之辭。爻言變，故君子之動，亦如爻之變動也。此未發爲中，既發爲和，「從容中道」者也。**是故君子居則觀其象而玩其辭，**【案】「君子」，謂學易者也。「象」，卦象。「辭」，彖辭。「彖者〔一〕言乎象」。觀象玩辭，所謂「以」也。**動則觀其變而玩其占。**【案】「變」，爻；「占」，爻辭也。謂之「占」者，占驗也，瞻也，有驗於事，可以瞻視者也。爻辭統謂之「占」。先事，後事之師，孔子所謂「百世可知」者也。

〔一〕「者」字原重，據崇文書局本、南菁書院本删一「者」字。

後漢書方術傳云：「占也者，先王所以定吉凶〔一〕，決嫌疑，幽贊於神明，遂知來物者也。」**是以「自天祐〔二〕之，吉无不利」。**【案】引大有上九爻辭，以明君子觀象、觀變，亦「自天祐之，吉无不利」，與「從容中道」者等也。中庸曰：「誠則明矣，明則誠矣。」**彖者，言乎象者也。爻者，言乎變者也。**【案】「彖」，卦辭。「象」，卦首六畫之象。「爻」，九、六。「變」，畫之變。畫者，七、八。爻由畫變，是爲九、六。**吉凶者，言乎其失得也。悔吝者，言乎其小疵也。无咎者，善補過也。**【注】虞翻曰：「得正言吉，失位言凶。」馬融曰：「『疵』，瑕也。」見釋文。【案】「咎」，過也；「善補過」，故「无咎」。此皆所謂「占」也。**是故列貴賤者存乎位，齊小大者存乎卦，**【案】「列」，分列之也。「存」，察也。「位」，六位。「齊」，齊之也。以位之貴賤列貴賤，以卦之小大齊小大，此君子之觀象玩辭也。**辯吉凶者存乎辭，憂悔吝者存乎介，震无咎者存乎悔。**【注】虞翻曰：「『辯』，別也。」見釋文。

〔一〕「吉凶」，後漢書方術列傳作「禍福」。
〔二〕「天祐」，原倒，據周易正義及崇文書局本、南菁書院本乙正。

『介』，纖也。『介如石焉』，斷可識矣，故『存乎介』，謂識小疵。『震』，動也。『有不善未嘗不知，知之未嘗復行』。『无咎者，善補過』，故『存乎悔』也。」【案】辭斷吉凶，故「存乎辭」。「介」，操存之介也，謂辯之早。「辯吉凶」，「憂悔吝」，「震无咎」，君子之觀變玩占也。居動皆易，天祐之矣。**是故卦有小大，辭有險易。辭也者，各指其所之。**【注】京房曰：「『險』，惡也。『易』，善也。」見釋文。【案】卦有微顯陰陽，故「有小大」。辭有吉、凶、悔、吝、无咎之别，故「有險易」。「其」，其〔一〕卦爻。「之」，適也。卦爻殊義，辭各隨其義，指而發之以示人，故各指所之。此第二篇，言聖人設卦、觀象、繫辭，君子動靜皆易，學易无大過者也。上篇言簡易，此篇言變易。

易與天地準，故能彌綸天地之道。【注】虞翻曰：「『準』，同也。『彌』，大。『綸』，絡。謂易在天下，包絡〔二〕萬物，『以言乎天地之閒則備矣』，故『與天地準』也。」

〔一〕「其其」，崇文書局本、南菁書院本作「其」，蓋誤以爲重，而删一「其」字。
〔二〕「絡」，諸本皆作「綸」，據李鼎祚周易集解改。

案：易者，卦之元，无體无不體，故「彌綸天地之道」。**仰以觀於天文，俯以察於地理，是故知幽明之故。**【注】荀爽曰：「謂陰升之陽，則成天之文；陽降之陰，則成地之理。『幽』謂天上地下，不可得覩者也，謂否卦變成未濟也。『明』謂天地之間，萬物陳列，著於耳目者，謂泰卦變成既濟也。」案：純陰純陽，无文理可見；陰陽交而文理著，以用也。用易之道，以觀察也。「幽」，隱也。觀卦爻之文理，知易之幽明；以之觀天地之文理，知天地之幽明。「觀」，諦視也。「察」，覆也。既濟陰陽各居其位，内發於外，故「明」。未濟六爻失位，陰陽相揜，故「幽」。凡卦爻畫得位者，皆明；失位者，皆幽也。天地之幽明，亦猶是。有天地而易道著，有易而天地之道明，簡易、變易，皆其不易者也。**原始反終，故〔一〕知死生之説。**【注】宋衷曰：「『説』，舍也。」見釋文。【案】「反」當作「及」。釋文云：「鄭、虞作『及』。」易之在物，自始及終，窮則變，變則化，此終而彼始，此死而彼生，陰陽消息各有舍也。陽生於子，終於巳。陽究而變，自是陰生消陽，至十月，陽消爲陰，伏而藏亥，而陰極。十一月陽生，至四月，陰化爲陽。一變一化，而死生之舍可知矣。**精氣爲**

〔一〕「故」上原衍「是」字，據周易正義及崇文書局本、南菁書院本删。

物，遊魂爲變，是故知鬼神之情狀，與天地相似，故不違。【注】鄭康成曰：「『精氣』，謂七、八也。『遊魂』，謂九、六也。」又曰：「『遊魂』謂之鬼，物終所歸。『精氣』謂之神，物生所信也。」見樂記疏。【案】氣不精，无以生物。「精」，靜也。陰陽之神，曰「精氣」。魂不遊，則未至於變，魂亦精氣。「遊魂」，精氣之動者也。御覽引禮記外傳云：「人之精氣曰魂。」孝經援神契云：「魂，芸也。芸芸，動也。」白虎通性情〔一〕云：「魂，猶伝伝也，行不休也。」陰陽之數，正於七、八，故「精氣爲物」，卦畫也。九、六者，陰陽之老，七、八之變，故「遊魂爲變」，爻也。是類謀云：「精氣謂七、八，遊魂謂九、六。」與鄭同。「情」謂「精氣」、「遊魂」之情，「狀」謂「爲物」、「爲變」之狀。精氣之情狀，卦也；遊魂之情狀，爻也。七、八、九、六之布於四時，而生物、成物者，天地之情狀；七、八、九、六之消息盈虛，而成卦爻者，易之情狀也。故「與天地相似」而「不違」。四時非天地，天地之情狀；卦爻非鬼神，亦鬼神之情狀也。不言易而言鬼神者，天地之數五十五，所以成變化，行鬼神。神者精氣，元也，易也。鬼

〔一〕「性情」，循姚氏所引之例，當作「情性」。詳白虎通義，其目録作「情性」，其正文作「性情」。

者遊魂，元之動也。合言「鬼神」，明陰陽之俱有屈信也。九、六爲鬼，不專謂陰；七、八爲神，不專謂陽。陰陽合而後萬物生，孤陰、孤陽不能生物也。天地之數，成變化，行鬼神，故以下至「无方」、「无體」，皆合鬼神而詳説之。鬼神者，所以行於七、八、九、六之中，而爲卦爻之主者也。鄭云：「七、八，木、火之數。九、六，金、水之數。木、火用事而物生，故曰『精氣爲物』。金、水用事而物變，故曰『遊魂爲變』。」**知周乎萬物，而道濟天下，故不過。**【注】荀爽曰：「二篇之策〔一〕，萬有一千五百二十，當萬物之數。」鄭康成曰：「『道』當爲『導』。」見釋文。【案】「知」，鬼神之知。鬼神行於卦爻之中，別吉凶悔吝，故曰「知」。「濟」，成也，謂成既濟，一陰一陽，各得其正也。**旁行而不流，**【案】周而復始，故「旁行」。「旁」，溥也。「流」，水行也。孟子曰：「從流下而忘反，謂之流。」「不流」者，謂鬼神溥行，周而復始，非流而不反，所謂「周」也。**樂天知命，故不憂。**【案】重乾，故「樂天」。「命」謂六畫一定之位。「知命」，謂失位者化成既濟，「乾道變化，各正性命」，故「樂天知命」。「樂天」固「不憂」，「知命」則雖陽化

〔一〕「策」，李鼎祚周易集解作「册」。

爲陰，亦知失位之當正，命之必然也，其又何憂？安土敦乎仁，故能愛。【案】重坤，故「安土」。「仁」謂陽。白虎通曰：「陽性者仁。」情性文。坤厚，故「敦」。失位者化之陽，故「敦乎仁」。「仁」者，愛也。陰性吝嗇，「敦仁」，故「能愛」。「愛」，惠也。陽化之陰，曰「知命」，曰「不憂」；陰化爲陽，曰「敦仁」，曰「能愛」，可以知易之尊陽而抑陰矣。此又即乾坤以言鬼神，其餘卦之陰陽變化，亦皆然。陰陽明而人道得。範圍天地之化而不過，【注】鄭康成曰：「『範』，法也。」見釋文。荀九家曰：「『圍』者，周也。」【案】「天地之化」，消息也。鬼神往來不窮，故「範圍不過」。曲成萬物而不遺，【注】荀爽曰：「謂二篇之策〔一〕，曲成萬物，不遺微細也。」〔二〕案：无物不成，故曰「曲成」。【案】「視之而不見，聽之而不聞，體物而不可遺」，謂鬼神也。通乎晝夜之道而知，【注】荀爽曰：「『晝』者謂乾，『夜』者坤也。通於乾坤之道，

〔一〕「策」，李鼎祚周易集解作「册」。

〔二〕李鼎祚周易集解引荀爽注云：「謂二篇之册，曲成萬物，无遺失也。」又引侯果注云：「言陰陽二氣，委曲成物，不遺微細也。」蓋姚引譌溷。

无所不知也。」案：陽皆乾，陰皆坤。【案】「剛柔者，晝夜之象」，「晝夜」以言時之往

來也。「知」猶别也。卦有剛柔，鬼神行焉，知來藏往者也。故神无方而易无體。【注】干寶曰：「否泰盈虚者，神也。變而周流者，易也。言神之鼓萬物无常方，易之應變化无定體也。」【案】「陽陰不測之謂神」，「妙萬物而爲言者也」，故「无方」。不言鬼者，從可知也。「易之爲道也屢遷」，「不可爲典要」，故「无體」。无所不周，安有方體哉？亦唯鬼神以易爲方，易以鬼神爲體而已。「无」與「元」通。「无方」、「无體」，元爲之方體也。此第三篇，言易準天地，道无不備、无不體，所謂不易也。

一陰一陽之謂道。【案】此既濟太極之象也，陰陽者相兼而不可偏廢者也。穀梁傳曰：「獨陰不生，獨陽不生，獨天不生，三合然後生。」莊三年傳文。徐邈云：「古人稱負陰而抱陽，沖氣以爲和，然則傳所謂天，蓋名其沖和之功，而神理所由也。會二氣之和，極發揮之美者，不可以剛柔滯其用，不得以陰陽分其名，故歸於冥極而謂之天。」案：傳所謂「獨天不生」者，謂陰陽本自和合，不能生物，淮南子所謂「一而不生」是也。蓋陰陽之生物，必陰自爲陰，陽自爲陽，而後二者合，物乃生焉。若本自和合，則不能生，此太極所以必分爲二，二乃復合也。白虎通曰：「陽之道極，則陰道受；陰之道極，則陽道受，明二陰二陽不能

相繼也。」三正文。「一陰一陽之謂道」，太極元氣，含三而爲一者也。淮南子曰：「道曰規，始於一，一而不生，故分而爲陰陽，陰陽合和而萬物生。」天文文。然則陰陽未分曰太極，既分曰陰陽，和合曰和氣。和合之與未分，其實一也，以先後殊其名耳。是知既濟者，太極之象，溯其始曰太極，言其終曰既濟。太極和氣，所謂「保合太和」也；分爲陰陽，所謂「因二以濟民行」者也。是之謂一，是之謂道，非孤立之謂也。**繼之者善也，成之者性也。**【案】「繼」，續也。六十四卦相受，不外陰陽，而終成既濟，故「繼之者善」。「性」，陰陽之性。卦爻各成其陰陽，故「成之者性」。**仁者見之謂之仁，知者見之謂之知。百姓日用而不知，故君子之道鮮矣。**【案】「仁」、「知」，性也。性仁見仁，性知見知。卦有陰陽，「成之者性也」。君子則見仁見知，所謂「繼之者善」。見仁見知，則不見者見，无形者形矣。太玄云：「陽知陽而不知陰，陰知陰而不知陽，知陰知陽、知止知行、知晦知明者，其唯玄乎！」玄攡文。惠氏棟云：「見仁見知，賢知之過。日用不知，愚不肖之不及。一陰一陽，道之全也。仁知合，乃爲君子之道。故大戴禮誥志云：『子曰：

仁知合而天地成，天地成而庶物生。』」**顯諸仁，藏諸用。**【案】「顯」，明也。表記曰：「仁者，天下之表也。」易卦爻明以示人，人之表也。「百姓日用而不知」，故「藏諸用」。「神以知來，知以藏往」，不可以方體求也。此謂元。元發爲卦爻，故「顯」。元用卦爻，不可見，故「藏」。董子離〔一〕合根云：「天高其位而下其施，藏其神而見其光。」荀子天論云：「列星隨旋，日月遞炤，四時代御，陰陽大化，風雨博施，萬物各得其和以生，各得其養以成，不見其事而見其功，夫是之謂神。皆知其所以成，莫知其无形，夫是之謂天。」易之道，亦猶是矣。王凱沖云：「萬物皆成，仁功著也。不見所爲，藏諸用也。」「藏」，鄭作「臧」，云「善也」。**鼓萬物而不與聖人同憂，盛德大業至矣哉！**【注】荀爽曰：「『盛德』者天，『大業』者地也。」【案】「鼓」，動也。易无不在，故「鼓萬物」。「憂」，思慮也。「聖人吉凶與民同患」，易无思无爲，故「不與聖人同憂」。顯仁藏用而鼓萬物者，皆陰陽之德業也。**富有之謂大業，日新之謂盛德。**【案】白虎通曰：「地道安靜，而出財物。」瑞贄文。可大可久，德業之盛大，以乾坤著也。惠氏棟以「富有之謂大業」

〔一〕「離」，諸本皆作「雜」，據春秋繁露改。

至「陰陽不測之謂神」爲後師所訓，云「上義已盡，故知此下四十六字後師所訓」。案：惠説非也。孔子繫辭文相類者，不一而足，而義各有在。惠氏疑傳非止一端，於此一議而已。戴氏震據隋志謂「説卦三篇，爲後師所訓」，亦非。孫先生云：「論衡正説篇云逸易一篇，隋志言三篇，俱不足信。」案：説卦之名，見於孔子世家，則司馬遷得見之，云宣帝時得之者，非矣。始皇本紀云：「秦燒書，不去醫藥卜筮之書。」漢書儒林傳云：「秦禁學，易爲筮卜之書，獨不禁，故傳授者不絶。」據此，則易无逸篇明矣。

生生之謂易。【案】上「生」謂易，乾坤之元，太極是也。下「生」謂乾陽坤陰，生六十二卦者。乾坤生物，故曰「生」，天地之大德也；易生乾坤，故「生生之謂易」。列子曰：「有生不生，有化不〔一〕化。不生者能生生，不化者能化化。」天瑞文。漢書王莽傳注：李奇曰：「易道生諸當生者。」其意以上「生」謂易。乾鑿度云：「視之不見，聽之不聞，循之不得，故曰易也。易无形畔。」鄭注引「易无體」以證。淮南子精神云：「生生者未嘗死也，其所生則死矣。化物者未嘗化也，其所化則化矣。」注云：「生生者道。化物者道也。」義與列子同，其説皆原於易。乾鑿度云：「夫有形生於无形，乾坤安

〔一〕「不」，諸本皆與下句「者」字互錯植，據列子改。

從生？故曰：有太易，有太初，有太始，有太素也。」**成象之謂乾，效法之謂坤。**【案】生生之易，无方无體，既生乾坤，則有象法。「成象」，易成象也。成象爲乾，故「之謂乾」，易在象中矣。「效」，象也。「法」，則也。效法爲坤，故「之謂坤」，易在效法中矣。觀象察法，何在非易？幽明異號，純雜殊名，卦爻一易而已。易者，一也。**極數知來之謂占，通變之謂事，陰陽不測之謂神。**【案】「數」，九、六。「六爻之動，三極之道」，故「極數」，謂由畫推之變，陽極於九，陰極於六也。陰極則陽來，陽極則陰來，由變而化，故「知來」。「極數知來」爲占，占亦易也，故「之謂占」。「通其變，使民不倦」，事亦易也，故「之謂事」。神者无方，妙萬物者也，故「陰陽不測」。易无思无不思，无體无不體，无爲无不爲，不見不聞，无所不在，誰得而測之？是「之謂神」。夫易，廣矣，大矣。**以言乎遠，則不禦。以言乎邇，則靜而正。以言乎天地之間，則備矣。**【注】虞翻曰：「『禦』，止。易廣大悉備，有天、地、人道焉。」【案】无在非易，故「廣」、「大」

也。周流於六十四卦，周〔一〕而復始，无一息之停，一毫之間，故「遠」、「不禦」。藏於乾坤之中，爲卦爻之極，故「靜而正」。「備」猶盡也。**夫乾，其靜也專，其動也直，是以大生焉。夫坤，其靜也翕，其動也闢，是以廣生焉。**【注】宋衷曰：「乾靜不用事，則清靜專一，含養萬物矣；動而用事，則直道而行，導出萬物矣。一專一直，動靜有時，而物无夭瘁，『是以大生』也。『翕』猶閉也。坤靜不用事，閉藏微伏，應育萬物矣；動而用事，則開闢羣蟄，敬導沈滯矣。一翕一闢，動靜不失時，而物无災害，『是以廣生』也。」案：陽靜則陰閉，陽動則陰闢，陰動靜隨陽也。陽靜專動直，⚊是也。陰靜翕動闢，⚋是也。解在釋數。

廣大配天地，變通配四時，陰陽之義配日月，易簡之善配至德。【案】陽⚊陰⚋，成六十四卦，與天地準，故「配天地」。爻畫變通，七、八、九、六，往來不窮，故「配四時」。陰陽成既

〔一〕「周」，原作「終」，據南菁書院本改。案：姚氏於此書卷第一云：「乾元坤元，資始資生，八卦錯綜成六十四，莫非乾坤之消息。至既濟一陰一陽，復太極之體。未濟六爻失正，又起乾坤，周而復始者也。」下文云：「无一息之停，一毫之間。」據此，作「周」是也。

濟，離日坎月，一陰一陽，各得其宜，故「陰陽之義配日月」。乾易⚊也，坤簡⚋也，交成既濟，故曰「善」。「至德」，天、地、人之至，天道陰陽，地道剛柔，人道仁義也。**子曰：「易其至矣乎！夫易，聖人之所以崇德而廣業也。**【案】元者，卦爻之主，无所不在，聖人之德也，故「崇德」。「崇」，高也，充也。卦爻者，元之發，聖人之業也，故「廣業」。**知崇禮卑，崇效天，卑法地。**【案】聖人集衆賢以自强，故「知崇」。卑以自牧，故「禮卑」。陽剛明，故「知崇效天」，白虎通情性云：「智者，知也。獨見前聞，不惑於事，見微知著也。」此心之主，乾之元也。陰柔順，故「禮卑法地」，坤之元也。禮者，履也。樂者敦和，率神而從天。禮者別宜，居鬼而從地。樂由天作，禮以地制。**天地設位，而易行乎其中矣。**【注】虞翻曰：「『位』謂六畫之位，乾坤各三爻，故『天地設位』。易出乾入坤，上下无常，周流六虛，故『易行乎其中』也。」【案】「設」，施陳也。天地分而易道行，乾坤定而易道著。乾坤法天地，卦之陰陽，莫非乾坤，而行乎其中者，易也。易者，元也。**成性存存，道義之門。」**【案】「成性」，陰陽各成其性，謂乾坤也。「存存」，猶察察，著明也。乾坤成則陰陽著，故「存存」。「道」，一陰一陽，合和之氣也。「義」，六位陰陽之宜。「道義」者，乾元、坤元之交通而成既濟者也。六爻各得其宜，故曰「道義」。乾坤，易之門，易由乾坤而周六十四卦，成既濟，所謂「行乎其中」也，故曰「道義之門」。此第四篇，言易一陰一陽，无所不周，不見之見，不聞之聞，所謂「周易」也。

聖人有以見天下之賾，而擬諸其形容，象其物宜，是故謂之象。【注】虞翻曰：「謂庖犧也。『賾』謂初。」案：元伏於初，不見不聞，故曰「賾」。【案】「賾」，藏於中而未發動者。「擬」，度；「形」，見；「容」，貌也。未發，故「擬」。誠中者形外，故可擬，謂度其形見之貌當如何也。見則有物。「物」，事驗也。「宜」，謂得則宜吉、失則宜凶之類，此吉凶之未嘗著者也。有物則可象，而因有象之名，故曰「是故謂之象」。卦之象，所以象萬物，所以象天下之賾之發見而爲事物者也。**聖人有以見天下之動，而觀其會通，以行其典禮；繫辭焉，以斷其吉凶，是故謂之爻。**【注】虞翻曰：「重言『聖人』，謂文王也。『動』謂六爻矣。」【案】「動」，發動。「會」，合也。「通」，往來也。「動」，故可觀。「以行」者，行於爻，指所之也。典禮行則得失彰，得失彰則吉凶著，故「繫辭焉，以斷其吉凶」。「典禮」、「吉凶」，天下之動也。「以行」、「以斷」，聖人效法焉而生爻，而爻之名以立，故曰「是故謂之爻」。「爻」者，效也。卦之陰陽，有「形容」、「物宜」，所以象天下之「形容」、「物宜」。六位者，陰陽之宜，即「物宜」。六爻之動，即「天下之動」，其未發即「天下之賾」，陰陽之伏也。陰陽會合往來，成六十四卦，卦皆成既濟，一陰一陽乃一定之位。「典禮」者，天下萬世之常法也。卦之必成既濟，動之必歸典禮也。得位則吉，失位則凶；合典禮則吉，背典禮則凶也。吉凶之斷，斷之以禮而已。經解曰：「隆禮、由禮，謂之有方之士。不隆禮、不由禮，謂之無方之民。」言天下之至賾，而不可惡也。【注】荀爽曰：「亞，次也。」見釋文。案：釋文云：「『惡』，於嫁反。荀作『亞』。馬、鄭烏各反。並[一]通。」【案】次第也。不可次第者，至賾之發，周而復始，即无體之易也，感而遂通，何終何始？「惡」、「亞」通。說文：「惡，過也。亞，醜

[一]「並」，諸本皆作「亞」，據經典釋文改。

也。賈侍中說：『以爲次第也。』」是「亞」即醜惡字，與訓「次」者實一字。從心者，乃過惡字。**言天下之至動，而不可亂也。**【案】言吉則吉，言凶則凶，禮之存亡，吉凶昭焉，故「不可亂」。**擬之而後言，議之而後動，擬議以成其變化。**【案】「擬之」，擬天下之賾。「言」謂卦辭。「議之」，議天下之動。「動」謂六爻。繫辭以盡言，故「擬之而後言」。「繫辭焉而命之，動在其中矣」，故「議之而後動」。擬議動賾，以成卦爻之變化。卦爻明，而天下之動賾見矣。**「鳴鶴在陰，其子和之。我有好爵，吾與爾靡之。」**【案】「鶴」喻君子。「鳴」，鳥聲。言，心聲。「鳴」喻言也。「陰」，水之南、山之北也。陰者，蔭也。「在陰」，喻居室也。此下引諸卦爻辭，以明擬議成變化，而天下之賾動俱見於卦爻也。中孚九二「鳴鶴在陰」云云，聖人所繫之辭。「子曰」云云，則天下之動賾，聖人所擬議，而繫辭之本旨也。六十四卦以此例諸。**子曰：「君子居其室，出其言善，則千里之外應之，況其邇者乎？**【案】二之正，得位，爲「君子」。體兑口，之正，故「出言善」。互艮爲宫室，在艮内，故「居其室」。「鶴鳴于九皋，聲聞于天」。君子之言，應在千里。

「其子和之」，以喻邇也。千里應之，邇可知矣。君子善言，非求聞達，「好爵」、「爾靡」，應在千里，故「況其邇者乎」。二化，五應之，在外卦，故「千里之外」，言遠也。居其室，出其言不善，則千里之外違之，況其邇者乎？【案】二若不化，則失正不善，五不應。二之正，則下體亦成震，故「子和」；失正則否，故「況其邇者乎」。此反以說焉。有善則有不善，舉一而它可推也。言出乎身，加乎民。行發乎邇，見乎遠。【案】善否由二，故「出身」、「發邇」。「好爵」、「爾靡」，故「加民」。五應之，故「見遠」。兼說行者，可言不可行，君子不言也。此又申說之，以明无不然也。言行，君子之樞機。樞機之發，榮辱之主也。【注】荀爽曰：「艮爲門，故曰『樞』。震爲動，故曰『機』。」鄭康成曰：「『樞』，户樞也。『機』，弩牙也。户樞之發，或明或闇；弩牙之發，或中或否，以譬言行之發，或榮或辱。」見春秋襄二十五年疏。案：「言行」，鄭曲禮注引作「言語」。【案】榮辱之來，由己，故曰「主」。莊子曰：「名者，實之賓也。」逍遥遊文。言行，君子之所以動天地也，可不慎乎？」【案】君子之言行，天地之禍福應焉，非特千里外也，故不可不慎。善則應，應也；不善則違，亦應也。荀子曰：「凡姦聲感人，而逆氣應之，逆氣成象而亂生焉。正聲感人，而順氣應之，順氣成象而治生焉。唱和有應，善惡相象，故君子慎其所去就也。」樂論文。淮南子泰族云：「寒暑燥溼，以類相從；聲響疾徐，以音相應也。故易曰：『鳴鶴在陰，其子和之。』」**「同人，先號咷而後笑。」子曰：「君子之道，或出或處，或默或語。**【案】「號咷」者，不同故也。君子之道，出處語默，不必盡同也。唯同心者道不同，乃有號咷。志士仁人之互相號咷者，非一二談也，而其道則皆是也。漢書王貢傳贊引此云：「言其各得道之一節。」**二人同心，其利斷金。同心之言，其臭如蘭。」**【注】虞翻曰：「乾爲金，以離斷金，故『其利斷金』。『臭』，氣也。『蘭』，香草。巽爲『蘭』。」虞又云：「『二人』謂夫婦。」案：班姬女誡和叔妹引「二人同心」，蔡邕正交論以「斷金」謂友朋，義通。【案】此所謂「後笑」也，唯同心者有之。「二人同心，其利斷金」〔一〕，故「同心之言，其臭如蘭」，言相感深也。

〔一〕「斷金」，原倒，據崇文書局本、南菁書院本乙正。

「利」，銛也。初六：「藉用白茅，无咎。」子曰：「苟錯諸地而可矣。藉之用茅，何咎之有？慎之至也。【注】虞翻曰：「『苟』，或；『錯』，置也。頤坤爲地，今藉以茅，故『无咎』也。」【案】錯諸地而已可矣，藉以茅，復何咎？故「慎之至」。夫茅之爲物薄，而用可重也。【注】虞翻曰：「陰道柔賤，故『薄』也。香絜可貴，故『可重也』。」慎斯術也以往，其无所失矣。」【注】鄭康成曰：「『術』，道。」見釋文。【案】「无所失」，言俱宜也。大戴記曰：「天下，器也。今人之置器，置諸安處則安，置諸危處則危。而天下之情，與器无以異，在天子所置爾。」禮察文。管子曰：「錯國於不傾之地。錯國於不傾之地者，授有德也。」牧民文。荀子曰：「國者，天下之大器也，不可不善爲擇所而後錯之。」王霸文。「勞謙君子，有終吉。」子曰：「勞而不伐，有功而不德，厚之至也。【案】「不伐」，不矜大。「不德」，不以爲己德。坤地艮山，故「厚之至」。語以其功下人者也。【注】虞翻曰：「五多功，下居三，故『以其功下人者也』。」案：陽當居五，今乃居三，是下人不自有其功也。「語」，言也。言三以其功下人，故曰「勞謙」。德言盛，禮言恭。謙也者，致恭以存其位者也。」【注】虞翻曰：「坎爲勞，故能『恭』。三得位，故『以存其位者也』。」【案】「有德者必有言」，故「德言盛」。「有禮者敬人」，故「禮言恭」。「致」之言至也，不懈於位曰「恭」，故「致恭以存其位」。「亢龍有悔。」子曰：「貴而无位，高而无民，賢人在下位而无輔，是以動而有悔也。」【注】虞翻曰：「天尊，故『貴』。以陽居陰，故『无位』。在上，故『高』。无陰，故『无民』也。」【案】「賢人」謂三，兩陽不相應，故「无輔」。「不出户庭，无咎。」子曰：「亂之所生也，則言語以爲階。【案】户者，人所出入。口者，心之門户，言語所出入也。鬼谷子權篇云：「故口者，機關也，所以開閉情意也。」晉語云：「且夫口，三五之門也。」節下體兑，爲口舌，二化互坤，爲「亂」，爲「階」。亂生由二，故「言語以爲階」。説苑曰：「口者，關也。舌者，機也。出言不當，駟馬不能追也。口者，關也。舌者，兵也。出言不當，反自傷也。」説叢文。君不密則失臣，臣不密則失身，幾事不密則害成，是以君子慎密而不出也。」【注】鄭康成曰：「『幾』，微也。『密』，靜也。言不慎於微而以動作，則禍變必成。」見公羊疏。【案】「君不密」，則臣不敢言，故「失臣」。穀梁傳曰：「上泄則下闇，下闇則上聾，且闇且聾，无以相通。」文六年傳文。蔡邕〔一〕疏引易同義。「君子慎密不出」，所謂「户庭」者，萬事之所由也。言行者，榮辱之主。出言善否，千里應違。同心斷金，應可知矣。加以慎恭，无失存位。不慎不恭，亢則致悔。而要自言行階之。「君子慎密」，所以謹樞機也。**子曰：「作易者，其知盜乎！易曰：『負且乘，致寇至。』」**【案】獨先發「作易者」，明作易者先擬議賾動而有是意，乃觀象而繫此辭，所謂「見天下之賾動」。發於此，以見上所釋皆然也。**負也者，小人之事也。乘也者，君子之器也。**【注】虞翻曰：「陰稱『小人』，坤爲『事』，『君子』謂五。『器』，坤也。坤爲大車。」【案】二化互艮爲背，故「負」。大夫以上乘四馬，庶人單馬木車。**小人而乘君子之器，盜思奪之矣。上慢下暴，盜思伐之矣。**【案】「小人」謂三，三失位，二化，三乘坤車。「盜」謂四也，四互坎艮，故「盜思奪之」。四在坤上，奪坤車也。解自初至五，皆失正，

〔一〕「蔡邕」，原作「察邕」，據崇文書局本、南菁書院本改。

故「上慢下暴」。上下皆坎，故「暴」、「慢」也。四互離爲戈兵，故「思伐之」。「國必自伐，然後人伐之」，自取之也。**慢藏誨盜，冶容誨淫。**【注】鄭康成曰：「飾其容而見於外曰野。言妖野容〔一〕儀，教誨淫泆也。」見後漢書崔駰〔二〕傳注及釋文。案：荀子脩身云：「容貌態度，進退趨行，由禮則雅，不由禮則夷固僻違，庸衆而野。」賈子道術云：「容志審道謂之僩，反僩爲野。」釋文云：「『冶』，鄭、虞、陸、姚、王肅作『野』。」蓋以其不合禮，故謂之「野」。「冶」，假借字。虞翻曰：「坎水爲『淫』，坤爲『藏』。」【案】二化坤藏，則四來奪之，爻皆失正，故「誨盜」、「誨淫」也。**易曰：『負且乘，致寇至。』盜之招也。」**【案】虞翻曰：「艮手招盜，故『盜之招』。」【案】二化艮手，與四連體。二化，四來奪坤，以艮手招盜，故「盜之招」。荀子曰：「物類之起，必有所始。榮辱之來，必象其德。」勸學文。重言「易曰」，言作易者擬議而繫此辭，招盜之象也。不密害成，負乘招盜，「莫之與，則傷之者至矣」。此第五篇，言擬議成象爻，而引諸卦，以明

〔一〕「容」，諸本皆作「言」，據經典釋文改。
〔二〕「駰」，原作「駟」，據後漢書及南菁書院本改。

既有易，則簡易、變易、不易之道發於象爻，天下之動賾見矣。

大衍之數五十，其用四十有九。【注】鄭康成曰：「『衍』，演也。天地之數五十有五，以五行氣通，凡五行減五，大衍又減一，故四十九也。」見釋文及孔疏。案：五者，五行生數。别言之曰一、二、三、四、五。合言之則二者并一而數之，去一則亦一耳；五者并一、二、三、四而數之，去一、二、三、四則亦一也。故五行但減五。月令疏引鄭注云：「五行各氣并，氣并而減五。」【案】「大」，大數也。天地之數五十五，減其小數五，以象五行；用其大數五十以演卦，故曰「大演之數五十」。五十者，參天兩地，減五亦參天兩地，減一象太極〔一〕也。馬融云：「易有太極，北辰是也。北辰居中不動，其餘四十九轉運而用也。」京房云：「其一不用者，天之生氣，將欲以虚來實。」案：其一不用，即元。京、馬義同。董遇以爲天地之數五十有五，其六以象六畫之數，故減之而用四十九，非也。減其六，則當即言四十九，不當言五十，而更減其一。洪範：「一，五行。」五行俱生於一，合之則五，故減

〔一〕「極」，諸本皆作「樞」，據傳文及上下文義改。

五以象五行。五者，五行之生數，中央數也。五行成數，皆以五合生數，則成數之中，俱各有五。月令疏引鄭注云：「天一生水於北，地二生火於南，天三生木於東，地四生金於西，天五生土於中。陽无耦，陰无配，未得相成。地六成水於北，與天一并；天七成火於南，與地二并；地八成木於東，與天三并；天九成金於西，與地四并；地十成土於中，與天五并。」漢書五行志云：「天以一生水，地以二生火，天以三生木，地以四生金，天以五生土。五位皆以五而合。」**分而爲二以象兩。**【案】其一不用，象太極。其四十九則分爲二，以象兩儀也。**掛一以象三。**【案】有天地則人生焉，故又掛一。分二象兩，天左地右。人生於寅，數奇陽也。當取左一策掛於右，象天施而地生成之也。**揲之以四，以象四時。**【案】「揲」，閱持也，謂取兩儀之策，各以四揲之。**歸奇於扐以象閏。**【注】虞翻曰：「『奇』，所掛一策。『扐』，所揲之餘，不一則二，不三則四也。取奇以歸扐，扐并合掛左手之小指，爲一扐，則以閏月定四時成歲，故『歸奇於扐以象閏』也。」案：一掛於右，并歸於左，天施地生，故一策取於左而掛於右。陰陽往來而成歲，歲之成，成於天，故兩儀所揲之餘掛於左，并右手所掛之一策，亦歸於左。**五歲再閏，**

故再扐而後掛。【注】京房曰：「再扐而後布卦〔一〕。」見釋文。案：釋文云：「『掛』，京作『卦』。」説文亦引作「卦」。虞翻曰：「謂已一扐，復分掛，如初揲之，歸奇於〔二〕扐，并掛左手次小指間，爲再扐，則再閏也。又分掛〔三〕，揲之如初，而掛左手第三指間，成三〔四〕變，則布卦之一爻。謂已二扐，又加一爲三，并重合前二扐爲五歲，故『五歲再閏，再扐而後卦』。」案：初歸奇於扐，象閏，爲一變。五歲再閏，又二扐，是爲二變。合初爲三變，布卦之一爻。言「再扐而後卦」，據「五歲再閏」、後二扐言也。**天數五，地數五，五位相得，而各有合。**【注】鄭康成曰：「天地之氣，各有五。五行之次：一曰水，天數也；二曰火，地數也；三曰木，天數也；四曰金，地數也；五曰土，天數也。此五者，陰无匹，陽无耦，故又合之。地六爲天一匹

〔一〕「卦」，諸本皆作「掛」，據經典釋文及上下文義改。
〔二〕李鼎祚周易集解「於」下有「初」字，蓋姚氏刪之。案：初扐已掛左手之小指，云「并掛左手次小指間」，則此扐已非初扐，故不可云「歸奇於初扐」，當云「歸奇於扐」，「初」爲衍字。
〔三〕「掛」，諸本皆作「扐」，據李鼎祚周易集解及上下文義改。案：掛揲而後有扐，故作「掛」是也。
〔四〕「三」，李鼎祚周易集解作「一」。案：下文姚氏案語云：「合初爲三變，布卦之一爻。」是知姚氏據傳義改之。

也，天七爲地二耦也，地八爲天三匹也，天九爲地四耦也，地十爲天五匹也。二五陰陽各有合，然後氣相得，施化行也。」見春秋疏。案：此明大衍所以減五用五十之義。天數二十有五，地數三十。凡天地之數五十有五，此所以成變化而行鬼神也。【注】虞翻曰：「一、三、五、七、九，故二十五也。二、四、六、八、十，故三十也。天二十五，地三十，故五十有五。」案：此明天地之數，實有五十五。減五，故大衍五十。【案】「成變化」，謂七、八、九、六。「行鬼神」，謂鬼神以變化行。神者精氣，以七、八行。鬼者遊魂，以九、六行。鬼神者，卦之主也。四時者，七、八、九、六。天地之變化。四時成，則天地之道行。七、八、九、六，鬼神之變化也。五十有五者，天地之數；鬼神，亦天地之鬼神。天地以數成其變化而行其鬼神，即易也。乾之策二百一十有六，坤之策百四十有四，凡三百有六十，當期之日。【注】荀爽曰：「陽爻之策三十有六，乾六爻皆陽，三六一百八十，六六三十六，合二百一十有六也。陰爻之策二十有四，坤六爻皆陰，二六一百二十，四六二十四，合一百四十有四也。」陸績曰：「日月十二交會，積三百五十四日有奇，爲一會[一]。今云『三百六十[二]當期』，則實十二月[三]六日也。十二月爲一期，故云『當期之日』。」案：「三百六十當期」，舉十二月恒數。堯典「三百有六旬有六日」兼閏數，乃二氣之數也。陽爻三十六，以四揲之得九。陰爻二十四，以四揲之得六。乾坤二卦，共得三百六十策，此老陽、老陰之數也。少陽七，以四乘七，得二十八策。少陰八，以四乘八，得三十二策。亦二卦得三百六十策，此少陽、少陰之數也。陽數所以九、七，陰數所以六、八，俱以四乘者，實數也。揲蓍之法，大衍四十九，其揲之以四者，本數也；所歸者，餘數也。三變所歸之餘，共十三，則本數存三十六，以四揲之，適九，老陽也。三變所歸之餘，共二十五，則本數存二十四，以四揲之，適六，老陰也。若餘共二十一，則本數二十八，以四揲之，適七，少陽也。餘共十七，則本數三十二，以四揲之，適八，少陰也。此數所以用七、八、九、六，其策數皆四揲之，實數也。或乃不求四揲之本數，而求之三變之餘，則所以七、八、九、六之義，終不可曉，可謂不揣其本，而齊其末者矣。**二篇之策萬有一千五百二十，當萬物之數也。**

〔一〕「會」，曹元弼周易集解補釋云：「或當爲『歲』。」

〔二〕「十」下，諸本皆衍「日」字，據傳文、李鼎祚周易集解及下文姚氏案語所引删。

〔三〕「實十二月」，孫星衍周易集解同，蓋姚氏據孫書而引。李鼎祚周易集解作「入十三月」，疑孫氏改之。案：「實十二月六日」，謂實十二月又六日，與「入十三月六日」義同。

【案】「二篇」，謂上、下經。「策」謂三百八十四爻九、六之策。**是故四營而成易，**【注】荀爽曰：「『營』〔一〕者，謂七、八、九、六也。」案：太玄玄圖云：「極爲九營。」太玄自一至九爲九營，則七、八、九、六爲「四營」可知。太玄義本此。陸績以分二、掛一、揲四、歸奇爲「四營」。案：再扐後卦，不止於四，且云「成易」，自宜謂七、八、九、六。下云「十有八變成卦」，則爻凡三變，非四營。【案】「營」，度也。七、八、九、六，出於營度，故曰「營」。一經卦爻，皆七、八、九、六。七、八、九、六，所以行鬼神，故「成易」。**十有八變而成卦，**【注】荀爽曰：「二揲策，掛左手一指間，三指間滿，而成一爻。六爻，三六十八，故『十有八變〔二〕而成卦』也。」**八卦而小成，**【案】八卦爲「小成」，則六十四卦爲大成矣。「小」謂陰陽初兆也。「復，小而辯於物」，「小」謂陽初萌也。**引而伸之，觸類而長之，天下之能事畢矣。**【注】虞翻曰：「『引』謂庖犧引伸三才，兼而兩之爲六畫。『觸』，動也。謂六畫以成六十四卦也。」【案】云「伸」云「長」，

〔一〕曹元弼周易集解補釋云：「『營』上疑脱『四』字。」
〔二〕「變」，原作「卦」，據李鼎祚周易集解及崇文書局本、南菁書院本改。

明其无間斷也。无所不包，故「能事畢」。「聖人之道四」，即「能事」也。**顯道神德行，**【案】「顯道」謂卦爻。神用卦爻者，卦爻顯道，神德以行，觀卦爻而知神德，鬼神所以可知也。卦爻者陰陽，日月亦陰陽，天地之卦爻也。「懸象著明，莫大乎日月」，日月往來，相推成歲，天地之德行焉。此其明驗也。**是故可與酬酢，可與祐神矣。**【案】「祐」當作「侑」，釋文云：「荀作『侑』。」勸也。「與」，陰陽九六相與也。陰陽往來，亦猶賓主，故「可與酬酢」。五月，律中蕤賓，謂陰萌而陽退，猶賓也。周語云：「蕤賓者，所以安靜神人，獻酬交酢。」「神」，易之神，猶祭之神也。尸以象神，祝，主人侑之，侑尸所以侑神也。卦爻猶賓主祝尸之類，而神則祭之主也。獻酬酢侑而神交，往來消息而神行矣。**子曰：「知變化之道者，其知神之所爲乎！」**【案】變化所以行鬼神，故「知變化之道」，則「知神之所爲」。神者陰陽不測，變化見而所爲可知矣。此第六篇，言大衍成變化，行鬼神，畢天下之能事，廣大悉備也。

易有聖人之道四焉，以言者尚其辭，【注】虞翻曰：「『聖人之情見於辭』，繫辭焉，以盡言也。」【案】「易无形畔」。「其辭」，易之發而爲辭者。以動者尚其變，【案】「變」，爻也。「動則觀其變」。以制器者尚其象，【注】荀爽曰：「『結繩爲網罟，蓋取諸離』，此類是也。」【案】「象」，卦象。「見乃謂之象，形乃謂之器，制而用之謂之法」。以卜筮者尚其占。【案】老陽爲蓍，蓍曰「筮」。老陰爲[一]龜，龜曰「卜」。「極數知來之謂占」，卜筮決嫌疑，故「尚其占」。是故君子將有爲也，將有行也，問焉而以言。【注】虞翻曰：「凡應九筮之法，則筮之。」案：周禮：「大卜，以邦事作龜之八命。簭人，掌三易，以辯九簭之名。」謂問於蓍龜，以言其吉凶。爻象動內，吉凶見外。蓍德圓神，卦德方智，故史擬神智，以斷吉凶也。」其受命也如嚮，无有遠近幽深，遂知來物。非天下之至精，其孰能與於此？【案】「嚮」通「響」，釋文云：「『嚮』又作『響』。」漢書藝文志引此經，彼注云：「『嚮』與『響』同。」聲也。「幽」，隱；「深」，沈；「遂」，決也。「來物」，未來而當來者也。

[一]「爲」，原作「曰」，據上下文例及南菁書院本改。

「精」，靜也，微妙也。「至精」，謂元。呂覽曰：「其智彌觕者，其所同彌觕。其智彌精者，其所同彌精。夫精，五帝三王之所以成也。」應同文。**參伍以變，錯綜其數。**【案】「參伍」，十五也。「參」，三也，謂天地人。「伍」，五也，謂五行。不云「三五」，云「參伍」者，參其五也。參其五，則其爲五也三，故不云「五」而云「伍」，若卒之有伍也，「參伍」則十五矣。淮南子泰族云：「昔者五帝三王之莅政施教，必用參五。何謂參五？仰取象于天，俯取度于地，中取法于人，此之謂參。制君臣之義，父子之親，夫婦之辯，長幼之序，朋友之際，此之謂五。此治之綱〔一〕也。」七、八爲彖，其數十五。九、六爲爻，其數亦十五。乾鑿度曰：「陽動而進，陰動而退，故陽以七、陰以八爲彖。易一陰一陽，合而爲十五，之謂道。陽變七之九，陰變八之六，亦合於十五，則彖變之數若一。」彖七、八，十五；變九、六，亦十五，故「數若一」。故曰「參伍以變，錯綜其數」。十五者，五行之數也。一水，二火，三木，四金，五土，合爲十五。禮運曰：「播五行於四時，和而后月生也，是以三五而盈，三五而闕。」注云：「必三五

〔一〕淮南子「綱」下有「紀」字。

者，播五行於四時也。一曰水，二曰火，三曰木，四曰金，五曰土，合爲十五之成數也。」日月爲易，一往一來，七八而盈，九六而闕，日月交而易道著矣。參同契云：「三日出爲爽，震庚受〔一〕西方。八日兑受丁，上弦平如繩。十五乾體就，盛滿甲東方。蟾蜍與兔魄，日月氣雙明。蟾蜍視卦節，兔者吐生光〔二〕。七八道已訖，屈折低下降。十六轉受統，巽辛見平明。艮直於丙南，下弦二十三。坤乙三十日，東北喪其朋。節盡相禪〔三〕與，繼體復生明〔四〕。壬癸配甲乙，乾坤括始終。七八數十五，九六亦相應。四者合三十，陽氣索滅藏。八卦布列曜，運移不失中。元精眇難視〔五〕，推度效符證。」案：參同契以數言，故以七八爲前半月，九六爲後半月，取其皆十五也。若以象言，七少陽爲上弦，九老陽爲望，八少陰爲下弦，六老陰爲晦象。此易之所以用七、八、九、六，不用其餘也。七、八，十五；九、六，十五，皆兼一至五之數。蓋五行生數，七、八、九、六兼之。用七、八、九、六，而五行之數俱在其中，即鄭「氣并」之義。十五者，又

〔一〕「庚受」，仇兆鰲古本周易參同契集注同，朱熹周易參同契考異作「受庚」。
〔二〕「兔者吐生光」，朱熹周易參同契考異同，王文禄參同契正文作「兔魄吐精光」。
〔三〕「禪」，諸本皆作「墠」，據朱熹周易參同契考異、仇兆鰲古本周易參同契集注、王文禄參同契正文改。
〔四〕「明」，朱熹周易參同契考異、仇兆鰲古本周易參同契集注、王文禄參同契正文均作「龍」。
〔五〕「視」，朱熹周易參同契考異作「覿」，仇兆鰲古本周易參同契集注、王文禄參同契正文均作「覩」。

中央生成之數也。漢志云：「傳曰：『天有三辰，地有五行。』易曰：『參五以變。』太極運三辰五星於上，而元氣轉三統五行於下。其於人，皇極統三德五事。」案：漢志引傳，即引易，則以易之「參五」爲三辰五行矣。竊謂五者五行，法三辰而三之爲十五，而五行之數備，義與乾鑿度合。至數之屈信，解在釋數。「錯」，交錯。列女傳曰：「推而往，引而來者，綜也。」

通其變，遂成天地之文。極其數，遂定天下之象。非天下〔一〕之至變，其孰能與於此？【案】「通其變」，由畫之爻，陰陽交，故「成天地之文」。「極其數」，由變之化，極數知來，陰陽相推，而天下之象定焉。元者，變化之主，故曰「至變」。元者，易也。**易，无思也，无爲也，寂然不動，感而遂通天下之故。非天下之至神，其孰能與於此？**【注】虞翻曰：「『天下何思何慮？同歸而殊塗，一致而百慮』，故无所爲，謂『其靜也專』。案：乾元之藏。謂隱藏坤初，案：坤元藏乾元。幾息矣。『專』，故不動者也。『感』，動也。以陽變陰，『通天下之故』，謂『發揮剛柔而生爻』者也。『至神』，謂易隱初入微，『知幾，其神乎』。」【案】易者，卦爻之樞極，是曰「太極」。

〔一〕「下」，原作「地」，據周易正義及崇文書局本、南菁書院本改。

「視之不見，聽之不聞，循之不得」，无形而有形生焉，无味而五味形焉，无聲而五聲鳴焉，无色而五色成焉，无象而四象營焉。是故聲不過五，而五聲之變不可勝聽也。味不過五，而五味之變不可勝嘗也。色不過五，而五色之變不可勝觀也。象不過四，而四象之變不可勝窮也。四象之變，循環无端，六十四卦，三百八十四爻，萬千五百二十策，還相爲根也。故易者，天地之心，萬物之原，而卦爻之主極也。鼓鐘管籥，樂之器也；揖讓登降，禮之文也，非其所以爲禮樂者也。故曰：「禮云禮云，玉帛云乎哉？樂云樂云，鐘鼓云乎哉？」无本不立，无文不行。根於心而樂器從之，積於中而威儀發之，寂然不動而卦爻形之。舍鐘鼓而言樂，其爲樂不可得而聞也。舍玉帛而言禮，其爲禮不可得而見也。舍卦爻而言易，其爲易不可得而窮也。是故知其本，達其末，自誠明者，聖也。因其流，溯其原，自明誠者，學也。聖者能作，學者能述；作之謂神，述之謂明。求本而不達末，是巫之接神也，以爲神而已矣。知流而不溯原，是工之守器也，以爲器而已矣。說文云：「无，奇字無也，通於元者。王育說：『天屈西北爲无。』」案：「天屈西北」，乃乾元之藏，所謂元也，「寂然不動」者也。老子云：「玄之又玄，衆妙之門。」其義本易。「无」通於「元」，故易凡有无字，皆作「无」，善則本其始，惡則絶其根也。**夫易，聖人之所以極深而研幾也。**【注】荀爽曰：「謂伏羲畫卦，窮極易幽深；文王繫辭，研盡易幾微者也。」鄭康成曰：「『研』，喻思慮。『幾』，微也。」見文選注及釋文。**唯深也，故能通天下之志。唯幾也，故能成天下之務。**【注】虞翻曰：「『務』，事也。」【案】卦象「極深」，天下之志通焉，所謂擬賾也。爻辭「研幾」，天下之務成焉，所謂〔一〕議動也。唯深可通志，極則能通。唯幾可成務，研則能成。唯易可以通志成務，卦爻著而易形矣。**唯神也，故不疾而速，不行而至。**【注】虞翻曰：「『神』，謂易也。」【案】體物不遺者，易之神。物來而名，事至而應者，聖人之神也。**子曰：「易有聖人之道四焉者，此之謂也。」**【案】易之道，即聖人之道。此第七篇，言易道即聖人之道，所謂能事畢也。

天一，地二；天三，地四；天五，地六；天七，地八；天九，地十。【注】虞翻

〔一〕「所謂」，諸本皆脱，據上下文義補。

曰：「此則『大衍之數五十有五』，蓍龜所從生，聖人『以通神明之德，以類萬物之情』。」案：自一至十之數，元之所爲。洪範：「一，五行。」五行具於一，五十有五，一而已。一者，元也。子曰：「夫易，何爲者也？【注】虞翻曰：「問易何爲取天地之數也。」【案】易者，元也。易之所謂易，即楊子之所謂玄。張衡玄圖云：「玄者，无形之類，自然之根，作於太始，莫之或先。」案：「莫之或先」，即「天德不可爲首」之義。乾鑿度云：「易，一元以爲〔一〕紀。」注云：「天地之元，萬物所紀。」故「无」與「元」通。說文云：「无，奇字無，通於元者。王育說：『天屈西北爲无。』」案：陽生於子，滅於戌亥，純陰之月，西北也，元屈伏於下，故「屈西北爲无」，「无」通於「元」。太玄玄告〔二〕云：「天以不見爲玄，地以不形爲玄，人以心腹爲玄。天奧西北，鬱化精也。地奧黃泉，隱魄榮也。人奧思慮，含至精也。」「奧西北」即「屈西北」之義。太玄曰：「玄者，幽攡萬類而不見形者也。」玄攡文。易之謂也。又曰：「資陶虛无而生乎規。」上同。周之謂也。乾元與坤元交，而數生焉。數之

〔一〕易乾鑿度「爲」下有「元」字。
〔二〕「告」，諸本皆作「攡」，下引獨見於太玄玄告，故據之改。

變化，莫非元也，莫非易也，數周而易見矣。夫易，開物成務，冒天下之道，如斯而已者也。」【注】虞翻曰：「以陽闢坤，謂之『開物』。以陰翕乾，謂之『成務』。『冒』，觸也，『觸類而長之』，如此也。」【案】陽唱，故「開物」。陰和，故「成務」。易變而爲一，一變而爲七，七變而爲九；二變而爲八，八變而爲六，其消息於一歲之中者，皆自一至十之數，而元之用也。七、八爲畫，九、六爲爻，「通天下之志」，「成天下之務」，引伸觸類，能事畢矣，故曰「如斯而已者也」。易者，一也。一者，數之原，萬之統也。大極函三爲一，分爲二，一陰一陽，陰陽交而數變。是故聖人以通天下之志，以定天下之業，以斷天下之疑。【案】「以」，以自一至十之數也。「開物」，故「通志」。「成務」，故「定業」。乾坤交，成既濟，一陰一陽，得位居正，故志通業定。志通業定，則疑可得而斷也。書曰：「汝則有大疑，謀及乃心，謀及卿士，謀及庶人，謀及卜筮。」是故蓍之德，圓而神。【注】鄭康成曰：「蓍形圓而可以立變化之數，故謂之神。」【案】蓍能成六十四卦，所成不可測，故「圓而神」。「圓」，天也。不測之謂「神」。呂覽曰：「精氣一上一下，圓周復雜，無所稽留，故曰天道圜。日夜一周，圜道也。月躔二十八宿，軫與角屬，圜道也。精行四時，一上一下，各與遇，圜道也。物動則萌，萌而生，生而長，長而大，大而成，成乃衰，衰乃殺，殺乃藏，圜道也。雲氣西行，云云然，冬夏不輟；水泉東流，日夜不休，上不竭，下不滿，小爲大，重爲輕，圜道也。」圜道文。蓍之圓，亦若是矣。以一始，以一終，終而復始者也。「圓」、「圜」同。文選西京賦注引字書云：「圜，亦圓字也。」**卦之德，方以知。**【案】卦方象地。已成卦，則吉凶有定，故「方以知」。吉凶定，而來事可知。崔憬云：「蓍之數，七七四十九，象陽圓。卦之數，八八六十四，象陰方。」**六爻之義，易以貢。**【案】易不可見，六爻之義明，而易道著，故「易以貢」，謂簡易、變易、不易之道，以爻明也。書曰：「爾毋以釗冒貢于非幾。」**聖人以此洗心退藏於密，吉凶與民同患。**【案】「洗」當作「先」。釋文云：「『洗』，京、荀、虞、董、張、蜀才作『先』。石經同。」案：釋文所稱「石經」，漢石經也。漢書百官公卿表「先馬」，如淳曰：「『先馬』，前驅[一]也。『先』或作『洗』。」是「先」、「洗」義同。王、韓訓

[一]「驅」，諸本皆作「馬」，據漢書注改。

爲洗濯，非是。「此」，此蓍及卦爻也。「聖人以此」，故不自用，而「先心退藏」，謀及卜筮也。不自用而決諸卜筮者，祭義曰：「昔者聖人建陰陽天地之情，立以爲[一]易。易抱龜南面，天子衮冕北面，雖有明知之心，必進斷其志焉，示不敢專，以尊天也。」「明知之心」，「先心」也。「謀及乃心」，猶必「謀及卜筮」。「不敢專」，「退藏於密」也。有大事必決之以卜筮，所以重民命也，故「吉凶與民同患」。「患」，憂也。白虎通蓍龜云：「聖人獨見先睹，必問蓍龜何？示不敢[二]專也。」義與祭義同。

神以知來，知以藏往，其孰能與於[三]此哉？古之聰明、睿知、神武而不殺者夫！【案】「吉凶與民同患」，「謀及卜筮」，聖人之「顯諸仁」也。「知來藏往」，聖人之「藏諸用」，百姓可由而不可知者也。蓍卦之神知，即聖人之神知也。聽於无聲曰「聰」，照臨四方曰「明」。「睿」，深明也，通也。「知」，无所不知

〔一〕「以爲」，原倒，據禮記正義及南菁書院本乙正。
〔二〕「敢」，白虎通疏證作「自」。
〔三〕「於」，周本李鼎祚周易集解同，朱本李鼎祚周易集解及通行宋本周易正義無。

也。謚法曰：「一人無名曰神，剛彊直理曰武。」「殺」，猶衰也。釋文云：「『殺』，馬、鄭、王肅所戒反。」**是以明於天之道，而察於民之故，是興神物，以前民用。聖人以此齊戒，以神明其德夫。**【案】「故」，事也。「前」，猶導也。禮祭有齊。祭統曰：「定之之謂齊。齊者，精明之至也。」此至誠之道也。禮必先戒。「戒」，警也，告也。戒在事先，此至誠之前知也。「至誠之道，可以前知，故至誠如神」，此之謂也。聖人舉事，如見大賓，如承大祭，故以喻焉。韓詩外傳云：「居處齊則色姝，食飲齊則氣珍，言語齊則信聽，思齊則成，志齊則盈。五者齊，斯神居之。詩曰：『既和且平，依我磬聲。』」楊子問神云：「或問『神』。曰『心』。請問之[一]。曰：『潛天而天，潛地而地。天地，神明而不測者也。心之潛也，猶將測之，況於人乎？況於事倫乎？』」**是故闔户謂之坤，闢户謂之乾，一闔一闢謂之變，**【注】虞翻曰：「『闔』，閉翕也。『闢』，開也。」【案】乾坤闔闢，陰陽之屈信也。陽靜則陰闔，故「闔户謂之坤」。陽出則闢

[一]「問之」，諸本皆作「聞之」，據法言改。「之」，俞樾諸子平議云：「『之』當作『心』，隸書相似而誤也。上文『或問神，曰心』，故或人又『請問心』也。」

陰，故「闢户謂之乾」。一陰一陽，陰陽交而數變，故「一闔一闢謂之變」。卯爲春門，陽闢陰。酉爲秋門，陰闔陽。解在釋數。往來不窮謂之通。【注】荀爽曰：「謂一冬一夏，陰陽相變易也。十二消息，陰陽往來无窮已，故『通』也。」【案】自一至十之數，往來成歲。卦爻往來，亦即數也。見乃謂之象，形乃謂之器，【注】荀爽曰：「謂日月星辰，光見在天而成象也。萬物生長，在地成形，可以爲器用也。」【案】數无象不可見，故「見乃謂之象，形乃謂之器」。象器者，數之所形見也。求數之變通於形見，求易之變通於卦爻。卦爻明而易著，形見明而數顯矣。制而用之謂之法，【注】荀爽曰：「謂觀象於天，觀形於地，制而用之，可以爲法也。」利用出入、民咸用之謂之神。【注】陸績曰：「聖人制器，以周民用，用之不遺，故曰『利用出入』也。民皆用之，而不知所由來，故『謂之神』也。」【案】荀子曰：「萬物各得其和以生，各得其養以成，不見其事，而見其功，夫是之謂神。」天論文。此第八篇，言數冒天下之道，變易之所以然也。

是故易有太極，是生兩儀。【注】干寶曰：「發初言『是故』，綜衆篇之義也。」鄭康成曰：「極中之道，淳和未分之氣也。」見文選注。虞翻曰：「分爲天地，故『生兩儀』也。」案：馬云：「太極，北辰。」虞云：「太極，太乙。」其義似與鄭異而實同。「北辰」、「太乙」，言其神之所栖，即乾鑿度所云「太乙行九宫」者是也。元也，大衍所減之一，爲四十九之主者也。鄭則言其用，即四十九是也。故崔憬云：「四十九數，合而未分，是象太極也。今分爲二，以象兩儀矣。」説蓋本鄭。分言之則有萬，合言之不過一。四十九，一之積數耳。一象太極，无所不包，而其神至精。四十九則太極流行之氣，无所不生者也，故曰「衍」。**兩儀生四象，**【注】虞翻曰：「『四象』，四時也。」【案】「四象」，謂七、八、九、六，即「四營」；布於四方，是曰「四時」。鄭乾鑿度注云：「易有四象，文王用之焉。布六於北方以象水，布八於東方以象木，布九於西方以象金，布七於南方以象火。如是備爲一爻，而正爲四營而成，由是故生四八、四九、四七、四六之數。」是布於四方，則爲四時；指其營度而成，則爲四營。由七、八、九、六爲四時，故取其象，亦揲之以四，而七、八、九、六遂有「四營」之稱，故鄭云云也。虞則據乾坤以坎離震兑爲義。**四象生八卦，八卦定吉凶，吉凶生大業。**【案】七、八、九、六，陰陽之老少備，故「生八卦」，謂乾坤六子也。八卦生六十四卦、三百八十四爻，故「定吉凶」。吉凶著，則人知遷善改過。趨於吉，不蹈於凶，夫是之謂「大業」，失位則化成既濟是也。**是故法象莫大乎天地，變通莫大乎四時，**【注】荀爽曰：「四時相變，終而復始也。」【案】「觀象於天」，「觀法於地」，四時往來，一消一息，故莫大乎天地、四時也。**縣象著明莫大乎日月，**【案】日月往來，盈虚消息，「日中則昃，月盈則食」，縣象之最著明者也。**崇高莫大乎富貴。**【案】「富貴」，謂天子。「崇」，充也。「富」，故充。「貴」，故「高」。**備物致用，立成器以爲天下利，莫大乎聖人。**【注】虞翻曰：「神農、黄帝、堯、舜也。」**探賾索隱，鉤深致遠，以定天下之吉凶，成天下之亹亹者，莫大乎蓍龜。**【注】鄭康成曰：「凡天下之善惡，没没之衆事，皆能〔一〕定之，言其廣大无不包也。『亹亹』，没没也。」見公羊疏及釋文。劉向曰：「蓍之言耆，龜之言久，龜千歲而靈，蓍百年而神，以其長久，故能辯吉凶也。」見曲禮疏。【案】「大」當作「善」。釋文云：「『莫善』，本亦作『莫大』。」是釋文本作「善」。案：漢書藝文志、公羊注、白虎通、禮運注皆引作「善」，作「大」者，因上文而誤。　賾藏於中，隱蔽於物。「深」，沈也。「遠」，遐也。**是故天生神物，聖人**

〔一〕「能」，春秋公羊傳注疏作「成」。

則之。【案】「神物」謂蓍龜。「聖人則之」，「興神物，以前民用」。**天地變化，聖人效之。**【案】「在天成象，在地成形，變化見矣」。「聖人效之」，仰觀俯察，效法天地。**天垂象，見吉凶，聖人象之。**【注】宋衷曰：「天垂陰陽之象，以見吉凶。謂日月薄食，五星亂行。聖人象之，亦著九、六爻位得失示人，所以有吉凶之占也。」**河出圖，洛出書，聖人則之。**【案】此亦「神物」、「天地變」〔一〕之類。河圖、洛書，未聞其詳。河圖、洛書，衆家異説，莫可攷正。鄭氏以爲春秋緯云：「河以通乾，出天苞；洛以流坤，吐地符。河龍圖發，洛龜書成。河圖有九篇，洛書有六篇也。」鄭洪範五行傳注云：「禹治水，得神龜負文於洛。」淮南子俶真云：「洛出丹書，河出緑圖。」漢書五行志云：「劉歆以爲虙羲氏繼天而王，受河圖，則而畫之，八卦是也；禹治洪水，賜洛書，法而陳之，洪範是也。」又云：「『初一曰五行』至『畏用六極』，凡此六十五字，皆洛書本文。」禮運：「河出馬圖。」鄭注云：「『馬圖』，龍馬負圖而出也。」疏云：「中候握河紀：『堯時受河圖，龍馬銜，赤文緑色。』」又云：「伏羲氏有天下，龍馬負圖出於河，遂法之，畫八卦。」尚書「洪範九疇」，傳云：「天與

〔一〕「變」下疑脱「化」字。

禹，洛出書，神龜負文而出，列於背，有數至於九，禹遂因而次第之，以成九類。」又顧命傳云：「河圖，八卦。伏羲王天下，龍馬出河，遂則其文以畫八卦，謂之河圖。」論語「河不出圖」，孔注：「河圖，八卦是也。」諸説互有異同。劉歆以洪範「初一曰」云云爲洛書本文；鄭以爲神龜負文於洛，洛書有六篇，則洛書之有文字明甚。若河圖，則諸家竝以爲八卦，不言有文字。而鄭君引春秋説，以河圖有九篇，則河圖亦有文字。陽數九，故河圖九篇；陰數六，故洛書六篇。中候謂「赤文緑色」，淮南子云「緑圖」，然則河圖其緑字之圖與？去古久遠，不得其詳。依文而言，河圖自應有圖，洛書自應有書，但不知其形狀文字何如耳。人之生也，尚或有文在手，何疑於圖、書之出河、洛哉？至諸家以河圖爲八卦，亦未必然。下繫云：「包羲氏之王天下也，於是始作八卦。」不言法河圖，圖、書之則，當别有效法耳。易有四象，所以示也。繫辭焉，所以告也。【案】「四象」謂七、八、九、六，畫爻之象也。「辭」謂彖爻之辭。定之以吉凶，所以斷也。【注】虞翻曰：「『繫辭焉，以斷其吉凶』。『八卦定吉凶』，『以斷天下之疑』也。」易曰：「自天祐之，吉无不利。」子曰：「祐者，助也。天之所助者，順也。人之所助者，信也。履信思乎順，又以尚賢也。是以『自天祐之，吉无不利』也。」【案】就大有爻辭而釋之，以明學易无過也。「天」謂五伏陽，伏陽發，上化順之，故爲天所祐。「人」謂三，上之正，則三應之，故爲人所助。「信」，誠也。之正得位，故「履信」。順陽，故「思乎順」。「賢」謂五伏陽，上化順五，故「尚賢」。學易如是，天祐之矣。此第九篇，言易本太極，聖人效法天地作易，以爲天下後世法，而人又當自求多福者也。

子曰：「書不盡言，言不盡意。」【案】「書」，著也。「意」，志意也。書者言之著，言者心之聲，志者氣之帥，心之所之也。口所欲言，書不能盡；意之所之，言不能盡也。**然則聖人之意，其不可見乎？子曰：「聖人立象以盡意，設卦以盡情僞，**【案】「言不盡意」，故立象以盡之，象備，故意盡也。「情」，實；「僞」，虛也。得位爲情，失位爲僞。太玄曰：「離乎情者，必著乎僞。離乎僞者，必著乎情。」玄攡文。故「盡情僞」。**繫辭焉以盡其言，**【案】「爻象以情言」，「聖人之情見乎辭」，故「盡言」。**變而通之以盡利，**【注】陸績曰：「變三百八十四爻，使相交通，以盡天下之利。」【案】「變」謂九、六。「通」謂陰陽相往來，所謂化也。「通其變，使民不倦。神而化之，使民宜之」，故「盡利」，謂卦皆成既濟也。**鼓之舞之**

以盡神。」【注】荀爽曰：「『鼓』者，動也。『舞』者，行也。言陰陽消長〔一〕，三百八十四爻，動行相反其卦，以盡易之神也。」虞翻曰：「『神』，易也。」案：「鼓」，行其氣。「舞」，動其容。「神」即陰陽不測之神。**乾坤，其易之緼邪！**【注】虞翻曰：「『緼』，藏也。易麗乾藏坤，故爲『易之緼』。」案：易緼於乾坤之中，所謂元也，一也，極也。解在贊元。**乾坤成列，而易立乎其中矣。**【案】「列」，分解也。謂乾坤成體，陰陽分也。乾坤，易之緼；乾坤分，則易亦「立乎其中」。易者，元也，意也。乾坤者，象也。「乾坤成列」，「易立乎其中」，則象立而意盡矣。乾元託位於五，坎象也；坤元託位於二，離象也。日月爲易，坎離而已。參同契曰：「天地設位，而易行乎其中矣。天地者，乾坤之象也。設〔二〕位者，列陰陽配合之位也。易謂坎離。坎中乾元，離中坤元。坎離者，乾坤二用。用九、用六，乾坤之元。二用无爻位，周流行六虛。往來既不定，上下亦无常。幽潛淪匿，變化於中。包囊萬物，

〔一〕「言陰陽消長」，李鼎祚周易集解僅作「謂」。
〔二〕「設」，諸本皆作「故」，據周易參同契各本改。

爲道紀綱。以无制有，器用者空。故推消息，坎離滅〔一〕亡。」又曰：「坎戊月精，離己日光。日月爲易，剛柔相當。土旺四季，羅絡始終。青赤白黑〔二〕，各居一方。皆稟中宮〔三〕，戊己之功。」中宮，坤元也。乾元藏於坤元之中，坎離合居。**乾坤毁，則无以見易。易不可見，則乾坤或幾乎息矣。**【案】乾坤者，陰陽之宗，變化所從出入者也。易本无形，以乾坤見之。六十四卦皆乾坤之陰陽，易之所用也。乾坤毁，則卦爻滅，將何以見易？易无方體，以卦爻見之，而不見者見，則易可見者也。故設卦爻以見易，若卦爻不可以見易，則卦爻亦復何爲乎？故曰「乾坤或幾乎息」，以言易雖无形，而可以乾坤見之，故乾坤終不息，而易道著明。書之能盡言，象之能盡意。意在象中，觀象知意。易在乾坤中，觀乾坤〔四〕知易也。「毁」，缺也。**是故形而上者謂之道，形而下者謂之器，**【案】形而上

〔一〕「滅」，周易參同契各本均作「没」。
〔二〕「白黑」，諸本皆倒，據周易參同契各本乙正。
〔三〕「宮」，諸本皆作「央」，據周易參同契各本及下文姚氏案語改。
〔四〕「乾坤」，原倒，據南菁書院本乙正。

下，易形而上下也。易形而上，「在天成象」，「見乃謂之象」。易形而下，「在地成形」，「形乃謂之器」。「道」，陰陽之道也。「形上」、「形下」，言易可見，乾坤所以不息也，所謂「周易」也。**化而裁之謂之變，**【案】「化」，陰陽變化也。「裁」，裁成物也。化裁者，陰陽之功業，易之變也。爻之九、六謂之變，由前言之謂之化。陽者陰所化，陰者陽所化。元之發，亦謂之化，所謂「化生」、「化醇」也。素問六微旨大論：岐伯曰：「夫物之生，從於化；物之極，由乎變。變化之相薄，成敗之所由也。」又天元紀大論云：「物生謂之化，物極謂之變，陰陽不測謂之神，神用无方謂之聖。夫變化之爲用也，在天爲玄，在人爲道，在地爲化。」又五常政大論云：「氣始而生化，氣散而有形，氣布而蕃育，氣終而象變，其致一也。」溯其所由來，畫是也。由畫之爻，故「化而裁之謂之變」，化在變之先也。由後言之，陽極則化之陰，陰極則化之陽，化在變之後，即所謂「通」也。**推而行之謂之通，**【案】陽往則陰來，陰往則陽來，「往來不窮謂之通」。化裁推行，易與聖人一也。**舉而錯之天下之民謂之事業。**【注】陸績曰：「變通盡利，觀象制器，舉而錯之於天下，民咸用之，以爲事業也。」【案】「錯」，置也。此則聖人之意盡而易見者也。**是故夫象，聖人有以見天下之賾，而擬諸其**

形容，象其物宜，是故謂之象。【注】陸績曰：「此明立象盡意、設卦盡情僞之意也。」案：重説象爻者，明易可象可效。象之則謂之象，效之則謂之爻，故曰「是故夫象」。聖人有以見天下之動，而觀其會通，以行其典禮，繫辭焉，以斷其吉凶，是故謂之爻。【案】此明繫辭盡言之意也。極天下之賾者存乎卦，鼓天下之動者存乎辭。【案】此以下爲學易者發也。「極」，窮也。「存」，察也。「鼓」，動也。「辭」〔一〕，所繫辭也。天下之動賾，聖人以象象之，以爻效之，察卦爻而動賾見矣。化而裁之存乎變，推而行之存乎通。【案】察乎易之所以變通，則亦可以化裁推行矣。神而明之，存乎其人。【案】陰陽不測者，易之神。因易之神，而引伸之者，聖人之神也。神者，伸也。引伸而發明之，非聖人，其孰能與於此？故察乎其人，察作易之人也。察之則學之，斯亦能神而明之矣。默而成之，不言而信，存乎德行。【案】立象盡意，「默而成」也。設卦盡情僞，「不言而信」也。作

〔一〕「辭」，諸本皆作「繫」，據上下文義及傳文改。

易者之德行然也。觀卦而知情僞，觀象而知意，觀繫辭而知聖人所擬議，而寓諸卦爻者聖人，知聖人亦其德行然也。中庸曰：「苟不固聰明聖知達天德者，其孰能知之？」故察乎德行。學易所以學爲聖也。荀子曰：「故學也者，固學止之也。惡乎止之？曰：止諸至足。曷爲至足？曰：聖也。」解蔽文。此第十篇，言聖人作易无不盡，學易无大過，所以學爲聖，非徒趨吉辟凶已也。有天地即有易，既作易，而天地之道著，天下之理得，聖之所以爲聖者，求諸易而可知矣。故以總諸篇也。

周易姚氏學卷第十四終

周易姚氏學卷第十五

旌德姚配中撰

周易繫辭下傳

八卦成列，象在其中矣。【案】「象」，易象也。象在卦中，可知而不可見者也。此言三畫未重之卦。「成列」謂方位，「象」謂天、地、雷、風之屬。八卦成列，則象无不備。虞以象據納甲說。因而重之，爻在其中矣。【案】重爲六畫，則動而相應。「爻也者，效天下之動也」，故「爻在其中」，易之可效者也。變爲九、六，則動內見外矣。三畫之卦不相應，重爲六畫，乃動而相應，故「爻在中」。乾鑿度云：「物有始、有壯、有究，故三畫而成乾。乾坤相並俱生，物有陰陽，因而重之，故六畫而成卦。三畫已下爲地，四畫已上爲天。物感以動，類相應也。易氣從下生，動於地之下，則應於天之下；動於地之中，則應於天之中；動於地之上，則應於天之上。初以四，二以五，三以上，此之謂應。陽動而進，陰動而退，故陽以七、陰以八爲彖。陽變七之九，陰變八之六。」據此，是重爲六畫，乃動而相應，動乃變成九、六之爻。**剛柔相推，變在其中矣。**【案】「剛柔」謂畫。由陽推之九，由九推之陰；由陰推之六，由六推之陽。剛柔相推，九、六在中，故「變在其中」，亦易之變也。**繫辭焉而命之，動在其中矣。**【注】虞翻曰：「謂繫彖象九、六之辭，故『動在其中』。『鼓天下之動者，存乎辭』者也。」【案】「命」，名也。魯語曰：「黄帝能成命百物。」「八卦成列」，「因而重之」，謂三畫重爲六畫，而八卦各六畫矣。以六畫之八卦，剛柔相推，而成六十四矣。皆謂伏羲也，淮南子所云「伏羲爲之六十四變」者也。伏羲之卦，有象无字，有畫无爻。既有卦則象可推，既有畫則爻可推。八卦相推，成六十四。相推之中，九、六在焉。未嘗命名，其義未顯耳。不變則不化，既相推而成六十四，則化矣。化則變可知矣，如乾初化爲姤，乾姤之交，爻位在焉，雖无文字，義可知也。文王「繫辭焉而命之」，則統一卦而命以卦之名，統一卦六畫而命以卦之義，「乾：元亨利貞」是也。觀畫之動，而命之爲九、六；觀九、六之義，而繫之以辭，「初九：潛龍勿用」之類是也，所謂「繫辭焉而命之」也。動即變化，繫辭或言變，或言化，或由畫以及化，故統謂之動。九、六之爻，文王所命，故淮南子云：「周室增以六爻。」伏羲之時，有爻變之義，而无其象與其稱也。文王命爲九、六，則九、六即其象、即其稱矣。先聖後聖，其揲一也。吉凶悔吝者，生乎動者也。【注】虞翻曰：「『動』謂爻也。『爻者，效天下之動』。爻象動内，吉凶見外，『吉凶生而悔吝著』，故『生乎動』也。」剛柔者，立本者也。【案】「剛柔」，畫也。畫者，爻之本，九、六自畫變來者，所謂「六爻之動，三極之道也」。六畫爲三才，天地人之始也。六畫變爲爻，是爲三極，天地人之極也。「觀變於陰陽而立卦」，故曰「立本」。由畫之爻，由爻之化，皆謂之動，動以漸也。已成九、六，則謂之變。陰陽已易，直名爲化，體已成也。變通者，趣時者也。【案】「趣」，趨也。「變」謂九、六。「通」，往來也。由變而通，一消一息，故「趣時」。一消一息，陰陽交而數變。七、八、九、六，「變通配四時」。吉凶者，貞勝者也。【注】虞翻曰：「『貞』，正也。」【案】「勝」，克也。荀子曰：「孰知夫出死要節之所以養生也，孰知夫出費用之所以養財也，孰知夫恭敬辭讓之所以養安也，孰知夫禮義文理之所以養情也。故人苟生之爲見，若者必死；苟利之爲見，若者必害；苟怠惰偷懦之爲安，若者必危；苟情説之爲樂，若者必滅。故人一之於禮義，則兩得之矣；一之於情性，則兩喪之矣。」禮論文。故「貞勝」，六爻之動，貞則勝也。正則吉，不正則凶。不正獲吉亦弗勝，正而凶亦勝。**天地之道，貞觀者也。**【案】張氏惠言曰：「『天尊地卑』，天正位於五，地正位於二，『中正以觀天下』，故『貞觀者也』。」**日月之道，貞明者也。**【注】荀爽曰：「離爲日。日中之時，正當離位，然後明也。月者，坎也。坎正位衝離，衝〔一〕，十五日，月當日衝，正值坎位，亦大圓明。」案：日月正當其位，即既濟，六爻俱正。**天下之動，貞夫一者也。**【注】虞翻曰：「『一』者謂乾元。萬物各資乾元〔二〕天一陽氣以生。」案：數始於一，終於一。一者，造分天地、化成萬物者也。「其爲物不貳，則其生物不測」。**夫乾，確然示人易矣。夫坤，隤然示人簡矣。**【案】「確」，高至也。「天尊」，故「高」。「乾以易知」，故「示人易」。孟子曰：「天之高也，星辰之遠也，苟求其故，千歲之日至，可坐而致也。」「隤」，下墜也。「地卑」，故「隤」。「坤以簡能」，故「示人簡」。乾⚊坤⚋，是其易簡也。**爻也者，效此者也。象也者，像此者也。**【案】「此」，此乾坤易簡也。三百八十四爻，所以

〔一〕李鼎祚周易集解「衝」下有「謂」字。
〔二〕「各資乾元」，李鼎祚周易集解作「之動各資」。

效此；六十四卦之象，所以象此，而易之易簡著矣。**爻象動乎内，吉凶見乎外，**【案】卦以下卦爲内，上卦爲外。爻以畫爲内，以九、六爲外。易氣從下生，故下爲内，上爲外。爻由畫變，故畫爲内，九、六爲外。先言爻而後言象者，爻自象來。九、六者，畫之變也。動乎畫，而見乎爻，七、八、九、六，皆元之用耳。由外溯内，故先爻後象。**功業見乎變，聖人之情見乎辭。**【注】荀爽曰："陰陽相變，功業乃成也。"案：荀云"相變"，以化言也。【案】不變則功業不見。"變則通，通則久"，久於其道，而天下化成矣。"爻象以情言"，"繫辭焉以盡其言"，故"情見乎辭"也。**天地之大德曰生，聖人之大寶曰位。**【案】天始地生，乾坤合德，以生諸卦，大生廣生，故"大德曰生"。乾爲金玉。五，天子之位。聖人，乾元也。乾元託位於五，故"大寶曰位"。"寶"者，保也，釋文云："孟作『保』。"重也。書曰："無墜天之降寶命。"此下皆所謂功業也，情也。聖人作易，爲天下後世爲君者著治亂之本而告之，其功業至今存，其情雖至今可見也。**何以守位？曰仁。**【注】鄭康成曰："持一不惑曰守。"見詩鳧鷖疏。【案】孟子曰："爲天下得人者，謂之仁。"天下不可以獨治，能爲天下得人者，乃能守位也。何以聚人？曰財。理財正辭，禁民爲非，曰義。

【注】陸績曰：「人非財不聚。故聖人觀象制器，備物盡利，以業萬民而聚之也，蓋取聚人之本矣。」荀爽曰：「尊卑貴賤，衣食有差，謂之『理財』。名實相應，萬事得正，謂之『正辭』。咸得其宜，故謂之『義』也。」案：此所謂「元亨利貞」也。「天地之大德」，元也。五者，「聖人之大寶」，乾元之位也。爲天下得人，則上下交而志通矣。「守位曰仁」，元之亨也。利物和義，故「聚人曰財」。「貞者，事之幹」。正其本，萬事理，故「理財正辭，禁民爲非，曰義」，所謂成既濟、利之貞也。名正言順，謂之「正辭」。「義」者，宜也，謂成既濟，六爻正。易者，聖人所以治天下之道也。乾五，天位也。乾元，天子也。卦爻備而天下之象盡矣。是故以之治身，則身安；以之治國，則國治；以之治天下，則天下平矣。周之所以王，其在斯乎！此第一篇，自「八卦成列」至「動在其中」，言聖人作易。自「吉凶悔吝」至「貞夫一者也」，則皆即動而究言之。自「夫乾」至「見乎辭」，則又即動貞夫一而究言之。自「天地」至「曰義」，則功業與聖人之情也。此篇統論大義，以啓下諸篇。

古者庖犧氏之王天下也，【案】「庖犧」，通作「包羲」。釋文云：「『包』，本又作『庖』。『犧』字又作『羲』。」包陰包陽，乾元之伏也。「羲」，氣也。説文云：「包，象人裹妊。巳在中，象子未成形也。元气起於子。子，人所生也。男左行三十，女右行二十，俱立於巳，爲夫婦。裹妊於巳，巳爲子，十月而生。男起巳至寅，女起巳至申。故男年始寅，女年始申也。」又云：「義，气也。」「包羲氏之王天下」，謂其體元而出治也。孟喜、京房云：「伏，服也。戲，化也。」鄭云：「包，取也。鳥獸全具曰犧。」虞云：「炮啖犧牲。」漢書律曆志作「炮」，云：「庖犧繼天而王，爲百王首。德始於木，故爲帝太昊。作罔罟以田漁，取犧牲，故天下號曰炮犧氏。」白虎通云：「謂之伏羲何？下伏而化之。」顧氏以爲取犧牲，以共庖廚。「包」，説文又引作「虙」。案：「包羲」之義，諸儒皆望文爲説，去古久遠，是以立説各殊也。**仰則觀象於天，俯則觀法於地。**【案】「在天成象」，「天垂象，見吉凶」，故「觀象於天」。「在地成形」，「效法之謂坤」，故「觀法於地」。「仰」，卬也。「俯」，頫也。**觀鳥獸之文，**【注】陸績曰：「『鳥獸之文』，謂朱鳥、白虎、蒼龍、玄武四方二十八舍〔一〕經緯之文也。」案：太玄玄攡云：「察龍虎之文，觀鳥龜之理。」義本此。**與地之宜。**【注】荀九家曰：「謂四方四維，八卦之位；山澤高卑，五土之宜也。」案：大司徒：「以土會之法辯五

〔一〕「舍」，李鼎祚周易集解作「宿」。

地之物生。一，山林；二，川澤；三，丘陵；四，墳衍；五，原隰也。」近取諸身，遠取諸物。【案】説卦備焉。於是始作八卦，以通神明之德，以類萬物之情。【注】荀爽曰：「乾坤爲天地，離坎爲日月，巽震爲風雷〔一〕，艮兑爲山澤，此皆『神明之德』也。」【案】包羲體元出治，故「始作八卦」，元發爲卦也。「神明之德」，謂元也。「八卦」，諸所爲類萬物之情也。作結繩而爲網罟，以佃以漁，蓋取諸離。【注】虞翻曰：「離爲目，巽爲繩。目之重者唯罟，故『結繩爲罟』。」馬融曰：「取獸曰『佃』，取魚曰『漁』。」見釋文。孔疏云：「諸儒以爲象卦制器，皆取卦之爻象之體。上繫云：『以制器者尚其象。』」庖犧氏没，神農氏作。【案】「神」者，伸也。「農」，物生時也。包羲者體元出治，神農則引伸氣而生物也，故以繼包羲焉。説文云：「農，从晨，早昧爽也。晨，从辰，辰，時也。」又云：「辰，震也。三月陽气動，雷電振，民農時也，物皆生。」斲木爲耜，揉木爲耒，耒耨之利，以教天下，蓋取諸益。【注】京房曰：

〔一〕「巽震爲風雷」，李鼎祚周易集解作「震巽爲雷風」。

「『耜』，耒下耓也。『耒』，耜〔一〕上句木也。」案：攷工記云：「耜廣五寸，二耜爲耦。」鄭注云：「古者耜一金，兩人併發之。」疏云：「金廣五寸。耒面謂之庛。庛亦當廣五寸。」月令疏云：「耒者，以木爲之，長六尺六寸。底長尺有一寸；中央直者，三尺有三寸；句者，二尺有二寸。」【案】「斲」，斫也。「揉」，屈也。「耨」，芸芓也。益互坤田，巽震爲木。損兑爲毁折。損反成益，故「斲木」、「揉木」。巽在上爲耒，震在下爲耜。耜者，耒首之金，必斲木，而後以金合之，故「斲木」。耒，倨句、磬折，故「揉木」也。**日中爲市，致天下之民，聚天下之貨，交易而退，各得其所，蓋取諸噬嗑。**【注】虞翻曰：「離象正上，故稱『日中』。艮爲徑路。震爲足，又爲大塗。坎水艮山，羣珍所出。震升坎降，『交易而退』。噬嗑，食也。市井交易，飲食之道，故取諸此。」案：古者日中而市，至周因其便而分爲三。司市云：「大市，日昃而市，百族爲主。朝市，朝時而市，商賈爲主。夕市，夕時而市，販夫販婦爲主。」**神農氏没，黄帝、堯、舜氏作。**【案】「黄」，中之色，坤之元也。「帝」者，諦也。乾元始於坎，坤元始於離，「萬物皆相見」，可審諦

〔一〕「耒耜」，原倒，據經典釋文及南菁書院本乙正。

也。「堯」，高也；「舜」，充也，言氣盛也。氣始於子，出乎震，相見乎離，坤以養之，故物盛長矣。故以黄帝、堯、舜繼神農氏焉。言「没」、「作」者，取陰陽出入之義也。虞云：「『没』，終也。『作』，起也。」通其變，使民不倦。神而化之，使民宜之。【注】虞翻曰：「『變而通之以盡利』，謂作舟楫、服牛乘馬之類，故『使民不倦』。」【案】「神而化之」，神明而變化之也。「利用出入，民咸用之」，故曰「宜」。

易窮則變，變則通，通則久，是以「自天祐之，吉无不利」。【注】陸績曰：「庖犧作網罟，教民取禽獸，以充民食。民衆獸少，其道窮，則神農教播殖以變[一]之，此窮變之大要也。『窮則變，變則通』，與天地相終始[二]，故可久。民得其用，故无所不利之也。」案：上言聖人制作，皆取諸易，故復就易言之。「易窮則變」，畫變之爻。「變則通」，九、六之化也。大戴本命云：「陰窮反陽，陽窮反陰。」又云：「陰以陽化，陽以陰變。一陰一陽，然後成道。」仲長統昌言損益云：「作有利於時，制有便於物者，可爲也。事

〔一〕「變」，諸本皆作「便」，據李鼎祚周易集解改。

〔二〕「與天地相終始」，李鼎祚周易集解作「與天終始」，蓋姚氏補之。

有乖於數，法有翫於時者，可改也。故行於古，有其迹，用於今，无其功者，不可不變。變而不如前，易〔一〕而多所敗者，不可不復也。」**黃帝、堯、舜垂衣裳而天下治，蓋取諸乾坤。**

【注】鄭康成曰：「乾爲天，其色玄；坤爲地，其色黃。故玄以爲衣，黃以爲裳。」見王制疏及豳風疏〔二〕。案：鄭又云：「其服皆上玄下纁。土託位南方，南方色赤，黃而兼赤，故爲纁也。」則鄭以「黃裳」爲「纁裳」矣。荀九家云：「衣取象乾，居上覆物；裳取象坤，在下含物也。」【案】法乾元、坤元不自用而用九、六，故「垂衣裳而天下治」。既法其義，即取其象，以爲衣裳焉。後漢書輿服志引作「乾巛」，云：「乾巛有文，故上衣玄，下裳黃〔三〕。」

刳木爲舟，剡木爲楫，舟楫之利，以濟不通，致遠以利天下，蓋取諸渙。【案】巽爲木、爲風，坎爲水，木在水上，風以送之，乘木有功，舟楫之象也。「刳」，判也。「剡」，鋭利也。互震爲木，巽又爲木，二木相連，舟之象也。互艮爲手，爲木堅多節，與坎連體，楫之象也。**服牛乘馬，引重致遠，以利天下，蓋取諸隨。**

〔一〕「易」，諸本皆脱，據仲長統昌言補。
〔二〕上引見周禮司服疏及詩豳風疏，下引見王制注及疏。
〔三〕「黃」，原脱，據後漢書及崇文書局本、南菁書院本補。

【注】虞翻曰：「否上之初也。否乾爲馬、爲遠，坤爲牛、爲重。坤初之上，爲『引重』；乾上之初，爲『致遠』。艮爲背，巽爲股，在馬上，故『乘馬』。巽爲繩，繩束縛物，在牛背上，故『服牛』。出否之隨，『引重致遠，以利天下』，故『取諸隨』。」案：虞據消息説。【案】震爲車，故「服牛乘馬」。艮止震動，艮以震行，故「引重致遠」。晉語云：「震，車也。」是震亦有車也〔一〕。

重門擊柝，以待暴客，蓋取諸豫。

【注】鄭康成曰：「豫，坤下震上，九四體震，又互體有艮。艮爲門；震，日所出，亦爲門，『重門』象。案：震，東方，萬物所出。説文云：「卯爲春門。」艮又爲手，手持二木以相敲，是爲『擊柝』。案：震爲木、爲鼓、爲聲，艮爲小木。『擊柝』爲守備警戒也。四又互體坎，坎爲盜。案：荀九家云：「水暴長无常。」又以其卦爲豫，有守備，則不可自佚。」見宮正疏。案：艮以止之，守禦之義，故曰「待」。

斷木爲杵，掘地爲臼，臼杵之利，萬民以濟，蓋取諸小過。【案】艮爲小木，互兑爲毀折，故「斷木」。兑爲

〔一〕「也」，當作「象」。

口，臼之象。艮止於下，震動於上，震出巽入，春之象也。弦木爲弧，剡木爲矢，弧矢之利，以威天下，蓋取諸睽。【案】離爲「弦」，互坎爲木多心、爲「弧」。離爲「矢」。火動而上，澤動而下，發矢之象也。白虎通引樂記云：「土曰壎，竹曰管，皮曰鼓，匏曰笙，絲曰弦，石曰磬，金曰鐘，木曰柷敔。壎，坎音也。管，艮音也。鼓，震音也。弦，離音也。鐘，兑音也。柷敔，乾音也。」案：白虎通脱巽坤二音。高誘淮南子天文注及晉書樂志俱以乾音石、坎音革、艮音匏、震音竹、巽音木、離音絲、坤音土、兑音金，與白虎通互有異同，皆以離爲絲。周禮：「禁原蠶。」蠶屬火。上古穴居而野處，後世聖人易之以宮室，上棟下宇，以待風雨，蓋取諸大壯。【案】大壯反遯，遯爲「穴居野處」，反成大壯，故「易之以宮室」。上諸所取，皆據本卦之象，以一卦言。以下皆云「易之」，據兩卦言也。震木在上，故「上棟」。乾在下，故「下宇」。宇，屋簷象，乾之覆也。詩曰：「風雨攸除，君子攸芋。」曲禮疏云：「通而言之，則宮、室通名，故爾雅云：『宮，謂之室。室，謂之宮。』别而言之，論其四面穹隆，則曰宮；因其貯物充實，則曰室。室之言實也。」古之葬者，厚衣之以薪，葬之中野，不封不樹，喪期无數，後世聖人易之以棺槨，蓋取諸大過。

【案】大過與頤通。頤震爲木，艮象反震〔一〕，爲木多節，故「厚衣之以薪」。互坤爲地，艮爲山，故「葬之中野」。頤中四爻皆陰虚，故「不封不樹」。无坎離日月象，故「喪期无數」。「期」謂從斬衰至緦麻，日月之期也。受以大過，故「易之以棺槨」。巽爲木，兑象反巽，内外皆木，棺槨之象也。虞云：「穿土〔二〕稱『封』。『封』，古『窆』字也。聚土爲『樹』。」是虞不以「封」爲聚土，不以「樹」爲樹木。白虎通崩薨云：「棺之言完，所以藏〔三〕尸，令完全也。槨之言廓，所以開廓辟土，令无〔四〕迫棺也。封樹者，所以爲識，故檀弓曰：『古也墓而不墳，今丘也，東西南北之人也，不可以不識也，於是封之，崇四尺。』含文嘉曰：『天子墳高三仞，樹以松。諸侯半之，樹以柏。大夫八尺，樹以欒。士四尺，樹以槐。庶人无墳，樹以楊柳。』」案：「墓而不墳」，則始有棺槨時，亦不聚土，則无棺槨時，不封可知，故虞以「封」爲窆，以「樹」爲聚土。劉向云：「棺槨之作，自黄帝始。」據此言也。「葬之」〔五〕，劉向作「臧之」。

〔一〕「反震」，諸本皆倒，循本書「震象反艮」、「艮象反震」、「兑象反巽」之例乙正。
〔二〕「土」，原作「上」，據李鼎祚周易集解及南菁書院本改。
〔三〕「藏」，白虎通疏證作「載」。
〔四〕「令无」，白虎通疏證作「无令」。
〔五〕「之」，原脱，據傳文及崇文書局本、南菁書院本補。

上古結繩而治，後世聖人易之以書契，百官以治，萬民以察，蓋取諸夬。

【注】鄭康成曰：「『結繩』者，事大，大結其繩；事小，小結其繩。以書書木邊，言其事，刻其木，謂之『書契』，各持其一，後以相考合。」見孔疏及釋文、書疏。【案】夬反爲姤，姤巽爲繩，故「結繩而治」。兑爲附決，坤爲文，陽息至五，飛龍上治，故「易之以書契」，百官治而萬民察也。漢書藝文志云：「夬『揚於王庭』，言其宣揚於王者朝廷，其用最大也。」

是故易者，象也。象也者，像也。

【案】周易言象，故「易者，象也」。此解經之名「易」也。卦象所以像萬物，故「象也者，像也」。此解卦畫之稱「象」也。即十三「蓋取」，而「易」、「象」之義可知矣，故曰「是故」。管子曰：「義也，名也，時也，似也，類也，比也，狀也，謂之象。」七法文。

彖者，材也。

【案】「材」、「才」、「哉」通，始也，本也。卦首六畫，未變曰「材」。由畫而變爲九、六，則曰「爻」。「彖」說六畫，故曰「材也」。此解卦辭之稱「彖」也。説文云：「才，艸木之初也。」論語：「無所取材。」鄭注云：「古字『材』、『哉』同耳。」案：「哉」即「才」。釋詁云：「哉，始也。」虞云「彖說三才」，則虞本作「才」，不作「材」。畫者，卦氣初兆，故曰「材」。乾鑿度云：「陽動而進，陰動而退，故陽以七、陰以八爲彖。陽變七之九，陰變八之六。」鄭注云：「彖者，爻之不變動者。九、六，爻之變動者。一變而爲七，是今陽爻之象。七變而爲九，是今陽爻之變。八變而爲六，是今陰爻之變。二變而爲八，是今陰爻之象。」〔一〕據此，則卦首六畫，皆七、八之象，變乃爲九、六。九、六之爻，象之變也，故謂之變。繫辭所以卦爻、象爻俱分説之，陽畫▬，一也；陰畫╍，亦一也。陽生則陰分爲二，╍即▬之分，乃陰之一也。干寶坤初注云：「陽數奇，陰數偶，是以乾用一也，坤用二也。」干所云「一」、「二」，謂畫也。畫皆一、二，説易〔二〕者以蓍无一、二，又以一變七、二變八，因謂象爲七、八，其實七、八、九、六皆一、二之變，七、八之變在九、六之先。周易无七、八，畫兼之耳。要知易之卦，非蓍得者也。象爻之義不明，乃强以一體謂之卦，六畫謂之爻，則六畫成卦之義不可通矣。今人筮卦，尚知七作單，九作重，獨不知易之畫與爻殊，畫乃▬╍，爻乃九、六，何也？又案：左傳有「艮之八」，國語有「泰之八」、「貞屯悔豫皆八」之文。以此推之，古人蓍法寫七、八、九、六，與易卦畫異也。方術之家由之而不能知，注經者讀之而不知求。自左傳得某之某，不明易義者爲之畫兩卦，而義遂由此晦矣。陽一君二民，陰二君一民。陽以陽畫爲主，故一君。陰以陰畫爲主，故二君。二即╍也。**爻也者，效天下之動者也。**【案】

〔一〕「八變」、「二變」，乾鑿度鄭注作「二變」、「六變」。姚氏改正之由，詳見贊元。

〔二〕「説易」，諸本皆倒，據上下文義乙正。

爻者言變，故「效天下之動」。天下之動，可效而不可以畫拘者也。立象盡意，七、八、九、六，互相流通也。此解九、六之稱「爻」也。**是故吉凶生而悔吝著也。**【注】虞翻曰：「爻象動内，吉凶見外。『吉凶悔吝，生乎動者也』，故曰『著』。」案：此第二篇，言聖人制作取諸易，亦功業之見端，而易之象爻可推。

陽卦多陰，陰卦多陽，其故何也？【注】崔憬曰：「『陽卦多〔一〕陰』，謂震、坎、艮，一陽而二陰。『陰卦多陽』，謂巽、離、兑，一陰而二陽者也。」**陽卦奇，陰卦耦，**【注】虞翻曰：「陽卦一陽，故『奇』。陰卦一陰，故『耦』。」案：「陽卦奇」，謂陽卦以奇爲主。奇，⚊也。「陰卦耦」，謂陰卦以耦爲主。耦，⚋也。**其德行何也？**【案】「其」，其奇耦。卦畫爲「德」，變爲九、六，爲「行」，謂動靜也。「君子之道」，「小人之道」，奇耦之德行也。**陽一君而二民，君子之道也。陰二君而一民，小人之道也。**【案】陽卦以陽爲主，「一君」謂陽畫爲之君，「二民」謂陰畫爲之民。二即⚋。陰卦以陰

〔一〕「卦多」，原倒，據李鼎祚周易集解及崇文書局本、南菁書院本乙正。

爲主，「二君」謂陰畫爲之君，「一民」謂陽畫爲之民。陽剛君子，陰柔小人也。仲長統昌言損益云：「易曰：『陽一君二民，君子之道也。陰二君一民，小人之道也。』然則寡者爲人上者也，衆者爲人下者也。」案：「寡者爲人上」，謂陽卦一陽，以陽爲君；陰卦一陰，以陰爲君也。則所謂「二君」，謂⚋爲之君，陰畫也，非謂陰卦以二陽爲君。**易曰：「憧憧往來，朋從爾思。」**【案】「思」者，心之君也。此承上而申説之。**子曰：「天下何思何慮？天下同歸而殊塗，一致而百慮。天下何思何慮？**【注】虞翻曰：「易无思也，既濟定，六位得正，故『何思何慮』。」案：咸四之初，初之四，成既濟，「同歸」於正，而或上或下，故「殊塗」。「憧憧往來」，或思升，或思降，其欲得位之心則一也，故「一致而百慮」。成既濟，陰陽各得，故「何思何慮」，此所以「憧憧往來，朋從爾思」者也。管子形勢云：「疑今者察之古，不知來者視諸往。萬事之生，異趣而同歸，古今一也。」太史公自序引此稱爲易大傳。**日往則月來，月往則日來，日月相推，而明生焉。**【注】虞翻曰：「謂咸〔一〕初往之四，與

〔一〕「咸」，諸本皆脱，據李鼎祚周易集解補。

五〔一〕成離，故『日往』；與二成坎，故『月來』。案：初往之四，互離坎，日月合，此合朔之日月也。初變之四，與上成坎，故『月往』。四變之初，與三成離，故『日來』者也。案：初往之四成坎，四來之初成離，離氣上升，坎氣下降，月受日光而明，此望時之日月也。既濟體兩〔二〕離坎，故『明生』也。」**寒往則暑來，暑往則寒來，寒暑相推，而歲成焉。**

【案】坎北方爲「寒」，離南方爲「暑」。初往之四，成坎；四來之初，成離，故「寒往暑來」。乾起坎終離，此由寒而暑者也。初之四與五成離，與二成坎，故「暑往寒來」。坤起離終坎，此由暑而寒者也。「寒往暑來」，成既濟。「暑往寒來」，互未濟。陽生於子，陰生於午，坎離中宫，陰陽之所出入者也。陰陽一消一息，出離入坎，出坎入離，四時周而歲成矣。**往者屈也，來者信也，屈信相感，而利生焉。**【案】已往者「屈」，方來者「信」，相感而萬物成，故「利生」也。**尺蠖之屈，以求信也。**

【注】荀爽曰：「以喻陰陽之氣，屈以求信也。」案：春秋考異郵云：「蟲之爲言屈申

〔一〕「五」，諸本皆作「三」，據李鼎祚周易集解改。

〔二〕「體兩」，諸本皆倒，據李鼎祚周易集解乙正。

也。」月令以鱗、鳳等狀中央四時之氣，故曰「其蟲」，言其屈申也。解在月令箋。【案】尺蠖屈信，蟲也。「屈」，抑退也。氣欲信而不得，則抑退而屈，尺蠖之求信象焉。解在釋數。不屈則不能信，故曰「之屈，以求信」。龍蛇之蟄，以存身也。【注】虞翻曰：「『蟄』[一]，潛藏也，龍潛而蛇藏也。陰息初，巽爲蛇。陽息初，震爲龍。十月坤成，十一月復生。姤巽在下，龍蛇俱蟄。」案：「龍蛇之蟄」，屈曲於中，以喻陰陽伏藏之形也。西北陽伏，坤元藏乾元，陰陽并處。及其消長也，陰長則陽消，陽長則陰消，陽不蟄則剥，陰不蟄則決，故曰「之蟄，以存身」。精義入神，以致用也。【注】姚信曰：「陽稱『精』，陰爲『義』，入在初也。陰陽在初，深不可測，故謂之『神』。變爲姤復，故曰『致用也』。」案：「精」，靜也。「義」，宜也，陰陽各得其宜也。謂陽靜專、陰靜翕也。「入」，內也。「入神」，藏其神也。「神」，謂元也。解在贊元。利用安身，以崇德也。【案】用无不周，故「利用」。不下堂而天下治，故「安身」。謂元不自用也。過

〔一〕「蟄」，諸本皆無，據周本李鼎祚周易集解及曹元弼周易集解補釋補。

此以往，未之或知也。窮神知化，德之盛也。」【案】屈信往來，易之可知者。「過此以往」，謂无朕兆時也。「未之或知」，言无有能之知者。「窮神」，窮易之神，窮神則知之矣。「化」謂往來屈信也。「窮神知化」，唯聖者能之，故曰「德之盛」。中庸曰：「唯天下至誠，爲能經綸天下之大經，立天下之大本，知天地之化育。」此第三篇，言「陽卦多陰，陰卦多陽」，陰陽合，成既濟。一陰一陽，往來不息，而用之者元也，爲陰陽之主者也。

易曰：「困于石，據于蒺藜，入于其宮，不見其妻，凶。」子曰：「非所困而困焉，名必辱。【案】「石」，非所宜困。三失位，以陰居陽，而見困，故「名必辱」。三應在上，而爲四所困，故非所困而名辱也。二化，四互艮爲石，石喻堅固。夫禮義也者，聖人所以藏身之固，而非所以困人者也。君子「介于石」，「見幾而作」，亦斷之以禮耳。是以君子行焉，小人困焉。壞法亂紀，烏得不困且辱哉？故禮義所以固君子，亦所以困小人。非所據而據焉，身必危。【注】虞翻曰：「謂據二，二失位，故『非所據而據焉』。」案：襄二十五年左傳疏：劉炫云：「六三上承九四，四非三應，而三欲附之，附之不入，自取其困。不應爲此困〔一〕而爲之，名必辱也。六三失位，而下乘九二，以柔乘剛，非安身之道。不應據而據之，身必危也。」【案】「困于石」，名已辱矣。而「據蒺藜」，不唯无濟，適以甚之也，故「身必危」。夫敗國、喪家、亡人，必先去其禮。雖有善者，且无如之何，況所據皆小人哉！禮愈亡而愈信任小人，以喪國亡身者比比也。是故「困于石」者，知其必「據于蒺藜」。畔于禮者，未有不比之匪人者也。韓詩外傳云：「易曰『困于石』云云，此言困而不見據賢人也。昔者秦繆公困于殽，疾據五羖大夫、蹇叔、公孫支而小霸。晉文公困于驪氏，疾據咎犯、趙衰、介子推而遂爲君。越王句踐困于會稽，疾據范蠡、大夫種而霸南國。齊桓公困于長勺，疾據管仲、甯戚、隰朋而匡天下。此皆困而疾據賢人者也。夫困而不知疾據賢人，而不亡者，未嘗有也。」**既辱且危，死期將至，妻其可得見邪？」**【案】離日坎月爲期，三在坎互離，與上互大過，死象，故「死期將至」。化之正，成大過，則期至。之正而爲死者，不仁之當滅亡，亦禮之不可易者也。**易曰：「公用射隼于高墉之上，獲之，无不利。」子曰：「隼**

〔一〕「此困」，崇文書局本、南菁書院本無。疑左傳疏「此困」爲衍。

者，禽也。弓矢者，器也。射之者，人也。【注】虞翻曰：「離爲『隼』，故稱『禽』，言其行野容，如禽獸焉。離爲『矢』，坎爲『弓』，坤爲『器』。」君子藏器於身，待時而動，何不利之有？【案】「藏器於身」，故曰「公用射隼」，不言弓矢也。「時」，時位，君子之「高墉」也。「高墉」則所見者博，隼无所匿。君子有時位，則所處者高，動无所瘇，而道可行矣。法言曰：「修身以爲弓，矯思以爲矢，立義以爲的，奠而後發，必中矣。」修身文。此君子之器也。中庸曰：「雖有其德，苟无其位，亦不敢作禮樂焉。」此君子必待時也。器藏於身，得時即可以動，故曰「公用射隼于高墉之上」，言用之以射隼耳，弓矢所素備也。動而不括，是以出而有獲，語成器而動者也。」【案】「括」，閉也。弓動矢發，出而貫隼，故「動而不括，出而有獲」。其君用之，則安富尊榮；其子弟從之，則孝弟忠信，所獲豈不大哉？荀子曰：「羿者，天下之善射者也，无弓矢則无所見其巧。大儒者，善調一天下者也，无百里之地則无所見其功。」儒效文。道德者，君子之器。時者，所以成君子之器者也。故「語成器而動」，言待時可以成吾器則動也。荀子曰：

「君子能爲可貴，不能使人必貴己。能爲可信，不能使人必信己。能爲可用，不能使人必用己。」非十二子文。**子曰：「小人不恥不仁，不畏不義，不見利不勸，不威〔一〕不懲。小懲而大誡，此小人之福也。**【案】「恥」，辱。「畏」，懼。「勸」，勉。「懲」，艾。恥則有所不爲，畏則有所不敢，不恥不畏，則无所不至矣。不勸則善雖大而不爲，不懲則惡无大而不作。无所忌憚，必致滅身，故「小懲大誡」，爲「小人之福」。「誡」，敕也。凡先舉易辭，後乃申説者，言聖人所繫之辭如此，而其所以擬議而繫此辭之旨，則如是云云也。先説其事，後乃以易證之者，以見萬類无窮，而无不可證之以易，愈以見易无不包也。有是意因立是象，有是象因繫是辭，有是辭即有是事，此引伸之義也。有是事先有是辭，則聖人有以探其本，知來藏往，而百世可知者也。**易曰：『屨校滅趾，无咎。』此之謂也。**【案】噬嗑初本得位，變則將化，不可不懲，其所以有「屨校」之象者，亦「不恥」、「不畏」、「不懲」、「不勸」之所致，上无正應故也，是以離於法矣。離於法則畏懼生，懼「滅趾」而不行，不致「滅趾」，九不化之陰，故得「无

〔一〕「威」，原作「勸」，據周易正義及崇文書局本、南菁書院本改。

咎」，此小懲大誡而爲福者也。晏平仲曰：「君恃勇力以伐盟主，若不濟，國之福也。」善不積，不足以成名。惡不積，不足以滅身。小人以小善爲无益而弗爲也，以小惡爲无傷而弗去也，故惡積而不可掩，罪大而不可解。」【注】虞翻曰：「乾爲積善，坤爲積惡。『小善』謂復初，『小惡』謂姤初。」【案】仲尼曰：「湯、武非一善而王也，桀、紂非一惡而亡也，三代之廢興也，在其所積。積善者多，雖有一惡，是爲過失，未足以亡。積惡者多，雖有一善，是爲誤中，未足以存。」潛夫論慎微文。易曰：「何校滅耳，凶。」【案】噬嗑三至五，坎耳失正，當滅者也。初「滅趾」而不知戒，必致由初至上，「滅鼻」、「滅耳」且「滅頂」，而身斯滅矣。象曰：「聰不明。」言其不知戒，罔念聞也。子曰：「危者，安其位者也。亡者，保其存者也。亂者，有其治者也。【案】不知戒懼，則禍亂生。危者，自以爲可長安其位者也；亡者，自以爲可長保其存者也；亂者，自以爲可長有其治者也，而不知乃其所以亡也。此即「其亡其亡」之義，言其所以亡，君子監焉，以自惕者也。書曰：「我不可不監于有夏，亦不可不監于有殷。」案：禮運：「故明於順，然後能守危也。」

鄭注云：「能守自危之道也。君子居安如危，小人居危如安。易曰：『危者，安其位。』」疏云：「謂所以今日危亡者，正爲不知畏懼，偷安其位，故致危亡也。」谷永云：「夏、商之將亡也，行道之人皆知之，宴然自以若天有日莫能危，是故惡日廣而不自知，大命傾而不悟。易曰：『危者，有其安者也。亡者，保其存者也。』」郭璞上疏云：「有道之君，未嘗不以危自持。亂世之主，未嘗不以安自居。故存而不忘亡者，三代之所以興也。亡而自以爲存者，三季之所以廢也。」義並與鄭同。崔憬云：「言有危之慮，則能安其位不失也。」非是。如其說，則下「安而不忘危」爲贅語矣。**是故君子安而不忘危，存而不忘亡，治而不忘亂，是以身安而國家可保也。**

【案】自以爲安則亡，故君子監焉以自惕，是以不亡。否泰相反，一存一亡。平陂往復，可不懼哉？**易曰：『其亡其亡，繫于包桑。』」**【注】荀爽曰：「存不忘亡也。『桑』者，上玄下黄，乾坤相包以正，故不可亡〔一〕也。」陸績曰：「自此以上，皆謂否陰滅陽之卦。五在否家，雖得中正，常自懼以危亡之事者也。」【案】

〔一〕「亡」，李鼎祚周易集解作「忘」，蓋姚氏改之。曹元弼周易集解補釋云：「『忘』，當爲『亡』。荀否九五注云：『乾職在上，坤體在下，雖欲消乾，繫其本體，不能亡也。』」

「其亡」，其自以爲安者。「其亡其亡」，言其所以亡也。其所以亡，「安其位」故也。監於此，則兢兢業業，不忘危亡，「身安而國家可保」，故「繫于包桑」。劉向疏引「安不忘危」，下即云：「王者必通三統，明天命所授者博，非獨一姓也。」案：王者存二王之後，即監夏、監殷之義。又云：「孔子論詩，至於『殷士膚敏，祼將于京』，喟然嘆曰：『大哉天命！善不可不傳子孫，是以富貴無常。不如是，則王公其何以戒慎？民萌何以勸勉？』蓋傷微子之事周，而痛殷之亡也。」「痛殷之亡」，即所謂「其亡」也。谷永對義亦同。**子曰：「德薄而位尊，知小而謀大，力小而任重，鮮不及矣。易曰：『鼎折足，覆公餗，其形渥，凶。』言不勝其任也。」**【注】虞翻曰：「『鮮』，少也。『及』，及〔一〕於刑〔二〕矣。」【案】「任」，負也。「鼎」，宗廟之器。重任，尊位也。「餗」，八珍之食，大謀也。以德薄知力小者當之，鮮有能勝任而不折覆，以離於刑者。九四以陽居陰，處非其

〔一〕「及及」，原脱一「及」字，據周本李鼎祚周易集解補。

〔二〕「刑」，原作「荆」，據李鼎祚周易集解、本書鼎卦九四注及崇文書局本、南菁書院本改。下文「離於刑」之「刑」同。

位，故「不勝任」。潛夫論貴忠[一]云：「德不稱其任，其禍必酷；能不稱其位，其殃必大。」**子曰：「知幾，其神乎！**【案】「幾」不可測，故「知幾其神」。孟子曰：「聖而不可知之之[二]謂神。」淮南子曰：「知人所不知，謂之神。」兵略文。**君子上交不諂，下交不瀆，其知幾乎！**【案】「諂」，諛也。知幾先見，故无諂瀆。事有一定，禮有固然，君子之无諂瀆，定於未交之先也。**幾者，動之微，吉之先見者也。君子見幾而作，不俟終日。易曰：『介于石，不終日，貞吉。』**【案】「幾者動之微」，吉凶生乎動，君子知之，則吉固吉矣，凶亦吉也，故「吉之先見」。「作」，起也。豫二互艮爲「石」。「介」，操存之介也。天下之物，石最堅；天下之事，禮最固。操存以禮，无惑无虞，其能作而「不俟終日」者，此也。**介如石焉，寧用終**

〔一〕「貴忠」，汪繼培潛夫論箋作「忠貴」。漢書敘傳引作「貴忠篇」。潛夫論敘録云：「位以德興，德貴忠立。」據此，疑潛夫論「忠貴」篇名爲倒誤。

〔二〕「之之」，諸本皆脱一「之」字，據孟子補。

日？斷可識矣。【案】操存以禮，堅莫如之，故「如石」也。「斷」，決斷也。觀其介，知其斷，故「斷可識」。艮「時止則止，時行則行」，是其斷也。釋名云：「山體曰石。石，格也。堅，捍格也。」君子知微知彰，知柔知剛，萬夫之望。」【注】鄭康成曰：「『知微』謂幽暗，『知彰』謂明顯也。」見文選西征賦注。【案】陰陽初兆謂之「微」，吉凶已著謂之「彰」。當剛而剛，當柔而柔，得位之陰陽也。其不當者，失位者也。知之則處之當矣，故「萬夫之望」，言望而法效之也。詩曰：「行歸于周，萬民所望。」子曰：「顏氏之子，其殆庶幾乎！有不善，未嘗不知；知之，未嘗復行也。易曰：『不遠復，无祇悔，元吉。』」【注】虞翻曰：「幾者，神妙也。『復以自知』，謂顏回『不遷怒，不貳過』，『克己復禮，天下歸仁』。」【案】「知幾其神」者，聖也。顏子步亦步，趨亦趨，故「殆庶幾」。无不善則无所復，知幾所以神也。「有不善，未嘗復行」，故「不遠復」，「庶幾」者也。欲學易者，自寡過始。孔子曰：「可以無大過矣。」天地絪縕，萬物化醇。【案】「絪縕」，壹壺也，言其周密相包裹也。「絪縕」，說文引作「壹壺」，蓋本字。「絪縕」，假借字也。說文云：「壹，專一也。壺，壹壺也。从壺，不得泄凶也〔一〕。壺，昆吾圜器也。」淮南子本經云：「距日冬至四十六日，天含和而未降，地懷氣而未揚，陰陽儲與，呼吸浸潭，包裹風俗，斟酌萬物〔二〕，旁薄衆宜，以相嘔咐醖釀，而成育羣生。」「醇」，不澆也。陰陽往來，周密无間，物得其和而生，故「化醇」。管子曰：「凡人之生，天出其精，地出其形，合此以爲人。和乃生。」內業文。愼子云：「天地之所以能長能久者，以其陽中有陰，下降極而生陽；陰中有陽，上升極而生陰。二氣交通，合爲太和。相因而爲氤，相昷而爲氳。以此施生化之功，變化之所以兆也。」

男女搆精，萬物化生。【注】鄭康成曰：「搆，合也。男女以陰陽合其精氣。」見草蟲疏。案：彼作「覯」，義同。【案】有天地然後有男女，有男女然後有父子、君臣。孔子曰：「天地不合，萬物不生。大昏，萬世之嗣也。」荀子曰：「君臣、父子、兄弟、夫婦，始則終，終則始，與天地同理，與萬世同久，夫是之謂大本。」王制文。

〔一〕「不得泄凶也」，說文解字同。段玉裁說文解字注作「壺，不得渫也」，云：「許釋之曰『不得渫也』者，謂元氣渾然，吉凶未分，故其字从吉凶在壺中，會意。」曹元弼周易集解補釋云：「壹壺，吉凶並在壺中，氣未渫也。」據此，說文解字「泄凶」之「凶」當爲衍字。

〔二〕「物」，淮南子作「殊」。

董子曰：「天地之陰陽當男女，人之男女當陰陽。」易曰：「三人行則損一人，一人行則得其友。」言致一也。【案】昏禮，主人不降送，壻降出，婦從，禮不參也，故「三人行，損一人」。男行女隨，故「致一」，言致一人，所謂得友也。白虎通曰：「閨閫之内，衽席之上，朋友之道也。」嫁娶文。子曰：「君子安其身而後動，易其心而後語，定其交而後求。君子脩此三者，故全也。【案】此得位既濟之象也。得位，故「安其身」。坎爲險，得正，六爻相應，故「易其心，定其交」。六位皆正，无所不宜，「故全也」。危以動，則民不與也。懼以語，則民不應也。无交而求，則民不與也。莫之與，則傷之者至矣。易曰：『莫益之，或擊之，立心勿恒，凶。』」【案】王粲曰：「身不安則殆，言不順則悖，交不審則惑，行不篤則危。四者存乎中，則憂患接乎外矣。憂患之接，必生於自私而興於有欲。自私者，不能成其私。有欲者，不能濟其欲。」安身論文。益上失位无與，不降三，則三不與上，五艮來擊之。上居高位，不自降三，而欲三來應己，又不自化之正順五，失位乘陽，三隔五不應上，所謂「危」也、「懼」也、「无交」者也，皆无恒之所必致也。以斯而動，誰則與之？是以「凶」而「傷之者至」。上、三易位，成既濟，則所謂君子也。此第四篇，所謂吉凶生、悔吝著也。

子曰：「乾坤，其易之門邪！【注】荀爽曰：「陰陽相易，出於乾坤，故曰『門』。」【案】「易」，元也。「乾坤」，「易之門」，言其出入於乾坤，乾坤周而易周矣。**乾，陽物也。坤，陰物也。陰陽合德，而剛柔有體。**【注】荀爽曰：「『陽物』，天；『陰物』，地也。」虞翻曰：「『合德』謂天地雜，保合[一]太和，日月戰，乾剛以體天，坤柔以體地也。」案：「精氣爲物」，乾坤者，陰陽之精氣所爲也。已成形體，故謂之「物」。「合德」則太極含三爲一，合和之氣也。「陰陽合德」，是曰「太極」。陰陽成體，則曰「剛柔」。言乾坤之所以爲物者，以剛柔各有體也。陰陽合德不可名，名之以易而已。荀子禮論云：「天地合而後[二]萬物生，陰陽接而後變化起。」**以體天地之撰，以通神明之德。**【注】荀九家曰：「『撰』，數也。萬物形體，皆受天地之數也。隱藏謂之『神』，著見謂之

[一]「合」，李鼎祚周易集解無，蓋姚氏補之。
[二]「後」，荀子禮論無。下句「後」同。

『明』，陰陽交通，乃謂之『德』。」案：「以體天地之撰」，謂剛柔爲卦畫，成卦體，卦所以「體天地之撰」者也。「以通神明之德」，謂「發揮剛柔而生爻」，由變而化，往來不窮，不可一端測，故「以通神明之德」也。**其稱名也，雜而不越。**【注】荀九家曰：「陰陽雜也。『名』謂卦名。陰陽雖錯，而卦象各有次序，不相踰越。」**於稽其類，其衰世之意邪！**【案】「於」，歎辭。「類」，謂以卦類萬物也。卦反復相受，故曰「衰世之意」，謂殷之末世，周以盛德繼之。一陰一陽，一盛一衰，易之義也。聖人懼衰之不已，故卦必反復，以見衰必有盛，窮則變，變則通，作易以救衰也。仲尼作春秋，亦此志也。白虎通曰：「文王所以演易何？商王紂不率仁義之道，失爲人法矣。己之調和陰陽尚微，故演易，使我卒至於太平日月之光明，則如易矣。」五經文。荀子曰：「以類行雜，以一行萬，始則終，終則始，若環之無端也，舍是而天下以衰矣。」王制文。**夫易，彰往而察來，而微顯闡幽，**【案】往者彰，則來者可察。不知今者視諸古，不知來者稽諸往也。「微顯」謂顯明者探其微。「闡幽」謂幽昧者發其覆。陽往則陰來，陰往則陽來。變之九、六者，本諸畫；隱於畫者，發諸爻。睹本察末，探端知緒，所謂「知遠之近，知風之自，知微之顯」也。「闡」，開也。**開而當名，辯物正言斷辭，則備矣。**【注】干寶曰：「『辯物』〔一〕，辯物類也。『正言』，言正義也。『斷辭』，斷吉凶也。」【案】易出入乾坤，成六十四卦，故「開當名」，各當其名也。**其稱名也小，其取類也大；其旨遠，其辭文；其言曲而中，其事肆而隱。**【注】虞翻曰：「謂乾坤與六子俱名八卦而小成，故『小』。『觸類而長之』，故『大』。」【案】「廣大悉備，有天地人道焉」，故「旨遠」。「百物不廢」，「物相雜」，故曰「文」，亦天地人之文也。「曲成萬物而不遺」，言賾不可亞，言動不可亂，故「曲而中」。「肆」，極陳也。變通之謂事，「百姓日用而不知」，故「肆而隱」。荀子曰：「多言則文而類，終日議〔二〕其所以，言之千舉萬變，其統類一也，是聖人之知也。」性惡文。**因貳以濟民行，以明失得之報。**」【注】鄭康成曰：「『貳』，當爲『弍』。」見釋文。案：説文云：「弍，古文二。」虞翻曰：

〔一〕「辯物」，諸本皆無，據周本李鼎祚周易集解及曹元弼周易集解補釋補。
〔二〕「議」，諸本皆作「擬」，據荀子改。

「『二』謂乾與坤也。」【案】「濟」謂成既濟。民行失中，作易以濟之，得位則報以吉，失位則報以凶，成既濟，乃无失也，故「濟民行」。此第五篇，言易出入乾坤，无所不備，變易而不易者也。

易之興也，其於中古乎！作易者，其有憂患乎！【注】鄭康成曰：「文王爲中古。見虞翻注引。文王因而演易。」見孔疏。案：漢書藝文志「世歷三古」注：孟康曰：「伏羲爲上古，文王爲中古，孔子爲下古。」【案】文王增六爻，作卦爻之辭，故興於中古。「作易」謂繫卦爻之辭也。是故履，德之基也。【案】「履」者，禮也。踐而履之，故曰「基」。无禮則德不成，「克己復禮，天下歸仁」。此九卦者，文王之所以服事殷，而終其臣節者也。謙，德之柄也。【注】虞翻曰：「坤爲『柄』。柄，本也。」干寶曰：「『柄』所以持物，『謙』所以持禮者也。」復，德之本也。【注】虞翻曰：「復初，乾之元，故『德之本也』。」案[一]：元伏復初，確乎難拔，故曰「本」。恒，德之固也。【注】虞翻曰：「『立不易方』，守德之堅固。」案：「恒」，常也。恒厥德，始貞固，不

[一]「案」，原作「察」，據南菁書院本改。

恒則「或承之羞」。**損，德之脩也。**【注】鄭康成曰：「『脩』，治也。」見釋文。荀爽曰：「懲忿窒欲，所以脩德。」**益，德之裕也。**【注】荀爽曰：「見善則遷，有過則改，德之〔一〕優裕也。」**困，德之辯也。**【注】鄭康成曰：「『辯』，別也。遭困之時，『君子固窮，小人窮則濫』，德于是別也。」**井，德之地也。**【注】姚信曰：「井養而不窮，德居地也。」案：井爲德所居之地，勞民勸相，居德之地也。**巽，德之制也。**【注】虞翻曰：「巽風爲號令，所以制下，故曰『德之制也』。」**履，和而至。**【案】「說而應乎乾」，故「和而至」。**謙，尊而光。**【注】荀爽曰：「『自上下下，其道大光』也。」**復，小而辯於物。**【注】虞翻曰：「陽始見，故『小』。『乾，陽物；坤，陰物』也。以乾居坤，故稱『別物』。」案：陰陽之物，辯之於早。**恒，雜而不厭。**【注】荀爽曰：「夫婦雖錯居，不厭之道也。」**損，先難而後易。**【案】損以成益，故「先難後易」。**益，長裕而不設。**【注】鄭康成曰：「『設』，大也。」周禮攷工記曰：

〔一〕「德之」，諸本皆倒，據李鼎祚周易集解乙正。

『中其莖，設其後。』」見桃氏疏。鄭彼注云：「謂從中以卻稍大之，後大則於把易制。」案：「不設」，謂无所小大，故「長裕」。虞翻曰：「謂天施地生，其益无方。凡益之道，『與時偕行』，故『不設』也。」困，窮而通。井，居其所而遷。巽，稱而隱。【案】「困而不失其所亨」，故「通」。「改邑」，故「遷」。「不改井」，故「居其所」。萬物絜齊，故「稱」；爲伏爲入，故「隱」也。履以和行，謙以制禮，復以自知，恒以一德，【注】虞翻曰：「『禮之用，和爲貴』，故『以和行』也。陰稱『禮』，謙三以一陽制五陰，萬民服，故『以制禮』也。『有不善，未嘗不知』，故『自知』也。『恒，德之固』，『立不易方』，『從一而終』，故『一德』者也。」損以遠害，【案】滿則招損，自損，故「遠害」。向子平所謂「貴不如賤，富不如貧」者，正謂此也。見本傳。申〔一〕屠剛對策云：「損益之際，孔父攸嘆。持滿之戒，老氏所慎。蓋功冠天下者不安，威震人主者不全。」淮南子曰：「孔子讀易，至損益，未嘗不憤然而歎曰：『益損者，其王者之事與！事或欲以利之，適足以害之；或欲害之，乃反以利之。利害之反，禍福

〔一〕「傳申」，原倒，據後漢書及崇文書局本、南菁書院本乙正。

之門户，不可不察也。』」人間文。**益以興利，**【注】荀爽曰：「天施地生，其益无方，故『興利』也。」**困以寡怨，井以辯義，**【案】「困而不失其所亨」，「致命遂志」，所以「寡怨」也。「不怨天，不尤人」，居易俟命，无入不自得，何怨之有？「辯義」謂「改邑不改井」，各有宜也。**巽以行權。**【注】荀九家曰：「巽象號令，又爲近利，人君政教，進退釋〔一〕利而爲權也。春秋傳曰：『權者，反於經，然後有善者也。』桓十一年公羊傳文。此所以説九卦者，聖人履憂濟民之所急行也。故先陳其德，中言其性，後序〔二〕其用，以詳之也。西伯勞謙，殷紂驕暴，臣子之禮有常，故創易道以輔濟君父者也。然其意義廣遠幽微，孔子指撮，解此九卦之德，合三復之道，明西伯之於紂不失上下。」案：此第六篇，舉九卦以明文王居動皆易，後之君子所宜察其德行者也。

易之爲書也，不可遠；【案】易廣大悉備，言尚辭，動尚變，制器尚象，卜筮尚占，

〔一〕「釋」，朱本李鼎祚周易集解同，周本李鼎祚周易集解作「擇」。

〔二〕「序」，李鼎祚周易集解作「敘」。案：「序」、「敘」通。

「舉而措之天下之民，謂之事業」，故「爲書不可遠」也。「書」，著也。**爲**〔一〕**道也，屢遷。**【注】虞翻曰：「『遷』，徙也。日月周流，『上下无常』，故『屢遷』也。」【案】「一陰一陽之謂道」，陰陽往來不窮，故「屢遷」。**變動不居，周流六虚，上下无常，剛柔相易。**【注】虞翻曰：「『六虚』，六位也。日月周流，終則復始。」【案】「變動」謂九、六。六爻之動，由畫而變，而不居於六畫之位，故「不居」。「六虚」者，太極六爻一陰一陽之虚位也。終而復始，升降於六虚，所謂「周」也。陰陽上下，互相易位，故「上下无常，剛柔相易」，所謂易也。**不可爲典要，唯變所適。**【注】虞翻曰：「『典』，常；『要』，道也。『上下无常』，故『不可爲典要』。」【案】周易占變，故「唯變所適」。**其出入以度，外内使知懼。**【案】「出入」謂屈信消長也。出入有恒，故「以度」。陰陽出入，即聖人之所以爲出入者。「入」謂之「内」，「出」謂之「外」。爻象動内，吉凶見外，故「使知懼」也。**又明於**

〔一〕「爲」上，諸本皆衍「其」字，據周易正義、李鼎祚周易集解删。

憂患與故，无有師保，如臨父母。【注】虞翻曰：「『神以知來』，故明憂患。『知以藏往』，故知事故。『作易者，其有憂患乎』！」干寶曰：「言易道戒懼，所以『懼以終始』，歸无咎也。雖无師保切磋之訓，其心敬戒，常如父母之臨己者也。」案：文王世子云：「師也者，教之以事而喻諸德者也。保也者，慎其身以輔翼之而歸諸道者也。」**初率其辭，而揆其方。既有典常，苟非其人，道不虛行。**【注】馬融曰：「『方』，道也。」見釋文。【案】「初」，始；「率」，循；「辭」，彖爻辭也。「揆」，度；「方」，陰陽之道也。陰陽變易，故「不可爲典要」。卦氣之初，全體畢具，故率辭揆方，盡有典常也。「其人」謂聖人，仁見仁，知見知，百姓不知，唯聖人知之而不失其正，此所以必察乎其人、察乎德行者也。有聖人之一端，則可行聖人之一事。君子曰：「甘受和，白受采，忠信之人可以學禮。」此第七篇，言易不可遠，非其人不能行也。

易之爲書也，原始要終，以爲質也。【案】終始，卦畫之終始也。「原」，本；「要」，約；「質」，體也。謂元發爲畫也。**六爻相雜，唯其時物也。**【注】虞翻曰：「陰陽錯居稱『雜』。時陽則陽，時陰則陰，故『唯其時物』。『乾，陽物；坤，陰物』。」

【案】「時」謂一卦之氣，發爲六畫者，故「六位時成」。爻之陰陽由於畫，故「唯其時物」，唯六畫之陰陽，發爲六爻之陰陽也。畫自下上，成各以時；變而爲爻，各隨其畫。若元，則无方无體而不過不遺者也。吕覽曰：「愛惡循義，文武有常，聖人之元也。譬之若寒暑之序，時至而事生之。聖人不能爲時，而能以事適時。」召類文。「以事適時」，用九、用六之謂也。**其初難知，其上易知，本末也。初辭擬之，卒成之終。**【注】干寶曰：「初擬議之，故『難知』；卒終成之，故『易知』，本末勢然也。」案：「初」、「上」謂爻。**若夫雜物撰德，辯是與非，則非其中爻不備。**【案】「雜物」謂陰陽也。「撰德」，「天地之撰」、「神明之德」也。「中爻」，二至五，中四爻也。謂之「中爻」者，五，上之中；二，下之中；三、四，互體之中。中四爻兼互體，故「備」也。**噫！亦要存亡吉凶，則居可知矣。知者觀其彖辭，則思過半矣。**【注】馬融曰：「『噫』，辭也。『居』，處也。『彖辭』，卦辭也。」【案】「要」，約也。「所居而安者，易之象」，故「居可知」。「象者言乎象」，「君子居則觀其象而玩其辭」，觀質可以知文，故「思過半」。**二與四同功而異**

位，其善不同。二多譽，四多懼，近也。柔之爲道，不利遠者。其要无咎，其用柔中也。【案】二、四皆陰，同互一卦，故「同功」。荀注易，凡互體，俱云同功爲某。莊二十二年左傳疏云：「二至四，三至五，兩體交互，先儒謂之互體。」二中，四非中；二内，四外，故「異位，善不同」也。二得中，故「多譽」；四失中，故「多懼」。二應五，故「近多譽」；四非五應，反來應初，五又乘之，故「遠」而「多懼」也。「无咎」謂四，「柔中」謂二。三與五同功而異位，三多凶，五多功，貴賤之等也。其柔危，其剛勝邪？【案】三、五俱陽，同互一卦，故「同功」。五中，在外；三失中，在内，故「異位」。五貴得中，故「多功」；三賤失中，故「多凶」。三、五陽位，故「柔危剛勝」也。此上所謂「非中爻不備」文。易之爲書也，廣大悉備〔一〕，【注】荀爽曰：「以陰易陽謂之『廣』，以陽易陰謂之『大』，易與天地準，故〔二〕『悉備』也。」

〔一〕「悉備」，原倒，據周易正義及崇文書局本、南菁書院本乙正。
〔二〕「故」，李鼎祚周易集解作「固」。

有天道焉，有人道焉，有地道焉。兼三才〔一〕而兩之，故六。六者，非它也，三才之道也。【案】道不可見，始萌謂之「才」，故「三才之道」，天地人始兆之道也，謂畫。道有變動，故曰爻。爻有等，故曰物。【注】陸績曰：「天道有晝夜、日月之變，地道有剛柔、燥濕之變，人道有行止、動靜、吉凶、善惡之變。聖人設爻，以效三者之變動，故謂之『爻』也。」【案】「等」，貴賤之等。「物」，陽陰之物也。物相雜，故曰文。文不當，故吉凶生焉。【注】虞翻曰：「『乾，陽物；坤，陰物』。純乾、純坤之時，未有文章。陽物入坤，陰物入乾，更相雜，成六十四卦，乃有文章，故曰『文』。」【案】「不當」謂陰陽失位。「吉凶者，失得之象」，故「吉凶生」。卦畫爲質，卦爻爲文。「原始要終，以爲質」，謂畫之始終。「六爻相雜，唯其時物」，畫之變爲九、六而成文章者。文依質立，質以文行，是曰「時物」。此第八篇，言卦爻文質相依，所謂剛柔立本，變通趣時，兼三才而廣大悉備矣。

〔一〕「三才」，今通行宋本周易正義作「三材」。孫星衍周易集解作「三才」，云：「唐石經『三才』字原作『才』，改爲『材』。」蓋姚氏從孫説。下「三才」同。

易之興也，其當殷之末世，周之盛德邪！當文王與紂之事邪！【注】鄭康成曰：「據此言，以易是文王所作，斷可知矣。」見昭二年左傳疏。**是故其辭危。**【案】文王因而演易，有憂患，故「辭危」。**危者使平，易者使傾。**【案】陰消陽長，陽極陰生，无平不陂，无往不復，六十四卦，旁通反復，孟子所謂「生於憂患而死於安樂」者也。**其道甚大，百物不廢。**【案】陰陽往來，无有窮已，「廣大悉備」者也，故「其道甚大」。「百」，舉成數。「廢」，休也。淮南子曰：「輪轉而無廢。」原道文。**懼以終始，其要无咎，此之謂易之道也。**【案】作易者有憂患，故「懼以終始」。成既濟定，故「其要无咎」也。此第九篇，言文王作易，以總上諸聖人也。

夫乾，天下之至健也，德行恒易以知險。夫坤，天下之至順也，德行恒簡以知阻。【案】「德行」者，得乾坤之健順而行之，易簡而知險阻也，謂聖也。文言傳：「君子行此四德。」謂得而行之也。天地之道，恒久不已，至健至順，純陰純陽，恒易簡而不險阻者。陰陽變化，皆自乾坤來，故「知險阻」。**能説諸心，**【案】得健順而行之，易簡而知險阻，故「能説諸心」，以之脩其身也。元伏復初，爲天地心。剛柔始交，出震交坎，而成屯矣。此言乾坤交，成諸卦，復姤爲陰陽之始，屯蒙爲諸卦之先，舉一端而全經可知也。**能研諸侯之慮，**【注】虞翻曰：「坎心爲『慮』。乾初之坤初〔一〕，爲震。震爲諸侯。」【案】「能研諸侯之慮」，謂治國也。屯「利建侯」，所謂「君子以經綸」者也。**定天下之吉凶，成天下之亹亹者。**【注】荀爽曰：「『亹亹』，陰陽之微，可成可敗也。順時者成，逆時者敗。」【案】此謂平天下也。陰陽成六十四卦，故「定天下之吉凶」。陽陰皆起於初，自微及著，故「成天下之亹亹者」。禮器曰：「是故天時雨澤，君子達亹亹焉。」鄭彼注云：「君子愛物，見天雨澤，皆勉勉勸樂。」案：「勉勉勸樂」，樂物之生也。義同。**是故變化云爲，**【案】「通變之謂事」，故「變化云爲」。「云」，運也。**吉事有祥。**【注】虞翻曰：「『祥』，幾祥也，『吉之先見者也』。謂復初元吉〔二〕也。」**象事知器，占事知來。**【案】「象事知器」，象其事、知其成也。「見乃謂之象，形乃謂之器」。「占

〔一〕「坤初」，李鼎祚周易集解作「坤」，無「初」字，疑姚氏補之。
〔二〕「元吉」，李鼎祚周易集解作「乾元」。

事」，未著而待占者。占之而知其方來，故「知來」。荀子曰：「五寸之矩，盡天下之方也。」不苟文。**天地設位，聖人成能。**【案】「天地設位」，謂健順也。天行健，位乎上；地勢順，位[一]乎下。「聖人成能」，謂德行成，而「能説諸心」以脩身，「能研諸侯之慮」以治國，能定吉凶、成亹亹以平天下也。聖人與天地合德，法效天地，以成其能，引伸觸類，能事畢矣。中庸曰：「可以贊天地之化育，則可以與天地參矣。」**人謀鬼謀，百姓與能。**【注】鄭康成曰：「『鬼謀』，謂謀卜筮於廟門也。」見士冠禮疏。【案】「謀及乃心，謀及卿士，謀及庶人，謀及卜筮」，故「人謀鬼謀」。「易則易知，簡則易從」，故「百姓與能」。**八卦以象告，爻彖以情言。**【案】六十四卦皆八卦之象，故「八卦以象告」。「告」，示也。爻言變，彖言象，「聖人之情見乎辭」，故「爻彖以情言」也。**剛柔雜居，而吉凶可見矣。**【案】謂畫也。剛柔交，故「雜居」。爻者，變動不居。剛柔立本，得失已兆，故「吉凶可

[一]「位」，原作「謂」，據崇文書局本、南菁書院本改。

見」，所謂「居可知」也。**變通**〔一〕**以利言，吉凶以情遷。**【案】變則通，變通盡利，故「以利言」。「情」謂一陰一陽，天地人之至也。得則吉，失則凶。先得後失，則始吉終凶；先失後得，則始凶終吉，故「以情遷」也。**是以**〔二〕**愛惡相攻而吉凶生，**【案】「愛惡」，謂情之得失也。得位相應，則「交相愛」，不則以得攻失，以失攻得，而「吉凶生」矣。「攻」，擊也。**遠近相取而悔吝生，**【案】「遠」謂非應，「近」謂應也。遠取近，則應爲非應所取，不得之應；近取遠，則應係於非應，不欲之應，而「悔吝生」焉。**情僞相感而利害生。**【案】「情僞」謂得失。以情感情，有利无害；以僞感僞，有害无利；以情感僞，雖害亦利；以僞感情，雖利亦害。**凡易之情，近而不相得，則凶。或害之，悔且吝。**【案】「凡易之情」，謂得位者也。「近」謂應。相應之爻俱得位，而一化一不化，則「不相得」，故「凶」。應本相得，閒爻「害之」，則「悔且吝」。**將叛者其辭慙，**【案】本得位而欲

〔一〕「通」，今通行宋本周易正義、李鼎祚周易集解均作「動」。疑姚氏據傳文「變則通」、「變而通之以盡利」改之。

〔二〕「以」，李鼎祚周易集解同，今通行宋本周易正義、崇文書局本、南菁書院本作「故」。

化者，爲「將叛」。「叛」，倍也。「慙」，媿也。爻效人事，故辭亦如之。**中心疑者其辭枝，**【案】失位而變化无定者，爲「疑」。「枝」，猶擬也。荀子曰：「凡觀物有疑，中心不定，則外物不清。吾慮不清，則未可定然否也。」又曰：「心枝則无知，傾則不精，貳則疑惑。」并解蔽文。**吉人之辭寡，躁人之辭多，**【案】得位不動者爲「吉人」，失得妄動者爲「躁人」。「寡」，少也。「多」，重也。**誣善之人其辭游，**【案】陽爲善，陰居陽位，陽爲陰揜，爲「誣善」。「游」，猶浮也。緇衣曰：「大人不倡游言。」書曰：「而胥動以浮言，恐沈于衆。」**失其守者其辭屈。**【案】「持一不惑曰守」。陽靜專，以陽居陰，爲「失其守」。「屈」，挫其志也。孟子曰：「威武不能屈。」此第十篇，言變易、不易皆其簡易，以總諸篇也。

周易姚氏學卷第十五終

周易姚氏學卷第十六

旌德姚配中撰

周易説卦傳

昔者聖人之作易也，幽贊於神明而生蓍，【注】鄭康成曰：「『昔者聖人』，謂伏羲、文王也。」見書序疏。荀爽曰：「『幽』，隱也。『贊』，見也。」干寶曰：「始爲天下生用蓍之法。」【案】「幽」，深；「贊」，佐也。「幽贊」，謂易不可見，聖人極深研幾以佐見之也。「神明」者，天地之神明，易之元也。「生」，猶造也。參天兩地而倚數，【注】馬融曰：「五位相合，以陰從陽。天得三合，謂一、三與五也。地得兩合，謂二與四也。見孔疏。『倚』，依也。」見釋文。案：聖人以陰陽消息有始、壯、究，而因爲之異其名。自一至十，奇以名陽，偶以名陰。一至五爲生數，六至十爲成數。成數者，生數之合也。生數三奇而二偶，故天得三合，一、三、五，六、八、十，合之三十三；地得兩合，二、四，七、九，合之二十二。陽大小數皆三，陰大小數皆二，故「參天兩地而倚數」，數依以立也。天地之數五十五，減五以象五行，以五十衍卦，故曰「大衍」，解在上繫。虞云：「分天象爲〔一〕三才，以地兩之，立六畫之數。」似失之。上言「生蓍」，則此言「大衍之數」可知，非謂重卦。「倚」，鄭周禮媒氏注作「奇」。**觀變於陰陽而立卦，【案】數有陰陽之變，謂一變七，二變八也。觀數變之陰陽，因以立卦畫之陰陽也。**上言數，故知此「立卦」謂卦畫，下乃言爻。虞云：「謂『立天之道，曰陰與陽』。乾剛坤柔〔二〕，立本者。『卦』謂六爻。」似失之。下言生爻，此云立卦，謂卦畫，不得豫言爻。天道陰陽，乃以陰陽分屬天，剛柔分屬地，以見六畫一陰一陽，陰陽剛柔互備耳。乾剛坤柔；乾，陽物；坤，陰物，隨義生稱耳，不得以陰陽專屬之天也。**發揮於剛柔而生爻，【案】「剛柔」謂畫。「發揮」，發動也。發揮於剛柔之畫，以生九、六之爻。又有數无象，故言「生」不言「立」。**上言卦畫，故知此是由剛柔之畫生九、

〔一〕「爲」，諸本皆脱，據李鼎祚周易集解補。
〔二〕「乾剛坤柔」，李鼎祚周易集解作「乾坤剛柔」。

六之爻。虞云：「『立地之道，曰柔與剛』。變剛生柔爻，變柔生剛爻，以三爲六也。」似失之。「道有變動，故曰爻」。易爻皆九、六。七變之九，剛之發揮；八變之六，柔之發揮。剛柔立本，畫動成爻也。**和順於道德而理於義，**【案】「道」，一陰一陽之道，太極也。「德」謂兩儀，各得太極之陰陽，故謂之「德」。陰陽分，則各有定位，故曰「義」。「理」，分也。合太極、兩儀之道德，立六畫陰陽一定之位，故「和順於道德而理於義」。賈子曰：「物所道始謂之道，所得以生謂之德。德之有也，以道爲本。德生理，理立則有宜[一]，適之謂義。義者，理也。」道德説文。上言卦畫及爻，故知此是定陰陽之位。虞云：「『立人之道，曰仁與義』。和順謂坤，道德謂乾，以乾通坤，謂之理義。」似失之。如其説，是坤與乾通，何謂立人之道？義不可曉。此謂蓍卦定位之所以然，不必以象泥也。**窮理盡性以至於命。**【案】「理」，陰陽之位。「性」，陰陽之性。性偏則不能當位。「窮理盡性」，而陰陽各得其分矣，故「以至於命」。「命」，陰陽一定之位，即分也。「窮理」，窮命之分。「盡性」，性之不盡者使之盡，以各如其分，則一陰一

[一]「宜」，諸本皆作「各」，據賈誼新書改。

陽，六爻正，而「至於命」矣。此卦所以成既濟，而既濟定也。上言陰陽有一定之位，故知此言陽陰必各當其位，所謂「乾道變化，各正性命」，復乎太極之體者也。蓋一陰一陽者，太極之體，命也，所謂「和順於道德而理於義」，陰陽之宜，以太極定也。卦之性各有陰陽，化成既濟，則一陰一陽，復太極之體，情也。「利貞者，性情」。性之發，各得其正，則盡性而至於命矣。大戴易本命云：「萬物之性，各異類。」類異則性不盡，稟於木則仁，稟於金則義，猶乾性陽而坤性陰也。成既濟，則「至於命」，性之偏者化矣。劉子云：「民受天地之中以生，所謂命也。是以有動作禮義〔一〕威儀之則，以定命也。」「定命」則「至於命」矣。賈子道德説云：「命，德之理也。」案：虞云：「以乾推坤，謂之『窮理』。以坤變乾，謂之『盡性』。性盡理窮，故『至於命』。巽爲命也。」似失之。**昔者聖人之作易也，將以順性命之理。是以立天之道，曰陰與陽；立地之道，曰柔與剛；立人之道，曰仁與義。兼三才而兩之，故易六畫而成卦。**【案】天地人，各有性有命。天性陽，其得位不化者，命也；其失位必化之陰者，亦命。上陰位，當陰也。地性柔，其得位不化者，命也；其失位必化之

〔一〕「禮義」，諸本皆脱，據春秋左傳注疏補。

剛者，亦命。初剛位，宜剛也。人性仁，威儀定命，則義其命。義者，宜也，隨其位之陰陽而爲剛柔也。呂覽曰：「命也者，就之未得，去之未失。國士知其若此也，故以義爲決而安處之。」知分文。此承上性命而申説之，以明六畫所以以一陰一陽爲定位，卦所以必成既濟也。上言聖人造蓍定卦爻，此言聖人立六畫之旨，故重言「昔者聖人之作易也」。聖人「將以順性命之理」，故立天地人之道，各有性命，兼而兩之，六畫成卦，一陰一陽爲之定位也。

分陰分陽，迭用柔剛，故易六位而成章。【案】以三才六位言，則初、二，地；三、四，人；五、上，天。總一卦言，明天道，則剛柔皆天之陰陽；明地道，則陰陽皆地之剛柔；明人道，則又各如其陰陽剛柔而爲仁義也。泰内陽外陰，内君子，外小人，合全卦言天人也。故曰「分陰分陽，迭用柔剛」，明互相備也。「迭」，更也，互也。「章」，天地人之文也。「物相雜，故曰文」。六位成章，錯綜而成六十四。象像爻效，「文不當，而吉凶生矣」。乾鑿度云：「孔子曰：『易有六位三才，天地人道之分際也。天有陰陽，地有柔剛，人有仁義，法此三者，故生六位。六位之變，陽爻者，制於天也；陰爻者，繫於地也。天動而施曰仁，地靜而理曰義。仁成而上，義成而下。上者專制，下者順從。正形於人，則道德立而尊卑定矣。』」

天地定位，山澤通氣，【案】天尊位上，地卑位下。天降時雨，山川出雲。天地之氣，以山澤通，所謂「竅於山川」者也。咸彖傳陸績注云：「天地因山澤孔竅以通其氣，化生萬物也。」紀瞻對策云：「蓋聞陰陽升降，山澤通氣。」義同陸。**雷風相薄，水火不相射。**【注】鄭康成曰：「『薄』，入也。」陸績曰：「『射』，厭也。」并見釋文。【案】「薄」，迫也。天地之氣，以雷風相迫入也。淮南子天文云：「陰陽相薄，感而爲雷。」文選風賦注引物理志云：「風，陰陽擊發氣也。」水，火之牡；火，水妃也，故「不相射」。陰陽之氣，出入坎離，以坎離交也。素問天元紀大論云：「水火者，陰陽之徵兆。」**八卦相錯，數往者順，知來者逆，是故易逆數也。**【案】「相錯」謂成六十四。「逆」，迎也。已往，故數之順，自上而下。未來，故數之逆，自下而上。易氣從下生，迎而上，以下爻爲始，「知來」者也，故「逆數也」。

雷以動之，風以散之，雨以潤之，日以烜之，艮以止之，兑以説之，乾以君之，坤以藏之。【注】荀九家曰：「雷與風雨，變化不常，而日月相推，迭有往來，是以四卦以義言之。天地山澤，恒在者也，故直言〔一〕名矣。」【案】萬物以陽出。仲春之月，陽始出地，激而爲雷，而萬物動，羣蟄起。氣以雷發，以風行，風行氣布，和而爲雨。雨自上下，故「潤」。澤自下上，故「説」。乾爲之君，號令皆發自乾元也。坤位中央，物皆麗焉。出於坤，藏於坤，萬物之母也。樂記曰：「地氣上齊，天氣下降，陰陽相摩，天地相蕩，鼓之以雷霆，奮之以風雨，動之以四時，煖之以日月，而百化興焉。」月令則其紀驗也。

帝出乎震，齊乎巽，相見乎離，致役乎坤，説言乎兑，戰乎乾，勞乎坎，成言乎艮。【案】「帝」，乾元也。乾元藏於中宮，周乎八方，所在異名，而八卦稱焉。齊書王儉傳〔二〕：太子問王儉曰：「周易乾卦本施天位，而説卦云『帝出乎震』。震本非天，義豈相當？」儉曰：「乾健震動，天以運動爲德，故言『帝出震』。」太子曰：「天以運動爲德，君自體天居位，震雷爲象，豈體天所出？」儉曰：「主器者莫若長子，故受之以震。萬物出乎震，故亦帝所與

〔一〕「言」，李鼎祚周易集解作「説」。
〔二〕下引獨見於南齊書文惠太子傳。

焉。」案：儉不知「帝」爲乾元，故言之多滯。夫元之所在異名，八卦何一非元乎？謂之「帝」者，言其氣之王，出而乘時也。明乎此，而八卦可知矣，夫豈帝自爲帝而卦自爲卦乎？魏志注引管輅别傳難劉邠云：「輅不解古之聖人何以處乾位於西北、坤位於西南？夫乾坤者，天地之象。然天地至大，爲神明君父，覆載萬物，生長撫育，何以安處二位，與六卦同列？」知八卦之皆元所爲，則无疑於乾坤之位矣。卦者，挂也，象也。「帝出乎震」，則象成震；「齊乎巽」，則成巽，豈舍帝而别有卦哉？輅所云「乾坤者，易之祖宗，變化之根原」者，謂元也。此明堂之所由立，明堂法易八卦，王居周明堂，若帝之出乎震而周八卦也。解在月令箋。十二月之所由紀，晉書律曆志[一]：董巴議云：「昔伏羲始造八卦，作三畫，以象二十四氣。黄帝因之，初作調曆。」八風七十二候之所由驗也。春秋考異郵：「冬至十一月，陽之氣也。陽立於五，極於九，五九四十五日一變風[二]，以陰合陽，故八卦主八風，相距[三]各四十五日。艮爲條風，震爲明庶風，巽爲清明風，離爲景風，坤爲涼風，兑爲閶闔風，乾爲不周風，坎爲廣莫風。」七十二候，解在月令箋。萬物出

〔一〕「律曆志」，諸本皆作「天文志」。下引獨見於晉書律曆志，故據之改。
〔二〕「風」，諸本皆脱，據春秋考異郵補。
〔三〕「相距」，春秋考異郵作「距同」。

乎震，震，東方也。【注】虞翻曰：「『出』，生也。」案：説文云：「出，進也。象屮木益滋，上出達也。」【案】變「帝」言「萬物」者，「見乃謂之象，形乃謂之器」，「萬物」者，「帝」所爲也。此所云八卦，乃方位。帝之所在爲卦，因即以卦名其方，故復伸之云「震，東方也」。白虎通五行云：「東方者，動方也，萬物始動生也。木在東方，木之言觸，陽氣動躍觸地而出也。時爲春，春之言偆。偆，動也。其色青，其音角。角者，躍也，陽氣動躍〔一〕。其日甲乙。甲者，萬物孚甲也。乙者，物蕃屈有節欲出。」**齊乎巽，巽，東南也。齊也者，言萬物之絜齊也。**【案】「絜」，猶清也。「齊」，整也。巽爲白。萬物茂長，故清整也。**離也者，明也，萬物皆相見，南方之卦也。**【注】虞翻曰：「離爲日、爲火，故『明』。日出照物，以日相見。」案：白虎通五行云：「南方之時，萬物莫不章明〔二〕。南之言任也。時爲夏，夏之言大也。其色赤，其音徵。徵，止也，陽度極也。其日丙丁。丙者，其物炳明。丁者，强也。」**聖人南面而聽天下，嚮明而治，蓋取諸此也。**【注】虞翻曰：

〔一〕上引「角者」至「動躍」，獨見於白虎通禮樂。
〔二〕上引「南方」至「章明」，獨見於白虎通瑞贄。

「離，南方，故『南面』。乾五之坤，坎爲耳，離爲明，故以『聽天下，嚮明而治』也。」【案】「聖人」謂乾元，託位於五，成坎。乾元伏於戌亥，藏於中宮，成坎。坎，北方，故「南面」。「聽」，察也。天下不能盡覩，而可盡聞，故曰「聽」。坎嚮離，成既濟，六位正，故「嚮明而治」也。**坤也者，地也，萬物皆致養焉，故曰「致役乎坤」。**【注】鄭康成曰：「坤不言方者，所以言地之養物不專一也。」見孔疏。虞翻曰：「坤陰无陽，故道廣布，不主一方，含弘光大，養成萬物。」案：白虎通五行云：「中央者土，土主吐含萬物，土之爲言吐也。土爲中宮，其日戊己。戊者，茂也。己者，抑屈起。其音宮。宮者，中也。土所以不名時者何？地，土之別名也，比於五行最尊，故不自居部職也。」又云：「土王四季，居中央，不名時。」乾鑿度云：「陽始於亥，形於丑，乾位在西北，陽祖微據始也。陰始於巳，形於未，據正立位，故坤位在西南，陰之正也。」**兑，正秋也，萬物之所説也，故曰「説言乎兑」。**【注】虞翻曰：「兑爲雨澤，故『説』。」案：釋名云：「秋，就也。言萬物成就〔一〕也。」白虎通云：「秋位西方。西方者，陰始起，萬物禁止。金之爲言禁也。

〔一〕「成就」，文選秋興賦注引釋名作「就成」。案：釋名釋「秋」曰：「秋，緧也，緧迫品物，使時成也。」與文選注所引異。

其色白，其音商。商者，强也。其日庚辛。」説文云：「庚，象秋時萬物庚庚有實也。辛，秋時萬物成而孰，金剛味辛。」**戰乎乾，乾，西北之卦也，言陰陽相薄也。**【案】西北戌亥，陽伏於下，屈而欲信，與坤薄，故坤上「龍戰于野」。西北陽氣全伏，故以乾爲西北之卦焉。「卦」，象也。「之卦」猶言「之象」。**坎者，水也，正北方之卦也，勞卦也，萬物之所歸也，故曰「勞乎坎」。**【注】虞翻曰：「『歸』，藏也。」案：「水洊至，習坎」，故「勞」。白虎通云：「水位在北方。北方者，伏方也，陽〔一〕氣在黄泉之下，任養萬物，萬物所幽藏也。時爲冬，冬之言終也。其音羽，羽之爲言舒，言萬物始孳。其日壬癸。」釋名云：「壬，妊也，陰陽交，物懷妊也。癸，揆也，揆度而生，乃出土也。」**艮，東北之卦也，萬物之所成終而所成始也，故曰「成言乎艮」。**【注】虞翻曰：「東北是甲癸之閒，故『萬物之所成終而所成始』者也。」【案】帝之所在異名，而萬物隨之，崔憬云：「帝者，天之王氣也。以其周王天下，故謂之帝。」而卦象成，故云「之卦」。而方位定，故云「方」。而卦體

〔一〕「陽」，白虎通疏證五行作「陰」。史記律書云：「壬之爲言任也，言陽氣任養萬物於下也。」又據姚氏自序，蓋「陽」非誤引，乃姚氏改之。

明，故云「地也」、「水也」。而卦義章，所説諸義皆是。互言之，而罔弗備矣。八卦方位之次，五行相生，而坎水之後，獨受以艮土者，水之生木，必資於土也。木、金各二者，方生之木，不能生火，水氣潤也；秋初之金，不能生水，火氣燥也。木盛極則燥，金盛極則潤，而水火生焉。以畫言，冬至陽生地中，故坎陽在中；至寅三陽將出地，故陽在上，所謂「魚陟負冰」，象陽之上也；正東震雷出地，萬物以生，物生先長其根，皆下行，故陽在下，所謂「反生」也；東南陽極陰伏，故陰在初；夏至陰從中生，故陰在中；正秋三陰，故陰在上；坤位中央，无所不在；西北爲乾，純陽之伏也。五行者，氣之轉；八卦者，氣之交，何一非帝，何一非元乎？

神也者，妙萬物而爲言者也。【案】不見不聞，无所不在，故「妙萬物」而謂之「神」，謂乾坤之元也。潛夫論曰：「是故道之爲物也，至神以妙。其爲功，至强以大。天以之動，地以之靜，日以之光，月以之明[一]。四時五行，鬼神人民，億兆醜類，變異吉凶，何非氣然？」**動萬物者，莫疾乎雷。橈萬物者，莫疾乎風。燥萬物者，莫熯乎火。説萬物者，莫説乎澤。潤萬物者，莫潤乎水。終萬**

〔一〕上四「以之」，潛夫論本訓皆作「之以」。

物、始萬物者，莫盛乎艮。【案】此言神之發見，所在異名也。「疾」，速也。「燥」、「熯」，皆乾也。「澤」，雨澤，藪澤也。地有藪澤，則物植蘗；天時雨澤，則物得所潤澤也。「水曰潤下」。艮爲山，位東北，萬物更代之所，故終始萬物。白虎通曰：「東方爲岱宗者何？言萬物相更〔一〕代於東方也。南方爲霍山者何？霍之爲言護也，言太陽用事，護養萬物也。西方爲華山者何？華之爲言穫也，言萬物成孰，可得穫也。北方爲恒山者何？恒者，常也，萬物伏藏於北方有常也。中央爲嵩高者何？嵩言其高大也。」巡狩文。**故水火相逮，雷風不相悖，山澤通氣，然後能變化，既成萬物也。**【注】虞翻曰：「『乾道變化，各正性命』，成既濟定，故『既成萬物』矣。」【案】此言乾元、坤元相交而成物也。「逮」，與也。天地之氣，以坎離交，故相與；以雷風行，故「不相悖」。「既」，盡也。

乾，健也。【注】虞翻曰：「精剛自勝，動行不休，故『健也』。」**坤，順也。**【注】虞翻

〔一〕「相更」，白虎通疏證作「更相」。

曰：「純柔承天時行，故『順』。」案：「地勢」，地順天爲高下也。**震，動也。**【注】虞翻曰：「陽出動行。」案：雷者，動物之氣。**巽，入也。**【注】虞翻曰：「乾初入陰。」**坎，陷也。**【注】虞翻曰：「陽陷陰中。」**離，麗也。**【注】虞翻曰：「日麗乾剛。」**艮，止也。**【注】虞翻曰：「陽位在上，故『止』。」**兑，説也。**【注】虞翻曰：「震爲大笑。陽息震成兑，震言出口，故『説』。」【案】訓名卦之義，凡合其義者，即可以其卦名之；象其卦，即可以其義解之。

乾爲馬，【案】「乾」，健也。馬健行，故「乾爲馬」。五行志云：「馬任用而彊力。」鄭康成五行傳注云：「『天行健』。馬，畜之疾行者也。」周禮「天子，馬六種」，法六爻也。自乘至廄，二百一十六匹，法乾之策也。夏官：「校人，掌王馬之政，辨六馬之屬，種馬一物，戎馬一物，齊馬一物，道馬一物，田馬一物，駑[一]馬一物。凡頒良馬而養乘之。三乘爲皁，三皁爲繫，六繫爲廄。」注云：「自乘至廄，共[二]二百一十六匹。易『乾爲馬』，此應乾之筴也。」**坤爲牛，**

〔一〕「駑」，諸本皆作「駕」，據周禮注疏改。
〔二〕「共」，周禮注疏作「其數」。

【案】牛任重，土畜也。五行傳云：「思〔一〕之不睿，是謂不聖。時則有牛旤。」鄭注云：「牛，畜之任重者也。」大司徒注云：「牛能任載，地類也。」庖人注云：「牛屬司徒，土也。」**震爲龍，**【案】龍所以象陽也，春分而出，秋分而潛，以雷動者也，故「震爲龍」。春秋元命苞云：「龍之爲言萌也，陰中之陽也。」說文云：「龍，鱗蟲之長，能幽能明，能細能巨，能短能長，春分而登天，秋分而潛淵。」**巽爲雞，**【注】荀九家曰：「應八風也。風應節而變，變不失時。雞時至而鳴，與風相應也。」【案】「雞」，木畜。說文云：「雞，知時畜也。」五行傳：「貌之不恭，時則有雞旤。」案：貌屬木，故雞應之。庖人注云：「雞屬宗伯，木也。」疏云：「雞爲貌，雞又知時，故屬木。」月令：「夏食菽與雞。」注云：「雞，木畜。」賈子胎教云：「雞者，東方之牲也。」巽爲之者，象時氣也。月令：「春，其蟲鱗。」震爲龍，鱗也。鄭月令注云：「象物孚甲將解。」「夏，其蟲羽。」離爲雉，羽也。高誘云：「盛陽用事，鱗散而羽。」案：春，陽氣出地，甲散爲鱗。至夏，陽氣盛而上騰，故「蟲羽」。陽者，揚也，飛之象也。巽，春夏之交。雞應時而鳴，象氣之信，雖能飛而不高飛，象陰之未萌而陽未極也，故巽爲之。**坎爲豕，**【案】「豕」，彘

〔一〕尚書大傳洪範五行傳、漢書五行志「思」下皆有「心」字。

也，水畜也。五行傳：「聽之不聰，時則有豕旤。」注云：「豕，畜之居閑衛而聽者，屬聽。」蓋聽屬水，故豕應之。小宗伯鄭司農注云：「司空主豕。」司空，水也。月令注云：「彘，水畜也。」説文云：「豕，彘也。」方言云：「豬，關東西或謂之豕。」案：小雅：「有豕白蹢，蒸涉波矣。」傳云：「將久雨，則豕進涉水波。」箋云：「豕之性能水。」是豕又應雨。**離爲雉，**【案】離爲文明，亦爲離別。「雉」，鳥之文明而有別者。離爲之，則雉其火畜與？説文云：「雉有十四種。」案：「雉」，書謂之「華蟲」，周以飾冕服，以其文明也。士相見禮注云：「士贄用雉者，取其耿介，交有時，別有倫也。」又案：書大傳：「華蟲，黄也。」離爲雉，而華蟲黄者，亦「黄離元吉」之義也。**艮爲狗，**【注】荀九家曰：「艮止，主守禦也。」案：説文云：「孔子曰：『狗，叩也，叩气吠以守。』」秋官犬人疏云：「説卦『艮爲狗』，卦在丑，艮爲止，以能吠守止人，則屬艮；以能言，則屬兑，兑爲言故也。故五行傳云：『言之不從，則有犬禍。』」此蓋鄭義。史記秦本紀：「以狗禦蠱。」正義云：「狗，陽畜也。」此取艮止之義。五行傳注云：「犬，畜之以口吠守者，屬言。」庖人注及月令注皆以爲金，并以其口吠，故屬之兑也。**兑爲羊。**【注】鄭康成曰：「其畜好剛鹵。」見羊人疏。案：賈子胎教云：「羊者，西方之牲也。」義本此。高誘淮南子注以爲土畜。五行傳云：「視之不明，時則有羊旤。」注云：「羊，畜之遠視者，屬視。」月令注及庖人注并以爲火畜，皆望文立義也。

乾爲首，坤爲腹，震爲足，巽爲股，坎爲耳，離爲目，艮爲手，兑爲口。【案】天者，陰陽之宗，萬物資始，故「爲首」。「首」者，一身之始，身之最尊者也。説文云：「天，顛也。頂，顛也。」故虞注以乾爲頂，即「爲首」之義也。坤厚載物，故「爲腹」，包含萬物，不嫌清濁也。素問曰：「腹者，至陰之所居。」評熱病〔一〕論文。震陽在下動行，故「爲足」。五行貌屬木，足所以動容貌也。五行志云：「木，東方也。於易，地上之木爲觀；其於五〔二〕事，威儀容貌亦可觀者也。」案：五行傳以貌屬木，義本此。脛本曰「股」。「股」，髀也。巽爲進退，一陰在下爲歧，象股之有偶也。内聽之謂聰，坎水内明，故「爲耳」。「目」者，氣之清明者也。離火外照，坎伏其中，是爲童子。五行傳云：「聽之不聰，是謂不謀，厥罰恒寒。視之不明，是謂不悊，厥罰恒燠。」注云：「聽曰水，水主冬，冬氣藏，藏氣失，故恒寒也。視曰火，火主夏，夏氣長，長氣失，故恒燠也。」皆本此爲義。

〔一〕「病」，諸本皆作「炳」，據素問改。
〔二〕「五」，漢書五行志作「王」，疑「王」爲「五」之誤。

艮止，陽在上，象反震，故「爲手」。兑西方金，於五事爲言，口所以出辭氣也。五行傳注云：「言曰金，金主秋。」

乾，天也，故稱乎父。坤，地也，故稱乎母。震一索而得男，故謂之長男。巽一索而得女，故謂之長女。坎再索而得男，故謂之中男。離再索而得女，故謂之中女。艮三索而得男，故謂之少男。兑三索而得女，故謂之少女。【案】天主施，尊而不親。地主生，親而不尊。乾坤相通，而生六子，故稱父母。「索」，交索也。

乾爲天，爲圜，【注】宋衷曰：「乾動作不解，天亦轉運。動作轉運，非圜不能，故『爲圜』。」【案】積陽爲天，積陰爲地。天者，羣物之祖也。「圜」，周也。乾圜坤布，周流无竟者也。説文云：「圜，天體也。」淮南子天文云：「道曰規，始於一。」「規」即圜義。爲君，爲父，【注】虞翻曰：「貴而嚴也。成三男，故『爲父』也。」【案】至尊之卦，以君臣言，則「爲君」；以父子言，則「爲父」。君者，臣之天；父者，子之天；夫者，妻之天也。爲玉，爲金，【案】乾陽天德，剛健純粹，故「爲玉」、「爲金」。

鄭玉府注云：「玉，陽精之純者。」白虎通五行云：「金者，堅剛〔一〕難消。」説文云：「金，久薶不生衣，百鍊不輕，从革不違。」白虎通曰：「金者，精和之至也。玉者，德美〔二〕之至也。」孜黜文。禮統曰：「天之爲言鎮也，神也，陳也，珍也。施生爲本，運轉精神，功效陳列〔三〕，其道可珍重也。」爾雅釋天〔四〕引。**爲寒，爲冰，**【案】乾，西北伏積陰之地，故「爲寒」、「爲冰」，陽伏陰下，爲陰所薄而成冰也。劉向曰：「盛陽雨水，温煖而湯熱，陰氣脅之，不相入，則轉而爲雹。盛陰雨雪，凝滯而冰寒，陽氣薄之，不相入，則散而爲霰。故沸湯之在閉器，而湛於寒泉，則爲冰。及雪之消，亦冰解而散。此其驗也。」見五行志。乾位西北，陽伏於下，陰薄於外，猶沸湯之在閉器，湛於寒泉也。大戴曾子天圓云：「陽氣勝，則散爲雨露。陰氣勝，則凝爲霜雪。陽之專氣爲雹，陰之專氣爲霰。霰、雹者，一氣之化也。」注云：「穀梁説曰：『雹者，陰脅陽之象。霰者，

〔一〕「剛」，白虎通疏證五行作「强」。
〔二〕「美」，諸本皆作「義」，據白虎通疏證孜黜改。
〔三〕「陳列」，爾雅釋天作「列陳」。
〔四〕「天」，諸本皆作「文」，據爾雅改。

陽脅陰之符也。』」鄭月令注云：「陽爲雨，陰氣〔一〕脅之，凝爲雹。」義並同。**爲大赤，**【注】虞翻曰：「太陽爲赤。」案：白虎通三正云：「赤者，盛陽之氣也。」釋名云：「赤，赫也，太陽之色。」乾純陽，故「大赤」。伏於地中，陰覆之，則黑而有赤色，爲玄。**爲良馬，**【注】虞翻曰：「乾善，故『良』也。」【案】有德而行健，馬之良也。孔子曰：「驥不稱其力，稱其德也。」**爲老馬，**【注】荀九家曰：「言氣衰也。息至巳，必當復消，故『爲老馬』也。」**爲瘠馬，**【注】荀爽曰：「多筋幹也。」王廙曰：「健之甚者，爲多骨也。」崔憬曰：「骨爲陽，肉爲陰。乾純陽，骨多，故『爲瘠馬』。」**爲駁馬，**【注】宋衷曰：「天有五行之色，故『爲駁馬』也。」案：「駁馬」，色不純。梅福云：「一色成體謂之醇，白黑雜合謂之〔二〕駁。」詩駉篇疏云：「樊光、孫炎於爾雅『騊白駁』下引易『乾爲駁馬』。」孫炎爲鄭學，則鄭義當與宋同。騊，赤色。「騊白駁」，謂赤白雜。疏引王廙云：「駁馬能食虎豹，取其至健也。」則字當作「駮」。釋畜云：「駮，如馬，倨牙，食虎豹〔三〕。」說文同，「从馬，交聲」。**爲木果。**

〔一〕「氣」，禮記正義作「起」。
〔二〕「謂之」，諸本皆倒，據漢書梅福傳乙正。
〔三〕「豹」，原作「貌」，據爾雅及崇文書局本、南菁書院本改。

【案】「木」讀爲「剛毅木訥」之「木」，「果」如讀「由也果」之「果」，皆陽剛質直之性也。或説「木果」，木實。果剥而復生，陽伏地中似之。剥上「碩果」，正謂孤陽。「艮爲果」，陽極成孰，將落之象也。

坤爲地，爲母，【注】虞翻曰：「柔道静。成三女，能致養，故『爲母』。」案：説文云：「元氣初分，輕清陽爲天，重濁陰爲地，萬物所陳列也。」白虎通五行云：「土尊，尊者配天。」又天地云：「地者，易也。言養萬物懷任，交易變化也。」**爲布，**【注】崔憬曰：「徧布萬物於致養，故『坤爲布』。」【案】「布」，施也，陳列也。「天行健」，故「圜」。「地勢坤」，故「布」。布帛、布泉，取義於此。釋名云：「布，布也，布列衆縷爲經，以緯横成之也。」又太古衣皮，女工之始，始於是，施布其法，使民盡用之也。」檀弓注云：「古者謂錢爲泉布，所以通布[一]貨財。」外府注云：「布，泉也。布讀爲宣布之布。其藏曰泉，其行曰布，取名於水泉，其流行無不徧。」是布帛、布泉皆取布施之義。左傳：「奉之以玉帛。」杜注云：「坤爲布帛。」虞泰象傳注云：「坤富稱財。」皆以布帛、布泉爲説也[二]。董子云：「爲人臣者，法地之道，暴其形，出其情，以示

〔一〕「布」，諸本皆脱，據禮記正義補。
〔二〕「説也」，原倒，據崇文書局本、南菁書院本乙正。

人高下險易、堅耎〔一〕剛柔、肥臞美惡，累可就財也。故其形宜不宜，可得而財也。爲人臣者，比地貴信，而悉見其情於主，主亦得而財之。」此亦「爲布」之義也。**爲釜，爲吝嗇，爲均，**【案】釜孰五味，土生五行，故「爲釜」。「吝」，惜也，貪也。「嗇」，積也，愛濇也。坤藏萬物，土爰稼穡，爲積聚；陰性貪，故「吝嗇」也。「均」，平徧也。无所不載，故「均」。「均」或作「旬」，十日爲旬，旬亦徧也。鄭均人注云：「易『坤爲均』，今書亦有作『旬』者。」内則注云：「易説卦『坤爲均』，今亦或作『旬』。」説文云：「旬，徧也。十日爲旬。」**爲子母牛，**【注】荀九家曰：「土能生育，牛亦含養，故『爲子母牛』也。」案：坤純陰爲牝。説文云：「牝，畜母也。」**爲大輿，爲文，**【案】坤厚載物，故「爲大輿」。樂由天作，禮以地制。樂由中出，故静；禮自外作，故「文」。文者，地之理也。**爲衆，**【注】虞翻曰：「物三稱羣，陰爲民，三陰相隨，故『爲衆』也。」【案】坤者，含弘光大，萬物致養，故「衆」。**爲柄，**【案】「柄」，本也。管子曰：「地者，萬物之本原，諸生之根菀也。」**其於地也爲黑。**【注】崔憬曰：「坤，十月卦，極陰之色。」案：北方謂之「黑」。

〔一〕「耎」，原作「要」，據春秋繁露及崇文書局本、南菁書院本改。

「黑」，釋名云：「晦也。」説文云：「火所熏之色。」然則坤藏於離，故「黑」與？

震爲雷，【注】虞翻曰：「太陽火，得水有聲，故『爲雷』也。」【案】陽氣欲信，激而成雷。謂之「雷」者，象其回轉也。淮南子天文云：「陰陽相薄，感而爲雷，激而爲霆。」論衡雷虚云：「雷者，太陽之激氣也。」説文云：「靁，陰陽薄動靁雨〔一〕，生物者也。从雨。畾象回轉形。」**爲龍，**【注】虞翻曰：「駹，蒼色；震，東方，故『爲駹』。舊讀作『龍』。上已『爲龍』，非。」釋文云：「『龍』，虞、干作『駹』。」案：周禮犬人：「用駹可也。」注云：「故書『駹』作『龍』。」巾車注云：「故書『駹』作『龍』。杜子春曰：『龍讀爲駹。』」是「龍」、「駹」古通用。**爲玄黄，**【注】虞翻曰：「天玄地黄；震，天地之雜物，故『爲玄黄』。」孔疏云：「震爲玄黄，取其相雜而成蒼色也。」**爲旉**〔二〕，【注】干寶曰：「『旉』，花之通名。鋪爲花貌謂之藪。」【案】象春生之氣也。「仲春之月，桃始華」。華，旉也。大過「枯楊生華」，取震象也。説文云：「旉，布也。」漢書禮樂志注云：「旉，古『敷』字。」是「旉」、「敷」古同。「華」之爲

〔一〕「靁雨」，説文解字同，段玉裁説文解字注無，云：「『動』下各本有『靁雨』二字，不辭。今依韻會本正。」

〔二〕「旉」，李鼎祚周易集解作「尃」。

「旉」，取其敷布也。釋草云：「華，荂也。荂，榮也。」説文云：「𠌶，艸木華也，或从艸从夸。」則「𠌶」本字，「荂」或體，「旉」假借字，「専」則形似之訛也。**爲大塗，**【注】王廙曰：「『大塗』，萬物所出。」見御覽。**爲長子，**【注】虞翻曰：「乾一索，故『爲長子』。」**爲決躁，**【注】崔憬曰：「取其剛動在下〔一〕，故『爲決躁』也。」**爲蒼筤竹，**【注】荀九家曰：「『蒼筤』，青也。震陽在下，根長堅剛，陰爻在中，使外蒼筤也。」案：釋文云：「『筤』，或作『琅』，通。」蓋「筤」狀其色之潤澤也。**爲萑葦。**【注】荀九家曰：「『萑葦』，蒹葭也。根莖叢生，蔓衍相連，有似雷行也。」案：行葦疏云：「葦之初生，其名爲葭，稍大爲蘆，長成乃名爲葦。」草木疏云：「薍或謂之荻，至秋堅成，則謂之萑。」**其於馬也爲善鳴，爲馵足，**【注】虞翻曰：「『爲雷』，故『善鳴』也。馬白後左足爲馵。震爲足，爲左，初陽白，故『爲馵〔二〕足』。」案：白虎通三正云：「十二月之時，萬物始牙而白。白者陰

〔一〕「動在下」，李鼎祚周易集解作「在下動」。

〔二〕「馵」，朱本李鼎祚周易集解脱，周本李鼎祚周易集解作「作」。曹元弼周易集解補釋云：「注末句朱無『作』字，蓋脱『馵』字。」案：虞注既云「初陽白」，顯爲釋「馵」義，與「作」無涉，故作「馵」是也。蓋姚氏補之。

氣。」乾鑿度云：「陽生秀白之州。」鄭注云：「乾氣白。」蓋陽初萌，尚伏陰中，故白也。**爲作足，**【案】震動起，故「作足」。**爲的**〔一〕**顙。**【注】虞翻曰：「『的』，白。『顙』，額也。」案：震爲反生，陽在初，故「的顙」。説文一引作「旳」〔二〕，云「明也」；一引作「馰」，云「馬白頟也。一曰駿也」。爾雅釋畜：「馰，顙白顛。」舍人本作「的」，古通。**其於稼也爲反生。**【注】宋衷曰：「陰在上，陽在下，故『爲反生』。謂枲豆之類，戴甲而生。」【案】「稼」者，種穀之總稱。種之曰「稼」，斂之曰「穡」。謂之「稼」者，有似嫁女相生。穡，愛也，言愛惜而收斂之也。凡物皆「反生」，言「稼」舉衆多也。「反生」，猶倒生。「反」即倒。凡物生皆先長根，後乃戴甲而出，即人亦倒生，陽在下也。淮南子原道云：「倒生挫傷。」注云：「草木首地而生，故曰『倒生』。」**其究爲健，爲蕃鮮。**【案】「究」，極也。陽由初息，至三成乾，故「健」。物極必反，震化成巽。「天地變化，草木蕃」。出震齊巽，萬物畢達，故「蕃鮮」。鮮，明也。出震齊巽，四月消息爲乾，故「其究爲健，

〔一〕「的」，宋本周易正義、朱本李鼎祚周易集解同，周本李鼎祚周易集解作「旳」。下虞注「的」同。
〔二〕「旳」，諸本皆作「的」，據説文解字改。段玉裁説文解字注云：「旳者，白之明也，故俗字作『的』。」

爲蕃鮮」。

巽爲木，爲風，【注】宋衷曰：「陽動陰靜，二陽動於上，一陰安靜於下，有似於木也。」案：巽位東南，與震通。震，發生之木，巽則極盛之木，得陽燥而生火者也。陸績曰：「風，土氣也。巽，坤之所生，故『爲風』，亦取靜於本而動於末也。」【案】物理志曰：「風，陰陽擊發氣也。」見文選風賦注。陰陽之氣，以雷動，以風行。吕覽曰：「大聖至理之世，天地之氣，合而生風。」音律文。**爲長女，**【注】荀爽曰：「柔在初。」**爲繩直，**【注】翟玄曰：「上二陽共正一陰，使不得邪僻，如繩之直。」案：淮南子時則云：「繩之爲度也，直而不爭，修而不窮。」**爲工，**【注】荀爽曰：「以繩木，故『爲工』。」虞翻曰：「『爲近利市三倍』，故『爲工』。」子夏曰：「『工居肆。』」**爲白，爲長，爲高，**【案】陰在初，故「白」。白虎通曰：「白者陰氣。」三正文。「爲風」，「爲繩直」，故「長」。風行天上，柔以時升，故「高」也。**爲進退，爲不果，**【注】荀爽曰：「風行无常，故『進退』。風行或東或西，故『不果』。」案：巽初陰柔失正，故「進退不果」。震初陽剛，故「決躁」。決躁者，果也。孔子曰：「由也果。」**爲臭。**【注】虞翻曰：

「『臭』，氣也。風至知氣，巽二〔一〕入艮鼻，故『爲臭』。繫曰：『其臭如蘭。』」**其於人也爲寡髮**，【注】鄭康成曰：「『宣髮』，取四月靡草死，髮在人體，猶靡草在地。」見車人疏。案：釋文云：「『寡』，本又作『宣』。」虞云：「爲白，故『宣髮』。」則虞亦作「宣」。鄭車人注云：「人頭髮皓落曰宣。巽爲宣髮。」案：說文云：「髮，根也。」巽初陰柔，故髮落。**爲廣顙**，【案】「廣」當作「黄」。釋文云：「鄭作『黄』。」震「的顙」，故巽「黄顙」。坤初之乾，地色黄。**爲多白眼**，【注】虞翻曰：「『爲白』，離目上向，則白眼見，故『多白眼』。」**爲近利市三倍**。【案】陰性貪，初陰，故「近利」。乾坤交易，一陰得二陽，故「市三倍」，謂策數也。**其究爲躁卦**。【案】「躁卦」謂震。

坎爲水，【注】宋衷曰：「坎陽在中，内光明，有似於水。」案：說文云：「水，準也。北方之行，象衆水竝流，中有微陽之气也。」**爲溝瀆，爲隱伏**，【注】虞翻曰：「以陽闢坤，水性流通，故『爲溝瀆』也。陽藏坤〔二〕中，故『爲隱伏』也。」**爲矯輮，爲弓輪**。【注】

〔一〕「二」，諸本皆作「三」，據李鼎祚周易集解改。
〔二〕「坤」，諸本皆作「陰」，據李鼎祚周易集解改。

宋衷曰：「曲者更直爲『矯』，直者更曲爲『輮』，水流有曲直，故『爲矯輮』。」虞翻曰：「可矯輮，故『爲弓輪』。坎爲月，月在於庚爲弓，在甲象輪。」其於人也爲加憂，爲心病，【注】虞翻曰：「兩陰夾〔一〕心爲多眚，故『加憂』。爲勞而加憂，故『心病』。」爲耳痛，爲血卦，爲赤。【案】耳勞多眚，故「痛」。痛，病也。管子曰：「水者，地之血氣，如筋脈之流通者也。」水地文。陽陷陰中，陰凝陽，故爲「血卦」。白虎通曰：「十一月之時，陽氣始養根株黄泉之下，萬物皆赤。赤者，盛陽之氣也。」三正文。坎，十一月卦，故「赤」。其於馬也爲美脊，【注】宋衷曰：「陽在中央，馬脊之象也。」爲亟心，【注】崔憬曰：「取其内陽剛動，故『爲亟心』也。」案：坎水流疾，陽動於中。説文云：「亟，敏疾也。」爲下首，【注】荀爽曰：「水之流，首卑下也。」爲薄蹏，【注】荀九家曰：「薄蹏者在下，水又趨下，趨下則流散，流散則薄，故『爲薄蹏』也。」爲曳。【注】宋衷曰：「水摩地而行，故

〔一〕「夾」，李鼎祚周易集解作「失」。張惠言周易虞氏義云：「『失』或當爲『夾』。」蓋姚氏從張説改之。

『曳』。」其於輿也爲多眚。爲通，爲月，爲盜。其於木也爲堅多心。【注】虞翻曰：「『眚』，敗也。坤爲大車，坎拆坤體，故爲車『多眚』也。水流瀆，故『通』。坤爲夜，以坎陽光坤，故『爲月』也。水行〔一〕潛竊，故『爲盜』也。陽剛在中，故『堅多心』。棘，棗屬也。」

離爲火，爲日，爲電，【注】荀爽曰：「陽外光也。」鄭康成曰：「取火明也，久明似日，暫明似電也。」【案】淮南子曰：「天地之襲精爲陰陽，陰陽之專精爲四時，四時之散精爲萬物。積陽之熱氣生火，火氣之精者爲日。積陰之寒氣爲水，水氣之精者爲月。」天文文。又曰：「陰陽相薄爲雷，激揚爲電。」墬形〔二〕文。**爲中女，**【注】荀爽曰：「柔在中也。」**爲甲胄，爲戈兵。**【注】虞翻曰：「外剛，故爲『甲』。乾爲首，巽繩貫甲，而在首上，故爲『胄』。胄，兜鍪也。乾爲金，離火斷乾，燥而鍊之，故『爲戈兵』也。」**其於人也爲大腹。**【注】虞翻曰：「象日常滿，如妊身

〔一〕「行」，諸本皆作「流」，據李鼎祚周易集解改。
〔二〕「墬形」，原作「墜形」，據淮南子及南菁書院本改。

婦，故『爲大腹』。」【案】坎伏離中，懷妊之象，故「大腹」。**爲乾卦，**【注】虞翻曰：「火日熯燥物，故『爲乾卦』。」案：「乾」，鄭云：「當爲『榦』。陽在外，能幹正也。」**爲鼈，爲蟹，爲蠃，爲蚌，爲龜。**【注】鄭康成曰：「皆〔一〕骨在外。」見梓人疏。虞翻曰：「此五者，皆取外剛内柔也。」**其於木也爲科上稿**〔二〕。【注】宋衷曰：「陰在内，則空中。木中空，則上科稿也。」案：釋文云：「『稿』，鄭作『槀』。」説文云：「槁，木枯也。稿，稈也。」「槁」本字，「稿」假借字。

艮爲山，【注】宋衷曰：「二陰在下，一陽在上，陰爲土，陽爲木，土積於下，木生其上，山之象也。」**爲徑路，**【注】虞翻曰：「艮爲山中『徑路』。震陽在初，則『爲大塗』。艮陽小，故『爲徑路』。」案：震陽在初，萬物出震，故「爲大塗」。艮陽小，始萬物，故「爲徑路」。艮象反震也。**爲小石，**【注】陸績曰：「艮，剛卦之小，故爲『小石』也」。

〔一〕「皆」，湖海樓本周易鄭注云：「疏云：『注皆云：骨在外。』惠以『皆』字爲注文，非也。」蓋姚氏據惠書引。
〔二〕「稿」，通行宋本周易正義、李鼎祚周易集解、經典釋文皆作「槁」。下二「稿」字同。案：孫星衍周易集解作「稿」，蓋姚氏據孫書爲説。

案：春秋説題辭云：「周易『艮爲山、爲小石』。石，陰中之陽，陽中之陰，陰精補陽，故山含石。」**爲門闕，**【案】成終成始，萬物所出入，故「爲門闕」。爾雅曰：「觀謂之闕。」白虎通五祀云：「門以閉藏自固也。」水經穀水注引白虎通云：「門必有闕者，所以飾門別尊卑也。」案：謂之「闕」者，釋名云：「闕，闕也，在門兩旁，中央闕然爲道也。」此言其形也。穀水注引潁容〔一〕説云：「闕者，上有所失，下得書之於闕，所以求論譽於人，故謂之闕矣。」爾雅疏引白虎通云：「闕者何？闕疑也。」此言其義也。周禮謂之「象魏」。太宰注：鄭司農云：「象魏，闕也。」高誘淮南子注云：「門闕高崇，嵬嵬然，故曰魏〔二〕闕。」又云：「魏闕者，王者門外闕，所以懸教象之書於象魏也。巍巍高大，故曰魏闕。」蓋懸治象，則曰象。巍巍然，則曰魏。又謂之觀者，萬民觀焉也。**爲果蓏，**【注】宋衷曰：「木實謂之果，草實謂之蓏。桃李瓜瓞之屬，皆出山谷也。」案：艮，陽極成孰之象，故「爲果蓏」。**爲閽寺，**【注】宋衷曰：「閽人主門，寺人主巷，艮爲止，此職皆掌禁止者也。」案：周禮：「閽人，掌守王宮〔三〕之中門之禁。

〔一〕「潁容」，原作「穎容」，據水經注及南菁書院本改。
〔二〕「魏」，諸本皆作「嵬」，據淮南子高誘注改。
〔三〕「宮」，諸本皆脱，據周禮注疏補。

寺人，掌王之内人及女宫之戒令，相道其出入之事而糾之。」鄭注云：「閽人，司昏晨以啓閉者。寺之言侍也。」釋文云：「『寺』亦作『閹』。」**爲指**，【注】虞翻曰：「艮手多節，故『爲指』。」**爲狗**，【注】虞翻曰：「指屈伸制物，故『爲拘』。舊作『狗』。上已『爲狗』，字之誤。」**爲鼠**，【注】虞翻曰：「似狗而小，在坎穴中，故『爲鼠』。」案：説文云：「鼠，穴蟲之總名。」**爲黔喙之屬**。【注】馬融曰：「『黔喙』，肉食之獸，謂豺狼之屬。黔，黑也。陽玄在前也。」案：説文云：「喙，口也。」釋文云：「『黔』作『黚』。」義亦通。説文云：「黚，淺黄黑也。」**其於木也爲堅**[一]**多節**。【注】虞翻曰：「陽剛在外，故『多節』，松柏之屬。」

兑爲澤，【注】宋衷曰：「陰在上，令下溼，故『爲澤』也。」**爲少女**，**爲巫**，【注】虞翻曰：「坤三索，位在末，故『少』也。乾爲神，兑爲通，與神通氣，女，故『爲巫』。」案：乾坤以山澤通氣，兑爲口舌，以言事神。説文云：「巫，祝也。女能事無形，以舞降神者也。」

[一]「堅」，通行宋本周易正義、朱本李鼎祚周易集解同，周本李鼎祚周易集解無。

又云：「覡，能齋肅事神明者也，在男曰覡，在女曰巫。」又云：「祝，祭主贊詞者。从示〔一〕从人口，一曰从兑省。易曰：『兑爲口、爲巫。』」**爲口舌**，【案】兑爲金，主言。舌，所以出音聲、別滋味也。白虎通云：「舌能知味，亦能出音聲。」説文云：「舌，在口，所以言也、別味也。」亦通氣之義也。**爲毁折**，【案】「毁」，缺也。「折」，斷也。兑陰在上，故缺。正秋金能斷物，故「折」也。**爲附決**。【注】虞翻曰：「乾體未〔二〕圓，故『附決』也。」案：「附」，麗也。兑附於乾成夬，猶山附於地爲剥，故曰「附決」。**其於地也爲剛鹵**。【注】虞翻曰：「乾二陽在下，故『剛』。澤水潤下，故『鹵』〔三〕。」案：説文云：「鹵，西方鹹地也。東方謂之㡿，西方謂之鹵。」**爲妾**，【注】虞翻曰：「三少女〔四〕位賤，故『爲妾』。」**爲羊**。【注】虞翻曰：「『羔』，女使，皆取位賤，故『爲羔』。舊讀以震『駹』

〔一〕「示」，原作「二」，據説文解字及南菁書院本改。
〔二〕「未」，諸本皆脱，據李鼎祚周易集解補。
〔三〕「鹵」，李鼎祚周易集解作「鹹」。
〔四〕「少女」，原倒，據李鼎祚周易集解乙正。

爲『龍』、艮『拘』〔一〕爲『狗』、兑『羔』爲『羊』，皆已見上，此爲再出，非孔子意也。震已爲『長男』，又言『長子』，謂以當繼世、守宗廟、主祭祀，故詳舉之。三女皆言『長』、『中』、『少』，明女子各當外成，故別見之。此其大例者也。」案：虞以「羔」爲女使，「羔」當即「稾」之假借。秋官司厲云：「其奴，男子入於罪隸，女子入於舂稾。」又稾人：「女稾，每奄二人。」説文云：「男有辠曰奴，奴曰童，女曰妾。」又云：「妾，有辠女子，給事之得接於君者。」「妾」與「女稾」皆有辠女子。兑爲少女，秋主刑也。

周易序卦傳

有天地，然後萬物生焉。盈天地之閒者唯萬物，故受之以屯。屯者，盈也。

【注】荀爽曰：「謂陽動在下，造生萬物於冥昧之中也。」屯者，物之始生也。

【注】王肅曰：「屯，『剛柔始交而難生』，故爲物始生也。」見孔疏。物生必蒙，故受之以蒙。蒙者，蒙也，物之穉也。【注】鄭康成曰：「『蒙』，幼小之貌，齊人

〔一〕「拘」，原作「狗」，據李鼎祚周易集解及南菁書院本改。

謂萌爲蒙也。」**物穉不可不養也，**【注】鄭康成曰：「言孩稚不養，則不長也。」**故受之以需。需者，飲食之道也。**【注】荀爽曰：「坎在乾上，中有離象，水火交和，故爲『飲食之道也』。」**飲食必有訟，故受之以訟。**【注】鄭康成曰：「訟猶爭也。言飲食之會，恒多爭也。」【案】豢豕爲酒，非以爲禍也，而獄訟益繁[一]，故禮之初，始諸飲食。**訟必有衆起，故受之以師。師者，衆也。**【注】荀九家曰：「坤爲衆物，坎爲衆水，上下皆衆，故曰『師』也。凡制軍，萬有二千五百人爲軍，天子六軍，大國三軍，次國二軍，小國一軍。軍有將，皆命卿也。二千五百人爲師，師帥皆中大夫。五百人爲旅，旅帥，下大夫也。」案：淮南子兵略云：「人有衣食之情，而物弗能足也。故羣居雜處，分不均，求不澹，則爭。爭則强脅弱而勇侵怯。人無筋骨之强，爪牙之利，故割革而爲甲，鑠鐵而爲刃。貪昧饕餮之人，殘賊天下，萬人搔動。有聖人勃然而起，乃討强暴，平亂世，夷險除穢。兵之所由來者遠矣。」**衆必有所比，故受之以**

[一]「繁」，原作「繋」，據崇文書局本、南菁書院本改。

比。比者，比也。【案】「比」猶親也。地得水而柔，水得地故〔一〕流，故「比」也。比必有所畜，故受之以小畜。物畜然後有禮，故受之以履。【案】既庶則富之，既富則教之。履而泰，然後安，故受之以泰。泰者，通也。【注】姚信曰：「安上治民，莫過於禮。有禮然後泰，泰然後安也。」荀爽曰：「謂乾來下降，以陽通陰也。」物不可以終通，故受之以否。【案】交通者，情也。不可通者，禮與分也。禮定而情通，情通而分定，分定然後上下安。物不可以終否，故受之以同人。與人同者，物必歸焉，故受之以大有。【案】「同人」，親也，親則不否。「大有」，衆也，親故有衆。有大者，不可以盈，故受之以謙。有大而能謙必豫，故受之以豫。豫必有隨，故受之以隨。以喜隨人者必有事，故受之以蠱。蠱者，事也。【案】庶民子來，則萬事舉。有事然後可大，故受之以臨。臨者，大也。【注】宋衷曰：「事立功成，可推而大〔二〕也。」物大然後可觀，故受

〔一〕「故」，疑當作「而」。姚氏比卦辭注引子夏傳曰：「地得水而柔，水得地而流。」

〔二〕「而大」，原倒，據李鼎祚周易集解及崇文書局本、南菁書院本改。

之以觀。【注】虞翻曰：「臨反成觀，二陽在上，故『可觀』也。」案：荀爽云：「陽稱大，謂二陽動升〔一〕，故曰『大也』。」「臨反成觀」，故稱「大觀」。可觀而後有所合，故受之以噬嗑。嗑者，合也。【注】虞翻曰：「頤中有物食，故『合也』。」物不可以苟合而已，故受之以〔二〕賁。賁者，飾也。致飾然後亨則盡矣，故受之以剥。剥者，剥也。【注】虞翻曰：「分剛上文柔，故『飾』。」荀爽曰：「極飾反素，文章敗，故爲『剥也』。」【案】「亨」，獻也，進也。釋文云：「『亨』，鄭許兩反。」著誠去僞，禮之經也。四暘交於中，而發作於外。君子動其本，然後致其飾。致飾於外，中美盡矣，「白賁」之所以「无咎」也。詩曰：「衣錦尚絅。」惡其文之著也。故「君子之道，闇然而日章。小人之道，的然而日亡」。案：京氏傳云：「上九積陽素尚，全身遠害，貴其正道。」然則致飾而進，非正道明矣，謂徒致其飾也。荀子勸學云：「『古之學者爲己，今之學者爲人』。君子之學也，以美其身。小人之學也，以爲禽犢。」説苑反質云：「孔子卦得

〔一〕「二陽動升」，諸本皆作「一陽大升」，據李鼎祚周易集解改。
〔二〕「以」，原脱，據周易正義及崇文書局本、南菁書院本補。

賁，意不平。子張問，孔子曰：『賁非正色也，是以歎之。吾聞之，丹漆不文，白玉不雕，寶珠不飾，何也？質有餘者，不受飾也。』」義本此。物不可以終盡，剥，窮上反下，故受之以復。【案】淮南子曰：「動而有益，則損隨之，故易曰：『剥之不可遂盡也，故受之以復。』積薄爲厚，積卑爲高，故君子日孳孳以成煇，小人日怏怏以至辱。」繆稱文。復則不妄矣，故受之以无妄。【案】「知之未嘗復行」，故「不妄」。有无妄，然後可畜，故受之以大畜。【注】荀爽曰：「物不妄者，畜之大也。畜積不敗，故『大畜』。」案：「富與貴，是人之所欲也。不以其道得之，不處也」，所謂「无妄」。物畜然後可養，故受之以頤。頤者，養也。【注】虞翻曰：「天地養萬物，聖人養賢以及萬民。」不養則不可動，故受之以大過。【注】虞翻曰：「人頤不動則死，故『受之以大過』。」物不可以終過，故受之以坎。坎者，陷也。陷必有所麗，故受之以離。離者，麗也。【案】孔子曰：「陽三陰四，位之正也。故易卦六十四，分而爲上下，象陰陽也。夫陽道純而奇，故上篇三十，所以象陽也。陰道不純而偶，故下篇三十四，所以法陰也。乾坤者，陰陽之根本，萬物之祖宗也。爲上篇始者，尊之也。離爲日，坎爲月，日月之道，陰陽之經，所以終始萬物，故以坎離爲終。咸恒者，男女之始，夫婦之道也。人道之興，必由夫婦，所以奉承祖宗，爲天地主也，故爲下篇始者，貴之也。既濟、未濟爲最終者，所以明戒慎而存王道。」乾鑿度文。鄭注云：「夫物不可窮，理不可極，故王者亦常則天而行，與時消息，不可安而忘危，存而忘亡。未濟者，亦無窮極之謂者也。」鄭康成曰：「陽起於子，陰起於午。天數大分，以陽出離，以陰入坎，坎爲中男，離爲中女。太乙之行，出從中男，入從中女，因陰陽男女之偶爲終始也。」見後漢書崔駰傳注。王應麟以此爲康成易注。案：崔駰達旨云：「易稱『備物致用』，『可觀而後有所合』，故能扶陽以出，順陰以入。」李賢注云「鄭注乾鑿度曰『陽起於子』」云云，則彼自引乾鑿度注以證陽出陰入，王應麟遂以此爲鄭「可觀而後有所合」注，誤也。乾鑿度：「太乙行九宮。」鄭彼注云：「太乙者，北辰之神名也。居其所曰太乙；常行於八卦日辰之閒，曰天乙。四正四維，以八卦神所居，亦名之曰宮。天乙下行，猶天子出巡狩、省方岳之事，每率〔一〕則復；太乙下行八卦之宮，每四乃還於中央。中央者，北神〔二〕之所居，故因謂之九宮。天數大分，以陽出，以陰入。陽起於

〔一〕「率」，張惠言易緯略義云：「『率』當爲『卒』。」

〔二〕「神」，王仁俊玉函山房輯佚書續編、古經解彙函所收易緯作「辰」。張惠言易緯略義云：「『神』當爲『辰』。」

子，陰起於午，是以太乙下行九宫，從坎宫始。自此而從於坤宫。坤，母也。又自此而從震宫。震，長男也。又自此而從巽宫。巽，長女也。所行者半矣，還息於中央之宫。既又自此而從乾宫。乾，父也。自此而從兑宫。兑，少女也。又自此從於艮宫。艮，少男也。又自此從於離宫。離，中女也。行則周矣。上遊息於太乙、天乙之宫，而反於紫宫。行從坎宫始，終於離宫，出從中男，入從中女，亦因陰陽男女之偶爲終始。」案：鄭義與李賢所引正合，彼蓋約鄭義也。「以陽出離，以陰入坎」，當作「以陽出坎，以陰入離」，即荀乾彖傳注「乾起於坎而終於離，坤起於離而終於坎」之義也。

有天地，然後有萬物；有萬物，然後有男女；有男女，然後有夫婦；有夫婦，然後有父子；有父子，然後有君臣；有君臣，然後有上下；有上下，然後禮義有所錯。【注】干寶曰：「『錯』，施也。此詳言人道三綱六紀有自來也。人有男女陰陽之性〔一〕，則自然有夫婦配合之道。有夫婦配合之道，則自然有剛柔尊卑之義。陰陽化生，血體相傳，則自然有父子之親。以父立君，以子資臣，

〔一〕「性」，原作「情」，據李鼎祚周易集解改。

則必有君臣之位。有君臣之位〔一〕，故有上下之序。有上下之序，則必禮以定其體，義以制其宜。明先王制作，蓋取之於情者也。上經始於乾坤，有生之本也；下經始於咸恒，人道之首也。易之興也，當殷之末世，有妲己之禍；當周之盛德，有三母之功。以言天不地不生，夫不婦不成，相須之至，王教之端。故詩以關雎爲國風之始，而易於咸恒備論禮義所由生也。」夫婦之道，不可以不久也，故受之以恒。恒者，久也。物不可以久居其所，故受之以遯。遯者，退也。物不可以終遯，故受之以大壯。物不可以終壯，故受之以晉。晉者，進也。【案】進當以漸，如日之升。壯則傷，其進鋭者其退速。進必有所傷，故受之以明夷。夷者，傷也。傷於外者必反其〔二〕家，故受之以家人。家道窮必乖，故受之以睽。睽者，乖也。【案】國之本在家，故「必反其家」。「家道窮」，謂父不父，子不子，兄不兄，弟不弟，夫不夫，婦不婦，竝后匹嫡，而禍亂作

〔一〕下「有君臣之位」五字，諸本皆脱，據李鼎祚周易集解補。

〔二〕「其」，孫星衍周易集解同，周易正義及崇文書局本、南菁書院本作「於」。蓋姚氏從孫本。

矣。故家人「有嚴君焉，父父子子，兄兄弟弟，夫夫婦婦，正家而天下定也」。乖必有難，故受之以蹇。蹇者，難也。物不可以終難，故受之以解。解者，緩也。緩必有所失，故受之以損。損而不已必益，故受之以益。益而不已必決，故受之以夬。夬者，決也。決必有〔一〕遇，故受之以姤。姤者，遇也。物相遇而後聚，故受之以萃。萃者，聚也。聚而上者謂之升，故受之以升。升而不已必困，故受之以困。困乎上者必反下，故受之以井。井道不可不革，故受之以革。【案】遷善，益也。改過則夬。剛長乃終，陽極則陰來，故「決必有遇」。物相遇之以革。【案】善則馨聞於上，惡則腥聞於天，聚必升也。桀、紂困，湯、文亦困，升必困也。「困，德之辯」，「井，德之地」，困不失其所亨，反身修德，故受以井。井泥宜甃，故受以革。革物者莫若鼎，故受之以鼎。主器者莫若長子，故受之以震。震者，動也。物不可以終〔二〕動，止之，故受之以艮。艮者，止

〔一〕諸本「有」下皆衍「所」，據周易正義及下文姚氏案語删。
〔二〕「以終」，原倒，據周易正義及崇文書局本、南菁書院本乙正。

也。物不可以終止，故受之以漸。漸者，進也。【案】「張而不弛，文武弗能；弛而不張，文武弗爲。一張一弛，文武之道也」。進必有所歸，故受之以歸妹。得其所歸者必大，故受之以豐。豐者，大也。窮大者必失其居，故受之以旅。旅而无所容，故受之以巽。巽者，入也。【案】巽爲進退，兩巽相隨，隨所處也。君子无入不自得。入而後説之，故受之以兑。兑者，説也。【注】虞翻曰：「兑爲講習，故『學而時習之，不亦説乎』。」説而後散之，故受之以涣。涣者，離也。物不可以終離，故受之以節。【注】虞翻曰：「風以散物，故『離也』。」【案】「節」，止也。風行水上，故「離」。水歸於澤則止，不離也。節而信之，故受之以中孚。【案】法制有常，故「信」。不欺於物，物亦信焉，故「中孚」。有其信者必行之，故受之以小過。有過物者必濟，故受之以〔一〕既濟。物不可窮也，故受之以未濟終焉。【案】「窮則變，變則通」，未濟思所以濟之，周而復始矣。

〔一〕「之以」，原倒，據崇文書局本、南菁書院本乙正。

周易雜卦傳

乾剛坤柔，比樂師憂。【注】虞翻曰：「乾剛〔一〕金堅，故『剛』。坤陰和順，故『柔』。比五得位，『建萬國』，故『樂』。師三失位，『輿尸』，故『憂』。」臨觀之義，或與或求。【注】荀爽曰：「臨者『教思无窮』，故爲『與』。觀者『觀民設教』，故『求』也。」屯見而不失其居，蒙雜而著。【注】虞翻曰：「陽出初震，故『見』。『盤桓，利居貞』，故『不失其居』。蒙二陽在陰位，故『雜』。」【案】發蒙育德，故「著」也。震，起也。艮，止也。【注】虞翻曰：「震陽動行，故『起』。艮陽終止，故『止』。」損、益，盛衰之始也。【案】損，盛之始；益，衰之始，亦平陂、往復之義也。大畜，時也。无妄，災也。【案】「山澤通氣」，大雨時行，故「時」。「天命不祐」，故「災也」。萃聚而升不來也，謙輕而豫怠也。【注】虞翻曰：「坤衆在內，故

〔一〕「剛」，曹元弼周易集解補釋云：「當爲『陽』。」

『聚』。升五不來之二，故『不來』。謙三位賤，故『輕』。豫薦樂祖考，故『怡』。『怡』，或言『怠』也。」案：釋文云：「『怠』，虞作『怡』。」案：「怡」與「來」爲韻，作「怡」是也。**噬嗑，食也。賁，无色也。**【注】虞翻曰：「頤中有物，故『食』。賁離日在下〔一〕，五動巽白，故『无色也』。」**兑見而巽伏也。**【案】兑陰見，巽陰伏也。**隨，无故也。蠱，則飭也。**【案】説而動隨，不必有事，故「无故」。「蠱者，事也」，故「飭」。「振民育德」，「先甲後甲」，皆飭也。月令曰：「田事既飭，先定準直，農乃不惑。」案：釋文云：「『飭』，鄭作『飾』。」義通。大戴盛德篇云：「德盛則脩法，德不盛則飾政，法政脩〔二〕而德不衰，故曰王也。」**剥，爛也。復，反也。**【案】「爛」，熟也。柔變剛，故「爛」。陽反初，故「反也」。**晉，晝也。明夷，誅也。井通而困相遇也。**【注】虞翻曰：「『誅』，傷也。離日在上，故『晝』。『明入地中』，故〔三〕『誅』。泰初之

〔一〕「下」，諸本及朱本李鼎祚周易集解皆作「上」，據周本李鼎祚周易集解、曹元弼周易集解補釋改。
〔二〕「脩」，大戴禮記無。
〔三〕「故」，原誤植於下句「初」下，據李鼎祚周易集解及南菁書院本改。

五爲坎，故『通』。困三遇四，故『相遇』。」咸，速也。恒，久也。涣，離也。節，止也。解，緩也。蹇，難也。【注】虞翻曰：「相感者不行而至，故『速也』[一]。日月久照，四時久成，故『久也』。涣散，故『離』。節制數度，故『止』。震動出物，故『緩』。蹇『險在前』，故『難』。」睽，外也。家人，内也。否、泰，反其類也。大壯則止，遯則退也。【注】虞翻曰：「離女在上，故『外』。家人『女正位乎内』，故『内』。否反成泰，泰反成否，故『反其類』。『終日乾乾』，反復之道。大壯止陽，陽故『止』。遯陰消陽，陽故『退也』。」大有，衆也。同人，親也。革，去故也。鼎，取新也。【注】虞翻曰：「五陽並應，故『衆』。夫婦同心，故『親也』。案：火炎上就燥，故「親」。革更，故『去故』[二]。鼎亨飪，故『取新也』。」小過，過也。中孚，信也。豐，多故。親寡，旅也。案：釋文云：「『豐多故』，衆家以此絶句。荀本『豐多故親』絶句。」是諸家本俱无「也」字。【注】虞翻曰：「五以陰過陽，故『過』。『信

[一]「故速也」，諸本皆脱，據李鼎祚周易集解補。
[二]「去故」，李鼎祚周易集解作「故去」。疑李書「去」下脱「故」字，當作「故去故」。

及豚魚』，故『信』。豐大，故『多』。旅无容，故『親寡』。六十四象〔一〕，皆先言卦，乃〔二〕道其指。至旅體離四焚棄之行，又在旅家，故獨先言『親寡』，而後言『旅』。」**離上而坎下也。**「密雲不雨」，故「寡」。「履虎尾」，故「不處也」。**小畜，寡也。履，不處也。**【案】火就燥炎上，水流溼潤下。**需，不進也。訟，不親也。**【注】虞翻曰：「『險在前』，故『不進』。『天水違行』，故『不親也』。」**大過，顛也。姤，遇也，柔遇剛也。漸，女歸，待男行也。**【注】虞翻曰：「『顛』，殞也。頂滅〔三〕澤中，故『顛也』。兑爲女，艮爲男，反成歸妹，巽成兑，故『女歸』。待艮成震乃行，故『待男行也』。」**頤，養正也。既濟，定也。**【注】虞翻曰：「『濟』，成〔四〕。六爻得位，『定也』。」**歸妹，女之終也。未濟，男之窮也。**【注】虞翻曰：「歸妹，人之終始。女終於嫁，從一而終，故『女之終也』。否艮爲男

〔一〕「象」，諸本皆作「卦」，據李鼎祚周易集解改。
〔二〕「乃」，李鼎祚周易集解作「及」，蓋姚氏改之。張惠言周易虞氏義云：「『及』當爲『乃』。」
〔三〕「滅」，李鼎祚周易集解作「載」，蓋姚氏改之。張惠言周易虞氏義云：「『載』當爲『滅』。」
〔四〕「濟成」，諸本皆作「既濟」，據李鼎祚周易集解改。

位。否五之二，六爻失正，而來下陰；未濟主月晦，乾道消滅，故『男之窮也』。」

夬，決也，剛決柔也。君子道長，小人道憂也。【注】虞翻曰：「以乾決坤，以剛決柔也。乾爲君子，坤爲小人。乾息，故『君子道長』。坤體消滅〔一〕，故『小人道憂』。自大過至此八卦，不復兩卦〔二〕對說。大過死象，兩體姤夬，故次以姤而終以夬。言君子之決小人，故『君子道長，小人道憂』。」案：干寶云：「凡易既分爲六十四卦，以爲上下經，天人之事，各有始終。夫子又爲序卦，以明其相〔三〕承受之義。又重爲雜卦，以易其次第。雜卦之末，又改其例。『化而裁之存乎變』。是故聖人之於天下也，同不是，異不非，百世以俟聖人而不惑，一以貫之矣。」

周易姚氏學卷第十六終

〔一〕「滅」，諸本皆脱，據李鼎祚周易集解補。
〔二〕「兩卦」，原作「兩兩」，據李鼎祚周易集解及南菁書院本改。
〔三〕「相」，諸本皆作「所」，據李鼎祚周易集解改。

周易通論月令

叙

考宣州，得旌德姚生卷，易義貫通大君心得。後知生精於易學。及觀月令箋，以易解禮，彌得陰陽卦氣進退消長之理，駸駸乎入康成之室矣。輶軒載途，未暇細爲訂正，略誌其大旨如此。

道光九年五月會稽胡開益。

陳序

古之聖王欽崇天道，愛養民生，考曆以授時，布月以定氣，三微成著，三統得中，始于農畝之稼穡，終于明堂之政令，用能保世延祚，錫羨蕃祉，堯、舜三代，鮮不臻此。秦呂氏頗采古書，傳十二月紀，合諸大戴記之夏小正、逸周書、管子、淮南書及易緯是類謀、書緯璇璣鈐〔一〕、董子繁露所載，皆三代緒餘。呂氏間糅以秦制，鄭氏注此，取王居明堂禮爲證，頗訾其牴牾。若夫淹通該洽，制作同符，體裁精簡，輔經而行，故詞無支羨。獨恨孔仲達爲正義，搬演雜説，騖廣游詞。至如鄒子書、崔寔四民月令、氾勝、蔡癸諸作，雖篇帙可徵，亦多從刊落，後人病之。旌德諸生姚子仲虞慨九流七略十不一存，勤心稽考，零章碎句，筆采字摘，以

〔一〕「鈐」，諸本皆作「鈐」，據趙在翰輯七緯改。

發明鄭學，芟略孔義，搴蘭蕙于蕭稂，拾金璧于溤淖，繁稱博衍之中，使人逡循而得聖王齊七政、調玉燭之大要，可謂好學深思，如揚雄其人者也。

余自湖孰來權寧篆，適生以季考入郡，持此書問序于余。名曰「箋」者，以繼鄭公之後，猶鄭之箋毛、何休之學公羊，不敢自名一家耳。姚生年富力强，前代之書，需實事求是者尚多。吾一麾出守，衮衮二十餘年，宦情已淡，名心未忘，尚欲整齊舊句，俟得如姚生者共商摧之。

道光九年五月，燕山陳雲序。

宋序

月令者，大易陰陽之道，旼於政事者也。以六十卦當七十二候，錯綜於四時爲政，由是驗消息之故。至於日度周星、音律數法皆通乎易，非周公不能作。周公立明堂，以布月令，自秦以後，皆所依用，故周書及吕覽、淮南遞相沿襲，不得以吕覽所録，遂以爲秦時書也。要之，月令一篇，備觀象於天、觀法於地、鳥獸之文與地之宜，合乎君子先慎乎德、以義爲利之旨，則可以疑周官，而不可不信月令也。余久思致力，斯事體大，遲回未就。今仲虞以學易之暇，貫通以言其理，是則可爲豪傑之士矣。余每欲明大義，無信之者，不意得識仲虞，上下議論，無不涣焉攵釋，是亦一樂也。

道光八年二月十七日，長洲宋翔鳳記。

周易通論月令序

旌德姚配中撰

漢書藝文志云：「樂、詩、禮、書、春秋五者，蓋五常之道，相須而備，而易爲之原。」易爲五常之原，義無不通，故伏生以之傳書，轅固生以之説詩，董仲舒以之解公羊，劉子政以之詁春秋，劉子駿、京君明以之詮律吕，至鄭氏注禮，往往以易爲證。是以周、秦百氏綱不耑原于易，易固無不通也。而其陰陽消息卦氣從違之驗，則莫近于月令，以故明堂陰陽之説，舊有專家，惜其書久佚，無從考證耳。周易首乾，正月建子；歸藏首坤，正月建丑；連山首艮，正月建寅，而要皆以乾元爲消息之宗。月令季秋「爲來歲受朔日」，法乾元也。月令之傳，其原自遠。配中于注易之暇，會通其義，爲月令箋五卷，以鄭爲宗，其有不同，取諸羣説，猶鄭之箋毛，不嫌存異義也。因復探其微言大義，統而論之，附于周易姚氏學之後，述己所聞，證以經傳，於所不知，蓋闕如也。凡二卷，名曰周易通論月令。憶曩注周易，與友涇包季襄反復辯論，解疑釋惑，益我良多。季襄捐館舍，今已九年矣。是書之成，莫由正其訛謬，恨何如之！

道光十四年歲次甲午五月十一日，書於栖真山麓之文石居。

受業舒城李宗沅
合肥趙彦吉
同邑郭賢坤
汪守成
饒本烋
男　邦選仝校

周易通論月令卷第一

旌德姚配中撰

董子曰：「古之造文字〔一〕者，三畫而連其中，謂之王。三者，天地人也。而參通之者，王也。」孔子曰：「一貫三爲王。」說文王部引。淮南子曰：「帝者體太一，王者法陰陽，霸者則四時，君者用六律。」本經文。禮運曰：「夫禮必本於太一，分而爲天地，轉而爲陰陽，變而爲四時，列而爲鬼神，其降曰命。」注云：「聖人象此，下之以爲教令。」其官於天也。」注云：「官，猶法也。此聖人所以法於天也。」月令者，聖王所以體

〔一〕「字」字，說文解字所引及春秋繁露皆無，初學記、藝文類聚所引皆有。

元出治，順陰陽之消息，以贊化育、參天地，致中和而成既濟者也。呂氏春秋名類〔一〕云：「黄帝曰：『芒芒昧昧，因天之威，與元同氣。』」後漢魯恭議云：「月令，周世所造，而所據皆夏之時也。」蔡邕明堂月令論云：「月令篇名曰：『因天時，制人事，天子發號施令，祀神受職，每月異禮，故謂之月令。』所以順陰陽、奉四時、效氣物、行王政也。成法具備，各從時月，藏之明堂，所以示承祖考神明，明不敢褻瀆之義，故以『明堂』冠『月令』。」又云：「月令文義所説，博衍深遠，宜周公之所著也，官號職司與周官合。周書七十一篇，而月令第五十三。秦相呂不韋著書，取月令爲紀號。淮南王安亦以取爲第五篇，改名曰時則。故偏見之徒，或云月令呂不韋作，或云淮南，皆非也。」隋牛弘議云：「明堂月令者，鄭云：『是呂不韋著，春秋十二紀之首章，禮家鈔合爲記。』蔡邕、王肅云『周公所作』。束晳以爲夏書。劉瓛云：『不韋鳩集儒者，尋於聖王月令之事而記之。不韋安能獨爲此記？』弘案：不得全稱周書，亦未可即爲秦典，其内雜有虞、夏、商、周之法，皆聖王仁恕之政也。」配中案：禮運言「得夏時、得坤乾」。據禮運所説，大抵言禮本於天地陰陽，而以之爲政，即月令之義。月令，蓋古有其書，代有損益，在周爲周，在秦爲秦，不必辯爲誰氏之作也。

〔一〕「名類」，許維遹呂氏春秋集釋引畢沅曰：「舊作『名類』，乃『召類』之訛，然與卷二十篇目複。舊校云：『一名應同。』」

易說卦傳曰：「帝出乎震。」帝者，乾元也。「萬物出乎震」，萬物者，元所爲也。「出乎震，齊乎巽，相見乎離，致役乎坤，説言乎兑，戰乎乾，勞乎坎，成言乎艮」，而元周八卦矣，所謂「盛德在某」也。月令于五行之類，俱曰「其某」；獨于金木水火，不曰「其德某」，而曰「盛德在某」；于土則又直謂之「中央土」者何？董子曰：「天地之氣，合而爲一，分爲陰陽，判爲四時，列爲五行。」五行相生文。五行者，萬類之統。其列也，若八卦之方位。而盛德之在某，則若帝之「出乎震，齊乎巽，相見乎離」云云也，故曰「在」。在者，有不在也。「某日立春」，則「盛德在木」，立春之前，未嘗無木；「某日立夏」，則「盛德在火」，立夏之後，未嘗無木，特俱非盛德之所在耳。是故五行者，以其行言之，則周四時；白虎通五行云：「言行者，欲言爲天行氣之義也。」以其成物言之，則歷四時；以其壯、老、生、死言之，則互相因、互相濟也。淮南墬形云：「木壯、水老、火生、金囚、土死，火壯、木老、土生、水囚、金死，土壯、火老、金生、木囚、水死，金壯、土老、水生、火囚、木死，水壯、金老、木生、土囚、火死。」案：此亦一氣之轉也。非若「甲乙」、「丙丁」之類，各肖一行之性；「太皞」、「句芒」之類，各象一時之氣；

「羽」、「毛」、「鱗」、「介」之類，各成一氣之形，而不得相通也。且每一時之所謂「其某」者，皆五行之分而可指名者，金、木、水、火、土則其統也。「大史謁之天子曰：『某日立春，盛德在木。』」則諸從可知矣。故「盛德在某」，不與「其日」等並舉，而特詳于大史之謁，且不曰「其德」，而曰「盛德」也。「盛德在木」，時爲春，天子效之，而行春令。七十二候者，天地盛德之所爲；順時而行令者，天子之所爲，天子之盛德也。董子所謂「恩及草木、恩及于火、恩及于土、恩及于金石、恩及于水」者也。五行順逆〔一〕文。「中央土」，不曰「盛德在某」者，董子曰：「木，五行之始也。水，五行之終也。土，五行之中也。是故木主生而金主殺，火主暑而水主寒，天之數也。土居中央，爲之天閏〔二〕。土者，天之股肱也，其德茂美，不可名以一時之事。故五行而四時者，土兼之也。金、木、水、火雖各職，不因土，方不立。土者，

〔一〕「順逆」，諸本皆作「相生」。上引獨見於春秋繁露五行順逆，故據之改。

〔二〕「閏」，春秋繁露作「潤」。説文解字云：「閏，餘分之月。」是知「閏」有餘義，引申爲偏、副之義，故有正閏之説。下文云：「土者，天之股肱也。」是知「天閏」即天副之義。周易姚氏學卷第三所引亦作「天閏」。然則作「閏」非誤，蓋姚氏改之。「潤」或傳寫之誤。

五行之主也。」五行之義文。蓋中央者，四方之所交會，將生者出，將歸者入，「德合无疆」，而無時不在者，天德无疆，坤與乾合德，故「德合无疆」。說卦于坤不言方，亦此義。故曰「中央土」，明其爲五行之主，居中央而統四方也。白虎通五行云：「土王四季，各十八日，土所以王四季何？木非土不生，火非土不榮，金非土不成，水非土不高，土扶微助衰，歷成其道，故五行更王，亦須土也。王四季，居中央，不名時。」此坤元之藏乾元者也。乾元周而四時成，八卦列矣。

八卦者，明堂之位，天子之居周明堂，元之周八卦也。「帝出乎震，齊乎巽，相見乎離，致役乎坤，說言乎兑，戰乎乾，勞乎坎，成言乎艮」，崔憬云：「帝者，天之王氣也。以其周王天下，故謂之帝。」帝之所在，因時易名，而八卦位焉。坎、離、震、兑者四正，乾、艮、巽、坤者四隅，而明堂之法立焉。四正者，明堂之四堂。四隅者，四堂之左右个。洪範五行傳云：「孟春御青陽左个，索祀于艮隅。仲春御青陽正室，索祀于震正。季春御青陽右个，索祀于巽隅。孟夏御明堂左个，索祀于巽隅。仲夏御明堂正室，索祀于離正。季夏御明堂右个，索祀于坤隅。孟秋御總章左个，索祀于坤隅。仲秋御總章正室，索祀于兑正。季秋御總章右个，索祀于乾隅。孟冬御玄堂左个，索祀于乾隅。仲冬御玄堂正室，索祀于坎正。季冬御玄堂右个，索祀于艮隅。」元位中央，藏于戊己，則明堂之大廟、大室也。乾元一歲而周八卦，天子十二月而周明堂，象乾元也。乾元所在，因時易名，而卦氣應之。天子所居，因時易政，而時氣應之。七十二候者，八卦之驗、八風之應、十二月政令休咎之徵也。古微書引通卦驗云：「八風以時至，則陰陽合，王道成，萬物得以育生。王者當順八風，行八政，當八卦也。」

明堂謂之五府者，五帝之府也。玉藻疏引尚書帝命驗云：「帝者承天，立五府，以尊天重象也。五府，五帝之廟，蒼曰靈府，赤曰文祖，黄曰神斗，白曰顯紀，黑曰玄矩。唐、虞謂之五府，夏謂之世室，周謂之明堂，皆祀五帝之所也。」宋均注云：「象五精之神也。天有五帝，集居太微，降精以生聖人，故帝者承天，立五帝之府，是爲天府。文祖者，赤帝赤熛怒之府。火精光明，文章之祖，故謂之文祖，周曰明堂。黄帝含樞紐之府，名曰神斗。斗，主也。土精澄靜，四時之主，故謂之神斗〔一〕，周曰太室。顯紀者，白帝白招拒之府。紀，法也。金精斷割萬物，故謂之顯紀，周曰總章。玄矩者，黑帝汁光紀之府。矩，法也。水精玄昧，能權輕重，故謂之玄矩，周曰玄堂。靈府者，蒼帝

〔一〕「斗」，諸本皆作「主」，據史記五帝本紀正義所引改。

靈威仰之府，周曰青陽。」五帝之號，因時易名，其實則乾元耳。解在周易姚氏學豫象傳。乾消息在巳，故明堂位在巳。玉藻疏引異義講學大夫淳于登說：「明堂在國之陽，丙巳之地。周公祀文王于明堂，以配上帝。上帝，五精之帝。太微之庭，中有五帝座星。」鄭云：「淳于登之言，取義于援神契。援神契記〔一〕：『宗祀文王于明堂，以配上帝。』曰明堂者，上圓下方，八窗四達〔二〕，布政之宮，在國之陽。帝者，諦也，象上可承五精之神。五精之神，實在太微，于辰爲巳。』是以登云然。今漢立明堂于丙巳，由此爲也。水木用事，交于東北。木火用事，交于東南。火土用事，交于中央。金土用事，交于西南。金水用事，交于西北。周人明堂五室，帝一室，合于數。」乾陽滅于戌，消入中宮，伏而藏于戌，荄于亥，此乾元之位，消息之宗也，解在周易姚氏學釋數篇。故曰天宗。後漢志注引盧植云：「天宗，六宗之神。」書謂之「六宗」，以其爲六氣之宗也。後漢志注：歐陽和伯、夏侯建曰：「六宗者，上不謂天，下不謂地，傍不謂四方，在六者之間，助陰陽變化者也。」又大宗伯疏引歐陽說：「六宗者，居中央，恍惚無有，神助陰陽變化。」案：此即易之元也。坤元位中央，藏乾元，元不可見，故「恍惚無有」。名之爲六宗，猶易不言元用九，但言用九

〔一〕「記」，禮記正義作「說」。
〔二〕「達」，禮記正義、孝經援神契均作「闥」。

也。後漢志：「元初六年，以尚書歐陽家說：『六宗者，在天地四方之中，爲上下四方之宗。』三月庚辰，初更立六宗，祀于雒陽西北戌亥之地。」蓋西北乾位，元之所藏。立六宗，祀于西北戌亥之地，則以六宗爲乾元明矣。志論謂：「易無六宗在中之象。」豈其然乎？魏景初二年，散騎常侍劉邵以爲萬物負陰而抱陽，沖氣以爲和；六宗者，太極沖和之氣，爲六氣之宗者也〔一〕。案：「太極沖和之氣」，謂乾元、坤元之交也。變化之本，象數之原，孟冬坤用事，當乾位。乾陽之老，爲蓍。坤陰之老，爲龜。故孟冬「命太史釁龜、筴，占兆，審卦吉凶」。卜筮者，聖王所以尊天，而吉凶與民同患者也。祭義曰：「昔者聖人建陰陽天地之情，立以爲易。易抱龜南面，天子卷冕北面，雖有明知之心，必進斷其志焉，示不敢專，以尊天也。」易繫辭傳曰：「蓍之德，圓而神。卦之德，方以知。六爻之義，易以貢。聖人以此洗心，退藏于密，吉凶與民同患。」洪範九疇：「七曰稽疑。」白虎通蓍龜云：「所以先謀及卿士何？先盡人事，念而不能得，思而不能知，然後問于蓍龜。聖人獨見先睹，必問蓍龜何？示不自專也。」視之不見，聽之不聞，循之不得者也。白虎通曰：「火，大陽精微，人君之象，象尊常藏，猶天子居九重之內，臣下衛之也。」五行文。元之伏藏，天子居九重之象也。四時之氣，元主之。四時之令，天子主之。天子者，天下之

〔一〕劉邵說見晉書禮志上。

元，體元出治者也。故于季秋定法制焉，象元之伏，而爲消息之原也。洪範：「五，皇極：皇建其有極。曰皇極之敷言，馬融注云：「王者當〔一〕極行之，使臣下布陳其言。」是彝是訓，于帝其訓。」馬云：「是大中之道，而常行之。用是教訓天下，于天爲順也。」即此義也。「天下有道，禮樂征伐自天子出」，則王道蕩平正直，而天下遵王矣，故曰：「天子作民父母，以爲天下王。」五者，中央之數。皇極者，乾元也。謂之皇極者，皇，大也；極，中也；中央元氣，謂之太極；王者建極，是爲皇極。乾元爲萬物之宗，萬物消息根于乾元而順乎八卦。八卦效而歲功成，王者體元建極，調燮陰陽，而物各以候應矣。明堂之政，王道之成也。後漢志云：「若夫用天因地，揆時施教，頒諸明堂，以爲民極者，莫大乎月令。」白虎通爵云：「援神契曰：『天覆地載，謂之天子，上法斗極。』」又辟雍云：「天子立明堂者，所以通神靈、感天地、正四時、出教化、宗有德、重有道、顯有能、褒有行者也。」

王居明堂，各象其方色。知方色，則知當行之政矣。郎顗曰：「王者隨天，譬

〔一〕史記集解「當」下有「盡」字。

猶自春徂夏，改青服絳者也。」見本傳。案：五色者，陰陽之交，一氣之轉也。乾爲大赤，坤于地爲黑，西北乾伏于下，十月坤用事，故玄。玄者，三入赤汁，又三入黑汁。説文云：「玄，幽遠也。黑而有赤色者爲玄，象幽而入覆之也。」坎主冬，陰凝陽，故北方玄。陽伏于内，則玄；發于外，則赤。赤與白并，則黄，中央之色，坤之元也。坤元伏離中，故易曰「黄離元吉」。玄黄并，則爲蒼。震主春，故爲玄黄。玄黄者，蒼也。白者，西方之色，極而反于素者也。赤極則黄，黄極則白，易曰：「賁，无色也。」白極仍轉而爲玄。

其每月首紀日所在者，日月相推而明生，寒暑相推而歲成。日月者，陰陽之宗，所以消息陰陽而成寒暑者也。參同契以坎離爲乾坤二用，謂坎離消息陰陽，乃乾坤之元也。是以日月會而辰一移，辰移而陰陽之消息隨之，寒暑之往來應焉。此所以紀昏旦之星，以之知日躔、驗晝夜之長短也。洪範：「五紀：歲、日、月、星辰、歷數。」堯典首以「欽若昊天，歷象日月星辰，敬授民時」。舜受終文祖，首以「在璿璣玉衡，以齊七政」。此帝王之首事也。「孟春之月，日在營室」。據周語：「日月底于天廟。」韋昭注云：「底，至也。天廟，營室也。孟春之月，日月皆在營室。」大戴記云：「虞、夏之歷，正建于孟春。」誥志文。史記歷書：「昔自在古，歷建正作于孟春。」則「日在營室」，乃正月朔旦。立春，人正之歷元也。淮南子曰：「天一元始，正月建寅，日月俱入營室五度。」天文文。又云：「天一以始建七十六歲，日月復以正月入營室五度，無餘分，名曰一紀。」洪範傳曰：「歷記始於顓頊上元太始閼蒙攝提格之歲，畢陬之月，朔日己巳立春，七曜俱在營室五度。」唐志一行議引。蔡邕命論云：「顓頊歷術曰：『天元正月己巳朔旦立春，俱以日月俱〔一〕起于天廟營室五度。』今月令『孟春之月，日在營室』。」案：命論當即月令論之譌。則營室五度，在諏訾之初，與三統歷相較六度，依法宮移六度，則正月日在營室，二月在奎，三月在胃，五月在東井，六月在柳，七月在翼，八月在角，十月在尾，十一月在斗，合者九宮；四月在觜觿，九月在氐，十二月在虛，不合者三宮。漢書律歷志：「諏訾，初危十六度，立春；中營室十四度，驚蟄；終于奎四度。降婁，初奎五度，雨水；中婁四度，春分；終于胃六度。大梁，初胃七度，穀雨；中昴八度，清明；終于畢十一度。實沈，初畢十二度，立夏；中井初，小滿；終于井十五度。鶉首，初井十六度，芒種；中井三十一度，夏至；終于柳八度。鶉火，初柳九度，小暑；中張三度，大暑；終于張十七度。鶉尾，初張十八度，

〔一〕二「俱」字，史記律曆志注所引有上「俱」，無下「俱」；蔡氏月令輯蔡邕明堂月令論無上「俱」，有下「俱」。

立秋；中翼十五度，處暑；終于軫十一度。壽星，初軫十二度，白露；中角十度，秋分；終于氐四度。大火，初氐五度，寒露；中房五度，霜降；終于尾九度。析木，初尾十度，立冬；中箕七度，小雪；終于斗十一度。星紀，初斗十二度，大雪；中牽牛初，冬至；終于婺女七度。玄枵，初婺女八度，小寒；中危初，大寒；終于危十五度。」須以觜二度增畢，減參二度與觜，則畢十八度，觜二度，參七度，而四月「日在畢」。以氐之十度爲房初度，則氐九度，房十一度，而九月「日在房」。以虛初爲女終度，則女增一度，虛減一度，而十二月「日在女」矣。淮南天文云：「星分度：角十二，亢九，氐十五，房五，心五，尾十八，箕十一四分一，斗二十六，牽牛八，須女十二，虛十，危十七，營室十六，東壁九，奎十六，婁十二，胃十四，昴十一，畢十六，觜巂二，參九，東井三十三，輿鬼四，柳十五，星七，張、翼各十八，軫十七，凡二十八宿也。」案：漢志無「四分一」，餘同。星度增減，時或有異，亦如宮度之移易，不必盡同也。案：晉志引費直分野與漢志不同，諏訾起危十四，降婁起奎二，大梁起婁十，則奎當有二十二度。後漢志蔡邕章句宮度與三統不同，乃後漢所用之宮度，非月令宮度也。爾雅云：「諏訾之口，營室東壁也。壽星，角、亢也。大辰，房、心、尾也。」據此，是諏訾當起營室，壽星當起角，大辰當起房，與月令合，則月令宮度乃分星之最古者，後世互有增減，不得以例月令也。以月令中星較之，則或過，或不及，類多統舉一月，不專以一日之昏旦言也。寅正歷元起于立春，故「孟春命太史」。洪範：「五紀：歲、日、月、星辰、歷數。」「天」即歲也。歲一周天，故謂之天。「宿離不貸」云云，即歷數也。漢志云：「迺定東西，立晷儀，下漏刻，以追二十八宿相距于四方，舉中〔一〕以定晦朔、分至、躔離、弦望。」合朔而日月交，日月交而陰陽交，陰陽交而氣一變，日至十二宮之初，爲節；至其中，爲中氣。節在合朔之前，則陽先陰後；節在合朔之後，則陽後陰先，氣盈朔虚而閏生焉。月始于朔，而立春「日在營室」，不定在朔，故云「之月」，言孟春之月，日已在營室，而立春「昏參中，旦尾中」，則「其日甲乙，其帝太皞」云云也。若日未在營室，則其日仍壬癸。若孟春之前，日已在營室，則其日即甲乙，故云「之月」，所以統前後也。餘月例諸。故曰「日窮于次」，「十二次，星度節氣也。「月窮于紀」，十二合朔也。天地之陰陽隨日月，日月移而陰陽變，此乾坤二用所以消息陰陽、一往一來而成歲者也。參同契云：「坎戊月精，離己日光，日月爲易，剛柔相當。」注云：「坎離者，乾坤二用。二用無爻位，周流行六虚。往來既不定，上下亦無常。」參同契又云：「五

〔一〕「中」，漢書律曆志作「終」，疑姚氏改之。

行守戒〔一〕，不妄盈縮。易行周流，屈伸反覆。幽潛淪匿，變化于中。包囊萬物，爲道紀綱。以無制有，器用者空。故推消息，坎離没亡。」「星回于天」，復起營室也。曰「數將幾終，歲且更始」，則月令爲建寅之令審矣。案：不得以季秋有「來歲」之文，遂謂爲秦典。又案：「孟夏命太尉」，時陽氣廣大，慰萬物，故「命太尉」。古微書引元命苞云：「尉者，慰民心，撫其實也。」御覽引蔡云：「太尉，卿官。」惠氏棟云：「緯候始于先秦，中候握河紀有『舜爲太尉』之文。」錢氏塈云：「晉語『祁奚爲元尉』，韋昭注云：『中軍尉也。』『鐸遏寇爲輿尉』，注云：『上軍尉也。』」管子：「分州以爲千里，里爲之尉。」則尉之稱，不自秦始。案：左傳襄二十一年：「將歸死于尉氏。」注云：「尉氏，討姦之官。」漢書地理志：「陳留郡，尉氏。」應劭云：「古獄官名曰尉氏。」水經渠水注：「尉氏，鄭國之東鄙弊獄官名也，鄭大夫尉氏之邑。」是尉之稱，不始于秦。閔二年左傳：「羊舌大夫爲尉。」注云：「軍尉。」司馬主兵，中軍、上軍皆稱尉，則司馬之爲太尉，亦古官名也。日以動陽，月以動陰，而一日之陰陽，亦從可知。乾坤十二消息，復、臨、泰、大壯、夬、乾六卦爲息，陽息也。姤、遯、否、觀、剥、坤六卦爲消，陰消陽也。不見坎離，其周流于一歲之終始，一陰一陽以

〔一〕「戒」，周易參同契各本作「界」。疑「戒」爲誤。

成既濟者，莫非坎離也。日月爲易，縣象著明，一往一來，坎離交而形伏，所謂「保合太和」也，元之用也。政令順則既濟定，政令反則未濟窮矣。

「甲乙」以明陰陽之性也。陰陽者，水火而已。二氣交則水火之形伏。故十二消息不見坎離。此天地合和之氣，太極之渾函，周流無竟，無時或息，所以動日月者也。以日照晝，以月照夜，而陰陽交，其隨日月而升降往來者，消息之氣，所以成既濟者也。是故生物、成物之陰陽，以日月動。日春分過赤道而北，則地中之陽隨日而出地。日秋分過赤道而南，則地中之陽隨日而入地。日過赤道而北，則陽之隨日動也漸高；日過赤道而南，則陽之隨日動也漸下，而寒暑分焉。後漢志：「天一晝夜而運過周〔一〕，星從天而西，日違天而東。日之所行與運周，在天成度，在曆成日。居以列宿，終于四七；受以甲乙，終于六旬。日月相推，日舒月速，當其同〔二〕，謂之合朔。舒先速後，近一遠三，謂之弦。相與爲衡，分天之中，謂之望。以速及舒，光盡體伏，謂之晦。晦朔合離，斗建移

〔一〕「天一晝夜而運過周」，後漢書律曆志作「天之動也，一晝一夜而運過周」，蓋姚氏約而引之。

〔二〕御覽引「同」下有「所」字。王先謙後漢書集解引盧文弨云：「『同』下脱『所』字。」

辰，謂之月。日之行，則有冬有夏；冬夏之間，則有春有秋。是故日行北陸謂之冬，西陸謂之春，南陸謂之夏，東陸謂之秋。日道發南，去極彌遠，其景彌長，遠長乃極，冬乃至焉。日道斂北，去極彌近，其景彌短，近短乃極，夏乃至焉。二至之中，道齊景正，春秋分焉。日周于天，一寒一暑，四時備成，萬物畢改，攝提遷次，青龍移辰，謂之歲。」春「其日甲乙」者，謂日之行在甲乙，陽氣隨日，屈以求信，而物之象其氣之性而生者，亦皆解孚甲抽軋而出也。鄭云：「乙之言軋也。日之行，春，東從青道，發生萬物，月爲之佐。時萬物皆解孚甲，抽軋而出，因以爲日名焉。」案：日行青道，故「其日甲乙」。高誘云：「甲乙，木日。」則專以干支相配之日言，非是。史記律書云：「甲者，言萬物剖孚甲而出也。乙者，言萬物生軋軋也。」説文云：「甲，東方之孟，陽氣萌動，从木戴孚甲之象。乙，象春草木冤曲而出，陰氣尚强，其出乙乙也。」夏「日丙丁」，中央「日戊己」，秋「日庚辛」，冬「日壬癸」，以是例諸，而物之象其氣者，亦各以時異矣。白虎通五行云：「甲者，萬物孚甲也。乙者，物蕃屈有節欲出。丙者，其物炳明。丁者，强也。戊者，茂也。己者，抑屈起。庚者，物更也。辛者，陰始成。壬者，陰使任。癸者，揆度也。」董子曰：「天地之氣，合而爲一，分爲陰陽，判爲四時，列爲五行。」五行相生文。五行者，陰陽之往來于四時者也。洪範：「五行：水曰潤下，火曰炎上，木曰曲直，金曰從革，土爰稼穡。」此五行之性也。木之性，屈以求信，故「曲直」，所謂「甲乙」也。火就燥，故「炎上」，所謂「丙丁」也。史記律書云：「丙者，言陽道著明。丁者，言萬物之丁壯也。」土生萬物，故「稼穡」，所謂「戊己」也。説文云：「戊，中宮也，象六甲、五龍相拘絞也。己，中宮也，象萬物辟藏詘形也。」漢志云：「豐楙於戊，理紀於己。」秋「日庚辛」，庚辛者，更新也，故「從革」，謂其從氣化也。漢志云：「斂更於庚，悉新於辛。」冬「日壬癸」，壬者，水入地中，妊養物；癸象水從四方流入地中之形，故「潤下」，謂其流溼也。説文云：「壬，位北方，陰極陽生，故易曰『龍戰于野』。戰者，接也，象人褢妊之形。癸，冬水土平，可揆度也，象水從四方流入地中之形。」此五行之性然也。順其性則歲功成，逆其性則歲功敗矣。書僞孔傳云：「木可揉使曲直。」專以用言之，非是。案：五行志以「輪矢傷敗爲木不曲直」之驗，亦以木失其性，則用之亦變，此正以驗其曲直之性耳。若木之曲直專在是，則水潤下、火炎上，孰使之邪？

「大皞」、「句芒」，狀中央、四時之氣也。「帝」者，言其氣之王于一時。「神」者，信也，言其氣之引信物也。説文云：「帝，諦也，王天下之號也。神，天神，引出萬物者也。」易説卦傳云：「帝出乎震。」又云：「神也者，妙萬物而爲言者也。」鄭易注云：「精氣謂之神，物生所信也。」五帝、五神，因時易名，猶五天之比矣。大宗伯疏引異義：「今尚書説：『春曰昊天，夏曰蒼天，秋曰旻天，冬曰上天，總爲皇天。』古尚書説：『尊而君之，則曰皇天。元氣廣大，則稱昊天。仁覆愍下，則稱旻天。自上監下，則稱上天。據遠視之蒼蒼然，則稱蒼天。』」春氣皞大，屈以求信，故「帝大皞」、「神句芒」。季春生氣方盛，陽氣發泄，所謂「大皞」也。句者畢出，萌者盡達，所謂「句芒」也。至季春而大皞、句芒之氣將變矣。季夏毋妨神農之事，神農將持功。土神稱爲神農，則五帝、五神爲時氣之稱益審矣。夏氣極盛，長養物，故「帝炎帝」、「神祝融」。秋氣成物，其氣斂，故「帝少皞」、「神蓐收」。冬氣閉藏，萬物伏，故「帝顓頊」、「神玄冥」。中央土色尚黄，五行之主也，故「帝黄帝」、「神后土」。白虎通五行云：「大皞者，大起萬物擾也。句芒者，物之始生，芒之爲言萌也。炎帝者，太陽也。祝融者，屬續也。少皞者，少斂也。蓐收者，縮也。顓頊者，寒縮也。玄冥者，入冥也。」又號篇云：「黄者，中和之色，自然之性。」御覽引淮南時則注云：「炎帝〔一〕者，著明審諟也。祝，屬；融，工也。萬物盛長，屬續〔二〕而

〔一〕「炎帝」，御覽地部二引作「赤帝」。
〔二〕「續」，諸本皆脱，據御覽地部二引補。

工也。黄，中色，地道載物，故稱后〔一〕也。少皞，白帝之號。少皞，陰用事〔二〕，物浩成也。顓頊，黑帝號。頊，大。言大〔三〕陰用事，振翕而寒也。陰閉不見〔四〕，故神爲玄冥也。」又引義宗云：「句芒者，物始生，皆句曲而芒角。」惠氏棟云：「晉語：『虢公夢在廟，有神人面白毛虎爪，執鉞立于西阿。公拜稽首。覺，召史嚚占之，對曰：「如君之言，則蓐收也，天之刑神也。」』天之刑神謂之蓐收，則非少皞氏之子，該可知矣。」五帝、五神乃以狀中央、四時之氣，其實則一氣之轉耳。五人帝及五官其名，俱本于此，以其功而配食焉。尚書大傳注：「古者生能其事，死在祀典〔五〕，配其神而食。」

「羽」、「毛」、「鱗」、「介」，狀氣之屈信也。冬陰盛，萬物閉固，故「蟲介」，陰凝陽，陽氣結也。至春則陽氣出地，甲散爲「鱗」。高誘云：「東方少陽，物去〔六〕太陰，甲散

〔一〕「后」，諸本皆作「名」，據御覽地部二引改。
〔二〕「陰用事」，諸本皆作「用」，據御覽地部二引補。
〔三〕「大」，諸本皆脱，據御覽地部二引補。
〔四〕「見」，諸本皆作「視」，據御覽地部二引改。
〔五〕「典」，御覽禮儀部三引作「禮」。
〔六〕「去」，諸本皆作「出」，據吕氏春秋高誘注及淮南子高誘注改。

爲鱗。」夏陽動而上騰，故「羽」。陽者，揚也，飛之象也。釋名釋天云：「陽，揚也，氣在外發揚也。」中央陽極而陰萌，故「倮」。高誘云：「陽發〔一〕越而屬倮蟲。」至秋則陰成體，而寒將至，故「蟲毛」，皮革堅。至冬則轉而爲「介」矣。此陰陽舒斂之義，一氣之轉也。謂之「蟲」者，春秋考異郵曰：「蟲之爲言屈申也。」古微書引。案：禮運：「鱗、鳳、龜、龍，謂之四靈。」疏引異義：公羊説：「鱗，木精。」左氏説：「鱗，中央軒轅大角之獸。」陳欽説：「鱗是西方毛蟲。」許慎謹案：「禮運云：『鱗、鳳、龜、龍，謂之四靈。』龍，東方也。虎，西方也。鳳，南方也。龜，北方。鱗，中央也。」鄭駁云：「古者聖賢言事，亦有效三者，取象天地人；四者，取象四時；五者，取象五行。今云『鱗、鳳、龜、龍，謂之四靈』，則當四時明矣。虎不在四靈中，空言西方虎者，則鱗中央，得無近誣乎？」據鄭義，則以四靈當四時，同陳欽及大戴義矣。大戴記曾子天圓云：「毛蟲之精曰鱗，羽蟲之精曰鳳，介蟲之精曰龜，鱗蟲之精曰龍，倮蟲之精曰聖人。」但鄭月令注以倮蟲爲虎豹之屬，則與大戴異。此皆今文家説也。虎豹之屬，當以騶虞爲之長。鱗之趾毛傳云：「鱗信而應禮。」騶虞傳云：「騶虞，義獸也。白虎，黑文，不食生物，有至信之德，則應之。」此古文家説也。文選注十五引蔡云：「北方玄武，介蟲之長。」則必以鱗爲中央，同古文説。要之，月令

〔一〕吕氏春秋高誘注「發」下有「散」字。

所説，自以狀氣之屈信，不謂四靈也。

性殊則氣殊，氣殊則形殊，形殊則聲殊，而于是元之往來屈信，其情狀可得而以音審之，以律寫之矣。吕氏春秋曰：「音樂之所由來者遠矣。生于度量，本于太一。太一出兩儀，兩儀出陰陽。陰陽變化，一上一下，合而成章。渾渾沌沌，離則復合，合則復離，是謂天常。」又曰：「萬物所出，造于太一，化于陰陽，萌芽始震，凝凙以形〔一〕。形體有處，莫不有聲。聲出于和，和出于適。和適，先王定樂，由此而生。」大樂文。太一者，元也。兩儀者，乾坤也。陰陽者，乾坤九、六也。陰陽交而性生，性使氣，氣成形，有形而聲生焉。太史公曰：「音始于宫，窮于角。數始于一，終于十，成于三。氣始于冬至，周而復生。」律書文。「音始于宫」者，中央之宫，四方之所交會，元之所藏也。一者，氣之始。十者，陰陽之合，氣之終也。「成于三」，則陰陽之始交也。靈樞陰陽繫日月篇云：「陰陽者，有名而無形，故數之可十，推

〔一〕「萌芽始震凝凙以形」，御覽引作「萌芽始厥凝寒以刑」。

之可百，散〔一〕之可千，推之可萬。」説文云：「惟初太始，道立於一，造分天地，化成萬物。」又云：「十，數之具。一爲東西，丨爲南北，則四方、中央備矣。」解在周易姚氏學釋數篇。乾元荄于亥，妊于壬，滋于子，以一起，陰陽交而數變，此太一之造生萬物，而黄鐘之宫，爲萬事之根本也。呂氏春秋古樂云：「昔黄帝命伶倫作爲律。伶倫自大夏之西，乃之阮隃〔二〕之陰，取竹於嶰谿之谷，以生空竅厚鈞者〔三〕，斷兩節間，其長三寸九分，而吹之以爲黄鐘之宫，吹曰舍少〔四〕。次制十二筒，以之阮隃之下，聽鳳皇之鳴，以別十二律。其雄鳴爲六，雌鳴亦六，以比黄鐘之宫，適合。黄鐘之宫，皆可以生之，故曰『黄鐘之宫，律呂之本』。」案：云「次制十二筒」，則黄鐘之宫，不在十二筒之内，故「聽鳳鳴，別十二律，以比黄鐘之宫，適合」，謂雄六、雌六皆合黄鐘之宫也。故云「黄鐘之宫，皆可以生之」，則黄鐘之宫，當別一物，非即黄鐘之管矣。云「其長三寸九分，而吹之以爲黄鐘之宫」者，黄鐘之宫，爲律呂之本，象中央之氣，故其體不與十二律同。其云「九分」，謂分三寸之圍爲九，以爲黄鐘之長，而黄鐘之管數生矣。然則「三寸」者，黄鐘之宫，長三寸，圍亦三寸

〔一〕「散」，張志聰黄帝内經靈樞集注作「數」。
〔二〕「阮隃」，漢書律志作「昆侖」，御覽引作「崑崙」。下「阮隃」同。
〔三〕「以生空竅厚鈞者」，御覽樂部三引作「以生竅厚薄鈞者」。
〔四〕「舍少」，諸本皆倒，據呂氏春秋乙正。

也。「九分」者，以其圍爲之長，黄鐘之管也。冬至，陽氣潛藏，故律長九寸，象陽之伏于中也。夏至，陽俱發于外，故黄鐘之宫，長三寸，而圍亦三寸，象陽之無不周也。黄鐘之宫，其一寸之數，爲黄鐘之管九寸之數，故史記律書云：「實如法，得一寸，凡得九寸，命曰『黄鐘之宫』。」謂得黄鐘之宫一寸，即得黄鐘之九寸，因命爲黄鐘之宫也，則史記不以「黄鐘之宫」爲「黄鐘」明矣。前漢志云：「以成之數，忖該之積，如法爲一寸，則黄鐘之長也。」此非以黄鐘之宫之一寸爲黄鐘之九寸之明證乎？孟康以爲「言一者，張法辭」，韋昭以爲「得九寸之一」，姚氏以爲「一即黄鐘之子數」，豈其然乎？黄鐘之宫，其爲九也三，故史記云：「置一而九三之以爲法。」律數終于十二，故前漢志云：「十一三之以爲實。」此乃以黄鐘之宫除十二辰之終數耳，不然，何取乎酉之萬九千六百八十三而以之爲法也乎？以十七萬七千一百四十七爲實，以萬九千六百八十三爲法，除之得九，黄鐘之宫之一寸，乃黄鐘之管之九寸也。前漢志所謂「以成之數〔一〕，忖該之積」者，「該」，亥也，即所云「該藏萬物」也。亥之積十七萬七千一百四十七成者，酉也，即所云「陰氣任成萬物」也。酉之數，萬九千六百八十三。審此，則諸儒之説，可悉審其是非矣。

太史公曰：「神生于無，形成于有，形然後數，形而成聲，故曰『神使氣，氣就形』。」律書文。「神」者，元也。「無」謂元之伏

〔一〕「數」，諸本皆作「法」，據漢書律曆志改。

藏時也。說文云：「无，奇字無，通于元者。王育說：『天屈〔一〕西北爲无。』」案：西北，元氣屈于下，純陰之時，故「爲无」。太玄玄告〔二〕云：「天奧西北，鬱化精也。」元不可見，而律以寫之，所謂「形成于有」也。有形則數見，而聲成矣，故曰「形然後數，形而成聲」。「數」、「形」謂十二律之長短，足以見無形之神，而寫其形也。形成則聲成矣，五聲十二律者，所以寫消息之氣之隨時易者也。離則復合，合則復離，而聲律變矣。宮數八十一者，九九之數，所以究極中和，爲萬物元也。八十一者，究其數，以明元在中央也。是故氣藏則數多而音濁，象其藏也；氣升則數少而音清，象其出也。冬至陽生，夏至陰生，天地相遇，故宮三分去一而生徵五十四；由是而秋，徵三分益一而生商七十二；由是而冬，商三分去一而生羽四十八；由是而春，羽三分益一而生角六十四。史記律書云：「九九八十一，以爲宮。三分去一，五十四以爲徵。三分益一，七十二以爲商。三分去一，四十八以爲羽。三分益一，六十四以爲角。」乾元極于巳，

〔一〕「屈」，諸本皆作「闕」，據說文解字改。

〔二〕「玄告」，諸本皆作「玄攡」，下引獨見於太玄玄告，故據之改。

中無伏陰〔一〕，氣俱外發，而音窮矣。故五音始于宮，窮于角也，此元也。其十二律之短長，則各寫其月消息之氣，乾坤之十二爻也，元之用也。漢志云：「商之言章也，物成孰，可章度也。角，觸也，物觸地而出，戴芒角也。宮，中也，居中央，暘四方，唱始施生，爲四聲綱也。徵，祉也，物盛大而緐祉也。羽，宇也，物聚藏宇覆之也。」又云：「黄鐘：黄者，中之色，君之服也；鐘者，種也。天之中數五，五爲聲，聲上宮，五聲莫大焉。地之中數六，六爲律，律有形有色，色上黄，五色莫盛焉。故陽氣施種於黄泉，孳萌萬物，爲六氣元也。以黄色名元氣律者，著宮聲也。宮以九唱六，變動不居，周流六虚，始於子。大吕：吕，旅也，言陰大旅助黄鐘宣氣而芽物也。太族：族，奏也，言陽氣大奏地而達物也。夾鐘：言陰夾助太族，宣四方之氣而出種物也。姑洗：洗，絜也，言陽氣洗物辜絜之也。中吕：言微陰始起，未成著於其中，旅助姑洗宣氣齊物也。蕤賓：蕤，繼也。賓，導也。言陽始導陰氣，使繼養物也。林鐘：林，君也，言陰氣受任，助蕤賓君主種物，使長大楙盛也。夷則：則，法也，言陽氣正法，而使陰氣夷當傷之物也。南吕：南，任也，言陰氣旅助夷則任成萬物也。亡射：射，厭也，言陽氣究物，而使陰氣畢剥落之，終而復始，亡厭已也。應鐘：言陰氣應亡射，該藏萬物而雜陽閡種也。」

〔一〕「陰」，諸本皆作「陽」，據上下文義改。案：周易姚氏學卷第五履九二姚氏案語云：「唯乾元純陽，中无伏陰。」

其曰「律中某」者，言其時之音某，而于律則中某也。律之數，不必與音同。音狀一時，律寫一月。音者，元也。律者，爻也。元藏于中，爻周其外，陰陽變而律呂調矣。呂氏春秋曰：「大聖至理之世，天地之氣，合而生風，日至則月鐘其風，以生十二律。天地之風氣正，則十二律定矣。」音律文。漢志云：「天之中數五，地之中數六，而二者爲合。六爲虚，五爲聲，周流于六虚。虚者，爻律。夫陰陽登降運行，列爲十二，而律呂和矣。太極元氣，函三爲一。極，中也。元，始也。行于十二辰，始動于子。此陰陽合德，氣鐘于子，化生萬物者也。」然則律者爻也，氣者元也，行于十二辰，而元周矣。易之元不可知，而爻以明之；聲之元不可知，而律以寫之，而天地之氣，其數可得而紀矣。五音者，有其數而無其器，而周流于十二律。參同契所謂「坎離者，乾坤二用；二用無爻位，周流行六虚」者也。坎者，乾元。離者，坤元。乾元用九，坤元用六，一陰一陽，律呂周而元周矣。于是不見者見，無形者形，聖人調燮之道起焉。十二律，自子至亥，長短以次，而五音之數，其于四時多寡不以次者，五音宫居中央，暘四方，其數八十一，宫數之極也。三分去一而下生者，中數也。三分益一而上生者，全數也。宫、商、角皆全數，徵、羽皆中數。中數者，全數之半；全數則中數之倍也。數以紀音，不以多寡次也。以琴之七弦審之，當其弦之半、四之一、八之一，皆得其本音，是知五音之數，多寡不必相次也。每弦備有五音，合宮數者宮，合商數者商，而旋相爲宮之義，亦略可知矣。管子地員〔一〕篇云：「凡將起五音，凡首，先主一而三之，四開以合九九，以是生黄鐘小素之首，以成宮。三分而益之以一，爲百有八，爲徵。不無有三分而去其乘，適足以是生商。有三分而復于其所，以是生羽。有三分去其乘，適足以是成角。」案：管子所云「百有八」者，倍徵也。史記律書生黄鐘術曰：「以下生者，倍其實，三其法。以上生者，四其實，三其法。」試以三分損益之法合之，宮八十一，三分去一而生徵五十四，此「倍其實，三其法」也。「倍其實」者，倍宮數。「三其法」者，以三之一爲徵也。若以宮三分益一而生徵，則百有八矣。「四其實」，謂四生之之實。「三其法」，謂以三之一爲所生也。徵五十四，三分益一而生商七十二。若以倍徵三分去一而生商，亦七十二。若以五十四，三分去一而生商，則三十六。于琴爲商弦，七徵之商，全弦之半也。商七十二，三分去一而生羽四十八。若三分益一，則九十六，倍羽之數也。羽四十八，三分益一而生角六十四，倍羽則三分去一，亦生角六十四。若以四十八，三分去一，則三十二。于琴爲角弦，七徵之角，全數之半也。更試以宮數之半當七徵者，三分去一而生徵二十七，爲徵弦，七徵之徵。以徵二十七，三分益一而生商三十六，當商弦之七徵。若三分去一而生商，

〔一〕「地員」，諸本皆作「起音」，下引獨見於管子地員篇，故據之改。

則十八，乃三十六之半，商弦，四徽之商也。以商十八，三分去一而生羽十二，羽弦，四徽之羽也。若三分益一則二十四，爲羽弦，七徽之羽矣。以羽十二，三分益一而生角十六，角弦，四徽之角也。若三分去一，則八，爲角弦，一徽之角矣。且試以宫數之半，半之當四徽者，三分去一而生徵，則十三五，乃徵弦，四徽之徵。若三分益一，則二十七，爲徵弦之半矣。以十三五，三分去一而生商，則九，商弦，一徽之商也。若三分益一，則十八，爲商弦，四徽之商矣。以商九，三分去一而生羽六，羽弦，一徽之羽也。若三分益一，則十二，爲羽弦，四徽之羽矣。是以上生者，可下生；下生者，亦可上生。上生某音，即下生亦爲某音，上生數多，下生數少耳。其旋相爲宫也，黄鐘八十一，適得宫數。故黄鐘八十一爲宫，則林鐘五十四爲徵，太蔟七十二爲商，南吕四十八爲羽，姑洗六十四爲角，其數皆與五聲之數合，此律歷志所謂「皆以正聲應」者也，此即琴之宫調、宫音也。若林鐘爲宫，則太蔟爲徵，南吕爲商，姑洗爲羽，應鐘四十六六强爲角，此即琴之宫調、徵音，以徵爲宫，以商爲徵，以羽爲商，以角爲羽，以變宫爲角者也。若太蔟爲宫，則南吕爲徵，姑洗爲商，應鐘爲羽，蕤賓五十六八八强爲角，此即琴之宫調、商音，以商爲宫，以變徵爲角者也。若南吕爲宫，則姑洗爲徵，應鐘爲商，蕤賓爲羽，大吕七十五八强爲角，此即琴之宫調、羽音也。若姑洗爲宫，則應鐘爲徵，蕤賓爲商，大吕爲羽，夷則五十零五六强爲角，此即琴之宫調、角音也。其餘以此推之，至仲吕爲宫，則執始爲徵，去滅爲商，時息爲羽，結躬爲角，凡用四變律，若不用變律，則借用正聲，此即琴之清角音也。其詳解在一經廬琴學。「鐘」，史記、後漢志作「鍾」，古通。

「七」、「八」、「九」、「六」者，陰陽之老少，周易謂之四象。播于四方，謂之四時。此大衍所營而得之者，故又謂之四營。鄭乾鑿度注云：「布六于北方，以象水。布八于東方，以象木。布九于西方，以象金。布七於南方，以象火。如是備爲一爻，而正爲四營而成。」易「大衍之數五十」，鄭注云：「天一生水於北，地二生火於南，天三生木於東，地四生金於西，天五生土於中。陽無耦，陰無配，未得相成也。地六成水於北，與天一并。天七成火於南，與地二并。地八成木於東，與天三并。天九成金於西，與地四并。地十成土於中，與天五并。大衍之數五十有五，五行各氣并，氣并而減五，惟有五十。」易「四營而成易」，荀爽注云：「營者，謂七、八、九、六也。」齊書十一引蔡章句云：「東方有木三、土五，故數八。南方有火二、土五，故數七。西方有金四、土五，故數九。北方有水一、土五，故數六。」孔疏云：「皇氏用先儒之義，以爲金木水火得土而成。以水數一，得土數五，故六。火木金義同。此非鄭義。」案：疏以五行得土而成非鄭義，未之審耳。金木水火得土五，故木八、火七、金九、水六，故云成數。鄭云「地六，與天一并」，地數本五，與天一并，故六。以五成一爲六，故水成數六，其義與皇氏所説不異。高誘云：「五行數五，木第三，故數八。」亦即鄭「五行減五」之義。五行成于土，故土數五。漢書五行志云：「天以一生水，地以二生火，天以三生木，地以四生金，天以五生土。五位皆以五而合。」天地之數五十五，五行減五，故「大衍之數五十」。減五者，五行之數，土之生數所以成五行者也。土位中央，爲五行之主，其七、八、九、六之布于四時者，則大衍之所以成變化而行鬼神者也。冬至陽生，數始于一，正北坎位水也，故水生數一。陽來爲坎，則陰去爲離，離者，火也，故火生數二。二者，陰之一也。陽動也直，陰動也闢，闢則分，故二。二即易之陰畫也。易繫辭傳：「陽一君而二民，陰二君而一民。」「一」、「二」謂陽畫、陰畫。二即⚋，縱橫異耳。陽卦以陽爲主，故⚊君⚋民。陰卦以陰爲主，故⚋君⚊民。元命苞云：「陰陽之性，以一起。」古微書。陽始于一，陰始于一，以陽闢陰，交而爲三。正東震，木位也，故木生數三。正秋陽退而入，陰成于上，數爲四。西方兑，金位〔一〕也，故金生數四。陽動出地，則陰分別而降，二變爲八。八，別也，說文云：「八，別也，象分別相背之形。」二之變也。於時爲春，故木成數八。八者，少陰，陰養陽也。陽動出地，屈以求信，變而爲七，始于震，盛于巽，少陽，木氣也。火得木而麗，故火成數七。說文云：「七，陽之正也。从一，微陰從中衺出也。」案：「微陰」當作「微陽」。陽盛于巳，滅于戌。

〔一〕「金位」，諸本皆倒，據上下文義乙正。

巳者九之始，戌則九之終也。陽究而入，乾神伏焉，而金體成，故金成數九。乾鑿度云：「易變而爲一，一變而爲七，七變而爲九。九者，氣變之究也。」說文云：「九，陽之變也，象其屈曲究盡之形。」陰老于六，氣盛凝陽，坎爲血卦，在地爲水，故水成數六。一陰一陽，交而成五。五者，中宮，故土生數五。五變而爲十，故成數十。說文云：「五，五行也。从二，陰陽在天地間交午也。㐅，古文。」案：五轉成十。十者，一陰一陽，一縱一横，天地合和之氣也。數始于一，終于十。數也者，一氣之轉，所以狀氣之始、壯、究而別其情性者也。解在周易姚氏學釋數篇。

于是陰陽交而「味」、「臭」變。洪範五行：「潤下作鹹，炎上作苦，曲直作酸，從革作辛，稼穡作甘。」「味」、「臭」者，陰陽之變徵也。淮南子曰：「味有五變，甘其主也。是故錬甘生酸，錬酸生辛，錬辛生苦，錬苦生鹹，錬鹹反甘。」墬形文。「甘」、「香」者，陰陽之和，「味」、「臭」之調也。陰陽交而「味」、「臭」變，陽氣屈以求信，陰鬱之而後達，故「酸」、「羶」。陽盛而揚，陰萌而陽極，故「苦」、「焦」。陽極而燥，陰柔之陰，長而消陽，拂之，故「辛」、「腥」。陽入而伏，陰盛于外，故「鹹」、

「朽」。白虎通五行云：「所以北方鹹者，萬物鹹與所以堅之也。東方，萬物之生也，酸者以達生也。南方主長養，苦者，所以長養也。西方煞傷成物，辛所以煞傷之也。中央者，中和也，故甘。北方水，萬物所幽藏也；又水者受垢濁，故臭腐朽也。東方者，木也，萬物新出土〔一〕中，故其臭羶。南方者，火也，盛陽承〔二〕動，故其臭焦。西方者，金也，萬物成熟，始復諸〔三〕，故其臭腥。中央，土也，主養，故其臭香也。」高誘云：「酸者，鑽也，萬物應陽，鑽地而出。氣之若有若無者爲朽。」是故鬱之則酸，極之則苦，脅之則辛，沈之則鹹，和之則甘。禮運曰：「五行之動，迭相竭也。五行、四時、十二月，還相爲本也。五聲、六律、十二管，還相爲宮也。五味、六和、十二食，還相爲質也。「質」，五經算術引作「滑」。五色、六章、十二衣，還相爲質也。」「味」、「臭」者，性之發、氣之極也，則所以調燮之，以致中和而成既濟者，所宜亟亟矣。

夫陰陽之變而爲災害也，天爲之，亦人實致之。「人者，天地之德，陰陽之交，

〔一〕「土」，玉燭寶典引同，白虎通疏證作「地」。

〔二〕「承」，玉燭寶典引作「蒸」。案：易主以陰承陽，陽爲主動，而無承動之義，故作「蒸」是也。

〔三〕「復諸」，玉燭寶典引作「傷落」。

鬼神之會，五行之秀氣也。是故人之氣聚，恒足以變天地之陰陽。民者，神之主也。淮南子曰：「天地之合和，陰陽之陶化萬物，皆乘人氣者也。」本經文。董子同類相動云：「天有陰陽，人亦有陰陽。天〔一〕之陰氣起，而人之陰氣應之而起；人之陰氣起，而天之陰氣亦宜應之而起，其道一也。非獨陰陽之氣可以類進退也，雖不祥禍福所從生，亦猶〔二〕是也。無非己先起之，而物以類應之而動者也。」荀子曰：「凡姦聲感人而逆氣應之，逆氣成象而亂生焉。正聲感人而順氣應之，順氣成象而治生焉。」樂論文。夫人氣不和而陰陽調適者，未之聞也。是故迎氣者，導之也，民知氣之至也，而氣亦爲之動，則氣無滯而不通。禮器曰：「饗帝於郊，而風雨節，寒暑時。」注云：「五帝主五行，五行之氣和，而庶徵得序也。五行，木爲雨，金爲暘，火爲燠，水爲寒，土爲風。」大宗伯：「以青圭禮東方，以赤璋禮南方，以白琥禮西方，以玄璜禮北方，皆有牲幣，各放其器之色。」鄭注云：「禮東方以立春，謂蒼精之帝，而大皞、句芒食焉。禮南方以立夏，謂赤精之帝，而炎帝、祝融食焉。禮西方以立秋，而少皞、蓐收食焉。禮北方以立冬，而顓頊、玄冥食焉。」鄭注與月令注義同。蔡以「迎春」爲「禮大

〔一〕春秋繁露「天」下有「地」字。下「天」字同。疑姚氏據「天有陰陽」改之。
〔二〕「猶」，春秋繁露作「由」。

皞、句芒之神」，引周禮「兆五帝于四郊，以蒼珪禮東方」云云，則不以大皞等爲人帝，即鄭所云「靈威仰」等也。洪範五行傳云：「東方之極，自碣石東至日出榑木之野，帝大皞、神句芒司之。」淮南天文云：「東方，木也。其帝大皞，其佐句芒，執規而治春。」亦不以爲人帝、人神也。案：迎之者，迎其氣耳。靈威仰及大皞之稱，皆所以象春氣也。四時迎氣，各祭其帝於其郊，至季秋乃大饗五帝。季秋，西北乾位，乾元伏藏時也。鄭以殷郊十五里，周近郊五十里。洪範五行傳及盧植、蔡邕、高誘等俱以各方之數爲其郊之里數，蓋以王居明堂，既各順其方色，則郊亦宜用其方之數也。

五祀者，安之也，民知氣之有歸也，而氣亦爲之平，則氣無往而不返，順其時于其位。白虎通五祀云：「祭五祀所以歲一徧何？順五行也。户者，人所出入；春亦萬物始觸户而出也。竈者，火之主，人所以自養也；夏亦火王，長養萬物。門以閉藏自固也；秋亦萬物成熟，内備自守也。井者，水之生，藏在地中；冬亦水王，萬物伏藏。中霤者，象土在中央也；六月亦土王也。」高誘云：「『行』，門内地也，冬守在内，故祀之。『行』，或作『井』，水給人，冬水王，故祀之。」鄭云：「春，陽氣出，祀之於户，内陽也。夏，陽氣盛，熱於外，祀之於竈，從熱類也。中霤，猶中室也。土主中央，而神在室。秋，陰氣出，祀之於門，外陰也。冬，陰盛，寒於水〔一〕，祀之於行，從辟除

〔一〕「水」，日本足利學校藏禮記正義、張敦仁撫本禮記鄭注考異作「外」。

之類也。」案：丣爲春門，丣爲秋門，故春祀户於門內，象陽之出也；秋祀門于門外，象陽之入也。户、門既在門之內外，故竈在東，行在西，亦以陽在東而盛，陰在西而盛，而門之內外，則陰陽所從出入者也。中霤室中，則以象中央也。取名于霤者，象坤元之藏乾元也。祀之所以調燮之，使之無過不及，則時和而民不病矣。是以自天子以下，皆各有以調燮之，使其氣有所歸也。「其神」，許慎、馬融以爲即句芒、祝融之等，鄭以爲小神。通典云：「馬融以七祀中之五：門、户、竈、行、中霤，即句芒等五官之神配食者。」禮器疏云：「異義：『竈神，今禮戴說引禮器燔柴、盆、瓶之事，古周禮說顓頊氏有子曰黎，爲祝融，祀以爲竈神。』許君謹案：『同周禮。』鄭駁之云：『祝融乃古火官之長，猶后稷爲堯司馬。其尊如是，王者祭之，但就竈陘，一何陋也？』」祭法「七祀」鄭注云：「此非大神所祈報大事者也，小神居人之間，司察小過，作譴告者耳。」是鄭以「五祀」爲小神。竊謂句芒、祝融亦時氣之名耳。五祀不必求其神以實之，不過于其時，祀其氣，于其位耳，故曰「其祀某」。「仲春命民社」，社，土神也。書召誥疏引左氏說：「社、稷，惟祭〔一〕句龍、后稷人神而已。」孝經說：「社爲土神，稷爲穀神。句龍、后稷，配食者。」詩甫

〔一〕「祭」，尚書正義無。

田疏引駁異義云：「社者，五土之神，能生萬物者，以古之有大功者配之。」白虎通社稷云：「王者所以有社稷何？爲天下求福報功。人非土不立，非穀不食。土地廣博，不可徧敬也；五穀衆多，不可一一而祭也。故封土立社，示有土也。稷，五穀之長，故立稷而祭之也。稷者得陰陽中和之氣，而用尤多，故爲長也。歲再祭之何？春祈〔一〕秋報之義也。」御覽引白虎通、引月令「仲春命民社」；又引「仲秋之月，擇元日，命民社」，今月令無「仲秋」之文。案：凡祭天地之神，皆有配食之人，五祀亦宜然。鄭祭法注以「七祀」爲小神，其駁異義云：「特牲饋食禮云：『尸謖而祭饎爨，以謝先炊者之功。』知竈是祭老婦，報先炊之義也。」是亦以爲小神。而月令注並不云五祀所祀何神。詳其文義，亦以因四時之氣而祀之，則祭法注及駁異義之説非定論也。郊特牲疏引駁異義云：「宗伯以血祭祭社稷、五祀、五嶽〔二〕。社稷之神若是句龍、柱、棄，不得先五嶽而食。」據此，是鄭以「社稷」爲土穀之神，非句龍、柱、棄，故先「五嶽」，則「五祀」之文，亦在「五嶽」之先，句龍等尚不得先「五嶽」，何獨「五祀」小神當先「五嶽」乎？鄭不當自矛盾也。特牲饋食「祭饎爨」，容可爲老婦，亦古人每食必祭之義耳。若五祀之竈，則非老婦也。蔡邕獨斷云：「夏爲太陽，其氣長養，祀之于竈。秋爲少陰，其氣收成，祀之

〔一〕「祈」，白虎通疏證作「求」。

〔二〕「五祀五嶽」，周禮大宗伯同，禮記郊特牲孔穎達疏、皮錫瑞駁五經異義疏證作「五嶽四瀆」。孫詒讓周禮正義引金鶚云：「此五祀列社稷、五嶽之中，必非户、竈等五祀可知。」其説詳見孫書所引及金著求古録禮説。

于門。冬爲太陰，盛寒爲水，祀之于行。」與鄭月令注同義。鄭義當以月令爲斷。白虎通五祀引月令「行」作「井」，淮南時則亦作「井」。通典：秦靜云：「今月令謂『行』爲『井』，是以時俗或廢行而祀井。」高堂生云：「月令仲冬祀四海、井泉，祭井自從水類，不列五祀。儒者誤以井列於五祀，宜除井而祀行。」傅玄云：「七祀、五祀，月令皆云『祀行』，而無井。月令先儒有直作井者，既祭竈而不祭井，於事則有闕，於情則有不類，謂之井者，是也。」案：此亦今古文家之異説。祭法亦有「行」無「井」。

所謂「其帝」者，言其王于一時之氣。「其神」者，言其時引信物之氣。「其祀」者，人之祀其氣也。土位中央，坤元藏乾元。心者，神之舍也。火生土，坤元託焉，乾神棲焉。離中陰，坤之元也。離中有伏坎，則乾元也。腎者，水藏。坎離合居，水火不相射，陽來成坎，則陰去爲離，水火所以相息也。故中央祭先心，冬祭先腎。冬至陽生，夏至陰生，先以心腎，所以養其元也。其春、夏俱食所勝者，所以調其氣也。白虎通五祀云：「春祀户，祭所以特脾何？脾者，土也。春木王煞土，故以所勝祭之也。是冬腎、六月心，非所勝也，以祭何？心者，藏之尊者。水最卑，不得食其所勝。」案：冬先腎，養乾元耳，非水卑不得食其所勝之謂。春木王，木勝土，制之過則土病，故「先脾」，所以益土氣。益土氣，正以調木氣也。夏火王，火勝金，制之過則金病，故「先肺」，所以益金氣。益金氣，正以調火氣也。秋金王，金勝木，制之過則木病，故「先肝」，所以益木氣。益木氣，正以調金氣也。元則養之，王則調之，氣和物遂，而民不病矣。是故先事而祈，所以鼓民氣也。後事而報，所以足民氣也。未災而禱，所以固民氣也。慮災而禳，所以振民氣也。順時而布政，所以效天地之氣，以和民氣也。民氣和，而天地之和應焉。天地之和應，則物類殖，而既濟之功可得而言矣。此物候之所由紀也。

物候者，所以驗天地之氣以驗民氣者也。「毋變天之道，毋絶地之理，毋亂人之紀」，則氣和而物驗矣，所謂「致中和」也。二至者，陰陽之生中也。二分者，陰陽之會和也。致之而「四時行焉，百物生焉，天地位焉」矣。董子曰：「天有兩和，以成二中，歲立其中，用之無窮。」循天之道文。分至者，四正；四立者，四隅，八卦之位也。乾元周流于一歲之終始，坎離交而既濟成矣。所謂「體太一、法陰陽、則四時、用六律」者，一以貫之矣。物不可窮也，故受之以未濟終焉。反令者，未濟之窮，未濟思所以濟之，亦聖人撥亂反正之旨也。

周易通論月令卷第二

旌德姚配中撰

坎、離、震、兑各主一方，謂之方伯卦。八卦成列，則各主四十五日。八卦主四十五日，而坎、離、震、兑又爲方伯卦者，四時之氣也。孟康漢書注云：「震、離、兑、坎爲方伯監司之官，所以用震、離、兑、坎者，是二至、二分用事之日，又是四時各專王之氣。」唐志一行議：「坎、震、離〔一〕、兑，二十四氣，次主一爻，其初則二至、二分也。故陽七之静始于坎，陽九之動始于震，陰八之静始于離，陰六之動始于兑。」是四卦爲四時專王之氣，故爲方伯卦。其八卦各主四十五日，即八卦之方位，四正、四隅也。乾鑿度云：「孔子曰：『易始于太極，太極分而爲二，故生天地。天地有

〔一〕「震離」，諸本皆倒，據新唐書曆志乙正。

春夏秋冬〔一〕之節，故生四時。四時各有陰陽剛柔之分，故生八卦。八卦成列，天地之道立，雷風水火山澤之象定矣。其布散用事也，震生物于東方，位在二月；巽散之于東南，位在四月；離長之于南方，位在五月；坤養之于西南，位在六月；兑收之于西方，位在八月；乾制〔二〕之于西北，位在十月；坎藏之于北方，位在十一月；艮終始之于東北，位在十二月。八卦之氣終，則四正四維之分明，生長收藏之道備，陰陽之體定，神明之德通，而萬物各以其類成矣。』孔子曰：『歲三百六十日而天氣周，八卦用事，各四十五日，方備歲焉。』」

其十二消息，各主一月。虞翻説卦傳注云：「坤消從午至亥，乾息從子至巳。」繫辭傳「變通配四時」，虞注云：「謂十二消息也。泰、大壯、夬配春，乾、姤、遯配夏，否、觀、剥配秋，坤、復、臨配冬，謂十二消息相變通而周于四時也。」爻主一候，氣變則又别成一卦，此卦氣之所由立也。以六十卦當七十二候，卦主六日七分。卦氣六十卦之次，乃因各候氣變之象，取卦以當之，遂以卦驗氣。乾鑿度云：「天氣三微而成一著，三著而成一體。」鄭注云：「五日爲一微，十五日爲一著，故五日有一候，十五日成一氣也。」復卦「七日來復」，疏云：「案易緯云：『卦氣起中

〔一〕「春夏秋冬」，乾鑿度作「春秋冬夏」。
〔二〕「制」，張惠言易緯略義、孫星衍孔子集語同，趙在翰輯七緯作「剥」。

乎。』故坎、離、震、兑各主其一方，其餘六十卦，卦有六爻，爻别主一日，凡主三百六十日。餘有五日四分日之一者，每日分爲八十分，五日分爲四百分，四分日之一又分爲二十分，是四百二十分。六十卦分之，六七四十二，卦别各得七分，是每卦六日七分也。」

日月爲易，懸象著明，日月行而陰陽之氣應焉。乾卦疏引易緯云：「卦者，掛也。懸掛物象以示於人，故謂之卦。」氣候者，乾元之變化，而陰陽之驗也。說文云：「候，伺望也。」艮位東北，立春艮用事。艮位東北，成終成始，立春前後各二十二日又半日。艮爲條風。「東風」者，條風也。八卦主八風，當其卦之中，而風始至。淮南天文云：「距日冬至四十五日條風至，四十五日明庶風至，四十五日清明風至，四十五日景風至，四十五日涼風至，四十五日閶闔風至，四十五日不周風至，四十五日廣莫風至。」古微書引春秋考異郵云：「陽立于五，極于九，五九四十五日一變風〔一〕，以陰合陽，故八卦主八風，相距〔二〕各四十五日。艮爲條風，震爲明庶風，巽爲清明風，離爲景風，坤爲涼風，兑爲閶闔風，乾爲不周風，坎爲廣莫風。八風殺生，以節翱翔。」太史公曰：「條風居東北，主出萬物。條之言條治萬物而出之。」律書文。尚書大傳鄭注云：

〔一〕「風」，諸本皆脱，據春秋考異郵補。
〔二〕「相距」，春秋考異郵作「距同」。

「土王〔一〕四時，主消息、生殺、長藏之氣，風亦出納、雨暘、寒燠之徵，皆所以殖萬物之性命者也。」易「風行天上」，九家注云：「風者，天之命令也。」文選風賦注引物理志云：「風者，陰陽擊發氣也。」謂之「東風」者，艮體互震也。震，東方卦。莊公二十二年左傳疏云：「二至四，三至五，兩體交互，各成一卦，先儒謂之互體。」案：繫辭傳云：「二與四同功，三與五同功。」謂互體也。坎陰凝陽，風以散之，故「解凍」。卦氣成小過。艮下震上，互巽兑。

周書曰：「立春之日，東風解凍。又五日，蟄蟲始振。」時訓〔二〕文。後放此。董子曰：「天下之昆蟲，隨陽而出入；天下之草木，隨陽而生落。」天辨在人〔三〕文。艮互震坎。「坎爲隱伏；震，動也」，說卦文。虞注云：「坎，陽藏坤〔四〕中，故『爲隱伏』。震，陽出動行。」故「蟄蟲始振」。考異郵曰：「蟲之爲言屈申也。」古微書。故以明氣之屈申焉。淮南天文云：「斗指寅，則萬物螾螾也。」說文云：「寅，髕也。正月，陽氣動，去黄泉，欲上

〔一〕「土王」，諸本皆脱，據皮錫瑞尚書大傳疏證補。
〔二〕「時訓」，諸本皆作「時則」，據逸周書彙校集注改。
〔三〕「在人」，諸本皆倒，據春秋繁露乙正。
〔四〕「坤」，諸本皆作「陰」，據李鼎祚周易集解改。

出，陰尚強，象宀不達，髕寅于下也。」卦氣成蒙。坎下艮上，互震坤。

「又五日，魚上冰。」「上冰」者，陟負冰也。夏小正：「正月，魚陟負冰。」「蟄蟲始振」，動于地中；「魚陟負冰」，見于地面，驗物而知氣矣。魚，水蟲也。說文云：「魚，水蟲也。」有司徹疏引中候云：「魚者，水精。」案：虞翻注易，以風動生蟲，故以巽爲魚。艮互坎，陽由坎中之上成艮，故「上冰」。「上」，讀如「雲上于天」之上，言漸上也。易「艮其背」，虞注云：「艮多節，故稱『背』。」案：小正取象于艮，故曰「負冰」。卦氣成益。震下巽上，互坤艮〔一〕。

「啓蟄之日，獺祭魚。」周書以雨水爲正月中，故云「雨水之日，獺祭魚」。月令以啓蟄爲正月中，雨水爲二月節，與夏小正同。小正：「正月，啓蟄。」于時泰用事。十二消息，各主一中氣、一節氣。立春十五日，泰始用事。冬至陽生，爲復初，自中氣始。唐志一行議云：「易爻當日，十有二中，直全卦之初；十有二節，直全卦之中。齊歷以節在貞、氣在晦，非是。」陽將出地，可驗諸

〔一〕「坤艮」，諸本皆倒，循此書之例乙正。案：易氣從下生，詳此書之例，「卦氣成某」後案語，皆先言下體，後言上體；先言下互，後言上互。

物情矣。「艮爲狗，爲黔喙之屬」。説卦文。九家注云：「艮止，主守禦也。」馬融云：「黔，黑也。陽玄在前也。」獺象之，土獸也，而居于水。説文云：「獺，如小狗〔一〕，水居食魚。」土制水，故「祭魚」而將食之。爾雅翼引蔡章句云：「獺，毛蟲，西方白虎之屬。春之時，以乙柔配庚剛，故金得殺于木，毛蟲害于春陽，自然之氣，不爲妖異。」案：「蟲鱗」、「蟲毛」以象氣耳。八卦所爲，不以是拘。説苑曰：「祭之爲言索也。」權謀文。董子祭義云：「祭者，察也。」案：「祭魚」謂索魚而將食之。蔡、高並以爲取魚而陳之，非是。卦氣成漸。艮下巽上，互坎離。

「又五日，鴻鴈來。」呂氏春秋作「候鴈北」。高誘云：「候時之鴈，從彭蠡來，北過至北極之沙漠。」盧氏文弨云：「仲秋，鴈自北徼外而入中國，可以言來。若自南往北，非由南徼外也，似不可言來。」氣升而可驗諸飛禽矣。呂氏春秋曰：「精氣之集也，必有入也。集于羽鳥，與爲飛揚。集于走獸，與爲流行。集于樹木，與爲茂長。」盡數文。董子同類相動云：「物固有實使之，其使之無形。」雁，知時之鳥。公羊莊二十二年何休注：「凡昏禮，皆用鴈，取其知時候。」艮「時止則止，時行則行」，故以候鴈象之。鄭昏禮注云：「昏禮用鴈，取其順陰

〔一〕「如小狗」，諸本皆作「小如狗」，據説文解字改。段玉裁説文解字注作「水狗」。

陽往來。」立春二十二日又半日，而艮終震始。此候在震艮之交，有小過飛鳥之象焉。「艮爲背」，故曰「北」。説文云：「北，菲也。从二人相背。」卦氣由漸而成泰。乾下坤上，互兑震。案：易漸卦取象于鴻，亦謂其知時。此候「候鴈北」，尚爲漸象。下云「天氣下降，地氣上騰」，乃泰象。蓋卦主六日七分，此候當漸卦之末也。卦氣起中孚，自冬至始，凡五卦主一中、一節。

「又五日，草木萌動。」震氣也。時震用事，陽氣動，故「天氣下降，地氣上騰」。天地交而成泰，故「天地和同」。泰消息卦主一月，故舉「月」言之。卦氣由泰而成需。乾下坎上，互兑離。案：泰互震，此候仍泰象。震互坎，爲雨水。泰二之五，陰陽交，故「始雨水」。

「雨水之日，桃始華。」周書以驚蟄爲二月節，故云「驚蟄之日，桃始華」。震爲木，「爲旉」。説卦文。干寶注云：「旉，花之通名，鋪爲花貌謂之藪。」案：「旉」即「荂」之同聲假借字。説文云：「旉，布也。荂，艸木華也。」是也。旉，華也。艮爲果。由艮而震，故「桃始華」。桃，果木也。説卦：「艮爲果蓏。」宋衷云：「木實謂之果，草實謂之蓏。桃李瓜瓞之屬，皆出山谷也。」案：艮陽極于上，故「爲果」。説文云：「桃，果也。」卦氣成需，由需而隨。震下兑上，互艮巽。仲春震用事，木氣舒也。

「又五日，蒼庚鳴。」「震爲善鳴」，説卦文。虞云：「爲雷，故『善鳴』。」故「蒼庚鳴」。

震，東方，爲蒼。震象納庚。卦氣成隨，華則氣舒，鳴則氣動矣。

「又五日，鷹化爲鳩。」震爲寬仁，仁氣勝也。虞注易以震爲寬仁。案：震主春，故寬仁。埤雅引蔡章句云：「鳩凡五種，鷹爲爽鳩，應陽而變，則喙柔仁而不鷙。」卦氣成晉。坤下離上，互艮坎。氣化及物，則氣可知矣。

「春分之日，玄鳥至。」此泰之終，大壯之始也。「乾元，萬物資始」；「坤元資生」。陰陽交，故以爲求子之候焉。説文云：「乙〔一〕者，玄鳥也。」明堂月令：「玄鳥至之日，祠于高禖，以請子。請子必以乙至之日者，乙，春分來，秋分去，開生之候鳥，帝少昊司分〔二〕之官也。」後漢志引盧植注云：「玄鳥至時，陰陽中，萬物生，故于是以三牲請子于高禖之神。居明顯之處，故謂之高。因其求子，故謂之禖。以爲古者有媒氏之官，因以爲神。」詩生民傳云：「古者必立郊禖焉。」疏引蔡云：「高，猶尊也。禖，猶媒也。」鄭月令注云：「燕以施生時來，巢人堂宇而孚乳，娶嫁之象也，媒氏之官以爲候。高辛氏之世，玄鳥遺卵，娀簡吞之而生契。後王以爲媒官嘉祥，而立

〔一〕「乙」，諸本皆作「乙」，據説文解字改。徐鍇曰：「此與甲乙之乙相類，其形舉首下曲，與甲乙字少異。」下同。

〔二〕「司分」，諸本皆倒，據蔡邕月令章句乙正。

其祠焉。變媒言禖，神之也。」疏引鄭志〔一〕焦喬荅王權云：「先契之時，必自有媒氏，祓除之祀，位在于南郊，蓋以玄鳥至之日祀之矣。然其禋祀，乃於上帝也。娀簡狄吞鳦子之後，後王以〔二〕爲禖官嘉祥，祀之以配帝，謂之高禖。」高誘呂氏春秋注云：「祭其神于郊，謂之郊禖。郊音與高相近，故或言高禖。」案：「高」義説者各殊，亦今古文家之異説。卦氣成解。坎下震上，互離坎。詩曰：「克禋克祀，以弗無子。」案：鄭箋云：「禋祀上帝于郊禖。」則鄭以「郊禖」亦祭天。

「又五日，雷乃發聲。」後漢郎顗上封事云：「王者崇寬大，順春令，則雷應節。」案：雷屬震，大壯震在上。卦氣由解〔三〕而成大壯。乾下震上，互乾兑。震陽出地，與陰交，激而爲電。説文云：「雷，陰陽薄動也。電，陰陽激燿也。」下體成離，「離爲電」。説卦文。鄭云：「取火明也。」案：數成于三，天地之陰陽以三備。泰三陰三陽，天地相交之象，陽往則陰來，陰往則陽來，一陽出地，則一陰入地，故震雷出地，下即成離。

〔一〕「鄭志」，孫詒讓十三經注疏校記云：「詩生民正義引此作『鄭記』，又云『此是鄭沖弟子爲説以申鄭義』，則作『記』是也。鄭志與鄭記本是二書，後人多混爲一。」

〔二〕「以」，諸本皆無，據禮記正義段玉裁校本及上引鄭玄月令注補。

〔三〕「解」，諸本皆作「漸」，據上下文義及卦氣圖改。

「又五日，始電。」卦氣由大壯而成豫。坤下震上，互艮坎。震動于上，故「蟄蟲咸動，啓户始出」。卯爲春門，坤動也闢。説文云：「丣爲春門，萬物以出。丣爲秋門，萬物以入。」又云：「丣，冒也。二月，萬物冒地而出，象開門之形，故二月爲天門。」史記律書云：「南至于房。房者，言萬物門户也。至于門，則出矣。明庶風居東方。明庶者，明衆物盡出也。」

「清明之日，桐始華。」震爲木、「爲旉」。時震氣將終，宣發于外，「震爲善鳴」，故「桐始華」。桐，琴瑟之木也。卦氣由豫而成訟。坎下乾上，互離巽。豫象曰：「先王以作樂崇德。」漢志引劉向説云：「雷以二月出，其卦曰豫，言萬物隨雷出地，皆逸豫也。」

「又五日，田鼠化爲鴽。」震互艮「爲鼠」。説卦文。虞云：「似狗而小，在坎穴中。」震氣終，巽氣至，走者飛矣。卦氣由訟而成蠱。巽下艮上，互兑震。

「又五日，虹始見。」虹，陰陽交接氣也。古微書引通卦驗云：「虹者，陰陽交接之氣，陽唱陰和之象。」藝文類聚引蔡云：「虹謂陰陽交接之氣，著于形色者也。」時震巽交，故「虹始見」。卦氣成蠱。春秋傳曰：「女惑男，謂之蠱。」初學記引蔡云：「陰陽不和，婚姻失序，即生此氣。」

「穀雨之日，蓱始生。」巽爲草，互兑爲澤。蓱，水草也。巽陰在初，蓱象之。

說文云：「華，荓也，無根浮水而生者。」虞注易以巽爲草。卦氣成革。離下兑上，互巽乾。「桐始華」，驗植物也。「田鼠化爲鴽」，則由動而飛，極之而可驗諸虹，則象著矣。荓無根，象氣之行于外也。

「又五日，鳴鳩拂其羽。」巽互兑口，故曰「鳴鳩」。春氣極，故「拂其羽」。夏「蟲羽」，象春之將爲夏也。卦氣成夬。乾下兑上，互重〔一〕乾。陽決陰，一變而成乾矣。

「又五日，戴勝降于桑。」陽極將究，巽「爲進退」、爲桑。虞注易以巽爲桑。卦氣由夬而成旅。艮下離上，互巽兑。季春陽將極，蠶象之，月令以蟲明氣之屈信，蠶象陽之究，其繭則入而化也。其屈信可目驗者也。于時「生氣方盛，陽氣發泄，句者畢出，萌者盡達」。所謂「太皞、句芒」也。懼其鬱也，難以畢之，取諸夬也。決陰之餘，夬息成乾，無陰氣之害，而民氣無鬱滯矣。乾鑿度云：「陽消陰言夬，夬之爲言決也。當三月之時，陽盛息，消夬陰之氣，萬物畢生，靡不蒙化。譬猶王者之崇至德，奉承天命，伐決小人，以安百姓，故謂之決。」

〔一〕「重」，諸本皆脱。下文云：「姤，巽下乾上，互重乾。」故循例補之。

「立夏之日，螻蟈鳴。」螻蟈，巽蟲也。鄭云：「螻蟈，蛙也。」釋文引蔡云：「螻，螻蛄。蟈，蛙。」巽氣盛，故「鳴」。高云：「是月陰氣動于下，故陰類鳴。」說文云：「風動蟲生〔一〕。」卦氣成旅。

「又五日，蚯蚓出。」易傳曰：「尺蠖之屈，以求信。」尺蠖之求信，所以象氣也。是月陽息成乾，氣盡發，故「蚯蚓出」。蠶之屈信，亦以象陽。是月「蠶事畢」，陽盛極，必當復消，故「繭」，蟄以存身也。卦氣成師。坎下坤上，互震坤。「蚯蚓出」則陽氣盡發，地中皆陰，唯坎中微陽而已。坎「爲血卦」，在地爲水，乾之精也。說文云：「巳，巳也。四月，陽氣巳出，陰氣巳藏，萬物見，成文章，故巳爲蛇，象形。」案：巳爲蛇，所以象氣之屈信也。

「又五日，王瓜生。」坤陰以五月消姤，四月純陽，乾用事，位在巽，交而成姤，陰氣萌，故「王瓜生」。姤之九五曰：「以杞包瓜，含章，有隕自天。」陽盛極，必當復消。陰之消陽，始于巽，極于剥，此聖人之所先戒也。虞注易以乾圜稱瓜。案：四月陽盛於外，陰伏于中，瓜象之。乾用事，故曰「王瓜」。艮爲蓏，亦以陽極于上也。故以其圜言之，則

〔一〕「蟲生」，諸本皆倒，據說文解字乙正。

屬乾；以陽極言之，則屬艮。卦氣成比。坤下坎上，互坤艮。

「小滿之日，苦菜秀。」陽極，火味也。卦氣成小畜。乾下巽上，互兑離。

「又五日，靡草死。」巽氣也。巽初陰，陽盡發于上，故「死」。説卦：「巽爲寡髮。」鄭作「宣髮」，云：「宣髮，取四月靡草死，髮在人體，猶靡草在地。」卦氣成乾。

「又五日，麥秋至。」御覽引蔡云：「百穀各以其初生爲春，熟爲秋，故麥以孟夏爲秋。」麥，芒穀也。時句芒之氣盡，巽互兑爲秋。「薦」之者，告春氣之已畢，而夏氣至也。卦氣由乾而成大有。〔一〕

「芒種之日，小暑至，螳蜋生。」周書以「小暑至」爲孟夏末候，月令、呂氏仲夏紀、淮南時則皆以「小暑至」在仲夏，則「小暑至」當屬芒種，孟夏末候當爲「麥秋至」。芒種前後，多一記候之驗，故或以爲孟夏之末，或記于仲夏之初。時離用事，火主暑，故「小暑至」。陰消陽，乾將成姤，故「螳蜋生」。卦氣由大有而之家人。離下巽上，互坎離。大有「火在天上」，故「暑」。家人「風自火出」，故「螳蜋生」也。

〔一〕循此書之例，此下當有小字「乾下離上，互乾兑」。

「又五日，鶪始鳴。」離互兑口，故「鳴」。卦氣成家人。

「又五日，反舌無聲。」兑「爲口舌」，離互兑，又互巽，巽象反兑，故曰「反舌」。復姤旁通，復震伏，故「無聲」。卦氣成井。巽下坎上，互兑離。

「夏至之日，鹿角解。」鹿，麚也。説文云：「麚，牡鹿。夏至解角。」乾「爲首」，純陽在上，角之象也。陽極，故「解」。離「于木爲科上稿」〔一〕，説卦文。宋衷云：「陰在内，空中。」解角之象也。「科」，虞作「折」。卦氣成咸。艮下兑上，互巽乾。兑「爲毁折、爲附決」，虞云：「二折震足，故『爲毁折』。乾體未圜，故『附決』也。」亦解角之象也。

「又五日，蟬始鳴。」周書「蟬」作「蜩」。蟬，飲而不食，以翼鳴者，離象之。離互兑口，在中，「爲大腹」，「其蟲羽」，陽極，故翼鳴。卦氣成姤。巽下乾上，互重乾。姤巽反兑。

「又五日，半夏生，木堇榮。」周書無「木堇榮」。仲夏，故曰「半夏」。此物之以時名者，離中之陰也。木堇感氣而榮，亦離象也。釋草：「椵，木槿。」郭璞注云：「其花朝

〔一〕「稿」，通行宋本周易正義、李鼎祚周易集解、經典釋文皆作「槁」。

生暮落〔一〕。」卦氣由姤而之鼎。巽下離上，互乾兑。

「小暑之日，温風至。」離爲火，互巽爲風，小暑值離卦之末，火盛極，故「温」。淮南子曰：「積陽之熱氣生火，積陰之寒氣生〔二〕水。」天文文。「温風」，呂氏春秋作「涼風」。案：「涼風」屬坤位立秋，非小暑，作「涼」誤。卦氣成鼎。

「又五日，蟋蟀居壁。」離互巽爲蟲。蟋蟀以翼鳴者也。遯艮爲居。卦氣成豐。離下震上，互巽兑。

「又五日，鷹乃學習。」鷹，鷙鳥。離互兑也。離坎通，故「習」。説文云：「習，數飛也。」卦氣成涣。坎下巽上，互震艮。涣互體震艮，震起艮止，交成小過，有飛鳥之象焉。

「大暑之日，腐草爲螢。」此由離而之坤也。卦主四十五日，小暑後七日又半日，坤用事，陽動陰靜，故大暑始化。離者，坤元，一氣之轉也，故曰「爲」。疏引蔡云：「鳩化爲鷹，鷹還化爲鳩，故稱『化』。今腐草爲螢，螢不復爲腐草，故不稱『化』。」淮南子曰：「陽氣爲火，

〔一〕「暮落」，爾雅注疏作「夕隕」。
〔二〕「生」，淮南子作「爲」。

陰氣爲水。水勝，故夏至溼。火勝，故冬至燥。」天文文。「腐草」者，坎伏坤中，溼氣也。離火明，故「爲螢」。卦氣成履。兑下乾上，互離巽。

「又五日，土潤溽暑。」坎伏坤中，陽薄于上，故「土潤溽暑」。白虎通誅伐云：「夏至陰始起，反大熱何？陰氣始起，陽氣推而上，故大熱也。冬至陽始起，反大寒何？陰氣推而上，故大寒也。」卦氣成遯。艮下乾上，互巽乾。

「又五日，大雨時行。」陽氣將返也。淮南子曰：「鍊火生雲，鍊雲生水。」墬形文。卦氣由遯而之恒。巽下震上，互乾兑。兑爲澤，所謂「天時雨澤」也。

「立秋之日，涼風至。」「涼風」者，坤之風也。卦氣成恒，金氣動矣。

「又五日，白露降。」露，陰陽合和之氣也。藝文類聚引五經通義云：「和氣津凝爲露。」時坤用事，陽退而入，陰陽交，故「白露降」。乾鑿度「陽生秀白之州」，鄭注云：「乾氣白。」卦氣成節。兑下坎上，互震艮。

「又五日，寒蟬鳴。」坤爲腹，否互巽象反兑，坤陰用事，故曰「寒蟬」。卦氣成同人。離下乾上，互巽乾。

「處暑之日，鷹乃祭鳥。」鷹，鷙鳥也。時兑將用事，秋氣肅，故「祭鳥行戮」。卦氣成損。兑下艮上，互震坤。

「又五日，天地始肅。」卦氣成否。坤下乾上，互艮巽。此與泰「天地和同」皆以「天地」言之者，乾坤交也。

「又五日，農乃登穀。」周書作「禾乃登」。坤氣終，「土爰稼穡」，故「登穀」。卦氣由否而之巽。巽下巽上，互兑離。

「白露之日，鴻鴈來。」兑互離爲飛鳥，互巽爲風，風應候，故「鴻鴈來」。卦氣成巽。

「又五日，玄鳥歸。」乾爲玄。天玄地黄。乾陽以春分出地，故「至」；以秋分入，故「歸」。卦氣成萃。坤下兑上，互艮巽。

「又五日，羣鳥養羞。」陽者，揚也，飛之象也。時陽氣將入，故皆以鳥明候焉。秋物成，故「養羞」。時消卦爲觀，坤致養。卦氣成大畜。乾下艮上，互兑震〔一〕。畜

〔一〕「乾下艮上，互兑震」，諸本皆植於下句「養也」之後，今循此書之例，移於「大畜」卦名之後。

者，養也。

「秋分之日，雷始收聲。」震爲雷。兑，旁通之卦也。時兑用事，震象伏，陽始入地，故「始收聲」。卦氣成賁。離下艮上，互坎震。陽入，故伏〔一〕。

「又五日，蟄蟲坏户。」西爲秋門，萬物入也。「殺氣」，陰氣也。消至四，故「浸盛」；陽消而退，故「日衰」。卦氣成觀。坤下巽上，互坤艮。

「又五日，水始涸。」兑與坎接，卦象爲困，四正卦，兑與坎接。澤中无水，仲秋在兑，故「始涸」，涸之始也。「始涸」者，涸之始，非謂已涸，猶坤初一陰始生，云「履霜堅冰」耳。仲秋「始涸」，而陽之消可知矣。至冬則陰凝陽而爲冰。卦氣由觀之歸妹。兑下震上，互離坎。

「寒露之日，鴻雁來賓。」仲秋「鴻雁來」，初來也；「來賓」，則客止矣。鄭云：「言其客止未去也。」高以「賓爵」連讀，云：「賓爵，老爵。」兑氣將終，乾受之，觀消成剥，艮爲止，言客止于澤也。卦氣成歸妹。

「又五日，爵入大水爲蛤。」此候乾兑之交，故又見變化之象焉。兑互離爲爵，

〔一〕「故伏」，諸本皆倒，據上下文義乙正。

離，南方朱雀。在兑中，故「入大水」。「蛤」亦離象也。説卦：「離爲蚌。」此由「羽」而「毛」而「介」之象也。卦氣成无妄。震下乾上，互艮巽。

「又五日，鞠有黄華。」剥坤爲地，地色黄，剥上反初，成復震爲旉。剥象反復，乾伏于下，故「有黄華」。爾雅翼三引蔡云：「『鞠』者，草名也。『有』者，非所有也。『黄華』者，土氣之所成也。季秋，草木皆成，非榮華之時也，故言『鞠有』，明他無有也。」卦氣成明夷。離下坤上，互坎震。

「霜降之日，豺乃祭獸。」「艮爲狗、爲黔喙之屬」，馬融云：「黔喙，肉食之獸，謂豺狼之屬。」豺象焉。高云：「豺似狗而長毛，其色黄。」陰消之五，上體成艮，故「豺祭獸戮禽」。白虎通田獵云：「禽者，鳥獸之總名，明爲人所禽制。」鄭庖人注云：「凡鳥獸未孕曰禽。」卦氣成困。坎下兑上，互離巽。

「又五日，草木黄落。」消剥將成坤，地色黄，故「黄落」，乾陽伏也。卦氣成剥。坤下艮上，互重坤。艮爲小木，艮「爲木多節」。剥上反下，故「伐薪爲炭」。「炭」以象陽之伏也。

「又五日，蟄蟲咸俯。」剥將成坤，陽盡伏，故蟄蟲隨之。艮爲門闕，坤爲闔户，故「墐户」。卦氣由剥而之艮。艮下艮上，互坎震。

「立冬之日，水始冰。」乾純陽，時伏于下，盛陰脅之，故「冰」，猶陰脅陽之爲雹也。五行志引劉向云：「沸湯之在閉器，而沈〔一〕于寒泉，則爲冰。」立冬，陰始盛脅陽，故「始冰」。卦氣成艮。

「又五日，地始凍。」陰益盛也。卦氣成既濟。離下坎上，互坎離。既濟者，一陰一陽，太極之象，「水火不相射」，陰陽合居，氣之元，含三爲一者也。時乾元伏于地中，坤元藏之，易之藴也。

「又五日，雉入大水爲蜃。」時乾氣將終，坎氣將至，乾伏在下，故「入大水」。坎中有伏離，下坎伏離。「離爲雉、爲蚌」，此陽伏而「介」之象也。卦氣成噬嗑。震下離上，互艮坎。

「小雪之日，虹藏不見。」季春，「虹始見」，陰陽交也。時陽伏，故「不見」。卦

〔一〕「沈」，漢書五行志作「湛」，顔師古注云：「湛讀曰沈。」

氣成大過。巽下兑上，互重乾。

「又五日，天氣上騰，地氣下降。」「天氣」，天之陽也。「地氣」，地中之陽也。時天之陽氣聚于黄極，天之西北也。黄道之極，去北極二十四度，黄道之樞也，位西北，乾也。其去南極者，亦二十四度，位東南，巽也。地之陽，伏于地中。二氣不交，純陰用事，卦氣成坤，故「天地不通」。

「又五日，閉塞成冬。」坤爲闔户。卦氣由坤之未濟。坎下離上，互離坎。六爻錯居，陰陽不交，而未濟窮矣。案：此與「天氣下降，地氣上騰」同義，不以物驗。「仲冬，冰益壯，地始坼」，乃「天地不通，閉塞成冬」之應。時陽動地中，將欲上出，陰盛薄之，故「冰益壯」。陰凝陽，故「地坼」。

「大雪之日，鶡旦不鳴。」乾陽爲晝，坤陰爲夜。「剛柔者，晝夜之象」。時純陰在上，故「鶡旦不鳴」。鄭云：「鶡旦，求旦之鳥。」卦氣成未濟。

「又五日，虎始交。」坤爲虎。虞注易以乾爲龍，坤爲虎。案：乾陽爲龍，坤陰爲虎也。時陽氣戰，乾出震，陰陽交，卦氣成蹇。艮下坎上，互坎離。

「又五日，芸始生，荔挺出。」「芸」，香草，中央之臭也。時乾元自中宮出，故「芸始生」。疏皇氏云：「以其俱香草，故應陽氣而出。」説文云：「荔，似蒲而小，根可作刷。」卦氣成頤。震下艮上，互重坤。頤反復不衰之卦，渾圜之象，象天包乎地，而陽伏于中也。

「冬至之日，蚯蚓結。」象氣之屈以求信也。疏引蔡云：「結，猶屈也。蚯蚓在穴，屈首下嚮陽氣，氣動則宛而上首，故其身結而屈也。」卦氣成中孚。兑下巽上，互震艮。

「又五日，麋角解。」感陽氣也。乾爲首，陽欲萌，故「角解」。卦氣成復。震下坤上，互重坤。

「又五日，水泉動。」坎爲水。泉，水原也。乾元動于下，故「水泉」應之。詩「泉之竭矣」，傳云：「泉水從中以益者也。」説文云：「泉，水原也。」卦氣由復而之屯。震下坎上，互坤艮。屯者，盈也，象氣之動于地中也。

「小寒之日，雁北鄉。」坎爲北方。時陽氣將萌，故雁感之而北。卦氣成屯。

「又五日，鵲始巢。」坎互震爲筐，巢之象也。虞注易以震爲筐。震善鳴，鵲象之。卦氣成謙。艮下坤上，互坎震。

「又五日，雉雊。」「離爲雉」。離與坎通。時復初震陽將成，故雉應之而雊。蔡卞毛詩名物解引蔡云：「雷在地中，雉性精剛，故獨知之，應而鳴也。」卦氣成睽。兑下離上，互離坎。

「大寒之日，雞乳。」「巽爲雞」。時艮已用事，艮時止時行，雞知時。陽由坎中之上，陰尚固結，雞之乳也象之。卦氣成升。巽下坤上，互兑震〔一〕。

「又五日，征鳥厲疾。」變「鷹」言「征鳥」者，以象時氣也。疏引蔡云：「太陰殺氣將盡，故猛疾，與時競也。」卦氣成臨。兑下坤上，互震坤。

「又五日，水澤腹堅。」陽伏坤中，「坤爲腹」。素問金匱真言論：「背爲陽，腹爲陰。」又評熱病論：「腹者，至陰之所居。」「艮爲山」，深山窮谷，于是乎取之藏冰，出冰所以調燮陰陽也。卦氣由臨之小過。艮下震上，互巽兑。于時「日窮于次，月窮于紀，星回于天，而歲更始」矣。

「立天之道，曰陰與陽。立地之道，曰柔與剛。立人之道，曰仁與義」。「毋變天之道，毋絶地之理，毋亂人之紀」，則一陰一陽，六爻得位，而既濟之功成。休徵

〔一〕「兑震」，諸本皆倒，循此書之例乙正。

應之七十二候者，休徵之驗也。變天之道，絶地之理，亂人之紀，則陰陽失位，六爻錯居，而未濟窮矣。咎徵應之每月之終，繼之以反令者，咎徵之驗也。

艮位立春，互坎爲雨。巽位立夏，爲風。「孟春行夏令」，巽氣乘艮，故「風雨不時」。「風雨」，俗誤作「雨水」。據疏云：「孟春建寅，其宿直箕星，箕星好風。孟春行夏令，寅氣不足，故風少。巳來乘之，四月純陽用事，純陽來乘，故雨少。」是疏本作「風雨」。呂氏春秋亦作「風雨」，作「風雨」是也。月令以雨水爲二月節。孟春息卦爲泰，巳息卦爲乾，乾乘泰，故「草木蚤落」，柔木而陽氣盡泄也。泰三至五互震。震主春，爲木，爲恐懼。「震來虩虩」，恐懼也。故虞以震爲恐懼。離主夏，爲火，火乘木，故「國時有恐」。艮少陽，坤位立秋。「行秋令」，太陰干少陽，故「其民大疫」。申消卦爲否，互巽爲風，泰二之五，成既濟，則風雨時。否乘泰，閉塞不通，故「猋風暴雨總至」。金乘木，木不遂其生，故化爲惡類，而「藜莠蓬蒿並興」也。乾位立冬，艮互坎水。「行冬令」，乾乘艮，故「水潦爲敗」。亥消卦爲坤，坤乘泰，陰凝陽，故「霜雪〔一〕大摯」。大戴記

〔一〕「霜雪」，禮記正義作「雪霜」。

曰：「陰陽之氣，各靜〔一〕其所，則靜矣。偏則風，俱則雷，交則電，亂則霧，和則雨。陽氣勝，則散爲雨露；陰氣勝，則凝爲霜雪。陽之專氣〔二〕爲雹，陰之專氣爲霰。霰、雹者，一氣之化也。」曾子天圓文。震爲稼穡、「爲長子」，水敗之，故「首種不入」。舊唐書引蔡云：「麥以秋種，故謂之首種。」釋文引蔡云：「摯，傷折〔三〕。」案：蔡以麥爲「首種」，鄭引舊說以稷爲「首種」。疏云：「考靈耀云：『日中星鳥，可以種稷。』則百穀之内，稷先種，故云『首種』。」

震位春分，互坎爲水。兑位秋分，爲澤。「仲春行秋令」，兑乘震，故「其國大水」。仲春息卦爲大壯，仲秋消卦爲觀，觀坤凝，大壯乾陽，乾爲寒，故「寒氣總至」。金傷木，故「寇戎來征」。坎位冬至，「行冬令」，坎乘震，故「陽氣不勝」，坎陽陷也。仲冬息卦爲復，復乘大壯，陽不能出地，震爲稼穡，故「麥乃不熟」。麥，芒穀也。水害木，故「民多相掠」。離位夏至，「行夏令」，火氣勝，故「國乃大旱」。仲

〔一〕「靜」，孔廣森大戴禮記補注作「從」，云：「宋本譌『靜』，從高安本改。」
〔二〕「專氣」，諸本皆倒，據大戴禮記乙正。下「專氣」同。
〔三〕「傷折」，諸本皆倒，據經典釋文乙正。

夏消卦爲姤，巽風動，乘大壯，故「煖氣早來」。震爲稼穡，火傷木；仲，中也，故「蟲螟爲害」。爾雅：「食苗心，螟。」李巡云：「言其姦，冥冥難知也。」

季冬艮用事，艮時止時行，「巽爲進退」。荀爽云：「風行無常，故進退。」「季春行冬令」，故「寒氣時發」。季冬息卦爲臨，坤陰乘夬陽，故「草木皆肅」。水害木，故「國有大恐」。未，離坤之交。「行夏令」，離乘震，則所生乘之，木枯，肝氣泄；坤乘巽，則所勝乘之，木衰，肝氣弱，故「民多疾疫」。季夏消卦爲遯，陽氣遯藏，故「時雨不降」。土害木，故「山陵不收」。戌，兑乾之交。「行秋令」，乾乘巽，故「天多沈陰」。易曰：「密雲不雨，自我西郊。」乾巽交，爲小畜。雲，山澤氣也。互兑爲澤。澤氣爲雲，不雨，故「沈陰」。戌消卦爲剥，剥乘夬，陽決陰，故「淫雨蚤降」。金勝木，故「兵革並起」。

申，坤兑之交，兑爲雨澤。「孟夏行秋令」，陰氣勝，乾陽決之，故「苦雨數來」。申消卦爲否，天地不交，故「五穀不滋」。金乘火，所勝乘之，火氣弱，故「四鄙入保」。乾位在亥，「行冬令」，則乾陽伏，故「草木蚤枯」〔一〕。亥消卦爲坤，坤乘乾，

〔一〕「枯」，諸本皆作「落」，據禮記正義改。

交而爲坎，冬水王，故「後乃大水，敗其城郭」。「行春令」，艮乘巽，卦象蟲，巽爲蟲，故「蝗蟲爲災」。泰乘乾，陰陽薄，巽爲風，故「暴風來格」。木乘火，故「秀草不實」。艮「爲果蓏」，乾「爲木果」，巽「爲不果」，故「不實」也。

冬至坎用事，「仲夏行冬令」，陰凝陽，故「雹凍傷穀」。古微書引春秋説題辭云：「盛陽之氣，温煖爲雨，陰氣薄而脅之，則合而爲雹。盛陰之氣，凝滯爲雪，陽氣薄而脅之，則散而爲霰。」復姤旁通，復震「爲大塗」，復乘姤，閉關不行，故「道路不通」。魯恭疏云：「易五月姤卦用事，經曰：『后以施令詰四方。』言君以夏至之日，施命令，止四方行者，所以助微陰也。」案：「令」，易作「命」。「詰」，易作「誥」。坎「爲盜」，虞云：「水行〔一〕潛竊。」離「爲戈兵」，水乘火，故「暴兵來至」。仲春震用事，爲稼穡，「行春令」，震乘離，故「五穀晚熟」。仲春息卦爲大壯，「蟄蟲咸動」，故「百螣時起」。爾雅：「食苗心，螟。食葉，蟘。食節，賊。食根，蟊。」木乘火，故「其國乃饑」。失其性，禾稼敗也。仲秋兑用事，金主肅，「行秋令」，故「草木零落」。仲秋消卦爲觀，互艮「爲果」，物成于秋，觀乘姤，故「果實

〔一〕「行」，諸本皆作「流」，據李鼎祚周易集解改。

早成」。金乘火，所勝乘之，心氣衰弱，肺氣盛，故「民殃於疫」。

季春巽用事，巽「爲寡髮、爲不果」，「季夏行春令」，故「穀實鮮落」。「鮮」，讀如「蕃鮮」之「鮮」，震之究氣也。季春息卦爲夬，剛決柔，兑爲金、「爲口」，兑象反巽，遯互巽風，夬乘遯，風入肺金，故「國多風欬」。木勝土，其居不安，風以散之，故「民乃遷徙」。季秋兑乾之交，兑爲澤，「行秋令」，兑乘坤，故「丘隰水潦」。季秋消卦爲剥，「土爰稼穡」，剥傷之，故「禾稼不熟」。金乘土，坤氣泄，故「多女災」。季冬坎艮之交，坎水主寒，離互巽，「行冬令」，坎乘離，故「風寒不時」。季冬息卦爲臨，兑金乘艮，遯下體艮。故「鷹隼蚤鷙」。水勝火，土不能制，故「四鄙入保」。

孟冬乾用事，乾伏坤下，陰薄于上，「孟秋行冬令」，故「陰氣大勝」。孟冬消卦爲坤，「土爰稼穡」，坤乘否，故「介蟲敗穀」。冬「蟲介」，陰盛也。水乘金，故「戎兵乃來」。孟春艮用事，「行春令」，艮止兑澤，故「其國乃旱」。孟春息卦爲泰，故「陽氣復還」，否反泰也。木乘金，故「五穀無實」。孟夏巽用事，「行夏令」，則火氣不退，「風自火出」，故「國多火災」。孟夏息卦爲乾，乾純陽，「爲寒、爲冰」，乾乘否，故「寒熱不節」。火勝金，陽氣鬱，金不能制木，故「民多瘧疾」。

仲春震用事，震互艮爲止，「仲秋行春令」，兑雨澤不降，故「秋雨不降」。仲春息卦爲大壯，震雷出地，木氣勝，故「草木生榮」。金不能制木，震爲恐懼，故「國乃有恐」。仲夏離用事，「行夏令」，離乘兑，故「旱」。仲夏消卦爲姤，陰萌于下，陽盛于上，「蟄蟲」隨陽出入，故「不藏」。陽氣勝，故「五穀復生」。仲冬坎用事，坎爲災，坎「多眚」，故虞注易以坎爲災。「行冬令」，坎乘兑，兑互巽風，故「風災數起」。仲冬息卦爲復，復震爲雷，陽氣復，故「收雷先行」。水害金，故「草木蚤死」。

季夏當坤位，季秋當乾位，乾坤交，成既濟，則風雨時。「季秋行夏令」，非其時，則成未濟，坎爲水，故「其國大水」。高云：「秋，金氣，水之母也。夏陽布施，多淋雨。二氣相并，故大水。」季夏消卦爲遯，遯乘剥，藏不能固，故「冬藏殃敗」。火勝金，則肺氣鬱，故「鼽嚏」。于易「山澤通氣」，艮爲鼻，剥陰陽不通，故「鼽」。鄭乾鑿度注云：「艮爲山，澤山通氣，其于人體則鼻。」説文云：「鼽，病寒鼻窒也。」「嚏」者，乾氣屈而欲信也。説文云：「嚏，悟解氣也。」季冬坎艮之交，坎「爲盜」，「行冬令」，水竊金氣，故「國多盜賊」。季冬息卦爲臨，臨乘剥，「小人剥廬」，乾爲野，坤爲國邑，乾西北爲野，坤土爲國邑。臨互震動，故「邊竟不寧」。水乘金，所生乘之，臨陽消陰，剥從内潰，故「土地〔一〕分裂」。季春震巽之交，「行春令」，故「暖風來至」。季春息卦爲夬，季秋消卦爲剥，夬剛決柔，剥陰剥陽，陰陽氣亂，故「民氣解惰」。木乘金，所勝乘之，巽「爲進退」，故「師興不居」。鄭云：「巽爲風，不居，象風行不休止也。」

孟春艮用事，「東風解凍」，「孟冬行春令」，故「凍閉不密」。孟春息卦爲泰，「天氣下降，地氣上騰」；孟冬消卦爲坤，「天氣上騰，地氣下降，天地不通，閉塞成冬」，「行春令」，故「地氣上泄」。木干水，故「民多流亡」。孟夏巽用事，巽爲風，「行夏令」，故「國多暴風」。鄭云：「立夏巽用事，巽爲風。」孟夏息卦爲乾，陽氣泄，故「方冬不寒」。火勝水，陽泄，故「蟄蟲復出」。立秋坤用事，孟冬乾用事，「行秋令」，陰陽相干，二氣不調，故「雪霜不時」。孟秋消卦爲否，陰剥陽，故「小兵時起，土地侵削」。

〔一〕「地」，諸本皆作「多」，據禮記正義改。

仲夏離用事，「仲冬行夏令」，故「其國乃旱」。「氛」，惡祥也。説文云：「氛，祥氣也。或从雨。」則「雰」、「氛」本一字。素問六元正紀大論：「寒雰結爲霜雪。」釋名釋天：「氛，粉也。潤氣著草木，因寒凍凝，色白，若粉之形也。」爾雅：「天氣下，地不應，曰雺。地氣發，天不應，曰霧。」鄭洪範注云：「霧者，氣不釋，鬱冥冥者也。」釋名釋天云：「霧，冒也。氣蒙亂，覆冒物也。」仲夏消卦爲姤，仲冬息卦爲復，復姤交，陰陽亂，故「氛霧冥冥」。復震爲雷，火干水，陰陽薄，故「雷乃發聲」。仲秋兑用事，仲冬坎用事，坎爲雨，陰凝陽，雨轉而爲雪，「行秋令」，兑氣干之，故「天時雨汁」。鄭云：「雨〔一〕汁者，水雪雜下也。」仲秋消卦爲觀，互艮「爲果蓏」，觀乘復，由剥而消，故「瓜瓠不成」。金干水，水益盛，坎「爲盜」，故「國有大兵」。仲春震用事，「蟄蟲咸動」，「行春令」，震乘坎，隱伏者動，故「蝗蟲爲敗」。仲春息卦爲大壯，大壯乘復，復初陽泄不固，故「水泉咸竭」。木干水，故「疥癘」。羶朽之敗，水木交鬱之氣也。

季秋乾用事，「季冬行秋令」，乾乘艮，陽氣勝，故「白露蚤降」。季秋消卦爲

〔一〕「雨」，諸本皆脱，據禮記正義補。

剥，剥乘臨，毛介亂，故「介蟲爲妖」。金氣動，艮土不固，故「四鄙入保」。季春巽用事，春氣畢，「行春令」，則艮氣弱而泄，故「胎夭多傷」。季春息卦爲夬，剛決柔，失其時，則氣愈塞而不通，故「國多固疾，命之曰逆」。鄭云：「此月物甫萌芽，季春乃『句者畢出，萌者盡達』。『胎夭多傷』者，生氣早至，不充其性。生不充性，有久疾也。衆害莫大于此。」季夏坤用事，「水潦盛昌」，冬水涸，「行夏令」，火氣動，則水妄行，故「水潦敗國」。鄭云：「季夏，『大雨時行』。」季夏消卦爲遯，遯乘臨，陰消陽，故「時雪不降」。乾伏「爲冰」，時艮用事，雜離坤之氣，火干水，冰不能凝，故「冰凍消釋」。

魏相曰：「易曰：『天地以順動，故日月不過，四時不忒。聖王以順動，故刑罰清而民服。』天地變化，必繇陰陽。陰陽之分，以日爲紀。日冬夏至，則八風之序立，萬物之性成，各有常職，不得相干。東方之神太昊，乘震執規司春。南方之神炎帝，乘離執衡司夏。西方之神少昊，乘兑執矩司秋。北方之神顓頊，乘坎執權司冬。中央之神黄帝，乘坤、艮執繩司下〔一〕土。兹五帝所司，各有時也。」案：洪

〔一〕王先謙漢書補注引宋祁云：「浙本無『下』字。」

範五行傳云：「東方帝太皡〔一〕、神句芒司之，南方帝炎帝、神祝融司之，中央帝黄帝、神后土司之，西方帝少皡、神蓐收司之，北方帝顓頊、神玄冥司之。」淮南時則本之爲説，其天文篇所説與魏相同，則西漢諸儒亦以此爲天神、天帝之名也。東方之卦不可以治西方，南方之卦不可以治北方。春興兑治則飢，秋興震治則華，冬興離治則泄，夏興坎治則雹。明王謹于尊天，慎于養人，故立羲、和之官，以乘四時，節授民事。君動静以道，奉順陰陽，則日月光明，風雨時節，寒暑調和。三者得叙，則災害不生，五穀熟，絲麻遂，草木茂，鳥獸蕃，民不夭疾，衣食有餘。若是，則君尊民説，上下亡怨，政教不違，禮讓可興。夫風雨不時，則傷農桑。農桑傷，則民飢寒。飢寒在身，則亡廉耻，寇賊姦宄所繇生也。」本傳奏。是以王者以一貫三，致中和，以成既濟，而天地人各得其叙，民和而天地之和應焉，災眚奚自致哉？然聖人戒慎之心，則無時已也，是以推四正之氣，案八卦之位，究十二消息之幾，以明天地人之道，而著反令之戒，猶易之終未濟，所以明戒慎，以垂教于無窮也。漢儒多引月令以匡

〔一〕「太皡」，諸本皆作「少皡」，據尚書大傳疏證改。

時事，亦以爲周公書也。白虎通災變云：「天所以有災變何？所以譴〔一〕告人君，覺悟其行，欲令悔過脩德深〔二〕慮也。」乾鑿度云：「既濟、未濟爲最終者，所以明戒慎而存王道。」注云：「夫物不可窮，理不可極，故王〔三〕者亦常則天而行，與時消息，不可安而忘危，存而忘亡。未濟者，亦無窮極之謂也。」

〔一〕「譴」，諸本皆作「遣」，據白虎通義改。
〔二〕白虎通義「深」下有「思」字。
〔三〕「王」，原作「上」，據趙在翰輯七緯及聚學軒本改。

跋

道光辛卯歲，家君秉鐸旌德，以先生品學之優也，命沅受業焉。先生博通經史，於易尤精，箸有周易姚氏學，究鄭公之六藝，吞虞氏之三爻，緝柳編蒲，多歷年所。是書乃即周易而推驗之者。夫日月往來，二用發乾坤之祕；陰陽貸謝，六爻成消息之圖。六十四卦之周流寒温，悉應七十二候之順逆休咎胥徵，此周易所以爲羣籍之原，而月令所以爲大易之驗也。愧沅淺陋，莫究高深，謹述所聞，誌諸卷末。

受業李宗沅謹識。

跋

先生于道光丁亥歲讀書于梓山之麓王氏笠園，時汪君守成從先生學易，賢坤竊向往之，因從先生游，得聞今古文家之説，受月令及白虎通。先生于時撰月令箋，方脱稿，諸名公爲之序，繼復繹其微言大義，以成是篇，乃月令箋之綱領也，故仍以原序列諸卷首焉。先生注易二十餘年，其寢食于周秦百氏也，洵有非末學所能窺其藴奥者。宋于庭先生稱爲絶去依傍，獨探本元，百里一賢，下觀千古。沈小宛先生稱爲「通儒之學，非沾沾一師之言」，蓋由其學之博而擇之精也。讀是篇，可略得其概矣。

受業郭賢坤謹識。

一經廬文鈔

旌德姚配中仲虞甫撰

贊道

「一陰一陽之謂道」，解在周易姚氏學。視之而不見，聽之而不聞，體物而不可遺。道也者，萬物之奥，所以變化而凝成萬物，使各終其性命者也。是以「仁者見之謂之仁，知者見之謂之知，百姓日用而不知」。聖人慮道之不明也，爲之「立天之道，曰陰與陽；立地之道，曰柔與剛；立人之道，曰仁與義」，而道之經立矣，所謂「既有典常」也。天高地下，萬物散殊，而禮制行矣。流而不息，合同而化，而樂興焉。禮樂者，所以明道者也。「天道虧盈而益謙，地道變盈而流謙，人道惡盈而好謙」，故聖人謙以制禮。「順以動，豫。豫順以動，而天地如之」，故聖人豫以作樂。禮樂得而天地官矣。「其爲道也屢遷，變動不居，周流六虚，上下无常，剛柔相易，不可爲典要，唯變所適」，此則道之權也。「知變化之道者，知神之所爲」，其唯聖人乎！「知進退存亡而不失其正者，其唯聖人乎」！故孔子曰：「可與立，未可與權。」「神而明之，存乎其人。苟非其人，道不虛行」，唯聖人則巽以行權。巽，入也，「精義入神以致用」。巽，伏也，「寂然不動，感而遂通天下之故」，所謂「龍蛇之蟄以存身」，「至精」者也，「至變」者也，「至神」者也，「聖人之所以極深而研幾」者也。夫「開物成務，冒天下之道」者，易也。而六十四卦彖辭，唯復一言道曰：「反復其道，七日來復。」傳曰：「見天地之心。」乾陽滅于戌，消入中宮，伏而藏于戌，荄于亥，妊于壬，所謂「坎爲血卦」者也。巽陽入伏，道之權也；戰乾出震，道之復也。此元之所以終則又始，乾陽消入中宮，自姤巽始，由剥而反，七日來復。而于復「見天地之心」者也。終則又始者，天地之道，恒久而不已者也。「聖人久于其道，而天下化成」矣。「久于其道」者，何道也？天下之達道也。「天地絪緼，萬物化醇。男女搆精，萬物化生」。「乾道成男，坤道成女」。「有男女，然後有夫婦；有夫婦，然後有父子；有父子，然後有君臣；有君臣，然後有上下；有上下，然後禮義有所措」。故家人傳曰：「家人有嚴君焉，父母之謂也。父父、子子、兄兄、弟弟、夫夫、婦婦，而家道正，正家而天下定矣。」然則天下之道自家始。「威如之吉，反身之謂」，則家道之正自身始。「復，德之本也」；「復以自知」，則人之所以反身者，「反復其道」，「見天地之心」，而天地人通矣。「反復其道」者，天地之心；「終日乾乾」者，君子之反復道也。「本諸身，徵諸庶民，考諸三王而不謬，建諸天地而不悖，質諸鬼神而無疑，百世以俟聖人而不惑」，是何也？君臣、父子、夫婦、昆弟、朋友者，天下之達道也。所謂德者得此，所謂仁者仁此，所謂知者知此，所謂禮者履此，所謂〔一〕義者宜此，所謂樂者樂此也。荀子曰：「君臣、父子、兄弟、夫婦，始則終，終則始，與天地同理，與萬世同久，夫是之謂大本。」王制文。此不息之常道也，故曰五常。樂、詩、禮、書、春秋五者，五常之道，而易爲之原。故自天地絪緼、一陰一陽始，而其究則「乾道變化，各正性命，保合太和」，所謂「和順于道德而理于義，窮理盡性以至于命」，以成既濟定者也，則一陰一陽，復太極之體，而道周矣。乾坤以坎離戰陰陽，一陰一陽之謂道者，太極之體，既濟之象也，所謂性也，命也。聖人將以順性命之理而立天地人之道，六畫成卦，一陰一陽，亦既濟之象，萬世之常經也。「分陰分陽，迭用柔

〔一〕「謂」，原脱，據上下文義及曹元弼周易學所引補。

剛」，六位成章，不正者歸于正，亦一陰一陽，既濟之象，復乎太極之體也。是以道之始曰元，元發爲畫，是曰三才。才，始也。其在人，則仁義之根于心者也。故孟子曰：「若夫爲不善，非才之罪也。」又曰：「而以爲未嘗有才焉。」是也。畫變成爻，是爲三極，「道有變動〔一〕，故曰爻」，「六爻之動，三極之道」，其在人則動作云爲也。謂之極者，陽極于九，陰極于六，六十四卦極于既濟，極則反復其初矣。是故道立于一，以一函三，謂之太極；發爲六畫，是謂三才；變爲六爻，是稱三極，其實則一陰一陽耳。故曰：「一陰一陽之謂道。」

〔一〕「動」，原脱，據周易繫辭下傳補。

通德

「天地之大德曰生」。「人者，天地之德，陰陽之交，鬼神之會，五行之秀氣也」。故人得沖和之氣以生，而五常之道具。以其陰陽之自然則曰道，以其得之于身，不待外求則曰德。德也者，得于身也。夫「陰陽合德而剛柔有體，以體天地之撰，以通神明之德」。「陰陽合德」者，一陰一陽之道也；「神明之德」者，神而明之存乎人，道之變動不居者也。故曰：「顯道神德行。」道不顯則德行不神。卦爻者，易之顯道；倫物者，人之顯道。易之神德行于卦爻，人之神德行于倫物。是故「履，德之基也；謙，德之柄也；復，德之本也；恒，德之固也；損，德之修也；益，德之裕也；困，德之辯也；井，德之地也；巽，德之制也」。伏羲作八卦，「以通神明之德」，「類萬物之情」，而德之行于倫物者視此矣。故曰：「君子以成德爲行。」「終日乾乾」，「進德修業」，「自彊不息」者也。「君子體仁足以長人，嘉會足以合禮，利物足以和義，貞固足以幹事。君子行此四德者，故曰：『乾：元亨利貞。』」「乾：元亨利貞」者，終則又始，「和順于道德而理于義」者也。是以君子之于德也，順之，積之，常之，習之，居之，懿之，昭之，畜之。蒙則果行以育之，蹇則反身以修之，否則避難而儉之，素位而行，無入不自得，而德崇矣。「古之欲明明德於天下者，先治其國；欲治其國者，先齊其家；欲齊其家者，先修其身；欲修其身者，先正其心；欲正其心者，先誠其意；欲誠其意者，先致其知。致知在格物」。物者何？倫物也。是以大人之位乎天德也，其所以與天地合其德，無不覆，無不載，無不化育之，而使之各得其性者，無他焉，善推其所爲而已矣。夫推而放諸四海而皆準者，天下之達道也。「人人親其親，長其長，而天下平」。管子曰：「無德無怨，無好無惡，萬物崇一，陰陽同度，曰道；愛之生之，養之成之，利民不德，天下親之，曰德。」正篇文。于是「有孚惠心，有孚惠我德」。「豫順以動」，民樂之，而樂作矣。樂者，民樂其德也。故「作樂崇德，殷薦之上帝，以配祖考」，而其本支百世，亦罔弗食其舊德，此豈非可大可久、日新之盛德也與？而所云「三德」、

「六德」、「九德」者，胥可推矣。聖人所以「體天地之撰」、「通神明之德」者如此。夫「蓍之德，圓而神；卦之德，方以知」。「圓而神」者，陽也；「方以知」者，陰也。陰陽合德，乾易坤簡，「易簡之善配至德」。「至德」者，天地人之至，一陰一陽，成既濟，復太極之體者也。「默而成之，不言而信，存乎德行」，而「天地位焉，萬物育焉」，「窮神知化，德之盛也」。

中庸説

中庸者，所以發明周易之義，而闡其成既濟之功也。易者，元也。元藏于中，不見不聞，故謂之中。天地之中，心之中也，所謂「視之不見，聽之不聞，體物而不可遺」，「上天之載，無聲無臭」者也。元之發爲六畫，變爲六爻，往來升降，始終一經者，周也，元之用也。中之發爲事業，而參天地，贊化育者，庸也，中之用也，故曰「中庸」。庸者，用也。太極元氣，函三爲一，所謂「一陰一陽之謂道」，天之所以命也。「天命之謂性」，其陰陽之性之在人者，即其陰陽之發而爲卦畫者也。「率性之謂道」，人之率性而行焉者，即其由畫而變成爻，七變之九、八變之六者也。夫「一陰一陽之謂道」，六畫之定位，太極之全體，所謂「中」者，此也；所謂「元」者，亦此也。六十四卦，唯既濟六爻正，其餘諸卦則皆有失位之爻，以此驗性，性可知矣，故曰「修道之謂教」。修之者，修其不正，以歸于正，成既濟，而復太極之體，所謂「乾道變化，各正性命」，「窮理盡性以至於命」者也。中不可見，故不睹不聞。不睹不聞，幾也，嘖也。「幾者，動之微，吉之先見者也」，故「莫見乎隱，莫顯乎微」。「知幾其神」，君子者，庶幾者也。元之藏也，未發之爲中者也。元之發而爲一陰一陽，以成既濟者，「發而皆中節」者也。一陰一陽，各得其正，太極之體，一陰一陽之道也，故曰「大本」，曰「達道」，本于是，由于是也。「乾道變化，各正性命，保合太和，乃利貞」，六十四卦皆成既濟，而易之功用畢矣，故曰：「致中和，天地位焉，萬物育焉。」所謂中庸者，如此而已矣。大舜、文、武、周公、孔子、顏淵、子路者，致中和之人也。至誠、至聖，聖人、君子者，致中和者之品也。其諸所詳盡而推究之者，則致中和之功、致中和之事、致中和之驗也。易之要，要于成既濟；中庸之要，要于致中和。「君子中庸」，既濟之六爻正也；「小人反中庸」，未濟之六爻窮也。知、賢過之，愚、不肖之不及，所謂仁者見仁，知者見知，「百姓日用而不知」者也。知陰知陽，見仁見知，執兩用中，而既濟成矣。得善弗失，而既濟定矣。無陰陽之偏，無剛柔之戾，則和而不流，而既濟之道章，中庸之道立矣。用之不中，而索隱行怪，失位之發也。中不能用，而廢以半塗，得位之化也。確乎不拔，依乎中庸者，天下一人而已，此既濟之所以獨也。且夫君子之道，其用之而費者，皆其中焉而隱者也。「形而上者謂之道，形而下者謂之器」，「鳶飛戾天，魚躍于淵」，察乎天地者，何莫非中乎？故曰：「道不遠人。」「乾道成男，坤道成女」，君子之道，達乎人倫，行遠自邇，登高自卑，君子亦求其在己者而已。爻之正，由于畫；其不正，亦由于畫也。其謂之「鬼神」者，何也？就中庸而鬼神之也。易之書以大衍成變化，行鬼神。鬼神者非它，易之元，中庸之所以爲中庸，而不見不聞，不可遺者也。故曰：「夫微之顯，誠之不可揜，如此夫。」謂中庸也。「誠者，天之道也」，自誠明者謂之性，此「至誠之道」，太極之發，爲既濟者也。「誠之者，人之道也」，自明誠者謂之教，此「其次致曲」，化其不正，以歸于正，而成既濟者也。其又謂之「誠者」，何也？誠者，成也，合中庸而名之者也。「誠則形」，「誠于中」者，中也；「形于外」者，庸也。誠也者，合外内而名之，舉終始而統之者也，故「至誠無息」。「於穆不已」，「天之所以爲天」；「純亦不已」，「文王之所以爲文」。「天行健」，「地勢坤」，君子以之，乾圜坤布而易道周，所謂「不已」者，周而已矣，誠而已矣。範圍不過，曲成不遺，發育萬物，峻極于天，無不持載，無不覆幬，洋洋者焉，肫肫者焉，淵淵者焉，浩浩者焉。既濟之功成，中之用，于是至矣。然其要，則自不睹不聞始，「知遠之近，知風之自，知微之顯」，「潛雖伏矣，亦孔之昭」，此所謂「幾也」，「嘖也」，「吉之先見者也」。而其極，則至于「不賞而民勸，不怒而民威」；「篤恭而天下平」；「上天之載，無聲無臭」。此則乾元用九，而天下治者也，則陰陽交而既濟定矣。是知中者元也，元者一也，一者易也，無聲無臭而不見不聞者也。知易之元者，其知中庸之中乎！

釋才

經之言才者，莫詳於孟子。其釋才也，亦莫詳於孟子。自文章家用周易「三才」之語，讀者不察，混以才指天、地、人，易不明而孟子之言多不得其解，不知易之義本明，孟子之言尤詳且盡也，讀者自不察耳。易繫辭傳云：「易之爲書也，廣大悉備。有天道焉，有人道焉，有地道焉，兼三才而兩之，故六。六者，非他也，三才之道也。」説卦傳云：「昔者聖人之作易也，將以順性命之理。是以立天之道，曰陰與陽；立地之道，曰柔與剛；立人之道，曰仁與義。兼三才而兩之，故易六畫而成卦。」「六畫」者，「兼三才而兩之」，則畫爲才矣。「才」者，對「極」之稱，故〔一〕曰：「六爻之動，三極之道也。」畫謂之才，才者，始也。爾雅釋詁：「才，始

〔一〕「稱故」，原倒，據上下文義及曹元弼周易學會通第四所引乙正。

也。」説文：「才，艸木之始。」爻謂之極，爻由畫變，由才而極也。畫者⚊⚋，⚋即二，解在周易姚氏學釋數篇。由⚊⚋而變爲九、六。⚊⚋爲畫，九、六稱爻，所謂「極數知來」，陽極于九，陰極于六也。故六畫曰「三才之道」，天、地、人之始道也；六爻曰「三極之道」，天、地、人之極道也。「三」者，天、地、人也。「才」與「極」，則指道之始、究言耳。知「才」之爲始，則孟子之言「才」者，可得而悉推矣。孟子曰：「惻隱之心，仁之端也；羞惡之心，義之端也；辭讓之心，禮之端也；是非之心，智之端也。」「端」者，才之謂也。「凡有四端於我者，知皆擴而充之矣。若火之始然，泉之始達，苟能充之，足以保四海」，盡其才者也。「苟不充之，不足以事父母」，不能盡其才者也。「仁義禮智，非由外鑠」；「求則得之，舍則失之」；得其養則長，失其養則消，故曰：「若夫爲不善，非才之罪也。」謂非其始之不善也。「或相倍蓰而無算者，不能盡其才者也」。良心放而平旦之氣亡，陷溺深而賴暴之情異，非其始本無仁義之性而天生之不善也，故曰：「人見其禽獸也，而以爲未嘗有才焉者，是豈人之情也哉？」曰：「非天之降才爾殊也，其所以陷溺其心者然也。」牿亡陷溺，夫豈始之不善，而其始之罪也與？孟子之所謂「才」，即易之所謂「才」。孟子之所謂「盡」，所謂「擴充」，所謂「消長」，即易之所謂「極」。知才而易明，易明而孟子之義章矣。「才」訓爲始，故與「中」對稱。中也養不中，才也養不才。得其養而能擴充之，以盡其中、盡其才，謂之爲中，謂之爲才，既濟之六爻定也。失其養而不能擴充之，以盡其才、盡其中〔一〕，謂之不中，謂之不才，未濟之六爻窮也。

〔一〕「盡其才盡其中」，詳上下文義，疑當作「盡其中盡其才」。

詩序説

孟子曰：「説詩者，不以文害辭，不以辭害志，以意逆志。」序者，以意逆志而爲之説者也。後儒不善讀序，苟諸字句，何其淺也！序云：「關雎，后妃之德。」不繫之文王者，文王刑于寡妻，不嫌非文王也。且詩人咏歌大姒之德，以爲凡爲后妃者風，序申其意，故曰「后妃之德也」。見凡爲后妃者，莫不宜有是德。若繫之文王、大姒，則似專美之辭，而風動之意反隱矣，故曰：「周南、召南，正始之道，王化之基。是以關雎樂得淑女以配君子，憂在進賢，不淫其色，哀窈窕，思賢才，而無傷善之心焉。是關雎之義也。」言天下之化，基于室家，故「關雎樂得淑女以配君子」，而爲風之始，以風化天下。不繫之文王、大姒者，見凡爲后妃者，必有是德，乃宜配君子也。鵲巢序云：「鵲巢，夫人之德也。國君積行累功以致爵位，夫人起家而居有之，德如鳲鳩，乃可以配焉。」以此例諸，則關雎言后妃之德，謂德如關雎，乃可以配君子者也，其爲風凡爲后妃者審矣。毛、鄭之義，莫不皆然。傳云：「后妃説樂君子之德，無不和諧，又不淫其色，慎固幽深，若雎鳩〔一〕之有别焉，然後可以風化天下。」又云：「后妃有關雎之德，乃能共荇菜，備庶物，以事宗廟也。」使非謂爲后妃者，莫不宜有是德也，則何嫌於文王、大姒之不可，而云「然後可」？何嫌於文王、大姒之不能，而云「乃能」邪？鄭譜云：「古公亶父聿來胥宇，爰及姜女。其後，大任思媚周姜，大姒嗣徽音。歷世有賢妃之助，以致其治。文王刑于寡妻，至于兄弟，以御于家邦。是故二國之詩，以后妃、夫人之德爲首，終以麟趾、騶虞。言后妃、夫人有斯德興助其君子，皆可以成功，至于獲嘉瑞。」鄭答張逸云：「文王承先公之業，積脩其德，以致風化，述其美，以爲之法，能行其本，則致末應。既致其應，設以爲法。」云「有斯德」，云「皆可以」，爲凡爲后妃、夫人者言之也。「葛覃，后妃之本也」。后妃有關雎之德，必先有其本，故曰：「則可以歸安父母，化天下以婦道。」「則可」云者，風之也。「卷耳，后妃之志也」，言后妃非

〔一〕「雎鳩」，毛詩注疏作「關雎」。

徒有關雎之德，「又當以輔佐君子求賢審官」爲志者也。「又當」云者，所以風也。「樛木，后妃逮下也。言能逮下而無嫉妬之心焉」，風凡爲后妃者，逮下宜皆如樛木也。箋云：「喻后妃能以意下逮衆妾，使得其次序，則衆妾上附事之，而禮義亦俱盛。」此申序義也。「螽斯，后妃子孫衆多也」，風凡爲后妃者「不妒忌，則子孫衆多也」。若繫之文王、大姒，則云「故子孫衆多」可耳。「則」之云者，風之也。「桃夭，后妃之所致也。兔罝，后妃之化也。芣苢，后妃之美也」，皆所以風也。「不妒忌，則男女以正，婚姻以時。關雎之化行，則莫不好德。和平，則婦人樂有子矣」，「則」之云者，皆風之也。此皆詠歌文王、大姒，以爲爲后妃者風，故不稱文王、大姒，而專繫之后妃，言后妃有關雎之德，則有是致、有是化、有是美矣。傳、箋自關雎至芣苢無一語及大姒，孔疏每周旋大姒而詩義隱。故廣漢、汝墳獨言文王之道、化，既有以風之，遂乃以文王實之，示之準也，孟子所謂「莫若師文王也」。「師文王」，則上有關雎之化，下有麟趾之應，故曰：「麟之趾，關雎之應也。關雎之化行，則天下無犯非禮。」「則」之云者，風之也。夫唯其不繫之文王、大姒，而繫之后妃，以風教天下後世也。故三家詩或以爲思古，或以爲刺時，殊塗同歸，不悖厥旨，所謂「上以風化下，下以風刺上，主文而譎諫」者也。「上以風化下」云云，謂正風、正雅，故下云：「至于王道衰，而變風、變雅作。」召南序義同者，可即是推矣。夫婦者，人倫之始。嫁子者，女道之終。故周南先以關雎、葛覃，而召南後以何彼襛矣，「雖則王姬亦下嫁於諸侯，車服不繫其夫，下王后一等，猶執婦道，以成肅雝之德也」。「雖則」、「猶執」云者，皆所以風也。言雖則王姬亦下嫁，猶執婦道如是也，況其非王姬者乎？能執婦道，以成肅雝之德，則又夫人之本也。有鵲巢之化，則有騶虞之應，其曰「天下純被文王之化」，此爲能施文王之化者言之，所以風也。能如是，則王道成矣。正風然，正雅亦然。「一國之事，繫一人之本，謂之風。言天下之事，形四方之風，謂之雅。雅者，正也，言王政之所由廢興也。」鳧鷖序云：「鳧鷖，守成也。太平之君子，能持盈守成，神祇祖考，安樂之也。」鄭云：「君子，斥成王也。言君子者，太平之時則皆然，非獨成王也。」即此以推，則雅可知矣。鹿鳴，所謂「然後忠臣嘉賓得盡其心」；四牡，所謂「有功而見知則說」；伐木，所謂「則民德歸厚」；天保，所謂「君能、臣能」；南山有臺，所謂「得賢則能爲邦家立太平之基」；菁菁者莪，所謂「君子能長育人材，則天下喜樂之」，皆謂上如是，則下如是，爲天下後世示之法。「能」、「則」云者，王政之所由興也。故序于正雅之終、變雅之始特詳序所廢所缺，曰：「小雅盡廢，則四夷交侵，中國微矣。」「廢則」云者，王政之所由廢也。此其所以教天下後世者至矣，豈爲一人一事言之與？伐木序云：「自天子至〔一〕庶人，未有不須友以成者。」據此，則非爲一人一事，言之審矣。正小雅三家詩有以爲刺者，與以正風爲刺詩同，義自通。階此以觀，其正者猶多風也，何疑于其變者之陳古以爲刺哉？咏其美者，以爲風也，何疑于陳其惡者之以爲刺哉？子夏受經于仲尼而爲之序，即春秋之褒貶也，垂法將來，爲天下後世風，故詩亡然後春秋作，仲尼之志在春秋。春秋絶筆，子夏以仲尼之志序于詩，詩序作而詩不亡。自漢以來，鉅儒碩學並無異辭，豈盡不知詩、不能文者，而待後人規其字句之過邪？尚未可以釋與？

〔一〕毛詩注疏「至」下有「于」字。

發明序意，兼爲通齊、魯、韓三家旨趣，此是通儒之學，非沾沾一師之言。

吴沈欽韓注。

包氏詩學序

季懷精詩，以説詩者于毛、鄭異同未窺厥旨也，乃合傳、箋詁訓而編之，而異同見。且可即其異者，以推其不異者，而異見；即其同者，以推其不同者，而同見。竊謂鄭氏箋詩以毛爲主，而往往易毛者，非破毛，乃以存異義耳。或爲禮家之説，或爲三家之義，或本緯候，或爲己意，其與毛異者，非必以毛爲非，而定所易之爲是也。夏官序官注：鄭司農云：「詩『整我六師』、『六師及之』，此周爲六軍之見於經也。」鄭不破其説，則亦以「六師及之」爲六軍明矣。乃于詩「以作六師」、「整我六師」，則皆以爲六軍。至「六師及之」，毛以爲「天子六軍」，而箋云：「二千五百人爲師。今王興師行者，殷末之制，未有周禮。」是箋不以「六師及之」爲六軍矣，豈其注周禮則與毛同，而箋詩乃故與毛異與？又「昭假」〔一〕之見于詩者凡五，

〔一〕「昭假」，原作「假格」，據毛詩注疏改。下六「昭假」同。

毛于雲漢「昭假無贏」、泮水「昭假烈祖」，皆訓「假」爲至；其烝民「昭假于下」、噫嘻「既昭假爾」、長發「昭假遲遲」，皆無傳，同前訓也。箋于雲漢則訓「假」爲升，長發則訓「假」爲暇，云「寬暇天下之人遲遲然」。乃其于孔子閒居「昭假遲遲」，則訓「假」爲至，又豈其未得毛傳之前説與毛同，而箋毛乃反與毛異與？又「周行」之文，詩凡三見，毛于卷耳訓爲「周之列位」；于鹿鳴則訓「周」爲至，詁「行」爲道；大車「行彼周行」，但云「佻佻獨行貌」。箋則俱以爲周之列位，而于禮記緇衣「示我周行」，則注云：「行，道也。言示我以忠信之道。」則亦與毛同矣。鄉飲酒、燕禮注並云：「嘉賓既來，示我以善道。」其箋毛所以必俱爲「周之列位」者，以毛自存異義，故特即卷耳傳推之，見彼傳之義，本可悉通，非義有不足，明毛之自易其説者，存異義耳。漢三家詩俱立學，亦以焚書之後，經失其傳，並存異義，庶幾有當，豈其不能別白定之與？至其據禮經緯候如昬禮感生，以及凡説之本于禮及緯而始終與毛異者，則或爲學者多疑，或以其禮足據，是以反復不變其説，必悉爲求通，乃即此申彼，非以彼破此也。其六藝論云：「注詩宗毛爲主，毛義若隱略，則更表明；如有不同，即下己意，使可識別也。」然則箋之易傳，非破毛明矣。其禮記注之與毛異者，荅炅模云：「爲記注時，就盧君耳，先師亦然。後乃得毛公傳，既古書，義又當然，記注已行，不復改之。」據此，則鄭據毛以改它經注者有矣，斷未有它經注與毛同，而箋毛反與毛異者也。蓋注詩宗毛，毛傳俱在，義例可推，不煩多贅，博存異義，亦猶箴膏肓、發墨守、起廢疾之心，不欲以門户之見盡廢前儒也，其戒子所謂「述先聖之元意，整百家之不齊」者也。不然，鄭而有破毛非毛之見也，則曷不采取毛說，斷以己意，如周禮注引諸儒之説而稱「玄謂」邪？曷不若駁五經異義之稱「玄之聞」邪？乃獨存毛氏之全，而謂之箋，又復多與之不同者何？然則鄭箋之意，昭然察矣。采蘋傳：「古之將嫁女者，必先禮之于宗室。牲用魚，芼之以蘋藻。」箋云：「主設羹者季女，則非禮〔一〕也。女將行，父禮之而俟迎者，蓋母薦之，無祭事也。」據此，箋于毛傳之誤，亦明正之，則不糾其誤而即下己意者，以有不同，故存異義，非破毛明矣。書離秦厄，經旨難明，博采兼收，冀其一當，所謂過而存之

〔一〕「禮」下原衍「女」字，據毛詩注疏删。

也。是故鄭箋毛而毛傳，箋毛而存異義，而三家不啻俱傳。説詩者誠能會其異同，參諸羣説，前後推究，各爲通焉，庶幾得之矣，而何非難評駁之紛紛哉？

配中少季懷八年，兄事之，孰聆其説，不惜揭其旨，爲讀是編者告。

箋毛非破毛，以存異義，左右疏通，祛千古疑團。王子雍輩中毛以難鄭者，真憒憒矣。文筆醇茂，雅澹如開元人議禮文字。吴沈欽韓注。

關雎説

毛、鄭説關雎，義各不同，孔疏未暢厥旨，特各就其義申説焉。傳云：「后妃説樂君子之德，無不和諧，又不淫其色，慎固幽深，若雎鳩〔一〕之有别焉。」又云：「窈窕，幽閒也。淑，善；逑，匹也。言后妃有關雎之德，是幽閒貞專之善女，宜爲君子之好匹。」毛蓋謂后妃不淫其色，而慎固幽深者，自以爲不宜爲君子之好匹也，故曰「是幽閒貞專之善女，宜爲君子之好匹」。「是」者，后是之；「宜」者，后宜之也。言己不宜爲好匹，是幽閒貞專之善女乃宜爲君子好逑耳，我不堪也，此其所以慎固而求賢者也。傳又云：「后妃有關雎之德，乃能共荇菜，備庶物，以事宗廟也。」蓋謂后妃實有是德，能以事宗廟，而求賢者，自以爲不能也，言「參差荇

〔一〕「雎鳩」，毛詩注疏作「關雎」。

菜」，我惟助而求之耳。王申毛，謂「毛如字」，非是。主其事者，須有關雎之德者，乃能也，詩以關雎喻后妃，傳即以關雎推后妃之意。則淑女之求，不可緩矣。是以「窈窕淑女，寤寐求之。求之不得」，而至于「輾轉反側」者也。「參差荇菜」，我惟助而采之耳，是窈窕淑女乃能主其事，宜其琴瑟友樂之，我不堪也。傳云：「宜以琴瑟友樂之。」「參差荇菜」，我惟助而芼之耳，是窈窕淑女乃能主之，其德盛，宜有鐘鼓之樂，我不堪也。傳云：「德盛者，宜有鐘鼓之樂。」此詩人推求賢之心如是，言求賢女以配君子，而已願助之，故序云：「樂得淑女以配君子。」經指淑女爲好匹，或説毛以淑女指后妃，失其旨矣。箋云：「怨耦曰仇。釋文：「本亦作『仇』。」言后妃之德和諧，則幽閒處深宮貞專之善女，能爲君子和好衆妾之怨者。言皆化后妃之德，不嫉妒，謂三夫人以下。」鄭蓋以首章據得賢女已後言也。后妃之德和諧，三夫人以下化之而不嫉妒，淑女即在其列，故和好怨耦也。鄭又云：「言后妃將共荇菜〔一〕之菹，必有助而求之者，言三夫人、九嬪以下，皆樂后妃之事。」此下則以祭言之。禮

〔一〕「荇菜」，原倒，據毛詩注疏乙正。

有五經，莫重於祭。既内自盡，又外求助，必夫婦親之，故后妃樂得淑女，特言禮之至重者，不必實在其時也。云「必有助而求之」者，云「皆樂后妃之事」，則所謂「左右流之」，言皆樂后妃之事，無不助后妃，故云「必有」也。所以然者，以后妃始求淑女之切，故既得淑女，怨耦〔一〕好而悉助后妃；和好怨耦，淑女之賢；后妃求之而化之，愈以見后妃之德也。「參差荇菜」，必有助而采之者，樂后妃之事，無不助后妃采也。淑女和好怨耦，怨耦亦皆助后妃，則淑女更可知，故曰：「窈窕淑女，琴瑟友之。」箋云：「同志爲友。言賢女之助后妃共荇菜，其情意乃與琴瑟之志同。共荇菜之時，樂必作。」言淑女不但助后妃采荇菜而已，且助后妃共荇菜，情意乃與琴瑟之志同，敬之至、和之至也。共荇菜之時，樂必作，情意與琴瑟同，則琴瑟之設爲不虚矣，祖考其來格矣，非謂以琴瑟友淑女也。鄭又云：「琴瑟在堂，鐘鼓在庭。言共荇菜之時，上下之樂皆作，盛其禮也。」釋文：「『樂』又音岳。」箋義當音岳，不音洛。蓋言窈窕淑女助后妃共荇菜，敬之至，和之至，則無忝于盛其禮以祭祀矣。身致其

〔一〕「耦」下當脱「和」字。

誠信，誠信之謂盡，盡之謂敬，敬盡然後可以事神明，共荇菜。備琴瑟鐘鼓者，外盡物也；和敬者，内盡志也。既内盡志，可外盡物，是以「上下之樂皆〔一〕作，盛其禮也」。孔以爲上下樂作，盛此淑女所共之禮，豈其然乎？夫淑女能〔二〕好怨耦，助后妃共祭祀，賢可知矣。琴瑟友、鐘鼓樂，以言淑女必無忝于琴瑟鐘鼓也。淑女必無忝于琴瑟鐘鼓而求得之者，后也，則后妃之德可想矣。此鄭氏之義也。合觀毛、鄭，義各有存，乃知古人之説非苟爲異同也。

筆曲似論衡。涇包世榮讀。

〔一〕「樂皆」，原倒，據毛詩注疏乙正。

〔二〕「能」下當脱「和」字。

關睢傳説

關睢一篇，疏以傳爲后妃思得淑女，以配君子，竊謂傳以淑女指后妃，疏説非毛旨也。序云：「關睢，后妃之德也。」謂關睢之詩，言后妃之德，爲天下後世求后妃者法，所謂「大昏爲大」，春秋之元，詩之關睢，禮之冠昏，易之乾坤，皆愼始敬終者，此其所以爲風之始，風天下而正夫婦，用之鄉人，用之邦國也。鵲巢序云：「鵲巢，夫人之德也。國君積行累功以致爵位，夫人起家而居有之，德如鳲鳩，乃可以配焉。」則關睢言后妃之德，謂德如關睢，乃可以配君子者也。傳云：「后妃説樂君子之德，無不和諧，又不淫其色，愼固幽深，若關睢之有別焉，然後可以風化天下。」云「然後可」者，言非此則不可也，故曰：「窈窕淑女，君子好逑。」傳云：「言后妃有關睢之德，是幽閒貞專之善女，宜爲君子之好匹。」以言若無關睢之德，則非善女，不宜爲好逑矣。匡衡云：「能致其貞淑，不貳其操，情欲之感無介乎容儀，宴私之意不形于動静，夫然後可以配至尊，而爲宗廟主。」匡雖學齊詩，義與毛同。疏以傳「是幽閒貞專之善女」，意謂后妃是此善女，不以淑女指后妃，非是。「參差荇菜，左右流之」，傳云：「后妃有關雎之德，乃能共荇菜，備庶物，以事宗廟也。」以言無關雎之德，則不能矣，故曰：「窈窕淑女，寤寐求之。」言有關雎之德，宜爲君子好逑；能事宗廟，乃宜寤寐求之也。非是，則不宜矣。此匡衡所謂「后、夫人之行不侔乎天地，則無以奉神靈之統而理萬物之宜」者也。必求淑女以配君子，得之豈易乎！故曰：「求之不得，寤寐思服。悠哉悠哉，輾轉反側。」言求之切，得之難也，蓋言慎也。「參差荇菜，左右采之。窈窕淑女，琴瑟友之」，傳云：「宜以琴瑟友樂之。」以言后妃有關雎之德，能共荇菜，是善女，乃宜以琴瑟友樂之也。非是，則不宜矣。「參差荇菜，左右芼之。窈窕淑女，鐘鼓樂之」，傳云：「德盛者，宜有鐘鼓之樂。」以言有關雎之德，宜配君子；能事宗廟，乃宜有鐘鼓之樂，宜備禮也。言其稱也，不稱，則不宜矣。傳義實以淑女指后妃，爲求后妃者言，不得謂后妃求淑女也。序云：「周南、召南，正始之道，王化之基，是以關雎樂得淑女以配君子。」「樂得淑女以配君子」，關雎之旨也，所謂「窈窕淑女，君子好逑」也。「憂在進賢，不淫其色」，謂憂在得淑女，不自淫其色者，所謂「關關雎鳩，在河之洲」也。「哀窈窕，思賢才」，謂得之難、思之切，呂覽報更篇云：「人主胡可以不務哀士？」高誘注：「哀，愛也。」所謂「求之不得」云云也。「而無傷善之心焉」，謂求淑女以配君子者，繼先聖之後，以爲天地社稷宗廟主，非爲宴私也，所謂「琴瑟友之」、「鐘鼓樂之」者也，論語：「關雎，樂而不淫，哀而不傷。」「樂而不淫」，謂樂得淑女，而淑女不自淫其色。「哀而不傷」，謂愛淑女而不傷於禮也。故曰：「是關雎之義也。」有關雎之德，宜配君子，能事宗廟，非后妃之德而何乎？若必以后妃求淑女爲不妒忌，求淑女者，德之一端耳，豈德如關雎不能不妒忌乎？豈謂化風天下，正夫婦，用之邦國、鄉人，亦謂化之使和諧慎固，如關雎之有别耳，豈謂化天下之爲婦者，皆宜爲夫求淑女邪？又未必然矣。夫唯言后妃有關雎之德，乃宜配君子，能事宗廟，垂以爲法，以爲天下後世風也。故「上以風化下，下以風刺上」，勸戒交盡，非等諛詞，而列冠篇首，爲「正始之道，王化之基」者也。三家詩以爲刺，其義一耳，豈后妃求淑女之謂乎？

毛鄭昏期戲難包季懷

嫁娶之期，毛、鄭一義，申之者亂之，後儒不察，惑于羣言，而毛、鄭之義俱晦。試即毛、鄭傳、注一一考覈之。周禮媒氏：「令男三十而娶，女二十而嫁。」鄭注云：「二、三者，天地相承覆之數也。易曰『參天兩地而奇〔一〕數』焉。」鄭此注未嘗有必三十、必二十之説。大過九二、九五，鄭注云：「以丈夫年過，娶二十之女；老婦年過，嫁於三十之男。」夫所謂「年過」者，男過三十，女過二十也。過三十、二十謂之過，則三十、二十爲男女之限，嫁娶不得過是可知。鄭義即王肅所本，媒氏疏引王肅説云：「周官『令男三十而娶，女二十而嫁』，謂男女之限，嫁娶不得過此也。三十之男，二十之女，不待禮而行之，所謂奔者不禁。娶何三十之限？前賢有言，丈夫二十，不敢不有室；女子十五，不敢不有其家。家語：魯哀公問于孔子曰：『男子十六精通，女

〔一〕「奇」，周禮注疏同，通行宋本周易正義作「倚」。曹元弼周易集解補釋云：「『奇』亦『倚』之省借。」

子十四而化，是則可以生民矣。聞禮男三十而有室，女二十而有夫，豈不晚哉？』孔子曰：『夫禮言其極，亦不是過。男子二十而冠，有爲人父之端；女子十五而許嫁，有適人之道。於此以往，則自昏矣。』然則三十之男，二十之女，中春之月者，所謂言其極法耳。」案：肅此説，義皆本鄭，從鄭説而推衍之者也。詩「摽梅〔一〕」，「其實七兮」，箋云：「梅實尚餘七未落，喻始衰也。謂女年二十，春盛而不嫁，至夏則衰。」「求我庶士，迨其吉兮」，箋云：「求女之當嫁者之衆士，宜及其善時。善時，謂年二十，雖夏，未大衰。」夫春之于夏，相去無多時，而云「始衰」、「未大衰」，則是三十之男，二十之女，中春之月，盛之極即止之時，過此則衰矣。故「迨其謂之」，箋申傳云：「謂，勤也。女年二十而無嫁端，則有勤望之憂。不待禮會而行之者，訓明年仲春，不待以禮會之也。時雖禮〔二〕不備，相奔不禁。」傳云：「不待備禮也。三十之男，二十之女，禮未備，則不待禮會而行之者，所以蕃育人民〔三〕也。」箋正申傳意。蓋唯其盛之極即止之時，故二十無嫁端，即

〔一〕「摽梅」，毛詩注疏作「摽有梅」。下二「摽梅」同。
〔二〕「雖禮」，毛詩注疏作「禮雖」。下「雖禮」同。
〔三〕「人民」，毛詩注疏作「民人」。

有勤望之憂，不待禮會而行之，不然，亦何急也？必「明年仲春」者，以不備禮，不禁奔，唯仲春極時爲然，否則干國之禁，有所不能也，故曰「時雖禮不備，相奔不禁」。謂唯此時爲然，是以其年仲春已過，梅落，夏。須待來年。箋義甚明。唯極盛即爲止，故周禮「令男三十而娶，女二十而嫁。中春之月，令會男女，於是時也，奔者不禁」。三十、二十，年之極，故令之。中春，時之極，故令之。令其及時，無或失時也，故並奔者亦不禁。奔者有年二十者，若二十而無嫁端者，至此則已過二十之期一年，故不禁。若未三十、二十，未中春，則無須令也。經義亦甚明。鄭媒氏注云：「中春，陰陽交，以成婚禮，順天時也。『奔者不禁』，重天時，權許之也。」蓋上令嫁娶，令會男女，則當其年，及其時，嫁娶者必多，故須以極盛之年、極盛之時著爲令，則民之失時者少，不至未及其年，早生勤望之憂，此聖人制禮之精也。使先王制禮限以三十、二十，限以仲春，而過三十、二十，即又謂之過于仲春，又不禁其奔，昏則拘以一年，期則拘以一月，而又復縱之，何禮之迂且怪哉？「匏有苦葉」，箋云：「匏葉苦而渡處深，謂八月之時，陰陽交會，始可爲昏禮納采、問名。」「士如歸妻」，箋云：「歸妻，使之來歸于己，謂請期也。冰未散，正月中以前也。二月可以昏矣。」夏小正：「二月，綏多士女〔一〕。」此言八月陰陽交會，即可爲昏〔二〕納采、問名，如欲使妻來歸己，則正月中以前請期，二月即可以昏。此就詩人之言爲説，言娶妻期不遠，怪宣公不娶夫人而烝于夷姜也，非謂二月可昏，以前不可昏；八月可納采、問名，以後不可納采、問名也。氓篇「秋以爲期」，箋云：「民欲爲近期，故語之曰：『請子無怒，秋以與子爲期。』」此爲先已愆期，不待禮而行，須明年仲春。衛俗淫亂，奔者亦不能如禮。民欲近期，不能待仲春也，故語之曰：「請子無怒，秋以與子爲期。」見相奔以秋非禮，非謂秋非嫁娶之期也。曲禮：「年長以倍，則父事之。」鄭注云：「謂年二十於四十者。人年二十，弱冠成人，有爲人父之端。」使非二十即可娶，鄭何難據三十與六十以爲言，而必言二十、四十乎？鄭氏諸注並無必三十、必二十及必仲春之説。使鄭義不明，申之者之過也。孔疏

〔一〕「士女」，大戴禮記夏小正作「女士」。下「士女」同。
〔二〕「昏」下當脱「禮」字。

每言昏期，抑似鄭必以男三十、女二十，時必中春，王肅之徒惑之也。杜氏通典謂鄭據周禮、穀梁、逸禮本命篇「男必三十而娶，女必二十而嫁」；馬昭申鄭，疑喪服傳夫姊長殤爲關盛衰，或謂關畏、厭、溺而殤之；盧氏以爲衰世之禮，皆非鄭義也。毛氏詩傳仲春亦無必不可嫁娶之文。桃夭傳云：「興也。桃有華之盛者。夭夭，其少壯也。灼灼，華之盛也。」箋云：「興者，踰時婦人皆得以年盛時行也。」此箋正申傳意。「宜其室家」，傳云：「宜以有室家，無踰時者。」箋云：「宜者，謂男女年時俱當。」「年時俱當」即「無踰時」，亦申傳意。疏云：「鄭據年月不同，又『宜者』，『年時俱當』爲異。」案：此乃孔氏之説，毛、鄭無明文。「摽梅，其實七兮」，傳云：「興也。摽，落也。盛極則隋落者，梅也，尚在樹者七。」箋云：「興者，梅實尚餘七未落，喻始衰也。謂女二十，春盛而不嫁，至夏則衰。」「其實三兮」，傳云：「在者三也。」箋云：「此夏〔一〕鄉晚，梅之隋落差多，在者餘三耳。」「迨其謂之」，傳云云，見上。箋云云，見上。箋皆申傳意，孔疏必謂鄭與毛異，而毛、鄭之義晦矣。行露及野有蔓草，傳謂興，箋謂仲春之時，似異

〔一〕「夏」，原作「春」，據毛詩注疏改。

而實同，紀時即以爲興也。桃夭、摽梅皆然。唯綢繆「三星」，傳謂參，箋謂心，毛、鄭互異。疏云：「毛以爲不得初冬、冬末開春之時，故陳昏姻之正時以刺之。鄭以爲不得仲春之正時，四月、五月乃成昏，故直舉失時之事以刺之。」配中謂：「即毛、鄭之不同，可以知毛、鄭昏期之同矣。」孫卿云：「霜降逆女，冰泮殺止。」即毛所本。正月，冰未泮，則冰泮爲仲春，是亦謂自九月至二月，不謂二月不可嫁娶也。七月：「春日遲遲，采蘩祁祁。女心傷悲。」傳云：「春女悲，秋士悲，感其物化也。」小正采蘩二月，又「二月，綏多士女」。鄭以三月、四月爲非時之正，則亦謂昏姻之正時止于仲春，與毛氏昏期正同。鄭以心之所在爲三月；四月、五月，皆言其失正。鄭氏必每言仲春者，以其陰陽交，媒氏「令會男女」，則時至仲春，欲娶者娶，欲嫁者嫁，嫁娶者俱行，前此或可不行，過此則非正，故必以仲春言之，未嘗謂仲春以前非正也。仲秋亦陽陰〔一〕交，故鄭云「始可爲昏禮納采、問名」，則仲秋以後可嫁娶明矣，即「霜降逆女」之謂

〔一〕「陽陰」，詳上下文義，疑當作「陰陽」。

也。至禮必言「三〔一〕十有室」者，以媒氏「令男三十而娶，女二十而嫁」，令之嫁娶，則三十無無室者矣。舜及其時而無室，故即謂之鰥。故曰「三十有室」，未三十，容或有未有室者，故不舉以爲説也。毛「三星在户」傳云：「參星，正月中直户也。」則謂春明矣。傳又云：「三星在天，可以嫁娶矣。」則「在隅」、「在户」，自冬及春，皆可嫁娶明矣。起于中秋，止于中春，「霜降逆女，冰泮殺止」，其義一也。「有女懷春」，傳云：「懷，思也。春，不暇待秋也。」言昏姻之期，自秋至春，春以後非其正時，春不爲昏，須待至秋，故不暇待至秋而懷春。春者，昏時之所止，不可過此，過此則非正矣，須待至秋矣，是以懷之也。若謂春非正，故云「不暇待秋」，抑思當其懷春之時，非即春也。若爲春以前，則在冬。冬，可昏之時也，不必懷春。若在春以後，則秋近而春遠，何懷乎春？「東門之楊」，傳云：「興也。牂牂然盛貌，言男女失時，不逮秋冬。」箋云：「楊葉牂牂，三月中也。興者，喻時晚也，失仲春之月。」此箋亦申傳意，與摽梅同。傳言秋冬，言其後。箋言仲春，言其前也。傳

〔一〕「三」，原作「二」，據禮記内則「三十而有室」及上下文義改。

意蓋謂男女爲昏，既失春時，則宜待及秋冬，兹乃以三月爲昏，是既失春時，又不及秋冬也，故曰「男女失時，不逮秋冬。」「楊葉牂牂」，紀時即以爲喻，故箋特申之曰：「興者，喻時晚也，失仲春之月。」「失仲春之月」，正申傳「失時」字也。媒氏疏引王肅論云：「吾幼爲鄭學之時，爲謬言尋其義，乃知古人可以於冬〔一〕。自馬氏以來，乃因周官而有二月。詩『東門之楊，其葉牂牂』，毛傳曰：『男女失時，不逮秋冬。』三星，參也，十月而見東方，時可以嫁娶。又云時尚暇務，須合昏因〔二〕，萬物閉藏于冬，而用生育之時，娶妻入室，長養之母，亦不失也。孫卿曰：『霜降逆女，氷泮殺止。』詩曰：『將子無怒，秋以爲期。』韓詩傳亦曰：『古者霜降逆女，氷泮殺止；士如歸妻，迨氷未泮。』爲此驗也。而玄云：『歸，使之來歸於己，謂請期時。』來歸之言，非請期之名也。或曰親迎用昏，而曰『旭日始旦』，何用哉？詩以鳴雁之時納采，以昏時而親迎，而周官仲春令會男女之無夫家者，於是時奔者不禁，則昏姻之期，非此日〔三〕也。」案：肅故與鄭爲難，故辭多遯，云鳴雁時納采，昏時親迎，則親迎在氷泮後、仲春時明矣。肅欲立異，不

〔一〕「可以於冬」，周禮注疏同，孫詒讓周禮正義作「皆以秋冬」。
〔二〕「又云時尚暇務須合昏因」，周禮注疏同，孫詒讓周禮正義作「又三時務業因向休息而合昏姻」。
〔三〕「非此日」，周禮注疏同，孫詒讓周禮正義作「盡此月」。

自知其必不能異也。東山「倉庚于飛」，箋云：「倉庚仲春而鳴〔一〕，嫁娶之候也。」毛無傳，亦當以倉庚紀時，而王肅乃云：「倉庚羽翼鮮明，以喻嫁者之盛飾。」孔疏爲所惑，又烏知毛非以紀時爲興哉？「我行其野」，傳云：「樗，惡木也。」箋云：「樗之蔽芾始生，謂仲春之時，嫁娶之月。」傳又云〔二〕：「蓫，惡菜也。葍，惡菜也。」箋云：「葍，蕌也，亦仲春時生可采也。」三章自始至終毛不言興，疏必强謂之興，果毛義與？毛、鄭語多簡絜，遷就其辭，義即晦滯，唯不爲羣言所惑，精求傳、箋，合諸經文，斯毛、鄭之本旨可明，經、傳所以言三十、二十，及喪服所以有從母之長殤，庶孫之婦之中殤，夫之姑姊之長殤等，亦可不必疑矣。

曲體經注，力破羣言，筆鋒峻峭，辭旨深厚，讀之三日，未易定其淺深也。

涇包世榮讀。

〔一〕「鳴」，原作「明」，據毛詩注疏改。
〔二〕「云」，原脱，據上下文義補。

六宗議

六宗之説，紛如聚訟，竊參諸易，歐陽之説是也。歐陽説：「六宗者，上不及天，下不及地，旁不及四時，居中央，恍惚無有，神助陰陽變化。」此蓋即易之元也。坤元位中央，藏乾元，元不可見，故「恍惚無有」。名之爲六宗，猶易不言元用九，但言用九也。後漢志：「元初六年，以尚書歐陽家説：『六宗者，在天地四方之中，爲上下四方之宗。』三月庚辰，初更立六宗，祀於雒陽西北戌亥之地。」蓋西北乾位，元之所藏。立六宗，祀於西北，則固以六宗爲乾元矣。月令：「孟冬，天子祈來年於天宗。」盧植〔一〕云：「天宗，六宗之神。」案：孟冬坤用事，當乾位，乾元伏藏，萬物資生之本也，故孟冬祈之。志論謂：「易無六宗在中之象。」豈其然

〔一〕「盧植」，原作「盧植」，據文義改。

乎？魏景初二年，散騎常侍劉邵以爲萬物負陰而抱陽，沖氣以爲和；六宗者，太極沖和之氣，爲六氣之宗者也。案：太極，中央元氣，函三爲一，變化之宗，而消息之主也。劉邵以六宗爲太極沖和之氣，爲六氣之宗，非元而何乎？故六宗之義，斷從歐陽。

滎波鄭義

禹貢：「豫州，滎、波既豬。」鄭作「播」，注云：「沇水溢出河爲澤也。今塞爲平地，滎陽民猶謂其處爲滎、播，在其縣東。」又「導沇水，東流爲濟，即泲。入于河，溢爲滎」，鄭云：「地理志：沇水出河東東垣王屋山，東至河内武德入河，泆爲滎。」職方：「豫州，其川熒、同滎〔一〕。雒，其浸波、溠。」鄭云：「滎，沇水也，出東垣，入于河，泆爲滎。滎在滎陽。『波』讀爲『播』。禹貢曰：『滎、播既都。』」竊案之禹貢、職方，尋繹鄭注，知鄭説不誤，而禹貢、職方實同也。禹貢「沇水東流爲濟，入于河」者，泲之原也。其自菏以後，會于汶，入于海者，泲之流也。此幽、兗之川也。豫州之川，乃沇水之溢而東出于陶丘北，又東至于菏者，泲之中也。説

〔一〕「同滎」，原倒，據文義乙正。

文云：「滎，絶小水也。」謂絶流而過小水者爲滎。泲水絶河，適在豫州之域，故豫州之泲獨得滎名。沇水入河，絶河溢出，名之曰滎。説文本此義，訓「滎」爲「絶小水」，謂凡絶小水而過者，俱謂之滎，不謂河爲小水。爾疋：「正絶流曰亂。」荀子勸學篇：「假舟楫者，非能水也，而絶江河。」其滎水播而爲都者，則直名播，故職方直謂之播。禹貢「溢爲滎」，亦不連「播」言，别滎于播也。其「滎、播既都」又繫之于「滎」者，明滎水之所播也。曰「溢爲滎」者，溯其原；曰「滎、播既都」者，竟其委。其原則川，其委則浸。其川則沇之溢，其浸則滎之播。故鄭于職方「川滎」，則引「入于河，溢爲滎」者以證之，而云「滎，沇水也」，明滎自沇水而來，證其爲川也。于「浸波」，則引「滎、播既都」以證之，明其爲滎水所播、都而爲浸者也。其曰「滎在滎陽」，則指其地以實之，不謂其既播爲浸，遂不得復爲川；不謂其溢出未播之時，不得爲滎；已過滎陽之後，亦不得爲滎。滎陽者，以水得名，非水至是而始有滎名也。曰「溢爲滎」，曰「滎、播既都」，則是既爲滎，乃復播爲都，非一溢〔一〕而即爲都者矣。「東出于陶丘北」，

〔一〕「一溢」，原倒，據上下文義乙正。

又非既播爲都而遂不復流者矣。故禹貢「溢爲滎，東出于陶丘北」不連「播」言，而職方直謂之川，此其義皎然可知矣。蓋滎自水名，播自澤名，禹貢「滎、播既都」連「滎」言者，以論水道，著其所由耳。曰「溢爲滎」〔一〕，此則滎之所從來。曰「滎、播既都」，此則播之所自始。播者既都，則滎可知。連言「滎、播」，明其俱治也。其「滎、播既都」，鄭云「沇水溢出河爲澤」者，以解「既都」，舉澤言耳。要知滎非澤名也。其有謂之滎澤者，謂滎陽之澤，或以滎水播而爲澤，因以呼之，禹貢、職方無是名也。如謂一溢即爲澤，滎爲澤名，則既言「滎」，不必復言「播」，呼之曰滎澤，如震澤之比〔二〕。禹貢有震澤、菏澤，不言滎澤，則當日實無此名。或曰滎水既〔三〕澤，如雷夏之類，增之以「播」者，何也？豈滎既爲澤，而復有所播而待都者邪？如謂一溢即爲澤，「滎播」合爲澤名，則「溢爲滎」者，又不當去其「播」矣，豈別有所謂滎邪？如謂一溢即爲澤，既爲

〔一〕「滎」，原作「貢」，據禹貢及上下文義改。
〔二〕「比」，原作「北」，據上下文義改。
〔三〕「既」下當脱「爲」字。

澤而不復流，以「滎」專屬之于澤，謂「播」爲衍文，則職方所謂「其川滎」者又何水？「其浸播」者又何澤？且其「東出于陶丘北」者，又奚自來邪？如謂「溢爲滎」，不連「播」言，故知「滎」即澤名，不言「播」者，省文耳，不然播既爲澤，不當獨脱其文也，則雷首、大野、震澤、雲夢之類，其不詳於導水之經者，豈皆脱邪？是知滎自爲澤，播自爲浸，有先有後，不容混淆。禹貢詳其原委，故「滎、播」並稱。職方辨其川浸，故「滎」、「播」各著。不然，一水而忽川忽浸，一名而忽畧忽詳，作者既不自省，注者又不致疑，不亦深可怪與？夫曰「既都」，則其爲浸確有可凴，必欲妄生疑竇，亦曰禹貢「滎播」乃浸名，非川名，而于禹貢滎水之外别求所謂滎者，以當職方之川，斯則可耳，何乃「滎、播既都」經有明文，轉謂周時已導爲川，不得復爲浸？豈知禹貢「溢爲滎」、「東出于陶丘北」者，川自爲川；其播而爲都者，浸自爲浸〔一〕邪？何契舟求劍、射魚指天之甚乎？亦不足辯矣。

〔一〕「浸」，原脱，據上下文義補。

與柳賓叔論坤元爲冢宰書

昨與閣下論乾元爲天子、坤元爲冢宰，閣下疑焉。蓋以乾元用九，則所用者皆陽，何冢宰獨爲坤元？且坤元用六，冢宰掌六典，彼五官實統焉，豈臣於乾則爲九，統於冢宰又爲六與？疑之誠是，今試爲吾弟詳説之。

乾元用九，凡大臣皆是，坤元不在九之列。坤元順承天，則坤元亦乾元之所用者也。冢宰所以獨稱坤元者，天子以下，天下亦一人而已，故非剛柔兼而又體坤元之德者，不可以爲冢宰。百官總之，權莫大焉；天子任之，寵莫加焉。无剛柔之用，則不足以御〔一〕羣寮；无坤元之德，則不足以承天子。三叔流言，周公猶懼，況其下焉者乎！故後世任非其人，或擅權而生禍亂，或亢戾以災厥躬者，比比也。伊尹放君，周

〔一〕「御」，原作「禦」，據文義改。

公攝政，非大聖人，孰[一]克當此而無忝者乎？臣之義比于地，地成天功，故「五行而四時者，土兼之」，坤元非寂滅無爲，不與天事者也。五行皆生于土，陰陽俱成于土，百官之聽于冢宰，亦猶是。天之施生，地實成之；數之變化，陰實任之，何疑于五官之統於冢宰哉？冢宰之或稱冢，或稱大，鄭氏以爲進退異名，百官總焉，則謂之冢；列職于王，則爲大；冢，大之上也。配中竊謂百官總焉，謂之爲元；臣服于乾，則名曰坤。六陰六陽，周流于外，總于坤元，而君以乾元；三百六十之官，總于冢宰，而聽于天子者也。坤元順承天，則陰陽九六之成于地者，莫非乾元之用，即坤元亦乾元所用者也。乾曰「用九」，坤曰「順承」，其義互相備也。乾所用之九，坤亦成之；君所立之官，宰亦統之。坤所用之六，乾亦君之；宰所立之官，王亦主之，孰非乾元之用乎？夫陰陽之相使也，自然之氣，坤元與九、六必能順乾元，而不必相兼，若心志之使五官百骸也。至于君臣，則以異體而爲同體。雖有陽德，而不修柔順，則亢矣。故聖人于坤著臣道，以明爲臣者莫不宜然，豈乾

〔一〕「孰」，原作「執」，據上下文義及周易姚氏學卷第三「用六，利永貞」姚氏案語改。

元所用之九忽化爲六與？五官各率其屬，亦地道成物之義，而不得謂之坤元者，坤元一而已矣，冢宰亦一而已矣。五官者，四時分王之土，各有所司；冢宰則中宫之元，藏元者也。參諸卦象，求之事宜，窮則變，變則通，通則久，聖人且擬議焉，顧可以一端測乎？荀子曰：「多言則文而類，終日議〔一〕其所以，言之千舉萬變，其統類一也，是聖人之知也。」吾弟其熟〔二〕思之。

〔一〕「議」，原作「擬」，據王先謙荀子集解改。
〔二〕「熟」，原作「熱」，據文義改。

答柳賓叔論鼎卦亨飪也書

兩接手書，諄諄開導〔一〕，益我不少也。但孰飪之説，伯淵師曾云然。中謂傳云「亨」、云「大亨」，則此「亨」字不得改作「孰」。鬻有鼎稱，與子韻所云「鬲亦有鼎稱」，此兩解均未若説文鼎部所云「易卦巽木於下者爲鼎，象析木以炊也」爲至當。説文此訓亦依易爲之，其云「鼎，三足兩耳，和五味之寶器也」，則並不以鼎爲亨飪之器。傳曰：「鼎，象也，以木巽火，亨飪也。」伏羲之易，有象无字，卦名皆文王所加。六十四卦，獨此言「象也」者，伏羲之時，有亨飪之事，實未有鼎，以木巽火，乃古亨飪之象。文王繫〔二〕辭，以爲長子主器，器之重，莫過於鼎；食之隆，無加於鼎，故以鼎名之。太玄象鼎以竈，亦以伏羲時有亨飪、無鼎也。知伏羲時有亨飪者，世本云：「燧

〔一〕「導」，原作「尊」，據上下文義改。
〔二〕「繫」，原作「繁」，據上下文義改。

人出火。」鄭六藝論云：「燧人在伏羲之前。」據此，則伏羲時有火化矣，則有亨飪明矣，故有「以木巽火」之象也。「澤中有火」，即聖人所取法而爲「以木巽火」者。知伏羲時无鼎者，宣三年左傳：王孫滿曰：「昔夏之方有德也，遠方圖物，貢金九牧，鑄鼎象物，百物而爲之備，使民知神、姦。」據此，是鼎之制始自禹。説文云：「昔禹收九牧之金，鑄鼎荆山之下。」亦以禹以前未有鼎也，故云：「易卦巽木於下者爲鼎，象析木以炊也。」其云「爲鼎」，謂爲鼎卦，因卦名而稱之。其云「象析木以炊」，亦謂爲炊之象，非謂鼎爲炊器。所以必引易者，正以禹始制鼎，而易已有鼎卦，疑伏羲以來已有鼎，非始自禹，故特申明之，以爲易之鼎乃析木以炊之象，而非器也。據此以言，則義可悉了，乃知司農浚長，千古經師，一字一句，誠令人求之數十年而不得者，烏能越其藩邪？此義明，則鬵有鼎稱，及融、鬵、釜屬亦有三足，皆可證而實不足證矣。大僉説經言之牽强者，皆非至當。中此翻稿本，删去前所穿鑿而自云心得者十之半，乃知愈入愈深，解之愈難，及既得其解，又復平易者，乃爲確論也。令友陳君惠而好我，一言是贈，啓我童蒙。閣下朝夕相親，幸爲致謝。如或不棄，勿吝教言。

再答柳賓叔

接讀來書，且愧且喜，入室操戈，端肇自鄭，吾弟真善學鄭者也，真善補中者也。文筆犀利，大類毛西河，英鋭所摧，無不震墜，韓信將兵，多多益辦，中將弃甲走矣。雖然，非善之善者也。中有墨子之術，再爲吾弟陳之。令友陳君謂多一句欺少一句，然已猶有進。中謂精一着乃破得一着耳。謹將來書條答如左。

問：孟子：「伊尹以割亨要湯。」淮南氾論訓：「伊尹之負鼎。」知殷時鼎尚亨。

「伊尹割亨要湯」，即謂實有其事，如所云云，以負鼎證鼎亨，恐「割」字不好安置。且以饋食之例推之，獻甲者執冑，恐冑不可被諸四支也。「禮云禮云，玉帛云乎哉？」

問：來書云：「伏羲之易，有象无字，卦名皆文王所加。六十四卦，獨此云『象也』者，象古亨飪之事。」案：井象傳云「巽乎水」，與此「巽火」一例。世本云：「伯益作井。」逸周書：「黄帝作井。」伏羲時无井也。據禮運云「抔飲」，伏羲時已有巽水上水之事。卦之名井，亦以象之，當言象者不獨鼎，鼎之言象，乃繫辭尚象之象，象字不得鑿空。

伏羲无井，有巽水上水之象，「以制器者尚其象」，象在器之先也。有象无器，則象爲虚象。觀象制器，器乃得象之一端。器從象生，象非由器定也。必器乃云象，亦南越大獸三年一乳之説與？

問：禮運「以炮」、「以燔」，言火化也。又云「以亨」、「以炙」，亨必有器，不同燔黍捭豚。古史攷：「黄帝始作釜。」廣雅引古史攷：「黄帝始作甑。」伏羲時未有釜、甑之屬，説文依易爲訓，不識所謂巽木於下者，象其巽於何物之下；析木以炊者，象其炊於何器之下也。如云太玄象鼎以竈，案：淮南氾論訓云：「炎帝于火，死而爲竈。」无論伏羲時未必有竈，即有之，亦非以亨之器，不審伏羲何由得有亨？

「燧人出火」，六藝論云：「燧人在伏羲之前。」「凡六紀九十一代」，廣雅云：「一紀二十六萬七千年，則六紀計一百六十萬二千年。」未審此百餘萬中有器否？太古之羹，想亦用器盛之矣，烏知伏羲時用何器哉？書缺有間，能盡知之邪？炎帝死爲竈神，與后稷之爲稷等，非謂竈始於炎帝也。

問：來書據説文「鼎，三足兩耳，和五味之寶器也」，知并不以是爲亨飪之器，以上言和五味、无析木以炊之説故也。案：説文此義，蓋互見耳，未知和五味之和，龢字與？抑盉字與？如以爲盉，儀禮醢醬之味，俱陳於席，鼎胥牲體五味，未聞于此盉也。如以爲龢，商頌「亦有和羹」，箋云：「五味調，腥孰得節，食之，于人性安和。」左傳引此詩，證「水火醯醢鹽梅，以亨魚肉，燀之以薪，宰夫和之，齊之以味」。和五味之器，得不爲亨飪之器乎？

割亨煎和，非是一事。五味之和，不獨醯醬食醫。「凡和，春多酸，夏多苦，秋多辛，冬多鹹，調以滑甘」。内則：「棗栗，飴密以甘〔一〕之；堇荁枌榆免薧，滫瀡

〔一〕「甘」，原作「滑」，據禮記正義改。

以滑之，脂膏以膏之。」注云：「謂調和飲食也。」據此，則和非專指醯醬明矣。煎醢沃膏，不一其類，故有煎而和者，有不煎而和者，不必盡用火。凡稟五行之性者皆味，不必定醯醬。商頌云云，左傳云云，豈謂醯醢鹽梅先用處雜，如今人之所謂亨者乎？如謂左傳「醯醢」之文在「以亨魚肉」之上，則「燀之以薪」乃既亨後事乎？抑「燀之以薪」即所謂亨，「宰夫和之」即醬醢類乎？亨自亨，和自和，不相涉也，烏得一概視邪？

問：來書引左傳、説文，以爲鼎始自禹。案：前漢郊祀志：「黄帝采首山銅，鑄鼎于荆山之下。」何得云禹以前未之有？封禪書：「昔泰帝興神鼎一；索隱：孔文祥云：「泰帝，太昊。」黄帝作寶鼎三；禹收九牧之金，鑄九鼎，皆嘗亨鬺。」孝武紀同〔一〕。漢書郊祀志云：「皆嘗亨鬺上帝鬼神。」此又彖傳下二句之明證也。

方士之言，不足信也。方武帝惑於方士之説，太史公多有微詞，所謂「其效可

〔一〕「紀同」，原倒，據文義乙正。

睹」者，何哉？黄帝以前不立本紀，特曰：「尚書獨載堯以來，而百家言黄帝，其文不雅馴，薦紳先生難言之。」又曰：「非好學深思，心知其意，固難爲淺見寡聞道也。」試思古帝本紀，其意安在古帝意乎？亦太史公意耳。曰「尚書獨載堯以來」，則堯以前可知矣。曰「其所表見皆不虛，書缺有間矣」，果不虛與？乃真有間耳。伏羲、神農僅見于易，可信者唯此，不立本紀，以見封禪書方士之説多誣也。封禪書：公孫卿有書札曰：「黄帝得寶鼎。」黄帝本紀云：「獲寶鼎。」蓋即用鄭説。公孫卿有書札，因所忠欲奏之。所忠視其書不經，疑其妄，卿與嬖人奏之。夫所忠疑其妄，乃太史公所謂真妄者，其意不大可見邪？黄帝獲寶鼎，然與？否與？上召卿問，對曰：「受此書申公，申公與安期生通，受黄帝言，無書，獨有此鼎。」此實録與？亦亡是公之説耳。卿又云：「黄帝采首山銅，鑄鼎于荆山下。鼎既成，有龍垂胡髯下迎黄帝。」其信然與？此亦牛腹中書類耳。太史公備載方士之言，以見武帝爲若輩所惑，故曰「其效可觀」。曰「心知其意」，曰「難言之」，蓋深恐後人惑武帝之惑，微文見意者也。封禪書又云：「有司皆曰：『聞昔泰帝興神鼎一』，云云。皆嘗亨鬺服虔武帝紀注云：「以祭祀上帝。或曰嘗烹酌也。」則「亨」本作「享」，解作「烹」，乃或説，故漢書作「鬺享」，然此不足辨。上帝鬼神。』」「皆」之云者，太史公豈以爲衆可信與？抑以「皆」著其惑君者多邪？「聞昔」云者，得毋亦聞之申公者乎？「皆嘗」云者，皆以實之，更復嘗以疑之，果皆篤論與？左傳言禹鑄鼎，不言荆山之下，説文以爲禹鑄鼎荆山之下，豈許氏割裂左傳、史記，將黄帝鑄鼎之處以禹當之與？抑禹實鑄鼎荆山之下，而公孫卿得傅會以爲黄帝與？否則許叔重未見史記，其博雅不及公孫卿與？其是否，當必有辯矣。此中墨守之法也。參之史記本文，知説文所以不取封禪書之義，則虚實自明。至于經義，則已了了，不復可疑。吾弟精力過人，勇莫與敵，如中者，徒知墨守，有牢不可破之謬耳，吾弟得毋笑。中有膏肓之疾，鍼藥所不能達者乎！弟良醫也，慎無弃我。

與淩曉樓論公羊諸侯親迎越竟書

配中白：大箸博大精深，配中淺人，何能窺其萬一？但所説諸侯親迎不越竟一事，疑莫能明，還質諸閣下。閣下專家，説必有據，其啓我茅塞。配中案：隱二年：「九月，紀履緰來逆女。」公羊傳云：「紀履緰者何？紀大夫也。」又云：「譏始不親迎也。」是卿爲君逆，非禮，故譏不親迎，則諸侯當親迎，不得使卿親迎；必越竟，故「莊公如齊逆女」，傳云：「親迎，禮也。」傳並無諱淫之説。何氏因上傳云「公一陳佗」，及穀梁觀社爲尸女，坐公爲淫，已失傳意。「尸女」，主于女，亦非謂淫。公羊云：「諸侯越竟觀社，非禮也。」即如其説，亦以公如齊本實淫，經爲之諱，故書「如齊逆女」。逆女，禮也，故何注云：「諱淫，若以得禮書。」使越竟非禮，傳何得以非禮之事强云禮也？何氏又安得云「若以得禮書」？且使親迎不越竟，傳何以渾曰「親迎」，不分越竟不越竟邪？且諸侯親迎不越竟，則至彼國，仍當使卿，卿爲君逆，不得爲非禮，何云「譏不親迎」邪？讙之會，公親受女于齊侯，若云親迎不越竟，則此是矣，何以先書「公子翬如齊逆女」？傳何以不言其義，且云「翬何以不致」乎？然則公會齊侯于讙，不得爲親迎，必如齊乃得爲親迎，故經仍書「公子翬如齊逆女」，以明讙之會非親迎也。「齊侯送姜氏于讙」，傳云：「諸侯越竟送女，非禮也。」何注云：「禮，送女父母不下堂。」夫送女不越竟，親迎又不越竟，又不得使卿，女且自至邪？何氏隱二年「譏不親迎也」注云：「禮所以必親迎者，所以示男先女也。於廟者，告本也。」何氏之意，亦以諸侯迎于廟矣。嘉禮不野合，廟會有彼此共之在疆竟之間者乎？知其必無也。閣下乃以大夫越竟逆女非禮以例諸侯，誤矣。莊二十七年：「莒慶來逆叔姬。」傳云：「大夫越竟逆女，非禮也。」何注云：「禮，大夫任重，越竟逆女，於政事有所損曠，故竟内乃得親迎，所以屈私赴公也。」蓋大夫所以不得越竟逆女者，以政事損曠，且絶外交，故鄭喪服注云：「古者大夫不外娶。」婚禮親迎，古之制也，外娶必至越竟。親迎唯不外娶，始能不越竟。經書「莒慶來逆叔姬」，以見春秋之大夫多外交。傳云「大夫越竟逆女，非禮」，則外娶非禮可知矣。若諸侯，則有邦交，不得内娶，與大夫殊也。大夫得爲諸侯致女、送女，諸侯不爲天子致女、送女。天子嫁女，使同姓諸侯主之，其迎送仍臣也。天子逆后，亦自使其臣，不使外，諸侯安得以大夫例邦君邪？大夫逆女，乃其私事，越竟則損曠公事。若諸侯親迎，則宗廟社稷之重事，較之政事爲尤重，無公私之别。諸侯親迎不越竟之説，殆未爲至當也。敢獻芻蕘，並祈開示。

與柳賓叔論諸侯親迎越竟書

前與曉樓論親迎越竟，閣下以爲彼据何氏「諸侯非朝時不踰竟」爲説，誠然，試爲閣下詳辯之。案：隱二年：「公會戎于潛。」何氏注云：「凡書會，惡其虚内務，恃外好也。古者諸侯非朝時不得踰竟。」定十四年：「邾婁子來會公。」何注云：「古者諸侯將朝天子，必先會閒隙之地。」是則諸侯必朝王，乃有會。「公會戎于潛」，非因朝天子而出，故何氏云：「古者諸侯非朝時不踰竟。」言非朝時，不得有踰竟之會，必朝王乃先有隙地之會。彼自爲會例，不得以盡例諸侯之禮也。隱四年：「公及宋公遇于清。」何注云：「古者有遇禮，爲朝天子若朝〔一〕罷朝，卒相遇于塗，近者爲主，遠者爲賓，稱先君以相接〔二〕，所以崇禮讓、絶慢易也。」七年：「齊侯使其弟年來聘。」

〔一〕「朝」，原脱，據春秋公羊傳注疏補。
〔二〕「接」，原作「遇」，據春秋公羊傳注疏改。

何注云：「諸侯朝罷朝聘。」此諸侯相會及相朝聘，何氏以爲必在朝天子前後，然莊四年公羊傳云：「古者諸侯必有會聚之事，相朝聘之道。」此傳並無必因朝王而後然之文，則何氏之説非傳例矣。桓三年：「夏，齊侯、衛侯胥命于蒲。」傳云：「近正也。古者不盟，結言而退。」夫「結言而退」，則非不踰竟，特不盟耳，故何氏隱元年注云：「凡書盟者，惡之也，爲其約誓太甚，朋黨深背之，生禍患重，胥命于蒲，善近正是也。」然則何氏非朝時不踰竟之説，不可以例盟矣。盟之所以惡，爲約誓太甚，不關踰竟事。即結言而退，亦未有不踰竟者。盟與會別。非朝時不踰竟，既不可以例盟，烏得用以例昏？且傳云「親迎，禮也」，確有明文，烏得以何氏之注本不能盡以例諸侯之禮者，而必强之以例昏邪？何氏于「胥命于蒲」傳注云：「善其近正，似于古而不相背，故書以撥亂也。」配中謂：「公如齊逆女」，傳云：「親迎，禮也。」胥命爲近正，傳不直云正，親迎則直云禮也，則斷斷爲禮可知，烏睹經之書此，非書以撥亂者乎？何注云：「若以得禮書。」其不得禮者，在淫；其實得禮者，在親迎也，何變例之有？且使何氏果以非朝時不越竟並例昏禮，則于隱二年「譏不親迎也」發傳之始，不當注云「禮所以必親迎者，所以示男先女也。於廟者，告本也。夏后氏逆于庭，殷人逆于堂，周人逆于户」也，豈傳説諸侯、注言士禮乎？亦太不符矣。夫曰古今或不然，曰禮則上下古今之所同也，故白虎通云：「天子下至士，必親迎授綏者何？以陽下陰也。必親迎，御輪三周，下車曲顧者，防淫泆也。詩云：『文定厥祥，親迎于渭。』」夫授綏御輪必至婦家，乃得有此事。白虎通又引「文定厥祥」以證親皆没，已親命之之事。雖文王受命惟中身，享國五十年，其親迎時，王季尚存，此係誤引，而其意則以爲文王已爲諸侯，諸侯親迎，當越竟者也。此亦公羊家之説也。太姒之家在洽陽渭涘，文王親迎于渭，則越竟可知。隱二年何注云：「月者，不親迎例月，重録之。親迎例時。」莊公逆女，經書「夏，公如齊逆女」，正例時也，則何氏亦以此實爲親迎，因此而有親迎例時之説，其意則諱，其禮則正。又案：莊元年：「秋，築王姬之館于外。」傳云：「築之，禮也。于外，非禮也。」又云：「于路寢則不可，小寢則嫌。羣公子之舍，則〔一〕卑矣。」何注云：「以

〔一〕春秋公羊傳注疏「則」下有「以」字。

言外，知有築内〔一〕之道也。于外，非禮也。必闕地于夫人之下，羣公子之上。」然則王姬之館當築于内，則迎者必至館，羣公子舍亦在國内，於廟告本，斷無野合之事矣。不越竟之説，案之傳不合，考之注不合，旁徵之公羊家亦不合。顧名思義，何以云親？揣勢度情，何以爲禮邪？此乃公羊例之一端，原不足深辨，然歧而又歧，將使經義更不可明，異説滋蔓，是又不得不告我友朋，令其訂正者也。閣下衡鑑，無所低昂，説倘膏肓，用君鍼灸。

〔一〕「築内」，原倒，據春秋公羊傳注疏乙正。

韓信論

讀淮陰侯傳，竊怪其反，而深疑高祖之僞遊雲夢而信禽，蕭何之紿信入賀而信斬，亦似絶無籌策者，何其不類信之甚也！方天下之未定也，楚、漢勝負權，信實操之。當是時，楚則使武涉誘之，内則有蒯通動之，而信之所以爲漢者，如故也，何其天下已定，而乃生叛逆之心哉？太史公曰：「天下已集，乃謀畔逆。夷滅宗族，不亦宜乎！」以見信不畔於楚、漢俱困之時，而畔於天下已集之後，其計必不出此，故特詳武涉、蒯通事，欲讀史者於此有以白信也。信之初至楚也，陳兵出入，人有上書告信反。高祖用陳平計，僞遊雲夢，信謁上見禽。使其果有反謀，顧不自慮或有告之者，而乃以鍾離眛爲媚邪？蓋眛時在信所，漢王怨眛，詔楚捕之，未捕而上適南巡，信疑上之爲眛而疑己，故即以眛自解，不然將眛反耳，此其所以禽也。其繼舍人弟之告信也，以爲爲陳豨助。夫信所與豨言者，信不言，豨不言，則誰知之？此當日誣信之辭，信死，無有白其冤者，而史因以爲其事耳。其有可疑者七：陳豨拜鉅鹿守，辭於信，而信即教之反，其可疑一也。信謂豨曰：「公，陛下之信幸臣也。人言公之畔，陛下必不信。」夫以信幸之臣畔且不信，而乃教之反，獨不畏其言之上邪？其可疑二也。豨反，上自將而往，信陰使人之豨所，曰：「第〔一〕舉兵，吾從此助公。」夫豨業已反，尚待信教之舉兵邪？其可疑三也。信謀與家臣，夜詐詔赦諸官徒奴，欲發以襲吕后、太子，部署已定，待豨報。夫豨已反，又已使人告之助，尚何待爲？其可疑四也。吕后斬信，未聞案驗，其可疑五也。吕后與蕭相國謀，詐令人從上所來，言豨已死，紿信入賀。是時信使獨安往豨，生死絶不聞邪？其可疑六也。且豨之反，始以賓客盛，周昌言之上，上令覆案豨客居代者財物諸不法事，多連引豨，豨恐，陰令客通使王黄、曼丘臣所。高祖十年，上使召豨，豨稱病，遂與王黄等反。則豨之反，於信絶無與矣。太史公曰：「陳豨招致賓客而下士，周昌疑之，疵瑕頗起，懼禍及身，邪人進

〔一〕「第」，史記作「弟」。「第」同「弟」。

説，遂陷無道。」太史公於豨之反，蓋重責昌也。使信果教之，何不於豨事一及信乎？其可疑七也。高祖聞信死，且喜且憐之，喜者，忌之久而喜其死；憐則憐其無罪耳。蕭何紿信，信實不知此其所以斬也，不然，信肯輕入，爲吕后所縛，如縛嬰兒子者乎？漢之誅彭越也，告越之復謀反者，吕后令之也。而信之斬，吕后實主之，烏睹不同於彭越之事乎？盧綰以陳豨事敗也，謂其幸臣曰：「非劉氏而王，獨吾與長沙耳。往年春，漢族淮陰；夏，誅彭越，皆吕后計。吕后婦人，專欲以事誅異姓王者及大功臣。」觀綰言，則信之寃信矣。蓋吕后欲危劉氏，其幾已伏於此，其忌信、越等更有甚於高祖者。黥布之反也，滕公問故楚令尹，對曰：「是固當反。往年殺彭越，前年殺韓信。此三人者，同功一體之人也。自疑禍及身，故反。」使信、越果以反見誅，則布亦唯不反耳，何乃慮禍之及而蹈信、越覆轍，爲此族滅之計乎？太史公報任安書以淮陰、彭越與西伯、絳、灌並稱以自況，明其無罪也。合觀太史公書，則信之事昭然察矣。其高紀十一年春，書「淮陰侯謀反關中」者，仍舊簡之成文，不便删改耳，而要非實録也。讀史者慎毋以一偏之辭，斷古人之功罪也可。

讀老子

自漢以來，皆以黃、老並稱，老子蓋爲黃帝歸藏之學。宋于庭先生云：「老子，歸藏之學。」歸藏易無可考，禮運「觀殷道得坤乾」，説者以爲即歸藏。歸藏首坤，殷尚質，黃帝易名歸藏，商人因之尚質，故首坤。老子殷人，老彭即老子。故本坤乾之義著書言道德，猶孔子之贊易也。史記：「老子著書上下篇，言道德之意。」是其書本不稱道德經，其稱經，後人所加。其首章云：「無，名天地之始；有，名萬物之母。」謂以無名天地之始，以有名萬物之母。無者，元也。元藏伏坤中，由坤而生萬物，故曰「萬物之母」，坤爲母也。象元章：「可以爲天下母。」歸元章：「天下有始，以爲天下母。」義並同。成象章云：「谷神不死，是謂玄牝。玄牝之門，是謂天地根。」玄者，元也。牝者，坤也。玄牝之門，謂元伏坤中，故曰「天地根」。謙德章：「牝常以靜勝牡。」牝謂陰。其所云「無狀之狀」、「無象之象」者，即元也，易之所謂易也；其所云「迎之不見其首，隨之不見其後」，謂周流無間，無所起止，即周易之所謂周也；其所云「歸根復命曰常」者，周而已矣，故曰「常道」，曰「常名」。常道者，不息之道；常名者，不息之名也。藏首前坤，坤虛容物，故老子貴虛而不貴盈。坤至靜，故老子貴靜而不貴動。坤順承天，先迷後得主，故貴後而不貴先。坤至柔，故貴柔弱而不貴剛强。推尋其義，大抵皆首坤之旨也。其八十一章，何也？黃鐘之宫，中央之極數也，漢志所云「九者，所以究極中和，爲萬物元」者也。道生一，一生二，二生三，三三而九，九九八十一，而氣周矣。其所以九者，何也？贊玄章云：「視之不見，名曰夷。聽之不聞，名〔一〕曰希。搏之不得，名曰微。此三者，不可致詰，故混而爲一。」此乾鑿度所云「有太初，有太始，有太素，氣形質具而未離，名曰渾淪」者也，此三微也。道化章云：「道生一，一生二，二生三。」此乾鑿度所云「三微而成一著，三著而成一體」者也。三寶章云：「我有三寶：一曰慈，二曰儉，三曰不敢爲天下先。」此則其用也。其「不見」、「不聞」者，易之元。其「生二」、「生三」者，元之發而成卦。其

〔一〕「聞名」，原倒，據老子乙正。

「三寶」，則畫之動而成爻者也。三三而九，而數具矣。其所云「玄之又玄」者，則乾鑿度所謂「太易」是也。黑而有赤色者爲玄，象陽之藏也。乾位西北，坤十月卦，陽伏坤中，故「玄之又玄」。然則歸藏之所以首坤者，所以養陽；老子所以尚玄牝者，所以崇德也。其所云「得一」者得此，「抱一」者抱此，豈虛無寂滅之謂乎？漢志云：「道家者流，蓋出于史官，歷記成敗、存亡、禍福、古今之道，然後知秉要執本，清虛以自守，卑弱以自持，此人君〔一〕南面之術也。」太史公論六家要旨，於道家言之獨詳，豈其果如班孟堅所云「論大道則先黄、老而後六經」與？抑以黄、老之學，初不在六經外邪？藝文志云：「及放者爲之，則欲絶去禮學，兼弃仁義，曰獨任清虛可以爲治。」此則老氏之賤儒，而非老氏之過也。夫辟儒之患，至于隨時抑揚，違離道本，苟以譁衆取寵，將因是而歸咎六經與？且幼童而守藝，白首而後能言，古以爲患，而後則並難其人，而亦命之曰儒，此乃向者放者之所羞也。

〔一〕「人君」，漢書藝文志作「君人」。

書老子體道章後

老子體道章曰：「道可道，非常道；名可名，非常名。無，名天地之始；有，名萬物之母。故常無，欲以觀其妙；常有，欲以觀其徼。此兩者，同出而異名，同謂之玄。玄之又玄，衆妙之門。」此老子五千言之權輿，八十一章之突奥，注家不得其解，致讀者開卷茫然，莫窮其趣，多由不究全書、不明句讀，而文義遂晦耳。

老子以常爲道德之大名，謂其無所不在，不可一端盡之，故渾之曰常，而發端即曰「道可道，非常道；名可名，非常名」，謂道其可道者，而非可以盡常道；名其可名者，而非可以爲常名也。然則常終不可得而道、終不可得而名矣。以無名之，以有名之，故曰：「無，名天地之始；有，名萬物之母。」「無」與「有」，即道，即名，而常之爲義，可知矣。此莊子所云「老子建之以常無有也」。天下篇。「有」、「無」字作一讀。其曰「故常」云云者，言於常之所謂無者，欲以之觀其妙；於常之所謂有者，欲以之觀其徼，亦「無」、「有」字作一讀，觀其妙、徼，故知「此兩者，同出而異名」。「兩者」謂無也、有也。「同出」謂天地之始，即「萬物之母」也。「異名」謂一以無名之，一以有名之也。名雖異而實一，故「同謂之玄」。以其所以無、所以有者，不可知、不可見，謂之玄；以其不可知、不可見而莫非無、莫非有也，謂之常。「玄之又玄」，則循環無端、周而復始之義也。歸根章云：「歸根曰靜，是謂復命。復命曰常。」成象章云：「玄牝之門，是謂天地根。緜緜若存，用之不勤。」即「玄之又玄」之謂也，故曰「衆妙之門」。老子書原本周易。周流六虛之謂周，生生之謂易，陰陽不測、妙萬物之謂神，所謂常也，無也，有也，玄之又玄也，即周易。按之老子書，無徒以清靜寂滅者歸之，則亦庶乎得之矣。讀老子，悟其趣，爰書而識之。

跋包慎伯先生藝舟雙楫述〔一〕書後

有心哉！先生之以舟楫名書也，窮江海之源，示溯游之凖，中央宛在。讀是書者，宜皆得一葦杭之，無有自涯而返者矣。然末學之徒，于執使轉運毫不解，所謂誰復知乘舟鼓楫，探蓬萊島，望三神山，以拓其心匈、廣其聞見哉！配中前喜效褚河南法，正先生所謂俗書胚者，而見者尚疑怪之，又況溯原而上曰晉魏、曰鍾梁，敢有泳之游之、不望洋而興歎者乎？曩于庭師謂配中易注未能使淺見寡聞者一覽即了。嗟乎！不入其門，詎窺其奧？固未可一覽即了也，則亦覆醬瓿仍俟知者耳。配中才力有限，俗務相牽，此事亦或作或輟，不克究其精韞，然嘗試執先生法以求古人書，雖未盡會其旨，而于先生所獨得不惜詳言之者，竊有以知之也。夫人有筋骨血肉，非氣則僵；字有筋骨血肉，非氣則偃。氣在筆墨之中，而溢于

〔一〕「述」，原作「迷」，據包世臣藝舟雙楫改。

筆墨之外，唯于無筆墨處有筆墨，有筆墨處幾于非筆墨，則字之前後、左右、俯仰、屈信，栩栩然活矣。夫一節不靈，百節爲之不爽者，氣阻也。一人向隅，滿座爲之不歡者，氣變也。是故一筆成一字之規，無使氣阻；一字乃終篇之準，無使氣變，則所謂牝牡相得，而鬩牆操戈之弊寡矣。所謂行間茂密，畫外峭險，而九宫之用彰矣。故所云「行處皆留」者，聚其氣也；「留處皆行」者，舒其氣也。聚則氣厚，舒則氣揚，而若歌若舞、若笑若語、若怨若怒、若泣若訴、若坐若卧、若趨若步，情性生而精神畢露矣。然其要則執使轉運盡之一筆，落紙必使全神俱注，眼光四照，氣運於丹田，力出自腰脊，人之上下四旁，無非氣之所充，而後字之成也如之，此豈一朝一夕之故、淺見寡聞之所能了也歟？拙目之嗤，所在皆是，招招舟子，將奈何伊！抑老子有言：「不笑不足以爲道。知我者希，則我者〔一〕貴。」又曰：「聖人自知不自見，自愛不自貴。」斯亦默而息耳，尚何諄諄焉？道德五千言之不能自已哉，欲斯人坐進此道，而思所以濟之也，則先生之書，即以爲大士之慈航也可。

〔一〕「者」，原脱，據老子補。

汪期搩古鑒銘

芷芬得古鑒一枚，以示余，圓徑寸半，厚可二分許，陰陽背面皆光明可茹，其面窐，其背平。余細審之，曰：此古之陰陽燧，取義于水火既濟者也。周禮司烜氏：「以夫遂取火於日，以鑒取水於月。」鄭注：「夫遂，陽遂也。鑒，鏡屬。」鳧氏：「于上之攠謂之隧。」注：「攠，所擊之處攠弊也。隧在鼓中，窐而生光，有似夫隧。」高誘淮南子天文訓注〔一〕云：「陽燧，金也。取金杯無緣者，熟摩令熱，日中時，以當日下，以艾承之，則燃得火也。方諸，陰燧，大蛤也。熟摩令熱，月盛時，以向月下，則水生，以銅盤受之，下水數滴。先師説然也。」華嚴經音義引許叔重淮南注云：「陽燧，五石之銅精，仰日則得火。方諸，五石之精，作圓器似杯，仰

〔一〕「注」，原脱，下引爲淮南子天文訓高誘注，故據之補。

月則得水也。」竊依諸家注，據司烜取火者名遂，則形制當窒，如鄭、高所云。案：梟氏注：「隧在鼓中，窒而生光，有似夫隧。」則夫遂本亦作隧。輿人注：「鄭司農云：『隧謂車輿深也。讀如鑽燧改火之燧。』」據此，則陽燧本以其窒而生光，因名爲燧。燧，深也。輿、鐘名隧之義，悉取諸此。鑽燧之燧，亦謂鑽木，窒而生光，因名其鑽木之器爲木燧。其取水者，直謂之鑒，則宜如鄭、賈所説。賈疏云：「詩云：『我心非鑒，不可以茹。』彼鑒是鏡，可以照物。此鑒形制與彼鑒同也。」又案：司烜氏不曰「以陽燧」，而曰「以夫遂」，謂以夫鑒之深而邃者以取火，「夫」讀如「夫人不言」之「夫」。而以其鑒取水也，則遂、鑒實一物，以其邃者取火，以其平者取水耳。離中陰，陰〔一〕虛，故取火者窒，所謂柔麗乎中正。坎中陽，陽實，故取水者平，坎爲平也。遂鑒合則坎離交，而既濟定矣，古人制器之精如此。古法不傳，説者遂離而二之。許云圓器似杯，以其遂鑒同體，故得似杯。如謂取水者似杯，則與陽燧同，不得名鑒。太平御覽引許淮南注云：「諸，珠也。方，石也。」當亦以珠狀鑒之圓耳。高云大蛤，則又一法，其云「先師説然」，則亦未經目驗也。然則斯鑒其周之舊物與？何其出之晚也？乃亟試之日，以

〔一〕下「陰」字，原作「陽」，據上下文義改。

燧仰日，作作有芒尺許，接以艾，光聚而火生，感應之機，固若是速也。夫日往月來，月往日來，日月相推而陰陽行，坎離交，保合太和而水火之形伏。十二消息，不見坎離。周流於天地之間者，莫非水火，而視之不見，聽之不聞者，以其和耳。陽燧仰日，是爲重離；方諸仰月，是爲重坎，而水火生焉，亦各從其類也。淮南子曰：「夫陽燧取火於日，方諸取露於月。以掌握之中，引類於太極之上，而水火可立致者，陰陽同氣相動也。」覽冥文。夫陰陽之妙，無聲無臭，感而遂通，物猶如是，而况清明在躬、氣志如神者乎！芷芬其知所鑒而慎守寶矣。因爲之銘曰：

五石之精，不可磨滅。誠明在人，刳曰賢哲。歲歷幾千，光愈洞徹。

硯説

甲申季秋，客宛陵，得端硯一枚，樸素方正，欲與知者共賞之，質諸俗所謂好古者一二人，未之奇也，或且以無眼少之。默而歸，急爲滌其塵垢，則眼宛然。嗟乎！豈果端之無眼也邪？感而爲之説。

天之生寶物也，保護之，珍重之，而因吝惜之，貴其材而不欲褻其用，故負奇材而不遇者，天也。天之生寶物也，保護之，珍重之，而因章顯之，貴其材而必欲大其用，故負奇材而得奇遇者，亦天也。且嘗試徵諸硯，夫天之生是也，其凝之以精英，養之以雲露，滋之以原泉，培之以膏澤者，蓋不知幾千年矣！自孔子生而經典傳，康成起而經傳顯，疏義作而傳注章，人競詩書，家傳禮樂，非復瓦甓之所能備其用、刀漆之所能竟其功者矣。天之意于是乃默默相之，以爲非是不足以傳不朽之業，非是不足以成不朽之功，非不朽之功業不足以用此不朽之材也，而乃慨然出之，以章其用而顯其材，于是經籍流傳，著録之功，硯居其要矣。與夫共耳目之玩，爲服器之飾，衒然以寶自鳴者，其相去何如也？蓋天所以生養之者，不遺餘力，而其出之，不得不慎也有如此，于是天事畢而人事起，有以之而澡身浴德者矣，有以之而砥厲廉隅者矣，有以之切磋琢磨、勤學問而束脩其身者矣，衍聖賢之傳，端士儒之品，其功用顧不大哉！保護之，珍重之，非幸也、宜也，乃自精華忽韞，奇特難求，造物惜材，斯品中秘。而于是得其形似，借其聲名，以紊亂其實者，盈天下是，豈天之不欲竟其用哉？夫無惡則美者不彰，無薄則厚者不著，無輕則重者不明，無僞則真者不顯，天所以韞藏之者，慮夫數見之不鮮而將以益奇之也，不謂人之不睹其真而日賞其僞也，而于是耳之所聞者如彼，目之所見者如彼，心之所知而極玩好之者更復如彼，此則天意所不及料也。是故證之以所聞，驗之以所見，較之以所知，以其大不類也，則貿然而置之。其或有知之者，亦不能名其所以然，雖知保護之，珍重之，及擬諸素所好者而不類，則復忍而舍之者，蓋亦有矣，果天之無如人何而竟不能遂其用也與？亦謂夫碌碌者不足以知之，使其得而有焉，以不世之珍，令與〔一〕碔砆瓦甋之倫同類而共賞之也，不亦褻與？是必待有真知之者，夫硯則固有然者。

〔一〕「與」，原作「興」，據上下文義改。

唯我知我圖序

是我也歟？我知之矣。又一我也歟？我知之矣。夫我一而已，胡然而二我、三我也？有千古以上之我，有千古以下之我，有今日上觀千古、下觀千古之我。以今日之我知千古以上之我，千古以上之我若預知有今日之我；以今日之我待知於千古以下之我，千古以下之我不得不知有今日之我。遺其貌，畧其形，獨得其神，而我之知深，我之真出矣。雖然，神也者，視之不見，聽之不聞，不可爲狀者也。我于是託于音，然而不敢吹竽也，然而不敢吹籟也。援琴而鼓之，庶幾千古以上之我仿佛遇之乎千古以下之我，想像得之乎？鼓宫宫鳴，鼓角角動，聲相比，氣相通，類相召也，有是哉！千古以上之我，千古以下之我，固我也。不有丁子襄之於田子裝者乎？不有范巨卿之於張元伯者乎？不有張子文之於彭子佩、戴子平者乎？蓋皆有相知於不容已者矣，而拘拘迹象之求哉。昔者瓠巴鼓琴，魚鳥忘機；師文叩弦，草木應節，聲音之威，固若是神邪！烏睹竹石之以類相從者，不且栩栩然聞絲桐而欲和之乎！則亦一我也。我不禁慨想於虞氏仲翔之言矣。其言曰：「使天下一人知己，足以不憾。」嗟乎！知己不求諸我而望諸人，則此憾亦何時釋也邪？

畫竹説

余于治易之暇，好作墨竹，非游藝之謂，謂竹以冬生，易之象陰陽之苻也。其節實，坎象也。其中虚，離象也。離日坎月，日月爲易，易之道在箇中矣。其根屈，坎離之交，陰陽之伏，所謂「龍蛇之蟄以存身」，「屈以求信」者也。其萌苞，陰包陽，壬姙而子滋者也。其生奮激而出也，所謂〔一〕「雷以動之」者也。其成籜，決陰之餘也，所謂「剛決柔也」。于是陰陽和，既濟之功成，坎離之用顯矣。若夫畫之也，于其竿，則動也直；于其枝，則動也闢；于其枚，則三垂。天垂象所以示人三者，三才之道也。因而重之，三生萬，變化出焉，而萬物之數備矣，所謂「六爻之

〔一〕「謂」，原脱，據上下文義補。

動，「三極之道」也。是故其向背，陰陽也；其健而順，則剛柔之用也；其望之而藹然者，仁也；對之而肅然者，義也；分陰分陽，知柔知剛，仁人義我，而易道周矣。君子以之，庶其寡過矣夫！

四子書道德仁義説

易説卦傳曰：「和順於道德而理於義，窮理盡性以至於命。」道德者，一陰一陽之道德，成卦爻者也。天地之道德，一陰一陽，故聖人「和順於道德而理於義」，謂立天地人之道，六畫成卦，一陰一陽爲之定位，得位則吉，失位則凶，故曰「理於義」。義，宜也。理，分也。君臣、父子、夫婦、昆弟、朋友，各有其分之宜，是爲「理於義」，此禮之一定者也，既濟一陰一陽，爲禮之一定。所謂「既濟定也」。六十四卦，其失位者變之正，以成既濟，故「窮理盡性以至於命」，謂君臣、父子、夫婦、昆弟、朋友皆各窮其理，盡其性，以至於命。命謂天命，一陰一陽之道也。一陰一陽爲命。既濟之象，一陰一陽。禮以定命，人倫各得其宜，是爲「窮理盡性以至於命」，若卦之不正者，化而之正，以成既濟也。一陰一陽之謂道，得之之謂德，體之之謂仁，宜之之謂義。曲禮曰：「道德仁義，非禮不成。」禮也者，聖人之所以「和順於道德而理於義，窮理盡性以至於命」者也。故易者，五常之原，而修齊治平之要也。是以中庸本之以言道，大學本之以言德，孟子本之而言仁義。孔子曰：「吾道一以貫之。」孔子之道，易之元也。一以貫之者，「和順於道德而理於義，窮理盡性以至於命」之謂也。論語二十篇，皆窮理盡性之事，而始之以「學而時習之」，謂下學上達，自强不息，天道也；天道圜，於穆不已；君子終日乾乾，純亦不已。居而安者，易之象；變而玩者，爻之辭。終之以「知命」，天命也。「民受天地之中以生」，所謂命也。禮者，動作威儀之則，以定命者也。知命知禮，則成既濟。「默而成之，不言而信，存乎德行」，故曰「子欲無言」，曰「天何言哉」。知言者，知微言也。知微言，則知人之所以爲人，而天地人一以貫之矣。「學而」之後，即繼以其爲人重孝弟，則人之所以爲人可知。子曰：「加我數年，五十以學易，可以無大過矣。」五十者，大衍之數，聖人所以幽贊神明者也。宋于庭先生説：「大過，死象；無大過，謂不死。聖人與天地同理，與萬世同久。荀子曰：『天不能死，地不能埋。』」中庸言道，故始之以「天命之謂性，率性之謂道，修道之謂教」，而終之以「上天之載，無聲無臭，至矣」。道無聲臭，故曰「至」。其有聲臭者，皆道之所爲也，故曰「鬼神之爲德」。鬼神者，一陰一陽之道，體物而不可遺，是其爲也。物得之，故曰德，所謂「知遠之近，知風之自，知微之顯，可與入德」者，知道之所爲也。知道之所爲，故「可與入德」。入德者，通神明之德也，故以下引詩三言德，曰「不顯惟德，百辟其刑之」，曰「予懷明德，不大聲以色」，曰「德輶如毛」，而終之以「上天之載，無聲無臭」，此所謂「觀天之神道，而四時不忒；聖人以神道設教，而天下服」者也。神道，妙萬物之道。「聲色之於以化民，末也」。「毛猶有倫」，唯道之無聲無臭，乃爲化民之至耳。道者，陰陽不測之道，即「天下之達道也」。至誠之道，管乎人情。「致中和，天地位焉，萬物育焉」，而「仁者見之謂之仁，知者見之謂之知」。孟子曰：「大而化之之謂聖，聖而不可知之之謂神。」大學言德，故曰「大學之道，在明明德」。曰「明明德於天下」，曰「先慎乎德」，曰「德者，本也」，曰「君子有大道，必忠信以得之」。「忠信所以進德」，德者，得也。終之以「仁者以財發身，以義爲利」，此所謂「體仁足以長人，嘉會足以合禮，利物足以和義，貞固足以榦事。君子行此四德，故曰『乾，元亨利貞』」者也。則「乾道變化，各正性命」，而既濟之功成矣。孟子之言仁義也，曰「仁，人心也。義，人路也」，而其首章之告梁惠王也，曰「亦有仁義而已矣」。七篇之旨，不外乎是，而其所以仁義者，則盡其心也，知其性，而知天也，故七篇以盡心終。而盡心之末，復慨然于孔子之「不得中道而與之；惡鄉愿，恐其亂德」，曰「君子反經而已矣」。經者何？所謂天下之達道，居仁由義者也。揚、墨之道不息，孔子之道不著，其所以無父無君者，經不正也。經正則君君、臣臣、父父、子子、兄兄、弟弟、夫夫、婦婦，六爻正而位當矣。夫「立人之道，曰仁與義」，仁義明而道德顯，由堯、舜而來，先聖後聖，其所以修身、齊家、均平天下者，如此而已矣。

附録

續修四庫全書總目提要

周易姚氏學十六卷 湖北叢書本

清姚配中撰。配中字仲虞，旌德人，湛深易學，以諸生卒於家。門人刊其遺書行世。自張惠言以後，治虞氏易者一時風靡。配中研究漢易，獨謂鄭君最優，殫精竭思，至形夢寐。初爲周易參象十四卷，又爲論十篇，説其通義。後乃點竄原書至什七八，删通義十篇爲三，冠於卷首，改名周易姚氏學。大旨主發明鄭學，鄭君所未備者，取荀、虞諸家補之，然必與鄭義相比附。荀、虞諸家所未及者，附加案語，亦本鄭君家法，由卦象以求義理，一洗附會穿鑿之陋。至鄭君間取爻辰、徵之星宿爲後人所駁斥者，配中悉皆删去，一字不登，尤見擇善而從，不爲門户之

柯劭忞

標榜，可謂善學鄭君者矣。其通義三篇，一爲贊元。按：乾鑿度曰：「易，一元以爲元紀。」鄭君注：「天地之元，萬物所紀。」「天地之元」，即乾元、坤元，謂之「一元」者，坤凝乾之元以爲元也。配中自序：「一者，元。元者，易之原。」即隱括鄭君注乾鑿度之義矣。二爲釋數。按：鄭君注乾鑿度曰：「一與二並生，八與七並變，六與九並成。」「一與二並生」者，凝乾之元爲坤元。「七與八並變」者，七變而爲九，八變而爲六也。「九與六並成」者，六、九成十五也。此生成之數之大義也。三爲定名。鄭君易贊及易論曰：「夏曰連山，殷曰歸藏，周曰周易。『周易』者，言易道周普，无所不備也。」姚氏已具引之。其自序曰：「元藏於中，爻〔一〕周於外。不知周者，不可以言易。」鄭君所謂易一名而含三義者，易簡、變易、不易，實周普之一義而已。按：通論三篇，爲全書之綱領，繁稱博引，奥衍宏深，實不出鄭學範圍之外，故補引易緯之鄭注以證明之，俾讀是書者有考焉。

（録自中華書局出版民國續修四庫全書總目提要，中國科學院圖書館整理本經部上册）

〔一〕「爻」，提要脱，據周易姚氏學序補。

周易通論月令二卷

一經廬刊本

吴承仕

清姚配中撰。配中有周易姚氏學，已著録。是書大旨略與姚氏學同，以元爲易之原。帝者，乾元也，出乎震，成言乎艮，而元周八卦。古之王者，發號施令，每月異禮，所以順陰陽，奉四時，效氣物，行王政。其著於録略，謂之明堂陰陽。是故月令者，大易陰陽之道，施於政事者也。故於著易之暇，會通其説，爲月令箋五卷。復探其微言大義，統而論之，自成條貫，名曰周易通論月令，凡二卷。上卷用七、八、九、六之義，以與月令之五神、五蟲、五音、五味、五祀、五藏及干支、十二律相比附，雜引大小戴記、洪範五行傳、淮南王書、春秋繁露、律書、緯候説、白虎通義以證之。下卷專以卦象説七十二候，一依李溉所傳孟氏卦氣圖爲準，既以四正卦主四時，以六十卦主六日七分矣。復取八卦用事各四十五日之説，錯綜而參用焉。如云立春艮用事，艮互震。震，東方卦。坎陰凝陽，風以散之，故東風解凍。

卦氣成小過，艮互震坎。坎爲隱伏；震，動也，故蟄蟲始振。卦氣成蒙，艮互坎，陽由坎中之上成艮，故魚上冰。卦氣成益，艮爲狗、爲黔喙之屬，獺象之，土獸也，而居於水。土制水，故獺祭魚。卦氣成漸，艮時止則止，時行則行，候雁象之。艮爲背，故曰北，故候雁北。卦氣由漸而成泰。自此訖卦氣成臨，水澤復堅，由臨而之小過，于是而歲更始矣。案：易家以十二辟卦之七十二爻主七十二候，不聞以六十卦主七十二候也。以八卦主八風、十二辰，不聞以八卦與六十卦重複雜錯而用之也。易家好以卦象解釋經傳，不聞假借互體取象之法以説七十二候也。姚氏自命巧慧，左右采獲穿穴，無所不通，加之博徵古義，旁引馬、鄭、荀、虞，訓辭深厚，似若悉有典據，宋翔鳳至以「豪傑之士」稱之，其實乃漢學之末流，惠棟、張惠言之遺法，其違于皖南樸學之風遠矣。又謂七、八、九、六陰陽老少爲四象，則竊自宋儒之先天横圖，非治漢易者所宜言，蓋猶删剟未盡者邪？

（録自中華書局出版民國續修四庫全書總目提要，中國科學院圖書館整理本經部上册）

易學闡元三篇 花雨樓叢書本

尚秉和

清姚配中著。配中字仲虞，安徽旌德人，諸生。治經長於易。嘗本鄭氏義著周易姚氏學，爲阮元所稱許。晚年乃著易學闡元，無卷數，分爲贊元、釋數、定名三篇，鎚鑿幽深，頗多奥語。其贊元云：「元者，一也。元不可見，終亥出子，故虞氏謂復初爲乾元。復初，陽始來復，天地之心也。又漢書律曆〔一〕志云：『十一月，乾之初九，陽氣伏於地下，始著爲一，萬物萌動，故黄鐘爲天統，律長九寸。九者，所〔二〕究極中和，爲萬物元也。』云『始著爲一』，云『究極中和，爲萬物元』，則其所謂『元』，非初九明矣。」此則大誤。姚氏蓋泥於乾初九「潛龍勿用」之言，而元則萬物資始，非不用也，故謂元自元，初九自初九，豈知復初即乾之初九，乾元在初

〔一〕「曆」，提要作「吕」，據漢書及周易姚氏學序所引改。
〔二〕漢書律曆志「所」下有「以」字。

子勿用，息至二則用矣。即推而至於四躍五飛，仍此元也，與初九不異也，繫所謂「周流六虚」也，奈何欲析而二之乎！又云：「乾鑿度云：『陽動而進，變七之九，象其氣之息也。陰動而退，變八之六，象其氣之消也。』鄭注云：『彖者，爻之不變動者。九、六，爻之變動者。』」而疑七變九、八變六非陰變陽、陽變陰，是尤謬誤。夫乾鑿度所云「變七之九，變八之六」，皆就揲蓍言。揲蓍三變成一爻，兩耦一奇則爲七，乃三變皆奇，則七變而之九矣；兩奇一耦則爲八，乃三變皆耦，則八變而之六矣。故鄭注云：「彖者，爻之不變動者。」「不變動」謂兩奇一耦、兩耦一奇之七、八也。「九、六，爻之變動者。」「變動」謂三變皆奇、皆耦，而爲九、六也。至爻已成九，則變陰。故左傳蔡墨曰：「乾之姤，曰『潛龍勿用』。」是乾初爻變陰成巽也。爻已成六，則變陽。成季之生，筮得大有之乾，曰「同復于父」。是大有五爻陰變陽，故成乾也。胡言非乎？姚氏又云宋衷注革九五「虎變」云「九者變爻」，若如常解，變而之陰，則五失位。夫革之對爲蒙，蒙皆革之九、六所變而成。及其既變，於本卦革何涉乎？是皆因不知用九、用六，文王以筮例示人，而求之過深，故有此疑誤也。至第二釋數，云易本於一；一者，數之始；十者，數之終；十仍一也，故易始於一，終於一。又以「龍戰於野」爲乾坤接，不釋爲戰爭，其識與惠士奇相同。至第三定名，謂易道周普，周流於萬物，周匝於四時，故曰周易。以周禮賈疏説爲是，以孔穎達釋代號爲非。其神農、黄帝所以有連山、歸藏之名者，乃因其易而名，猶之明農即稱爲神農也，一掃宋以來俗解，非深於易理者，莫能道也，其見重於後學宜矣。

（録自中華書局出版民國續修四庫全書總目提要，中國科學院圖書館整理本經部上册）

論姚氏易學例

曹元弼

漢易自惠氏創通大義，後張氏繼之，姚氏又繼之。惠、張主虞氏，姚主鄭氏。虞氏逸象最多，故李氏以補康成。夫易者，象也。舍象而言易，非易也。然象由義出，義因象著，忘象而言義，則義非其義，王弼是也。略義而論象，則象亦瑣碎無用之象，虞學固不若是，而其流失或將至於是。張氏知其弊，故爲易事、易言，推卦象以極論人事。然其虞氏義終苦求象太密，有乖易簡理得之旨。竊考之説卦八卦之象，實者多，虛者少。然則經文當實事有象，虛辭無象。舉一隅言之，乾之六爻稱「龍」，象也。其「潛」、「見」、「惕」、「躍」、「飛」、「亢」，則以爻位上下言，可取象，可不取象。至「用九」之「見羣龍」，「羣龍」即「六龍」。「六位時成」，即「見羣龍」，更不當論「見」字何象，「羣」字何象，而張氏必一一象之。若夫孔子十翼，所以發明卦象，似不當於卦爻之外别自取象，猶注家之用訓詁，所以發明經中古字古義，更不當於注中多用古字，以待後人之訓釋。且夫子談經，亦猶後世屬文，若字字有象，何以成辭？繫辭諸篇縱横變化，其不牽窒於象可知。顧氏炎武於文言「同聲相應」一節深譏荀、虞，然此等實處，不得謂無象，且所取象明白易曉。惟文言「日可見之行」，虞於「日」字取離象；繫辭「居則觀其象」一節，虞因「自天右之」二句，附合于大有象，若此之類，頗涉迂曲，鄭注而在，當不其然。姚氏由虞、荀以通鄭，涵泳經傳本文，以定諸家之得失而去取之，依象以説義，不泥象以窒義。又師惠氏之法，博采漢以前古説足證發經義、裨補政教者，以己意推演之。當道光之季，經術已衰，邪説方興，世變將作，凡今日内憂外患，當時皆已萌兆。姚氏見微知著，憂深思遠，故其書于倫理治化、是非得失之故辯之早辯，合于作易憂患之旨。其説經之例，與惠、張大同。惟據乾鑿度「陽動而進，變七之九；陰動而退，變八之六」之文，於爻變外，推出畫變一義，爲理藏于古而得之于今。然主持太過，據以説經處太多。又以乾元爲在坤元中，係歸藏首坤之義，非周易首乾之旨，且未免義涉老氏，學者分别觀之可也。

（録自臺灣文史哲出版社影印近代名家集彙刊所收曹元弼復禮堂文集卷二）

復禮堂述學詩卷一　述易節録

曹元弼

三七

澄觀世變一經廬，讀易遊心天地初。
辯物正言濟民行，鄭君意在仲虞書。

箋釋序曰：「惠、張易學皆主虞氏，兼及鄭、荀。姚明經配中始由虞、荀以通鄭，本乾鑿度注以推鄭君注易大例，作周易學。以爲易者元也，乾元、坤元交，成六十四卦，卦各有元，皆本乾坤。元者⚊⚋，元發爲畫，六畫成體，陰陽氣著，是謂七、八；畫變成爻，動而用事，是謂九、六；爻極乃化，九、六又變，則陰陽易。元起於初，終於上而藏於中，故乾元位五，坤元位二，六爻皆元所爲，亦皆元所用。

乾元用九，坤元承乾，則陰陽各正。六十四卦之爻，得位者不可化，失位者當化之正，一如乾元之用。既濟之位，是謂典禮，君臣、父子、夫婦、昆弟、朋友各行其所當行。典禮行則得失著，得則吉，失則凶。吉人動而爲吉事、吉報焉，凶人動而爲凶事、凶報焉。若凶人而變爲善，吉人而反爲不善，則皆化矣。易者，易也，易簡之善，乾坤合於一元也；變易也，元之發動而爲畫爻也；不易也，六十四卦皆化成既濟也。其書博采羣籍，據象説義，能見其大。又推論文王忠敬之心，著明確當，可謂智足知聖、明於大誼者。」易明例曰：「姚氏由虞、荀以通鄭，涵泳經傳本文，依象以説義，不泥象以窒義。又師惠氏之法，博采漢以前古説足證發經義、裨補政教者，以己意推演之。當時經術已衰，邪説方興，世變將作，凡今日内憂外患，皆已萌兆。姚氏見微知著，憂深思遠，故其書於倫理治化、是非得失之故辯之早辯，合于作易憂患之旨。其説經之例，與惠、張大同。惟據乾鑿度『陽動而進，變七之九；陰動而退，變八之六』之文，於爻變外，推出畫變一義，爲理藏于古而得之于今。然主持太過，據以説經處太多。又以乾元爲在坤元中，係歸藏首坤之義，非周易首乾之旨，且未免義涉老氏，學者分别觀之可也。」

案：姚先生配中，字仲虞，安徽旌德人，著周易姚氏學，又有周易通論月令二卷及一經廬文鈔。

三八

焦贑揚雲魏伯陽，夜光隱隱在珠囊。

惠張姚氏精探索，漢易遺文可補亡。

焦贑易林，揚子雲太玄、法言，魏伯陽參同契，並多古易微言，惠、張、姚三家皆引以證經。

（録自中國社會科學出版社出版中外哲學典籍大全所收曹元弼復禮堂述學詩卷一述易）

易學闡元跋

易中之元，自宣聖發之，漢儒明之，我朝東吴惠氏、武進張氏述之，已可得其端倪矣。嘉、道以來，旌德姚君仲虞著易學，復爲大暢其説，於卷首即列贊元、釋數、定名三篇，以闡發易中微言精義，而一歸於元。書中如云：「全卦之氣，畢具於元。」云：「易氣從下生，實從中生。五，上之中，乾元託位；二，下之中，坤元託位。合乾坤之元，謂之太極。」云：「卦畫者，元之象也。九、六者，元之變也。用九、用六，用之者元。變者，陽進由七而九，陰退由八而六，非陰變陽、陽變陰之謂。」及以二至二分之中和、往來升降之周普明元之義，説甚塙鑿精深，有裨學者不淺。因亟以此卷授剞劂，爲揭其旨，曰易學闡元，全書俟更續刊。同時，包季懷謂其書初出行世，自不及皋文述虞義之盛，百年後，當獨爲學易者宗。予觀其論元、論用九、用六諸義，亦決其説之必傳。刻既成，因爲綴數言於後。

光緒壬午秋七月既望,鞠齡張壽榮識。

(録自姚氏易學闡元,光緒八年張壽榮刊花雨樓叢書本)

姚仲虞梅藴生合傳

陽湖後學楊傳第撰

安徽旌德有寶洩器車，道從隱栝，攷覽六籍，博游羣藝，曰文學姚仲虞先生，聰敏宏達，篤信好學，彦通譽標第一，江夏號曰無雙。弱冠治易，觀爻玩占，發寡過之微言，闡消否之奥恉，彬彬乎通經君子矣。迺以暇晷寫心樂石，綜聲雅琴，積十餘年，遂臻其極。奥稽書學，莫盛昭代，有若皖公鄧氏、安吴包氏，並以殫精，各成專美，紹上蔡之絶軌，追山陰之遐蹤。先生參之，庶乎無媿。而琴則冥追古朔，不假師資，審生律上下之故，通取數損益之原，發鍾、牙之奇，證夔、襄之法，正吟猱一定之位，得宫商相應之和，證以故記，舊觀頓還。然而曲高則和者彌寡，聲和則知者愈希。江、淮之間，致崇斯藝，而先生之名不著，蓋琴學之亡久矣。

同時得一人焉，曰梅君藴生，江蘇江都貢士也。博覽沈思，詩文聲噪，工書，畧近先生，續自善琴。先生游揚州，與之善。梅君之於琴也，默具神解，僉云天授，審音而得其所寄，聆曲而辨爲誰制。蓋於成文之道，辨析毫芒，故以寫中年之哀樂，養吟詠之情性。勃鬱煩冤，婉約洞達。怗懘既無，感發斯著。與先生料功雖殊，而比操則一，皆能左志右物，貴質賤文。夫古樂已没，同調爲誰？而兩賢挺出，輝暎異地，洵哉一時人傑也。迺禀命不融，先後同殞，廣陵有絶響之慮，洛西興失傳之嘅，豈不惜哉！嗚呼！龍門之桐半死，何待烈飆！虞淵之日不陽，竟成修夜。茫茫宇宙，大招何從？悠悠蒼天，百身莫贖。傷已！

原夫士承賦畀之隆，修圭璋之德，勤身奮志，以期不朽。雖或歷境抑塞，遭世溷濁，凉凉踽踽，見譏於時，是亦玉汝之義，曾益不能，以有所待也。而迺生促其齡，死非其疾。曜靈馳謝，急於箭漏。蘘蘭欲茂，嚴風悴之。昔賢所悲，不獨先生與梅君已也。先生既卒，弟子梓其一經廬琴學，精詣燦然，業垂名世。而梅君飈流一輟，餘響遂終，更可哀矣。呂覽曰：「精而熟之，鬼將告之。」來哲有精而熟之者，庶其夜親見梅君而問之乎！

先生諱配中，卒道光甲辰十月二十九日，年五十有三。梅君諱植之，前一年九月二十四日卒，年五十。

（録自中國書店出版社影印一經廬琴學，道光二十五年汪守成校刊一經廬叢書本）

姚配中先生年譜

鎮原後學何伯勤謹編

先生諱配中，字仲虞，姓姚氏。世居安徽旌德縣。其先世居湖州，宋寶慶間，有述虞者，爲旌德教諭，子孫家焉，故爲旌德人。祖士凱，國子監生，邑志所載孝義君子者也。父燦，國子監生。

清乾隆五十七年，壬子，一七九二，先生一歲。

十一月初六日，先生生於安徽旌德進坊之姚氏。

少時讀書即穎悟絶人，用思沈摯，不怠倦。

嘉慶十六年，辛未，一八一一，先生二十歲。

先生甫弱冠，已博覽經史，旁通百家言，而尤嗜易。

嘗尊父命受業於婺源戴斗垣先生，稍聞經師家説，於經學奥義竊向往之。

嘉慶十九年，甲戌，一八一四，先生二十三歲。

先生始遊學金陵，於尊經書院得識涇包世榮。包氏即殷殷然以經學勸，先生以爲先路之導，而治經之志益定。包氏以先生涉獵多途，乃勸之曰：「易者，五常之原，而寡過之要。學之，達足以善天下，窮亦足以善其身。學以專成，以廣廢，慎毋泛騖爲也。」先生深以爲然，遂壹志於易。先生號其齋曰一經廬，其時已不可考，然其意蓋始於此時矣。

先是，元和惠棟宗禰虞翻，旁徵他説，作周易述，武進張惠言專據虞氏注作周易虞氏義。先生始於市得張氏書，因爲虞氏之學。包世榮遂爲先生改字曰仲虞，美其志也。先生既善張氏周易虞氏義，後得唐李鼎祚周易集解，見鄭玄、荀爽、虞翻三家之注，精心研求，以爲鄭注優於荀虞，然苦其簡略，乃意推之，至形夢寐。嘗夢請業於鄭玄者再，侍鄭玄與虞翻辯論者一。又夢呑乾爻自初九至九五，意乃豁然。於是據鄭爲主，參以漢魏經師舊説，成周易參象十四卷。又爲論十篇，説其通義，附於編後。書成而包世榮已往揚州，因就正於陽湖孫星衍先生，孫氏嘆爲絶學復明。後包世榮從父兄包世臣讀之，亦嘆爲絶業。先生當時尚未覩惠氏書，包世榮及見先生之作，因取惠氏書校其所得，同者居其三四，而精到之處，足以正惠氏之非者已復不少。

先生專力於易，寄居甚困，以課蒙給俛仰。家有舊欠，索負者日擾其門。漏屋數椽，盎無米儲，而庭多噪擾，勢已無可奈何。然開卷研思，勇氣憤發，凡篇中消息義例，間有不明，輒至不寐，久之雖寢食不廢也，其精如此。

先生寄居金陵，課蒙是賴，朝夕往返，必過鬻古翫吴氏之門，見其雅琴，偶焉撫弄，其聲悠遠，有感於心，喟然太息，以爲此真所謂善鳴者也。假歸試學，吴哂焉，謂此固未可以無師授也。先生假琴而歸，本欲追摹古調，而衣食驅人，未經月而有維揚之行，於焉中輟。

嘉慶二十二年，丁丑，一八一七，先生二十六歲。

時先生家日以落，謀食維殷，乃往遊揚州，由包世榮介之，館於洪梧先生家，爲校書籍，得盡閱其所藏。又得識包世榮從父兄包世臣、其族子包慎言、其姻兄弟翟慎典、慎典弟翟維善。後又得識揚州之薛傳均、劉文淇、楊亮、汪穀、劉寶楠、梅植之、吴廷颺，皆包世榮之友也。鎮江之汪沅、柳興宗，則先生館於洪梧先生家及館於鎮江汪氏之所友，而包世榮亦友之者。諸君皆治漢學，見先生所著，俱服其精博，與先生朝夕相從而嘆爲莫及，切磋之益，惠及先生良多。

柳興宗尤折先生之學，從受經義，稱弟子，往往難師説。先生稱其精力過人，勇莫與敵。案：柳興宗後更名曰興恩。

先生嘗與包世榮、劉文淇、包慎言、薛傳均五人相結爲本原之學，世榮、文淇、慎言治詩，攻毛、鄭氏；傳均治小學，攻許氏；先生治易，攻鄭、虞氏，皆旁通群籍，而據所業爲本，砥礪以有成。

先生於是約煩就簡，改其體例，更周易參象十四卷爲周易疏證十六卷。疏者，疏以己意。證者，證其所自也。

方斯時也，先生心益不平，而愈不能鳴。友人包世榮知先生之鬱而思泄也，爲假素琴焉。後先生館於鎮江之汪氏，其族子理之家有古琴，藏之已久，自嫌其負良材，而贈先生曰：「是物善鳴，思鳴而不能自鳴也久矣，乃今遇吾子，其不平之鳴，將得知音者而平乎？或且得知音，遂並其昔之不平而不能鳴者而盡鳴焉，而愈鳴其不平乎？」於是感懷搔首，囑先生之不平於中者，皆於琴焉鳴之，琴與先生適相得也。

梅植之亦嗜琴，先生在揚，常與其切磋琴學。

先生在揚五年，嘗從包世臣學書，見其作書，聞其言論，而得包氏法。又獲鄧石如篆隸八分，因窺鄧氏法。法則備矣，未遑一一習之。

道光元年，辛巳，一八二一，先生三十歲。

是年周易疏證十六卷撰成。先生自嘉慶十九年始著周易參象，至此，稿凡四易，時經七載，風雨寒暑無間而周易疏證成。每卷脱稿，必與劉文淇校之，諸友討論之，書成而包世榮序之，可謂極友朋之樂矣。

先生尤喜與包世榮反復辯論，解疑釋惑，獲益良多。包世榮曰：「仲虞書行於今世，自不及張先生之盛，百年後，當獨爲學易者宗矣。」遂爲之序，曰：「仲虞之明於易，其志定也夫！余於易未能卒業，何能知仲虞之所造？然仲虞於詩、禮之學，及天文、算法、韻學，凡過目者，皆能言其意，況其專門名家、歷艱難辛苦、不問寒暑而成者哉！其爲人，誠於身，信於友，庶幾寡過之君子，信乎於此道深也。書既成，屬序於余。余學淺，烏能序其書？然以谷風之義，無殊骨肉，方且接以婚媾，約爲比鄰，又烏能辭也？聊誌其功力之苦及其爲人，以示後之讀是書者。」蓋世榮時已以女許先生之長子邦選。

先生當時嘗爲包世榮撰包氏詩學序，後沈欽韓讀之，注曰：「文筆醇茂，雅澹如開元人議禮文字。」先生又撰關雎説、毛鄭昏期戲難包季懷諸文，包世榮讀後注曰：「筆曲似論衡。曲體經注，力破羣言，筆鋒峻峭，辭旨深厚，讀之三日，未易定其淺深也。」案：包世榮字季懷。

道光二年，壬午，一八二二，先生三十一歲。

先生自揚歸里，此後以教授鄉里爲生，直至終老。鄉居二十年間，先生復修潤原書，精益求精，刪削至什之七八，尤刪去前所穿鑿而自云心得者十之半。又刪説通義之十篇爲贊元、釋數、定名之三篇，移冠編首，以爲序。更書名曰周易姚氏學，是爲定本。其體例先以前儒之注，其義未備者附加案語。先生卒後次年，其弟子汪守成始醵金刊行。是知周易姚氏學乃先生畢生之作。長洲宋翔鳳稱爲「絶去依傍，獨探本元，百里一賢，下觀千古」。後先生於跋包慎伯先生藝舟雙楫述書後一文中記曰：「曩于庭師謂配中易注未能使淺見寡聞者一覽即了。」案：包世臣字慎伯，宋翔鳳字于庭。

先生歸茅居自適，經學之外，唯好琴書。時撫三尺之桐，或弄五寸之管，不以寒暑間也。友人汪星槎能以詩文自鳴者，聽先生鳴琴而嘆曰：「吾子貫通鄭、虞之學，鳴于易；探索陰陽消息之幾，鳴于禮；研求周秦百氏、漢魏六朝之史籍詩文，鳴于所撰述。子之鳴，亦屢鳴不一鳴矣，何愈鳴而愈不平乎？將無所已鳴者少，而未鳴者多耶？所欲鳴者多，而假以鳴焉者寡耶？我有鳴琴，竊恐假以鳴我之不平而不能自已也，然藏諸匣，使之終末由鳴其不平也，又安忍哉？以假吾子，同聲之應，當無慮其孤耳。」後先生得百衲琴，是琴仍歸星槎。

先生又著書學拾遺四千餘言，備述作書按提、平頗、絞轉、翻轉之法。又注智果心成頌，以傳立書大幅執筆之法。又嘗作次包慎伯先生論書原韻五言十四韻，詳見書學拾遺附録。後包世臣於先生傳中贊曰：「實如親受法於晉、唐諸公，掃宋氏以來謬説，而自書亦足踐其言，時流無與比者。」

道光四年，甲申，一八二四，先生三十三歲。

季秋，先生客宛陵，得端硯一枚，樸素方正，欲與知者共賞之，質諸俗所謂好古者一二人，未之奇也，或且以無眼少之。默而歸，急爲滌其塵垢，則眼宛然，乃有感而作硯説一文，詳見一經廬文鈔。

道光五年，乙酉，一八二五，先生三十四歲。

先生應鄉試，未中選。先生家貧而守堅，學優而遇蹇。時宣州士習恇怯，厠名庠序，輒欲結納有司以爲榮而攘利。前後涖旌之長官十數，慕先生學行，求識面而卒不得。其督皖學者，前後亦十數，皆奇先生文，而杭州學士胡敬、湖州侍郎張鱗尤器先生。是年張公奉使巡考，於旌德學拔呂賢基，及謁謝，張公語呂君曰：「姚生學行，寧、廣九學無其匹，非止冠旌德已也。吾所爲拔若者，以姚生文淡而彌旨，胎息馬、班，風檐中斷，無能識之者。若頗能墨裁，是可成進士，登詞垣。若歸，當益親近，請業請益，庶不至終於孤陋寡聞也。」同謁者以其語告先生，先生一笑而已。而呂君以詞垣歷科長馳驅，主文衡，先生竟困諸生。後包世臣於先生傳中嘆曰：「張公有識有守，爲督皖學者所僅見，然爲子孫求不荒之莊，遂無暇爲斯世惜人材。習俗移人，賢者不免。悲夫！」

道光六年，丙戌，一八二六，先生三十五歲。

九月十八日，先生摯友包世榮謝世，卒前數日語室人曰：「吾不起矣。耄父、幼子以累卿。吾女已許仲虞，葬後即歸姚氏童養之。卿撫長子至六歲以屬仲虞，撫次子至六歲以屬孟瞻，爲吾教誨之，必得成立，卿尚不至煢老無依也。」其室人泣請留書爲託，世榮曰：「孟瞻、仲虞與吾爲道義交二十年，非歧視生死者。」世榮嘗爲先生作周易疏證序，歿後，其家始以遺稿寄先生。時先生已删削其書，更名曰周易姚氏學，然恨不得復請其序，因列包氏遺稿於簡端，記曰：「時復一過，亦庶幾仿佛其人消我鄙吝。嗚呼！喪我良朋，箴規誰繼？言念故人，悲來横集。」

案：劉文淇字孟瞻。

後先生又以包氏遺稿示宋翔鳳，宋氏爲之賦曰：「弱冠始交包十五，卅載棲遲託羈旅。後來見君十九弟，廿年亦向江淮寄。阿兄奇才説經濟，阿弟樸學異時世。弟兄上策不見收，刺促還爲衣食憂。衣食不足顛頷死，阿兄痛哭蕪城裏。如余更與近家法，從此後少相磨砥。姚子學易成交親，平生一序留遺文。回環卒讀數百字，掩卷歎息猶微聞。紅橋初見春濯濯，曾喜老蒼得還璞。衆中抑塞苦言詞，暗裏精神喪彫斵。姚子食貧將遠遊，遠遊吴門吾舊丘。欲憑寄聲包十五，何必輕爲常人謀。」

冬十月八日，包世臣爲十九弟包世榮撰行狀，文中言及先生與薛傳均、劉文淇、包孟開四人皆務實不近名，博洽有文采，君子之徒也，與世榮志趣如一，講貫至久，故論交爲尤篤。

是年知縣王椿林續修旌德縣志，先生以廩膳生任參訂。

道光七年，丁亥，一八二七，先生三十六歲。

先生讀書於縣治南梓山之麓王氏笠園。時汪守成從先生學易，郭賢坤竊向往之，因從先生遊，得聞今古文家之説，受月令及白虎通。汪、郭皆先生門人。

先生於注易之暇，嘗研求月令，勤心稽考，會通其義，至是撰成月令箋五卷，亦以鄭爲宗，其有不同，取諸羣説，猶鄭之箋毛，不嫌存異義也。

秋八月，宋翔鳳爲先生所著周易姚氏學題辭曰：「吾友包君甘説士，慎伯。姚子姓名早在耳。百聞或未及一見，心頗然疑口諾唯。兹來僻邑誰相知？邑人譽子同一辭。不愁寂寂耳目際，惟有躍躍心神馳。聞聲急相見，握手明相思。著書一編示赤緑，治易三古追黄羲。何止條流分漢學，周秦百氏歸揚搉。張侯絶業竟同情，皋文先生。惠子遺文謝先覺。松崖徵君。欲通尺牘劉原父，申受。始見今時有門户。乍涉津涯意便驚，終慚薄劣中無主。埽地遲君旦夕來，揮麈使我心胸開。詞多紛紛撥荊棘，書成鬱鬱沈草萊。君不見，名場議論變寒暑，鄉曲轉無私取予。樵夫漁父各有辭，還待端蓍占出處。」案：惠棟號松崖，張惠言字皋文，劉逢禄字申受。

道光八年，戊子，一八二八，先生三十七歲。

二月十七日，宋翔鳳爲先生所著月令箋作序，詳見周易通論月令卷首。

十二月十日，先生同志友汪穀卒，先生爲文紀其學行，寫其悲哀，又與汪沅、薛傳均、劉文淇、劉寶楠、包孟開、王僧保、梅植之、柳興宗、楊亮、吴廷颺、王冀鳳諸友共琢石表其墓，包世臣以丹書碑文。

道光九年，己丑，一八二九，先生三十八歲。

五月，先生赴宣州應季考，先後持月令箋問序於考官會稽胡開益及燕山陳雲，獲二公稱許，二公之序，詳見周易通論月令卷首。

道光十一年，辛卯，一八三一，先生四十歲。

先生弟子李宗沆父秉鐸旌德，以先生品學之優也，遂命宗沆受業焉。

道光十三年，癸巳，一八三三，先生四十二歲。

先生讀書於栖真山麓文石居，始著一經廬琴學。蓋先生於注經之暇，以琴自閑者幾二十年。東南琴學，有金陵、常熟、武林三派，而譜則皆出廣陵。先生長於金陵而遊廣陵，雜習各派，及歸里，潛心默悟，乃於舊譜有不安者，逆於耳，拂於心，深知其誤，而未遑正也。及閱王坦琴旨，見其辯論詳明，以爲先路之導。時先生山居讀書，心無旁騖，日有餘暇，因即曩所講求者詳説而條記之，貫通而約該之，不欲徒託諸空談也；又更正世所盛習者十數曲；又自製七曲，原數説聲，上溯本始，爲琴學二卷。

道光十四年，甲午，一八三四，先生四十三歲。

先生讀書於栖真山麓文石居，周易通論月令撰成。五月十一日，作周易通論月令序。蓋先生既成月令箋五卷，因復探其微言大義，統而論之，附於周易姚氏學之後，述己所聞，證以經傳，於所不知，蓋闕如也，凡二卷，名曰周易通論月令。後包世臣於先生傳中評此書曰：「徵引讖緯，發明至理，而不附會；别下己意，疏通儒先，而不鑿空，則天地人呼吸關通之故，古先聖王萬物一體之誼，作易者其有憂患之旨，悉於是乎在，可謂通天地人之謂儒，足以當後王取法者矣。」

夏，周易通論月令二卷刻成，是爲一經廬叢書之首刊。

是年一經廬琴學二卷亦撰成，先生自序云：「爲之圖，爲之譜，以證驗之譜，則宫調之十二音也。以宫調立其綱，而其餘可推。以十二音定其法，而其餘可續。引而信之，觸類而長之，而琴之能事畢矣。爲前哲明其緒，爲後學導其原，想亦古人之所深自任也。誰謂古調獨彈，不足爲知音之賞哉？」

十一月二十七日，先生又撰學琴記。

先生於時又撰一經廬琴操題解，自序云：「余於琴學爲之論，以訂傳受之譌；爲之圖，以定巨細之位；爲之譜，以明所參考而詳辯之者，非空言也。譜凡十五操，於十二音備矣。其命名取義，或本之古人，或一時寄意，皆非無謂而漫入之者。秋夜吟懷，秋情靡託，爰爲題解十五章，一以導絲桐之趣，一以抒鬱滯之思，倚琴而歌，自成唱和，動盪血脈，通流精神，實正性閑情之一助也。」

道光二十二年，壬寅，一八四二，先生五十一歲。

七月，旌德旱甚，縣令大興朱甘霖禱於栖真山之西竺寺。時先生讀書寺中，朱公排闥竟造，乃得接晤。蓋朱公昔在都習聞宋翔鳳、包世臣言先生之賢，謁選得旌德，私幸爲其長官，得資麗澤。比至皖，晤曾莅旌德者，交口稱先生，然皆未得識其面，謂其人抗心希古，恥與俗士伍，蓋狂而狷者。朱公莅邑閲四年，至此得見先生。

道光二十四年，甲辰，一八四四，先生五十三歲。

春初，先生介學博崇海秋執贄縣令朱甘霖門下，朱公驚喜無以自任。

夏，包世臣遊旌德，至先生家，先生出示周易姚氏學定本。又以所著書學拾遺、智果心成頌注又名立書法説。請益包氏。又爲包氏説琴學之義曰：「七弦各有本數、倍數、半數，損益上下，旋相爲宫，以定宫、商、角、徵、羽正變清濁之位，而六十律、三百六十四聲俱以和相應，凡吟猱必在角、羽位。蓋宫爲君，商爲臣，徵爲事，角爲民，羽爲物，君臣所有事，皆爲民物。故吟而上，猱而下，往復遲回，必當民物之位。」包氏聞言不能解，請先生一再鼓。先生於對几設副琴，鼓至窈眇之時，則副琴弦不動而自鳴；又几案所置杯盎及槅槅，時或響應。包氏怪問之，先生曰：「各物皆有數，數同則聲應。唐書所載寺磬每無故自鳴，僧慮其不祥，萬寶常爲剋磬成痕，而鳴止。蓋其磬與宮中鐘同數，鐘鼓於宮，則磬應於寺，剋痕雖幺細，而磬之得數，已與鐘異，故鳴止。秉筆者不解此義，是以載其事而不能言其故。雖寶常精察，然其數不可誣也。」

四月二十八日，包世臣爲先生所著書學拾遺作序，云：「一經廬殫精著述，三心並到。三心者，細心、虛心、平心也。故於古人微言密語，無不洞澈原委，非止書字一術。退之云：『凡欲作文，必畧識字。』今一經廬之説書，於一字之義，皆推明原本，使人共信，然則識字之功，豈止作文哉？其絞、翻二義，則以俗言顯秘義，使人共曉，用意忠厚，尤今古所僅。」

八月二十四日，包世臣於昔所作記兩棒師語文後詳記先生注智果心成頌以明立書之法一事，曰：「非仲虞之精心鋭思，不能及此。」

是年先生例出貢，而考貢領單之資無可籌，遂以廩膳生卒於家。

先是，先生善病已三、四年，至是年六月而劇。先生之弟子汪守成、郭賢演昕夕更番侍疾，潛備棺衾於外。

十月二十八日，先生召守成、賢演，指幼子邦達曰：「此兒質可向學，我死無培植者，姚氏書香自此絶已。」語次嗚咽不自勝。守成故教授賢演家，賢演曰：「先生設不諱，弟子即挈邦達使就學季鄭，十年内衣食紙筆考試費，弟子任之。」

案：汪守成字季鄭。

十月二十九日，先生卒，得年五十有三。

先生娶同邑汪氏，繼程氏。子四。長邦選，季懷之女夫也，攜婦至金陵居母家，而訓蒙於鄉以自給。次邦道，習貿易於武昌，漸可自植。三邦進，君使爲叔弟經珊後，僑宣城。皆汪出。季邦達，程出也。女子子二，長適同邑吕振宗，汪出；次程出者，尚幼。孫一，阿寶；女孫一，歸子，皆幼。

十一月初一日，故知縣朱甘霖爲先生周易姚氏學作序。

先生卒後次年，汪守成任釀金五百，續刻先生所著書，號一經廬叢書，凡五種，曰周易姚氏學十六卷、周易通論月令二卷、一經廬文鈔無卷數、一經廬琴學二卷、書學拾遺四千餘言。先生所著，仍有月令箋一書，其大義微言已見周易通論月令中，守成謂俟當續刻，以成完璧，然後未見，恐已亡佚，恨爲學界憾事。守成又以醵金之餘置産，贍先生遺孀程氏及幼女。賢演農家，强自給耳。守成赤貧，以潔己任俠，爲邑人所重，竟得醵金如所約，市板開雕。先生教授鄉里廿餘年，從遊者多，惟守成苦寒力學，頗傳先生之業。

道光二十五年，夏四月十五日，包世臣撰清故文學旌德姚君傳，備述先生學行，詳見藝舟雙楫及周易姚氏學卷首。

編纂年譜參考文獻

一經廬叢書五種（周易姚氏學、周易通論月令、一經廬文鈔、一經廬琴學、書學拾遺）

包世臣藝舟雙楫

劉文淇青溪舊屋文集

沈欽韓包世榮墓表

陳慶年柳興恩傳

清史稿

清儒學案

支偉成清代樸學大師列傳

王欣夫蛾術軒篋存善本書録

清嘉慶旌德縣志

清道光旌德縣續志

編後記

姚配中先生生平史料至爲稀少，主要集中於一經廬叢書五種（周易姚氏學、周易通論月令、一經廬文鈔、一經廬琴學、書學拾遺）所載諸傳、記、題辭、序、跋及相關篇章中，以周易姚氏學卷首所載包世臣撰清故文學旌德姚君傳、包世榮所作序以及一經廬文鈔相關篇章、一經廬叢書諸本所載姚先生自序爲大端。包世臣藝舟雙楫及劉文淇青溪舊屋文集中亦可窺見姚先生若干交遊之跡。包氏兄弟及劉氏皆姚先生當日之至交，其言信爲可靠。清史稿、清儒學案所載姚先生史事皆録自包世臣撰清故文學旌德姚君傳，而簡略粗疏，間有誤記，如易學闡元乃光緒八年蛟川張壽榮將周易姚氏學自序即贊元、釋數、定名之三篇單獨刻印而成，書名係張氏所加，非姚先生别有所撰。其他叢書提要、相關傳記所載姚先生史事亦皆出自上列諸書文，兹不贅述。

余校讀姚先生書，嘆其精博，知先生實爲清代漢易之集大成者，然史志所記甚簡，乃奮然斗膽從事於先生年譜之編纂。凡姚先生生平史事，皆録自前列編纂年譜參考文獻，不敢以撰者自任而輕易增删一字，恐有失先生學行之紀實。惟啓承轉换處略有忝述，以便讀者觀覽，不致誤解。至若考辨其時之先後、其情之真僞，自是編者之職，何須煩言。後有新見先生之史料，當修訂完善，以期不負先賢之著述。

甲辰二月五日，何伯勤記於潛夫閣。

易學典籍選刊

周易姚氏學（外二種）

上

〔清〕姚配中 撰

何伯勤 點校

中華書局

圖書在版編目(CIP)數據

周易姚氏學:外二種/(清)姚配中撰;何伯勤點校. —
北京: 中華書局, 2025. 7.—(易學典籍選刊).—
ISBN 978-7-101-17160-0

Ⅰ. B221. 5

中國國家版本館 CIP 數據核字第 20255A4R04 號

責任編輯: 石　玉
封面設計: 王銘基
責任印製: 韓馨雨

易學典籍選刊
周易姚氏學(外二種)
(全二册)
〔清〕姚配中 撰
何伯勤 點校
*
中華書局出版發行
(北京市豐臺區太平橋西里 38 號　100073)
http://www.zhbc.com.cn
E-mail:zhbc@zhbc.com.cn
北京新華印刷有限公司印刷
*
850×1168 毫米 1/32 · 28⅛印張 · 4 插頁 · 540 千字
2025 年 7 月第 1 版　2025 年 7 月第 1 次印刷
印數:1-3000 册　定價:128.00 元

ISBN 978-7-101-17160-0

點校説明

周易姚氏學十六卷，周易通論月令一卷，一經廬文鈔無卷數，清姚配中撰。姚配中（一七九二——一八四四），字仲虞，安徽旌德人，嘉、道間諸生。弱冠之年，已博覽經史，旁通百家，尤嗜易學。平生治易之餘，又喜琴、書之學，著有一經廬琴學一卷、書學拾遺四千餘言。卒年五十三。

嘉慶十九年（一八一四），仲虞年二十三，於金陵（今南京市）尊經書院得識包世榮。包氏勸之曰：「易者，五常之原，而寡過之要。學之，達足以善天下，窮亦足以善其身。學以專成，以廣廢，慎毋泛騖爲也。」〔一〕仲虞深以爲然，遂立志專心治易。此前惠棟學宗漢易，作周易述、易漢學。張惠言踵繼其業，專據虞翻注作周易虞氏義。惠、張二人張漢易之幟，開風氣之先，一時爲乾嘉易學之巨擘。仲虞始善張惠言之

〔一〕周易姚氏學包世榮序姚配中附記。

學，然意猶未足，遂精研唐李鼎祚周易集解，尤注意於鄭玄、荀爽、虞翻三家之注，以爲鄭注優於荀、虞，乃以鄭學爲主，參以漢魏經師舊説，作周易參象十四卷。又爲論十篇，説其通義，附於編後。孫星衍見之，嘆爲絶學復明。包世臣讀後，亦嘆爲絶業。

嘉慶二十二年，仲虞年二十六，乃遊學揚州，常與劉文淇、包世臣、包世榮、包慎言、劉寶楠、薛傳均、梅植之、柳興宗等十餘名學者相互切磋，獲益良多。於是約煩就簡，改其體例，更周易參象十四卷爲周易疏證十六卷。「每卷脱稿，必與孟瞻校之，諸友討論之」〔一〕。自嘉慶十九年至道光元年（一八二一），「稿凡四易，時經七載，風雨寒暑無間而書成」〔二〕。包世榮曰：「仲虞書行於今世，自不及張先生之盛。百年後，當獨爲學易者宗矣。」〔三〕遂爲之序。可見此書有集思廣益之美，非閉門獨造而成。

道光二年，仲虞年三十一，乃自揚州歸籍，以教授鄉里爲生。此後二十年間，復修潤原書，精益求精，删削至什之七八。又删説通義之十篇爲三，移冠編首，以爲序。

〔一〕周易姚氏學包世榮序姚配中附記。
〔二〕周易姚氏學包世榮序。
〔三〕包世臣清故文學旌德姚君傳。

更書名曰周易姚氏學，是爲定本。其體例先以前儒之注，其義未備者附加案語。道光二十四年，仲虞卒。次年，其弟子汪守成始醵金刊行。是知周易姚氏學乃仲虞畢生之作。宋翔鳳稱爲「絶去依傍，獨探本元，百里一賢，下觀千古」〔一〕。

通觀周易姚氏學全書，約有如下特點：

一、取法漢易，以鄭爲主。仲虞深受乾嘉學風熏陶，講究實事求是之旨，不喜宋、明儒者言易尚義理、黜象數之習，故其解易惟參以漢、魏、隋、唐及清乾嘉以來諸經師舊説，不取宋、元、明儒者一句一字。所用易例，皆取法漢、魏，以鄭玄爲主，兼及荀爽、虞翻、京房、馬融、陸績、宋衷、干寶、蜀才等十餘家之言，以鄭、荀、虞三家爲最多。雖尚鄭學，獨不取其爻辰之説。偶引京房故訓，亦不及其八宫、世應、游歸之例。分判之嚴，取捨之精，於此可見。

二、象數義理，融爲一爐。該書於易溯本追源，極重漢易象數之例，然非即象言象，即數言數，乃由卦象以求義理，即以天地陰陽消息之象數，明道德性命中正之義

〔一〕周易通論月令郭賢坤跋。

理，而一歸於脩齊治平之踐履。理氣象數，融會貫通，自成體系，而無穿鑿附會之迹。宋、明儒者所言之義理，實亦含攝其中，特爲説不同，而淵源有自，直接文、孔，故無空虛、偏失之弊。

三、群經互證，經史合參。該書廣引詩、書、禮、春秋諸經及四書之言，相互印證，以求該洽。所引尤以四書爲多，四書又以中庸爲最多。又援引文王與紂之事及漢、魏、六朝之史籍，經史合參，以史證經。皆隨文稱義而引，故要而不繁，精而不雜。

四、兼采諸子，不涉占驗。該書亦重周、秦諸子百家之説，下及兩漢諸儒之著，即易緯、周易參同契諸書，無不博徵廣引，以證經旨。惟徵之博而擇之精，用之愼而辨之明，是在讀者自識。仲虞儼然以周易經傳爲文王、孔子誡勉垂教之作，以爲「學易所以學爲聖也」〔一〕，故解易惟以象數義理爲要，不涉占驗之説。其釋繫辭傳所言「玩其占」，亦以極數知來、至誠前知爲本，其意乃謂先事爲後事之師，觀諸往事，而知來事。讀是書者，尤當注意於此。

〔一〕周易姚氏學卷第十四繫辭上傳。

自易學史觀之，此書乃乾嘉漢易集大成之作，其創獲甚夥，略陳大端如下：

一、歸宗易元。易傳所謂「易有太極」及「乾元」、「坤元」，惠棟、張惠言已有貫通之説。至仲虞，尤力求精微通達，云：「太極者，一陰一陽之道也。」〔一〕又云：「太極者，陰陽合德，合和之氣，生萬物者也。」〔二〕此承漢儒之説，謂太極即道即氣，能生萬物。又云：「太極，元也。」〔三〕「元者，二氣之始，萬物之元也。」〔四〕又云：「元者，一也。一者，易也。」「元即易也。」〔五〕「易者，天地之心，萬物之原，而卦爻之主極也。」〔六〕「太極分爲乾坤，則乾得其陽，坤得其陰，皆太極之元也。」〔七〕此貫通太極、易元、乾坤之

〔一〕周易姚氏學卷第十四繫辭上傳。
〔二〕周易姚氏學卷第一乾。
〔三〕周易姚氏學卷第三坤。
〔四〕周易姚氏學卷第一乾。
〔五〕周易姚氏學序定名第三。
〔六〕周易姚氏學卷第十四繫辭上傳。
〔七〕周易姚氏學卷第三坤。

説。仲虞不滿張惠言「乾即太極，乾有元，坤無元」〔一〕之説，而云：「合乾坤之元，謂之太極。」〔二〕「太極函三爲一，是曰元；分爲二，乾得其陽，坤得其陰，故乾坤皆有元也。」〔三〕進而又云：「元者，易之原也。」〔四〕「六十四卦，皆自元來。三百八十四爻，陰陽各半，而元用之。」〔五〕故仲虞解易，一卦一爻，一象一數，皆歸宗易元，而無支離蕪雜之失。有此一元整體觀爲統，使讀者於大易哲理知有所歸，而不必泥於象數。

二、嚴辨變化。仲虞以爲「變、化之義各殊，變者九、六，化則陰陽。易注家以變爲化之幾，故總謂之變，後儒直以變爲化，不復知有變之義」，故云：「易爻言變，故稱九、六。九、六者，七、八之變，畫之動者耳，非九即爲陰、六即爲陽也。」〔六〕又云：「畫

〔一〕張惠言周易虞氏消息卷一易有太極爲乾元第一。
〔二〕周易姚氏學序贊元第一。
〔三〕周易姚氏學卷第二乾文言傳。
〔四〕周易姚氏學序。
〔五〕周易姚氏學卷第二乾文言傳。
〔六〕周易姚氏學卷第一乾。

者七、八，由七、八而變爲九、六，是之謂變。由變而通陰陽，易乃謂爲化。」〔一〕又云：「既有現在之變，必有將來之化。由變推化，則九化爲陰。」〔二〕以例推之，亦當「六化爲陽」〔三〕。是謂變與化不可混同，「變」謂變動、漸變、量變，如少陽漸變可至太陽，雖有變動，而仍爲陽；少陰漸變可至太陰，雖有變動，而仍爲陰，故爻亦不化。若以數言之，則所謂變者，陽進由七而九，仍爲陽；陰退由八而六，仍爲陰，「非陰變陽、陽變陰之謂」〔四〕。而「化」謂轉化、突變、質變，如陽極於九則轉化爲陰、陰極於六則轉化爲陽，故陽爻化陰爻、陰爻化陽爻。爻不化，則卦亦不變；爻化則卦亦變。基於此變與化之分辨，仲虞以爲「卦畫者，元之象也。爻者，言乎變。九、六者，畫之變也。」「元發爲畫，畫變成爻，爻極乃化」〔五〕。是將一畫所象徵之義，區别爲本初、變動、轉化三

〔一〕周易姚氏學序贊元第一。
〔二〕周易姚氏學卷第一乾。
〔三〕周易姚氏學卷第三坤文言傳。
〔四〕周易姚氏學序贊元第一。
〔五〕周易姚氏學序贊元第一。

種階段或狀態。此在解釋卦爻辭時，必當先審畫之所象徵之義爲何種階段或狀態，而後可確知辭之所指。此誠發前人所未發，而千古聚訟之疑可得一朝冰釋。

三、卦成既濟。李鼎祚周易集解間録有虞翻所言「成既濟定」之例，千餘年來爲學者所忽，直至惠棟、張惠言始昌明其義。仲虞則大申其説，以爲「既濟者，太極之象，溯其始曰太極，言其終曰既濟」〔一〕。「乾坤相通，成既濟，一陰一陽，陰陽和，六爻正，故『利貞』」〔二〕。是謂「利貞」乃「利成既濟」〔三〕。故云：「六十四卦極於既濟，天地人之極也。」〔四〕「每卦必成既濟，反之正也。」〔五〕又云：「陰陽會合往來，成六十四卦，卦皆成既濟，一陰一陽乃一定之位。」〔六〕是知爻之當位、失位及之正諸例，皆由既濟而來。故仲虞解六十四卦，無一不用成既濟定之例，以爲「卦成既濟，禮之一定，事之

〔一〕周易姚氏學卷第十四繫辭下傳。
〔二〕周易姚氏學卷第一乾。
〔三〕周易姚氏學卷第八无妄。
〔四〕周易姚氏學卷第十四繫辭上傳。
〔五〕周易姚氏學序定名第三。
〔六〕周易姚氏學卷第十四繫辭上傳。

終也」〔一〕。「卦之必成既濟，動之必歸典禮也」〔二〕。是亦大有裨益於貫通經旨、以明政教者。

周易通論月令乃仲虞據周易解月令，初成於道光七年，名曰月令箋，凡五卷。後復繹其綱領，名曰周易通論月令，凡二卷。該書合天象人事而通論之，實則以天地消息之氣及王者順時布政，以驗易之精微無間，漢孟喜六日七分卦氣圖，至此而獲大明。一經廬文鈔乃仲虞平生治經之散文集，其贊道、通德、中庸説、釋才諸篇，皆以易會通諸經，足見其學一以貫之之旨。

周易姚氏學初刊本爲道光二十五年一經廬叢書本，光緒元年（一八七五）及三年湖北崇文書局又先後重刻，光緒十四年江陰南菁書院又重刻，收入皇清經解續編。光緒十五年上海蜚英館據南菁書院刻本出版石印本。至民國十九年（一九三〇），商務印書館又據南菁書院刻本出版鉛印句讀本。二〇一七年，北京大學出版社出版儒

〔一〕周易姚氏學卷第六蠱。
〔二〕周易姚氏學卷第十四繫辭上傳。

藏精華編第十一册所收周玉山點校本。周易通論月令初刊本爲道光十四年一經廬叢書本，後光緒間貴池劉世珩又重新校刊，收入聚學軒叢書。此外，光緒八年蛟川張壽榮將周易姚氏學序之三篇即贊元、釋數、定名單獨刻印，名曰姚氏易學闡元，收入花雨樓叢書。此書與前二書初刊本後皆收入續修四庫全書。一經廬文鈔初刊本亦爲道光間一經廬叢書本，二〇一〇年，上海古籍出版社收入清代詩文集彙編影印出版。此次將周易通論月令、一經廬文鈔附於周易姚氏學之後一並點校出版，以饗學林。姚氏易學闡元僅録其跋，以免重複。

點校期間，汕頭林正煥先生慷慨捐資五萬以助搜購古籍資料之費，在此謹致謝忱。舛訛疏漏之處，誠望方家教正。

癸卯八月，鎮原何伯勤識於潛夫閣。

點校凡例

一、周易姚氏學以上海古籍出版社影印續修四庫全書所收道光二十五年一經廬叢書木活字本（以下簡稱一經廬本）爲底本，以光緒三年湖北崇文書局木刻本（以下簡稱崇文書局本）、臺灣廣文書局影印易學叢書所收光緒十四年江陰南菁書院木刻本（以下簡稱南菁書院本）、鳳凰出版社影印清經解續編所收光緒十五年上海蜚英館石印本（以下簡稱蜚英館本）爲校本。個別内容參考商務印書館萬有文庫所收民國十九年鉛印句讀本（以下簡稱商務本）。

周易通論月令以上海古籍出版社影印續修四庫全書所收道光十四年一經廬叢書木活字本（以下簡稱一經廬本）爲底本，以清末劉世珩校刊聚學軒叢書本（以下簡稱聚學軒本）爲校本。原書不分段，今據文義分之，以便讀者。

一經廬文鈔以上海古籍出版社影印清代詩文集彙編所收道光間一經廬叢書木

活字本(以下簡稱一經廬本)爲底本,部分内容參考中國社會科學出版社出版中外哲學典籍大全所收曹元弼周易學(周小龍點校本)。

二、凡底本有明顯屬刻印舛誤及避諱字,徑改,均不出校。

三、凡底本引文與原書相異者,除個别係明顯舛誤據原書或改或補外,一般不作改動,僅出異文校。

四、凡書中周易之卦名、太玄之首名,非作書名或文名時,均不加書名號。

五、凡書中所引諸如孟子、荀子、董子之文時,如「孟子、」「荀子」、「董子」後接篇名,則視作書名;如其後未接篇名,則通常視作人名。

目録

周易姚氏學

周易通論月令

一經廬文鈔

附録

周易姚氏學

清故文學旌德姚君傳

君諱配中，字仲虞，姓姚氏，安徽旌德人也。其先世居湖州。宋寶慶間，有述虞者，爲旌德教諭，子孫家焉，故爲旌德人。君穎悟絶人，用思沈摯，不怠倦，甫弱冠，已博覽經史，旁通百家言，而尤嗜易。既善毘陵張先生虞氏義，因求李氏集解，研究羣説，鄭氏最優，苦其簡畧，意推之，至形夢寐。嘗夢請業於鄭氏者再，侍鄭氏與虞氏辨論者一。又夢吞乾爻自初九至九五，意乃豁然。

客廣陵五年，成周易參象十四卷，又爲論十篇，説其通義，附於編後。予讀之，嘆爲絶業。時儀徵劉文淇孟瞻、甘泉薛傳均子韻、丹徒汪沅芷生、江都汪穀小城、丹徒柳興宗賓叔、予從弟世榮季懷、族子慎言孟開，以治漢學，與君朝夕，皆嘆爲莫及。季懷則曰：「仲虞書行於今世，自不及張先生之盛，百年後，當獨爲學易者宗矣。」遂爲之序。

仲虞旋歸里門。至道光甲辰，予遊旌德，去廣陵别已久，君出示定本，點竄原書至什七八，删説通義之十篇爲三，移冠編首，題曰周易姚氏學，而序則仍季懷之舊。其微妙詳審，益非予所能測識矣。

君又以月令一編，實先王體天勤民之大經，其義一皆本於卦氣，爲月令箋三卷。繼總其要，爲月令説一卷。復合之，爲周易通論月令二卷。而後知王者一居處，一舉止，無非順天地陰陽消息之氣，以爲生民錫福消疹者。徵引讖緯，發明至理，而不附會；别下己意，疏通儒先，而不鑿空，則天地人呼吸關通之故，古先聖王萬物一體之誼，作易者其有憂患之旨，悉於是乎在，可謂通天地人之謂儒，足以當後王取法者矣〔一〕。

君又嗜琴。東南琴學，有金陵、常熟、武林三派，而譜則皆出廣陵。君長於金陵而遊廣陵，雜習各派。及歸里，潛心默悟，乃知傳譜多舛誤，更正世所盛習者十數曲；又自製七曲，原數説聲，上溯本始，爲琴學二卷，亦出以示予。予未習此

〔一〕「君又以月令一編」至「足以當後王取法者矣」，原闕，據包世臣藝舟雙楫稿本補。

事，惟驚賞文義瑰奇而已。君言七弦各有本數、倍數、半數，損益上下，旋相爲宮，以定宮、商、角、徵、羽正變清濁之位，而六十律、三百六十四聲俱以和相應，凡吟猱必在角、羽位。蓋宮爲君、商爲臣、徵〔一〕爲事、角爲民、羽爲物，君臣所有事，皆爲民物。故吟而上、猱而下，往復遲回，必當民物之位。予聞言不能解，請君一再鼓。君於對几設副琴，鼓至窈眇之時，則副琴弦不動而自鳴；又几案所置杯盎及欞槅，時或響應。余怪問之，君曰：「各物皆有數，數同則聲應。唐書所載寺磬每無故自鳴，僧慮其不祥，萬寶常爲剅磬成痕，而鳴止。蓋其磬與宮中鐘同數，鐘鼓於宮，則磬應於寺，剅痕雖幺細，而磬之得數，已與鐘異，故鳴止。秉筆者不解此義，是以載其事而不能言其故。雖寶常精察，然其數不可誣也。」予考董子同類相動篇云：「調琴瑟而錯之，鼓宮則他宮應，鼓商則他商應，比而自鳴，非有神，其數然也。」又云：「其動以聲而無形，人不見其動之形，則謂之自鳴。又相動無形，則謂之自然，其實有使之然者。」蓋和聲之道，自古如斯，末俗失傳，故詫以爲奇，然

〔一〕「徵」，原作「微」，據包世臣藝舟雙楫稿本、崇文書局本改。

則君真冥契古初者矣。

君又嗜書，爲書學拾遺四千餘言。又注智果心成頌，以傳立書大幅執筆之法。又和予論書次東坡韻五言十四韻，實如親受法於晉、唐諸公，掃宋氏以來謬說，而自書亦足踐其言，時流無與比者。

君家貧而守堅，學優而遇蹇。吾鄉士習恇怯，厠名庠序，輒欲結納有司以爲榮而攘利。前後蒞旌之長官十數，慕君學行，求識面而卒不得。其督皖學者，前後亦十數，皆奇君文，而杭州學士胡敬、湖州侍郎張鱗尤器君。張公奉使，當乙酉選拔期，於旌德學拔呂賢基，及謁謝，張公語呂君曰：「姚生學行，寧、廣九學無其匹，非止冠旌德已也。吾所爲拔若者，以姚生文淡而彌旨，胎息馬、班，風檐中斷無能識之者。若頗能墨裁，是可成進士，登詞垣。若歸，當益親近，請業請益，庶不至終於孤陋寡聞也。」同謁者以其語告君，君一笑而已。而呂君以詞垣歷科長馳驅，主文衡，君竟困諸生。及甲辰，例出貢，而考貢領單之資無可籌，遂以廩膳生卒於家。張公有識有守，爲督皖學者所僅見，然爲子孫求不荒之莊，遂無暇爲斯世惜人材。習俗移人，賢者不免。悲夫！

君卒於道光二十四年十月廿九，距生於〔一〕乾隆五十七年十一月初六，得年五十有三。祖士凱，國子生，邑志所載孝義君子者也。父燦，國子生。娶同邑汪氏，繼程氏。子四。長邦選，季懷之女夫也，攜婦至金陵，居母家，而訓蒙於鄉以自給。次邦道，習貿易於武昌，漸可自植。三邦進，君使爲叔弟經珊後，僑宣城。皆汪出。季邦達，程出也。女子子二，長適同邑吕振宗，汪出；次程出者，尚幼。孫一，阿寶；女孫一，歸子，皆幼。

君善病已三、四年，至甲辰六月而劇。君之弟子汪守成季鄭、郭賢演文瀾昕夕更番侍疾，潛備棺衾於外。前卒一日，君召季鄭、文瀾，指邦達曰：「此兒質可向學，我死無培植者，姚氏書香自此絶已。」語次嗚咽不自勝。季鄭故教授文瀾家，文瀾曰：「先生設不諱，弟子即挈邦達使就學季鄭，十年内衣食紙筆考試費，弟子任之。」季鄭任醵金五百，刻所著書，以其餘置産，膳程及其幼女。文瀾農家，

〔一〕「於」，原脱，據包世臣藝舟雙楫稿本補。

强自給耳。季鄭赤貧，以潔己任俠，爲邑人所重，竟得醵金如所約，市板開雕。君教授鄉里廿餘年，從遊者多，惟季鄭苦寒力學，頗傳君之業。荀子曰：「水深則回，葉落糞本。」君當之矣。

道光乙巳夏四月望，涇包世臣撰。

宋題辭

吾友包君甘説士，眘伯。姚子姓名早在耳。百聞或未及一見，心頗然疑口諾唯。玆來僻邑誰相知？邑人譽子同一辭。不愁寂寂耳目際，惟有躍躍心神馳。聞聲急相見，握手明相思。著書一編示赤緑，治易三古追黃羲。何止條流分漢學，周秦百氏歸揚搉。張倞絶業竟同情，臯文先生。惠子遺文謝先覺。松崖徵君。欲通尺牘劉原父，申受。始見今時有門户。乍涉津涯意便驚，終慚薄劣中無主。埽地遲君旦夕來，揮麈使我心胸開。詞多紛紛撥荊棘，書成鬱鬱沈草萊。君不見名場議論變寒暑，鄉曲轉無私取予。樵夫漁父各有辭，還待端著占出處。

道光七年秋仲，長洲宋翔鳳于庭氏題。

包序

易者，三才之秘藴，六藝之根原也。漢儒言易見于志、傳者十餘家，今唯鄭、荀、虞三家注尚存梗概。三家皆言易象，司農並詳典禮，耑原本一，所造有淺深也。自王輔嗣以清言説易，漢儒師法斬焉泯滅者千載。我朝文運昌明，漢學復盛。元和惠氏棟宗禰虞氏，旁徵他説，作周易述。武進張氏惠言專據虞氏注作周易虞氏義。吾友姚君仲虞始于市得張氏書，因爲虞氏之學。余爲改今字，美其志也。後得李氏集解，見三家注，精心研求，以爲司農之注優于荀、虞，乃據鄭爲主，參以漢魏經師舊説，作周易參象。時尚未覯惠氏書，余因取惠氏書，挍其所得，同者居其三四，而精到之處，足以正惠氏之非者已復不少。更約煩就簡，改其體例，名曰周易疏證。疏者，疏以己意。證者，證其所自也。藁凡四易，時經七載，風雨寒暑無間而書成。其書中發揮三聖之奧旨，自序詳言之。

余于嘉慶甲戌歲居金陵，識仲虞。仲虞始學易，寄居甚困，以課蒙給俛仰。家有舊欠，索負者日擾其門。漏屋數椽，盎無米儲，而庭多噪擾，勢已無可奈何。然開卷研思，勇氣憤發，凡篇中消息義例，間有不明，輒至不寐，久之雖寢食不廢也，其精如此。藁甫脱，陽湖孫伯淵觀察見之，嘆爲絶學復明。丁丑遊揚，館于揚者數歲，同輩見者，俱服其精博。荀子曰：「無冥冥之志者，無昭昭之明。」仲虞之明于易，其志定也夫！余于易未能卒業，何能知仲虞之所造？然仲虞于詩、禮之學，及天文、算法、韵學，凡過目者，皆能言其意，況其專門名家、歷艱難辛苦、不間寒暑而成者哉！其爲人，誠于身，信于友，庶幾寡過之君子，信乎于此道深也。書既成，屬序于余。余學淺，烏能序其書？然以谷風之義，無殊骨肉，方且接以婚媾，約爲比鄰，又烏能辭也？聊誌其功力之苦及其爲人，以示後之讀是書者。

道光元年三月，同郡友涇包世榮書于揚州湖上之假館。

此余友包君季襄爲余序周易疏證者。余壬午歸里，復删舊藁爲姚氏學，而季褱以丙戌謝世，不得復請其序，因列是簡端。時復一過，亦庶幾仿佛其人消我鄙吝。嗚呼！喪我良朋，箴規誰繼？言念故人，悲來横集。憶甲戌歲識季褱于金陵之尊經書院，即殷殷然以經學勸。先是，家大人命受業於婺源戴斗垣先生，稍聞經師家説，竊向往之。得季褱爲先路之導，而志益定。季褱以余涉獵之多涂也，謂余曰：「易者，五常之原，而寡過之要。學之，達足以善天下，窮亦足以善其身。學以專成，以廣廢，慎毋泛騖爲也。」余深然之，遂壹志於易，采輯舊聞，成參象十四卷。而季褱之揚，因就正於孫伯鼎先生，先生可之。時家日以落，謀食維殷。丁丑遊揚，由季褱館於洪桐生先生家，爲挍書籍，得盡閲其所藏。又得識季褱兄慎伯世臣、其族子孟開慎言、其姻兄弟翟徽五慎典、徽五弟楚珍維善，若揚之薛子韻傳均、劉孟瞻文淇、楊季子亮、汪小城縠、劉楚楨寶楠、梅蘊生植之、吴熙載廷颺，皆季褱之友也。鎮江之汪芷生沅、柳賓叔興宗，則余館於洪桐生先生家及館於鎮江汪氏之所友，而季褱亦友之者。切磋之益，惠我靡窮，乃更參象爲疏證十六卷。每卷脱藁，必與孟瞻校之，諸友討論之，書成而季褱序之，可謂極友朋之樂矣。嗚呼！孰意季褱竟長謝故人，今不得復見邪！載誦遺文，潸焉隕涕。

弱冠始交包十五，卅載棲遲託羈旅。後來見君十九弟，廿年亦向江淮寄。阿兄奇才説經濟，阿弟樸學異時世。弟兄上策不見收，刺促還爲衣食憂。衣食不足顛頷死，阿兄痛哭蕪城裏。如余更與近家法，從此後少相磨砥。姚子學易成交親，平生一序留遺文。回環卒讀數百字，掩卷歎息猶微聞。紅橋初見春濯濯，曾喜老蒼得還璞。衆中抑塞苦言詞，暗裏精神喪彫斲。姚子食貧將遠遊，遠遊吴門吾舊丘。欲憑寄聲包十五，何必輕爲常人謀。包季懷爲姚仲虞作周易疏證序〔一〕，季懷殁後，其家始以遺稿寄仲虞，仲虞以見示，因賦此篇。

宋翔鳳并記。

〔一〕「周易疏證序」，原作「易周疏證序」，據崇文書局本改。

朱序

予在都習聞宋于廷業師、包慎伯世丈言安徽旌德姚仲虞之賢，謁選得旌德，私幸爲其長官，得資麗澤。比至皖，晤曾莅旌德者，交口稱仲虞，然皆未得識其面，謂其人抗心希古，恥與俗士伍，蓋狂而狷者。予莅邑閲四年，至壬寅七月，旱甚。予虔禱於西竺寺，仲虞讀書〔一〕寺中，予排闥竟造，乃得接晤。及甲辰春初，仲虞忽介學博崇海秋執贄門下，予驚喜無以自任。然後此亦惟吾母氏六旬一進署，而綵觴仍不能屈與也。夏杪，余赴金陵秋闈調，蒇事赴皖，則已改官靈璧。冬仲，以交案小住旌德，而仲虞奄在殯宫，余就哭之。其弟子汪生守成醵金爲刻周易姚氏學、一經廬琴學，以稿本質余。宋師、包丈久爲宇内尊宿，又先文正公所嘆

〔一〕「書」，原作「堂」，據崇文書局本改。

賞不置者，皆謂仲虞書精深不可測，何論余之薄殖而荒落，又值役役簿書，心手不相及之時乎！唯承乏七年，仲虞竟肯跫然枉顧，與前此諸君始終不得一見者，有榮施已。故紀締結始末於簡端，以告善讀仲虞之書者。

道光甲辰仲冬月朔，大興朱甘霖晴佳甫書。

醲栞一經廬叢書記

一經廬叢書，先業師姚仲虞先生所著，守成受遺命，約同門諸友醲金所栞也。先生文學精深，躬行修潔，諸名公傳、序備紀其詳。守成淺陋，深慚紹述，豈敢更有論說！至大節在三，師恩同於君親，服勤無方，迺循分盡職耳。況區區醲金，此何足道！然古人有言：「師道立則善人多。」諸友之能輕財從義，亦足見先生之教道孔長也。先生遨遊江淮而歸，教授鄉里，其道義交，脱驂賻贈，隨在有人，誼屬尊長，不敢屈名簡末。惟在弟子列者，附識姓氏。是書之栞也，吕景文醲金百五十爲倡，朱柳塘、汪雨亭率諸舅弟助資贊成之。若夫讐校有舛牾，則守成荒謬之咎也。先生所著，仍有月令箋七卷〔一〕，其大義微言已見周易通論月令中，俟當續

〔一〕姚氏於周易通論月令自序云：「配中于注易之暇，會通其義，爲月令箋五卷。……因復探其微言大義，統而論之，附于周易姚氏學之後。……凡二卷，名曰周易通論月令。」今汪氏云「月令箋七卷」，或姚氏後欲將周易通論月令二卷與月令箋五卷合刊，而統名之曰月令箋，姑存疑。

刻，以成完璧。

釀金弟子：

吕振宗景文

朱百朋柳塘

汪家禧雨亭

朱　銘仲西

汪一生孟泉

朱　鈺相甫

汪應鎔奕三

汪家福叔垣

郭元章用廷

道光二十五年歲次乙巳季秋月，受業汪守成謹識。

周易姚氏學序

旌德姚配中撰

天一，地二；天三，地四；天五，地六；天七，地八；天九，地十。何也？一也。一者，元也。元者，易之原也。是故不知一者，不足與言易。元藏于中，爻周其外，往來上下，而易道周。是故不知周者，不足與言易。日月爲易，坎離相推，一陰一陽，窮理盡性。是故不知太極之始終者，不足與言易。爻畫進退，變化殊趣，差之豪氂，謬以千里。是故不知四象之動靜者，不足與言易。聖人設卦觀象繫辭，擬議動賾，言盡意見。是故不知繫辭之旨者，不足與言易。樂、詩、禮、書、春秋五者，五常之道，而易爲之原。是故不通羣籍者，不足與言易。師儒授受，别派專門，見知見仁，百慮一致。是故不深究衆説之會歸者，不足與言易。以十翼爲正鵠，以羣儒爲弓矢，博學以厚其力，思索以通其神，審辯以明其旨，則庶幾其不遠也夫。覽總大要，論附篇首。

贊元第一

元發爲畫，畫變成爻，爻極乃化。⚊⚋謂之畫，卦首六畫是也。九、六謂之爻，畫之變也。伏羲之易有畫，无九、六之爻。文王發揮剛柔，乃增以九、六之爻。諸所稱「初九」、「初六」，皆是也。乾鑿度云：「夫八卦之變，象感在人。文王因性情之宜，爲之節文。」鄭康成注云：「人情有變動，因設變動之爻以效之。」楊雄解難云：「宓羲氏之作易也，緜絡天地，經以八卦。文王附六爻。」司馬季主云：「伏羲作八卦，文王演三百八十四爻。」漢書藝文志云：「文王重易六爻，作上下篇。」淮南子要畧云：「伏羲爲之六十四變，周室增以六爻。」高誘注云：「八八變爲六十四卦，伏羲示其象。周室，謂文王也。」據此，是文王增爻，故鄭以爻辭爲文王作。爻者，畫之變也。六十四卦，皆八卦之經緯。故楊雄等但言八卦，義與淮南子同。鄭氏「用九」注云：「六爻皆體乾，羣龍之象也。舜既受禪，禹與稷、契、咎繇之屬並在於朝。」是鄭氏以六爻爲禹、稷諸人，而舜則用九者，不在六爻之數，所謂乾元也。虞氏坤彖注云：「坤含光大，凝乾之元，終於坤亥，出乾初子。」謂乾元藏於中，坤含光大，凝乾元，則坤元也，坤元亦不在六爻之數。而「復，德之本也」，虞注云「復初，乾之元」者，以元不可見，終亥出子，藏於中宮，因其始動，以目其未動，故獨繫之復初。復初，陽始來復，天地之心也。虞所謂「隱初入微」，陽始來復，未著成爻也。是虞義與鄭同。荀氏「大衍之數五十」注云：「卦各有六爻，六八四十八，加乾坤二用，凡有五十。乾初九『潛龍勿用』，故用四十九。」其説「五十」，雖似與鄭異，鄭義以天地之數五十五，五行減五，故五十，似與荀異。但既減五，即以象八卦爻數及二用，義互相濟也。而云「加乾坤二用」，則亦以乾元、坤元不在爻數，用九、用六，實有用之者矣。云「初九『潛龍勿用』，故用四十九」者，蓋亦以乾元隱初入微，義與虞同。文言傳云「陽氣潛藏」，謂元；「龍蛇之蟄，以存身」，喻元。虞注云：「陰息初，巽爲蛇。陽息初，震爲龍。」亦即復初乾元之義。乾元隱於復初，則坤元隱於姤初可知。「下也」，釋爻。乾元隱初，乃中宮，非下。自初至終，无非元之所爲，元實起於一卦之始，而舉其義於一卦之終，以見元无不在，非上九之後又有用九也。故既云「加乾坤二用」，又云「潛龍勿用」，指元爲説，即用九乾元，元藏中宮，萬物之始。非謂元用而初爻不用。惠氏棟因荀義而以初九爲元，爲太極，未之審也。馬以一爲北辰，京以一爲天之生氣，辭異而義悉同也。夫資始者天，資生者地。乾元資始，父道也。坤元資生，母道也。娠身者母，致養者坤，故坤元獨包四十八而爲之母。萬物資始於乾元，而致養於坤元，故合五十爲大衍，太極之全數也。京房云：「其一不用，天之生氣，將欲以虛來實。」馬融云：「『易有太極』，北辰是也。北辰在中〔一〕不動，其餘四十九轉運而用也。」鄭氏云：「極中之道，淳和未分之氣也。」鄭義蓋兼五十爲說，京、馬則言其一策。崔憬云：「四十九數，合而未分，是象太極也。今分爲二，以象兩儀矣。」是崔以四十九爲太極。案：「資始」、「資生」，乾元一策不與，而實與焉。鄭總五十，義兼諸說。諸說合，義始備，故崔又云：「捨一不用者，以象太極虛而不用也。」至崔以天一、地四爲大衍所不管，則失之，李鼎祚駁之是也。許氏說文云：「惟初太始，道立於一，造分天地，化成萬物。」此則元之所以爲元也。董子春秋繁露重政云：「元，猶原也。」何休公羊注云：「元者，氣也。無形以起，有形以分，造起天地，天地之始也。」乾鑿度云：「夫有形生於無形，乾坤安從生？故曰：有太易，有太

〔一〕「在中」，周易正義作「居位」，一作「居中」。

初，有太始，有太素。太易者，未見氣也。太初者，氣之始也。太始者，形之始也。太素者，質之始也。氣形質具而未離，故曰渾淪。渾淪者，言萬物相渾成而未相離，視之不見，聽之不聞，循之不得，故曰易也。易无形畔。」觀此諸義，可以知元矣。漢書律曆志云：「十一月，乾之初九，陽氣伏於地下，始著爲一，萬物萌動，鍾於太陰，故黄鐘爲天統，律長九寸。九者，所以〔一〕究極中和，爲萬物元也。」云「始著爲一」，云「究極中和，爲萬物元」，則其所謂「元」，非初九明矣。其所謂「太陰」，即坤元，藏乾元者也。合乾坤之元，謂之太極，故志又云：「太極，中央元氣。」蓋元者，視之不見，聽之不聞，範圍不過，曲成不遺，在天成象，在地成形，見乃謂之象，形乃謂之器，皆元也。參同契云：「用九翩翩，爲道規矩。陽數已訖，訖則復起。推情合性，轉而相與。循環〔二〕琁璣，升降上下。周流六爻，難可察覩。故无常位，爲易宗祖。」故曰：「八卦成列，象在其中矣。」「乾坤成列，而易立乎其中矣。」彖者，言乎象。卦畫者，元之象也。爻者，言乎變。九、六者，畫之變也。

〔一〕「以」，諸本皆無，據漢書律曆志補。
〔二〕「環」，周易參同契作「據」。

亦即元之變。乾鑿度云：「易有六位，六位之變，陽爻者，制於天也；陰爻者，繫於地也。」案：「六位之變」，謂六畫變成爻。謂之「變」者，畫變而爲爻。謂之「爻」者，效天下之動者也。乾鑿度云：「一變而爲七，七變而爲九。九者，氣變之究也。」又云：「陽動而進，陰動而退。故陽以七、陰以八爲彖。陽動而進，變七之九，象其氣之息也。陰動而退，變八之六，象其氣之消也。」鄭注云：「彖者，爻之不變動者。即畫。九、六，爻之變動者。大過九五虞注云：「荀公以初陰失正當變，數六爲女妻，二陽失正，數九爲老夫；以五陽得正位不變，數七爲士夫，上陰得正，數八爲老婦。」案：荀雖以六爲女妻、八爲老婦，失老少之義，然觀其當變、不變之旨，則亦以七變九、八變六由七、八而變爲九、六，與乾鑿度同，非陰變陽、陽變陰之謂也。革九五「大人虎變」，宋衷注云：「九者變爻。」亦謂九爲七之變。若云變之陰，則五失位矣，何「大人虎變」之云乎？一變而爲七，是今陽爻之象。畫是也。繫辭傳云：「爻象動乎内。」爻之本象，卦首六畫是也。七變而爲九，是今陽爻之變。爻爲畫所變，諸稱九、六，皆由畫變也。八變而爲六，「八」，今本誤作「二」，據乾鑿度正文改正。是今陰爻之變。二變而爲八，「二」，今本誤作「六」，據乾鑿度正文改正。是今陰爻之象。」然則畫者七、八，由七、八而變爲九、六，是之謂變。由變而通陰陽，易乃謂爲化。卦畫⚊⚋而以爲

七、八者，繫辭傳云：「聖人有以見天下之賾，而擬諸其形容，象其物宜，是故謂之象。」畫⚊⚋象其賾也，所謂剛柔立本，一變爲七，二變爲八，七、八之義即在是矣。乾「用九」，傳云「乾元用九」，彖傳〔一〕云「大哉乾元」，坤彖傳云「至哉坤元」，虞以復初爲乾元，荀以潛龍爲不用之一策，皆推本言之，爻畫之所由生也。唐志一行議：「陽七之靜始於坎，陽九之動始於震，陰八之靜始於離，陰六之動始於兑。」案：冬至陽生，爲陽之始，一變爲七，是爲正東，故「陽七之靜始於坎」。至正東則陽已成七，七爲變之始，七變而九，是爲東南，故「陽九之動始於震」。由一而七，由七而九也，三微成著，正東陽乃著見成畫，七也。冬至之陽，是爲賾，元也。正東陽已出地，乃有形容，七也。故曰：「聖人有以見天下之賾，而擬諸其形容，象其物宜，是故謂之象。」此由元而成畫者也。「陽九之動始於震」，由正東至東南，七變成九，此由畫而成爻也。夏至陰生，陽極將化，陰盛西北，陽化而伏矣。「陰八之靜」，「陰六之動」，義亦如此。以此推之，賾與爻畫，昭然可知矣。擬諸形容，是爲人。天下之賾，則心也。太玄礥初一：「黄純於潛，不見其畛，藏鬱於泉。」測曰：「黄純於潛，化在嘖也。」亦即元藏不見、藏於中宮之義。玄告云：「天以不見爲玄，地以不形爲玄，人以心腹爲玄。」玄即元也。有是人當有是事，是曰「物宜」，宜如此而未如此

〔一〕「彖傳」，諸本皆作「象傳」，據周易經傳及上下文義改。

者也。故「君子居則觀其象」，喜怒哀樂之未發爲中也。及其動，則典禮行焉，君臣、父子、夫婦、昆弟、朋友，各行其所當行，故曰「聖人有以見天下之動，而觀其會通，以行其典禮，繫辭焉以斷其吉凶，是故謂之爻」。典禮行則得失著，故吉凶斷也。乾鑿度云：「夫八卦之變，象感在人，文王因性情之宜，爲之節文。」鄭注云：「人情有變動，因設變動之爻以效之。」蓋九、六之爻根於畫，如人喜怒哀樂之發本於性，而得失則斷以禮。性偏者，發亦偏；性正者，發亦正。偏則失，正則得，吉凶之斷，以是分焉，所謂爻象動内而吉凶見外者也。畫之未動也，其吉者，是曰吉人；其凶者，是曰凶人。吉凶者，宜也，未來之吉凶也。吉人動，而爲吉事、吉報焉；凶人動，而爲凶事、凶報焉，已來之吉凶也。所謂見乎外、生乎動也，此畫之變而爲爻者也。若凶人遷而之善，吉人而反爲不善，則皆化矣。得位之化，由内而外，其基深，其化難，根於六畫之定位也。失位者，其化易，所當化者，即伏於本位也。得位之化，化之外，失其本也；失位之化，化之内，反其常也。是故象辭或言其人，卦畫。或即其人本其生，元。或即其人度其事。動也。如屯「利建侯」，傳申之云「宜建侯」，則是度之可知，所謂宜也。爻辭或言其變，九、六。或本其畫以及其變，或即其變以溯其畫，或由其變以推其化。是以道立於一，以一函三，元是也。太極元氣，函三爲一，有天地人道焉。發爲六畫，是爲三才。才，材也，始也。未極，故曰「才」。彖者，材也。六畫者，三才之道，天地人材始之道也。六畫既變，則曰爻。爻，效天下之動也，是爲三極，六爻之動，三極之道，由才而極也。陽極於九，陰極於六也。問者曰：「元發爲畫、爲爻，爻畫不得直謂之元，則元安在？」答曰：「在坤中，於辰爲戌亥，乾元藏於坤元中也。」乾元爲精，陰凝焉，謂之血。説卦傳「戰乎乾」，乾，西北戌亥之交也。乾鑿度云：「乾坤相並俱生。」又云：「乾坤氣合戌亥。」謂坤元藏乾元也，此即太極。繫辭傳「男女搆精」，虞云：「乾爲精。」坤上六：「龍戰于野，其血玄黄。」文言傳云：「猶未離其類也，故稱血焉。」陽爲陰所凝，故曰「血」。荀九家〔一〕云：「血以喻陰也。」此乾元伏藏、胎養之始也。唐志一行議：「乾盈九，隱乎龍戰之中，故不見其首。」蓋亦以坤上「龍戰」爲乾元之藏也。虞氏所謂「坤含光大，凝乾之元，以坤牝陽」者也。坤文言虞注云：「以坤牝陽，滅出復震，爲餘慶。」又「其衰世之意邪」注云：「乾終上九，動

〔一〕「荀九家」，李鼎祚周易集解作「九家易」，後同。

則入坤，陽出復震，入坤出坤。」又「言陰陽相薄也」注云：「薄，入也。坤，十月卦，乾消剥入坤。」鄭「七日來復」注云：「建戌之月，以陽氣既盡；建亥之月，純陰用事；至建子之月，陽氣始生。」是亦謂建亥之月，陽氣伏藏也。參同契云：「化氣既竭，亡失至神。道窮則反，歸〔一〕乎坤元。」其於爻則伏於初。初者，卦之極下而極中者也。伏而未發，是爲幾，爲賾。虞氏大過象傳注云：「初陽伏巽中，體復一爻，潛龍之德。」據此，可知陽氣潛藏，謂元矣。又「其益无方」注云：「陽在坤初爲无方。」「寂然不動」注云：「隱藏坤初，機息矣。專，故不動者也。」據虞諸注，則其所謂「復初乾元」，謂始伏復初，非已著成爻象，明矣。所謂「在坤初」，伏巽中也。姚信「精義入神，以致用也」注云：「陽稱精，陰爲義，入在初也。陰陽在初，深不可測，故謂之『神』。變爲姤復，故曰『致用也』。」夫曰「深不可測」，曰「變爲姤復」，則所謂「在初」者，亦入而伏於初，未成復姤時也。荀「復，其見天地之心乎」注云：「復者，冬至之卦。陽起復初〔二〕，爲天地心。」亦謂陽方來復，非謂已著

〔一〕「歸」，諸本皆作「窮」，據周易參同契改。
〔二〕「復初」，李鼎祚周易集解作「初九」。

成一爻，義與虞、姚同。是故全卦之氣，隱伏於初，「探賾索隱，鉤深致遠」，探索此、鉤致此也。易氣從下生，實從中生，據畫云下耳。全卦之氣，罔不畢具，是之謂「元」，故聖人得而擬議之。「聖人有以見天下之賾」，虞注云：「『賾』謂初。『象』謂三才。八卦在天也，庖犧重爲六畫也。」據此，是虞以「賾」爲全卦之氣所伏，聖人因從而擬議之，以成六畫也。又「探賾索隱」注云：「『賾』，初也。初隱未見，故『探賾』。」案：「未見」亦謂伏。又「言天下之至賾而不可亞也」注云：「至賾无情，陰陽會通，品物流形〔一〕，以乾簡〔二〕坤，易之至也。元，善之長，故『不可亞』。」蓋虞實以爲全卦之氣伏於初，「无有遠近幽深，遂知來物」者以此，「定吉凶、成亹亹」者亦以此。以其雖賾，而全卦之氣畢具，故可得而擬議也。元者，一也，故曰「天下之動貞夫一」。虞注云：「一謂乾元。萬物之動，各資天一陽氣以生。」案：全卦之氣伏於初，六畫六爻，悉由以生。發爲六畫，變爲六爻，一以貫之耳。「時乘六龍」，荀九家云：「時之元氣，以王而行，履涉衆爻，是『乘六龍』也。」乾初九干寶注云：「初九，乾元所始也。」謂初爲乾元著見之始，則六

〔一〕「形」，李鼎祚周易集解作「宕」。

〔二〕「簡」，宋本、祕册彙函本、枕經樓本李鼎祚周易集解作「開」。蓋「簡」爲「開」之誤。

畫六爻，罔非元之所爲矣。「知幾其神」，見其賾也，聖人蓋有所以知之者矣。虞「知幾其神乎」注云：「幾謂陽也。陽在復初稱幾。」又「非天下之至神」注云：「至神，謂易隱初入微，知幾其神乎。」案：初隱未見，幾即賾也。

釋數第二

天一，地二；天三，地四；天五，地六；天七，地八；天九，地十。十亦一也。以一始，以一終，自一至十，不過因始、壯、究而易其名耳。凡爲天之所包者，皆以一統之；爲易之所有者，皆以一貫之，所謂「易有太極」，太極元氣，函三而爲一者也。靈樞陰陽繫日月篇云：「且夫陰陽者，有名而無形，故數之可十，推之可百；散〔一〕之可千，推之可萬。」説文云：「惟初太始，道立於一。」乾鑿度云：「易變而爲一，一變而爲七，七變而爲九。九者，氣變之究也，乃復變而爲一。一者，形變之始。清輕者上爲天，濁重者下爲地。物有始、有壯、有究，故三畫而成乾。乾坤相並俱生，物有陰陽，因而重之，故六畫而成卦。」陰陽合，謂之一，太

〔一〕「散」，張志聰黄帝内經靈樞集注作「數」。

極是也。漢志云：「太極，中央元氣。」淮南子原道云：「所謂無形者，一之謂也。所謂一者，無匹合於天下者也。」別而言之，則陽一，而陰亦一。一陰一陽之謂道。陽始於一，其動也直，丨是也。陰始於一，其動也闢，二是也。說文云：「丨，上下通也。二，地之數也。」案：闢則分，二即⚋，縱橫異耳。干寶坤初注云：「陽數奇，陰數偶，是以乾用一也，坤用二也。」乾用一，即⚊；坤用二，即⚋也。以丨遇一，貫而成十，始於一，終於十，十則五行生成之數備矣。說文云：「十，數之具也。一爲東西，丨爲南北，則四方中央備矣。」案：一至五，五行生數；六至十，五行成數。陽動也直，在地上爲丄，在地下爲丅，貫地中，通上下，則爲十、爲中，皆丨也。說文云：「丄，高也。丅，底也。中，内也，从口丨，通上下〔一〕。」其始生之難也，則爲屯；冤曲而不得伸，是爲乙；以言其覆則下垂而爲冂；回轉而爲囗、爲回，皆一也，所謂「乾爲天、爲圜」者也。說文〔二〕云：「屯，難也。象屮木之初生，屯然而難。从屮，貫一。一，地也。尾曲。易曰：『剛柔始交而難生。』乙，象春艸木冤曲而出，陰氣尚彊，

〔一〕「通上下」，說文解字作「上下通」，段玉裁說文解字注作「下上通」。

〔二〕「說文」，原作「文說」，據崇文書局本、南菁書院乙正。

其出乙乙，與丨同意。冖，覆也。象一下垂也。囗，回也。象回帀之形。回〔一〕，轉也。囘，古文。」淮南子天文云：「道曰規，始於一。」〔二〕規即爲圜之義。太玄礥象屯，次二：「黄不純，屈於根。」說文「尾曲」之義，蓋本太玄。屯居乾坤後，象氣之初生，不得伸而尾曲者也。陽一以圍，口是也。夏至陽極，陰欲萌，陽包乎陰，卦爲離，離爲日，日者實〔三〕也，陽在外故實，而火外明也。冬至陰極，陽欲萌，陰包乎陽，卦爲坎，坎爲月，月者闕也，陰在外故闕，而水内明也。離坎之中，陰陽所緼，視之不見，聽之不聞，无聲而无臭者也。坎離合，成既濟，乾元託位於五，坤元託位於二，二、五氣通，合之一太極也。日月爲易，而不可見者見矣。說文云：「日，實也，太陽之精不虧。月，闕也，太陰之精。」案：二至陰陽伏而不可見，天地之體渾圜也。卦畫不能渾圜，故坎離中畫有陰陽之象。陽氣荄於亥，妊於壬。十月陽伏而陰妊，陰包於外，陽伏於中，於文爲包。包，从勹巳。勹，陰也。

〔一〕「回」，說文解字作「囘」，云：「回，轉也。囘，古文。」案：囘同回。

〔二〕王念孫讀書雜志云：「『曰規』二字，與上下文義不相屬，此因上文『故曰規生矩殺』而誤衍也。宋書律志作『道始於一』，無『曰規』二字。」

〔三〕「實」，原作「寶」，據崇文書局本、南菁書院本改。

巳，陽也。陽盛於巳，包从巳，象陽之屈曲於中也，故曰「龍蛇之蟄，以存身」。於時陰氣在外，閉而成一，陽一於中，陰一於外，陽起子遇陰，剛柔始交，屯然而難，不得伸而曲，所謂「尺蠖之屈，以求信」者也。易於否、泰、姤、蒙爻辭言「包」，取相交之義，所謂「天地交」、「天地相遇」也。説文云：「亥，荄也。十月，微陽起，接盛陰。从二，二，古文上字。一人男、一人女也。从乙，象裹子咳咳之形。壬，位北方，陰極陽生，故易曰『龍戰于野』。戰者，接也。象人裹妊之形。包，象人裹妊。巳在中，象子未成形也。元氣起於子。子，人所生也。男左行三十，女右行二十，俱立於巳，爲夫婦。裹妊於巳，巳，子也〔一〕。十月而生，男起巳至申，故男年始寅，女年始申也。」案：元氣起於子。子，人所生，人之元即卦之元也。男左行，女右行，謂從子左行，從子右行，故男三十立於巳，女二十立於巳。男起巳至寅，亦左行；女起巳至申，亦右行，皆十月。高誘淮南子汜論篇注義與説文同，疑其即本許氏也。元起於子，元是也；十月而生，卦是也，生之始也。三十、二十爲夫婦象，天三覆、地二載，昏期也，爻是也。裹妊於巳，則又陰陽接，變則化矣。十一月一陽生，據其初生之形，是爲小，所謂「復，小而辯於物」，陰

〔一〕「子也」，説文解字作「爲子」。

陽之物，辯之於早也。至艮東北，陽浸長，陰分爲二，陽從中生，是爲三，中一陽而外二陰，乾鑿度所謂「易始於一，分於二，通於三」者也。陽由下生，陰自上降，故爲寅、爲卯。由寅甲而丣乙，乙象陽生，卯象陰闢，以丨交一，變而成七。陽雖升，其未升者仍曲尾也，故七。陽上升，則陰氣分別而降，⚋變爲八。八，別也，⚋之變也。正東震，少陽，七位焉。東南巽，少陰，八伏焉。陽氣究於九。九者，升極而還復之形也。於時建巳，陽究於外，陰屈於中，陽極將入，是爲丙巳，純陽之月。九，老陽之數。九也者，一之究也。說文云：「小，物之微也，从八，丨見而分之。寅，髕也。正月陽氣動，去黃泉，欲上出，陰尚彊，象宀不達，髕寅於下也。甲，東方之孟，陽氣萌動，从木戴孚甲之象。丣，冒也。二月，萬物冒地而出，象開門之形，故二月爲天門。七，陽之正也。从一，微陰从中衺出也。」案：「微陰」當作「微陽」。又云：「八，別也，象分別相背之形。九，陽之變也，象其屈曲究盡之形。巳，已也。四月陽氣已出，陰氣已藏，萬物見，成文章。丙，位南方，萬物成炳然。陰氣初起，陽氣將虧。从一入冂。一者，陽也。」至午陰生，夏至離，陰陽始遇，交爲乂。陰欲上，陽欲下，故交皆衺出。乂轉而爲十，陽直下行，陰見地面也，是爲十。十者，乾坤之合也。說文云：「午，啎也。五月，陰氣午逆陽，冒地而出。五，五行也。从二，陰陽在天地間交午也。乂，古文。」正月陽上行，故爲寅爲甲。中央陽下行，故爲戊己。戊己者，中宮也。陽氣之出，出自中宮；其入也，入於中宮；其藏也，藏於中宮。中宮者，中央之宮，四方之所交會也，是之謂中。春秋之中，陽氣上下各半，是之謂十。所謂「陰陽合德而剛柔有體，以體天地之撰，以通神明之德」者也。説文云：「戊、己，中宮也。」案：中央土，其數五。陽降則陰又分，至正秋，陰成體於上，而分於下，卦爲兑，數爲戼。戼，象上合而下分也。合於上者陰體成，分於下者陽退未盡也。月建丣。丣爲春門，萬物以出，故■■。丣爲秋門，萬物以入，故戼〔一〕。是故「闔户謂之坤」，自丣至亥，陽入而陰闔也，所謂「其靜也專，其靜也翕」，陽靜專，陰斯翕矣。「闢户謂之乾」，自丣至巳，陽出而闢陰也，所謂「其動也直，其動也闢」，陽動直，陰斯闢矣。闢户則陽出，故謂之乾；闔户則陰閉，故謂之坤。説文云：「四，陰數也。戼，古文四。丣，古文酉，从丣。丣爲春門，萬物已出。丣爲秋門，萬物已入。一，閉門象也。」陽升爲丄，降爲丅，丄丅合，是爲十。十者何？一陰而一陽，一縱而一横也。淮南

〔一〕「戼」，諸本皆作「戼」，據上下文義改。

子時則云：「天爲繩，地爲準。」一縱一横陰陽交，故易爻取相交之義焉。説文云：「爻，交也。象易六爻頭交也。」案：爻字重乂，交爲乂，轉爲十也。陰陽交而數變也，陽自午至戌亥，消入中宫，伏而藏於戊〔一〕，荄於亥，故月建戌亥。戌从戊含一。一者，陽也。亥者，荄也。戌亥之交，乾位在焉。於時爲冬，陰盛於上，數爲六。六从入、从八。从入者，極將返也。从八者，陽將升也。於時龍戰于野，陰陽接，壬妊而子滋，周而復始矣。坎，水位焉，所謂血卦也。説文云：「戌，滅也。九月，陽氣微，萬物畢成，陽下入地也。五行，土生於戊，盛於戌。从戊含一。亥，荄也。亥而生子，復从一起。六，易之數。陰變於六，正於八。从入，从八。子，十一月陽氣動，萬物滋，入〔二〕以爲偁。象形。」史記律書云：「子者，滋也。滋者，言萬物滋於下也。」二至陰陽藏於中，謂之中。二分陰陽交，謂之和。中者，中也。和者，十也。案：十者，一縱一横，天地之交，陰陽之合氣。天氣下降，地氣上騰，

〔一〕「戊」，南菁書院本、商務本作「戌」。説文解字云：「戊者，中宫也。」上云「陽消入中宫」，故又曰「伏而藏於戊」，則作「戊」是也。後文「乾元藏於戊」及周易通論月令云「乾陽滅於戌，消入中宫，伏而藏于戊」，皆可證。

〔二〕「入」，説文解字同，段玉裁説文解字注作「人」，云：「人，各本譌『入』，今正。『子』本『陽气動、萬物滋』之偁，萬物莫靈於人，故因叚借以爲人之偁。」

和氣生物者，故春秋中爲和。淮南子氾論云：「天地之氣莫大於和。和者，陰陽調，日夜分，而生〔一〕物。春分而生，秋分而成。生之與成，必得和之精。」董子循天之道云：「天有兩和，以成二中。北方之中用合陰，而物始動於下。南方之中用合陽，而養始美於上。其動於下者，不得東方之和不能生，中春是也。其養於上者，不得西方之和不能成，中秋是也。起之不至於和之所不能生，養長之不至於和之所不能成。成於和，生必和也。始於中，止必中也。中者，天地之〔二〕始終也；而和者，天地之所生成也。是故陽之行，始於北方之中，而止於南方之中；陰之行，始於南方之中，而止於北方之中。中者，天地之太極也。中之所爲，而必就於和。和者，天地〔三〕之正也，陰陽之平也，其氣最良，物之所生也。」是以氣之升降也，引而左則左，引而右則右，左右交，是爲乂；自上而下、自下而上，是爲丨；自左而右、自右而左，是爲一；交於中則爲十。案：三、七、九，皆乾一交坤一而變。二、四、六、八，皆坤一交乾一而分。五與十，則陰陽之合

〔一〕「而生」，劉文典淮南鴻烈集解云：「『而生』二字乃『故萬』之誤。」又文子上仁篇云：「和者，陰陽調，日夜分。故萬物春分而生，秋分而成。」

〔二〕春秋繁露「之」下有「所」字。

〔三〕「地」，春秋繁露無，疑姚氏補之。

也。自一至十，皆一耳。淮南子精神云：「萬物統〔一〕而爲一。能知一，則無一之不知也；不能知一，則無一之能知也。」禮運曰：「夫禮必本於太一，分而爲天地，轉而爲陰陽，變而爲四時。」董子曰：「天地之氣，合而爲一，分爲陰陽，判爲四時，列爲五行。」五行相生文。然則一者，數之原、萬之統也，時行則與之偕行，時極則與之偕極，皆元之貫而易之周也。虞氏「鼓之舞之以盡神」注云：「神，易也。」又「非天下之至神」注云：「至神，謂易隱初入微，知幾其神乎。」又「乾坤，其易之緼邪」注云：「易麗乾藏坤，故爲易之緼也。」案：神即一，一即易，易即太極。陰陽不測，謂之爲神。淳和未分，謂之太極。簡易、變易、不易，謂之爲易。以一統萬，謂之爲一。无形以起，有形以立，謂之爲元。隨義生稱者也。

定名第三

周，密也，遍也，言易道周普，所謂「周流六虚」者也。孔穎達三代易名論引鄭易贊及易論云：「夏曰連山，殷曰歸藏，周曰周易。『連山』者，象山之出雲連連不絶。『歸藏』者，萬物莫

〔一〕「統」，淮南子作「總」。

不歸藏於其中。『周易』者，言易道周普，无所不備。」是鄭不以「周」爲代名。春官太卜：「掌三易之法，一曰連山，二曰歸藏，三曰周易。」注云：「『連山』，似山出内氣也。『歸藏』者，萬物莫不歸而藏於其中。」賈疏云：「連山易，其卦以純艮爲首，艮爲山，山上山下，是名『連山』。雲氣出内於山，故名易爲連山。歸藏易，以純坤爲首，坤爲地，故萬物莫不歸而藏於中，故名易爲歸藏也。鄭雖不解周易，其名『周易』者，『連山』、『歸藏』皆不言地號，以義名易，則『周』非地號。以周易以純乾爲首，乾爲天，天能周帀於四時，故名易爲周也。」案：賈蓋本鄭易贊爲説，是也。孔穎達云：「案世譜等書，神農一曰連山氏，黄帝一曰歸藏氏。既『連山』、『歸藏』竝是代號，則周易稱周，取岐山之陽〔一〕地名。」其説非也。「連山」、「歸藏」果爲代號，夏、殷何取因而不革？神農、黄帝所以有「連山」、「歸藏」之稱，亦以有連山、歸藏之易而有是稱。猶之明於農，則稱神農；有軒冕輪轅之制，則稱軒轅。名隨事舉，非古聖之所自名也。不然，上古質，何代名反若是多邪？繫辭傳云：「易與天地準，故能彌綸天地之道。」又云：「知周乎萬物。」又云：「周流六虚。」蓋易之爲書，始終本末、上下四旁无所不周，故云「周」也。孔氏又謂：「文王作易之時，周德未興，猶是殷世，故題周，别於殷。」更非通論。是時周未有天下，文王又在患難，事暴辛，題周别殷，不唯非明哲保身之道，亦非有二服事之心也。

〔一〕「岐山之陽」，周易正義作「岐陽」。

且易非文王一人之書，顧以一代盡揜前王邪？此必不然矣。又案：白虎通號篇云：「夏者，大也。殷者，中也。周者，密也，至也，道德周密，無所不至也。」據此，則代名竝不取岐陽之地矣。太卜注：「杜子春云：『連山，虙戲。歸藏，黄帝。』」鄭不以爲非。趙商問：「『連山，虙戲。歸藏，黄帝』，敢問杜子春何由知之？」鄭答云：「此數者，非無明文，改之無據，且從子春，近師皆以爲夏、殷也。」使連山爲神農代號，杜子春不應誤以爲虙戲，鄭何至沿其誤而不改？且鄭云「近師皆以爲夏、殷」，則並不以「連山，虙戲」爲誤，祇辯虙戲與夏耳。「連山」非地號，益昭然矣。其不言「易周」何？周而後知易也。天之行度，名曰周。北辰之居，謂之極。因天之運行不忒，知天之極，故曰「乾坤成列，而易立乎其中矣」。天不運行，无由知極，故曰「乾坤毁，无以見易」。天非極，則運行差。周非易，斯流行亂。故曰「易不可見，則乾坤或幾乎息」。一經皆陰陽之周流，乾坤變化，皆易所爲。乾坤，易之緼，易藏於乾坤之中。周者，乾坤之陰陽，而易則元也。是故「夫易，聖人所以崇德而廣業」。「崇德」謂易，「廣業」謂周。易无體也，无不體也；无思也，无不思也；无爲也，无不爲也。故曰「寂然不動，感而遂通天下之故」，「其大无外，其小无内」者也。吕覽下賢云：「以天爲法，以德爲行，以道爲宗，與物變化而無所終窮，精充天地而不竭，神覆宇宙而無望，莫知其始，莫知其終，莫知其門，莫知其端，莫知其原，其大無外，其小無内，此之謂至貴。」何以知其周？天之周不可知，以列宿及七政之躔次知之；易之周不可知，以爻畫之往來升降知之。是故「見乃謂之象，形乃謂之器，陰陽不測、妙萬物謂之神」。神妙萬物，无所不周，不過不遺，不可一方名也，故曰「神无方而易无體」。往而還反，終而復始，无一息之停、一毫之閒，不得其端，莫窮其極也，是曰「周易」。周天之度，人强名耳，何所起止乎？故曰「天下之動貞夫一」。楊雄以太玄象易，以易爲玄也。易不可見，以六十四卦見之，故統六十四卦，名爲易。玄不可見，以八十一首見之，故合八十一首，號爲玄。卦義明而易著，虛者實矣。玄攡云：「夫玄，晦其位而冥其畛，深其阜而眇其根，穰〔一〕其功而幽其所以然者也。」玄首序〔二〕云：「馴乎玄，渾行無窮正象天。」此即「周易」之謂也。太玄周次二：「植中樞，周無隅。」「樞」者，易也，元也。「周无隅」，則卦爻也。卦爻周而復始，故「无隅」，命之曰「周」。元用卦爻，簡易、變易、不易之所以然，元實主之，謂之爲「易」。卦爻周而易行，是曰「周易」。

〔一〕「穰」，太玄作「攘」。案：「穰」、「攘」通。

〔二〕「玄首序」，諸本皆作「玄都序」，據太玄改。

桓譚新論云：「伏羲氏謂之易，老子謂之道，孔子謂之元，而楊雄謂之玄。」物得一而生，一即物而存。中庸云：「鬼神之爲德，其盛矣乎！視之而不見，聽之而不聞，體物而不可遺。」呂覽圜道云：「一也者，齊至貴〔一〕，莫知其原，莫知其端，莫知其始，莫知其終，而萬物以爲宗。」論人云：「凡彼萬形，得一後成。」故乾元，萬物資以始；坤元，萬物資以生。易之爻策，萬物也；而始生之者，元也。元者，一也。一者，易也。董子重政云：「唯聖人能屬萬物於一，而繫之元也。」又云：「春秋變一謂之元，元猶原也。」何休公羊注云：「變一言元。元者，氣也，無形以起，有形以分，造起天地，天地之始也。」乾鑿度云：「昔者聖人因陰陽定消息，立乾坤以統天地。夫有形生於无形，乾坤安從生？故曰：有太易，有太初，有太始，有太素也。太易者，未見氣也。太初者，氣之始也。太始者，形之始也。太素者，質之始也。氣形質具而未離，故曰渾淪。渾淪者，言萬物相渾成而未離，視之不見，聽之不聞，循之不得，故曰易也。」呂覽大樂云：「太極〔二〕出兩儀，萬物所出，造於太一，化於陰陽。道也者，視之不見，聽之不聞，不可爲狀。有知不見之見、不聞之聞、無

〔一〕「一也者，齊至貴」，許維遹呂氏春秋集釋無「者」字。李善注文選江文通擬孫廷尉詩引作「一也者，至貴也」。孫星衍周易集解云：「選注引是。『齊』即『者』字之誤。『齊』、『者』草書形近。」
〔二〕「太極」，呂氏春秋作「太一」。

狀之狀者，則幾於知之矣。道也者，至精也，不可爲形，不可爲名，强爲之，謂之太一。」案：太一即一也。故合六十四卦、三百八十四爻、萬千五百二十策，而目之爲周易，言其周流而无不遍者，皆易也。是故乾元用九，坤元用六，一經皆九、六，九、六皆元之用。元即易也，元之用九、六，終始一經，即周也。一經之卦各六爻，六爻者，三極之道，而元用之，是元之以一貫三矣。説文云：「王，天下所歸往也。董仲舒曰：『古之造文字〔一〕者，三畫而連其中，謂之王。三者，天地人也；而參通之者，王也。』孔子曰：『一貫三爲王。』」王部文。用是例焉，則元之爲元，其用九而用六者，亦貫之而已矣。董子曰：「王者，人之始。」王道文。又曰：「君〔二〕者，國之元。」立元神文。六官之屬，三百六十，王爲之元。六十四卦，三百八十四爻，元爲之君也。元藏於中，故易爻貴中。五，上之中，乾元託位。二，下之中，坤元託位。二、五相應，二而一者也。是以土位中央，元神藏焉，貫地中，通上下，而易之所緼可知矣。

〔一〕「字」，春秋繁露及説文解字所引皆無，初學記、藝文類聚所引皆有。

〔二〕春秋繁露「君」下有「人」字。

「易者，易也，變易也，不易也」。六十四卦皆兼三義，禮義之經權，陰陽之消息也。乾鑿度云：「易者，易也，變易也，不易也。」鄭易贊及易論依用之。「陰陽之義配日月」，故易字从日月，象陰陽也。釋文引虞翻參同契注云：「字从日下月。」案：參同契云：「坎戊月精，離己日光。日月爲易，剛柔相當。」漢徐景休注云：「易謂坎離。坎離者，乾坤二用。二用无爻位，周流行六虛。易者，象也。『懸象著明，莫大乎日月』。」説文：「易，蜥易，蝘蜓，守宮也。象形。祕書説：日月爲易，象陰陽也。一曰从勿。」據「一曰从勿」之言，則易字本象蜥易之形，不从勿，此蜥易字也。若周易字，則从日下月，與象形蜥易字不同，後渾爲一，故復引祕書説，以明周易字爲日下月。因渾爲一，遂以象蜥易之易假作周易之易，而其義則自爲日月象陰陽，无取蜥易，故以祕書説明之。其云「一曰从勿」，則承上「象形」而言，謂象形易字亦或以爲从勿，无關日月爲易之義，其旨顯然。或乃以蜥易訓周易，是則彖必訓豕走，象必訓南越大獸，三年一乳者矣。後儒好爲異説，往往字有本訓，舍而之它；字係假借，則必求本訓，以衒新奇。周流蜥易，固不可通，周家蜥易，復成何語？小不足觀，徒泥大道。又案：禮記疏引鄭六藝論云：「易者，陰陽之象。」義與祕書説同。易兼三義。三義之著，莫過日月。長短分至，弦望晦朔，皆兼三義。懸象著明，莫大乎此矣。以乾坤爲首者，陰陽之元也。乾元藏於戊，荄於亥。坤，十月卦，陽伏而陰妊。乾初曰

「潛龍」，坤上曰「龍戰」，皆謂元也。乾坤成既濟，離日坎月，乾坤以日月戰陰陽，故上經以坎離終，下經以既濟、未濟終。天之道，非日月不彰。易之道，非坎離不著。坎離者，乾坤之中氣，易之緼也。日往月來，月往日來，一陰一陽，往來屈信，而易道周，終於既濟、未濟。未濟六爻失正，則又陽分爲陽，陰分爲陰，自乾坤起矣。故曰「既濟定」，定則不易。未濟窮，窮則通。未濟思所以濟之，是以易字从日下月，一未濟象也。每卦必成既濟，反之正也。卦成既濟，故卦爻辭每云「利涉」。涉者，濟也。成既濟，則六爻正，故「利涉」。聖人作易，撥亂反正，以乾爲首，象首出之大人焉。易者，彌綸天下之道，而爲五常之原者也。漢志云：「樂、詩、禮、書、春秋五者，五常之道，而易爲之原。」大戴保傅云：「春秋之元，詩之關雎，皆慎始敬終云爾。」公羊疏引春秋説云：「伏犧作八卦，丘合而演其文，瀆而出其神，作春秋以改亂制。」漢志云：「昔殷道弛，文王演周易。周道敝，孔子述春秋。」則乾坤之陰陽，效洪範之休咎〔一〕，天人之道，粲然著矣。」案：易廣大悉備，道无不該，故爲五常之原。白虎通五經云：「文王所以演易何？商王受不率仁義之道，失爲人法矣。

〔一〕「休咎」，漢書五行志作「咎徵」。

己之調和陰陽尚微，故演易，使我〔一〕卒至於太平日月之光明，則如易矣。」蓋易者，聖人所以治平天下者也。又案：三易首卦不同。賈公彦太卜疏云：「取三正、三統之義。」據此，則伏羲以來，正朔已三而改。如鄭義，周易首乾，天正也。董子三代改制云：「改正之義，奉元而起。」

〔一〕白虎通疏證「我」下有「得」字。

周易姚氏學卷第一

旌德姚配中撰

周易上經彖上傳象上傳

【案】漢書儒林傳云：「孔子晚而好易，讀之韋編三絶，而爲之傳。」孔穎達云：「上彖一，下彖二，上象三，下象四，上繫五，下繫六，文言七，説卦八，序卦九，雜卦十。鄭學之徒，並同此説。」案：十翼本各自爲篇，不與經連，經傳之合，始自費直。魏志高貴鄉公紀：「帝問曰：『孔子作彖、象，鄭氏作注，雖聖賢不同，其所釋經義一也。今彖、象不與經文相連，而注連之，何也？』易博士淳于俊對曰：『鄭氏合彖、象於經，欲使學者尋省易了也。』」據此，則經傳之合，始自鄭矣。然案儒林傳云：「費直治易，長於卦筮，亡章句，徒以彖、象、繫辭十篇、文言解説上下經。」以傳解經，則必以傳合經。經傳之連，實當始自費，非始自鄭也。而高貴鄉公、淳于俊竝云鄭者，蓋費氏亡章句，徒以傳解經，則傳即爲其章句。注者因費氏之本，既注經，還即注傳，而合傳於經之名，遂獨歸注之者矣。且直以古字，號古文易。劉向以中古文易挍諸家，唯費氏經與古文同。費氏經既與中古文同，而又亡章句，非合傳於經，則傳其書者直云傳古文可耳，烏得以直既亡章句，又无異文，而乃獨以其學歸之費氏邪？尚書有今古文之學，此其可證者也。後漢書儒林傳云：「陳元、鄭衆皆傳費氏易，其後馬融亦爲其傳，融授鄭康成，康成亦作易注，荀爽又作易傳。」案：馬融注周禮，尚欲省學者兩讀，其爲易傳，當亦必仍費氏之舊。高貴鄉公不言馬融，獨言鄭，連之者，時方講鄭學，據鄭言也。蓋唯費亡章句，以傳解經，傳其學者不過用其本耳，是以注家言人人殊，而俱曰傳費氏易。極至王弼之虛言，亦稱爲費氏之學，此其明驗也。孔穎達云：「輔嗣之意，以爲象者本釋經文，宜相附近，其意易了，故分爻之象辭，各附其當爻下言之。」是爻傳之附當爻下，弼爲之，非費氏之舊矣。然荀、虞注，其於爻傳，皆有「象曰」之稱，疑亦非始自弼也。又案：孔疏不言弼以文言附乾、坤，儒林傳謂直以文言解説，則文言附乾、坤，亦直爲之。朱震謂爲王弼，亦肊測耳。注疏本行世已久，茲在解經，欲尋省易了，故依用焉。漢書云「直亡章句」，而阮孝緒七録有費直章句四卷，當爲後儒依託。晉書天文志有費氏分野，亦卦筮之用，非章句也。

䷀ 乾下乾上

【案】易始於太極，一陰一陽之謂道也。太極分爲二，清陽爲天，濁陰爲地。乾坤，易之門、陰陽之宗，是以二卦通，生變化；中氣通，成坎離；六位通，成既濟、未濟。乾元坤元，資始資生，八卦錯綜成六十四，莫非乾坤之消息。陽皆乾元之用，陰皆坤元之用也。至既濟一陰一陽，復太極之體。未濟六爻失正，又起乾坤，周而復始者也。每卦云某下某上，取一下一上，交而周流之義，非某在下、某在上之謂也。

乾：元亨，利貞。【注】子夏傳曰：「『元』，始也。『亨』，通也。『利』，和也。『貞』，正也。」案：諸家注見集解者不詳，餘各詳所見。【案】元者，二氣之始，萬物之元也。董子重政云：「元猶原也。」後漢志云：「元以原之。」公羊隱元年疏引春秋説云：「元者，端也。氣泉。」注云：「元爲氣之始，如水之有泉。」蓋元自初至上，无時不在，與下爻稱「初」別。下乃成體之初，元則成始成終之原也。太極，陰陽之始；分爲二，陰陽各有始。「乾元亨」者，陽始通陰，陰陽交會也。二氣交和，美利利物；乾坤相通，成既濟，一陰一陽，陰陽和，六爻正，故「利貞」。神无方，易无體，故乾圜坤布，是曰「周易」。「天行健」，圜也；「地勢坤」，布也。「見乃謂之象」，易无體，不可見，以乾坤象天地，見簡易、變易、不易之道焉。凡所用詁訓，悉本爾雅、説文及經傳、史、漢、諸子傳注。閱者自知所出，故不詳；其有一二與常訓異者，詳之。

初九：潛龍，勿用。【注】鄭康成曰：「周易以變者爲占，故稱『九』、稱『六』。」見孔疏。案：「爻者言乎變」，「動則觀其變而玩其占」，易之九、六，皆變也。鄭乾鑿度注云：「九、六，爻之變動者。繫曰：『爻，效天下之動也。』然則連山、歸藏占彖，本其質性也。周易占變，效其流通〔一〕也。」又云：「一變而爲七，是今陽爻之象。七變而爲九，是今陽爻之變。」案：鄭云「陽爻之象」，謂爻之本象，卦畫是也。爻由象來。爻者，象之動。故注家多爻象互稱，其別解在贊元。陽以九爲變，陰不以八爲變者，乾鑿度云：「陽動而進，陰動而退，故陽以七、陰以八爲彖。陽動而進，變七之九，象其氣之息也。陰動而退，變八之六，象其氣之消也。」蓋陽動息，故進稱九；陰動消，故退稱六。退不稱二、四者，大衍用四十九，揲以四，唯得七、八、九、六，其一、二、三、四皆餘策，用本不用餘也。且陰退極於六，二者陰之始，四非退之極也。解在釋數。馬融曰：「物莫大於龍，故借龍以喻天之陽氣也。初九，建子之月，陽氣〔二〕動於黄泉，既未萌芽，猶是潛伏，故曰『潛龍』。」【案】氣從下生，故下稱「初」。「初」，始也，不言一，別一也。「潛」，深也，藏也。乾鑿度云：「易氣從下生。」注云：「易本无形，

〔一〕「通」，易緯乾鑿度鄭玄注作「動」。
〔二〕李鼎祚周易集解「氣」下有「始」字。

自微及著，故氣從下生，以下爻爲始也。」此下稱「初」之義也。九者，陽之變、氣之究。初稱九者，氣動必究，初畫動成爻也。或説卦有三才，爰分六畫，故下亦稱九，今云氣從下生，則至上乃究，初而稱九者何？夫元之資始、資生也，卦爻未兆而氣全具。形而爲初，體之先見，而其自二至上未形之氣，即伏於初；息至二，則即全伏於初、二；息至三，則上體三畫之氣即伏於下體；至六畫已全，氣悉成體。成而皆少，故六畫之象，初與上同。及其究也，則初畫究，是曰初九；上畫究，是曰上九。初究與上究同時，上究而初亦究。上生與初生亦同時，初生而上即伏於初。蓋氣无不全，著有早晏，或早著而晚究，或晚著而即究，推諸物類，莫不皆然。是以氣純者發而爲純，氣雜者發而成雜。陰陽交錯，无所滯隔。各隨其氣，而發爲陰陽。聖人見始知終，正以初體雖微，卦氣全具。卦各異氣，辭故不同。不然，初陽三十二，何以乾初獨繫「潛龍」？男子三十而娶，方其童蒙，知其有娶妻之禮；女子二十而嫁，當其幼咳〔一〕，定其有適人之道也。發爲九、六，唯其時物，木之華葉，人之云爲，所謂行典禮也。故每一畫一爻，必兼論全卦，或同時並發，或異位相成，或彼此互乖，或先後各異〔二〕。氣至而行，時及而應。畫有變、

〔一〕「咳」，南菁書院本作「孩」。「咳」同「孩」。
〔二〕疑「或先後各異」當在上文「或同時並發」下。

有不變；爻有化、有不化。氣深者恒固，氣薄者易衰。氣之專者常存，氣之餘者先落。草木有萎茂之殊，生人有壽夭之異。一人一物，且自異同，氣實使之也。而朱震引陸績説，以爲「陽在初，稱初九；去初之二，稱九二，則初復七」。果如所説，是乃爻來之畫，非畫變成爻，爻畫隔絶，氣不相通。去初之二，葉茂根傾，枯楊生華，不獨大過矣。且使初爲陽而二爲陰，將二陰爲无根而來，初陽亦終止莫去邪？知此爲宋儒之僞，誤解「周流六虚」，不知而作者也。六畫一體，非有分離。六爻之效，各自畫來。七曜之不同行也，而共繫於天。六畫之不同位也，而共繫於元。是故其得位者，若列宿之順序；其失位者，類七政之亂行。六爻之動，則休咎之各應其順逆者也。是以剥復殊致，各有其時。九月而剥，夫何所異？九月而復，亦足爲災。夏令之不可行於冬，春令之不可行於秋，謂行非其時，非令之不可行也。故魏相云：「東方之卦，不可以治西方；南方之卦，不可以治北方。春興兑治則飢，秋興震治則華，冬興離治則泄，夏興坎治則雹。」以是例諸，爻各有當，卦各有宜。其卦宜者，爻爲小節；其爻宜者，卦莫能消。「貫魚寵」，利入事攸宜，不與「剥床」、「剥辨」同占者，此也。觀兹諸義，可知元之於畫，畫之於爻，元貫始終，六畫共體，爻之變化，各自畫來，是以下但稱「初」，不得云「一」。説文云：「惟初太始，道立於一，造分天地，化成萬物。」自初至終謂之一，自下至上謂之一，一周謂之一。一者，數之原，萬之統，乃元之稱，非下之謂也。而荀爽「其用四十有九」注云「乾初九，潛龍勿用」

者，蓋以「潛龍」爲元，全氣之伏，辭見於初，故連言「初九」。惠氏棟據以爲説，乃云：「初九，元也。其〔一〕一不用，謂此爻也。」遺去「潛龍」，專言爻數，亦語簡而失荀指矣。漢志云：「宫，中也，居中央，暢四方，唱始施生，爲四聲綱也。黄者，中之色，君之服也。鐘者，種也。天之中數五，五爲聲，聲上宫，五聲莫大焉。地之中數六，六爲律，律有形有色，色上黄，五色莫盛焉。故陽氣施種於黄泉，孳萌萬物，爲六氣元也。以黄色名元氣律者，著宫聲也。十一月，乾之初九，陽氣伏於地下，始著爲一，萬物萌動，鍾於太陰，故黄鐘爲天統，律長九寸。九者，所以究極中和，爲萬物元也。天之中數五，地之中數六，二者爲合。六爲虚，五爲聲，周流於六虚。虚者，爻律。夫陰陽登降運行，列爲十二，而律吕和矣。太極元氣，函三爲一。極，中也。元，始也。行於十二辰，始動於子。氣鍾於子，化生萬物者也。」又云：「太極，中央元氣，故爲黄鐘。」觀志諸義，則元不得謂爻明矣。虚者爻律，元行十二辰，爻之於元，猶律之於氣。觀爻可以知元，故「潛龍」不妨於爻言之。觀律可以知氣，故中聲不難以管定之。氣資律顯，而氣非律。元以爻著，而元非爻。周易言象，故元究成爻。樂氣寫聲，故循聲制律。是故不知律者，不足與言元也。

九二：見龍在田，利見大人。【注】鄭康成曰：「二於三才爲地道，地上即田，故

〔一〕「其」，惠棟周易述作「虚」。

稱『田』也。」案：卦有六畫，三才各二，兼三才而兩之，天位乎上，地位乎下，人位乎中，故初、二爲地，三、四爲人，五、上爲天。天地之道，非人不顯。二、五近人，得其中正，故陽貴五，陰貴二。人陽近地，故人重三。初在地中，上位天上，四亦陰位，非人所居，皆非三才之正也。文言傳云：「下不在田。」田謂二也。【案】「二」，合初之稱。「見」，彰顯也。「在田」，謂見地上。「大人」，聖人在位之稱。儀禮、左傳、孟子等書稱「大人」，統指在尊位者，不必人君，與易異。乾鑿度云：「易有君人五號。帝者，天稱也。王者，美行也。天子者，爵號也。大君者，與上行異也。大人者，聖明德備也。」又云：「大君者，人君〔一〕之盛者也。大人者，聖人之在位者也。」言德化施行，天地之和，故曰『大人』。」二非王位，升坤五爲大人，坤五降乾二成離，向明而治，故「利見大人」。此蓋世子之爻也。凡言「居」者，居於畫象也，所謂「居則觀其象」；言「在」者，在於爻，所謂「在天成象，在地成形」。爻者，變動不居，故曰「在」，暫在也。言「于」者，或由畫之爻，由爻而化；或自下之上，自上之下，彼此共焉，所謂「形而上、形而下」，「化而裁之、推而行之」者也。二陰，臣位。

〔一〕「人君」，易緯乾鑿度作「君人」。

乾陽，君德。以君居臣位，九五有飛龍之大人，則二非湯、武之爻，乃太甲、成王未即位之象也。升居坤五，則繼飛龍爲大人，故文言傳重言「君德」，明二當升坤五而爲君。九五首出之君，二則繼體之君也。乾鑿度云：「初爲元士，二爲大夫，三爲三公，四爲諸侯，五爲天子，上爲宗廟。凡此六者，陰陽所以進退，君臣所以升降，萬人所以爲象則也。」荀、虞升降之例俱本之，兹依用焉。

九三：君子終日乾乾，夕惕若，厲，无咎。【注】鄭康成曰：「『惕』，懼也。」見釋文。三於三才爲人道，有乾德而在人道，君子之象。」荀爽曰：「承乾行乾，故曰『乾乾』。」【案】「終日」，猶盡日。「夕」，莫也。日之夕，陽之九也。「剛柔者，晝夜之象」。夕則夜來，九則陰接，三變之九，故「夕惕若」，懼其化也。「乾乾」，進不倦也。乾惕无已，莊敬日强，所謂「自强不息」也。陰莫能萌，故「无咎」。「若」，辭也。「厲」，危咎過也。此據「剛柔者，晝夜之象也」爲義，不用虞「陽息至三，二變成離」之例。淮南子人間云：「『終日乾乾』，以陽動也。『夕惕若厲』，以陰息也。」是亦以日夕喻陰陽，西漢經師之説也。又案：「夕惕若」，絶句；「厲」，絶句。淮南子、班固、張衡等皆以「夕惕若厲」爲句，蓋「厲」本絶句，故得連「夕惕若」言之。如「頻復，厲」，傳云「頻復之厲」；「遯尾，厲」，傳云「遯尾之厲」，皆以「厲」一字爲句，故與某某之吉、某某之凶同。若與「沱若」、「嗟若」同，不得作如似解。

九四：或躍在淵，无咎。【注】荀爽曰：「乾者君卦，四者陰位，故上躍居五者，欲下居坤初，求陽之正。地下稱『淵』也。」案：四失位，故欲上躍居五。但五乃飛龍，四不得居，故又欲下居坤初。或上或下，欲求得陽位而居之。以陽居陽，得其正位，故云「求陽之正」也。必知乾四下之坤初者，乾二、四、上失位，坤初、三、五失位，故乾二之坤五，四之坤初，上之坤三，成一既濟。坤初之乾四，三之乾上，五之乾二，亦成一既濟。荀「雲行雨施，天下平也」注云「乾坤二卦，成兩既濟」是也，所謂「各正性命」也。【案】陽息至四，體震，爲足。震，動起，故「躍」。「躍」，進也。或躍或在淵，皆得位无咎，所謂「上下无常，非爲邪也」。乾坤成既濟，四降坤初，坎水稱「淵」。「淵」，回水也。管子曰：「水出地而不流，命曰淵水。」度地文。既濟互坎，初在坎下，故「在淵」。

九五：飛龍在天，利見大人。【注】鄭康成曰：「五於三才爲天道。天者，清明无形，而『龍在』焉，『飛』之象也。」【案】陽息至五，四化則五互離；坤五之乾二，亦成離，「萬物皆相見」。五以陽德居天位，爲「大人」，天下「利見」之也。大人首出，是爲乾元。乾五天位，乾元託焉，以治天下者也。

上九：亢龍，有悔。【注】鄭康成曰：「堯之末年，四凶在朝，是以『有悔』，未大凶也。」見孔疏。案：傳稱「无位」、「无民」，而鄭以堯爲説者，尊位之居，有聖有非聖。王莽傳贊：「炕龍絶氣。」服虔云：「易曰『亢龍有悔』，謂无德而居高位也。」此以非聖居之爲義也。虞繫辭傳注云：「文王居三，紂亢極上。」義同。鄭則依「其唯聖人」之言，以聖人爲説。干寶云：「乾體既備，上位既終。天之鼓物，寒暑相報。聖人之治世，威德相濟。武功既成，義在止戈。盈而不反，必陷於悔。」李鼎祚云：「若放桀於南巢，湯有慚德。」此以湯、武爲説，義與鄭同。淮南子繆稱云：「同言而民信，信在言前也。同令而民化，誠在令外也。動於上、不應於下者，情與令殊也。易曰『亢龍有悔』。」高誘注云：「仁君動極在上，故有悔也。」其意大旨與鄭同。若五行志引此爲極弱之證，陰興引以答貴人，阮籍通易論以爲「繼守承貴，有因〔一〕而德不充」，則皆推言之，所謂「廣大悉備」、「觸類引伸」者也。書不盡言，言不盡意。易有簡易、變易、不易之義，舉一隅而三可反。仁者見仁，知者見知，非相妨，實相濟也，所謂「既有典常」、「不可爲典要」者也。荀子性惡云：「多言則文而類，終日議其所以，言之千舉萬變，其統類一也，是聖人之知也。」卦爻之義，以是例諸。【案】居六爻之極，動而之九，故「亢」。子夏傳云：「亢，極也。」在上失位，故「有悔」。「悔」，恨也。第六爻稱「上」者，卦畫止於六，故稱「上」也。「上」，高

〔一〕「因」，諸本皆作「應」，據阮籍集通易論改。

也，對下之稱，與初一體者也。六畫一體，而位各分，乾元一以貫之，故稱「初」、「上」。初終一也，上下一也，本末亦一也。六畫一體，非有分離。二、三、四、五，假數言耳。素問陰陽離合論及靈樞陰陽繫日月篇云：「陰陽者，有名而無形。數之可十，推之可百，散〔一〕之可千，推之可萬。萬之大，不可勝數，然其要一也。」

用九，見羣龍无首，吉。【注】鄭康成曰：「六爻皆體乾，『羣龍』之象也。舜既受禪，禹與稷、契、咎繇之屬竝在於朝。」見班固傳及郎顗傳注。案：班固典引云：「若夫上稽乾則，降承龍翼，而炳諸典、謨，以冠德卓蹤者，莫崇乎陶唐。陶唐舍胤而禪有虞，有虞亦命夏后。稷、契熙載，越成湯、武。股肱既周，天迺歸功元首，受命〔二〕漢劉。」固蓋謂堯稽用九之天德，不自用，降而用羣聖爲羽翼，故李賢注引「惟天爲大，惟堯則之」以證，又云：「『龍翼』謂禹、稷〔三〕等爲堯之羽翼。」蓋「用九」之辭，雖文王所作，而其義則自伏羲以來，故虞書以君爲元首也。郎顗薦黄瓊、李固云：「臣聞刳舟剡楫，將欲濟江海也；聘賢選佐，將以安天下也。昔帝堯

〔一〕「散」，張志聰黄帝内經集注作「數」。
〔二〕「受命」，後漢書班固傳、文選典引均作「將授」。
〔三〕「禹稷」，後漢書班固傳李賢注作「稷契」。

在上，羣龍爲用。文、武創德，周、召〔一〕作輔。是以能建天地之功，增日月之曜。」義與班同，蓋經師舊説也。鄭不云堯者，以堯之末年有四凶故也。【案】「用九」，乾元用九也。陽爻爲九，元則用之，故「見羣龍无首」，謂六爻爲乾元所用，不爲乾元之首；乾元亦不自用，而用六龍，所謂「乾元用九，乃見天則」。四時者，天之用，非即天。六龍者，乾元之用，非即乾元。聖人作易，託乾元之位於五，故曰與天地合德、日月合明、四時合序、鬼神合吉凶，先天、後天，皆謂乾元，不專言五也。宁宸者，天子之位，非即天子。五者，乾元之位，非即乾元。羣龍不爲乾元之首，而乾元亦不以首自用，故曰「見羣龍无首」，羣龍奉元，元用羣龍也。董子保位權云：「爲人君者，居無爲之位，行不言之教，寂而無聲，靜而無形，執一無端，爲國原泉。因臣以爲心，以臣言爲聲，以臣事爲形。是以羣臣分職而治，各敬其事，爭進其功，顯廣其名，而人君得載其中，此自然致力之術也。聖人由之，故功出於臣，名歸於君也。」此即「乾元用九」、「羣龍无首」之義。元者，乾之神，故能用九。惠氏棟解「乾元用九，天下治也」引元命苞云：「『天不深正其元，不能成其化』。王者體元建極，

〔一〕「周召」，諸本皆作「周公」，據後漢書郎顗傳改。

一以貫之〔一〕。」其説是也。至解此經則云：「陰无首，以陽爲首。」失之矣。陰固以陽爲首，非「羣龍无首」之義。「羣龍无首」，自謂六爻皆以元爲首，元用六爻耳。四時消息，陰陽往來，何莫非元之用乎？張氏惠言謂：「用九變成既濟，離爲見，坤爲羣，乾坤交離，乾象不見。」亦非。經明言「見羣龍」，何得云「乾象不見」？六爻爲羣，何取乎坤？惠氏棟又謂：「坤爲用。」經明言「乾元用九」，亦无取坤。此皆矯枉過直之論也。孔子曰：「大哉！堯之爲君也。唯天爲大，唯堯則之，蕩蕩乎！民無能名焉。無爲而治者，其舜也與！夫何爲哉？恭己正南面而已矣。」董子曰：「王者，人之始。君〔二〕者，國之元。天積衆精以自剛，聖人積衆賢以自强。天所以剛者，非一精之力。聖人所以强者，非一賢之德也。爲人君者，其要貴神。是故視而不見其形，聽而不聞其聲，不見不聞，是謂神人。」王道及立元神文。然則用羣龍者，元也；用羣聖者，君也。雖有陽德，不敢爲首，以有元也；雖有聖德，不敢爲首，以有君也。羣龍者，各得乾元之一端；乾元者，乃合羣龍爲全體也。説者不達「用九」之旨，乃專以筮爲説，謂六陽皆

〔一〕「之」，諸本皆作「三」，據惠棟周易述改。「王者體元建極，一以貫之」，係惠棟語。
〔二〕春秋繁露「君」下有「人」字。

變，剛而能柔。推其所由，蓋因「亢龍有悔」一語而云然，不知「上九」所以戒上之亢，「用九」則舉一卦而言元之用，與「上九」殊也。曾見聖王在上，陰柔爲用，不用羣賢，而用羣小者乎？易爻言變，故稱九、六。九、六者，七、八之變，畫之動者耳，非九即爲陰、六即爲陽也。其占卦所以由陽推之陰、由陰推之陽者，所謂「極數知來之謂占」，乃占法也，豈「用九」、「用六」之謂乎？呂覽曰：「民無道知天，民以四時寒暑、日月星辰之行知天。」當賞文。卦无由知元，亦以其用九見羣龍而知乾元矣。「吉」，善也。昭二十九年左傳：蔡墨云：「在乾之姤，曰『潛龍勿用』；其同人曰『見龍在田』；其大有曰『飛龍在天』；其夬曰『亢龍有悔』；其坤曰『見羣龍无首，吉』。」疏引劉炫説云：「杜以『之』爲適。炫謂易之爻變則成一卦，遂以彼卦名爻。乾之初九，姤卦；爻九二，同人；爻九五，大有；爻上九，夬卦；爻用九，全變則成坤，故謂用九爲坤。蔡墨此意取易文耳，非揲蓍求卦，安有之適之義？若以之爲〔一〕適，則其非之適之意，何以言『其同人』、『其大

〔一〕春秋左傳注疏「爲」下有「之」字。

有』？此〔一〕當言初九、九二，但以爻變成卦，即以彼卦名爻，其意不取於之適。所言『其同人』、『其大有』，猶引詩言『其二章』、『其三章』。先引初九，故言乾卦之姤爻。初九言乾以下，不復須云乾，故言『其同人』、『其大有』，就乾卦而其之，其此同人爻，其此大有爻，以下文勢悉皆若是也。」莊二十二年疏引劉炫規過云：「觀之否者，爲觀卦之否爻；屯之比者，屯卦之比爻，皆不取後卦之義。」孔駮之云：「今删定以爲不然。何者？以閔元年畢萬筮仕，遇屯之比，云『屯固比入』。僖十五年，晉獻公筮嫁伯姬，得歸妹之睽，云『士刲羊，亦無衁』，歸妹上六爻辭；又云『歸妹，睽孤，寇張之弧』，睽之上九爻辭；又云『歸妹之睽，猶無相也』。昭五年，明夷之謙，云『明夷于飛，垂其翼』；又云『謙不足，飛不翔』。此之等類，皆取〔二〕前後二卦以占吉凶，今人之筮亦皆如此。劉炫苟異先儒，好爲别見，以規杜過，非也。」案：劉義最當，孔疏不從，特私杜耳。劉蓋謂史墨秖取易文，非謂卦爻既化，乃有此象。以易之爻化，則别成一卦，即以彼卦名此爻，其實爻竝未化，陽自陽，陰自陰也。故云：「則其非之適之意，何以言『其同人』、『其大有』？」此指説史墨竝非揲蓍求卦，无之適之意，而亦云〔三〕「其同人」、「其大有」，蓋以彼卦名爻，竝无之適，以明其他

〔一〕春秋左傳注疏「此」下有「本」字。
〔二〕「取」，諸本皆脱，據春秋左傳注疏補。
〔三〕「云」，南菁書院本作「言」。

皆然也。劉云「即以彼卦名爻」，以見爻竝未化，不過以彼卦爲名耳。若謂乾初已化成姤，乃一陰初生之象，何「潛龍」之云邪？劉所云「爻變則成一卦」，指化而言。變、化之義各殊，變者九、六，化則陰陽。易注家以變爲化之幾，故總謂之變，後儒直以變爲化，不復知有變之義。左傳不明易，更以晦爻者言變。變自謂本卦之陰陽，所謂陽變七之九，陰變八之六，不過其幾已動耳。如俗所説，是九皆陰、六皆陽矣。不審乾六爻皆九，其稱龍者，象陰與？抑象陽也？若云象陽，則九爲陽明矣。史墨云「之姤」，斷不謂化之陰矣。聖人復起，不易斯言也。占法筮得六少陽，是曰乾。乾者，舉卦不及爻。左傳昭七年「遇屯」，十六年「遇復」，僖十五年「遇蠱」，此皆少陽、少陰無變，統論一卦。昭三十二年：史墨云：「在易卦，雷乘乾，曰大壯。」是亦祇論卦義。蓋七、八者，陰陽之象，畫是也。畫之義，發於彖。彖者，言乎象者也，故七、八論卦。至若七變之九，八變之六，則占九、六之爻，爻言乎變。所謂變者，變之九、變之六，由畫而變也。假如初得九，餘皆七，是餘皆未變，唯初九爲七之變。七變之九，是其現在；九而復化，乃其將來。既有現在之變，必有將來之化。由變推化，則九化爲陰，乾成姤矣。乾成姤，由初畫之變而之化，故即以姤名乾之初九。云「乾之姤」者，謂化則成姤之爻也，竝非謂已化成姤。蓋初九乃乾初畫所變之老陽，非姤初之陰也。由變推化，極數知來，故占者既論本爻，復論其所化之卦。如「歸妹之睽」，謂歸妹之睽爻，而論及睽上九之辭，此由變推化，論其將來，而歸妹本卦又无化成睽卦之占辭，故即借睽上爻辭以説此歸妹所化之睽，乃假彼明此，非此即爲彼。蓋彼睽上九之辭，自爲彼卦動爻之辭，非爲歸妹所化之睽設也。故左傳論卦，有借彼卦以爲説者，有不借彼卦以爲説者。其借彼卦以爲説者，彼卦之義，可以明此卦也；其不借彼卦以爲説者，彼卦之義，與此卦无預，名雖同而實異也。左傳説易，義皆如此。必云「乾之姤」者，猶云「蠱之貞」、「其悔」云耳。「之貞」、「其悔」，謂蠱之上下體，則「之姤」、「其大有」，爲乾之初九、九二明矣，其舉辭之例然也。且即以「之」爲適，論乾之姤，由乾而後之姤，先有乾而後有姤，乾其現在，姤其將來，亦由此而後之彼，竝不得以九即爲陰、六即爲陽也。爻者言變，史墨欲取龍爲證，龍皆見於爻辭，故云「之姤」、「其大有」以別爻位也。繫辭傳云「占事知來」，又云「極數知來之謂占」，占將來之事，必推其極，陽極於九，陰極於六，故占用九、六。陽極則陰來，陰極則陽來，而來事可知矣。若九即爲陰，六即爲陽，則占所化之卦可已，何必論本卦？若謂本卦爻辭實所化之辭，則「刲羊」、「無衁」爲歸妹成睽之辭，而「寇張之弧」乃爲睽成歸妹之辭，出入顛倒，亦太无所適從矣。傳云「震之離」，亦離之震，乃就卦象反復推究，豈謂卦爻之辭亦可倒行逆施邪？人知九、六爲變，抑思九、六變邪？乃七變之九、八變之六耳。是故以占法解易而易晦，不明占法而以之解易，而易更晦。又案：襄九年左傳：穆姜始往東宫筮之，遇艮之八。史曰：「是謂艮之隨。」夫所謂「艮之八」者，以畫之未變者言，「艮之隨」，唯二未變，二，少陰八也，故曰「艮之八」。其餘皆老陽、老陰，故曰「艮之隨」。「蠱之貞」不以「之」爲適，「艮之八」不以「之」爲適，獨「艮之隨」以「之」爲適與？以未變者言，則曰「艮之八」；以變者言，則曰「艮之隨」。「艮之八」、「艮之隨」，一也。六畫俱少，不曰之某。有老有少，則曰之某。俱少者，占卦辭，无須别爻位也。有老有少者，則以所占者爲主，故曰之某。少陰不變謂之八，其老陰、老陽，不謂某之六、某之九者，七、八占彖，義有所統，謂之七、八，明其未變耳。若爻之動也，其有六爻俱動而陰陽迭見者，不將曰某之初六、某之九二，至上而後已乎？筮而占其六爻之辭，將何所統也？故艮卦五爻俱變，不曰艮之初六、九三云云，而統以「艮之隨」，明其五爻俱變，將來則化成隨，辭簡而義明，爻亂而有統，此老陽、老陰雖一爻，而亦必借他卦以明者，此也，其例然也。杜預不明「八」之義，其於「遇艮之八」，則注云「連山、歸藏二易，皆以七、八爲占，故言『遇艮之八』」。而於「是謂艮之隨」，則注云「史疑古〔一〕易遇八爲不利，更以周易占變爻，得隨卦而論之」。其説謬也。二易既以七、八爲占，則所占无非七、八，何不利之可疑？穆姜引隨卦卦辭，則借隨以統艮五爻之變化，而借彼明此者也。據此，則謂爻或亂動，則占其不動者，其説亦不盡然矣。

彖曰：大哉！乾元。【注】荀九家曰：「陽稱大，六爻純陽，故曰『大』。乾純陽，

〔一〕「古」，諸本皆作「占」，據春秋左傳注疏改。

衆卦所生，天之象也。觀乾之始，以知天德。惟天爲大，惟乾則之，故曰『大哉』。『元』者，氣之始也。」【案】文王卦辭謂之彖，孔子爲傳以釋之，稱「彖曰」者，申彖意也。六畫純陽，伏羲本无「乾」名，文王名之爲「乾」，而六畫純陽遂得「乾」名。卦辭本无「彖」名，孔子名之爲「彖」，而卦辭遂得「彖」名。象、爻類此。史記孔子世家云：「孔子晚而喜易，序彖、繫、象、説卦、文言。」楊雄解難云：「宓犧氏之作易也，緜絡天地，經以八卦；文王附六爻；孔子錯其象而彖其辭。」蓋「彖」、「象」皆孔子所名，故司馬遷、楊雄俱以屬之孔子也。彖者，才也，言乎象者也。才，始也，象始著爲卦也。三才之道，亦謂天地人之始。道見乃謂之象，畫爲見之始也。畫動成爻，是爲三極。故曰「六爻之動，三極之道」，天地人之極也。未發爲卦，稱道不稱才，故曰立天地人之道。始發稱才，不稱極，故曰「兼三才而兩之」，六畫成卦。氣究則稱極，不稱才，故曰「三極」。道貫本末，故終始稱焉。鄭乾鑿度注云：「彖者，斷也。」**萬物資始，**【注】荀爽曰：「謂分爲六十四卦，萬一千五百二十策，皆受始於乾也。案：謂乾元。策取始於乾，猶萬物之生稟於天。」鄭康成曰：「『資』，取也。」見釋文。**乃統天。**【注】鄭康成曰：「『統』，本也。」見釋文。案：元爲天地之始，乃所以立天之本。大戴曾子天圓云：「陽之精氣曰神，陰之精氣曰靈。神靈者，品物之本也。」太玄玄攡云：「玄者，幽攡萬類而不見形者也。資陶虚無而生乎規，攔神明而定摹，通同古今以開類，攡措陰陽而發氣。」即「統天」之義。**雲行雨施，品物流形。**【注】虞翻曰：「已成既濟，上坎爲『雲』，下坎爲『雨』。」案：下互坎。坎，水，在天爲「雲」，墜地稱「雨」。【案】「雲行」謂五，五在天，故「雲行」。「雨施」謂二，二在地，故「雨施」。所謂「德施普」。二爲五應，乾元託位於五，「雲行雨施」，皆元之用，萬物被其澤而化成矣，故「品物流形」。「品」，衆庶也。「流」，覃也。「形」，見也。**大明終始，**【注】荀爽曰：「乾起於坎，而終於離。坤起於離，而終於坎。坎離〔一〕者，乾坤之家，而陰陽之府，故曰『大明終始』也。」案：一陽生，當坎位；夏至陽終於上，當離位，故起坎終離。一陰生，當離位；冬至陰終於上，當坎位，故起離終坎。此所以日月爲易，卦成既濟，經終坎、離、既濟、未濟也。陽明陰闇，陰陽不交，則其明不顯。交成既濟，其明乃彰。故坎離爲乾坤之家、陰陽之府也。坎離中宮，陰陽所出入者也。兼坤言者，陽息於子，至十月始盡；自午至亥，陰消陽，故以坤言之。其實十二消息，皆主陽言，消謂消陽，息謂陽息，虞翻坤卦注所謂「終於坤亥，出乾初子」是

〔一〕「坎離」，李鼎祚周易集解作「離坎」。

也。以陰陽合論之，則乾之成乃坤之終，坤之成乃乾之終耳。【案】「終」謂上，「始」謂初。謂乾元周流於六位之中，與坤交而成坎離，坎離互而成既濟、未濟。經之終始，莫非元也；日月爲易，亦元之用耳，故曰「大明終始」，謂周流於一卦之終始，而成一經之終始，所謂「周易」也。六位時成，時乘六龍，以御天。【注】荀爽曰：「六爻隨時而成乾。」案：不云「六畫」，云「六爻」者，先儒通謂畫爲爻，所謂「因而重之，爻在其中」。爻之義在畫中，畫動即成爻，故先儒多不别言畫。荀九家曰：「謂時之元氣以王而行，履涉六〔一〕爻，是乘六龍也。」【案】「六位」，六畫。「時」，消息之時。時息至初，則初畫成；至上，則上畫成；六畫各主一月，故「時成」。「六龍」，六爻也。畫動成爻，氣以之行，故「時乘六龍，以御天」。「天」，元也。元發於畫，畫究成爻，元氣行焉，故「御天」。元爲君，畫爲御者，龍爲馬，後世六馬之制本此，古則自天子至大夫同駕四。乾道變化，各正性命，保合太和，乃利貞。【案】「變」，九也。

〔一〕「六」，李鼎祚周易集解作「衆」。

「化」，陽易陰也。「乾道變化」，謂乾與坤通，成既濟也。「性」，謂陰陽之性。乾性陽，晝變爲爻，陽性之發，是之謂「變」。二、四、上失正，化之陰，成既濟，則性之不正者正，故曰「正性」，是之謂「化」。「命」，謂陰陽一定之位。正性則復命，六爻皆正，故「各正性命」。大戴記曰：「分於道謂之命，形於一謂之性，化於陰陽，象形而發，謂之生；化窮數盡謂之死，故命者，性之終也。」本命文。成既濟定，陰陽和，復太極之體，故曰「保合太和，乃利貞」。太極者，陰陽合德，合和之氣，生萬物者也。六爻變化，發而皆中謂之和，故「保合太和」也。大宗伯疏云：「凡〔一〕變化者，變化相將，先變後化，故中庸云『動則變，變則化』。易云『乾道變化』，亦是先變後化，變化相將之義也。」月令疏説「乾道變化」之義云：「謂先有舊形，漸漸改者謂之變。雖有舊形，忽改者謂之化。及本無舊形，非類而改，亦謂之化。」案：乾六爻皆九，九皆七之變，陽性之發者也。二、四、上失正，由變而化之陰，成既濟，而性之不正者正，是爲「正性」。正性即盡性，性盡則至於命矣。鄭樂記注云：「性之言生也。」中庸注引孝經説云：「性者，生之質。」乾，純陽之

〔一〕周禮注疏「凡」下有「言」字。

卦，其性陽，發爲九，陽性之動，性偏於陽，故須化其不正者以歸於正。「命」，天命，即道。道无所偏，故一陽一陰爲命。法言云：「命者，天之命也，非人爲也。」鄭毛詩箋云：「命，道〔一〕也。」正性則合乎道。此以性推命，性正則得命之正矣。惠氏棟云：「乾爲性，巽爲命，乾坤變化〔二〕，成既濟〔三〕，剛柔位當，故正性命。」案：正性命，謂成既濟，是也。但陰陽各有性，各有命，成既濟无預巽事，乾性巽命，似失之鑿。說卦傳云：「窮理盡性以至於命。」「理」謂陰陽上下之分，「窮理」謂究陰陽之位，「性」則陰陽之性也。乾純陽，坤純陰，各有失位之三爻，其餘卦唯既濟六爻正，餘皆有失正之爻。性盡則不正者正，故「窮理盡性以至於命」，謂復太極之體，成既濟也。又云：「昔者聖人之作易也，將以順性命之理。是以立天之道，曰陰與陽；立地之道，曰柔與剛；立人之道，曰仁與義。兼三才而兩之，故易六畫而成卦。」據此，則命謂一陰一陽、六畫一定之位可知。繫辭傳云：「兼三才而兩之，故六。」又云：「六爻之動，三極之道。」「三極」，天地人之極。分言之，言其終，曰三極；合言之，言其始，曰太極。太極函三爲一，則一陰一陽如既濟可知。「順性命之理」，既濟也。「各正性命」，失正者化之正，成既濟也。虞翻既濟注云：「六爻得位，各正性

〔一〕毛詩注疏「道」上有「猶」字。
〔二〕「乾坤變化」，惠棟周易述作「乾變坤化」。
〔三〕惠棟周易述「濟」下有「定」字。

命，保合太和，故利貞矣。」又恒彖傳注云：「初、二已正，四、五復位，成既濟定，乾道變化，各正性命。」又革卦注云：「成既濟，乾道變化，各正性命，保合太和，乃利貞。」虞蓋以此經謂成既濟，故據以解諸卦也。

首出庶物，萬國咸寧。【注】劉瓛曰：「陽氣爲萬物之所始，故曰『首出庶物』。立君而天下皆寧，故〔一〕曰『萬國咸寧』也。」案：乾元爲萬物之始，故「首出庶物」。「庶」，衆也。「萬國」，衆卦爻也。元者，卦之君。爻者，元之用。乾元用九天下治，聖人在位之象也。「咸」，皆也。「寧」，安也。

象曰：天行健，君子以自强不息。【注】干寶曰：「言『君子』，通之於賢也。凡勉强以進德，不必須在位也。故堯、舜一日萬幾，文王日昃不暇食，仲尼終夜不寢，顔子欲罷不能，自此以下，莫敢淫心舍力，故曰『自强不息』矣。」虞翻以「君子」謂三。案：象傳「君子」謂觀象玩辭、觀變玩占之君子，故曰「以」，不專指一爻。夫子所謂「學易無大過」、「自天祐之，吉无不利」者也。虞每以一爻當之，疑非經旨也。【案】「象」者，像也，六畫所以象形容物宜也。孔子象傳先言畫，後釋爻，爻由象

〔一〕「故」，諸本皆作「而」，據李鼎祚周易集解改。

來，故通謂之象。六畫之變，象也。乾，健也，爲天。天行不息，日夜一周，故「行健」。周天三百六十五度四分度之一，一日一夜行一周，復其故處，日東行一度。後漢志云：「天之動也，一日〔一〕一夜而運過周，星從天而西，日違天而東。日之所行與運周，在天成度，在曆成日。居以列宿，終以四七。受以甲乙，終於六旬。日月相推，日舒月速，當其同〔二〕，謂之合朔。舒先速後，近一遠三，謂之弦。相與爲衡，分天之中，謂之望。以速及舒，光盡體伏，謂之晦。晦朔合離，斗建移辰，謂之月。」此其大略也。又云：「極建其中，道營於外。」極即元，道即爻也。所以乾卦獨云「健」者，舉一以例其餘也。「天行健」即天行乾，「地勢坤」即地勢順，依乾健、坤順、震動、艮止、坎陷、離麗、兑説、巽入及序卦之義推之，六十四卦可悉知也。宋衷謂「餘卦當名，不假於詳」，謂餘卦已以義名之，其義可推也。白虎通曰：「君舒臣疾，卑者宜勞，天所以反常行何？以爲陽不動，無以行其教；陰不靜，無以成其化。雖終日乾乾，亦不離其處也。」天地文。「强」，勤也。「息」，猶休止也。公羊傳曰：「以者何？行其意也。」「詩曰：『維天之命，於穆不已。』蓋曰天之所以爲天也。『於乎

〔一〕「日」，後漢書律曆志作「晝」。
〔二〕御覽所引「同」下有「所」字。

不顯，文王之德之純。』蓋曰文王之所以爲文也，純亦不已」。**潛龍勿用，陽在下也。**【注】荀爽曰：「氣微位卑，雖有陽德，潛藏在下，故曰『勿用』也。」**見龍在田，德施普也。**【案】二繼飛龍，升坤五，施德於下。坤五降二，互坎爲雨施。「施」，舍也。「普」，博施也。「德施普」，故天下利見之也。**終日乾乾，反復道也。**【注】虞翻曰：「至三體復，故曰『反復』[一]，謂『否泰反其類也』。」案：无平不陂，无往不復，故「反復」。三息泰。**或躍在淵，進无咎也。**【注】荀爽曰：「陽道樂進，故『進无咎』。」【案】「進」，進之九也。進之九，或升五，或降初，皆得位，无咎。「變化者，進退之象」。陽動而進，變七之九爲進。爻言變，四由畫變之爻，或升或降，以求得位，故无咎。若由變而化，陽化爲陰，是爲退。四失位，不之初、升五，則當化之陰。故文言傳既言「上下无常」，又言「進退无恒」。進退，非上下也。但乾純陽之卦，全體无陰，故進而不退。四進降坤初，坤初來之四，陰陽交而變化見矣。**飛龍在天，大人造也。**【案】「造」，作也。聖作物覩，飛龍在天之象也。釋文云：「『造』，劉歆父子作『聚』。」

[一]「曰反復」，李鼎祚周易集解作「反復道」。

案：向本傳上封事云：「賢人在上位，則引其類而聚之於朝。易曰：『飛龍在天，大人聚也。』」據向說，則不以大人指君。蓋羣龍爲元所用，則飛龍亦元所用矣。元乃君也，在天猶在朝，其義與諸家異。本傳云：「向子歆以易教授。少子歆。歆及向始皆治易。」則向本易家，其説必有師承，但不知於施、孟、梁丘三家爲誰氏之學耳。傳既不詳，无由知其授受，片義隻辭，未能推究。又案：史記：蔡澤云：「國有道則仕。聖人曰：『飛龍在天，利見大人。』」其意以大人爲君。則以大人指君言，秦以前之舊説也。**亢龍有悔，盈不可久也。**【案】「盈」，滿也。「久」，長也。陽極則陰生，故「盈不可久」。以亢戒之，有以持盈，則位可長保矣。坎陽在五稱「不盈」，故乾陽在上稱「盈」，盈謂其動也。上不動，則悔不見，即能保其盈。今動而爲九，九則无所復之，必當消退，故「不可久」，所謂「知進不知退」、「動而有悔」者也。若知極之必退，而不進之九，則陽終不化，知退而无退矣。乾，純陽之卦，故四不妨進，進而不退，全卦无陰故也。至上則位已極，復動而進，直與陰接，而陽爲所化矣，故不可進，此元之所以不自用也。上既失位，化之陰乃得位，而以爲不可化者，上若不動，雖失位，悔不彰；若動而不化，亦僅有悔而已，然非聖人不能。純陽之卦，不宜化爲陰，卦重則一爻輕也，又不可以一例求矣，所謂易也。**用九天德，不可爲首也。**【案】「九」者，陽也。用之者，元也。元者，羣陽之宗，故曰

「天德」。六爻爲元所用，誰敢爲首？誰能爲首？元不自用而用六爻，則又深正其元，不示人以可測，故曰「不可爲首」。緇衣云：「上人疑則百姓惑。」荀子云：「上周密則下疑玄。」云「不示人以可測」者，非疑惑百姓之謂，乃不使一念之私，使天下得窺其所好惡。其喜也，如風雨之時；其怒也，如雷電之當。巍巍乎，蕩蕩乎，如天之莫能名也，孰得而測之？是以百姓无疑惑，而上乃愈不可測。「四時行焉，百物生焉」，出作入息，不識不知，以爲固有之矣。而天下賢聖之徒，亦樂效其長而爲之用。故董子云：「君人者，國之證也，不可先唱，感而後應。故居唱之位而不行唱之勢，不居和之職而以和爲德，常盡其下，故能爲之上也。」又云：「天高其位而下其施，藏其形〔一〕而見其光。高其位，所以爲尊也。下其施，所以爲仁也。藏其形，所以爲神。見其光，所以爲明。爲人主者，法天之行，是故内深藏，所以爲神；外博觀，所以爲明也；任羣賢，所以爲受成；乃不自勞於事，所以爲尊也；汎愛羣生，不以喜怒賞罰，所以爲仁也。故爲人主者，以無爲爲道，以不私爲寶。立無爲之位，而乘備具之官。足不自動，而相者導進。口不自言，而擯者贊辭。心不自慮，而羣臣效當。故莫見其爲之而功成矣。」荀子云：「人主者，以官人爲能者也。匹夫者，以自能爲能者也。」吕覽分職云：「先王用非其有，若己

〔一〕「形」，諸本皆作「神」，據春秋繁露離合根改。

有之，通乎君道者也。」勿躬云：「聖王之所不能也，所以能之；所不知也，所以知之。養其神、脩其德而化矣。神合乎太一，精通乎鬼神，深微玄妙，而莫見其形。」此之謂深正其元、不可測者也。若知能自用，則可測矣，豈故爲淵深，以疑惑百姓之謂哉？董子王道通三云：「人主之大守，在於謹藏而禁内，使好惡喜怒必當義乃出，如春秋冬夏之未嘗過也，可謂參天矣。深藏此四者而勿使妄發，可謂天矣。」

周易姚氏學卷第一終

周易姚氏學卷第二

旌德姚配中撰

周易文言傳

【案】「文言」，謂文王之言。「文言曰『元』者」，謂文王之所謂「元」者，乃善之長也。卦爻辭皆文王作，故又作文言傳以總釋之。劉瓛謂「依文而言其理」，非也。孫先生伯淵云：「伏羲八卦，有象无字。禮運：『觀殷道，得坤乾。』殷易以坤爲首，亦卦象，非卦名也。知卦名及卦辭是文王所名者，易『元亨利貞』，孔子引〔一〕文言曰『元』者、『亨』者、『利』者、『貞』者，又引文言曰『坤』，而釋其文，則『元』、『亨』、『利』、『貞』四字，『坤』之一字，皆文王之言。以此推之，卦名、卦辭皆文言矣。」惠氏棟云：「文言者，指卦爻辭也。以卦爻辭爲文王制，故謂之文言。孔子爲之傳，故謂之文言傳，

〔一〕「引」，諸本皆作「曰」，據孫星衍周易集解改。下句「引」同。

乃十翼之一也。」是也。釋文引梁武帝云：「文言是文王所制。」蓋以鄭謂爻卦〔一〕辭是文王作，故云「文言是文王所制」。其曰「文言指卦爻辭」，乃釋所以稱文言之故，非謂文言傳爲文王所作也。

文言曰「元」者，善之長也。【注】荀九家曰：「乾者，君卦也。六爻皆當爲君，始而大通，君德會合，故元爲善之長也。」案：此即鄭「舜既受禪，禹與稷、契、咎繇之屬竝在於朝」之義，所謂「君德會合」也。六龍皆有君德，而皆爲元用，是爲「會合」。元之初兆，具全卦之氣，六爻皆根於元，故元爲之長也。董子考功名云：「考績〔二〕之法，考其所積也。天道積聚衆精以爲光，聖人積聚衆善以爲功。」元之始也，六爻根焉，及其既，則歸功於元，故卦辭以「元」始，爻以「用九」終，非上九之後又有一爻。元藏中宫不可見，楊子之所謂「玄」也，故但稱「用九」，不稱「元」。孔子特明之，故曰「乾元用九」。曰「元者，善之長」，長之，故用之；用之，是以長之也。桓譚新論云：「伏羲氏謂之易，老子謂之道，孔子謂之元，而楊雄謂之玄。」【案】乾陽爲善。白虎通情性〔三〕

〔一〕「爻卦」，疑當作「卦爻」。

〔二〕「績」，諸本皆作「積」，據春秋繁露改。

〔三〕「情性」，原作「性情」。案：白虎通目録篇名爲「情性」，正文篇名爲「性情」，而本書姚氏多次引作「情性」，故從目録篇名。後同。

云：「陽氣者仁，陰氣者貪。」故虞翻注易，統以乾爲善。蓋陽生陰殺，陽主德，陰主刑也。兹依用之。元用六爻，故爲之長。「羣龍无首」，元爲之首。「首出庶物」，是其長矣。「善」，吉也。「亨」者，嘉之會也。【案】「嘉」，善也，美也。「會」，合也。乾坤通，成既濟，陰陽得位而相應，故曰「嘉之會」。乾父坤母，是生六子。「天地絪緼，萬物化醇」。六十四卦，皆自元來。乾元、坤元交，則别成一卦，非乾坤而實乾坤之氣，故卦之稱元，皆曰乾坤。其實乾坤既交，即爲彼卦之元。一索、再索、三索，是生六子，氣亦由微及著。陰陽亦男女，男女亦陰陽。萬物化生，天人一也。吕覽精通云：「父母之於子也，子之於父母也，一體而兩分，同氣而異息，若草莽之有華實也，若樹木之有根心也。雖異處而相通，隱志相及，痛疾相救，憂思相感，生則相歡，死則相哀，此之謂骨肉之親。神出於忠而應乎心，兩精相得，豈待言哉？」卦之相通，亦猶是也。「利」者，義之和也。「貞」者，事之榦也。【注】荀爽曰：「陰陽相和，各得其宜，然後利矣。陰陽正而位當，則可以榦舉萬事。」案：「榦」，本也，正也。本正則事舉。君子體仁足以長人，【注】鄭康成曰：「『體』，生也。」見文選注。【案】乾元，純陽之始，故生仁。乾爲君子。元者，乾之始，立天之本。仁者，君子之始，所以爲君子者也，故「君子體仁」。「長」，君也。元，善之長，故

「足以長人」。禮運曰：「仁者，義之本也，順之體也，得之者尊。」**嘉會足以合禮，**【案】「禮」，體也，履也，有本有文。忠信，禮之本也。義理，禮之文也。无本不立，无文不行。「嘉會」則本立，體也；「合禮」則文行，履也。乾坤通，陰陽合，故「足以合禮」。喪服四制曰：「凡禮之大體，體天地，法四時，則陰陽，順人情，故謂之禮。」**利物足以和義，貞固足以幹事。**【案】利不及物則不和，不和則失宜，故「利物足以和義」。「貞」，正也，定也，故「固」。「固」，堅也。詩曰：「亦孔之固。」正其本，萬事理，故「足以幹事」。**君子行此四德者，故曰「乾，元亨利貞」。**【案】「德」者，得也。四者非自外來，故曰「德」。云「故曰『乾，元亨利貞』」者，謂君子自强不息，終日乾乾，以行四德。「乾」，健也，行也。

初九曰「潛龍勿用」，何謂也？子曰：「龍德而隱者也。【案】「隱」，伏也，微也。陽氣始動於黃泉，故「隱」。坎爲隱伏，亦謂其時陽氣伏藏也。**不易乎世，不成**

乎名。【注】鄭康成曰：「當隱之時，以從世俗，不自殊易〔一〕，无所成名也。」【案】「名」，聲名，即爻畫之名也。陽伏初下，未成畫爻，變易未見，故「不易世」。「君子以成德爲行」，未成畫爻，故「不成名」。**遯世无悶，不見是而无悶。**【案】「遯」，隱也，謂十月陽氣隱遯。「悶」，懣也。「是」，善也。未見未成，故「不見是」，謂十一月氣微，功未著也。陽從剥伏坤出復，「出入无疾」，故「无悶」。畎畝之中，樂堯、舜之道，「人知之，亦囂囂；人不知，亦囂囂」。**樂則行之，憂則違之。**【注】虞翻曰：「陽出初震，爲樂、爲行，故『樂則行之』。」【案】陽生動行，故「樂則行之」。坎爲加憂，爲隱伏，故「憂則違之」。太玄中次三曰：「龍出於中，首尾信，可以爲庸。」玄文云：「『龍出於中』，何謂也？龍德始著也。陰不極則陽不生，亂不極則德不形。君子修德以俟時，不先時而起，不後時而縮，動止微章，不失其法者，其唯君子乎！故首尾可以爲庸也。」義本此。**確乎其不可拔，潛龍也。」**【注】鄭康成曰：「『確』，堅高之貌。『拔』，移也。」見釋文。【案】震動起稱「拔」，初隱伏在下，乾「其靜也專」，故

〔一〕「易」，李鼎祚周易集解作「異」。

「確乎不可拔」。孔子曰：「用之則行，舍之則藏。」

九二曰「見龍在田，利見大人」，何謂也？子曰：「龍德而正中者也。【案】陽爲龍德，正中謂五，二非陽位，必升坤五，正位爲君，故「利見大人」也。**庸言之信，庸行之謹。**【注】荀九家曰：「以陽居陰位，故曰『謹』也。『庸』，常也。」【案】「信」，誠也。「謹」，愼也。氣從下生，根於元，故「言信」。畫動之爻稱「行」，二失位，動則化爲陰，故「謹」，防陰也。二，世子之爻，當升坤五，不可化。**閑邪存其誠，**【注】宋衷曰：「『閑』，防也，閑[一]其邪而存誠焉。二在非其位，故以『閑邪』言之。能處中和，故以『存誠』言之。」【案】閑邪防陰，存誠保陽也。此上皆謂爲世子時也。樂以脩內，禮以脩外，立太傅、少傅以養之，入則有保，出則有師。**善世而不伐，德博而化。**易曰『見龍在田，利見大人』，君德也。」【注】荀九家曰：「陽升居五，處中居上，始以美利[二]利天下。不言所利，即是

〔一〕「閑」，李鼎祚周易集解作「防」。

〔二〕「美利」，李鼎祚周易集解作「美德」。

『不伐』。」荀爽曰：「處五居〔一〕坤，故『德博』。羣陰順從，故能化。」【案】此謂升坤五爲大人也。二升坤五，坤五降二，成既濟。二爲雨施，故「善世」；爲繼體，故「不伐」；「德施普」，故「德博而化」。化謂陰陽易，成既濟，「雲行雨施，品物流形」也。二當升坤五爲君，故曰「君德」。稱「易曰」者，言易所以〔二〕言「利見大人」者，以其有君德，當升坤五，故特出「易曰」以明之。

九三曰「君子終日乾乾，夕惕若，厲，无咎」，何謂也？子曰：「君子進德脩業。忠信，所以進德也。脩辭立其誠，所以居業也。【案】「進德」，謂息至三。「脩業」，謂居三之業。功業見乎變，畫變之九也。三由元來，乾乾未已，故「忠信所以進德」。變之九，與陰接，故「脩辭」。言者心聲，爻由畫變也，變之九，不化，故「立其誠，所以居業」。乾乾惕若，三之德業也。「脩」，飾也。禮不辭費，故脩辭所以通情者也。表記曰：「無辭不相接也，欲民之無相褻也。」「忠」，敬；

〔一〕「居」，李鼎祚周易集解作「據」。
〔二〕「所以」，諸本皆倒，據上下文義乙正。

「誠」，信；「業」，事也。**知至至之，可與幾也。知終終之，可與存義也。**【案】「至之」謂息至三，「終之」謂終於九。息至三，得位，故「知至至之」。「幾者，動之微」。「見幾而作」，幾也；「知至至之」，亦幾也，故「可與幾」，謂陽自初至三成畫也。畫動成爻，終於九，不化之陰，故「知終終之」。「義」者，事之宜。「存」，察也。得位爲宜，失位則失宜。三終於九，不化之陰，故可與察事宜。乾乾愓若，防患於未然也。**是故居上位而不驕，在下位而不憂。故乾乾因其時而愓，雖危，无咎矣。」**【注】虞翻曰：「天道三才，一乾而以至三乾成，故爲『上』。」【案】三與五互一卦，三在下，故爲「下」。亢則有悔，三在下體，因時而愓，故「不驕」。「驕」謂恃己陵物也。初在下，「憂則違之」。三雖在下，已居下體之上，故「不憂」。不諂不瀆，何憂何驕？「時」謂日夕。剛而不中，故「危」。

九四曰「或躍在淵，无咎」，何謂也？子曰：「上下无常，非爲邪也。【注】荀爽曰：

「乾者，君卦；四者，臣位也，故欲進[一]躍居五。『下』者，當下居坤初，得陽正位，故曰『上下无常，非爲邪也』。」案：「得陽正位」，謂或上或下，求得陽之正位。**進退无恒，非離羣也。**【案】「進」謂變之九，「退」謂化之陰。四不之坤初，則當化，故「進退无恒」。「羣」，同類也。陽與陽爲羣，陰與陰爲羣，所謂「方以類聚，物以羣分」者也。「離」，麗也。之坤，坤陰非陽羣；化爲陰，居本位，乾陽非陰羣。上下求陽位，故「非爲邪」。進退俱異類，故「非離羣」。乾道變化，氣自四始。四，「乾道乃革」。革，變化也。十一月、十二月、十三月之時，陽在下體，物始萌芽，氣未上升。至二月，震氣激而出地，氣始上升。震以出之，風以行之，陰陽氣交，物得之而枝葉生。上變而下亦變，所謂變之七也。至四月陽究，上究則下亦究。乾動也直，於雷見之，春氣上行，可目驗者也。唐志一行卦候議云：「陽七之靜始於坎，陽九之動始於震，陰八之靜始於離，陰六之動始於兑。」案：坎陽始生，七之始也。至震成七，九之始也。離陰始生，八之始也。至兑成八，六之始也。

〔一〕「進」，朱睦㮮聚樂堂刻李鼎祚周易集解（以下簡稱朱本李鼎祚周易集解）同，周孝垓枕經樓刻李鼎祚周易集解（以下簡稱周本李鼎祚周易集解）作「上」。

雷出地而陽行，風行地而陰出。君子進德脩業，欲及時也，故无咎。」【案】「進德」，進至四；「脩業」，脩居四之業。謂畫動爲爻也。當其可之謂「時」，四不當位，故「欲及時」，所以上下進退也。三得位，不之他、不化，故「因時」。四失位，上下進退，故「欲及時也」。晁説之謂鄭作「及時」，僞也。「時」，是也。四失位，故欲及是，所以上下進退，欲之故然也。或之者，疑之也，疑所以欲，「欲」字正解或之之故。失位而欲得位，「故无咎」。知鄭本斷不删去「欲」字。陸氏釋文異文俱載，何於鄭獨多遺漏，而説之得之獨多邪？與張弧僞子夏傳同屬託大儒以欺人耳。其説有不悖於義者，乃依放別家注爲之。宋儒作僞，大類如此，今概不用。

九五曰「飛龍在天，利見大人」，何謂也？子曰：「同聲相應，同氣相求。【案】謂乾坤純陽純陰，陰陽各以類相應求，聲氣之感，莫不皆然。三百八十四爻，陰陽各半，而元用之，此言乾坤爲一經之宗也。水流溼，火就燥。【案】「溼」，幽溼也。「水流溼」，謂坎。上下皆坎，故「流溼」。「燥」，乾也。「火就燥」，謂離。上下皆離，故「就燥」。水潤下，故「流」；火炎上，故「就」。「就」，就高也。此又舉坎離，言其得乾坤之中氣，所以爲陰陽之始終也。雲從龍，風從虎。【案】

「雲從龍」，謂頤、小過。震爲龍。「雲」，山氣，謂艮也。論衡藝增云：「山氣爲雲。」説文云：「雲，山川氣也。」艮爲山，氣升爲雲。震反成艮，重卦爲頤。艮反成震，重卦爲小過。艮、震反復相從，故「雲從龍」也。「風從虎」，謂大過、中孚。巽爲風，兑爲虎。巽反成兑，重爲大過。兑反成巽，重爲中孚。兑、巽反復相從，故「風從虎」。四卦反復不衰，與乾坤坎離同。言此八卦者，以明卦之所以以旁通、反復相受也。陽氣至大過而滅，養於頤，起於中孚，見於小過。龍所以象陽，故六爻稱「六龍」。乾元戰亥出震，震得乾初之氣，故震爲龍。龍以春分升也，陰氣成於秋。故陸績革五「大人虎變」注云：「兑之陽爻爲虎，陰爻稱豹。」宋衷云：「兑爲白虎。」淮南子天文云：「物類相動，本標相應。虎嘯而谷風至，龍舉而景雲屬。」東方朔七諫云：「同音者相和兮，同類者相應〔一〕。飛鳥號其羣兮，鹿鳴求其友。故叩宮而宮應兮，彈角而角動。虎嘯而谷風至兮，龍舉而景雲往。音聲之相和兮，言物類之相感也。」皆用此爲義。管輅别傳：「徐季龍與輅共論『龍動則景雲起，虎嘯則谷風至』，以爲火星者龍，參星者虎，火出則雲應，參出則風到，此乃陰陽之感化，

〔一〕「應」，楚辭七諫作「似」。

非龍虎之所致也。略言：『夫論難當先審其本，然後求其理，理失則機謬。若以參星爲虎，則谷風更爲寒霜之風，寒霜之風非東風之名。是以龍者陽精，以潛爲陰，幽靈上通，和氣感神，二物相扶，故能興雲。夫虎者陰精，而居於陽，依木長嘯，動於巽林，二氣相感，故能運風。若磁石之取鐵，不見其神而金自來，有徵應以相感也。況龍有潛飛之化，虎有文明之變，招雲召風，何足爲疑？』季龍言：『夫龍之在淵，不過一井之底。虎之悲嘯，不過百步之中。形氣淺弱，所通者近，何能瀏景雲而馳東風？』略言：『君不見陰陽燧在掌握之中，形不出手，乃上引太陽之火，下引太陰之水，噓吸之間，煙景以集。苟精氣相感，懸象應乎二燧；苟不相感，則二女同居，志不相得。自然之道，無有遠近。』」此略伸「雲從龍」、「風從虎」之義也。「龍陽精，以潛爲陰」，故震象焉。「虎陰精，而居於陽」，故兑象焉。**聖人作而萬物覩。**【注】鄭康成曰：「『作』，起也。」見釋文。虞翻曰：「『覩』，見也。」【案】上舉反復不衰八卦，以明皆元之用。聖作物覩，亦類從也。「聖人作」，所謂「大人造」。公孫弘曰：「氣同則從，聲比則應。今人主和德於上，百姓合和〔一〕於下，故心和則氣和，氣和則形和，形和則

〔一〕「合和」，漢書作「和合」。

聲和，聲和則天地之和應矣。」本傳對策。乾元爲聖人，託位於五。**本乎天者親上，本乎地者親下，則各從其類也。」**【案】此明陰陽各以類從，乃同類相召之所以然也。虞翻云：「雷風相薄，故『相應』也。山澤通氣，故『相求』也。離上而坎下，『水火不相射』。乾爲龍，雲生天，故『雲從龍』。坤爲虎，風生地，故『風從虎』。」義同。乾坤之氣，以風雷交，交則相薄而有聲。乾坤之氣，以山澤通。風雷山澤，相應相求，皆乾坤也。龍陽潛陰，虎陰居陽，合言震兑，專言其氣，則乾坤耳。

上九曰「亢龍有悔」，何謂也？子曰：「貴而无位，【注】荀爽曰：「在上，故『貴』。失位，故『无位』。」案：虞繫辭傳注云：「天尊，故『貴』。以陽居陰，故『无位』。」義同。**高而无民。**【注】虞翻曰：「在上，故『高』。无陰，故『无民』也。」繫辭傳注。【案】陽君陰民，乾純陽之卦，然則五亦无民乎？非也。五陽得位，坤順從之，豈无民哉？上之所以无民者，以其失位，三又不化故也。桀、紂之民，歸湯、武矣，豈其民乎？**賢人在下位而无輔，是以動而有悔也。」**【注】荀爽曰：「謂上應三。三陽德正，故曰『賢人』。別體在下，故曰『在下位』。兩陽无應，故『无輔』。」【案】

「動」謂畫動之九。上失位，不動則悔不著。動之九，陽極則陰來，故「有悔」。「无位」、「无民」、「无輔」，烏得不動輒得悔與？非聖人，孰能處此而无凶咎者乎？是以深戒之。

「潛龍勿用」，下也。【案】不言陽，但言「下」，明在下皆然也。淮南子曰：「潛龍勿用，言時之不可以行也。」人間文。案：漢志：「淮南王安聘明易者九人，號『九師法』。」此蓋九師遺説〔一〕與？**「見龍在田」，時舍也。**【注】虞翻曰：「二非王位，時暫舍也。」【案】「舍」，止也。乘時升五，乃爲「大人」，未升則舍於二。得位而升，升之時也；非時而舍，舍之時也。故曰「時舍」，謂二。云「見龍在田」者，以其得時，方升未升，則尚在田也。惠氏士奇云：「『舍』，讀爲『田舍東郊』之『舍』。『時舍』對『時行』、『時乘』。乘則行，舍則止。『時止則止，時行則行，動静不失其時，其道光明』，見龍之象也。初時潛，二時舍，三時行，四時躍，五時飛，至上而窮，故亢。亢者，不知時也。」**「終日**

〔一〕「遺説」，原倒，據南菁書院本乙正。

乾乾」，行事也。「或躍在淵」，自試也。【案】進德脩業，故「行事」。或上或下，故「自試」，所謂疑之也。「試」，驗也，嘗視也。惠氏棟云：「求陽正位而居之，故『自試』。四非上〔二〕居五，則當下居初，或之，故『自試也』。」「飛龍在天」，上治也。【案】五居尊位，居上治下，故「上治」。「治」，理也。「亢龍有悔」，窮之災也。【案】「窮」，極也。「災」，害也。亢上，故「窮」。陽極則陰來，故「窮之災」。乾元「用九」，天下治也。【案】乾元用九，則爻之九，皆元之用矣。乾元不自用，合衆陽以爲用；聖人不自用，合羣聖以爲用，故「天下治」。「治」，整也。孔子曰：「昔者舜左禹而右皋陶，不下席而天下治。」大戴王言文。

「潛龍勿用」，陽氣潛藏。【案】「藏」，猶隱也。「潛藏」謂元。惠氏棟云：「陽息初震，下有伏巽，故曰『潛藏』。」案：初之潛藏，自謂陽在地中。若云伏巽，巽初陰爻耳，與乾陽无與。且伏巽是巽伏，非陽氣潛藏之義。初當坎位，坎爲隱伏，陽在地中，即是潛藏，所謂「坤以藏之」也，不必取伏巽。「見龍在田」，天下文明。【案】乾二之坤五，坤五降乾二，成離，

〔二〕「上」，諸本皆無，據惠棟周易述補。

爲「文明」。離爲日，得坤中氣。坤爲文。離，南方朱鳥之象，故虞注易以離爲文明。兹依用之。謚法曰：「慈惠愛民曰文，照臨四方曰明。」「德施普」，故「天下文明」也。

「終日乾乾」，與時偕行。【案】乾乾不息，故「與時偕行」。「偕」，俱也。「或躍在淵」，乾道乃革。【案】「革」，去故也。下體終，上體繼。乾陽動而出地，萬物變。四或上或下，去其本位。春秋傳曰：「失則革之。」獨四言「革」者，乾道變化，氣自四始，否泰之交，乾坤革易，故三曰「反復」，四曰「革」。「飛龍在天」，乃位乎天德。【案】元爲天德。五，天德之位。乾元託位於五，故「位乎天德」，謂正位也。天德之位，「聖人之大寶」也。「亢龍有悔」，與時偕極。【案】在上，故「極」。四月，陽極之時，故「與時偕極」。畫者，時也。爻者，畫之動，時之極，所謂「六爻之動，惟其時物，三極之道」也。乾元「用九」，乃見天則。【案】「則」，法也，常也。尊无與二，天之則也。九爲元用，天則見矣。「天何言哉？四時行焉，百物生焉」，乾元用九，亦如是也。吕覽曰：「不出者，所以出之也。不爲者，所以爲之也。故曰：天無形而萬物以成，至精無象而萬物以化，大聖無事而千官盡能。」君守文。

「乾元」者，始而亨者也。【注】虞翻曰：「乾始開通，以陽通陰，故始通。」【案】乾元，陽之始；坤元，陰之始。「始通」，謂陰陽以元氣交會也。「而」，詞也。班彪傳注引禮統云：「天地者，元氣之所生，萬物之祖。」白虎通天地云：「地者，元氣之所生，萬物之祖也。」〔一〕管子云：「地者，萬物之本原，諸生之根菀也。」案：太極函三爲一，是曰元；分爲二，乾得其陽，坤得其陰，故乾坤皆有元也。

「利貞」者，性情也。【案】未發謂之性，發而无節謂之欲，發而皆中節謂之情。情者，合乎禮樂、各得其正者也。乾性陽，坤性陰，九、六者，畫之變，由性而發，偏於一，不能合乎情者也。乾二、四、上之坤，坤初、三、五之乾，成既濟，六爻得正，乃謂之情，故曰「利貞者性情」，致中和、天地位、萬物育者也。荀子曰：「人無師法，則隆性矣。有師法，則隆積矣。而師法者，所得乎情，非所受乎性，不足以獨立而治。性也者，吾所不能爲也，然而可化

〔一〕陳立白虎通疏證云：「御覽引禮統云：『天地者，元氣之所生，萬物之所自也。』案：此『地者』十二字，當脫一『天』字。」

也。情也者，非吾所有也，然而可爲也。注錯習俗，所以化性也。并一而不二，所以成積也。習俗移志，安久移質〔一〕，并一而不二，則通於神明、參於天地矣。」儒效文。董子曰：「性者，天質之樸也。善者，王教之化也。無其質，則王教不能化。無其王教，則質樸不能善。」實性文。又深察名號云：「性比於禾，善比於米。米出禾中，而禾未可全爲米也。善出性中，而性未可全爲善也。善與米，人之所繼天而成於外，非在天所爲之内也。天之所爲，有所至而止。止之内謂之天性，止之外謂之人事。事在性外，而性不得不成德。」觀二子之言，可以知「利貞」、「性情」之義矣。彖言「性命」，言一陰一陽，本太極之體，以性溯命也。此言「性情」，言乾坤通，成既濟，一陰一陽，發皆中節，以性推情也。易之始，始於太極，一陰一陽之謂道也；終於既濟，亦一陰一陽，復太極之體。以是始，以是終，終而復始，周流无竟者也。陰陽各有性，性各有偏，發皆中節謂之爲情，故云「利貞者性情」。樂記云：「人生而靜，天之性也。感於物而動，性之欲也。」蓋隨性而發，失其正者爲欲，得其正者爲情。欲而得正，亦即是情。此性

〔一〕「質」，諸本皆作「積」，據荀子改。

之本正而發於外者，乾之初、三、五是也。欲而不正，是之謂欲；化之正，然後爲情。此性之不正發於外，待教而後正者也。乾成既濟，二、四、上是也。故合而言之，欲雖失正，亦是感物而動，通謂之情。樂記云：「夫民有血氣心知之性，而無哀樂喜怒之常，應感起物而動，然後心術形焉。」此統其發於外者言之，不論其當否者也。若分而別之，則合於禮樂，乃得爲情。一人爲然，天下之人皆以爲然，放諸四海而準，乃是情也。樂記云：「先王本之情性〔一〕，稽之度數，制之禮義，合生氣之和，道五常之行，使之陽而不散，陰而不密，剛氣不怒，柔氣不懾，四暢交於中而發作於外，皆安其位而不相奪也。」又云：「樂也者，情之不可變者也。禮也者，理之不可易者也。樂統同，禮辨〔二〕異，禮樂之説，管乎人情矣。」此乃所謂情也。故「利貞者性情」，言六爻皆正，則性之偏者亦化矣。繫辭傳云「設卦以盡情僞」，云「情僞相感」，得位爲情，失正爲僞。呂覽情欲云：「耳之欲五聲，目之欲五色，口之欲五味，情也。雖神農、黄帝，其與桀、紂同。聖人之所以異者，得其情也。」

乾始能以美利利天下，不言所利，大矣哉！【注】虞翻曰：「『美利』謂『雲行雨施，品物流形』，故『利天下』。『天何言哉！四時行焉，百物生焉』，故利者

〔一〕「情性」，諸本皆倒，據禮記正義乙正。
〔二〕「辨」，諸本皆作「別」，據禮記正義改。

大也。」【案】「能」，該也。釋名釋言語云：「能，該也，無物不兼該也。」利而可言，所利僅矣。「不言所利」，不可言也。呂覽曰：「天地大矣，生而弗子，成而弗有，萬物皆被其澤、得其利，而莫能知其所由始，此三皇、五帝之德也。」貴公文。陽稱美善也，大之之辭也。孟子曰：「充實之謂美。」**大哉乾乎！剛健中正，純粹精也。**【案】「剛」，堅强也。「健」，建也，亦强也。「純」，專也。「粹」，不雜也。「精」，静也。乾陽「剛健」，元託位於五，故「中正」。乾「其静也專」，六畫皆陽，專而不雜，故「純粹」。六者乾之静，故曰「精」。此贊乾元成畫，六畫純陽。乾之性，即上所謂「性」也。未發謂之性，畫未變成爻也。**六爻發揮，旁通情也。**【注】陸績曰：「乾六爻發揮變動，旁通於坤，坤來入乾，以成六十四卦，故曰『旁通情也』。」【案】「發揮」，猶發動。「旁」，溥也。「往來不窮謂之通」。「六爻發揮」，謂由六畫而發動爲六爻也。發爲六爻，仍偏於一，與坤通，成六十四卦，皆成既濟，則「情」也。不發動，无由旁通；既變，然後有化也。上言其静，六畫未變，性也。此言其情，成既濟也，所謂「利貞，性情也」。**時乘六龍，以御天也。雲行雨**

施，天下平也。【注】荀爽曰：「『御』者，行也。陽升陰降，天道行也。乾升於坤曰『雲行』，坤降於乾曰『雨施』。乾坤二卦，成兩既濟，陰陽和均，而得其正，故曰『天下平』。」案：韓詩外傳云：「夫霜雪雨露，殺生萬物者也，天無事焉，猶之貴天也。執法厭文，治官治〔一〕民者，有司也，君無事焉，猶之尊君也。夫闢土殖穀者后稷，決江疏〔二〕河者禹也，聽獄執中者皋陶也，然而聖后〔三〕者堯也。故有道以御之，雖無能也，必使能者爲己用也。無道以御之，彼雖多能，猶將無益於存亡矣。詩曰：『執轡如組，兩驂如舞。』貴能御也。」「時乘六龍，以御天」，亦天有以御之也。四時十二消息，升降於六位，以行天之元氣。「雲行雨施」，莫非元之用。成既濟，六爻正，陰陽和，故「天下平」。

君子以成德爲行，日可見之行也。「潛」之爲言也，隱而未見，行而未成，是以君子弗用也。【案】初體復。「復，德之本也」。元動成畫爻，故「以成德爲行」。「剛柔者，晝夜之象」，動成畫爻，故「日可見之行」。乾元始動，未成畫爻，故「隱

〔一〕「治」，諸本皆作「法」，據許維遹韓詩外傳集釋改。
〔二〕「疏」，諸本皆作「流」，據許維遹韓詩外傳集釋改。
〔三〕「聖后」，許維遹韓詩外傳集釋作「有聖名」。

而未見，行而未成」。「未見」、「未成」，「是以弗用」。言「君子」，明其龍德也。

君子學以聚之，問以辯之，寬以居之，仁以行之。易曰：「見龍在田，利見大人。」君德也。【注】虞翻曰：「陽在二，兑爲口，震爲言、爲講論。案：震雷爲聲，言者心聲。坤爲文，故『學以聚之，問以辯之』。兑象『君子以朋友講習』。震爲寬仁。」案：五行傳云：「東方謂之仁。」【案】初習謂之學，重習謂之脩。「之」，目君德也。學記曰：「師也者，所以學爲君。」「聚之」、「辯之」、「居之」、「行之」，皆謂君德也。「聚」，具也。「問」，論難也。「辯」，謂考問得其定也。「寬」，宏也，猶愛也。「寬以居之」者，學之博，愛之深，藏脩息游，无非學也。「仁以行之」，以仁天下也。此皆爲世子時事，故重言「君德」，言二當升五而爲君，而天下利見之也。文王爻辭，唯九三言人事；傳則言行、言學、言進脩，无在非學也。象曰：「君子以自强不息。」子蓋三致意焉。子曰：「加我數年，五十以學易。」而於每卦象傳必曰「以」，以者，學之謂也。自天子至庶人，无人不當學；自春及冬，自朝及夕，无時不宜學；富貴貧賤，夷狄患難，无在不可學。子曰「我學不厭」，曰「發憤忘食」，曰「不如丘之好學」，聖人亦學而已。學記曰：「君子如欲化民成俗，其必由學乎！」故於世子之爻，發學之義焉。

九三重剛而不中，上不在天，下

不在田，故乾乾因其時而惕，雖危，无咎矣。【注】虞翻曰：「以乾接乾，故『重剛』。位非二、五，故『不中』也。」案：上下體爲重。「重巽」、「重險」，因而重之也。【案】五天全乎君，三居上而非五，故「不在天」。二田全乎臣，三在下而非二，故「不在田」。上臣於天子，下君其臣民，爲君難，爲臣不易，止仁止敬，文王其當之矣。九四重剛而不中，上不在天，下不在田，中不在人，故「或」之。「或」之者，疑之也，故「无咎」。【注】虞翻曰：「非其位，故『疑之』。」【案】「人」謂三。三居下體人近地，故三爲人。四失位非正，故「中不在人」。三、四兩爻各兼上中下。三居下體一卦之上，是之謂「上」，而非五，故「不在天」。三與四、五互一卦，三在下，故曰「下」，而非二，故「不在田」也。四與二、三共互一卦，四在上，故曰「上」；爲上卦之下，故曰「下」。三、五互卦，四在其中，故曰「中」，而非三，故「不在人」。二、四互卦，三亦在中，不言之者，以其在人也。上中下三者俱備，唯三、四兩爻。初、上无兼稱。二下中，五上中，各得兩稱。互體五在上，二在下也。魏志鍾會傳：「會嘗論易无互體。」亦不知易耳。上下未定，故「疑之」。「疑之」，言擬也。四自擬也，自擬未定，審擇所處，故得「无咎」。夫「大人」者，與天地合其德，與日月合其明，與四時合其序，與鬼神合其吉凶，先天而天弗違，後天而

奉天時。天且弗違，而況於人乎？況於鬼神乎？【注】荀爽曰：「與天合德，謂居五也。與地合德，謂居二也。坤五之乾二成離，離爲日。乾二之坤五爲坎，坎爲月。」虞翻曰：「『奉』，承行。」【案】乾元託位於五，故於九五發乾元之大用焉。五者，聖人之位。乾元者，聖人也。六爻變化，皆元主之。五天二地，二應五，成既濟之正，故「與天地合其德」。二、五相應，離日坎月，故「與日月合其明」。「四時」謂十二消息，消息以時，故「與四時合其序」。精氣爲神，游魂爲鬼，成變化，行鬼神，故「與鬼神合其吉凶」。既濟，太極之象，先天地者也，故「先天而天弗違」。既濟居一經之終，故「後天而奉天時」，元所以統天也。此即元之爲元，无所不在，以明聖之所以爲聖，故曰「夫『大人』者」，所謂「建諸天地而不悖，質諸鬼神而無疑，百世以俟聖人而不惑」者也。「與」，偕也。化育萬物謂之德，照臨四方謂之明。「序」，次序。「弗」，不也。天且不違，故「況於人乎」？夫民，神之主也，人不違，「況於鬼神乎」？禮運曰：「故聖人作則，必以天地爲本，以陰陽爲端，以四時爲柄，以日星爲紀，月以爲量，鬼神以爲徒，五行以爲質，禮義以爲器，人情以爲田，四靈以爲畜。」「亢」之爲言也，知進而不知退，知存而不知亡，知得而不知喪。【案】「進」謂變，畫進之九也。「退」謂化，九化之陰也。陽爲「存」，化之陰爲「亡」。陽在五爲「得」，在上當化之陰，爲「喪」，亡喪其陽也。進必有退，存必有亡，得必有喪。上處非其位，動則必化之陰，所謂「動而有悔」也，不知物極之必反。三者不知，則三者隨之矣，是之謂「亢」。知有退則能保其進，知有亡則能保其存，知有喪則能保其得，知失位而不動，則三者免矣，非聖人其孰能之？乾，純陽之卦，六爻一體。陽氣之升，斷未有止於五、不升上者。如物之生，體无不全也，而其體則不必上盡究而下盡不究。氣雖同根於元，而究各異。舜與桀，所處者皆天子之位。桀之不善，非位之罪。陽動有悔，又豈上位之咎與？使舜而處桀之位，不失爲舜；使桀而處舜之位，仍自爲桀耳。故進退之義，宜謂本畫之變化，不得以位拘。舜可以處初，亦可以處上。桀不能居上，又豈能居初？故論卦爻，必知其全卦之氣，然後以位推明之。爻有貞吉，亦有貞凶，繫乎卦也。故乾上雖處非其位，不動亦可无悔，全體純陽故也。荀爽云：「陽位在五，今乃居上，故曰『知進而不知退』。在上當陰，今反爲陽，故曰『知存而不知亡』。」茲據「變化者，進退之象」爲義，不用荀說。其唯聖人乎！知進退存亡而不失其正者，其唯聖人乎！【案】「其唯聖人」，言高上之位，非聖人不能居也。聖人謂乾元，乾元用九，自初至上，一以貫之，故「知進退存亡」。爻之變化，莫非元也，託位於五，故「不失其正」。再言「聖人」，以見非聖不能也。「乾道變化，各正性命」，成既濟，六爻皆正，元主之也。繫辭傳云：「危者，安其位者也。亡者，保其存者也。亂者，有其治者也。是故君子安而不忘危，存而不忘亡，治而不忘亂。是以身安而國家可保也。易曰：『其亡其亡，繫于包桑。』」「其亡其亡」，以亡自惕也。以亡自惕，焉得亡乎？桀自比於日，紂責命於天，不知亡也，焉得不亡？所謂「危者，安其位者也」，言其所以危亡，乃安其位故也，即所謂「其亡其亡」，其所以亡也。君子以之自惕，安不忘危，所以安也。帝王君臣交勉不諱，言亡而卒不亡，所謂「知進退存亡而不失其正者」也。治亂之機，不外乎是，百世可知，子豈虛語哉？

周易姚氏學卷第二終

周易姚氏學卷第二

周易上經彖上傳象上傳文言傳

旌德姚配中撰

䷁ 坤下坤上

【案】六畫純陰，與乾通，成六十四卦，所謂「六爻發揮，旁通情〔一〕也」。故凡陰陽相配之卦，均曰「旁通」，謂乾坤通也。

坤：元亨，利牝馬之貞。【注】虞翻曰：「陰極陽生〔二〕，乾流坤形。坤含光大，凝乾之元，終於坤亥，出乾初子，品物咸亨，故『元亨』也。坤爲『牝』。」案：建亥之

〔一〕「情」，諸本皆脱，據文言傳補。

〔二〕「陰極陽生」，諸本皆作「陽極陰生」，據李鼎祚周易集解改。

月，坤卦用事。十一月子，一陽生，體復乾初也，故「終於坤亥，出乾初子」。「坤含光大，凝乾之元」，凝乾元即坤元也。坤元凝乾元，故虞於元每稱「乾」，以乾元藏坤元中也，非謂坤无元。太極生兩儀，太極，元也。陰陽未分，非有陽而无陰。傳云：「一陰一陽之謂道。」太極分爲乾坤，則乾得其陽，坤得其陰，皆太極之元也，故坤元亦稱「至」。至，極也。或因虞義，以元專屬乾，非也。

【案】「坤」，順。「元」，始也。乾元，陽之始；坤元，陰之始。乾坤交，故始通。陰爲「牝」。「牝」，雌也。乾爲馬，坤純陰，則「牝馬」也。故傳曰「牝馬地類」。利初、三、五之正，成既濟，故「利牝馬之貞」。正則陰陽和，故利之也。取「牝馬」者，地當承天，妻當從夫，臣當奉君，言其柔順利貞，爲所當爲也。若「四牡項領」，詩人刺之矣。五行傳注云：「馬屬皇極。皇極五，土數也。」平準書云：「天用莫如龍，地用莫如馬。」馬援傳云：「行天莫若龍，行地莫若馬。」王莽傳云：「乘乾文龍〔一〕，駕坤六馬。」鄭氏云：「坤爲牝馬。」京氏易傳説坤「於類爲馬」，引「行地无疆」以證。諸説皆依「牝馬地類」爲義。蓋坤陰卦，故以牝馬象焉。傳云「牝馬地類」，云「柔順利貞」，「貞固足以斡事」。「牝馬

〔一〕「龍」，漢書王莽傳作「車」。

之貞」，婦人之事而已矣。喪服傳云：「婦人有三從之義，無專用之道，故未嫁從父，既嫁從夫，夫死從子。」公羊襄十二〔一〕年傳云：「大夫無遂事。」「遂者何？生事也。」坤，妻道、臣道，故取牝馬，言其柔順利貞也。節南山：「四牡項領。」箋云：「四牡者，人君所乘駕。今但養大其領，不肯爲用，喻大臣自恣，王不能使也。」君子有攸往，【案】上以物喻，此據人言。坤初、三、五失位，往之乾，得位，坤初之乾四，三之乾上，五之乾二；乾二、四、上來之坤，各成一既濟。故「君子有攸往」。「攸」，所也。「往」，之也。動而之他爲「往」。晝動之爻，爻往之他，皆是也。先迷，後得主。【案】「先迷」謂初、三、五未之乾，純陰用事，无所適從，故迷惑也。「後」謂初、三、五已之乾，乾來入坤，陰從陽，故「得主」。「主」，君也。陰以陽爲主，陽唱陰和，无所迷矣。盧氏云：「坤，臣道也。後而不先。陰以陽爲主。」利西南得朋，東北喪朋，安貞吉。【注】馬融曰：「『喪』，失也。見釋文。孟秋之月，陰氣始著，而坤之位，同類相得，故『西南得朋』。孟春之月，陽氣始著，陰始從陽，失其黨類，故『東北喪朋』。」荀爽曰：「陰起於午，至申三陰，得坤一

〔一〕「二」，諸本皆作「三」，據春秋公羊傳注疏改。下引「遂者何？生事也」，僅見於公羊傳桓八年。

體，故曰『西南得朋』。陽起於子，至寅三陽，喪坤一體，故曰『東北喪朋』。」案：「利」字或誤連「主」字讀，據「後得主而有常」，則「主」字絶句。通典禮部引魏高堂隆議引易曰：「坤，利西南得朋，東北喪朋。」以「利」字屬下，是也。【案】坤西南，艮東北。陰消成否，當坤位；否反成泰，當艮位，故「利西南得朋，東北喪朋」。「安貞吉」，謂陰消否即反泰，泰二之五，以成既濟也。「安」，定也。六爻各安其居，所謂「既濟定也」。此即乾三反復之義，陰消陽不利，消成否即反成泰，以成既濟，故「利」。蹇「利西南，不利東北」，謂坤、艮。解「利西南」，亦謂坤，義與此同，解在當卦。虞翻據納甲爲説，云：「謂陽得其朋〔一〕類。月朔至望，從震至乾，與時偕行，故『乃與類行』。陽喪滅坤，坤終復生，謂月三日，震象出庚，故『乃終有慶』。此指説易道陰陽消息之大要也。謂陽，月三日，變而成震出庚。至月八日，成兑見丁。庚西丁南，故『西南得朋』。謂二陽爲朋，故兑『君子以朋友講習』。文言曰：『敬義立而德不孤。』彖曰：『乃與類行。』二十九日，消乙入坤，滅藏於癸，乙東癸北，故『東北喪朋』，謂之以坤滅乾，坤爲喪故也。馬君云云，失之甚矣。荀君云云，何異馬也？」案：虞義蓋以月滅藏於癸，全體皆暗，坤純陰象焉，故用參同契納甲之義爲説。然傳云「乃與類行」，坤陰卦，陰與陰爲類，若如

〔一〕「朋」，李鼎祚周易集解無。

虞說，成兑陽得朋，則云「類行」可耳，不得言「與」。「喪朋」謂消滅於癸，則陽氣全消，云「乃終」可耳，不得言「慶」，陰非慶也。「有慶」謂成既濟，六爻得正，故「安貞吉」也。虞又謂如荀說，當云「南西」、「北東」。此所謂欲加之罪耳。「東北」、「西南」乃語之轉，爾雅稱「西南隅」、「東北隅」，詩稱「南東其畝」，非獨易然也。若謂自北而東，必當言北東，則傳稱艮「東北之卦」，豈艮之方位自東而北與？虞又謂經豈以乾爲喪？案：「喪朋」自謂陰失其類，无與乾事。

彖曰：至哉！坤元。萬物資生，乃順承天。【注】荀九家曰：「坤者純陰，配乾生物，亦善之始，地之象也，故又歎言至美。」荀爽曰：「『萬物資生』，謂萬一千五百二十策皆受始於乾，由坤而生也。策生於坤，猶萬物成形，出乎地也。」【案】「順」猶從也。「承」，奉也，受也。元爲天地之始，乾元立天之本，而萬物資以始；坤元順承天，而萬物資以生。坤非元，亦不能生物也。故乾曰「大哉」，坤曰「至哉」。**坤厚載物，德合无疆，含弘光大，品物咸亨。**【注】荀爽曰：「天地交，萬物生，故『咸亨』。」【案】坤地，故「厚」。地卑，故「載」。天覆物无疆，地載物无疆，故「德合无疆」。「疆」，竟也。白虎通曰：「土者最大，包含物，將生者出，將歸者入。」五行文。故「含弘」。「含」，函也，容也。「弘」，寬大也。乾坤通，成既濟，故「光大」也。「復，小而辯於物」，陽初息爲小，則陰極盛，亦得稱「大」，所謂「莫大乎天地」、「天地之大德曰生」也。虞以「大」專屬乾，茲不用。「光」通「廣」，書「光被四表」，「光」，一作「廣」，一作「横」。「廣大」者，乾坤合，大生廣生也。**牝馬地類，行地无疆。**【案】牝陰，故「地類」。「天行健」，故六龍御天。坤與乾合德，故牝馬亦「行地無疆」。説文云：「馬者，怒也，武也。」坤柔順，故以「牝馬」象焉。「引重致遠，以利天下」，故「行地无疆」。

柔順利貞，君子攸行。【注】荀九家曰：「謂坤爻本在[一]柔順陰位，則利貞之乾，則陽爻來據之，故曰『君子攸行』。」案：此當云「坤爻本柔順，在陽位，則利貞之乾」。蓋在陽位者，失位不正，故「利貞之乾」。乾陽來據其位，坤往之乾，則乾來之坤，或往或來，皆得其正，故「君子攸行」也。此云「坤爻本在柔順陰位」者，傳寫之誤。【案】「柔」，弱也。初、三、五失正，利之正，故「柔順利貞」，所謂「牝馬之貞」也。**先迷失道，後順得常。**【案】「失道」，失柔順之道。以陰居陽，上六所以「龍戰」也，失道斯迷矣。「常」，謂陽尊陰卑，君尊臣卑，天先乎地，君先乎臣，夫先乎婦，道之常也。陰不

[一]「坤爻本在」，諸本皆作「坤本」，據李鼎祚周易集解及下文姚氏案語補。

爲物之始，而順從陽，以陽爲主，斯得常矣。董子曰：「陰道無所獨行。其始也，不得專起；其終也，不得分功，有所兼之義。是故臣兼功於君，子兼功於父，陰兼功於陽，地兼功於天。」基義文。西南得朋，乃與類行。東北喪朋，乃終有慶。【案】「類」，陰類也。陽稱「慶」，善也。成既濟，以陰從陽，故「終有慶」。虞賁六五注云：「凡言『喜』、『慶』，皆陽爻。」兹依用之。坤，陰道，女子從人。若二女同居，則其志不相得，其志不同行，故必失其陰朋，從陽而後有慶也。安貞之吉，應地无疆。【注】虞翻曰：「坤〔一〕道至静，故『安』。」案：杜鄴云：「坤以法地，爲土、爲母，以安静爲德。」【案】成既濟，六爻正，陰陽應，「德合无疆」。謂坤成既濟，六爻相應，乃坤之无疆，所謂坤元也。乾元統天，立天之本。坤元應地，地德所以无疆也。

象曰：地勢坤，君子以厚德載物。【注】宋衷曰：「地有上下九等之差，故以形勢言其性也。」案：惠氏棟云：「漢書叙贊曰：『坤作地勢，高下九則。』高下者，地之勢也。白虎通曰：『地有三形，高下平。』卦有兩坤，故以『勢』言之。」【案】乾圜，故以「行」言之。坤

〔一〕「坤」，諸本皆作「地」，據李鼎祚周易集解改。

布，故以「勢」言之。董子曰：「陰道尚形而露情，陽道无端而貴神。」立元神文。「坤」，順也。地位天中，其形勢順天爲高下也。素問五運行大論：「帝曰：『地之爲下否乎？』岐伯曰：『地爲人之下，太虚之中者也。』帝曰：『馮乎？』岐伯曰：『大氣舉之也。』」「坤厚載物，德合无疆」，君子行其意，亦「厚德載物」，「博厚配地」也。

初六：履霜，堅冰至。【注】干寶曰：「五月之時，陰氣始動乎三泉之下。」案：秦本紀：「始皇并天下，天下徒送詣〔一〕七十餘萬人，穿三泉。」後漢書：袁紹上書：「無令愚臣結恨三泉。」注云：「三者，數之小終，言深也。」黄瓊疏：「無恨三泉。」注云：「三者，數之極。一生二，二生三，三生萬物，天地人之極數，故以『三』爲名者，取其深之極也。」案：二義俱通。言陰氣動矣，則必至於履霜，履霜則必至於堅冰，言有漸也。」案：干又云：「『爻者言乎變』，故易繫辭皆稱九、六也。陽數奇，陰數偶，是以乾用一也，坤用二也。」案：九、六謂爻，一、二謂畫。九、六者，一、二之變也。二即⚋，解在贊元及繫辭傳。【案】「六」，陰之變。「履」，踐也。

〔一〕「送詣」，諸本皆倒，據史記秦始皇本紀乙正。

「霜」，喪也。白虎通曰：「霜之言亡也，陽以喪〔一〕亡。」災變文。一陰初生，消乾成姤。姤，五月卦。云「履霜」者，此言晝變之爻也。陽氣究於巳，初之九，非十一月即究。陰氣盛於亥，初之六，非五月也。上究而下亦究，初之變成六，與上六同時，蓋九月、十月霜降時也。初由變而化之陽，體復，十一月，水澤腹堅，當坎位。坎爲水、爲堅多心；坤下有伏乾，乾爲冰，故「堅冰至」。「堅」，剛也，固也。「履霜堅冰」，幾始於姤，由來者漸矣。初在下，故曰「履」。五月陰始萌，不得有霜，霜亦由漸而然。九月霜始降，陰始變成六，坤全體畢著時也。由微陰之凝，漸而霜而冰，其起甚微，非遠見者，烏睹冰霜之由，由於盛夏之微陰哉？所謂積也。董子基義云：「天之氣徐，乍寒乍暑，故寒不凍，暑不暍，以其有餘徐來，不暴卒也。」引此以證，見有漸也。文言「履霜堅冰」，言變及化。傳曰「陰始凝」，則推本於晝，言其所由始，非一朝一夕之故也。「履霜堅冰」，不繫於姤，而必繫坤初者，乾坤消息十二月，无所不在，其復、臨、泰、大壯、夬、姤、遯、否、觀、剥十卦，不過乾坤一月之氣耳。四月純陽，陽氣盡發，謂之爲究。其實乾上之陽，至戌始究，至亥乃伏；坤

〔一〕「喪」，白虎通疏證作「散」。

上之氣，至辰始究，至巳乃伏，非旋長旋消者。陰陽消息十二月，陰陽各六卦，卦各六爻，每爻之始、壯、究亦各六，消息十二卦，凡七十二爻，其實則乾坤十二爻之始、壯、究耳。復初乃乾初之初，乾初乃乾初之究；乾上乃乾上之始，剥上乃乾上之究。董子煖燠孰多云：「九月者，天之功大究於是月也。」是也。故其始也，全卦之氣伏於初；其究也，全卦之氣極於上。所謂「碩果」者，乃全卦之氣所聚，剥而復生者也。是故據一卦言，則上究而下亦究。氣從下生也，以十二消息圖爲渾圜，三畫以下爲地，四畫以上爲天，以天行周流之道觀之，則陰陽往來，消息出入，分至寒暑，如指諸掌矣。董子陰陽出入云：「天道大數，相反之物也，不得俱出，陰陽是也。春出陽而入陰，秋出陰而入陽，夏右陽而左陰，冬右陰而左陽。陰出則陽入，陽出則陰入〔一〕；陰右則陽左，陰左則陽右。是故春俱南，秋俱北，而不同道；夏交於前，冬交於後，而不同理。」**象曰：履霜堅冰，陰始凝也。馴致其道，至堅冰也。**【注】鄭康成曰：「『馴』，從也。」見釋文。

【案】「凝」，猶結也。初稱始，「始凝」者，坤初凝乾初也。惠氏棟云：「坤凝乾自初始，至上六而與乾接，故初曰『始凝』，上曰『陰凝於陽必戰』。」天地嚴凝之氣，始於西南而

〔一〕「陽出則陰入」，諸本皆作「陽入則陰出」，據春秋繁露改。

盛於西北，陰始凝而幾動，不可不察也，故曰「履霜堅冰，陰始凝也」。言冰霜皆由於始，宜及其早而辯之。若不早辯，及履霜而始覺其萌，則即至於堅冰矣，故曰「蓋言順也」。履霜則必至於堅冰，履霜者，已爲「積善」、「積不善」之象，而非早也，故曰「馴致其道，至堅冰也」。「道」，坤道，從初至上，十月坤成，則初變，是爲「履霜」；變則化，「至堅冰」矣。「履霜堅冰」皆由於始，所謂早也，故「堅冰」不言至。若已履霜，則堅冰即至，故「馴致其道，至堅冰也」，言已履霜，即至堅冰矣。傳稱「陰始凝」，本其始。患始萌芽，猶可除滅，早之不辯，至於履霜，尚何挽哉？日趨於危亡之道，而欲亂之不生也，難矣。故文言「履霜，堅冰至」，言即至也。魏許芝引「初六履霜」與「聖人受命而王，黃龍以戊己日見」，同稱爲易傳，則係緯書之言，非經本作「初六履霜」可知矣，不得據以解「陰始凝」爲「履霜」。淮南子說山云：「紂爲象箸而箕子唏，魯以偶人葬而孔子嘆，故聖人見霜而知冰。」其義本此。

六二：直方大，不習无不利。【案】「直」，正也，當也。二得位，故「直」，所謂「直其正也」，直謂畫。二，地道，地道方，方謂爻。圜者行健，方者勢坤，方即布也。呂覽圜道云：「天道圜，地道方，聖王法之，所以立上下。精氣一上一下，圜周復雜，故曰天道圜。萬物殊類殊形，皆有分職，不能相爲，故曰地道方。主執圜，臣處方，方圜不易，其國乃昌。」成既濟，二應五，「德不孤」，故「大」。「習」，狎也。「德不孤，必有鄰」，正以行義，何往不宜？不獨習焉者利也。傳曰「則不疑其所行」，直內方外，行何疑乎？太玄增次二曰：「不增其方，而增其光。」測曰：「不增其方，徒飾外也。」「徒飾外」謂「增其光」。直內方外，非徒飾外矣，何不利之有？惠氏棟云：「乾爲直，坤爲方。陽動直而大焉，故『直方大』。」惠意蓋謂陽來之坤二，已化成陽也，但二成陽則失位，何地道之能光，且云「不習无不利」乎？傳云：「直其正，方其義。」「其」，皆指坤言。詩：「爰得我直。」箋云：「直猶正也。」詩：「實維我特。」釋文引韓詩云：「直，相當值也。」蓋二以陰居陰位，故謂之「直」，言當位得正也。傳云：「法象莫大乎天地。天地之大德曰生。」地亦得稱「大」。

象曰：六二之動，直以方也。不習无不利，地道光也。【注】鄭康成曰：「『直』也，『方』也，地之性。此爻得中氣而在地上，自然之性，廣生萬物，故生動直而且方。」見深衣疏。案：「故生」，「生」疑「大」之誤。【案】「動」謂畫變成爻也。「以」，用也，行也。「直以方」者，直謂畫，方謂爻，畫當位，動成爻，以行其義也。成既濟，廣生萬物，故曰「地道光」，所謂「光大」也。離火稱光，容光必照，照臨四方謂之明，亦言其廣也。「光」、「廣」義同。以正行義，地道之最美者，事君則忠，交友則信，攸往咸宜，何必狎也！

六三：含章可貞，或從王事，无成有終。【注】虞翻曰：「『貞』，正也。以陰包陽，故『含章』。三失位，發得正，故『可貞』也。乾爲『王』。」案：乾爲天、爲君。天，王也，對坤言，則稱君，坤爲臣也；對震言，則稱王，震，百里諸侯之象也。【案】「含」，懷也。「章」，明也。伏陽可發之正，故「含章可貞」。三抱美道，發可正位，但坤陰臣道，故又擬之，自擬也。「從王」謂升乾上，不敢居本位自化之正，故「无成」。升乾上，從陽以終，故「有終」也。「分陰分陽，迭用柔剛，故易六位而成章」。坤純陰，无文可見，三陽尚伏，故「含章可貞」者，可貞而未貞也。陸績京氏易傳注云：「陰臣陽君，臣不敢爲物之始；陽唱陰和，君命臣終其事也。」象曰：含章可貞，以時發也。或從王事，知光大也。【案】當其可之謂「時」。「發」，伏陽發也。乾坤成既濟，以陰從陽，陰陽俱正，故「知光大」。陽唱陰和，承天施，廣生萬物也。春秋之義，「大夫無遂事」。

六四：括囊，无咎，无譽。【注】虞翻曰：「『括』，結也。坤爲『囊』。」案：坤虛容物，故爲「囊」。【案】四不動，故「括囊」，坤靜翕也。四得位，化則失位，不動，故「无咎」。不動則亦不變成爻，得位之美不著，故「无譽」。純陰之卦，五異飛龍，爲之臣者，若動而不已，始雖有譽，終必有咎，故慎以遠害。「亂之所生也，則言語以爲階」。「言行，君子之樞機。樞機之發，榮辱之主也」。「括囊」則藏器於身，不出户庭矣，夫何咎何譽乎？「譽」，聲美也。荀子非相引此以爲腐儒之謂。漢書車千秋傳贊云：「括囊不言，彼哉彼哉。」魏文紀：霍性上疏云：「文王與紂之事，是時天下括囊无咎。」蓋不可言而不言，則慎不害；當言而不言，則爲腐儒。班固謂車千秋「彼哉彼哉」，以其可言不言，是以譏之。若天地閉，賢人隱，夫豈可言以招禍乎？危行言孫，豈與腐儒共譏哉？干寶云：「此蓋甯戚、蘧瑗與時卷舒之爻也。不艱其身，則『无咎』。功業不建，故『无譽』也。」象曰：括囊无咎，慎不害也。【案】「慎」，靜也。國語曰：「慎，德之守也。」四无應於下，上无所承，動則初害之，故「慎不害」。「害」，傷也。表記曰：「君子慎以辟禍，篤以不揜，恭以遠恥。」此明哲保身者也。

六五：黄裳，元吉。【注】鄭康成曰：「如舜試天子，周公攝政。」見隋書李德林傳。

【案】「裳」，下帬也。坤爲裳，地色黄，謂二也。坤元託位於二，氣發至五，含五伏陽，以坤元養乾元，以相臣輔幼主也。至尊之位，而臣攝之，非坤元，其孰能无忝乎？春秋傳曰：「黄，中之色也。裳，下之飾也。元，善之長也。中美能[一]黄，上美爲元，下美則裳。」説文：「黄，从田，从炗。炗，古文光。」白虎通三正云：「十二月之時，萬物始芽而白。白者陰氣，故殷爲地正，色尚白也。」是則陰成體於秋，白其本色，與陽爲大赤同。若地色之黄，則兼火氣。離六二「黄離元吉」，即坤元。鄭云：「離，南方之卦。離爲火，土色黄，火之子。」是則黄兼火色可知，故字从炗，坤伏離下之象也。坤伏離下爲黄，猶乾伏坤下爲玄。黄者坤元，玄則乾元，皆伏而未著之色也。坤乾交成震，震爲玄黄。玄黄者，蒼也。五色相因，以此類推，其餘可盡知也。干寶云：「陰登於五，柔居尊位。百官總己，專斷萬機。雖情體信順，而貌近僭疑。言必忠信，行必篤敬，然後可以取信於神明，无尤於四海也。」象曰：

黄裳元吉，文在中也。【注】王肅曰：「坤爲『文』，五在中。」【案】坤元託位於二，所謂「美在其中」；發至五，所謂「暢於四支，發於事業」。身雖臣，而所行則王政也；位雖二，而所發則五事也。雖攝居五，不失黄裳之職，故曰「黄裳元吉，文在中也」。

〔一〕「能」，諸本皆作「爲」，據春秋左傳注疏改。

上六：龍戰于野，其血玄黃。【注】荀爽曰：「消息之位，坤位在[一]亥，下有伏乾。」干寶曰：「乾體純剛，不堪陰盛，故曰『龍戰』。」【案】「龍」，陽，謂伏乾。「戰」言陰陽相薄也。陰極陽生，盛陰凝陽，陽出不遂，故「戰」，所謂「戰乎乾」也。月令：「仲夏，日長至，陰陽爭。」注云：「爭者，陽方盛，陰欲起也。」「仲冬，日短至，陰陽爭。」注云：「爭者，陰方盛，陽欲起也。」高誘呂覽仲夏紀注云：「是月陰氣始起於下，盛陽覆在[二]其上，故曰『爭』也。」仲冬紀注云：「陰氣在上，微陽動升，故曰『爭』也。」然則「戰」者，陽欲升而陰方盛，故與陰薄也。説文云：「壬，位北方，陰極陽生。易曰：『龍戰于野。』戰者，接也。」京氏易傳云：「陰極則陽來，陰消則陽長，衰則退，盛則戰。」坤爲國邑。坤，土地，故虞注以坤爲國邑，兹依用之。去國百里爲郊，郊外謂之野。戰乾出震，震雷百里，故「戰于野」。陰陽之接以風雷，故「雷風相薄」。十月，陽方荄妊，伏養坤中，故稱「血」，此即元也。天地雜，故「玄黃」。坎爲血卦，震爲玄黃，「戰乎乾」，「出乎

[一]「位在」，李鼎祚周易集解作「在於」。
[二]「覆在」，呂氏春秋高誘注作「蓋覆」。

震」，於時爲坎，屯象成矣，此坤之後所以受以屯也。太玄中次二：「神戰于玄，其陳陰陽。」義本此。象曰：龍戰于野，其道窮也。【案】陰盛極，故「窮」。乾伏西北，蟄龍也，屈而欲信，故「戰」。後漢書：朱穆戒梁冀云：「『龍戰于野，其道窮也』，謂陽道將勝而陰道負也。」

用六，利永貞。【案】乾元用九，坤元用六。用九君道，故物莫能先之。用六臣道，故「利永貞」。凝陽則龍戰，用六所以利永貞也。「永」，長。「貞」，正。謂成既濟，皆以陰從陽也。坤，臣道，亦不自用而用六者何？董子曰：「木，五行之始也。水，五行之終也。土，五行之中也。是故木主生而金主殺，火主暑而水主寒，天之數也。土居中央，爲之天閏〔一〕。土者，天之股肱也，其德茂美，不可名以一時之事，故五行而四時者，土兼之也。金木水火雖各職，不因土，方不

〔一〕「閏」，春秋繁露作「潤」。説文解字云：「閏，餘分之月。」是知「閏」有餘義，引申爲偏、副之義，故有正閏之説。下文云：「土者，天之股肱也。」是知「天閏」即天副之義。周易通論月令卷第一所引亦作「天閏」。然則作「閏」非誤，蓋姚氏改之。「潤」或傳寫之誤。

立。土者，五行之主也。人官之大者，不名所職，相其是矣；天官之大者，不名所主，土其是矣。」五行之義文。大宰之職，掌建邦之六典，則坤元之用六也；以佐王治邦國，則坤元之順承天也，周公其當之矣。若以妻道言，則后立六宮是也。天官冢宰鄭目録云：「象天所立之官。冢，大也。宰者，官也。天者，統〔一〕萬物。天子立冢宰，使掌邦治，亦所以總御羣官，使不失職。不言司者，大宰總御羣官，不主一官之事也。」其義與董子同。蓋王爲乾元，宰則坤元也。但乾元用九，則所用者皆陽，何冢宰獨爲坤元？且坤元用六，冢宰掌六典，五官實統焉，豈臣於乾則爲九，統於冢宰又爲六與？蓋乾元用九，凡大臣皆是，坤元不在九之列。坤元順承天，則亦乾元所用矣。冢宰所以獨爲坤元者，天子以下，天下亦一人而已，故非剛柔兼而又體坤元之德者，不可以爲冢宰。百官總之，權莫大焉；天子任之，寵莫加焉。无剛柔之用，不足御羣寮；无坤元之德，不能承天子。三叔流言，周公猶懼，況其下焉者乎！故後世任非其人，或擅權而生禍亂，或亢戾以災厥躬者，比比也。伊尹放君，周公攝政，非大聖，孰克當此而无忝者乎？臣之義比於地，地成天功，故「五行而四時者，土兼之」，坤元非寂滅无爲，不與天事者也。五行皆生於土，陰陽俱成於土，百官之聽於冢宰，亦猶是。天之施生，地實成

〔一〕周禮注疏「統」下有「理」字。

之；數之變化，陰實與之，何疑於五官之統於冢宰哉？冢宰之或稱冢、或稱大，鄭以爲「進退異名。百官總焉，則謂之冢；列職於王，則爲〔一〕大」。竊謂「百官總焉」，謂之爲元；臣服於乾，則名曰坤。六陰六陽，周流於外，總於坤元，而君以乾元；三百六十之官，總於冢宰，而聽於天子者也。坤元順承天，則陰陽九六之成於地者，莫非乾元之用，即坤元亦乾元所用者也。乾曰「用九」，坤曰「順承」，其義互相備也。乾所用之九，坤亦成之；君所立之官，宰亦統之。坤所用之六，乾亦君之；宰所立之官，王亦主之，孰非乾元之用乎？夫陰陽之相使也，自然之氣，坤元與九、六必能順乾元，而不必相兼，若心志之使五官百骸也。至於君臣，則以異體而爲同體。雖有陽德，而不脩柔順，則亢矣。故聖人於坤著臣道，以明爲臣者莫不宜然，豈乾元所用之九忽化爲六與？五官各率其屬，亦地道成物之義，而不得謂之坤元者，坤元一而已矣，冢宰亦一而已矣。五官者，四時分王之土，各有所司；冢宰則中宮之元，藏元神者也。干寶云：「陰體其順，臣守其柔。周公始於負扆南面，以先王道，卒於復子明辟，以終臣節，故『利永貞』。」蓋本鄭「周公攝政」之義而推之者也。

象曰：用六永貞，以大終也。【案】坤之用六，以從陽也；相之御衆，以從君也，故曰「以大終」，成既濟，從陽以終也。太宰之職，歲終則令百

〔一〕「爲」，周禮注疏作「稱」。

官府各正其治，受其會，聽其致事，而詔王廢置，三歲則大計羣吏之治而誅賞之。百官正，所謂「永貞」也。帥其屬，「用六永貞」也。帥其屬以佐王，「以大終也」。若此，則君可无爲而治矣。

文言曰「坤」，至柔而動也剛，至靜而德方。【注】荀爽曰：「純陰至順，故『柔』也。坤性至靜，得陽而動，布於四方。」案：陰不自動，陽動之乃動，陽唱而陰和也。天包乎外，地居其中，天體圜，地體順之，故「地勢坤」，謂順天也。「坤厚載物」，故「德方」，周布於四方也。荀九家曰：「坤一變而成震，陰動生陽，故『動也剛』。」【案】坤，「其靜也翕」，「其動也闢」，廣生萬物，「德合无疆」，故「德方」。「動剛」謂六化爲陽，「德方」謂八變爲六，所謂「方其義也」，此坤元用六爻，六爻成既濟者也。**後得主而有常，**【案】天生烝民，无主乃亂。君子三月无君，則皇皇如也，故「得主有常」。「常」，守也。**含萬物而化光。**【案】「化光」謂成既濟，廣生萬物也。大戴記曰：「天道曰圜，地道曰方。方曰幽，而圜曰明。明者，吐氣者也，是故外景。幽者，含氣者也，是故內景。吐氣者施，而含氣者化，是以陽施而陰化也。陽之精氣曰神，陰之精氣曰靈。神靈者，品物之本也。」曾子天圜文。坤道其順乎，承天而時行。【注】荀爽曰：「承天之施，因四時而行之也。」

積善之家，必有餘慶。積不善之家，必有餘殃。【注】虞翻曰：「謂初。乾爲積善，以坤牝陽，滅出復震，爲『餘慶』。坤積不善，以乾通坤，極姤生巽，爲『餘殃』。」鄭康成曰：「『殃』，禍惡也。」見釋文。【案】大戴記曰：「爲人主計者，莫如安審取舍。取舍之極定於内，安危之萌應於外。安者，非一日而安也；危者，非一日而危也，皆以積然，不可不察也。善不積，不足以成名；惡不積，不足以滅身。人主之所積，各在其取舍。以禮義治之者積禮義，以刑罰治之者積刑罰。刑罰積而民怨倍，禮義積而民和親。故世主欲民之善同，而所以使民之善者異。或導之以德教，或敺之以法令。導之以德教者，德教行而民康樂。敺之以法令者，法令極而民哀戚。哀樂之感，禍福之應也。」禮察文。「積」，聚也。臣弑其君，子弑其父，非一朝一夕之故，其所由來者漸矣，由辯之不早辯也。【注】虞翻曰：「坤消至二，艮子弑父；至三成否，坤臣弑君；上下不交，天下无邦，故子弑父，臣弑君也。剛爻爲『朝』，柔爻爲『夕』。」案：「剛柔者，晝夜之象」。馬融曰：「『辯』，别也。」見釋文。【案】「弑」，試也，「伺也，伺閒而後得施也」。釋名文。故由來漸矣。「早」，謂辯之於初也。復初元吉，「有不善未嘗不知，知之未嘗復行」，不遠之復，辯之早也。若弗早辯，則惡積罪大，必至弑父、弑君。詩曰「予其懲，而毖後患」，辯於早也；「觱沸檻泉，維其深矣」，言由來漸也。孔子作春秋，亂臣賊子懼，不嘗藥曰弑父，不越境曰弑君，辯之不可不早也。董子曰：「觀物之動，而先覺其萌，絶亂塞害於將然而未形之時，春秋之志也。」仁義法文。

易曰：「履霜，堅冰至。」蓋言順也。【案】「順」者，言履霜必至於堅冰，以明積善必有餘慶，積不善必有餘殃，故宜早辯者也。春秋之志，於此見之。董子曰：「孔子明得失，差貴賤，反王道之本。刺惡譏微，不遺大小。善無細而不舉，惡無細而不去。進善誅惡，絶諸本而已矣。」王道文。「順」，董子基義引作「遜」。

「直」，其正也；「方」，其義也。君子敬以直内，義以方外，敬義立而德不孤。「直方大，不習无不利」，則不疑其所行也。【案】二當位得正，故「直，其正」。

得位，變而不化，故「方，其義」。「內」謂畫，畫本得位，故「敬以直內」。「敬」，身之基也。「外」謂畫變之爻，與五應，君臣義合，難進易退，所謂「方外」也。成既濟，二應五，故「德不孤」。敬義既立，直內方外，何疑之有？故「則不疑其所行」，此二之所以「不習无不利」也。「內」、「外」謂畫動之爻，所謂「六二之動，直以方」，不謂內外卦。

陰雖有美，含之以從王事，弗敢成也。地道也，妻道也，臣道也。地道无成而代有終也。【注】荀爽曰：「六三陽位，下有伏陽。坤，陰卦也，雖有伏陽，含藏不顯，『以從王事』，要待乾命，不敢自成也。」宋衷曰：「臣子雖有美才[一]，含藏以從其上，不敢有所成名也。地得終天功，臣得終君事，婦得終夫業，故曰『而代有終也』。」【案】董子曰：「天爲君而覆露之，地爲臣而持載之。陽爲夫而生之，陰爲婦而助之。」基義文。又五行對云：「地出雲爲雨，起氣爲風。風雨者，地之所爲[二]。地不敢有其功名，必上之於天，命若從天氣者，故曰天風、天雨，莫曰地風、地雨。勤

[一]「美才」，李鼎祚周易集解作「才美」。
[二]「所爲」，諸本皆作「爲爲」，據春秋繁露改。

勞在地，名一歸於天，故下事上如地事天。」又竹林云：「春秋之義，臣有惡，君名美〔一〕，故忠臣不顯諫，欲其由君出也。書曰：『爾有嘉謀嘉猷，入告爾君于内，爾乃順之于外，曰：「此謀此猷，惟我后〔二〕之德。」』此爲人臣之法也。」**天地變化，草木蕃。**【案】「變化」，謂成既濟。「蕃」，蕃息也。天地交，則草木被其澤。上下交，則人民沐其休。詩曰：「瞻彼旱麓，榛楛濟濟。」箋云：「旱山之足，林木茂盛者，得山雲雨之潤澤也。喻周邦之民獨豐樂者，被其君德教。」吕覽曰：「天地有始，天微以成，地塞以形。天地合和，生之大經也。」有始覽文。**天地閉，賢人隱。**【案】「閉」，塞也。天地閉塞，君臣不交，故「賢人隱」。「草木蕃」，謂四成爻。「賢人隱」，謂晝不動也。詩曰：「隰桑有阿，其葉有難。」言賢人野處也。箋云：「喻時賢人君子不用而野處。」故觀草木，則賢人之進退可知。觀賢人，則民物之枯榮可見。易爲五經之原，撥亂反正，春秋本之；以物爲喻，則詩之比興也。易曰：「括囊，无咎，无譽。」蓋言謹也。【案】

〔一〕「臣有惡，君名美」，永樂大典引同，蘇輿春秋繁露義證「君」作「擅」。盧文弨云：「疑當作『惡臣擅君名美』。」

〔二〕「后」，春秋繁露作「君」。

天地否閉，時不可爲，詩所謂「靡哲不愚」者也。「卷而懷之」，「括囊」，故「謹」。慎以避害，言亦无從。周之衰也，變風息焉。知其不可而爲之，磨不磷、涅不緇者，其唯聖人乎！君子黄中通理，正位居體，【案】「黄中」謂坤元。從二至五，養五伏陽，大臣輔幼主之象也。「理」，分也。坤者陰卦，五者陽位。臣當退處，君當正位，此君臣上下之分也。君子通理，名分審矣，故正位居安也。位不正則體不安，周公其猶病諸。位正則君君、臣臣，各安其居，而不相疑也，故「正位居體」。太玄務次八曰：「黄中免於禍，貞。」測曰：「黄中免禍，和以正也。」坤爲地，「在地成形」，故曰「體」。禮器曰：「天時有生也，地理有宜也，人官有能也。禮也者，猶體也。體不備，君子謂之不成人。設之不當，猶不備也。」「正位居體」，則設之俱當，心安而體舒矣。「黄中」者，心之主、人之元也。樂緯動聲儀云：「上元者，天氣也。下元者，地氣也。中元者，人氣也，氣以定萬物，通於四時者也；承〔一〕天心，理禮樂，通上下四時之氣，和合人之情，以慎天地者也。」然則人必有元，乃能通理。五行：五曰土。

〔一〕「承」，原作「象」，據御覽改。

五事：五曰思。思屬土，心主之。心，火藏，土託位焉。坤元之藏也，卦爲離；乾神〔一〕栖焉，卦爲坎。坎離者，既濟也。以卦爻言，位分二、五，其實二、五氣通，二而一也。以天地言之，地在天中，以陽包陰，離也；天元藏地中，以陰包陽，則坎也。然則坎也者，離之中畫，因元神〔二〕藏焉，而厥象著也。離爲目，其童子，坎之精也，元也。既濟之象，如斯而已。管子云：「心之在體，君之位也。九竅之有職，官之分也。心也者，智之舍也。心以藏心，心之中又有心焉。」此即坤元養乾元、大臣輔幼主之象也。白虎通情性云：「心，火之精也。」説文云：「心，土藏。博士説以爲火藏。」蓋心者火，火生土，土位中央，神託於火，是以五行以思配土。素問解精微論云：「心者，五藏之專精也。」六節藏象論云：「心者，生之本，神之變也。」靈蘭秘典論云：「心者，君主之官也，神明出焉。」白虎通五行云：「火，太陽之精〔三〕，人君之象，象尊常藏，猶天子居九重之内，臣下衛之也。」此皆心爲神舍、土託位於火、而元又藏於中之義也。郊特牲云：「黄者，中也。目者，氣之清明者也。」「氣之清明」，坎之精也。觀兹諸義，可以知「黄中」之謂矣。**美在其中，而暢於四支，發於事業，美之至也。**【注】虞翻曰：「『四支』謂股肱。」【案】「美」謂坤

〔一〕「神」，他本皆作「坤」。此書卷一姚氏云：「元者，乾之神。」據上下文義，當作「神」。
〔二〕「神」，他本皆作「氣」。姚氏自序云：「土位中央，元神藏焉。」據上下文義，當作「神」。
〔三〕「之精」，白虎通疏證作「精微」。

元，「中」謂二。二，坤元之位，故曰「其中」。發而至五，故「暢於四支，發於事業」。此周公攝政制禮作樂之象，臣之極也，故「美之至」，言不可過也，過則凝陽必戰矣。「暢」，充也，通也。氣由下生，乾坤皆然。五爲天位，飛龍居其本位，故據五言之。坤元則位於二，而發至五，是以臣輔君之象，而分不可紊也，故特以二明之。乾之「潛龍」、「見龍」，亦即「飛龍」，各據其時言耳。九二爲世子之爻者，謂乾已成卦，故當升坤五。往來升降，義實无殊。乾息至二未成卦，則上體坤也。世子繼體，所居之位即飛龍之位，非此外又有所謂坤五也。六畫成卦，三才共之。據乾坤各成一卦，故以升降往來言耳，夫豈世子別有君位，與飛龍同時爲君者乎？易家之説，有似相反而實相備者，此類是也。「美在其中」，心也，元神藏焉，坤元之養乾元也。暢四支，發事業，則體統於心，而心聽乎元也。元者君，心者宰，四支者，羣臣也。書曰：「臣作朕股肱耳目。」大臣法則小臣廉，神安而心安，心安而百體俱安矣。樂記云：「四暢交於中，而發作於外，皆安其位，而不相奪也。」

陰疑於陽必戰。爲其嫌於无陽也，故稱「龍」焉。猶未離其類也，故稱「血」焉。夫「玄黃」者，天地之雜也，天玄而地黃。

【案】「疑」當作「凝」。「陽」謂伏乾也。坤，十月卦，當乾位，故「凝於陽」。凝，結也，此乾之所以爲冰也。「陰凝於陽」，陰陽相薄，故「必戰」，陽與陰戰也。

釋文云：「『疑』，荀、虞、姚、蜀才作『凝』。」案：作「凝」是也。是時陽伏於下，陰盛於上，伏陽薄激而出，盛陰不退，故陽與之戰，陰凝陽，陽不得升故也。孟喜云：「陰乃上薄，疑似於陽，必與陽戰。」非是。如作「疑」字解，當云陰盛極，見疑於陽，陽必與戰。「嫌」，讀如「別嫌疑」之嫌。坤下實有伏陽，而自初至上，陽氣不見，有无陽之嫌，故特稱「龍」以表之，言其實有陽也，非實无陽，故嫌而稱「龍」之謂。陽尚未成，伏養坤中，亥荄壬妊之時也，故稱「血」，乃乾元、坤元之交，此坎陽居中，所以爲血卦也。太玄沈首云：「陰懷於陽，陽懷於陰，志在玄宫。」即「凝陽」之義。崔憬云：「乾爲大赤，伏陰柔之，『故稱血焉』。」陰凝陽，故天地雜。天者，陽大赤，伏陰下，位亥壬，故色玄。玄者，黑而有赤色也。地者，陰生於火，故色黃。此震之剛柔始交，所以爲玄黃也。「其血玄黃」，屯之象也，故受之以屯。爾雅：「三染謂之纁。」三入赤汁也。淮南子〔一〕云：「纁若入赤汁，則爲朱；不入赤汁〔二〕，而入黑汁，則爲紺矣。」紺，三入赤汁、一入黑汁也。鍾人云：「三入爲

〔一〕下引文僅見於周禮冬官考工記賈公彦疏，非出於淮南子。

〔二〕「不入赤汁」，周禮注疏作「若不入赤」。

纁，五入爲緅，七入爲緇。」注云：「凡玄色者，在緅緇之閒，其六入者與？」玄，蓋三入赤汁，三入黑汁，故黑而有赤色。緅，兩入黑汁，故赤而微黑。説文云：「玄，幽遠也。黑而有赤色者爲玄，象幽而入覆之也。」蓋乾西北，伏坤下，乾爲大赤，坤爲黑，内赤外黑，是「黑而有赤色」，故曰「玄」，玄以狀乾元之伏也。釋天云：「九月爲玄。太歲在壬，曰玄黓。」封禪書云：「年始冬十月，色外黑内赤。」服虔云：「十月，陰氣在外，故外〔一〕黑；陽氣尚伏在地，故内赤。」皆此義。坤五「黄裳」，爲「美之至」。過五凝陽，陽必與戰。周、霍之輔幼主也，成王不遺，嫌吝於懷；宣帝若負芒刺於背，所謂凝陽必戰者也。羣叔流言：「公將不利於孺子。」所謂嫌於无陽者也。代主制命，自下裁物，能无嫌乎？金縢書啓，公德乃彰，所謂「故稱『龍』焉」。雖履无陽之嫌，實懷尊陽之心，居攝者，爲主幼耳，所謂「猶未離其類也，故稱『血』焉」。「黄裳元吉」，凝陽必戰，用六之所以「利永貞」也。

周易姚氏學卷第三終

〔一〕「故外」，諸本皆脱，據裴駰史記集解引服虔注補。

周易姚氏學卷第四

旌德姚配中撰

周易上經彖上傳象上傳

䷂震下坎上

屯：元亨，利貞，勿用有攸往，利建侯。【注】虞翻曰：「震爲『侯』。」案：「震驚百里，不喪匕鬯」，「出可以守宗廟社稷，以爲祭主」，言諸侯也。鄭云：「雷發聲，聞於百里，古者諸侯之象。」白虎通封公侯云：「諸侯封不過百里，象雷震百里，所潤雲雨同也。雷者，陰中之陽，諸侯象也。」【案】「屯」，難也。乾坤始交，故「元亨」。三失正，利化之正，成既濟，故「利貞」。當屯難之世，非四德不足以濟之，故彖曰「動乎險中，大亨貞」，險中能動，四德備也。「勿用有攸往」，謂三。屯難之卦，未能即化，動則失見，故「勿用有攸往」。三不化，則震象不動，故「利建侯」，建侯以利民也。「建」，立也。坤爲土地，列土封侯。「利貞」謂三利化之正，「勿用有攸往」又謂三不化者，利貞者，舉其終，以一卦言，屯唯六三失位，三正則成既濟，六爻正，故「利貞」，三不可不化也；值屯難之卦，動不能即化，故「勿用有攸往」，三所謂「不如舍，往吝」者也。白虎通封公侯云：「王者即位，先封賢者，憂民之急也。故列土爲疆，非爲諸侯；張官設府，非爲卿大夫，皆爲民也。易曰：『利建侯。』此言因所利故立之。」

彖曰：屯，剛柔始交而難生，動乎險中，大亨貞。【注】虞翻曰：「乾剛坤柔。」荀爽曰：「物難在始生。」【案】乾元交坤，出初成震，故「始交」。震起艮止，動乎險中，陰凝陽，故「難生」，動震險坎也。變「元」言「大」者，明乾元也。乾傳曰：「大哉乾元。」凡卦稱元爲乾元者，傳皆以「大」贊之。屯、隨「大亨貞」，臨、无妄、革「大亨以正」，升「是以大亨」，皆言大，以贊元，且以別坤元也。坤傳云：「至哉坤元，乃順承天。」凡卦元謂坤元者，傳皆言其義。大有「應乎天而時行，是以元亨」，「大有，柔得尊位」，則元謂坤元也。鼎「柔進而上行，得中而應乎剛，是以元亨」，亦謂坤元。二卦皆有順承天之義。蠱「元亨而天下治」，並謂乾坤之元。損「元吉，與時偕行」，亦並言乾坤。比「元永貞」，傳曰「以剛中」，則乾元也。爻辭稱「元」

者十有二，坤五、訟五、履上、泰五、復初、大畜四、離二、損五、益初五、井上、渙四；稱「元永貞」者一，萃五，各隨其爻解之。**雷雨之動滿盈，天造草昧，**【注】荀爽曰：「雷震雨潤，則萬物滿盈而生也。陽動在下，造生萬物於冥昧之中也。」案：屯，陰凝陽，而云「動」者，月令：「雷始收聲。」鄭注云：「雷時收聲在地中，動内物也。」疏云：「雷是陽氣，主於動，不惟地中潛伏而已。」然則陰雖凝陽，陽亦恒動。虞繫辭注云：「十一月，陽動地中。」虞翻曰：「『造』，造生也。『草』，草創物也。坤冥爲昧，故『天造草昧』。」案：太玄玄攡云：「瑩天功、明萬物之謂陽也，幽无形、深不測之謂陰也。」玉篇同。坤陰，故爲「昧」。【案】震雷坎雨，動而未洩，故「滿盈」，氣无不充也。「雲行雨施」，則成既濟矣。屯繼坤之後，坤十月卦，乾西北，伏坤下；九月雷始收聲，蟄蟲坏户；十月則天地不通，閉塞成冬，陰凝陽，非雷雨不足以啓其屯也。故「仲春之月，雷乃發聲，蟄蟲咸動，啓户始出」。「雷雨」者，天之所以造草昧也。雷雨作則屯解，萬物生，既濟成矣。**宜建侯而不寧。**【注】荀爽曰：「天地初開，世尚屯難，震位承乾，案：息復震承伏乾。故『宜建侯』。動而遇險，故『不寧』也。」【案】「雷雨」者，天之所以造草昧也。「建侯」者，聖人之所以造草昧也。建侯所以安天下，云「不安」者，不敢安也。天下未安，立君以安之。天下既安，君長既立，制禮作樂以教之，一日萬幾，不敢安也。墨子曰：「非無安居也，我無安心也。」親士文。成既濟，六爻正，則胥安矣。

象曰：雲雷，屯。君子以經綸。【案】坎水升則爲雲，降則爲雨。春秋説題辭云：「雲之言運也，含陽而起，以精運也。」坎陰含陽在上，故稱「雲」。三不化，五屯膏，坎雨不施，故「屯」。冬雷藏地中，至春乃激薄而出。象傳言「雨」，雷雨作則屯解。象傳言「雲」，未爲雨也。雷雨者，天地之經綸；禮樂政教，君子之經綸也。樂記曰：「寒暑不時則疾，風雨不節則飢。教者，民之寒暑也，教不時則傷世。事者，民之風雨也，事不節則無功。」故時之屯也，天以雷雨動之；運之屯也，君子以經綸濟之。雷雨作而屯解，經綸定而難平。故「雲雷」爲屯，「屯，元亨利貞」。若天地不交，則直謂之否；山附於地，則直謂之剥，竝不得言屯也。

初九：磐桓，利居貞，利建侯。【注】馬融曰：「『盤桓』，旋也。」見釋文。案：釋文云：「『磐』，本亦作『盤』，又作『槃』。」案：「盤」、「槃」本一字，「盤」亦通「般」。書「盤庚」，釋文及古今人表作「般庚」。虞翻曰：「震起艮止，動乎險中，初剛難拔，故利以建侯。」【案】初得位，動之爻，復旋之畫，故「磐桓」。「利居貞」，居於畫，不可化也。初當屯始，磐桓不進，疑艱之弗能濟矣。孔子曰：「暴虎馮河，死而無悔者，吾不與也。必也臨事而懼，好謀而成者也。」是以君子慎始。**象曰：雖磐桓，志行正也。以貴下賤，大得民也。**【案】四得正，初欲應之，志在四，正也；磐桓不進，旋居其所，動不失正，亦正也，故「志行正」。陰爲民，初在陰下，羣陰順從，故「以貴下賤，大得民」。「得民」，故「利建侯」。荀子曰：「得百姓之力者富，得百姓之死者彊，得百姓之譽者榮。三得者具，而天下歸之。」王霸文。荀云：「此本坎卦，陽從二來，是『以貴下賤』。」虞亦云：「坎二交初。」案：坎得乾中氣，坎之中畫即乾元。以卦言，二、五爲中。以氣從下生言，元隱於初，初之始爲極中，故「動乎險中」。震在坎下，謂爲在中，及「天在山中」、「雷在地中」、「澤中有雷」之類，皆謂下卦在上卦之中，則最下者乃天地之極中者矣。故虞以復初爲乾元，又謂「易隱初入微」也。後漢書馬融傳論、种岱傳李燮上書，並以「磐桓」、「居貞」爲隱居。

六二：屯如邅如，乘馬班如。【注】子夏傳曰：「『如』，辭也。」馬融曰：「『邅如』，難行不進之貌。『班』，班旋不進也。」并見釋文。案：「班」與「般」通。釋文云：「鄭作『般』。」文選西京賦注云：「『班』與『般』，古字通。」「屯如」，謂晝，二牽於初，初磐桓，二亦不能動，故「屯如」。「邅」，邅迴，謂二動成爻，初動而旋，二乘之，故亦「班如」也。説文引作「乘馬驙如」，云「驙，駗驙也。駗，馬載重難行也」。虞翻曰：「震爲馬作足，二乘初，故『乘馬』。」**匪寇，婚媾。女子貞不字，十年乃字。**【注】虞翻曰：「『匪』，非也。『寇』謂五。坎爲寇盜，應在坎，故『匪寇』。陰陽德正，故『婚媾』。」馬融曰：「重婚曰『媾』。」【案】「匪寇，婚媾」，言審慎而後往，量而後入也。二陰得位，故「女子貞」。二應五，震動艮止，險在前，求不以禮，故「不字」，不許嫁也。士昏禮記曰：「女子許嫁，笄而醴之，稱『字』。」三化，成既濟，六爻應，故「十年乃字」。十者，一縱一横，一陰一陽也。成既濟，陰陽和，一陰一陽，故「十年乃字」。**象曰：六二之難，乘剛也。十年乃字，反常也。**【案】乘初，故「乘剛」。三之正，二得應五，故「反常」。

六三：即鹿无虞，惟入于林中。君子幾，不如舍，往吝。【注】虞翻曰：「『即』，就也。『虞』謂虞人，掌禽獸者。艮爲山，山足稱『鹿』。鹿，林也。案：「鹿」、「麓」

通。坎爲叢木，山下，故稱『林中』。『舍』，置；『吝』，疵也。」【案】三失正，動則失見，有虞人，則知所向往。三以不正，動而遇險，故「惟入于林中」。田獵者，師象也。「豫，順以動」，則「利行師」；「説以犯難」，則「民忘死」，此有虞者也。屯難之卦，動而遇險，内尚不安，烏能正人？是縱之叛也，故象曰「以縱禽」。不正興師，其不自取困辱者，鮮矣，故「惟入于林中」。君子見幾，度德量力，知往必吝窮，故「不如舍」。

象曰：即鹿无虞，以從禽也。君子舍之，往吝窮也。

【案】「即鹿无虞」，不唯无禽，適以縱禽耳。釋文：「縱，鄭子用反。」淮南子繆稱高誘注、後漢書何進傳陳琳諫進，並以「虞」爲「欺」。孟子曰：「爲淵敺魚者，獺也。爲叢敺爵者，鸇也。」「禽」，鳥獸之總名。屯難之卦，其化難，故「君子舍之」。「窮」，極也。極於六，不能化。一説言即鹿无虞，而即以之從禽乎？詰之也。

六四：乘馬班如，求婚媾，往吉，无不利。【案】震爲馬，四在震上，故「乘馬」。左傳：「雷乘乾，曰『大壯』。」杜鄴傳：「坤卦乘離，明夷之象。」是爻謂之「乘」，卦亦謂之「乘」。「婚媾」謂五，四求五也。二、五相應，故直云「婚媾」。四非五應，知五可承，故求與爲婚媾。以陰承陽，故「往吉，无不利」，謂動而承五也。象曰：求而往，明也。

【案】知五可承，而往求之，明故也。

九五：屯其膏，小貞吉，大貞凶。【注】虞翻曰：「坎雨稱『膏』。詩云：『陰雨膏之。』」【案】陽爲陰凝，故稱「膏」。既濟「雲行雨施」，屯有雲而无雨，是以屯膏也。「小」謂二，「大」謂五。二，臣不專施，故「吉」。五雖得正，膏澤不下於民，屯莫由解，故「凶」也。谷永傳孟康注云：「膏者所以潤人肌膚，爵禄亦所以養人者也。小貞，臣也；大貞，君也。遭屯難飢荒，君當開倉廩，振百姓，而反吝，則凶；臣吝嗇，則吉。論語曰：『出納之吝，謂之有司。』」象曰：屯其膏，施未光也。【注】虞翻曰：「陽陷陰中，故『未光也』。」案：成既濟，「雲行雨施」，離爲「光」。「光」同「廣」。

上六：乘馬班如，泣血漣如。【注】虞翻曰：「震爲行，艮爲止，馬行而止，故『班如』也。」荀九家曰：「體坎爲血卦，伏離爲目，互艮爲手，揜目流血，泣之象也。」【案】「乘馬」，亦謂乘震馬。虞云：「乘五，坎爲馬。」三不應上，故上「泣」。泣无聲，如血出，曰「泣血」。「漣」，泣貌。詩曰：「泣涕漣漣。」坎爲加憂，憂甚，故「泣血」。上已出險，而有是象者，卦唯上六不得正應，故憂而泣血。象曰「何可長」，言憂之深，則屯難不長，如否終之必傾。既憂之，則咎不長，三化而成既濟矣。**象曰：泣血漣如，何可長也？**

【案】遇難而憂，故「不長」，謂三終化應上也。知「何可長」爲屯難不長者，以否上云「何可長」，彼謂否不長，則此亦謂屯不長矣。憂懼，乃克有濟也。淮南子繆稱引此，以爲「小人處非其位，不可長」，亦斷章取義。

䷃ 坎下艮上

蒙：亨。匪我求童蒙，童蒙求我。初筮告，再三瀆，瀆則不告，利貞。【注】鄭康成曰：「『蒙』者，蒙。蒙，物初生形，是其未開著之名也。人幼稺曰『童』[一]，未冠之稱。『亨』者，陽也。『筮』，問也。『瀆』，褻也。互體震而得中，嘉會禮通，陽自動其中德施[二]地道之上，萬物應之，而萌芽生。教授之師取象焉，脩道藝

[一]「童」，諸本皆作「蒙」，據公羊傳注疏改。
[二]「施」，公羊傳注疏作「於」。

於其室，而童蒙者求爲之弟子，非己乎求之也。弟子初問，則告之以事義，不思其三隅相況以反解而筮者，此師勤[一]而功寡，學者之災也。瀆筮則不復告，欲令思而得之，亦所以利義[二]而幹事也。」見公羊疏及釋文。虞翻云：「『童蒙』謂五，艮爲童蒙，『我』謂二。」陸績云：「六五陰爻，在蒙暗蒙[三]，又體艮少男，故曰『童蒙』。」崔憬云：「『初筮』，謂六五求決於九二，二則告之。三應於上，四隔於三，與二爲瀆，二則不告。」案：「蒙」，闇昧也。「童」與「僮」通。「瀆」通「黷」。二、五易位，以陽通陰，蒙氣得除，嘉會禮通，君子所以發蒙也，故「蒙亨」。二，坎習教事，故童蒙求之。五陰求二陽，故「求我」，明二不求五也。曲禮曰：「禮聞來學，不聞往教。」二雖臣位，師道尊，學記所謂「當其爲師則弗臣；大學之禮，雖詔於天子，無北面」者也。卜筮不過三，故「瀆則不告」，語之而不知，雖舍之可也。蒙唯六四得位，四化則成未濟，此蒙之不可不教也。二、五易位，初、三、上化之正，成既濟，故「利貞」。語之而知，則以語之者利之。不屑教誨，是亦教誨。以不利利之，「君子引而不發，躍如也，中道而立，能者從之」，

〔一〕「師勤」，公羊傳注疏作「勤師」。

〔二〕「利義」，諸本皆倒，據公羊傳注疏乙正。黄奭輯周易鄭注「利」下案語云：「當作『和』。」

〔三〕「蒙」，曹元弼周易集解補釋云：「『暗』下『蒙』字當爲『家』，屬上讀。」

故「利貞」，所謂「蒙以養正」也。蓍爲筮，陽之老也。

象曰：蒙，山下有險，險而止，蒙。【注】侯果曰：「艮爲山，坎爲險，坎在艮下，故『山下有險』。險被山止，止則未通，蒙昧之象也。」案：「動乎險中」爲屯，「山下有險」爲蒙。屯未出險，蒙則「險而止」。天造草昧，人尚愚蒙；雷雨始動，物尚稺蒙也。**蒙亨，以亨行時中也。**【案】嗜欲未啓，故「蒙亨」，可教以禮也。二、五居中，以二通五，易位，故「以亨行時中」，教於可教時也。太玄更初一：「冥化否貞，若性。」測曰：「冥化否貞，少更方也。」大戴記曰：「習與知長，故切而不攘；化與心成，故中道若性。是殷、周之所以長有道也。」保傅文。此「時中」之謂也。若發而後禁，則扞〔一〕格而不勝；時過而後學，則勤苦而難成。**匪我求童蒙，童蒙求我，志應也。**【注】荀爽曰：「二與五，志相應也。」案：虞注皆以坎爲志，蓋在心爲志。志者，心之所之也。坎陽在中，心之象。但易通以欲之而未動者爲「志」，欲之而動者爲「志行」，或曰「行」；志尚未動，行則已動耳，故不盡用虞例。**初筮告，以剛中也。**【案】「初筮」謂五，五童蒙，順二，

〔一〕「扞」，原作「杆」，據崇文書局本、南菁書院本改。

故筮則告之。五降二，則二升五，故「以剛中」。陽剛，二、五中。二升五，以剛易其陰柔，五降二得位，所以告之也。**再三瀆，瀆則不告。瀆，蒙也。**【注】荀爽曰：「『再三』，謂三與四也，皆乘陽不敬，故曰『瀆』。瀆不能尊陽，蒙氣不除，故曰『瀆，蒙也』。」案：表記云：「無辭不相接也，無禮不相見也，欲民之無相褻也。」引此以證「瀆則不告」，爲其褻也。**蒙以養正，聖功也。**【注】虞翻曰：「體頤，故『養』。五多功，聖謂二，二志應五，變得正而忘[一]其蒙，故『聖功也』。」案：二志應五，故曰「以養」，二以之也。二升五降，得正，故「以養正」，教之乃所以養之。大戴記保傅云：「夫習與正人居，不能不正也。孔子曰：『少成若天性，習貫之爲常。』」文王世子云：「凡三王教世子，必以禮樂。樂，所以脩内也。禮，所以脩外也。禮樂交錯於中，發形於外，是故其成也懌，恭敬而温文。」是所謂「蒙以養正」也。姑息爲養，是戕之耳。屯之後受以蒙，教爲急務也。教行蒙正，聖功大矣。「功」謂五，「聖」謂二，二、五易位得正，蒙氣除，故曰「聖功」。五之得正，二實教之，二之功也。惠氏棟據洪範「聖，時風若；蒙，恒風若」爲説，謂「蒙與聖反，陰反爲陽，猶蒙反爲聖」；又引

〔一〕「忘」，李鼎祚周易集解作「亡」。「忘」與「亡」通。

呂覽「學者師達而有材，吾未知其不爲聖人也」爲證，與經旨不合。如其說，當云「反正」，不當云「以」；當云「聖」，不當云「聖功」。「以」者，聖人以之。「正」者，聖人養之之功也。

象曰：山下出泉，蒙。君子以果行育德。【注】虞翻曰：「艮爲山，震爲出，坎象流出，故『山下出泉』。」案：說文：「泉，水原也。」山下水始出，故不曰「水」而曰「泉」。蒙者物之穉，泉者水之原，故「山下出泉」爲「蒙」。萬物出震，春主生，故爲「出」。【案】震爲行，其究爲健，爲決躁，故「果」。虞注以艮爲果，據說卦「艮爲果蓏」爲義。但果本木實，假作果決字。艮爲果，謂木實，剥上「碩果」是也。此「果行」自以震爲義，「果行」謂二互震，決躁，故「果」。巽初陰柔，爲進退不果，則決躁爲果可知。「育」，養也。以陽養陰，故「育德」，所謂「養正」也。蒙者物之穉，德之基，「果行育德」，蒙乃可亨。孟子曰：「凡有四端於我者，知皆擴而充之矣，若火之始然，泉之始達。」

初六：發蒙，利用刑人，用說桎梏，以往吝。【注】鄭康成曰：「木在足曰『桎』，在手曰『梏』。」見掌囚疏。虞翻曰：「發蒙之正，坎爲穿木，震足艮手，互與坎連，故稱『桎梏』。初發成兑，兑爲說，坎象毀壞，故曰『用說桎梏』。」案：月令：「仲春安萌芽，養幼少，存諸孤，令〔一〕有司省囹圄，去桎梏，無肆掠，止獄訟。」亦「發蒙」、「説桎梏」之義。

【案】「發」，謂初伏陽發也。伏陽發則説陰，坎象毀，故「説桎梏」。「蒙，山下出泉」，初陰非本，故可「説」。伏陽乃其本也，故「發」。「㓝」，法也。坎爲法。「利用㓝人」者，用發蒙之道，以正法教人，故象曰「以正法」。用正法教人，則人皆化善而不離於刑，㓝，㓝法字。刑，刑戮字。桎梏可不用矣，故「用説桎梏」。正法者，禮而已。「道之以德，齊之以禮」，則民有格心。禮之教化也微，其止邪也於未形，使人日徙善遠罪而不自知也。始不教而即加之刑，先王不若是暴也。但教之而終不改，則須刑以弼之，此夏楚收威，「撲作教㓝」，上之所以「擊蒙」也，故「以往吝」。寬猛相濟，一張一弛，文武之道也。「往」謂晝動之爻，失位，故「往吝」。「發」者，由内達外之稱。坤三「含章，以時發」，謂伏陽也。此「發」亦謂伏陽。易諸所云「發」，多以伏言，發亦即化。但發由内出，其機速。爻晝則由變乃化，有漸次。故發而化，有在變之先者，氣自内

〔一〕「令」，禮記正義作「命」。

出故也。唯乾體純陽，内无伏陰，「發揮」專謂發爲畫爻，乾元之發也。正法教人，亦謂之刑〔一〕。詩曰：「刑于寡妻。」不謂刑戮也。經言「用説桎梏」，則非刑罰明矣。或謂發然後禁，則扞格而不勝，初即用刑，乃禁於未發，非也。道德齊禮，聖人所以禁民；庠序學校，聖人所以禁士。殘酷爲政，古所未聞也。「吝」，説文一引作「吝」，云「恨惜也」；一引作「遴」，云「行難也」。「吝」、「遴」古通，義同。**象曰：利用刑人，以正法也。**【注】虞翻曰：「坎爲『法』，初發之正，故『以正法』。」案：説文云：「法，刑也。平之如水。」白虎通云：「水之爲言准也。養物平均，有准則也。」釋言云：「坎、律，銓也。」注云：「法所以銓量輕重也。」蓋水平均，法象焉，故「坎爲法」。「以正法」者，以法度教人，望其免於刑戮也。孝經云：「非先王之法言不敢言，非先王之法服不敢服。」凡事物之得正者，皆法；失正者，皆非法也。

九二：包蒙，吉。【案】坎爲血卦，互〔二〕坤爲母，震爲子。「包蒙」，謂胎教也。「包」，説文云：「象人裹妊，巳在中，象子未成形也。」大戴記保傅云：「易曰：『正其本，萬事〔三〕

〔一〕「刑」，原作「刑」，據上下文義及崇文書局本、南菁書院本改。
〔二〕「互」，諸本皆誤植於前句「坎」上，據上下文義改。案：蒙卦下體爲坎，互體爲震、坤，坎非互。
〔三〕「事」，大戴禮記作「物」。

理。失之毫釐，差之千里。』故君子慎始也。春秋之元，詩之關雎，禮之冠、昏，易之乾、坤，皆慎始敬終云爾。謹爲子孫娶妻嫁女，必擇孝悌世世有行義者，如是則其子孫慈孝。故曰：鳳皇生而有仁義之意，虎狼生而有貪戾之心。兩者不等，各以其母。烏呼！戒之哉。無養乳虎，將傷天下，故曰素成。胎教之道，書之玉板，藏之金匱，置之宗廟，以爲後世戒。」又云：「周后妃任成王於身，立而不跂，坐而不差，獨處而不倨，雖怒而不詈，胎教之謂也。」蓋胎教之善，由于母，故「包蒙吉」、「納婦吉」也。虞云「坤爲包」，是也。若鄭注云「『苞』當作『彪』。彪，文也」，文蒙則以冠禮言之，禮始於冠，本於昏。納婦，昏禮也。故知文蒙謂冠，冠將責成人禮，故文蒙。童子則无文也。曲禮：「童子委摯而退。」注云：「不與成人爲禮也。」少儀：「適有喪者曰比，童子曰聽事。」注云：「童子未成人，不敢當相見之禮也。」又「小子走而不趨」，注云：「卑，不得與賓介俱備禮容也。」是童子无文也。二十而冠，始學禮。冠義云：「冠而後服備，服備而後容體正，顔色齊，辭令順。醮於客位，三加彌尊。」士冠禮：「始加，祝曰『棄爾幼志，順爾成德』。再加，曰『敬爾威儀』。記云：『冠而字之，敬其名也。』」注云：「冠，成人益文，故敬之。」是冠禮所以文蒙也。「虎變」、「豹變」，皆以喻文，故知「彪」亦然，此鄭氏之義也。

納婦吉，子克家。【案】「婦」謂五。陰，妻道，故稱「婦」。「納」，内也，謂納五居二也。五降二得位，故「吉」。二五震長子，二升五降，初、三化，成家人，故「子克家」。婦有姑之稱，子有父之稱。

「克」，肩也。男子三十壯有室，理男事。男者，任也。禮「七十老而傳」，以家事傳之子。昏禮：「舅姑共饗婦以一獻之禮。舅姑先降自西階，婦降自阼階。」所以授之室，以著代也。故「納婦」而「子克家」也。虞注云：「震爲夫，伏巽爲婦。」案：蒙與革通，伏巽謂二互巽也。但納者自外之內之辭。公羊傳云：「納者何？入辭也。」詩：「十月納禾稼。」箋[一]云：「納，内也。」皆謂自外之内。巽本伏震下，不得云納。惠氏棟既用「伏巽爲婦」之説，又云：「二、五失位，變之正，則五剛二柔，故『納婦吉』。」是仍不謂伏巽，亦自矛盾矣。

象曰：子克家，剛柔接也。【案】「接」，交也。陽剛陰柔，二升五降，剛柔交接，中正，故「吉」。

六三：勿用取女。見金夫，不有躬，无攸利。【注】虞翻曰：「謂三誡上也。『金[二]夫』謂二。初發成兑，故三稱『女』。震爲夫，三逆乘二陽，所行不順，故『勿用取女』。坤身稱『躬』。」案：「三誡上」，謂於三著誡上之辭。【案】乾爲金，三化成乾，則

〔一〕「箋」，諸本皆作「傳」。詳毛詩注疏，下引屬鄭玄箋，非毛亨傳，故改。
〔二〕「金」，諸本皆誤植於前句「誡」下，據李鼎祚周易集解改。

坤壞，故「見金夫，不有躬」。三既失位，之正，又不有躬，尚何所利乎？「取」，娶也。男女非有行媒，不相知名，所以養廉恥也。「見金夫，不有躬」，則自獻其身矣。坊記曰：「夫禮，坊民之〔一〕淫，章民之別，使民無嫌，以爲民紀者也。故男女無媒不交，無幣不〔二〕見，恐男女之無別也。以此坊民，民猶有自獻其身。」夫女之事夫，猶臣之事君，「見金夫，不有躬」，是懷利而忘其身也。孟子曰：「古之人未嘗不欲仕，又惡不由其道。不由其道而往者，與鑽穴隙之類也。」象曰：**勿用取女，行不順也。**【案】坤爲順，失位乘剛，動化則坤壞，故「行不順」。禮，女有五不取。大戴記本命云：「女有五不取：逆家子不取，亂家子不取，世有刑人不取，世有惡疾不取，喪婦長子不取。」童蒙者，教於既生之後，擇婦所以正其本也。顏氏家訓引俗諺云：「教婦初來，教兒嬰孩。」

〔一〕「之」，禮記正義作「所」。
〔二〕禮記正義「不」下有「相」字。

六四：困蒙，吝。【案】四既无應，獨遠於二，爲艮所止，故困吝也。卦唯六四得正，而困吝者，蒙欲其通，失位則化，可以遷善；四既得位，化則失正，成未濟，不可化；不化則蒙氣不除，是以困吝也。象曰：困蒙之吝，獨遠實也。【案】遠二。京氏傳曰：「陽實陰虛。」

六五：童蒙，吉。【注】虞翻曰：「艮爲『童蒙』。處貴承上，有應於二，動而成巽，故『吉』也。」【案】六五獨云「童蒙」者，童而蒙，蒙可亨也。蒙而非童，何吉之有？象曰：童蒙之吉，順以巽也。【注】荀爽曰：「順於上，巽於二，有似成王任用周、召也。」【案】坤爲順，謂晝變成爻也；化則成巽，故「順以巽」。「巽」，遜也。鄭云：「『巽』當作『遜』。」此二養之之功，童蒙所以吉者也。

上九：擊蒙，不利爲寇，利禦寇。【注】虞翻曰：「艮爲手，故『擊』。」案：擊三。謂五已變，案：二升五也。虞例以之正爲變，爻互易亦爲變，故有一卦先言易位，後復云變，其實則一，皆謂化耳。上動成坎，而逆乘陽，故『不利爲寇』矣。『禦』，止也。此『寇』謂二。案：「二」當作「三」，字之誤。虞六三注云「謂三誡上」，則此必謂禦三。惠氏棟云：「上應三，三行不順，是寇也，非昬冓也，故禦之。」坎爲寇，巽爲高，艮爲山。登高〔一〕備下，順有師象，故『利〔二〕禦寇』也。」象曰：利用禦寇，上下順也。【注】虞翻曰：「自上禦下，故『順』也。」案：孫子行軍云：「凡軍喜高而惡下。」

䷄ 乾下坎上

需：有孚光，亨貞吉。利涉大川。【案】「需」，須也。君子之於事也，必不失其信，煇光日新，合禮而正，非此則弗動也，故「需，有孚光，亨貞吉」。「需」，飲食之道。飲食必以禮，「自求口實」，「觀我朵頤」，則孚窮名辱，失禮乖正，陷於險矣。坎雨在乾上，膏澤未降，故「需」。「孚」謂二、五。二之正應五，故「有孚光」，謂成既濟也。六爻正，陰陽應，故「亨貞吉」。此以二化言。乾天當升，故「利涉大川」，謂涉坎居上，所謂「不速之客三人來」也。此以乾一體俱升言。

〔一〕「高」，李鼎祚周易集解作「山」。
〔二〕「利」下，諸本皆衍「用」字，據李鼎祚周易集解刪。

彖曰：需，須也，險在前也，剛健而不陷，其義不困窮矣。需，有孚光，亨貞吉，位乎天位，以正中也。利涉大川，往有功也。【案】「須」，待也。坎險在上，待時乃動，故曰「需」。「剛健」謂乾，乾在坎下，疑其陷，唯剛健乃不陷，故「其義不困窮」，謂乾終升上，不陷坎中也。「天位」謂五。二化之正應五，故「以正中」。乾上坎下，故「往有功」。

象曰：雲上於天，需。君子以飲食宴樂。【注】宋衷曰：「雲上於天，須時而降也。」案：京氏易傳云：「『雲上於天』，凝於陰而待於陽，故曰『需』。需者，待也。」虞翻曰：「坎水兑口，水流入口爲『飲』。」鄭康成曰：「『宴』，享宴也。」見釋文。【案】卦互既濟，水在火上，飲食之象。詩曰：「我有旨酒，以燕樂嘉賓之心。」「飲食宴樂」，五所以需于酒食，上所以有客來也。

初九：需于郊，利用恒，无咎。【注】干寶曰：「『郊』，乾、坎之際也。既已受命，進道北郊，未可以進，故曰『需于郊』。處不避污，出不辭難，臣之常節也。得位有應，故曰『利用恒』。」【案】「需于郊」，謂晝動之爻。「利用恒」，謂不化，故「无咎」。「恒，德之固也」。聘問之禮，其始受命，舍於郊；及所聘之國，至於近郊，君使人郊勞；既聘而歸，及郊，請反命。象曰：需于郊，不犯難行也。利用恒，无咎，未失常也。【案】坎險爲「難」，初遠於坎，需止不進，故「不犯難行」，危邦不入也。化則失位，不化，故「未失常」。

九二：需于沙，小有言，終吉。【注】虞翻曰：「『沙』謂五，水中之陽稱『沙』也。」【案】「需于沙」，謂畫動之爻，不化而升五也，乾升則二居五，未升，故「需」。「小有言」，謂辯之早。說文云：「小，物之微也。从八，丨見而〔一〕分之。」「復，小而辯於物」，陰陽之物，辯之於早也。二失位當升，辯之早，則斷之決矣，故「終吉」。「小有言」，謂辯於畫。「終吉」，謂升五也。或說當需之時，未可危言。太玄飾次七：「不丁言時，微于辭。」義亦通。象曰：需于沙，衍在中也。雖小有言，以吉終也。【注】荀爽曰：「體乾處和，美德優衍，在中而不進也。」【案】「雖小有言」，謂雖小而知

〔一〕段玉裁說文解字注「而」下有「八」字。

辯，故終升五，「以吉終」，辯之宜早也。

九三：需于泥，致寇至。【注】荀爽曰：「親與坎接，故稱『泥』。須止不進，不取於四，不致寇害。」【案】「需于泥」，謂不化，化之陰則入「泥」，「泥」以喻災也。四在坎下，三與之接，四陰坤爻爲土，在坎水下，故稱「泥」。虞「震遂泥」注云：「坤土得雨爲『泥』。」此在水下，義同。左傳：「吕錡夢射月，中之，退入於泥。占之，曰：『退入於泥，亦必死矣。』」「入於泥」，則必死；「需于泥」，故「災在外」。「泥」喻災也。乾升則坎降，三、四交險之閒，故「致寇」。致寇由我，不可不慎也。**象曰：需于泥，災在外也。自我致寇，敬慎不敗也。**【案】坎多眚爲災，在外卦，故「在外」。「我」謂三。乾升坎降，三，乾坎之交，故「自我致寇」。三化成兑，爲毁折，稱「敗」。得位不化，故「敬慎不敗」。

六四：需于血，出自穴。【注】荀九家曰：「雲從地出，上升於天。自地出者，莫不由穴。」【案】坎爲血卦，陽爲陰凝，故「需于血」。兑口爲「穴」，山澤通氣，雲所自出。上卦之氣伏於下卦，由四而升也。坎爲血卦，在地爲水，在人爲血。淮南子云：「血氣者，風雨也。」在天則爲雲雨。氣行而血隨，雲興而雨至。「需于血，出自穴」者，雲方出穴，雨尚未至，陽爲陰凝，故以「血」狀之。若二化成既濟，則雲行雨施，不得云血矣。象曰「順以聽」，謂雲興而雨也。**象曰：需于血，順以聽也。**【注】荀九家曰：「雲欲升天，須時當降，順以聽五。」案：五降而四從，坎耳爲「聽」，四陰故「順」。「順以聽」，謂畫動之爻而從五也。

九五：需于酒食，貞吉。【注】荀爽曰：「五互離坎，水在火上，『酒食』之象。雲須時欲降，乾須時當升。五有剛德，處中居正，能率羣陰，舉坎以降，陽能正居其所，則『吉』，故曰『需于酒食』也。」【案】「需于〔一〕酒食」，所以交賓客之歡，故上曰「有客」。乾純陽，坎，乾之中氣，故升降皆一體也。五本中正，乾二升五，亦中正，故象曰「以中正」，謂二得中升五，中且正也。象傳言「以正中」，則以成既濟言。二，中而不正，五有以正之也。**象曰：酒食貞吉，以中正也。**【注】荀九家曰：「謂乾二當升五，正位者也。」

上六：入于穴，有不速之客三人來，敬之，終吉。【注】荀爽曰：「需道已終，雲

〔一〕「于」，諸本皆作「二」，據爻辭及上下文義改。

當下入穴也。案：上卦之氣仍從四入。雲上升極，則降而爲雨，故詩云『朝隮于西，崇朝其雨』，則還入地，故曰『入于穴』。雲雨入地，則下三陽動而自至者也。『三人』，謂下三陽也。須時當升，非有召者，馬云：「『速』，召也。」故曰『不速之客』焉。乾升在上，君位以定；坎降在下，當循臣職，故『敬之終吉』也。」案：此天子適諸侯之象也。天子適諸侯，必舍其祖廟，故於上宗廟之爻著其象焉。秋官掌客云：「王巡狩殷國，則國君膳以牲犢。」郊特牲云：「天子適諸侯，諸侯膳用犢。」五之酒食所以膳乾者，乾自下而上，非本位，故謂之「客」。天子無客禮，莫敢爲主焉，故「敬之終吉」。郊特牲云：「君適其臣，升自阼階，不敢有其室也。」此乾升而坎所以降，「雖不當位，未大失」者也。天子至尊，誰敢召者，故「不速」。天王狩于河陽，春秋諱之，仲尼曰：「以臣召君，不可以訓。」言「三人」者，天子及二公也。乾三爻，王居中，二公從之。白虎通巡狩云：「王者出，一公以其屬守，二公以其屬從也。」二升五位，天子之象。初、三升居四、上，以陽德居陰位，二公之象也。若諸侯出，則二卿從之。穀梁隱二年傳云：「知者慮，義者行，仁者守，有此三者，然後可以出會。」疏云：「人君之行，二卿從，一卿守。」據此，則諸侯出，二卿從，與天子同。董子王道云：「古者諸侯出疆，必具左右，備一師。」「左右」，謂二卿也。又案：公羊隱五年傳云：「天子三公者何？天子之相也。天子之相則何以三？自陝而東者，周公主之。自陝而西者，召公主之。一相處乎內。」然則從王之二公，即分主東西者，所謂「分天下以爲左右，曰二伯」者也。象曰：不速之客來，敬之終吉，雖不當位，未大失也。【注】荀爽曰：「上降居三，雖不當位，承陽有實，故『終吉』，无大失矣。」案：乾升坎降，初、二、三、四、上皆失位，但乾君卦，君尊臣卑，故「未大失」，卦重則爻輕也。

䷅ 坎下乾上

訟：有孚，窒惕，中吉，終凶。【注】鄭康成曰：「辯財曰『訟』。」見釋文。虞翻曰：「『孚』謂二。『窒』，塞止也。『惕』，懼。二得中，故『中吉』。」【案】二化應五，故「有孚」。書曰：「獄成而孚，輸而孚。」「不克訟」，故「窒」。患至而憂，故「惕」。二雖失正，得中，故「吉」也。訟已成，上化體困，故「終凶」，訟不可成也」。「訟不可成」，上居一卦之終，化而體困，故「凶」。虞云：「二失位，終止不變，則『入於淵』，故『終凶』。」案：二剛來得中，不得言凶，「入於淵」謂乾，非謂二。利見大人，不利涉大川。【注】荀爽曰：「二與四訟，案：二據初陰，初不得之四，四失其應，故「訟」。二、四俱失位，故皆有

「不克訟」之象。利見於五，五以中正之道，解其訟也。」【案】坎爲大川。需，乾在下當升，故「利涉大川」。訟，乾已在上，「涉大川」，則「入於淵」，故「不利」。

彖曰：**訟，上剛下險，險而健，訟。訟，有孚，窒惕，中吉，剛來而得中也。**【案】坎固險內，乾剛健外，內不險則无訟，外不健則不能訟，故「險而健，訟」也。陽來息坤成坎，故「剛來而得中」。泰「小往大來」，否「大往小來」，復「朋來无咎，七日來復」，「來」皆謂息也。荀、虞、蜀才諸家皆據十二消息言往來，凡一陽之卦，非自剝來，則自復來；二陽之卦，非自臨來，則自觀來，餘皆類此。蓋十二消息，實即乾坤之陰陽，據爻以消息言耳。陽息則剛來，陰息則柔來，窮於上者來之下，屈於彼者信於此，其義一也。陰息云消者，以其消陽也。

終凶，訟不可成也。利見大人，尚中正也。【案】「尚」，上也，謂五。五中正，爲卦主，故利見於五，五解其訟。詩曰：「誕先登于岸。」又曰：「虞芮質厥成。」箋云：「『岸』，訟也。天語文王曰：『當先平獄訟，正曲直也。』」**不利涉大川，入於淵也。**

【注】荀爽曰：「陽來居二，坎在下爲『淵』。」

象曰：**天與水違行，訟。**【注】荀爽曰：「天自西轉，水自東流，上下違行，成訟之象也。」【案】「天與水違行」稱「訟」者，所謂「上剛下險」，咎非盡在民也。天者君象，化不行則訟日多，下不向化，上不足以化民也，故曰「天與水違」。孔子曰：「聽訟，吾猶人也，必也使無訟乎！」謂上下皆有嘉德而无違心也。「宜岸宜獄」，豈民之咎乎？上剛則心不平，剛愎自用，不度民情，而民得行其險矣。詩曰：「君子如屆，俾民心闋。君子如夷，惡怒是違。」箋云：「君子如行至誠之道，則民鞫凶之心息；如行平易之政，則民〔一〕乖爭之情去。言民之失，由於上可反復也。」**君子以作事謀始。**【注】虞翻曰：「坎爲『謀』。『乾知大始』。」【案】行之相違，其始並起，毫釐千里，在審其端。天一生水，亦是蒙泉，若決江河，則莫之能禦矣。天水流行不息，故曰「作事」。

初六：不永所事，小有言，終吉。【注】虞翻曰：「『永』，長也。初失位而爲訟始，故『不永所事』。初變得正，故『終吉』。」【案】「所事」，訟事也。初失位而動，故「不永」，謂終當化也。「小有言」，謂辯之早，所謂「謀始」也。辯之於畫，化而之

〔一〕「則民」，原作「民則」，據毛詩注疏及崇文書局本、南菁書院本乙正。

正，故「終吉」。象曰：不永所事，訟不可長也。雖小有言，其辯明也。【案】失位當化，故「不長」。初化兑，爲口舌，故「辯」。坎水内明，離火外明，雖小而必辯之，故「不永」而終得吉也。

九二：不克訟，歸而逋，其邑人三百户无眚。【注】虞翻曰：「謂與四訟。坎爲隱伏，故『逋』。乾位剛在上，坎濡失正，故『不克』也。」荀爽曰：「坤稱『邑』。『逋』，逃也。坤有三爻，故云『三百户无眚』。二者下體之君，君不爭，則百姓无害也。」鄭康成曰：「小國之下大夫，采地方一成，其定稅三百家，故『三百户』也。不易之田，歲種之；一易之田，休一歲乃種；再易之田，休二歲乃種，言至薄也。」見孔疏及坊記疏。案：小司徒：「經土地而井牧其田野，九夫爲井，四井爲邑，四邑爲丘，四丘爲甸，四甸爲縣。」注云：「此謂造都鄙也。采地制井田，異於鄉遂。造都鄙，授〔一〕民田，有不易、一易、再易，通率二而當一，是之謂『井牧』。此制小司徒經之，匠人爲之溝洫，相包乃成耳。甸方八里，旁加一里，則成十里，爲一成。積百井、九百夫，其中六十四井、五百七十六夫出

〔一〕「授」，諸本皆作「制」，據周禮注疏改。

田税，三十六井、三百二十四夫治洫。縣方二十里，都方四十里，四都方八十里，旁加十里，乃得〔一〕百里，爲一同。井田之法，備於一同。今止於都者，采地食者皆四之一。其制三等：百里之國凡四都，一都之田税入於王；五十里之國凡四縣，一縣之田税入於王；二十五里之國凡四甸，一甸之田税入於王。」載師：「以家邑〔二〕之田任稍地，以小都之田任縣地，以大都之田任畺地。」注云〔三〕：「家邑，大夫之采地。小都，卿之采地。大都，公之采地，王子弟所食邑。」案：大都，四都也。小都即都，家邑即縣。鄭云「家邑，大夫之采地」，是天子大夫食縣也。天子之大夫視子男，則小國之君食縣矣。大司徒：「諸男之地〔四〕，封疆方百里，其食者四之一。」「四之一」，適五十里，鄭所謂「五十里之國」是也。五十里凡四縣，一縣之税入於王，自食一縣。一縣凡四甸，采地食者皆四之一，則男國卿食甸，其大夫食邑，其士食井。王制：「諸侯之下士，視上農夫。」以此推之，則男國之上士，纔視農夫耳。鄭云「小國之下大夫」，以子國言。大司徒：「諸子之地，封疆方二百里，其食者四之一。」適百里。一同之地，凡四都，一都入於王，自食一都。以

〔一〕周禮注疏「得」下有「方」字。
〔二〕「家邑」，諸本皆作「家地」，據周禮注疏改。下文三「家邑」同。
〔三〕「注云」，諸本皆無。下引「家邑」至「王子弟所食邑」爲鄭玄注，非經文，故據此書之例補。
〔四〕「地」，諸本皆作「國」，據周禮注疏改。

「食者四之一」推之，則卿食縣，大夫食甸，甸旁加一里，是爲一成，故云「小國之下大夫，采地方一成」。攷工：「十里爲成。」注云：「方十里爲成，成中容一甸，方八里，出田税；一〔一〕里，治洫。」據鄭説，一甸五百七十六夫，出田税二而當一，則定税二百八十八家，舉成數，故云「三百」。又案：論語：「奪伯氏駢邑三百。」孔云：「伯氏食邑三百家。」坊記疏引鄭注云：「伯氏駢邑三百家，齊下大夫之制。」左傳：「惟卿備百邑。」四井爲邑，百邑四百井，當一縣之地。左傳言衛，衛，侯國。據此，則春秋時，雖侯國之卿，亦秖食一縣，其下大夫食一成，不獨小國然矣。「不克訟」，謂畫動之爻。「歸而逋」，謂變則化。虞云：「『眚』，災也。坎爲眚，坎化爲坤，故『无眚』。」**象曰：不克訟，歸逋竄也。自下訟上，患至掇也。**【注】鄭康成曰：「『惙』，憂也。」見釋文。釋文云：「『掇』，鄭作『惙』。」案：坎爲加憂，爲心病，故「惙」，所謂「惕」也。坎爲災，故稱「患」。「患至惙」者，以下訟上，慮患至而憂，故不克訟而逋，得免於眚矣。坎隱伏，故「竄」。竄，匿也。二與四訟，故「自下訟上」。二，互體之下；四，互體之上也。

六三：食舊德，貞厲，終吉。【注】虞翻曰：「乾爲『舊德』。」【案】初已之正，三在

〔一〕周禮注疏「一」上有「緣邊」二字。

兑口，故「食」，食先人之德也。禮運曰：「天子有田，以處其子孫。諸侯有國，以處其子孫。大夫有采，以處其子孫。」古者世禄，故詩曰：「凡周之士，不顯亦世。」三承乾，下有伏陽，故「食舊德」。伏陽發之正，體乾三重剛，故「貞厲」。得位從乾，故「終吉」。詩文王疏引異義謹案：「易爻位，三爲三公，二爲卿大夫。曰『食舊德』，謂食父故禄也。」韓詩外傳云：「古者天子爲諸侯受封，謂之采地。百里諸侯以三十里，七十里諸侯以二十里，五十里諸侯以十里〔一〕。其後子孫雖有罪而絀，使子孫賢者守其地，世世以祠其始受封之君。」**或從王事，无成。**【注】虞翻曰：「乾爲『王』。」案：上言伏陽，發而成乾。此言不化，以陰從陽，故「或從王事」。坤三同義，謂不化，與上易位，所謂「弗敢成也」。**象曰：食舊德，從上吉也。**【案】「從上」，謂從王代有終。三之上，得位，故「吉」。

九四：不克訟，復即命渝，安貞吉。【注】虞翻曰：「失位，故『不克訟』。『渝』，變也。動而得位，故『安貞吉』。」【案】「不克訟」，謂晝動之爻。「復即命」，謂化而之正。詩曰：「彼其之子，舍命不渝。」傳云：「『渝』，變也。」箋云：「『舍』，猶處也。是子

〔一〕「十里」，許維遹韓詩外傳集釋引皮錫瑞云：「『十里』，大傳作『十五里』，不誤。外傳脱『五』字耳。」

處命不變，謂守死善道，見危受命之等。」「舍命不渝」者，守而不變。「復即命渝」者，變而之命也。陰陽得正謂之命。象曰：復即命渝，安貞不失也。【案】化之正，故「不失」。

九五：訟，元吉。【案】「元」，乾元也。乾元託位於五，所謂「利見大人」也。象曰：訟，元吉，以中正也。【案】以中正解二、四之訟，故「吉」。

上九：或錫之鞶帶，【注】虞翻曰：「『錫』，王之錫命。」鄭康成曰：「『鞶帶』，佩鞶之帶。」見巾車疏。案：内則：「男鞶革，女鞶絲。」注云：「鞶，小囊，盛帨巾者。男用韋，女用繒，有飾緣之，則是鞶裂與？詩云『垂帶如厲』，紀子帛名裂繻，字雖異，意實同也。」士昏禮：「庶母及門内，施鞶。」注云：「鞶，鞶囊也。男鞶革，女鞶絲，所以盛帨巾之屬。」詩：「垂帶而厲。」箋云：「而亦如也。而厲，如鞶厲也。鞶必垂厲以爲飾。『厲』字當作『裂』。」據鄭諸注，則佩鞶之帶，謂佩鞶所飾之帶，即厲也。馬、虞以爲大帶。左傳「鞶厲游纓」，服虔亦以鞶爲大帶。説文亦訓鞶爲大帶，並與鄭異。鄭説是也。鞶爲大帶之名，則既云鞶，不須復云帶。鞶爲大之稱，則内則豈男大革、女大絲與？且鞶爲大帶，士昏禮不宜於門内始施大帶也。二化時，坤爲囊，巽爲繩，與坤連體，故曰「鞶帶」。上應三，故五以三錫之；失位，故或之。終朝三褫之。【案】剛爻爲「朝」。「終朝」，謂晝動之爻。「褫」，奪也，五奪上與三也。奪上與三，三之上得位。說文云：「褫，奪衣也。讀若沱〔一〕。」沱、拕音同，故鄭作「拕」，其音直離切者，非古音。

象曰：以訟受服，亦不足敬也。【注】虞翻曰：「『服』謂鞶帶，終朝見褫，乾象毁壞，故『不足敬』。」案：「鞶帶」謂之「服」者，佩之亦云服。說文云：「服，用也。」月令：「服倉玉。」荀子勸學云：「蘭槐之根是爲芷，其漸之滫，君子不近，庶人不服。」離騷：「户服艾以盈要。」「服」皆謂佩也。「受服」，受所服之物。

周易姚氏學卷第四終

〔一〕「沱」，説文解字作「池」。

周易姚氏學卷第五

旌德姚配中撰

周易上經彖上傳象上傳

䷆ 坎下坤上

師：貞丈人，吉，无咎。【注】鄭康成曰：「軍二千五百人爲師。多以軍爲名，次以師爲名，少以旅爲名。『丈』之言長，能御衆，有幹正人之德，以法度爲人之長，吉而无咎，謂天子、諸侯主軍者。」見棫樸疏及天府疏。案：「丈人」，崔憬云：「子夏傳作『大人』。」鄭云「天子、諸侯主軍」，則意與「大人」不異。以困卦「貞大人」推之，此亦當從子夏傳作「大人」。鄭不破字者，以其義可通，故仍其舊，慎也。周禮天府、太卜注並以「貞」爲「問」。

彖曰：師，衆也。貞，正也。能以衆正，可以王矣。【注】荀爽曰：「謂二有中和之德，而據羣陰，上居五位，『可以王矣』。」剛中而應，行險而順。【案】「剛中」，謂二。「應」，五應之也。坎險坤順，二行而上，五順應之，此其可王者也。**以此毒天下，而民從之，吉又何咎矣！**【注】馬融曰：「『毒』，治也。」見釋文。干寶曰：「坎爲險，坤爲順，兵革刑獄，所以險民也。毒民於險中，而得順道者，聖王之所難也。『毒』，荼〔一〕苦也。五刑之用，斬刺肌體；六軍之鋒，殘破城邑，皆所以荼毒姦宄之人，使服王法者也。故曰『以此毒天下，而民從之』。毒以治民，明不獲已而用之，故於彖、象、六爻皆著戒懼之辭也。」案：說文云：「毒，害人之草。」坎爲叢棘，故象毒。人有疾，則以藥石之毒治之。殘暴爲國之疾，則以兵刑之毒治之。羣陰順從，故「民從」，從二也。呂覽蕩兵云：「夫兵之不可偃也。若用藥然，得良藥則活人，得惡藥則殺人。義兵之爲天下良藥也，亦大矣。」案：用之而當，毒皆良也。

象曰：地中有水，師。君子以容民畜衆。【注】陸績曰：「坎在坤内，故曰『地中有水』。『師，衆也』。坤中衆者，莫過於水。」虞翻曰：「『容』，寬也。坤爲民衆，又畜養也。」【案】孫子曰：「夫兵形象水。水之形，避高而趨下；兵之形，避實

〔一〕「毒荼」，諸本皆倒，據李鼎祚周易集解乙正。

而擊虛。水因地而制流，兵因敵而制勝，故兵無常勢，水無常形。」虛實文。坤含弘，故「容民」，萬物致養。水在地中，故「畜衆」。於師言「容民畜衆」者，所以絶寇害於用兵之先，養兵於不用之日，止戈爲武，兵寓於農也。白虎通曰：「司徒典民，司空主地，司馬順天。天者施生，所以主兵何？兵者，爲謀除害也，所以全其生、衛其養也，故兵稱天。」封公侯文。

初六：師出以律，否臧，凶。【注】荀九家曰：「坎爲法律也。」【案】「師出以律」，謂畫動之爻。「臧」，善也。「否臧，凶」，謂化。初化爲兑毁折，坎律壞，故「凶」。二者，軍中之將。初當奉二而行，自化之正，是不從二也，故「凶」。二升居五，初乃可化。春秋傳曰：「執事順成爲臧，逆爲否。」宣十二年左傳：知莊子曰：「執事順成爲臧，逆爲否，衆散爲弱，川壅爲澤，有律則〔一〕如己也。否臧，且律竭矣。盈而〔二〕竭，夭且

〔一〕「則」，春秋左傳注疏作「以」。
〔二〕春秋左傳注疏「而」下有「以」字。

不整，所以凶也。不行謂之〔一〕臨，有帥而不從，臨孰甚焉？果遇必敗，彘子尸之，雖免而歸，必有大咎。」杜注云：「坎爲衆，今變爲兑，兑柔弱。坎爲川，今變爲兑，兑爲澤。如，從也。法行，則人從法；法敗，則法從人。竭，敗也。坎變爲兑，是法敗。『彘子尸之』，主此禍。」案：彘子不從桓子，以中軍佐濟，如初不從二，而自之正，自爲主，壞坎律也，故莊子引以擬先縠，亦以坎化兑言。據此，則爻之之正，亦有其時。二者卦主，二未升五，君位未定，臣不可先自正也。「大君有命，開國承家」，時乃可正耳。象曰：師出以律，失律凶也。【案】坎壞，故「失律」。

九二：在師中，吉，无咎。【案】二非王位，以陽居之，羣陰順從，天子主軍之象也。雖非君位，「在師中」，即君位，故「吉，无咎」。周書曰：「天道尚右，日月西移；地道尚左，水道東流；人道尚中，耳目役心。吉禮左還，順地以利本；武禮右還，順天以利兵；將居中軍，順人以利陳。」武順文。王三錫命。【注】荀爽曰：「『王』謂二也。」【案】坎升則坤降，故「三錫命」，「開國承家」之命也。象

〔一〕「謂之」，諸本皆倒，據春秋左傳注疏乙正。

曰：在師中吉，承天寵也。王三錫命，懷萬邦也。【注】鄭康成曰：「『寵』，光燿也。」見釋文。【案】「承」，受也。「寵」，尊居，謂五也。二當升五，受天命爲天子；五，天位，故曰「天寵」。「懷」，懷之也。「容民畜衆」，「開國承家」，所以安天下，師亦所以安天下也。坎升坤降，坤爲萬邦，乾物致養於坤，歸於坎，故曰「懷」。

六三：師或輿尸，凶。【注】虞翻曰：「坎爲車多眚。」【案】坤陰爲死喪，在坎上，故「輿尸」。三失位，敗而輿尸，故「凶」。象曰：師或輿尸，大无功也。【案】三多凶，乘陽无應，失位，故「大无功」，謂動成爻也。

六四：師左次，无咎。【注】荀爽曰：「『左』謂二也，陽稱左。『次』，舍也。二與四同功，四承五，五无陽，故呼二舍於五，四得承之，故『无咎』。」案：左傳：「凡師，一宿爲舍，再宿爲信，過信爲次。」「左次」者，謂四從二也。象曰：左次无咎，未失常也。【案】得位從陽，故「未失常」。

六五：田有禽，利執言，无咎。【注】荀爽曰：「『田』，獵也。謂二帥師禽五。」

【案】「田」謂二，「禽」謂五。「田有禽」者，有可禽之道。「利執言」者，有伐之之辭。書曰：「予惟聞汝衆言，夏氏有罪，予畏上帝，不敢不正。」此所執之言也，故「利執言，无咎」。若无辭而以下伐上，是叛臣也。五失位，二之五得位，互艮爲手。李鼎祚云：「六五居尊失位，在師之時，蓋由殷紂而被武王禽於鹿臺之類是也。」**長子帥師，弟子輿尸，貞凶。**【注】虞翻曰：「『長子』謂二，震爲『長子』，在師中，故『帥師』也。『弟子』謂三，三體坎。坎，震之弟而乾之子。」【案】公羊傳曰：「曷爲或言率師，或不言率師？將尊師衆，稱某率師。將尊師少，稱將。將卑師衆，稱師。將卑師少，稱人。」然則九二長子尊，故稱「帥師」，其餘皆從二之師也。二帥師代五，「以中行」，「執言」者也。三失位而以伐人，故「輿尸」。「貞凶」者，三自正，不從二，故「凶」。二若漢高、光武，初、三若自立爲王，不從高祖、光武者。坤虛无君，故覬覦者羣起。**象曰：長子帥師，以中行也。**【案】自二升五，故「以中行也」。**弟子輿尸，使不當也。**【注】宋衷曰：「『弟子』謂六三也，失位乘陽，處非所據，衆不聽從，師人分北，或敗績死亡，輿尸而還，故曰『弟子輿尸』，謂使不當其職也。」

上六：大君有命，【注】鄭康成曰：「『命』，所受天命也。」見文選注〔一〕。【案】二升五，居尊位，故曰「大君」，所謂「能以衆正，可以王」者也。陰陽得正爲命，五本陽位，二來居之，得正，故曰「有命」。象曰「以正功」，二有定天下之功，故「承天寵」，受天命也。開國承家，小人勿用。【注】荀爽曰：「『大君』謂二。師旅已息，既上居五，當封賞有功，立國命家也。『開國』，封諸侯；『承家』，立大夫也。」虞翻曰：「『承』，受也。坤爲『國』，二稱『家』。」案：大夫受采邑，賜氏族，立宗廟，世不絶祀，故稱「家」。書曰：「日宣三德，夙夜浚明有家。」乾鑿度云：「初爲元士，二爲大夫，三爲三公，四爲諸侯，五爲天子，上爲宗廟。」陰動闢，故「開」。二承五，故「承」。三失位輿尸，故曰「小人」。象曰：大君有命，以正功也。小人勿用，必亂邦也。【注】虞翻曰：「謂五多功，五動正位，故『正功也』。」案：二有定亂之功，升五正位。【案】荀子曰：

〔一〕「見文選注」，原作「文見選注」，據文義乙正。

「治生乎君子，亂生乎小人。」致士〔一〕文。

䷇坤下坎上

比：吉。原筮，元永貞，无咎。【注】子夏傳曰：「地得水而柔，水得地〔二〕而流，『比』之象也。夫凶者生乎乖爭，今既親比，故云『比吉』也。」【案】九五，乾之元，萬物之始，故曰「原」。九，陽之老爲蓍，故曰「筮」。坎爲水，乾元得位，初、三化，成既濟，故「原筮，元永貞，无咎」。正其本，萬事理，君正於上，民從於下，龜筮、卿士、庶民无不從也。書曰：「惟茲惟德稱，用乂〔三〕厥辟，故一人有事於四方，若卜筮，罔不是孚。」此亦「有孚惠心，勿問元吉」者也。比以羣陰輔一陽，九五乾元得位，則本正矣。「筮」，問也。謀及乃心，而後謀及卿士、庶民、卜筮，此之謂「原筮」。後

〔一〕「士」字原脱，據荀子補。
〔二〕「地」，李鼎祚周易集解作「土」。
〔三〕「乂」，原作「又」，據尚書正義及崇文書局本、南菁書院本改。

漢志云：「元以原之。」董子重政云：「元猶原也。」此「原」即「原始及終」、「原始要終」之「原」。正而後問，何咎之有？惠氏棟以「原」爲再，云：「二爲原筮，初九爲元。」非是。經云「原」、云「元」，則无再筮之意。傳云「以剛中」，則不謂二明甚。若謂師二升五得正，則仍是本原，无所謂原〔一〕。比初陰爻，不得云九也。**不寧方來，後夫凶。**【注】虞翻曰：「水性流動，故『不寧』。『後』謂上，『夫』謂五也。艮爲背，上位在背後，无應乘陽，故『後夫凶』也。」【案】「不寧」，不寧侯也。「方來」，猶將來。不寧之侯亦將來，故象〔二〕曰「上下應也」。攷工：「梓人祭侯之禮，其辭曰：『惟若寧侯，毋〔三〕或若女不寧侯，不屬于王所，故抗而射女。』」是不朝王者爲不寧也。困九二：「朱紱方來。」鄭云：「文王將王，天子制用朱紱。」是鄭訓「方」爲「將」，此「方來」亦然。東京賦薛注云：「方，將也。」「方來」獨謂上者，以象曰「下順從」，則下非「不寧」。傳云「上下應」者，以先云「下順從」，疑下應而上不應，故明言「上下應」，言不寧者亦來，則上下皆應，不獨下順從而已。**上終不順五，故「比之无首」。雖比**

〔一〕「无所謂原」，據上下文義，當作「无所謂再」。
〔二〕「象」，諸本皆作「象」，據象傳及此書之例改。
〔三〕「毋」，原作「母」，據周禮注疏改。

五而不順五，故「凶」。詩曰：「王猷允塞，徐方既來。」荀子曰：「仁人用，國日明，諸侯先順者安，後順者危，慮敵之者削，反之者亡。」議兵文。

象曰：比，吉也。比，輔也，下順從也。【案】「比」，故「吉也」。相比，故相輔。「下」謂下四陰，坤爲順，四陰順從五而比輔之，所以「吉也」。四陰體坤順，在五下。自初至四皆有「下」稱，四爲上體之下，二、三各爲互體之下，故統謂之「下」。惠氏棟以爲「下」謂五陰，一在上，四在下，引孟康漢書注「陽爲上，陰爲下」以證。案：陽上陰下，猶君尊臣卑之義，非謂上爻有「下」稱。經云「後夫凶」，則上不在順從之列可知。原筮，元永貞，无咎，以剛中也。不寧方來，上下應也。後夫凶，其道窮也。【注】荀爽曰：「『後夫』謂上六，逆禮乘陽，不比聖王，其義當誅，故『其道窮』，『凶』也。」

象曰：地上有水，比。先王以建萬國，親諸侯。【注】鄭康成曰：「『親諸侯』，使諸侯相親，遞相朝聘。」見周禮疏。案：大司馬：「比小事大，以和邦國。」注：「比猶親。」形方氏注同，並引此經以證，是鄭訓「比」爲「親」，同子夏傳。虞翻曰：「初陽已復，震爲『建』，爲『諸侯』。坤爲『萬國』，爲腹。坎爲心。腹心親比，故『以建萬國，親諸侯』。」案：封建之制，由來者遠，故曰「先王」。漢書地理志云：「昔在黃帝，作舟車以濟不通，旁行天下，方制萬里，畫壄分州，得百里之國萬區。」

初六：有孚比之，无咎。【注】荀爽曰：「初在應外，以喻殊俗。聖王之信，光被四表，絕域殊俗，皆來親比，故『无咎』也。」案：初孚五，比五也，此謂畫動之爻。有孚盈缶，終來有它，吉。【注】荀爽曰：「缶者應内，以喻中國。孚既滿盈〔一〕中國，終來及初，非應，故曰『它』也。」案：五孚及初。盎謂之缶，中虛容物，坤象焉。「終來」者，變則化，反其本也。虞翻曰：「坤器爲『缶』，坎水流坤，初動成屯。屯者，盈也，故『盈缶』。終變得正，故『終來有它，吉』。」象曰：比之初六，有它吉也。【注】荀爽曰：「謂信及非應，然後吉也。」【案】初六失位，故特言初六，以明有它乃吉，謂化之正，五孚及之也。

六二：比之自内，貞吉。【案】二得正應五，中誠親比，故曰「内」。「内」謂畫也。爻由畫來，動而應五，故「自内」。不可化，故「貞吉」。象曰：比之自内，不自失也。【案】不化，故「不自失」。

〔一〕「滿盈」，李鼎祚周易集解作「盈滿」。

六三：比之匪人。【注】虞翻曰：「『匪』，非也。失位无應，三又多凶，故曰『匪人』。」案：比六爻，唯五不曰「比之」，其餘皆曰「比之」，比五也。比五而屬匪人，故象曰「不亦傷乎」，恐其傷王政也。若五比匪人，豈僅傷而已哉？呂覽驕恣云：「仲虺有言，曰：『諸侯之德，能自取師者王，能自取友者存，其所擇而莫如己者亡。』」干寶云：「爻失其位，管、蔡之象也。」象曰：比之匪人，不亦傷乎！【注】虞翻曰：「體剥，『傷』象。」案：此管、蔡之於周，四凶之於堯也。終必以刑法正之，亦足傷盛德也。故小人勿用，慎在於初。

六四：外比之，貞吉。【案】「外」謂爻。四承五，故動而應初，與初共比五，初已之正，爲賢，此舉賢事君之象也。比當以正，不可化，故「貞吉」。知與初〔一〕共比五者，以象曰「外比於賢，以從上也」，則賢非謂五可知。比賢從上，從五也，則爲薦賢之象可知。君德遠被，臣爲之施，五孚及初，四實施之，四爲初應，爲五施德也。象曰：外比於賢，以從上也。【案】四以初從五。

九五：顯比，【注】虞翻曰：「五貴多功，得位正中，初、三已變，體重明，故『顯

〔一〕「初」，諸本皆作「四」，據上下文義改。

比』。」案：董子楚莊王篇云：「受命之君，天之所大顯也。事父者承意〔一〕，事君者儀志，事天亦然。今天大顯己，物襲所代，而率與同，則不顯不明，非天志。故必徙居處，更稱號，改正朔，易服色者，无它焉，不敢不順天志，而明自顯也。」**王用三驅，失前禽。**【注】鄭康成曰：「王者習兵於蒐狩，驅禽而射之，三則已，法軍禮也。『失前禽』者，在前者，不逆而射之，旁去又不射，唯背走者，順而射之，不中則已，是皆所以失之。用兵之法亦如之，降者不殺，奔者不禦〔二〕，皆爲敵不敵己，加以仁恩養威之道。」見士師疏及桓四年左傳疏。案：大司馬：「中冬教大閱。鼓戒三闋，車三發，徒三刺。」鄭注云：「鼓戒，戒攻敵。鼓一闋，車一轉，徒一刺，三而止，象敵服〔三〕。」此所謂「三則已」也。張衡東京賦云：「馬足未極，輿徒不勞，禮成〔四〕三驅，解罘放麟。」其意亦以「三驅」爲三度驅禽，與鄭同。昭八年穀梁傳云：「秋，蒐於紅，正也。因蒐狩以習用〔五〕武事，禮之大者也。艾蘭以爲防，置旃以爲轅

〔一〕「意」，原作「志」，據春秋繁露及南菁書院本改。
〔二〕「禦」，周禮注疏作「禁」。
〔三〕「敵服」，周禮注疏作「服敵」。
〔四〕「禮成」，文選作「成禮」。
〔五〕「用」，諸本皆脱，據春秋穀梁傳注疏補。

門，以葛覆質，以爲槷，流旁握，御轚者不得入。車軌塵，馬候蹶，揜禽旅，御者不失其馳，然後射者能中。過防弗逐，不從奔之道也。」「不從奔」，即鄭所云「奔者不禦」也。馬以爲乾豆、賓客、君庖，蓋謂因是三者而驅禽，與「邑人不誡」之義不合。乾豆等乃三品，非三驅。**邑人不誡，吉。**

【案】「邑人」謂二。「誡」，驚也。坤二應五，下順從。王者之師，止戈爲武，无所驚恐，故「不誡」。二、五皆正，故「吉」。**象曰：顯比之吉，位正中也。舍逆取順，失前禽也。**【注】虞翻曰：「謂離象明，正上中也。」案：三之正，互體離。

【案】「逆」，迎也。自下而上曰逆，謂下四陰也。下陰逆五，而來臣服於五，故舍之。「順」謂上六，背五而去也。背，故取之。上稱「後」，則「前」謂下矣。「舍逆」，故「失前禽」。詩：「抑縱送忌。」傳云：「從禽曰『送』。」則迎來者爲逆可知。鄭所云「順而射之」，即「送」也。上近五，取之易。背五，有可取之道，是之謂「順」。陰順陽，艮爲手。**邑人不誡，上使中也。**【案】「上」謂五，「中」謂二。二應五，得位不化，故「邑人不誡」，謂不失常也。「上使中」，謂二之不誡，五有以使之。詩曰：「整我六師，以脩我戎。既敬既戒，惠此南國。不留不處，三事就緒。」箋云：「敬之言警也，謂敕以無暴虐〔一〕爲之害也。不留不處，不久處於是也。女三農之事，皆就其業。爲其驚怖，先以言安之。」

上六：比之无首，凶。【注】荀爽曰：「陽欲无首，陰以大終；陰而无首，不以大終，故『凶』也。」案：「陽欲无首」者，此指説乾元用九也。陽奉元爲首，元不自用，以成其尊。陰則當從陽，奉陽爲首。上六陰爻，比既五，則當奉五爲首，乃反欲用人，不爲人用，動而失位，凶也宜哉。虞云：「『首』，始也。陰道无成而代有終，『无首，凶』。」義與荀同。**象曰：比之无首，无所終也。**【注】虞翻曰：「迷失道，故『无所終也』。」案：「陰道无成而代有終」，坤三之乾上是也。比上六得位，若從五不化，即是有終；乃反欲用人，是臣思竊君權者，臣而不臣，尚何終之有？誅戮加之矣。此以上自化而失位言也。

䷈ 乾下巽上

小畜：亨。密雲不雨，自我西郊。【注】鄭康成曰：「『畜』，養也。」見釋文。【案】

〔一〕「虐」，毛詩注疏作「掠」。

「小」謂四。京氏傳云：「小畜之義，在於六四。」謂四陰小也。虞云：「復小陽潛，所畜者少，故曰『小畜』。」非經旨。五剛中正，四承之，上化坎雨施，故「志行乃亨」。二、上之正，成既濟，上坎爲雲，下坎爲雨。故上云「既雨」，謂既濟也；未化，故「密雲不雨」。雲，山澤氣也。兑爲澤，在乾上，未成坎，故「不雨」。巽爲風，在乾上，澤氣之上升者也。散則爲風，和則皆雨，爲雲也〔一〕。「我」謂四。兑爲西，乾爲郊，雲興於澤，故「自西郊」。

彖曰：小畜，柔得位而上下應之，曰小畜。健而巽，剛中而志行，乃亨。【注】虞翻曰：「二失位，五剛中正，二變應之，故『志行乃〔二〕亨』也。」【案】「柔得位」，謂四。成既濟，雲行施雨〔三〕，嘉會合禮，君子之所以自養也。密雲不雨，尚往也。【案】「尚」，上也。雲始上升，故「不雨」。自我西郊，施未行也。【注】虞翻

〔一〕「和則皆雨，爲雲也」，當作「和則爲雨，皆雲也」。
〔二〕「行乃」，原倒，據李鼎祚周易集解及南菁書院本乙正。
〔三〕「施雨」，疑當作「雨施」。

曰：「兑爲西，乾爲郊，雨生於西，故『自我西郊』。九二未變，故『施未行也』。」

象曰：風行天上，小畜。君子以懿文德。【注】荀九家曰：「『風』者，天之命令也。今『行天上』，則是令未下行，畜而未下，小畜之象〔一〕也。」虞翻曰：「『懿』，美也。豫坤爲文，乾爲德，離爲明。初至四體夬，爲書契。乾離照坤，故『懿文德』。」

初九：復自道，何其咎？吉。【案】「復」，反也。初本得位，動失位，而還反，故「復自道」。疑始失位有咎，復未必吉，故明言「何其咎？吉」。荀子大略云：「易曰：『復自道，何其咎？』春秋賢穆公，以其〔二〕能變也。」董子玉英云：「魯桓忘其憂而禍逮其身，齊桓憂其憂而立功名。推而散之，凡人有憂而不知憂者，凶；有憂而深憂之者，吉。易曰：『復自道，何其咎？』此之謂也。匹夫之反道以除咎尚難，人主之反道以除咎甚易。詩云：『德輶如毛。』言其易也。」**象曰：復自道，其義吉也。**【案】得正，故「其義吉」。

九二：牽復，吉。【案】「牽」，引也。巽爲繩，二應五，五正於上，故引二使復，謂

〔一〕「象」，李鼎祚周易集解作「義」。
〔二〕「其」，荀子大略作「爲」。

化之正也，故「吉」。象曰：牽復在中，亦不自失也。【注】虞翻曰：「變應五，故『不自失』。」【案】初「復自道」，則不自失。二爲五所牽而復，故「亦不自失」。孟子曰：「仁義禮智，非由外鑠我也，我固有之也。」

九三：輿説輹，【注】鄭康成曰：「『輹』，伏菟也。案：「菟」、「兔」通。謂輿下縛木，與軸相連，鉤心之木是也。」見釋文及孔疏。【案】二化，三在坎中，坎於輿爲多眚。兑爲毁折，巽爲繩，繩毁折，故「説輹」。虞云：「豫〔一〕坤爲車，爲輹。至三成乾，坤象不見，故車説輹。」案：「坤象不見」，則无車，非但「説輹」而已。「輹」，舊誤作「輻」。釋文云：「『輻』，本亦作『輹』。」案：馬融謂「車下縛」，鄭謂「伏菟」〔二〕，則皆作「輹」，不作「輻」可知。大畜「輿説輹」，釋文云：「『輹』，或作『輻』，一云車旁作复，音服，車下縛也。作畐者，音福，老子所云『三十輻共一轂』是也。」大壯「壯于大輿之輹」，釋文云：「『輹』，本又作『輻』。」僖十五年左傳「車説其輹」，釋文云：「案：車旁著畐，音福，老子所云『三十輻共一轂』是也。車旁著复，音服，是車

〔一〕「豫」，諸本皆脱，據李鼎祚周易集解補。
〔二〕「菟」，原作「蒐」，據上引鄭注及崇文書局本、南菁書院本改。下文「車下伏菟」之「菟」同。

下伏莬。」彼疏云：「子夏易傳云『輹，車下伏兔也』，今人謂之車屐，形如伏兔，以繩縛於軸，因名縛也。」説文云：「輹，車軸縛也。从車，复聲。易曰：『輿説輹。』」據此諸説，則「輻」爲誤字審矣，徑改正。攷工記：「加軫與轐焉，四尺也。」注：「鄭司農云：『轐謂伏兔也。』」是則「輹」即「轐」。蓋轐其本名，以其縛於軸，謂之縛；其形如伏兔，謂之輹，謂之伏兔；輹上加輿，輿下四面材，謂之軫，故云「加軫與轐」，謂加於軸上也。**夫妻反目。**【注】虞翻曰：「豫震爲夫，巽爲妻，離爲目。今夫妻共在四，離火動上，目象不正，巽多白眼，『夫妻反目』。妻當在內，夫當在外，今妻乘夫而出在外，象曰『不能正室』。」案：説文：「眅，多白眼也。睦，目順也。」目順爲睦，反目則不順矣。詩云：「閒關車之舝兮，思孌季女逝兮。」「舝」與「輹」，皆車輿所必須，故詩、易以喻夫婦也。**象曰：夫妻反目，不能正室也。**【注】荀九家曰：「四互體離，離爲目也。離既不正，五引而上，三引而下，故『反目』也。輿以輪成車，夫以妻成室，今以妻乘夫，其道逆，故『不能正室』。」

六四：有孚，血去惕出，无咎。【注】虞翻曰：「『孚』謂五。『惕』，憂也。得位承五，故『无咎』。」【案】成既濟，六爻得位，坎雨降，陰陽和，故「血去惕出」。坎爲血，爲加憂。象曰：有孚惕出，上合志也。【案】「上」謂五。成既濟，陽陰〔一〕應，故「合志」。

九五：有孚攣如，富以其鄰。【注】虞翻曰：「孚五，謂二也。『攣』，引也。巽爲繩，豫艮爲手。二失位，五欲其變，故曰『攣如』。『以』，及也。五貴稱『富』，『鄰』謂三，二變承三，故『富以其鄰』。象曰『不獨富』。」案：富及其鄰，及臣鄰也。爵以馭貴，禄以馭富。加地進律，皆所以富之。【案】成既濟，日東月西爲鄰。鄭既濟九五注云：「日出東方，東鄰象也。月出西方，西鄰象也。」象曰：有孚攣如，不獨富也。【案】「以其鄰」，故「不獨富」。

上九：既雨既處，尚德載。【注】虞翻曰：「『既』，已也。應在三。坎水〔二〕零爲雨，謂二已變，三體坎雨，故『既雨既處』。」【案】成既濟定，故「既雨既處」，上下俱安也。「尚」，上也。上積德，則民載之。婦貞厲，月幾望，君子征凶。【注】

〔一〕「陽陰」，疑當作「陰陽」。
〔二〕「水」，諸本皆脱，據李鼎祚周易集解補。

虞翻曰：「『幾』，近也。坎月離日，上已正，需時成坎，與離相望，故『月幾望』。」【案】「婦貞厲」，謂上伏陰，發之正。婦人无外事，上在外，故「貞厲」。「月幾望」，謂晝變之爻，將化而未化時也，故「幾望」。「君子」謂陽，在上失位而動，故「凶」。婦人謂夫爲君子。象曰「有所疑」，疑〔一〕則不決，未能即化之正，以失而征，是以凶矣，疑使之然也。**象曰：既雨既處，德積載也。君子征凶，有所疑也。**【案】畜至上，故「積」。膏澤下於民，民載之，謂成既濟，上下相應也。「所疑」，謂坎疑正而不即正，故「凶」。事有以緩敗者，疑害之也。

䷉ 兌下乾上

履虎尾，不咥人，亨。【注】荀爽曰：「謂三履二也。」案：傳云「柔履剛」，故知三履二。虞以爲「與謙旁通，以坤履乾，謙坤爲虎，乾爲人，乾兌乘謙，震足蹈艮，故『履虎尾』」。案：既云「坤履

〔一〕下「疑」字，原作「凝」，據文義改。

乾」，又云「坤爲虎，乾爲人」，則是虎履人矣。云「乾兑乘謙，謙坤爲虎」，則爲剛履柔。或「以坤履乾」爲「以乾履坤」之誤，與經亦不合。又案：荀云：「六三履二，非和正，故云『利貞』。」是荀本「亨」下有「利貞」字。馬融曰：「『咥』，齕也。」見釋文。【案】兑爲虎，爲口。二之正，互艮止，兑口不見，故「不咥人，亨」，二化應五也。二化震爲足，兑澤動下，三在兑後，故「履尾」。

彖曰：履，柔履剛也。説而應乎乾，是以履虎尾，不咥人，亨。剛中正，履帝位而不疚，光明也。【注】虞翻曰：「『剛中正』，謂五。五，帝位。坎爲疾病，五履帝位，坎象不見，故『履[一]帝位而不疚，光明也』。」【案】兑二化應五，故「應乎乾」。「疚」，病也。孔子曰：「天無私覆，地無私載，日月無私照，奉斯三者，以勞天下。」無私，故「不疚」。成既濟，離日坎月，六爻正，故「光明」也。荀子曰：「公生明，偏生闇。」不苟文。

象曰：上天下澤，履。君子以辯上下，定民志。【注】虞翻曰：「『辯』，别也。乾天爲上，兑澤爲下。」【案】「履」，禮也。禮辯上下，故上下特分言之。董子曰：

[一]「故履」，原倒，據李鼎祚周易集解及崇文書局本、南菁書院本乙正。

「凡百亂之原，皆出嫌疑纖微，以漸寖稍長至於大。聖人章其疑者，別其微者，不得嫌以早防之。」度制〔一〕文。成既濟，陰爲民，六爻正，故「定民志」。「履」者，禮也。「亨者，嘉之會也。嘉會足以合禮」，故「履虎尾，不咥人，亨」。禮者，「聖人所以藏身之固」，「和而至」，「德之基也」。六三不足有明，不足與行，故「咥人，凶，武人爲于大君」，乖其和也。荀子曰：「人賢而不敬，則是禽獸也。人不肖而不敬，則是狎虎也。禽獸則亂，狎虎則危，災及其身矣。」臣道文。三之咥人，失其禮也。「愬愬終吉」，有禮者敬人，「敬人者，人恒敬之」，故「志行」。「素履」者，素位之禮。「履道坦坦」，以禮爲出處也。「夬履」，決柔以禮。「視履考祥」，考諸禮也。所以「辯上下，定民志」者，禮而已。禮運曰：「禮者，君之大柄也。禮達而分定。」

初九：素履，往无咎。【案】「素履」謂畫。「往」謂動之爻。初本得位，故「素履，往无咎」。窮不失義，達不離道，「國有道不變塞焉，國无道至死不變」，所守者，

〔一〕「度制」，諸本皆倒，據春秋繁露乙正。

禮而已。象曰：素履之往，獨行願也。【注】荀爽曰：「『初九』者，潛位，『隱而未見，行而未成』。『素履』者，謂布衣之士，未得居位，獨行禮義，不失其正，故『无咎』也。」案：「行」謂畫動之爻。君子素位而行，不願乎外。

九二：履道坦坦，幽人貞吉。【注】虞翻曰：「二失位，變成震，爲道，爲大塗，故『履道坦坦』。」【案】二化得正，有禮則安，故「履道坦坦」。孔子曰：「君子坦蕩蕩。」「幽人」謂二伏陰，之正，故「幽人貞吉」。「幽」，隱也。既云「二化」，又云「二伏陰」者，一陰一陽，六畫定位，凡卦之生，莫非乾坤之交，乾坤交即既濟也。但乾坤交，氣不能無多少之偏，少則伏於內，不能盡發於外，故須爻化，所伏之氣乃發。譬若性然，有假於習，所謂「窮理盡性」，左傳所謂「人之能自曲直以赴禮者」也。孟子曰「性善」，以其伏之得正者言。荀子曰「性惡」，以其偏多失正者言。善惡皆性也，或伏或見，皆畫所本具之氣也。伏氣之發，猶「平旦之氣」，仁義之自中動者也，此无待於外者也。畫動而變而化，則猶「習焉不察」，外有所觸，始動其內，此伏氣之待爻動而後發者也。童子將入井，惻隱生焉，非外鑠，實外感也。伏氣自發，待感而發，其實一耳。所伏之氣，有多寡之殊，故有待感者，有不待感者。唯乾元純陽，中无伏陰。坤元雖純陰，而包養乾元，中有伏陽，此卦所以皆成既濟，非氣自外至者也。以人事言，故或說一事，或兼數事，非謂爻之化於伏氣无預，伏氣之發於畫无預也。「幽人」謂隱士。魏志管寧傳：「明帝詔青州刺史曰：『寧抱道懷貞，比下徵書，違命不至，盤桓利居，高尚其事，雖有素履幽人之貞，而失考父茲恭之義。』」後漢書荀爽傳論云：「出處，君子之大致也。平運則弘道以求志，陵夷則濡跡以匡時。荀公之急急自厲，其濡跡乎？不然，何爲違貞吉而履虎尾焉？」據此，則幽人爲隱，亦經師舊說。惠氏棟依虞訟二幽坎獄中之義，而譏以高士爲幽人爲非，似失之。**象曰：幽人貞吉，中不自亂也。**【案】由中發，故「中不自亂」。

六三：眇能視，跛能履，履虎尾，咥人，凶。【注】虞翻曰：「離目不正，兑爲小，位在虎口中，故『咥人，凶』。」案：李鼎祚云：「六三爲履之主，體兑[一]應乾，下柔上剛，尊卑合道，是以『履虎尾，不咥人，通』[二]。今於當爻以陰處陽，履非其位，互體離兑，水火相刑，故唯三被咥，『凶』矣。」【案】「眇」，一目小也。「跛」，行不正也。履三、小畜四，皆互體離。小畜離象在上，故「反目」。履離象在下，故「眇」。四化震足不正，故「跛」。

〔一〕「兑」，諸本皆作「説」，據李鼎祚周易集解改。
〔二〕「通」，係避唐肅宗諱，當作「亨」。

「能」者，自謂能也。歸妹「跛履」、「眇視」，婦人之道，「幽人之貞」也。以履虎尾，宜其咥矣。**武人爲于大君。**【案】互離，爲戈兵、甲胄，故曰「武人」。乾爲「大君」，三與乾接，而失其位，武人所爲，而爲于大君，謂君剛愎自用也。「眇」自謂「能視」，「跛」自謂「能履」，皆剛愎自用之意。詩曰：「童子佩觿，能不我知。」傳云：「不自謂無知，以驕慢人也。」**象曰：眇能視，不足以有明也。跛能履，不足以與行也。咥人之凶，位不當也。武人**[一]**爲于大君，志剛也。**【案】三雖互離目，然失正，「不足以有明」；四化，離象不見，震行艮止，故「不足以與行」，視履惡能哉？「剛」謂伏陽，陽伏，故「志剛」。

九四：履虎尾，愬愬，終吉。【注】子夏傳曰：「『愬愬』，恐懼之貌也。」虞翻曰：「體與下絶，四多懼，故『愬愬』。變體坎得位，故『終吉』。」案：高誘慎大覽注云：「愬愬，懼也。居之以禮，行之以恭，畏懼戒慎，如履虎尾，終必吉也。」**象曰：愬愬終吉，志**

[一]「武人」，原倒，據周易正義及崇文書局本、南菁書院本乙正。

行也。【案】之正，承五應初，故「志行」。有禮則安，无禮〔一〕則危。

九五：夬履，貞厲。【案】「夬」，決也，剛決柔也。三失正，故五決之，之正，成乾體，乾三重剛，故「貞厲」。象曰「位正當」，五位正，決三，決之當，但厲而已。「履帝位而不疚」，謂此爻也。象曰：夬履貞厲，位正當也。

上九：視履考祥，其旋元吉。【注】虞翻曰：「應在三。『考』，稽；『祥』，善也。」【案】「視履」，鑒三也。鑒於三，故「考祥」，擇善也。「旋」，還也。失位鑒三，動而旋反，終止不化，則成乾，故「元吉」。三已之正，上化則體夬，亦必爲五所決，故不化，所謂「和行」也。象曰：元吉在上，大有慶也。【案】成乾，故「大有慶」。言「在上」，明非反三也。

䷊乾下坤上

泰：小往大來，吉亨。【注】鄭康成曰：「『泰』，通也。」見釋文。虞翻曰：「坤陰詘

〔一〕「禮」，原作「體」，據崇文書局本、南菁書院本改。

外爲『小往』，乾陽信内爲『大來』。天地交，萬物通，故『吉亨』。」

彖曰：泰，小往大來，吉亨，則是天地交而萬物通也，上下交而其志同也。【案】「通」，達也。「天地絪緼，萬物化醇」，二、五交，成既濟，萬物出震。「同」，合也。二上爲君，五下爲臣，二、五易位，六爻正，故「志同也」。内陽而外陰，内健而外順，【案】「内陽」者，生物之原。「内健」者，榦事之本。「外陰」，所以成物。「外順」，所以接物。内君子而外小人，君子道長，小人道消也。【注】荀九家曰：「謂陽息而升，陰消而降也。陽稱息者，長也。起復成巽，萬物盛長也。陰言消者，起姤終乾，萬物成熟，成熟則給用，給用則分散，故陰〔一〕特言消也。」案：陰息則消陽，故謂之消。「起復成巽」，謂成於巳，東南巽位。「起姤終乾」，謂終於亥，西北乾位，十月純陰。

象曰：天地交，泰。后以財成天地之道，輔相天地之宜，以左右民。【注】荀爽曰：「坤氣上升，以成天道。乾氣下降，以成地道。天地二氣，若時不交，則爲

〔一〕李鼎祚周易集解「陰」下有「用」字。

閉塞。今既相交，乃通泰。」鄭康成曰：「『財』，節也。『輔相』、『左右』，助也。『以』者，取其順陰陽之節，爲出内之政。春崇寬仁，夏以長養，秋教收斂，冬敕蓋藏，皆所〔一〕以成物助民也。」案：説文云：「后，繼體君也。」互震爲長子繼世，乾君在下，故稱「后」。「財」與「裁」同。泰二、五失位，「財成天地之道」，謂乾二升五，坤五降二，成既濟也。二、五易位，各得其宜，故「輔相天地之宜」。二、五易位，陰陽應，故「左右民」。周禮、月令備之矣。虞云：「陰升乾位。坤，女主。」非。

初九：拔茅，茹以其彙，征吉。【注】鄭康成曰：「『彙』，類也。『茹』，牽引也。『茅』喻君有絜白之德，臣下引其類而仕之。」見劉向傳注。虞云：「『否、泰反其類』，否〔二〕巽爲茅。」【案】「拔」，擢也，盡也。「茅」，菅也。茅叢生，故否、泰初皆取象焉。否、泰反類，三陽俱升，故「拔茅，茹以其彙」。初、三得位，不當升。以二升五爲君，初、三以類相從，故三陽俱升，此泰之極，所以反成否也。二升五爲君，

〔一〕「所」，李鼎祚周易集解作「可」。
〔二〕「否」，諸本皆脱，據李鼎祚周易集解補。

初志在從五，故「征」。終止不升，得位，故「吉」。或説：「茹」，茹藘，蒨草也。象曰：拔茅征吉，志在外也。【案】志在從五。

九二：包荒，用馮河，不遐遺，朋亡，得尚于中行。【注】虞翻曰：「『巟』，大川也。案：釋文：「荒，本亦作巟。」説文云：「巟，水廣也。」引此以證。虞訓「大川」，義與説文同。「荒」，假借字。『馮河』，涉河。『遐』，遠；『遺』，亡也。失位，變得正，體坎，坎爲大川，爲河，震爲足，故『用馮河』。」荀爽曰：「『中』謂五。」【案】陰包陽，故曰「包」。「包巟」，喻三陽之盛也。詩曰：「王旅嘽嘽，如飛如翰，如江如漢，如山之苞，如川之流。」「包巟」者，言賢人衆多，可以濟險也，故「用馮河」。二之五，涉坎濟難也。書曰：「在今予小子旦，若游大川，予往暨汝奭其濟。」「用馮河」者，濟艱難，定君位也。君位之定，臣實輔之，故「不遐遺」，謂不棄功臣也，初、三是也。詩曰：「於萬斯年，不遐有佐。」言輔佐之臣，亦蒙其餘福也。君位定，則君臣之分嚴，故「朋亡」。陽與陽爲朋，二未升時，初、三朋也。升五爲君，則初、三臣也。二上升五，履中處正，出令惟行，故「得尚于中行」。君不棄其臣，臣不敢逼君，此天下之所以長泰也，既濟是也。若三陽俱升，則泰反成否，臣有逼君之嫌，君遂有棄臣之事矣。聖人之處泰也，慎哉！象曰：包荒，得尚于中行，以光大也。【案】成既濟，故「光大」。

九三：无平不陂，无往不復。艱貞，无咎，勿恤。其孚，于食有福。【注】虞翻曰：「『陂』，傾，謂否上也。『平』謂三。天地分，故『平』。天成地平，謂『危者使平，易者使傾』。『往』謂消外，『復』謂息内。從三至上，體復象，『終日乾乾』，『反復道』，故『无平不陂，无往不復』也。『艱』，險；『貞』，正；『恤』，憂；『孚』，信也。」【案】二、五易位，三在坎中，故「艱貞」，謂不與二俱升也。得位，故「无咎」。坎爲恤，得位，故「勿恤」。「其孚」，言五信任之也。信則不疑，故「于食有福」，食君禄也。互兑爲口，坤爲土，稼穡作甘。二、五易位，水在火上。象曰：无往不復，天地際也。【注】宋衷曰：「位在乾極，應在坤極，天地之際也。地平極則險陂，天行極則還復，故曰『无平不陂，无往不復』也。」

六四：翩翩，不富以其鄰，【注】虞翻曰：「坤虚无陽，故『不富』。」宋衷曰：「四互體震，『翩翩』之象也。」【案】四在震爲樂，故「翩翩」，自得之貌。處泰之時，當恐懼修省，則二升五，成既濟，日東月西，「富以其鄰」。不自惕而自喜，則泰反否矣。包氏世榮云：「詩毛傳：『翩翩，往來貌。』『翩翩』者，往來求富，求富則貪，故『不富』。」表記：「子曰：『后稷之祀易富也。其辭恭，其欲儉，其禄及子孫。』」不戒以孚。【注】虞翻曰：「謂坤，『邑人不戒』，案：「戒」、「誡」通。故使二升五，信來孚邑，故『不戒以孚』。二上，體坎中正。象曰『中心願也』，與比『邑人不戒』同義也。」案：二升五，四得承之。象曰：翩翩不富，皆失實也。不戒以孚，中心願也。【注】宋衷曰：「陰虚陽實，坤今居上，故言『失實』。」荀九家〔一〕曰：「乾升坤降，案：乾二坤五。各得其正，陰得承陽，皆陰心之所願也。」案：四得承五，故「中心願」。

六五：帝乙歸妹，以祉元吉。【注】荀九家曰：「五者帝位，震象稱乙。六五以陰處尊位，帝者之姊妹。五在震後，明其爲妹也。五應於二，當下嫁二。婦人謂

〔一〕「荀九家」，原作「荀家九」，據崇文書局本、南菁書院本改。

嫁曰歸。謂下居二，以中和相承，故『元吉』也。」案：左傳以此「帝乙」爲紂父。乾鑿度以易之「帝乙」爲成湯。書之「帝乙」，六世王。「帝乙歸妹」，經无可考，未能詳也。虞翻曰：「『祉』，福也。」【案】「元」謂坤元。六五陰，故知謂坤元，蓋坤元藏乾元。陽至三，尚未出地。乾元日息於内，則坤元退而上出於地，外至三陽之末。震雷出地，陽氣上升，而坤元反乎下，仍託位於二。乾元之氣亦即升至五，但氣未盛，尚未著成爻象耳。然則乾元之氣，至剥猶存，「碩果」是也。剥極則反，復生於下。坤元之氣，至泰已還，此「歸妹」是也。夬上所決，陰之餘耳。「碩果」雖剥，剥而仍生者，元在也。「枯楊之華」，枯而遂萎，不能復生者，氣先盡也。泰下三陽，中陰伏滅；否下雖有伏陽，然非陽生之時，故其成既濟，皆以易位言之。**象曰：以祉元吉，中以行願也。**【注】荀九家曰：「五下於二，而得中正，故言『中以行願也』。」

上六：城復于隍，勿用師，自邑告命，貞吝。【注】鄭康成曰：「『隍』，壑也。」見詩疏。子夏傳云：「城下池。」案：「城下池」即「壑」。説文云：「隍，城池也。有水曰池，無水曰隍。」是也。【案】坤土在上，爲「城」。泰反成否，上反於下，故「城復于隍」。詩曰：「維申及甫，維周之翰。」「城復于隍」，言无賢臣也。「城復于隍」，泰反成否，湯、武所由興也。前徒〔一〕倒戈，師可勿用，桀、紂之君，天下叛之。欲湯、武之伐桀、紂者，皆桀、紂之民也。書曰：「我不爾動，自乃邑。」所謂「自邑告命」也。處泰之終，可不懼與？坤爲衆、爲邑。兑爲口。反成否，則天命去矣，故「自邑告命」，謂乾上坤下，告以命之當盡也。泰將反否，上處卦終，雖得其正，莫挽其隤，故「吝」。殷之微子，其當此矣。若武庚者，凶如何也！**象曰：城復于隍，其命亂也。**【案】泰反成否，故「命亂」，言天命去之也。吕覽曰：「凡國之亡也，有道者必先去。地從於城，城從於民，民從於賢，故賢主得賢者而民得，民得而城得，城得而地得。」先識文。是故「拔茅征吉」，得賢而泰成。「城復于隍」，失賢而泰反。詩：「山冢崒崩。」疏引推度災云：「『百川沸騰』，衆陰進。『山冢崒崩』，人無仰。『高岸爲谷』，賢者退。『深谷爲陵』，小臨大。」義與此同。

〔一〕「徒」，原作「途」，據崇文書局本、南菁書院本改。

䷋ 坤下乾上

否之匪人，不利君子貞，大往小來。【注】虞翻曰：「陰來滅陽，『君子道消』，故『不利君子貞』。陰信陽詘，故『大往小來』。」【案】「否之匪人」，所以否者，任匪人也。得賢者昌，失賢而任匪人者亡。是以否泰之初，俱象「拔茅」。劉向上封事云：「讒邪進則衆賢退，羣枉盛則正士消。小人道長，君子道消，則政日亂，故爲否。否者，閉而亂也。」此言其所以否也。「匪人」謂陰。大戴保傅云：「昔者禹以夏王，桀以夏亡；湯以殷王，紂以殷亡。其所以君王同而功迹不等者，所任異也。是以國不務大，而務得民心；佐不務多，而務得賢臣。得民心者，民從之；有賢佐者，士歸之。故同聲則處〔一〕異而相應，意合則未見而相親。賢者立於本朝，而天下之豪〔二〕相率而趨之也。故無常安之國，無宜治之民。得賢者安存，失賢者危亡，自古及今，未有不然者也。」是國之否泰，由於賢匪，故初皆象以「拔茅」，而卦辭發端，即曰「否之匪人」，以言用人不可不慎也。

〔一〕「處」，諸本皆脱，據賈誼新書胎教補。
〔二〕「豪」，賈誼新書胎教作「士」。

彖曰：否之匪人，不利君子貞，大往小來，則是天地不交而萬物不通〔一〕也，上下不交而天下无邦也。内陰而外陽，内柔而外剛，内小人而外君子，小人道長，君子道消也。【案】坤爲邦，不能保其有，故「无邦」。

象曰：天地不交，否。君子以儉德辟難，不可榮以禄。【注】宋衷曰：「『天地不交』，猶君臣不接。天氣上升而不下降，地氣沈下又不上升，二氣特隔，故云『否』也。」虞翻曰：「坤爲營，乾爲禄。『難』謂坤，爲弑君，故『以儉德辟難』。巽爲入，伏乾爲遠，艮爲山，體遯象，謂辟難遠遯入山，故『不可營以禄』。『營』，或作『榮』。『儉』，或作『險』。」案：漢書叙傳：「不營不拔，嚴平、鄭真。」應劭曰：「爵禄不能營其志。」引此以證。是舊本作「營」，不獨虞然也。坤爲吝嗇，下體乾消而伏，故「儉德辟難」。「營」，惑也。淮南子云：「精神亂營。」坤爲迷，故曰「營」。「不可營以禄」，言不爲禄所惑，人亦不能以禄惑之。若惑於禄，則不能辟難矣。

初六：拔茅，茹以其彙，貞吉亨。【案】否三陰俱升成泰，初之四得正，陰陽交，故

〔一〕「通」，原作「興」，據周易正義及崇文書局本、南菁書院本改。

「貞吉亨」。象曰：拔茅貞吉，志在君也。【案】「君」謂五，初欲之四承五，故「志在君」。

六二：包承，小人吉，大人否亨。【案】以陽包陰，二欲以下三陰俱承五，故「包承」。二得位，初、三與四、上易位，亦得正，故「小人吉」。陰爲小人，謂民，對大人之稱。「小人吉」，故「大人否」。「亨」謂成既濟，則否得亨。「大人」謂乾五。從之成羣，斯爲君矣；天下歸往，是爲王矣，故「否亨」也。象曰：大人否亨，不亂羣也。【注】虞翻曰：「物三稱『羣』。」【案】三陰皆欲上承五，五得位不降，二得位不升，故「不亂羣」，謂成既濟也。

六三：包羞。【案】以陽包陰，三失位，不升則終否，下二陰爲三所隔，故「包羞」。象曰：包羞〔一〕，位不當也。

九四：有命无咎，疇離祉。【注】荀九家曰：「『疇』者，類也。『離』，附；『祉』，福

〔一〕「羞」，原作「差」，據周易正義及崇文書局本、南菁書院本改。

也。」【案】四失位，之初得正，故「有命无咎」，五命之也。四之初，則下三陰皆得麗五，受五之福。初曰「拔茅」，四曰「志行」，否成泰也。三、四交際之閒，氣之升降，必由於是，故三不升，則「包羞」。象曰：有命无咎，志行也。【案】四志在降初，五命之，故「志行」。

九五：休否，大人吉。【案】「休」，止也。已成既濟，故「休否」。五得中正，故「大人吉」。其亡其亡，繫于包桑。【注】荀爽曰：「陰欲消陽，由四及五，故曰『其亡其亡』。『桑』者，上玄下黄，以象乾坤也。乾職在上，坤體在下，雖欲消乾，繫其本體，不能亡也。」京房曰：「桑有衣食人之功，聖人亦有天覆地載之德，故以喻。」陸績曰：「言其堅固不亡，如以巽〔一〕繩繫也。」【案】陰消由四及五，故曰「其亡」。大人其之，言彼之所以亡也，「不可不監于有夏，不可不監于有殷」。「其亡其亡」，監其所以亡，而因以自惕也。大人以亡自惕，故存不忘亡，身安而國家可保，是以「休否」而成既濟也。「繫于包桑」，言恩澤之在民者

〔一〕「以巽」，諸本皆倒，據李鼎祚周易集解乙正。

固也。太玄差〔一〕次三：「其亡其亡，將至于煇光。」測曰：「其亡其亡，震自衛也。」次七：「累卵業業，懼貞安。」測曰：「累卵業業，自危作安也。」是太玄以「其亡其亡」爲自震懼，義本此。詩曰：「不戢不難，受福不那。」箋云：「王者至尊，天所子也。然而不自斂以先王之法，不自難以亡國之戒，則其受福亦不多也。」戢之難之，固可知矣。否泰之初，皆以「拔茅」喻者，由於始也。若至否象已成，泰不可保，雖有善者，亦无如之何。此泰上所以「城復于隍」，雖貞亦吝也。聖人於此，有慄慄危懼者焉。孟子曰：「生于憂患，死于安樂。」故否卦六爻較泰爲吉。象曰：大人之吉，位正當也。

上九：傾否，先否後喜。【案】否反成泰，聖人以亡自惕，否焉有不傾者乎？象曰：否終則傾，何可長也？【案】能自惕，則轉否爲泰。不能自惕，則傾在此而泰在彼。孟子曰：「天下之生久矣，一治一亂。」

周易姚氏學卷第五終

〔一〕「差」，諸本皆作「羡」，據太玄改。

周易姚氏學卷第六

旌德姚配中撰

周易上經彖上傳象上傳

䷌ 離下乾上

同人于野，亨。利涉大川，利君子貞。【注】鄭康成曰：「乾爲天，離爲火。卦體有巽，巽爲風。天在上，火炎上而從之，是其性同於天也。火得風，然後炎上益熾。是猶人君在上施政教，使天下之人和同而事之，故謂之『同人』。風行无所不遍，遍則會通之德大行，故曰『同人于野，亨』。」案：淮南子繆稱云：「『芒芒昧昧，與元同氣』。故至德者，言同畧，事同指，上下一心，無岐道旁見者，遏障之於邪，開道之於善，而民向方矣。易曰：『同人于野，利涉大川。』」虞翻曰：「乾爲『野』。」【案】二、五相應，陰陽通，故「亨」。成既濟，坎爲大川。「君子」謂五，成既濟，由五得正，所謂「通天下之志」也。

彖曰：同人，柔得位得中，而應乎乾，曰同人。【注】虞翻曰：「二得中應乾。」案：服虔左傳注云：「天在上，火炎上，同於天。天不可同，故曰『同人』。」荀九家云：「謂乾舍於離，同而爲日，天日同明，以照於下。君子則之，上下同心，故曰『同人』。」案：「柔得中應乾」，是火同於天；「天與火同人」，是乾舍於離，上下和同也。同人曰：「同人于野，亨。利涉大川。」乾行也。【注】虞翻曰：「乾四、上失位，變而體坎，故曰『利涉大川，乾行也』。」案：上既釋所以稱「同人」之義，此復言同人之卦所以稱「同人于野」之義。君子之道，或出或處，或默或語，恐人疑「于野」以喻外，則義不周，故特申之，言同人之卦而曰「同人于野」者，「乾行」故也。天行健，无所不周。日之麗天，无所不照。「君子終日乾乾」，自强不息，出處語默，皆有同人也。文明以健，中正而應，君子正也。【案】離爲文明，內文明而外健，故「文明以健」。「中正」謂二、五。唯君子爲能通天下之志。【注】虞翻曰：「『唯』，獨也。四變成坎，坎爲『通』，爲『志』。」【案】出處語默，各不同志，通則不同者同，唯君子能耳。諸卦於乾或言「剛」，或言「健」，唯同人彖傳兩言「乾」，自强之君子也。

象曰：天與火，同人。君子以類族辯物。【注】荀爽曰：「乾舍於離，相與同居，故曰『同人』也。」案：陽者，揚也，行而不止，與陰麗光，乃有定。故陽精爲日，而離中陰，舍於離也。天繞地而周，亦離象。象傳於坎曰「水」，曰「雲」，曰「雨」；於離曰「明」，曰「火」，曰「電」，例不言日月。蓋日月終始一經，所謂易也，无所不在，故不於一卦偏舉之。虞翻曰：「乾爲『族』。案：乾者，羣陽之宗。族，親同姓也。『辯』，別也。乾，陽物；坤，陰物。」案：「族」者，湊也，聚也。卦五陽一陰，故類族別物。

初九：同人于門，无咎。【案】「于門」，謂化之陰，艮爲門。「同人」謂同於四，初化失位，出門同人。失位由己，故象曰：「出門同人，又誰咎也？」言不能咎人，无所歸咎。象曰：出門同人，又誰咎也？【案】不咎人，而還自咎，則亦能「无咎」，亦反身之義也。解：「自我致戎，又誰咎？」節：「不節之嗟，又誰咎？」彼皆以无所歸咎當自咎爲義，故知此亦然。解以小人乘君子之器，雖貞，不免於吝。不節而自咎，亦即能節，故无咎。與此同。

六二：同人于宗，吝。【案】初九「于門」，或出者也。六二「于宗」，或處者也。

二、五正應，爲三、四所隔，不得動而應五，故處其位而不之應，周旋宗黨之象也。不得之應，故「吝」。九五「同人，先號咷而後笑」，謂二始不得應五，故「號咷」。象曰「以中直」，則二不妄有所同可知，故得「後笑」。「二人同心，其利斷金」。二始雖不得之五，而心實同五。以三「伏戎」，四「乘墉」，與五爲難，二爲所隔，不得應五，唯周旋宗黨間耳。二陰位，故曰「宗」。初化時，艮爲門。二，門以内也。象曰「吝道也」，當此之時，有不得不吝者。若求免於吝，而急於求應，恐見得於三、四矣。此抱道窮居、得主而後事之象也。許氏以爲同姓相娶，鄭則云「天子、諸侯、后、夫人無子不出」。竊尋其義，似以二爲歸宗被出之婦，皆所未詳也。象曰：

同人于宗，吝道也。

九三：伏戎于莽，升其高陵，三歲不興。【注】虞翻曰：「巽爲『伏』，離爲『戎』。巽爲『高』。爻在三，乾爲『歲』。『興』，起也。動不失位，故『三歲不興』也。」乾陽起於冬至，故爲「歲」。李鼎祚曰：「巽爲草木。」【案】初化時，艮爲山，三在山上，故「升其高陵」。「陵」，大阜也。三動之爻，欲據二而敵五，故「伏戎」。升高不化，故「不興」。莊十六年公羊傳云：「同盟者何？同欲也。」案：三、四不言同人者，不同五也。象曰：伏戎于莽，敵剛也。三歲不興，安行也。【案】「安行」，謂成既濟，乃順五也。

九四：乘其墉，弗克攻，吉。【案】初化，艮爲「墉」。「墉」，城也。乘艮，故乘其城，謂畫動之爻，欲攻五而取二也。失位，故「弗克攻」。之正，故「吉」。**象曰：乘其墉，義弗克也。其吉，則困而反則也。**【案】失位，故「義弗克」。爲五所困，反之正，故「反則」。

九五：同人，先號咷而後笑。大師克相遇。【注】虞翻曰：「應在二，巽爲『號咷』。師震在下，故『後笑』，震爲『後笑』也。乾爲大，同人反師，故『大師』。二至五體姤，遇也，故『相遇』。」【案】二隔於三、四，故「先號咷」。成既濟，二得應五，故「後笑」。陸京氏易傳注云：「隔於陽位，不能決勝，故曰『先號咷』。後獲合方喜，故曰『後笑』。」案：「獲合方喜」，亦謂成既濟。「大師」，五討三、四之師也。同人通師，故爻多師象。成既濟，二、五相遇，故克遇。「克」，能也。**象曰：同人之先，以中直也。大師相遇，言相克也。**【案】二得中正，故「以中直」，「直其正也」。二專志應五，不爲三、四所移，故特變正言直，中直不移，先是以號咷也。「言相克」者，謂

二、五本欲相遇，今皆能也。「相」者，合二、五之辭。

上九：同人于郊，无悔。【注】虞翻曰：「乾爲『郊』。失位无應，與乾上九同義，當有悔；同心之家，故『无悔』。」案：上居五後，雖失位，不動，故「于郊无悔」。象曰：同人于郊，志未得也。【案】未成既濟，「志」故「未得」。卦言「同人于野，亨」，上「同人于郊」，云「志未得」者，郊外謂之野，「同人于野」，則「乾行」，四、上化之正，據全卦言也；上「同人于郊」，雖不動无悔，而未能得位，故「志未得」，據爻言也。六爻之辭，有言其變者，有言其化者，有言其畫者，有兼言之者，引伸觸類，此吉則彼凶可知，所謂「既有典常，不可爲典要」者也。「黄裳元吉」不爲吉占者，險故也，豈必繫以「非黄裳不吉」乎？

䷍ 乾下離上

大有：元亨。【注】鄭康成曰：「六五體離，處乾之上，猶大臣有聖明之德，代君爲政，處其位，有其事而理之也。『元亨』者，又能長羣臣以善，使嘉會禮通，若周公攝政，朝諸侯於明堂是也。」【案】「元」，坤元。坤元至五，養伏陽，故「元亨」。

象曰：大有，柔得尊位，大中而上下應之，曰大有。【案】此大臣輔幼主之象，亦即體坤元而爲君，若成王以周、召爲臣之象也。羣陽而應一陰，主雖弱而羣聖輔之，天下亦未有不治者也。五本陽位，故曰「大中」。五有伏陽，故「發志」。「上下應之」，羣陽爲陰所有，故曰「大有」。大戴記保傅云：「明堂之位曰：『篤仁而好學，多聞而道慎，天子疑則問，應而不窮者，謂之道。道者，導天子以道者也。常立於前，是周公也。誠立而敢斷，輔善而相義者，謂之充。充者，充天子之志也。常立於左，是太公也。絜廉而切直，匡過而諫邪者，謂之弼。弼者，拂天子之過者也。常立於右，是召公也。博聞强記，接給而善對者，謂之承。承者，承天子之遺忘者也。常立於後，是史佚也。』故成王中立而聽朝，則四聖維之，是以慮無失計而舉無過事。殷、周之所以長久者，其輔翼天子有此具也。」此即「柔得尊位而上下應之」之象。**其德剛健而文明，應乎天而時行，是以元亨。**【注】虞翻曰：「謂五以日應乾，而行於天也。『時』謂四時。」案：六十四卦，唯大有、大畜言「其德」。乾「元亨利貞」，傳云：「君子行此四德者。」然則大有「元亨」、大畜「利貞」各得乾之半，以爲其德者矣。大有，五有伏陽，全體剛健，而坤元居五成離，故「剛健而文明」。六五「厥孚交如，信以發志」，謂五陽孚於伏陽，而伏陽發也。是則大有之「元」，乃乾坤相交之元矣。同人言「應乎乾」，大有言

「應乎天」，天謂五，伏陽發則成乾，此乾之舍于離也。乾五之聖人，得乾元之氣，崛起爲君，先天者也。大有六五則天地先有是氣，而生聖賢之君以應之，後天者也。

象曰：火在天上，大有。君子以遏惡揚善，順天休命。【注】荀爽曰：「謂夏〔一〕火王在天，萬物並生，故曰『大有』也。」案：姚規云：「互體有兑，兑爲澤，位在秋。乾則施生，澤則流潤，離則長茂，秋則收成，大富有也。」虞翻曰：「『遏』，絶；『揚』，舉也。乾爲『揚善』，坤爲『遏惡』、爲『順』。以乾滅坤，體夬『揚于王庭』，故『遏惡揚善』。乾爲『天休』，二變時，巽爲『命』，故『順天休命』。」案：五伏陽發，故「遏惡揚善」。陰順陽，而下居二，故「順天休命」。「休」，美也。

初九：无交害，匪咎，艱則无咎。【注】虞翻曰：「『害』謂四。『匪』，非也。『艱』，難。」【案】初、四皆陽，不相應。初化應四，則俱失位，以僞感僞而害生，故「无交害」。初宜應四，不應，疑有咎，故明言「匪咎」。成既濟，四在坎中，初、四相應，乃无咎，故「艱則无咎」。**象曰：大有初九，无交害也。**【案】明言「初九」，以言

〔一〕「夏」下，諸本皆衍「正」字，據李鼎祚周易集解删。

得位不可化，而失位以交害，故曰「无交害也」。

九二：大車以載，有攸往，无咎。【注】虞翻曰：「比坤爲『大車』。乾來積上，故『大車以載』。二失位，變得正應五，故『有攸往，无咎』矣。」**象曰：大車以載，積中不敗也。**【案】「敗」，毁也。應在五，兑爲毁折，二、五俱中，故「積中不敗」，謂五發成乾也。

九三：公用亨于天子，小人弗克。【注】京房曰：「『亨』，獻也。」見釋文。虞翻曰：「『天子』謂五。」案：虞注又云：「二變得位，體鼎象。」是虞以「亨」爲饗宴。惠氏棟伸虞義，引「大亨以養聖賢」，云：「三，賢人。」又引左傳「天子降心以逆公」爲證。但以易稱「亨」之例推之，如「王用亨于岐山」、「王用亨于西山」，不得謂岐山、西山亨王，則此「公用亨于天子」，即不得謂天子亨公。虞雖取鼎象，未明言亨之者爲誰。虞又云：「四『折鼎足，覆公餗』。」「公餗」者，三公之職，亦不得謂此即天子所以亨公者。鼎象云「聖人亨以享上帝」，則鼎亦有下亨上之義。左傳卜偃云：「『戰克而王饗，吉孰大焉！』」「王饗」謂王來受晉侯之饗，故即云：「且是卦也，天爲澤以當日，天子降心以逆公，不亦可乎？」時晉侯欲勤王，卜偃云云，則言王必來受晉侯之饗，此天王狩于河陽之所由書也，亦非謂天王來饗晉侯。杜云：「爲王所宴饗。」非是。大行人職：諸侯朝天子，「廟中將幣」。覲禮：「三亨皆束帛加璧，庭實唯國所有。」此所謂亨也。朝覲之禮，禮之大者，小人不能行，故「弗克」。象曰「小人害也」，害禮也。九三，乾惕之爻，著諸侯朝王之義，敬之至也，故曰「公用」，用禮也。四之正，三互震爲諸侯，故曰「公」。公，侯也。象曰：公用亨于天子，小人害也。【案】「害」，害禮。孔子曰：「不能詩，於禮繆。不能樂，於禮素。薄於德，於禮虛。」小人焉有不害禮者？

九四：匪其彭，无咎。【注】虞翻曰：「『匪』，非也。變而得正，故『无咎』。」干寶曰：「『彭亨，驕盛貌。』」案：「彭亨」，訓「彭」爲「彭亨」，非訓「彭」爲「亨」。劉氏文淇云：「據鄭義，謂此卦周公攝政，朝諸侯。四著戒慎之辭，恐離偪上之悔也，故『匪其彭』，言不敢驕。」【案】乾爲盈，四化成兑澤，虛以受人，故「匪其彭」。象曰：匪其彭，无咎，明辯晳也。【案】「晳」，明也。「辯」，别也。離明兑口，四失正，體乾盈，自知其非，化之正，故「明辯晳也」。

六五：厥孚交如，威如，吉。【注】虞翻曰：「『孚』，信也。發而孚二，故『交如』。乾稱『威』，發得位，故『威如，吉』。」象曰：厥孚交如，信以發志也。威如之吉，易而无備也。【案】上下交孚，故「信以發志」，成既濟，相應也。體元，故「易」。相應，故「无備」。「君子不動而敬，不言而信」。詩曰：「奏格〔一〕無言，時靡有爭。」

上九：自天祐之，吉无不利。【注】虞翻曰：「『祐』，助也。乾爲天。」【案】五陽本伏，發而成乾。上化順之，爲五所祐，故「吉无不利」。象〔二〕曰：大有上吉，自天祐也。【案】言上不言九，明其化也。

䷎ 艮下坤上

謙：亨，君子有終。【注】鄭康成曰：「艮爲山，坤爲地，山體高，今在地下，其於人道，高能下下，謙之象。『亨』者，嘉會之禮，以謙爲主。謙者，自貶損以下人，

〔一〕「格」，毛詩注疏、禮記中庸所引皆作「假」。經典釋文云：「『假』，毛古雅反，大也。鄭音格，至也。」

〔二〕「利象」，原倒，據崇文書局本、南菁書院本乙正。

唯艮之堅固，坤之厚順，乃能終之，故『君子』之人『有終』也。」虞翻曰：「『天道下濟』，故『亨』。『君子』謂三。」案：三得位不化，故「君子有終」。鄭據一卦，虞言一爻，義互備。

彖曰：謙，亨，天道下濟而光明，地道卑而上行。【注】虞翻曰：「乾上九來之坤。彭城蔡景君說：『剥上來之三。』」案：「剥上」，即「乾上」。乾上之氣，極於剥，極乃反。荀爽曰：「乾來之坤，故『下濟』。陰去爲離，陽來成坎，日月之道〔一〕，故『光明』也。」案：履互離，謙互坎。【案】坎水，故「濟」〔二〕。地氣之升，遇陽恒退。山澤通氣，出入所由，故「卑而上行」，謂由三升上也。天道虧盈而益謙，地道變盈而流謙，鬼神害盈而福謙，人道惡盈而好謙。【案】「分陰分陽，迭用柔剛」，一爻兼有天地人之道。以陰陽言天道也，陰極則陽生。以剛柔言地道也，柔極而剛長。以仁

〔一〕「道」，李鼎祚周易集解作「象」。

〔二〕南菁書院本「濟」上有「下」字，蓋校者所補。案：彖傳「下濟」之「下」，謂陽從上下之三，始成坎而濟之，與「上行」之「上」對言，非謂坎水其性就下而濟之，故但以「坎水」釋「濟」，無涉「下」義。

義言人道也，仁人而義我。「鬼神」則又據數之老少言之。坤三本有伏陽，陰極則陽自發。伏於坤三者，即極於乾上者也。天地鬼神之道，非人不顯，而其義一也。**謙尊而光，卑而不可踰，君子之終也。**【注】虞翻曰：「天道遠，故『尊光』。三位賤，故『卑』。坎水就下，險弱難勝，故『不可踰』。」【案】「踰」，越也。「勞謙君子，萬民服」。表記曰：「先王謚以尊名，節以壹惠，恥名之浮於行也。是故君子不自大其事，不自尚其功，以求處情；過行弗率，以求處厚；彰人之善，而美人之功，以求下賢。是故君子雖自卑，而民敬尊之。」

象曰：地中有山，謙。君子以裒多益寡，稱物平施。【注】劉表曰：「『地中有山』，以高下下，故曰『謙』。謙之爲道，降己升人。山本地上，今居地中，亦降體之義，故爲『謙』象也。」虞翻曰：「『捊』，取也。」案：釋文云：「鄭、荀、董、蜀才作『捊』。」案：「裒」，假借字。艮爲『多』，坤爲『寡』，乾爲『物』、爲『施』，坎爲『平』。謙，乾盈〔一〕益

〔一〕「乾盈」，諸本皆倒，據李鼎祚周易集解乙正。曹元弼周易集解補釋云：「『乾』，疑當爲『虧』。」

謙，故『以捊多益寡，稱物平施』。」案：「虧盈」、「變盈」、「害盈」、「惡盈」，故「捊多」。「益謙」、「流謙」、「福謙」、「好謙」，故「益寡」。一捊一益，而物平矣。盈者，以損之者益之；謙者，以益之者益之，故「稱物平施」，所謂「謙以制禮」也。

初六：謙謙君子，用涉大川，吉。【案】上「謙」謂三，下「謙」謂初。陽來之三，由三反初，故「謙謙君子」。涉坎，下之初，得位，故「吉」，謂成復也。虞復彖傳注云：「剛從艮入坤，從反震，陽不從上來反初。」案：「從艮入坤」，從謙艮也。陽由上反三，由三反初。**象曰：謙謙君子，卑以自牧也。**【注】鄭康成曰：「『牧』，養也。」案：陽來伏初，故卑以自養。荀子禮論云：「孰知夫恭敬辭讓之所以養安也，孰知夫禮義文理之所以養情也。」

六二：鳴謙，貞吉。【注】姚信曰：「三體震，爲善鳴。二親承之，故曰『鳴謙』。得正處中，故『貞吉』。」**象曰：鳴謙貞吉，中心得也。**【案】「中心」謂晝。爻正由晝，所謂「隆禮由禮」也。

九三：勞謙君子，有終吉。【注】荀爽曰：「體坎爲『勞』。」【案】得位不化，故「有終吉」。三本得位，故特云「有終吉」。本得位，則初吉可知。若化而失位，則終不吉，故特云

「有終吉」。終於九，不化之陰，乾三所謂「知終終之」也。晝者，爻之初。爻者，晝之終。故有无初有終者、有終无功者、有終无尤者，終皆謂爻也。象曰：勞謙君子，萬民服也。【注】荀爽曰：「陽當居五，自卑下衆，降居下體，君有下國之意也。衆陰皆欲撝陽上居五位，羣陰順陽，故『萬民服也』。」【案】「勞」，功勞。勞而不伐，有功而不德，故「勞謙」。韓詩外傳曰：「君子有主善之心，而無勝人之色；德足以君天下，而無驕肆之容；行足以及後世，而不以一言非人之不善。故曰：君子盛德而卑，虚己以受人；旁行不流，應物而不窮。雖在下位，民願戴之。雖欲無尊，得乎哉？」

六四：无不利，撝謙。【注】荀爽曰：「四得位處正，家性爲謙，故『无不利』。陰欲撝三，使上居五，故曰『撝謙』。『撝』，猶舉也。」案：惠氏棟云：「太玄八十一家，各有剛柔之性，故稱『家性』。易六十四卦亦然。」象曰：无不利，撝謙，不違則也。【注】荀九家曰：「陰撝上陽，不違法則。」案：三之五〔一〕，亦得正。艮爲手。

六五：不富以其鄰。利用侵伐，无不利。【注】荀爽曰：「『鄰』謂四與上也。自

〔一〕「五」，諸本皆作「正」，據上下文義改。

四以上乘陽，乘陽失實，故皆『不富』〔一〕。五居中有體，故總言之。陽利侵伐來上，无敢不利之者。」案：成既濟，則「富以其鄰」，此以其未化言也。三體師長子，故「利用侵伐」。有鐘鼓曰伐，無曰侵。三之五，震象不見，水行潛伏，故曰「侵」。**象曰：利用侵伐，征不服也。**【注】荀爽曰：「『不服』謂五也。」案：五失位。

上六：鳴謙，利用行師，征邑國。【注】虞翻曰：「應在震，爲『鳴謙』。體師象，震爲『行』，坤爲『邑國』，五之正，案：三之五。己得從征，故『利用行師，征邑國』。」**象曰：鳴謙，志未得也。可用行師，征邑國也。**【注】荀九家曰：「陰陽相應，雖應不承，故『志未得』。案：三未之五。謂下九三可行師來上，坤爲『邑國』也。三應上，上呼三征，來居五位，故曰『可〔二〕用行師，征邑國也』。」案：變「利」言「可」者，三以下伐上，疑不可。坤虛无君，故「可用行師」，謂所以可用行師者，邑國而已。此亦虛邑无疑之義。

〔一〕「富」，諸本皆作「當」，據李鼎祚周易集解改。
〔二〕「可」，諸本皆作「利」，據傳文及上下文義改。

䷏ 坤下震上

豫：利建侯行師。【注】鄭康成曰：「坤，順也。震，動也。順其性而動者，莫不得其所，故謂之『豫』也。豫，喜豫説樂之貌也。震又爲雷，諸侯之象；坤又爲衆，師役之象，故『利建侯行師』矣。」案：荀九家云：「震爲建侯，坤爲行師。建侯所以興利，行師所以除害。興利除害[一]，民所豫樂也。」

彖曰：豫，剛應而志行，順以動，豫。豫順以動，【案】「剛」謂四，羣陰應之。四升居五，故「志行」。「順以動，豫」，言所以豫。「豫順以動」，既豫猶然也。**故天地如之，而況建侯行師乎！**【注】虞翻曰：「『如之』者，謂天地亦動，以成四時。『而況建侯行師』，言其皆應而豫也。」案：震雷出地，陰陽氣交，亦「順以動」，故「天地如之」。**天地以順動，故日月不過，而四時不忒。**【注】鄭康成曰：「『忒』，差也。」【案】「雷出地奮」，天地而交[二]成既濟，離日坎月，往來成歲，一陰一陽，見釋文。

[一]「興利除害」，李鼎祚周易集解作「利興害除」。
[二]「而交」，疑當作「交而」。

各得其位，故不過忒也。聖人以順動，則㓝罰清而民服。【案】緇衣曰：「爲上易事也，爲下易知也，則㓝不煩矣。」坎爲法律、爲水，故「㓝〔一〕罰清」。陰順陽，故「民服」。豫之時義大矣哉！【注】虞翻曰：「順動天地，使日月四時皆不過差，『㓝罰清而民服』，故『義大』也。」

象曰：雷出地奮，豫。先王以作樂崇德，殷薦之上帝，以配祖考。【注】鄭康成曰：「『奮』，動也。雷動於地上，萬物乃豫也。『以』者，取其喜佚動摇，猶人至樂，則手欲鼓之，足欲舞之也。『崇』，充也。『殷』，盛也。『薦』，進也。『上帝』，天帝也。王者功成作樂，以文得之者，作籥舞；以武得之者，作萬舞，各充其德而爲制。祀天帝以配祖考者，使與天同饗其功也。故孝經云『郊祀后稷以配天，宗祀文王於明堂以配上帝』是也。」案：雷震出地，故「奮」。充德，充其德之量也。董子楚莊王篇云：「王者不虚作樂。樂者，盈於内而動發於外者也。是故作樂者，必反天下之所始樂於己以爲本。舜之時，民樂其昭堯之業也，故韶。韶者，昭也。禹之時，民樂其三聖相繼，故

〔一〕「㓝」，諸本皆作「刑」，據上下文改。

夏。夏者，大也。湯之時，民樂其救之於患害也，故護。護者，救也。文王之時，民樂其興師征伐也，故武。武者，伐也。四者，天下同樂之，一也；其所同樂之端，不可一也。作樂之法，必反本之所樂。所樂不同事，樂安得不世異？是以舜、禹、湯、文四樂殊名，則各順其民始樂於己也。」董子之義本此。作樂，反本之所樂，故法豫，以樂充德。元命苞所説，與董子同。「配」，漢書藝文志引作「享」。「以配祖考」者，言以配上帝者，祖考也，猶儀禮以某妃配某氏，先言以某妃配，而後言某氏耳。又案：大司樂掌六代之樂，祀天神，舞雲門；祀先祖，乃舞大武。大武，周充德之樂。雲門，先代之樂也。以此推之，則充德之樂，實爲享祖考之樂。或當從藝文志作「享」，則薦上帝、享祖考，乃對言之也。郊特牲云：「萬物本乎天，人本乎祖，此所以配上帝也。」宣三〔一〕年公羊傳云：「自内出者，無匹不行。自外至者，無主不止〔二〕。」大傳云：「王者禘其祖之所自出，以其祖配之。」原制禮之始，因祖考推及祖之所自出。「自内出者，無匹不行」，則祖考爲祭之主，以配祖考，言其質也。禮制既定，別其尊卑以配上帝，言其文也。震爲帝，在上，故曰「上帝」。小畜乾爲祖考。二卦通，故「配」。鄭大傳注云：「王者之先祖，皆感太微五帝之精以生，蒼則靈威仰，赤則

〔一〕「三」，諸本皆作「二」，據春秋公羊傳注疏改。
〔二〕「止」，諸本皆作「至」，據春秋公羊傳注疏改。

赤熛怒，黄則含樞紐，白則白招拒，黑則汁光紀。」案：「五帝」之稱，見春秋緯，其稱名亦皆依易爲之。「帝出乎震」，「帝」者，乾元也。震爲反生、爲雷，故曰「靈威仰」。「相見乎離」，故曰「赤熛怒」，象盛陽之氣也。土位中央，坤元藏乾元，故曰「含樞紐」。西方陽退而陰盛，故曰「白招拒」。北方坎位，乾元伏於下，爲陰所凝，所謂「陰凝於陽」，坎爲血卦者也，故曰「汁光紀」。鄭駁異義云：「五精之神，實在太微，於辰爲巳。」乾消息在巳，則五精之神，皆元可知。因時易名，遂别爲稱號耳。王肅之徒，未之詳審，宜其不達也。

初六：鳴豫，凶。【注】虞翻曰：「應震善鳴，失位，故『鳴豫〔一〕，凶』也。」象曰：初六鳴豫，志窮凶也。【案】明言「初六」，言失位，故「志窮」。

六二：介于石，不終日，貞吉。【注】虞翻曰：「與四爲艮，艮爲『石』。離爲『日』。」【案】「介」，操也。孟子曰：「不以三公易其介。」「介如石焉，寧用終日」，石堅，以喻君子于微彰剛柔，知之明、斷之决也。荀子曰：「善在身，介然必以自好也。」脩身文。吕覽曰：「石可破也，而不可奪堅。丹可磨也，而不可奪赤。」

〔一〕「鳴豫」，諸本皆倒，據上下文義乙正。

誠廉文。二得正不化，故「不終日，貞吉」。「剛柔者，晝夜之象」。二不化之陽，故「不終日」。二若化之陽，陽復動之九，則爲「終日」。化之陽，之九而始知，則「用終日」。二知幾，不但不之九，並亦不化，故「寧用終日」，所謂「知微知彰，知柔知剛」者，知其不可化，不待化而始知也。虞云「離爲日」，亦以二不化言，義同，但不以剛爻爲終日耳。象曰：不終日，貞吉，以中正也。【案】二得中正，故不化。

六三：盱豫悔，遲有悔。【注】鄭康成曰：「『盱』，誇也。」見釋文。案：説文云：「盱，張目也。」【案】小畜離爲目，化成豫，故「盱豫悔」，言化而失位也。孟子曰：「今國家閒暇，及是時，般樂怠敖，是自求禍也。」失位宜急之正，不化則悔即至，故「遲有悔」。如知其非義，斯速已矣。「盱豫悔」，謂成豫晝也。「遲有悔」，謂爻不化。象曰：盱豫有悔，位不當也。【案】失位，故「有悔」。

九四：由豫，大有得，勿疑，朋盍簪。【案】四以一陽爲卦主，故「由豫」。羣陰順從，故「大有得」。「簪」當作「宗」。宗，尊也。釋文云：「『簪』，荀作『宗』。」侯果云：「爲豫之主，衆陰所宗，莫不由之，以得其豫。」羣陰皆欲尊四居五，故「勿疑，朋盍宗」。

孟子曰：「得天下有道，得其民，斯得天下矣。民之歸仁也，猶水之就下，獸之走壙也。」虞云：「『由』，自，從也。據有五陰，坤以衆順，故『大有得』，得羣陰也。『盍』，合也。」

象曰：由豫，大有得，志大行也。【案】升五，故「志大行」。

六五：貞疾，恒不死。【注】虞翻曰：「『恒』，常也。坎爲『疾』。」【案】五乘四，四欲之五，爲五之疾。五不自正，則四來之五；五之正，則疾不能害，謂陽由內發，不見息滅也。疾尚可藥，貞則不死。若凶害已及而始正，則所謂「正乎凶」者，莫如之何矣！**象曰：六五貞疾，乘剛也。恒不死，中未亡也。**【案】明言「六五」，言其失位乘剛。坎爲之疾，正則无坎，斯无疾矣。「中未亡」，謂五伏陽。伏陽發則疾瘳。

上六：冥豫，成有渝，无咎。【注】馬融曰：「『冥』，昧，耽於樂也。」虞翻曰：「『渝』，變也。」【案】陰在上，故「冥」。樂極則反，故「成有渝」。不化則「无咎」。

象曰：冥豫在上，何可長也？【注】荀爽曰：「陰性冥昧，居尊在上，而猶豫說，故不可長。」

䷐ 震下兑上

隨：元亨，利貞，无咎。【注】鄭康成曰：「震，動也。兑，説也。内動之以德，外説之以言，則天下之民咸慕其行而隨從之，故謂之『隨』也。既見隨從，能長之以善，通其嘉禮，和之以義，榦之以正，則功成而有福。若无此四德，則有凶咎焉。」焦贛曰：『漢高帝與項籍，其明徵也。』」【案】「元」，乾元，謂初。初從否上來，乾元之反自隨始，乾元反而交初，故「元亨」。三、四之正，成既濟，則乾陽復息，故「利貞，无咎」。傳云：「大亨貞。」則「元」爲乾元。又云：「剛來而下柔。」虞云：「否上之初。」案：否閉不通，陰消陽，陽反於初，否得通，故「元亨」。屯剛柔始交，亦謂初爲元也。但屯初，始交之元；隨初，始反之元。「澤中有雷」，不必即在地之正中耳。是知歸妹「元吉」，坤元自泰五而還。隨自否來，乾元由否上而復。天地以一體相交，唯泰陽氣充滿地中時也。震雷出地，則地中即有伏陰。天地不交，唯否陰氣充滿地中時也。「風行地上」，則地中即有伏陽，但不必在地之極中耳。陰消内斂，故歸妹即於泰見之。陽消上升，故元之復不見於否。陰散則无所繫，故夬上決而揚。陽雖散而仍專，故剥上存碩果。陽可剥，而不可決也。

彖曰：隨，剛來而下柔，動而説，隨。大亨貞，无咎，而天下隨時。隨時之義大

矣哉！【注】虞翻曰：「否乾上來之坤初，故『剛來而下柔』。『動』，震；『説』，兑也。」案：「來」謂息，消上息下也。【案】萬物隨陽以出，隨陽以入。陽出爲春夏，入爲秋冬，萬物隨之消長，故「大亨貞，无咎，而天下隨時」。「堯、舜帥天下以仁，而民從之；桀、紂率〔一〕天下以暴，而民從之」。君之所爲，百姓〔二〕之所從也，故「隨時之義大矣哉」。「君子以嚮晦入宴息」，是「隨時」。王肅本作「隨之」，非是。

象曰：澤中有雷，隨。君子以嚮晦入宴息。【注】荀九家曰：「兑澤震雷。八月之時，雷藏於澤，則『天下隨時』之義〔三〕也。」鄭康成曰：「『晦』，冥也。猶人君既夕之後，入於宴寢而止息。」見孔疏。案：侯果云：「坤爲『晦』〔四〕。乾之上九來入坤初，『嚮晦』者也。」惠氏棟云：「巽爲入，艮爲止。」案：上反入初，陽息於陰也。互艮爲宮室。

初九：官有渝，貞吉。出門交，有功。【注】荀九家曰：「『渝』，變也。」【案】「官有

〔一〕「率」，崇文書局本、南菁書院本作「帥」。
〔二〕「姓」，原作「性」，據崇文書局本、南菁書院本改。
〔三〕「義」，李鼎祚周易集解作「象」。
〔四〕「晦」，諸本皆作「昧」，據李鼎祚周易集解改。

渝」，謂四化應初，故「貞吉」。象曰「從正吉也」。太宰之職，「以八法治官府。四曰『官常』」。「官有渝」，則非常也。國有大事，一官不能獨任，故四化應初，初亦出門交四而有功，此周禮「官聯」之所由立也。艮爲官，謂官府之事也。虞「百官以治」注云：「艮爲官。」案：艮爲門闕，官府之象，百官所居，以治理政事者也。荀九家云：「震爲子，得土之位，故曰『官』。」惠氏棟伸之云：「『官』，官鬼也。震初庚子水，得否坤乙未土之位，水以土爲官。」案：易以爻象爲主，不當雜以官鬼之説。艮爲門，初應四，故「出門交」，謂在官、在府也。初得正，四從之亦正，故「交有功」。同人：「出門同人，又誰咎？」言當自咎。同人初化，乃有門象。同人者，舍己從人，動失位，故自咎。隨四本互艮，初出交四，四從初之正，四化，初不化，故「出門交，有功」。同人「出門」，自化而往。隨初「出門」，以己正人也。象曰：官有渝，從正吉也。出門交有功，不失也。【案】初得正，四化從初，故「從正吉」。初得正交四，故「不失」，謂不化也。

六二：係小子，失丈夫。【注】虞翻曰：「應在巽，巽爲繩，故稱『係』。」【案】二應五，五爲「丈夫」。四互艮，爲「小子」。二欲之五，爲四所係，不得之五，故「係小子，失丈夫」。象曰：係小子，弗兼與也。【案】二已係於四，則不得兼與五，故

「失丈夫」。孔子曰：「無欲速，無見小利。欲速則不達，見小利則大事不成。」呂覽權勳〔一〕云：「利不可兩，忠不可兼。不去小利，則大利不得。不去小忠，則大忠不至。故小利，大利之殘也〔二〕；小忠，大忠之賊也。」

六三：係丈夫，失小子，隨有求得。利居貞。【案】三之四，係五，故「係丈夫」。三之四，則艮象不見，故「失小子」。三、四易位，成既濟，故「隨有求得」。「居」謂居三，居三失正，故「利居貞」。三不之四，則當化。**象曰：係丈夫，志舍下也。**【案】「舍」，捨也。「下」謂三。三志在升四，係五丈夫，故「志舍下」。

九四：隨有獲，貞凶。【案】獲二。二之五，爲四所獲，非所宜得，故曰「獲」。不順五，而獲五之應，自正其位，故「貞凶」。薛氏傳均云：「初『貞吉』，傳云『從正吉』。此『貞凶』，亦得是違正凶，謂違五也。」**有孚在道以明，何咎？**【注】虞翻曰：「『孚』謂五。三已之正，四變應初，得位在離。」【案】「在」，察也。孚五察應，而後之正，成離

〔一〕「權勳」，原作「勸勳」，據呂氏春秋及崇文書局本、南菁書院本改。
〔二〕「也」，原作「之」，據呂氏春秋及崇文書局本、南菁書院本改。

明，故「有孚在道以明」，所謂「從正吉」也。自正則凶，孚五從初，而後之正，故「何咎」。象曰：隨有獲，其義凶也。有孚在道，明功也。【案】當隨人，而反獲其不當獲，故「其義凶」。四之正，順五應初，故「明功」，謂成既濟也。

九五：孚于嘉，吉。【案】「嘉會足以合禮」，二、五正中，故「孚于嘉，吉」。象曰：孚于嘉吉，位正中也。

上六：拘係之，乃從維之。王用亨于西山。【注】虞翻曰：「應在艮，艮手爲『拘』；巽爲繩，兩係稱『維』。否乾爲王，謂五也，有觀象，故『亨』。兑爲『西』，艮爲『山』。」【案】此謂否上也，无位无民，衆陰不順，故拘維之。否互艮巽。「九兩繫民」，繫之有道。拘而係之，乃從而維之，非所以係之，正以迫之使去耳。故王者得用之，以亨于西山，言人歸則神享也。此言否上窮而反下成隨，天下歸，興王之象也。否上窮，民不係，故拘而係之。否上反下，成兑艮，故「亨于西山」。乾鑿度以爲「譬猶文王拘民以禮，係民以義，仁恩所加，靡不隨從」，亦通，蓋據本卦言也。象曰：拘係之，上窮也。【案】「上」，否上。

䷑巽下艮上

蠱：元亨，利涉大川。【案】「蠱」，惑也，惑乃有事。「元」謂二、五也。二、五易位，蠱乃治。象曰：「蠱，元亨，而天下治也。」體仁合禮，蠱所由治。隨彖傳云「大亨貞，无咎，而天下隨時」，故知彼謂「元」來成隨。此彖傳云「蠱，元亨，而天下治也」，是「元亨」在蠱之後。二、五通，蠱乃治，故知「元」謂二、五。二升五降，成坎。先甲三日，後甲三日。【注】鄭康成曰：「『甲』者，造作新令之日。甲前三日，取改過自新，故用辛也。甲後三日，取丁寧之義，故用丁也。」見孔疏。案：禮記：「郊之用辛。」書：「丁巳用牲于郊。」漢郊用丁辛，放古爲之。白虎通云：「祭日用丁與辛者何？先甲三日，辛也；後甲三日，丁也，皆可以接事昊天之日。」案：日用丁辛，取先甲、後甲之義。易之本旨，不必謂祭祀也。【案】乾爲甲。「先甲三日」，謂泰初之上，上之初，成蠱。初既上升，則二、三亦以次升，成否。三爻，故「三日」。「後甲三日」，謂否上之初，初之上，成隨。上降則五、四亦以次降，成泰。「終則又始，天行也」。

彖曰：蠱，剛上而柔下，巽而止，蠱。【注】虞翻曰：「泰初之上，故『剛上』。坤上之初，故『柔下』。上艮下巽，故『巽而止，蠱』也。」【案】巽爲風，風爲山止，氣鬱不行，故「蠱」。呂覽曰：「病之留，惡之生也，精氣鬱也。故水鬱則爲污，樹鬱則爲蠹，草鬱則爲蕢。國亦有鬱，主德不通，民欲不達，此國之鬱也。國鬱處久，則百惡並起，而萬災叢至矣。」達鬱文。春秋傳曰：「淫則生内熱惑蠱之疾。」「内熱惑蠱」，鬱使之也。**蠱，元亨，而天下治也。利涉大川，往有事也。**【案】風爲山止，氣鬱不行。二、五易位，鬱氣乃通，故「元亨而天下治」。二、五易位，初、上化，成既濟。「往」謂二動之爻，而升居五。蠱則不知所事，二升居五，居上治下，蠱使之通，故「往有事」。**先甲三日，後甲三日，終則有始，天行也。**【案】「有」，又也。天行不息，故「終則又始」，謂乾陽升降不已也。先三、後三皆謂乾，故曰「天行」。三爻，故「三日」，與「七日來復」同。卦主六日七分，舉成數言，一爻主一日。

象曰：**山下有風，蠱。君子以振民育德。**【注】虞翻曰：「坤爲『民』。初上撫坤，故『振民』。」【案】「振」，奮也，止，故振之。「育」，養也，鬱，故養之。「橈萬物者，莫疾乎風」也。放勳曰：「勞之來之，匡之直之，輔之翼之，又從而振德之。」

「巽而止」，所以成蠱。「山下有風」，所以振蠱。「巽而止」者，風在山中，不得行也。「山下有風」，則風行還至山上矣。象言其所以蠱，象言蠱之所以亨。艮爲手，雷出地奮，故「振」。山中生木，亦積小高大者也，故「育」。

初六：幹父之蠱〔一〕，有子考，无咎，厲終吉。【注】虞翻曰：「『幹』，正；『蠱』，事也。泰乾爲『父』，坤爲事，故『幹父之蠱』。父死大過稱『考』，故『有子考』。變而得正，故『无咎，厲終吉』也。」【案】「有子」謂初伏陽。經云「有子」，則不與「其子」、「其妻」同例，與諸稱「有」者同例矣。蠱與隨通，震爲長子，長子繼世。凡旁通卦互相伏，合之，則一乾一坤；易位，又各成既濟。注家或言伏，或言旁通。言伏者據位，位本有伏陰、伏陽也；言旁通者據卦，六爻通也。卦象已明者，不取旁通，據已發者言也；卦象隱者，多及旁通，據未發者言也。卦成既濟，禮之一定，事之終也。爻不必盡以既濟言，或言其事之端，或言其事之中，不必盡言其終。其有明言終者，得位則成既濟之爻，失位則窮而成未濟之爻也。得位者不必盡吉，失位者不必盡凶，以一卦之大義爲吉凶之主焉。泰乾初之上，陰來之初，失正，初伏陽仍

〔一〕「蠱」，原作「蠱」，據周易正義及崇文書局本、南菁書院本改。

發而成乾，故「有子考，无咎」。象曰「意承考也」，以子繼父，亦以乾承乾之象也，故「厲」。終發得正，故「終吉」。張氏惠言云：「復成乾。」象曰：幹父之蠱，意承考也。【案】泰乾初本得位，今初發仍成乾，故「意承考」，承泰初也。伏，故曰「意」。

九二：幹母之蠱，不可貞。【注】虞翻曰：「應在五，泰坤爲『母』，故『幹母之蠱』。」【案】五失位，二以陽正之，故「不可貞」，言不可自化之正。二不化，則升五，而五降二，所謂「利涉大川」者也。張氏惠言云：「謂當與五易位，不可自正。」象曰：幹母之蠱，得中道也。【案】以陽正陰，二升五降，皆得中正，「得〔一〕中道」。

九三：幹父之蠱，小有悔，无大咎。【案】陽在上失位，三幹之，震起艮止，不能即正，故「小有悔」。「震无咎者存乎悔」，故「无大咎」，上終化應三也。小謂畫，大謂

〔一〕「得」上疑脱「故」字。

爻。象曰：斡父之蠱〔一〕，終无咎也。【案】上終化應三，故「終无咎」。「无大咎」謂爲「終无咎」，則「小有悔」謂始矣，始故「小」。畫者，爻之始也。

六四：裕父之蠱，往見吝。【注】虞翻曰：「『裕』，不能爭也。孔子曰：『父有爭子，則身不陷於〔二〕不義。』四陰體大過，本末弱，故『裕父之蠱』。變而失正，變謂之初。故『往見吝』。」【案】「往」謂動而正初，動則失見，故「見吝」，謂初失位，四不能正也。二陽失位，「斡母之蠱」，云「不可貞」，謂不可化之正，當以陽正陰，二、五易位也。若四化爲陽，則亦能正初，與初易位，若二、五之比矣。今四以陰裕陰，故「往未得」，未得正初也。二能正五，故「得中道」。易之通例，畫動之爻，乃相應，或易位，故繫辭傳云「因而重之，爻在其中」。三畫之卦无應，故不動。重而爲六，則上下相應，動則成爻，故爻在〔三〕中也。象曰：裕父之蠱，往〔四〕未得也。【注】虞翻曰：「往失位，故『未得』。」

〔一〕「蠱」，原作「蠹」，據周易正義及崇文書局本、南菁書院本改。
〔二〕「陷於」，原倒，據孝經及崇文書局本、南菁書院本乙正。
〔三〕「在」下當脱「其」字。
〔四〕「蠱往」，原倒，據周易正義及崇文書局本、南菁書院本乙正。

六五：榦父之蠱，用譽。【注】虞翻曰：「『譽』謂二也。二、五失位，變而得正〔一〕，案：謂二、五易位。故『用譽』。」象曰：榦父用譽，承以德也。【案】二、五相通，所謂「元亨而天下治」者也。二升五降，以坤元承乾元，故「承以德」。虞例以乾爲道德，或以震爲道，但「一陰一陽之謂道」。坤，地道，「厚德載物」，亦有道德之稱。「和順於道德」，謂一陰一陽也。此易之通例也，故不盡用虞説。

上九：不事王侯，【注】荀爽曰：「年老事終，不當其位，體艮爲止，故『不事王侯』。」虞翻曰：「泰乾爲『王』，應在三，震爲『侯』。」案：上止不動，不應三。高尚其事。【注】虞翻曰：「謂五已變，巽爲『高』〔二〕，艮陽升在坤上，故『高尚其事』也。」【案】五已正位，上以陽居上，五高尚之也。「堯稱則天，不屈潁陽之高；武盡美矣，終全孤竹之絜」。鄭表記注云：「言臣致仕而去，不復事君也。君猶高尚其所爲之事，言尊大其功也。」案：尊致仕之臣，與尊隱逸之臣，其義一也。象曰：不事王侯，志可

〔一〕「得正」，諸本皆倒，據李鼎祚周易集解乙正。
〔二〕「爲高」，諸本皆倒，據李鼎祚周易集解乙正。

則也。【案】「志」謂上。伏陰未發，故「志可則」。王者尊賢，不屈其身，亦所以「振民育德」也。

周易姚氏學卷第六終

周易姚氏學卷第七

旌德姚配中撰

周易上經彖上傳象上傳

䷒ 兑下坤上

臨：元亨，利貞。至于八月，有凶。【注】虞翻曰：「『剛浸而長』，乾來交坤，動則成乾，故『元亨，利貞』。」案：「元」，乾元。以陽通陰，故「元亨」。息至三成泰，二、五易位，六爻正，故「利貞」。鄭康成曰：「『臨』，大也。陽氣自此浸而長，而有四德，齊功於乾，盛之極也。人之情，盛則奢淫，奢淫將亡，故戒以『凶』也。臨卦，斗建丑而用事，殷之正月也。當文王之時，紂爲无道，故於是卦爲殷家著興衰之戒，以見周改殷正之數云。臨自周二月用事，訖其七月，至八月而遯卦受之，此終而復始，王命然矣。」案：荀爽以兑爲八月。蓋八月消卦，受觀，臨反觀，八月卦，兑位。又以文王之時，殷命未改，不當言周月也。但正朔三而改，自伏羲以來已然。周易首乾，故依天統。以遯爲八月，文王未嘗以爲周家之月也，注家推言周耳。且兑爲八月，亦夏正，非殷正。孔子周人，得云「行夏之時」，則文王殷人，亦得言天統之八月也。象曰「消不久」，則爲臨消成遯，明矣。且此「八月」猶「十年」、「三歲」、「七日」之類，當謂相去八月，不必定指秋八月。自臨至遯，七月，至八月而成否。所謂「有凶，消不久」者，謂成否也。

彖曰：臨，剛浸而長，説而順，剛中而應，大亨以正，天之道也。至于八月有凶，消不久也。【注】虞翻曰：「『剛』謂二也。自下浸上，故『浸而長』也。『説』，兑也。『順』，坤。『剛中』，謂二也。四陰皆應之，故曰『而應』。『大亨以正』，謂三動成乾天，得正爲泰。天地交通，故『亨以正，天之道也』。」案：「乾道變化，各正性命」，謂成既濟也。「消」對「長」言。八月，臨消成遯，遯消成否。長則成泰，消則成否，其幾甚速，故「不久也」。

象曰：澤上有地，臨。君子以教思无窮，容保民无疆。【注】荀爽曰：「澤卑地高，高下相臨之象也。」【案】「澤上有地」，地畜澤，澤不妄行，生而不已，故「教思无窮」。坤「含弘光大，德合无疆」，澤虛以受，故「容保民无疆」。

初九：咸臨，貞吉。【注】虞翻曰：「『咸』，感也。得正應四，故『貞吉』也。」象曰：咸臨貞吉，志行正也。【案】志在應四，動不失正，故「志行正」。屯初同義。「臨」者，大也，陽息，故感。

九二：咸臨，吉无不利。【注】虞翻曰：「得中多譽，兼有四陰，體復初『元吉』，故『无不利』。」【案】陽息之卦，二雖失位，息而未已，終升至五，故「吉无不利」。象曰：咸臨，吉无不利，未順命也。【注】荀爽曰：「陽當居五，陰當順從，今尚在二，故曰『未順命也』。」案：陰陽各得謂之命。

六三：甘臨，无攸利。既憂之，无咎。【注】虞翻曰：「兑爲口，坤爲土，『土爰稼穡，作甘』，兑口銜坤，故曰『甘臨』。失位乘陽，故『无攸利』。言三失位无應，故『憂之』。」【案】「臨」，大也。失位而以爲甘，故无所利。「憂之」則不甘，化之正矣，故「无咎」。管仲曰：「夫厚於味者薄於德，沈於樂者反於憂。壯而怠則失時，老而解則無名。」吕覽達鬱文。象曰：甘臨，位不當也。既憂之，咎不長也。

【注】虞翻曰：「動而成泰，故『咎不長也』。」案：爻云「无咎」，傳云「咎不長」，則是始有咎矣。始失位，甘之之咎也。憂而之正，故「咎不長」。宣十五年：「冬蝝生。」公羊傳云：「蝝生不書，此何以書？幸之也。幸之者何？猶曰受之云爾。受之云爾者何？上變古易常，應是而有天災，則宜於此焉變矣。」注云：「言宣公於此天災饑後，能受過變寤，明年復古行中，冬大有年，其功美過於無災，故君子深爲喜而僥倖之。」此「既憂之，咎不長」之謂也。小畜初九：「復自道，何其咎？吉。」則所謂「功美過於無災」矣。

六四：至臨，无咎。【案】陽息之卦，陽息則陰上升，下退而上，故「至臨」，至四也。陰至四，雖非下中，亦得位，故「无咎」。**象曰：至臨无咎，位當也。**

六五：知臨，大君之宜，吉。【注】荀爽曰：「五者，帝位。『大君』，謂二也，宜升上居〔一〕五位，吉，故『大君之宜，吉』。」案：「宜」者，宜升而未升也。乾鑿度云：「陽氣在內，中和之盛，應於盛位，浸大之化，行〔二〕於萬民，故言宜處王位，施大化，爲大君矣，臣民欲被化之辭也。」鄭彼注云：「臨之九二，有中和美異之行，應於五位，故百姓欲其與上爲大君也。」義與

〔一〕「居」，諸本皆脱，據李鼎祚周易集解補。
〔二〕「化行」，諸本皆倒，據易緯乾鑿度乙正。

荀同。又案：乾鑿度云：「初爲元士，二爲大夫，三爲三公，四爲諸侯，五爲天子，上爲宗廟。凡此六者，陰陽所以進退，君臣所以升降。」虞升降之例，多出於此，今依用之。象曰：大君之宜，行中之謂也。【注】荀爽曰：「二者處中，行升居五，五亦處中，故曰『行中之謂』。」案：實未升五，故曰「宜」、曰「之謂」。三息，則二升五。

上六：敦臨，吉，无咎。【注】荀爽曰：「上應於三，欲因三升二，過應於陽，敦厚之意。」【案】志在升二，本得位，故「吉无咎」。坤厚載物，故「敦」。象曰：敦臨之吉，志在内也。【注】荀九家曰：「志在升二也。陰以陽爲主，故『志在内也』。」

䷓ 坤下巽上

觀：盥而不薦，有孚顒若。【注】虞翻曰：「觀反臨也。以五陽觀示坤民，故稱『觀』。『盥』，沃盥。『薦』，羞牲也。『孚』，信，謂五。顒顒，君德有威儀〔一〕貌。」

〔一〕「儀」，李鼎祚周易集解作「容」。

案：宗廟之祭，初獻灌；二獻殺牲，薦脯醢，薦腥〔一〕；三獻薦朝事之豆籩；四獻薦熟；五獻薦饋食之豆籩；七獻薦加事之豆籩。【案】「天地之道，貞觀者也」。陽在五，利見大人。坤爲牛，互艮爲手，成既濟，體坎水離目，坤象不見，故「觀，盥而不薦」。陰陽應，故「有孚」。禮有五經，莫重於祭，祭莫重於灌，故特言之。將灌先盥。禮運曰：「人藏其心，不可測度也。美惡皆在其心〔二〕，不見其色也。欲一以窮之，舍禮何以哉？」是故治人者舍禮，无以爲人法；觀人者舍禮，无以知人。故禮器曰：「觀其禮樂而治亂可知。君子欲觀仁義之道，禮其本也。」鄭云：「坤爲地、爲衆。巽爲木、爲風。九五，天子之爻。互體有艮，艮爲鬼門，又爲宮闕。地上有木，而爲鬼門、宮闕者，天子宗〔三〕廟之象。」鄭蓋推明卦所以有「盥」、「薦」之義，非指説宗廟爲觀。鄭又云：「諸侯貢士於天子，鄉大夫貢士於其君，必以禮賓之。唯主人盥而獻賓，賓盥而酢主人，設薦俎，則弟

〔一〕「腥」，原作「醒」，據崇文書局本、南菁書院本改。
〔二〕「心」，諸本皆作「中」，據禮記正義改。
〔三〕「宗」，諸本皆作「宮」，據李鼎祚周易集解改。

子也。」此又因祭事之盥，推及凡〔一〕禮皆以盥爲重。因爻有「用賓于王」，故以「貢士」說也。馬融云：「『盥』，進爵灌地以降神也。」謂盥而後灌，非訓「盥」爲「灌」〔二〕。

彖曰：大觀在上，順而巽，中正以觀天下。【注】虞翻曰：「『順』，坤〔三〕也。『中正』謂五。」【案】五在上，君德足以爲民觀，故「大觀在上」。**觀盥而不薦，有孚顒若，下觀而化也。**【注】虞翻曰：「巽爲進退，『容止可觀，進退可度』，則下觀其德而順其化。」**觀天之神道，而四時不忒。聖人以神道設教，而天下服矣。**【注】虞翻曰：「『忒』，差也。『聖人』謂乾，退藏於密，而齊於巽，以神明其德教，坤民順從而天下服矣。」案：後漢書方望說隗囂曰：「宜急立高廟，稱臣奉祠，所謂『神道設教』，求助人神者也。」彼以「神道設教」謂祭祀，義亦通，疑亦西漢經師之說。惠氏棟云：「祭義曰：『合鬼於神，教之至也。明命鬼神，以爲黔首，則百衆以畏，萬民以服。』」【案】陰陽消息，天之神道也。一消一息，而四時行，故「四時不忒」。「通其變，使民不倦；神而

〔一〕「凡」，諸本皆作「反」，據上下文義改。
〔二〕「灌」，原脱，據崇文書局本、南菁書院本補。
〔三〕「坤」，諸本皆作「五」，據李鼎祚周易集解改。

化之，使民宜之」，窮變通久，亦一消一息，聖人之神道也。

象曰：風行地上，觀。先王以省方觀民設教。【注】鄭衆曰：「從俗所爲，順民之教，故君子治人不求變俗。」見史徵口訣義。【案】「風行地上」，无所不周。聖人之教，无所不被。「省」，視也。「設」，施陳也。「方」，方俗。「民」，民風。脩其教，不易其俗。齊其政，不易其宜。此巡狩之禮所由取法也。

初六：童觀，小人无咎，君子吝。【案】鄭康成曰：「『童』，稚也。」見釋文。虞翻曰：「艮爲『童』。陰，小人；陽，君子。陽伏陰下，故『君子吝』矣。」【案】陰消之卦，初不及五，上來之三，下體成艮，初止不動，故「无咎」。時當陰長，伏陽不能即發，故「吝」。象曰：初六童觀，小人道也。【案】明言「初六」，言其失位。得无咎者，消卦也。陰消陽，初不及五。

六二：闚觀，利女貞。【注】虞翻曰：「竊觀稱『闚』。艮爲宮室，坤爲闔户。小人而應五，故『利女貞』，利不淫視也。」【案】二在坤中，初、三未正，離象伏，故「闚」。利初、三之正，成離中女，故「利女貞」。知謂初、三之正，不謂二得正爲「利女貞」者，以易之通例，言「利貞」者，皆謂不正者化之正。爻亦然，如明夷六五「利貞」，艮初六「利永貞」，鼎六五、損九二「利貞」是也。升上六「利于不息之貞」，則謂利五之正，不息之上，上六本得正也。故知此「利女貞」亦非謂本爻。合一卦而言，初、三之正，離女正位乎内，則不闚觀，所謂「家人，利女貞」者也。家人離女在内，三爻已正，而復云「利女貞」〔一〕者，重戒之。**象曰：闚觀女貞，亦可醜也。**【案】二爲五應，不能大有所爲，故「亦可醜」。孟子曰：「以順爲正者，妾婦之道也。」不云「利」者，在君子則无所利也。始而闚觀，即正亦如女，是以「可醜」。侯果云：「得位居中，上應於五，闚觀〔二〕朝美，不能大觀。處大觀之時，而爲闚觀，女正則利，君子則醜也。」

六三：觀我生，進退。【案】「我」，我三也。「生」，伏陽也。陽伏於三，動而欲出，故「觀我生」。時陰消未極，伏陽不能發，動而還止，故「進退」。**象曰：觀我生進退，未失道也。**【案】三有伏陽，故「未失道」。

〔一〕「女貞」，諸本皆倒，據上下文義及家人卦辭乙正。
〔二〕「觀」，諸本及朱本李鼎祚周易集解皆作「視」，據周本李鼎祚周易集解、曹元弼周易集解補釋改。

六四：觀國之光，利用賓于王。【注】虞翻曰：「坤爲『國』，『王』謂五陽。」【案】初、三之正，離爲「光」。「國之光」，謂賢也。詩曰：「彼其之子，邦家之光。」四爲諸侯，得正應初，乘三，故觀之，使伏陽發而成既濟，以奉五，故「利用賓于王」。此諸侯貢士於天子之象也。儀禮鄉飲酒禮疏引鄭易注云「諸侯貢士於天子，鄉大夫貢士於其君」云云。「貢士於天子」，即謂此。漢書五行志引京房易傳云：「經稱『觀其生』，言大臣之義，當觀賢人，知其性行，推而貢之。」京於「觀其生」云然，義實本此。又易傳云：「諸侯臨世，反應元士，而奉九五。」是京謂四以初奉五也。天子之鄉大夫貢士于王，則鄉大夫職所云「三年大比」是也。諸侯之鄉大夫貢士于其君，鄭於鄉飲酒禮注引鄉大夫職以例，則與天子之鄉大夫同。鄉飲酒禮，其可考者也。諸侯貢士於天子，亦三歲。射義云：「古者天子之制，諸侯貢士於天子，天子試之於射宮。」注云：「三歲而貢士。舊説云『大國三人，次國二人，小國一人』。」尚書大傳云：「古者諸侯之於天子也，三年一貢士。大國舉三人，次國舉二人，小國舉一人。」是諸侯貢士亦三歲。諸侯貢士，其賓賢之禮，雖不可考，以鄉飲酒禮推，當略如燕羣臣之禮，亦試之以射。**象曰：觀國之光，尚賓也。**【注】崔憬曰：「得位比尊，承於王者，職在搜揚國俊，賓薦王庭，故以進賢爲『尚賓也』。」案：「尚」，上也，謂賓于五。

九五：觀我生，君子无咎。【案】「我」，我五也。「生」謂陰已消至四，氣伏五下，其幾將萌。五能正其位，不使陰長，故「君子无咎」，謂既自正其位，使三、初亦發之正，任四所貢賢能也。象曰：觀我生，觀民也。【注】虞翻曰：「坤爲『民』。」案：民爲邦本，「觀我生」，所以「觀民也」。「古之欲明明德於天下者，先正其心，先誠其意」。

上九：觀其生，君子无咎。【案】「其」，其[一]三，謂三伏陽。上本欲之三，三伏陽自發之正，上不得之三，故觀之。三發則上亦自化之正，故「君子无咎」。象曰：觀其生，志未平也。【注】虞翻曰：「坎爲『志』。」案：未成既濟，故「志未平」。

䷔ 震下離上

噬嗑：亨，利用獄。【注】虞翻曰：「坎爲『獄』，艮爲手，離爲明。四以不正而係

〔一〕「其其」，諸本皆脱一「其」字，循此書之例補。案：如姚氏釋離九四爻辭云：「『其』，其初。」釋睽六三爻辭云：「『其』，其四也。」

於獄，上當之三，蔽四成豐，『折獄致刑』，故『利用獄』。」【案】「亨」謂三、上易位。象曰「噬嗑而亨」，亨則成豐，故「利用獄」。象曰「雷電噬嗑」，謂成豐也。

象曰：頤中有物，曰噬嗑。噬嗑而亨，剛柔分。【注】虞翻曰：「『物』謂四。頤中无物，則口不噬。故先舉『頤中有物，曰噬嗑』也。」【案】上、三易位，故「噬嗑而亨」。三升上降，故「剛柔分」。噬嗑合禮，迭用柔剛，知剛柔而曲直可得矣。**動而明，雷電合而章。**【案】震動離明。「動而明」，則雷電交。震上離下成豐，故「雷電合而章」。「章」，明也。說文云：「雷，陰陽薄動也。電，陰陽激燿也。」淮南子墬形云：「陰陽相薄爲雷，激揚爲電。」案：陰陽必動而激揚相薄，乃成電雷，故「動而明」。電雷並起，故合明无不照。聲有遠近，故先電而後雷，其實並起者也。**柔得中而上行，雖不當位，利用獄也。**【案】「柔」謂二。上、三易位，下卦一體俱升。噬嗑成豐，唯三、上兩爻不同，故成豐但據三、上言，其實雷電之合，一體升降也。二上行至五，失位，故「雖不當位，利用獄」，柔中勝剛愎也。

象曰：雷電，噬嗑。先王以明罰敕法。【注】宋衷曰：「雷動而威，電動而明，二者合而其道章也。用刑之道，威明相兼。若威而不明，恐致淫濫；明而无威，不能伏物，故須雷電合而噬嗑備。」鄭康成曰：「『敕』，猶理也。」見釋文。案：雷動而上，電明而下，故曰「雷電」。互坎，爲「罰」，爲「法」。

初九：屨校滅趾，无咎。【注】虞翻曰：「『屨』，貫；『趾』，足也。震爲足，坎爲『校』。初位得正，故『无咎』。」【案】初應在四，化而應四，則失位，震象不見，故「屨校滅趾」。「屨校」者，已蹈之愆，震應坎也。「滅趾」者，未至之災，初未化也。懲於法，則不化，故「无咎」。知「滅趾」非已麗之刑者，初本得位，化則「滅趾」，此法也。誡於法而不化，則不「滅趾」。繫辭傳所謂「小懲大誡」。「小懲」謂「屨校」，震遇坎也。「大誡」謂「滅趾」，初遇險而止，不化，以「滅趾」爲誡，故得「无咎」。「屨校」非「滅趾」之刑，「何校」非「滅耳」之罪，皆所謂「小」也，可說之桎梏也。刖乃滅趾，刵乃滅耳，皆所謂「大」，一虧而不復全者也。一誡、一不誡，故有凶、无咎之殊耳。**象曰：屨校滅趾，不行也。**【案】震起艮止，故「不行」，謂不化，故「无咎」〔一〕也。

〔一〕「无咎」，諸本皆倒，據上下文義及爻辭乙正。

六二：噬膚滅鼻，无咎。【注】馬融曰：「柔脆肥美曰『膚』。」見釋文。案：五陰爲「膚」。虞翻曰：「『噬』，食也。艮爲鼻。」案：鄭乾鑿度注云：「艮爲山，山澤通氣，其於人體則鼻也。」魏志管輅傳：「輅云：『艮爲鼻。此天中之山。』」【案】〔一〕二應在五，故「噬膚」，謂貪其禄位也。欲動應五，化而失位，艮象不見，故「滅鼻」。不化，故〔二〕「无咎」。太玄闞次五：「齧骨折齒，滿缶。」測曰：「齧骨折齒，大貪利也。」義本此。漢書董賢傳：哀帝册免丁明云：「朕惟噬膚之思未忍。」孟康曰：「易曰：『噬膚滅鼻。』『噬』，食也。『膚』，膏也。喻爵禄恩澤加之，不忍誅也。」是也。顔師古以孟爲非，謂「自齧其肌膚」，非是。「厥宗噬膚，往有慶」，豈亦自齧之謂乎？**象曰：噬膚滅鼻，乘剛也。**【案】乘初。初至五，體屯象，初止不行，二牽於初，亦不化，故得「无咎」。

六三：噬腊肉，遇毒，小吝，无咎。【注】馬融曰：「晞於陽而煬於火，曰『腊肉』。」見釋文。虞翻曰：「離日熯之爲『腊』，坎爲『毒』。與上易位，『利用獄』，

〔一〕「案」，諸本皆作「注」，循本書之例改。下同者不再出校。
〔二〕「化故」，諸本皆倒，據上下文義乙正。

成豐，故『无咎』也。」【案】上來之三，遇坎，易位得正，故「小吝，无咎」。周語曰：「高位〔一〕實疾僨，厚味實腊毒。」韓詩外傳云：「齊崔杼弒莊公。荊蒯芮使晉而反，其僕曰：『君之無道也，以夫子而死之，不亦難乎？』荊蒯芮曰：『吾聞之，食其食，死其事。吾既食亂君之食，又安得治君而死之？』遂驅車而入，死其事。」此其噬肉遇毒者與？象曰：遇毒，位不當也。【案】上、三俱失位，遇非其正，故三爲上之毒。

九四：噬乾胏，得金矢，利艱貞，吉。【注】馬融曰：「有骨謂之『胏』。」見釋文。陸績曰：「離爲『矢』。『金矢』，取其剛直也。」【案】四噬初也。四應初承五，五之正，離成乾，故「得金矢」。利之正，與二互坎，故「利艱貞，吉」。象曰：利艱貞吉，未光也。【案】未成既濟，故「未光」。

六五：噬乾肉，得黄金，貞厲，无咎。【注】虞翻曰：「陰稱『肉』。位當離日中〔二〕

〔一〕「高位」，諸本皆倒，據國語乙正。
〔二〕「日中」，諸本皆倒，據李鼎祚周易集解乙正。

烈，故『乾肉』也。乾金黃〔一〕，故『得黃金』。『貞』，正；『厲』，危也。變而得正，故『无咎』。」【案】噬二也。五應在二，自動之正，成乾，故「噬乾肉，得黃金」。**象曰：貞厲无咎，得當也。**【案】化之正，成乾，故「得當」。

上九：何校滅耳，凶。【注】鄭康成〔二〕曰：「坎爲『耳』。」王肅曰：「『何』，擔也。」見釋文。【案】謂三。三在坎，故「何校」。三失位，不化之正，則上之三以正之。上之三，滅坎耳，故「何校滅耳」。始何於校，終於滅耳，故「凶」。初、二本得位，化乃有「滅趾」、「滅鼻」之象，故能誡而不化，俱得「无咎」。三、上失位，勢在必化，故一則「遇毒」，一則「滅耳」，與初、二殊也。大畜「何天之衢」，鄭云：「艮爲手，手上，肩也。」此「何校」亦取象艮何坎。**象曰：何校滅耳，聰不明也。**【案】坎爲聰，離爲明，坎與離連體，故「聰明」。上之三，滅坎耳，離象在下，坎聰不見，故「聰不明」。

〔一〕「金黃」，諸本皆倒，據李鼎祚周易集解乙正。
〔二〕「鄭康成」，原作「鄭成康」，據崇文書局本、南菁書院本乙正。

䷕ 離下艮上

賁：亨，小利有攸往。【案】鄭康成曰：「『賁』，文飾也。離爲日，天文也。艮爲石，地文也。天文在下，地文在上，天地二文相飾成賁者也，猶人君以剛柔仁義之道飾成其德也。剛柔雜，仁義合，然後嘉會禮通。」虞翻曰：「泰上之乾二，乾二之坤上，柔來文剛，陰陽交，故『亨』也。『小』謂五。五失正，動得位，體離，以剛文柔，故『小利有攸往』。」

彖曰：賁，亨，柔來而文剛，故亨。分剛上而文柔，故小利有攸往，【案】純陰純陽，无文可見。物相雜，則文著。「來」謂息内。泰上无陽，五伏陽不能發，二之上，「剛上文柔」。氣以類感，五亦發而之正，故曰「分剛上而文柔，故小利有攸往」。物得氣而生，外必有以養之，而生乃遂。此五之所以必剛上文柔而始發。天文也。【注】虞翻曰：「艮爲星，離日坎月。」案：艮少陽，故爲星。春秋説題辭：「陽精爲日，日分爲星。」【案】天道陰陽，地道柔剛。以剛柔言，地文也；以陰陽言，則天文也。「分陰分陽，迭用柔剛，故易六位而成章」。文明以止，人文也。【注】虞翻曰：

「『文明』，離。『止』，艮也。」【案】人道仁義，自初至上，尊卑各異，各有其文也。「君子思不出其位」，「爲人君止於仁，爲人臣止於敬，爲人子止於孝，爲人父止於慈，與國人交止於信」。**觀乎天文，以察時變。**【注】虞翻曰：「日月星辰，爲『天文』也。」【案】「六爻相雜，唯其時物」。六畫，時也。六爻，時之變也。「物相雜，故曰文。文不當，而吉凶生焉」。故「觀天文，以察時變」。**觀乎人文，以化成天下。**【注】虞翻曰：「五、上動，成既濟。」案：文有不當，則化而財之，使成既濟，故「化成天下」也。

象曰：山下有火，賁。君子以明庶政，无敢折獄。【注】虞翻曰：「離爲『明』，坤爲『庶政』，故『明庶政』。坎爲『獄』，三在獄得正，故『无敢折獄』。噬嗑四不正，故『利用獄』。」鄭康成曰：「『折』，斷也。」見釋文。案：康誥曰：「克明德，慎罰。」曾子曰：「如得其情，則哀矜而勿喜。」所謂「无敢折獄」也。

初九：賁其趾，舍車而徒。【注】虞翻曰：「應在震，震爲足。坎爲『車』。『徒』，步行也。位在下，故『舍車而徒』。」【案】初欲進之四，故「賁其趾」。賁趾者，足容在下之禮也。初之四，乘坎車，則失位，故「舍車而徒」，謂不之四。火動而上，故始欲之四。**象曰：舍車而徒，義弗乘也。**【案】坎車，非初所宜乘。惠氏棟云：「禮，唯大夫不徒行。初爲士。尚書大傳曰：『古之命民，能敬長憐孤，取舍好讓。舉事力者，命於其君，得命然後得乘飾車駢馬。未有命者，不得乘，乘者有罰。』」

六二：賁其須。【案】「須」，須五。五正乃應，故象曰「與上興」。春秋傳曰：「寡君須矣。」張氏惠言云：「『須』，待也，待五〔一〕之正。」姚氏鼐云：「須者，所俟也。趙宣子盛服將朝，禮曰：『揖私朝，煇如也，登車則有光矣。』此人臣之賁其須。至於賓客〔二〕、會盟、祭祀，皆豫飭而須焉。」案：禮先戒宿，即所謂「須」。二欲應五，五未正位，坎險在前，故「須」。成既濟，則陰陽俱有應。三不據二，故「與上興」。**象曰：賁其須，與上興也。**【案】「上」謂五。「興」，起也。五之正，二乃應之，故「與上興」。應稱「與」也。

九三：賁如濡如，永貞吉。【案】三自賁也。在坎中，故「濡如」。「濡如」，賁貌。

〔一〕「待五」，諸本皆倒，據張惠言周易虞氏義乙正。
〔二〕「客」，諸本皆作「容」，據姚鼐惜抱軒九經説改。

三得位，德潤身也；化則失位，上來陵之，故「永貞吉」，不可化也。惠氏棟云：「坎水自潤，故『濡如』。」案：詩「六轡如濡」，箋云：「如濡，言鮮澤也。」三得位，故「濡如」。象曰：永貞之吉，終莫之陵也。【案】上失位，艮爲陵，上陵下也。三得位，上〔一〕始不得陵；三終不化，上「終莫之陵」。進禮退禮，誰得而陵之？

六四：賁如皤如，白馬翰如，匪寇，婚媾。【案】四自賁也。「皤如」，賁貌，李鼎祚云：「『皤』亦白素之貌。」謂自飾以應初也。震爲馬，五動成巽，爲白，故「白馬」。「翰如」，白貌。檀弓：「殷人尚白，戎事乘翰。」鄭彼注云：「翰，白色馬也。」引此以證，蓋禮家説也。其注易訓「翰」爲「幹」者，用易家説也。坎爲寇，初疑四也。四得位，初疑爲寇，故「舍車而徒」，不應四。陰陽德正，終相應，故「匪寇，婚媾」。象曰：六四，當位疑也。匪寇婚媾，終无尤也。【案】六四雖當位，而體坎，勢在可疑，故「當位疑」。「皤如」飾外，所以動初之疑也。太玄視次六：「素車翠蓋，維視之害。」測曰：「素

〔一〕「上」，諸本皆作「下」，據上下文義改。

車翠蓋，徒好外也。」案：「維視之害」，亦謂視之可疑。太玄準賁以疑，即此意。初、四終相應，故「終无尤」。

六五：賁于丘園，束帛戔戔，吝，終吉。【注】虞翻曰：「艮爲山，五半山，故稱『丘』。木果曰『園』。」案：「山下有火」，「賁于丘園」之象。子夏傳曰：「五匹爲束，三玄二纁，象陰陽。」見釋文。案：五匹十端，周禮謂之「五兩」。泰，天玄地黄。二之上，上之二，成賁，故「賁于丘園，束帛戔戔」也。馬融曰：「『戔戔』，委積貌。」見釋文。案：失位，故「吝」。化之正，故「終吉」。**象曰：六五之吉，有喜也。**【注】虞翻曰：「五變之陽，故『有喜』。」案：「觀乎人文，以化成天下」。賢人者，國之文、化之本也。

上九：白賁，无咎。【注】虞翻曰：「五動成巽〔一〕，在巽上，故曰『白賁』。變而得位，故『无咎』矣。」【案】「白」，素也。在賁之終，故曰「白賁」。論語曰：「禮後乎？」鄭攷工注云：「素，白采也。後布之，爲其易污也。」惠氏棟云：「上者賁之成。攷工記

〔一〕「五動成巽」，李鼎祚周易集解無。虞翻賁六五注云：「六五失正，動之成巽。」蓋姚氏約而移於此。

曰：『畫繪之事，後素功。』論語曰：『繪事後素。』」**象曰：白賁无咎，上得志也。**【注】虞翻曰：「上之正得位，體既濟，故曰『得志』。」

䷖坤下艮上

剝：不利有攸往。【注】虞翻曰：「陰消乾也。」【案】「不利有攸往」，謂上。上失位而動，則陰從而之〔一〕成坤。

象曰：剝，剝也，柔變剛也。不利有攸往，小人長也。【案】陽道不絕，故陰消陽，每一爻皆有剝義，剝落於此，復生於彼也。「柔變剛」，謂陰長消陽，陽極於上，此乾陽之九也。上剝盡爲坤，是爲化。「七日來復」，復生於下，是曰「化生」。剝上者，乾上之極，變之終也。故特曰「柔變剛」，柔來則使剛變，變則化，上剝成坤，藏養坤中，「七日來復」，是爲化生。故終盡謂之化，始息謂之化生〔二〕。**順而止之，觀象也。**君

〔一〕「而之」，倒誤。案：曹元弼周易鄭氏注箋釋所引改作「之而」。

〔二〕「生」，諸本皆脫，據上下文義補。

子尚消息盈虛，天行也。【注】虞翻曰：「坤順艮止，謂五消觀成剥，故『觀象也』。案：五止之，不使消，則猶是觀。乾息爲『盈』，坤消爲『虛』，故『君子尚消息盈虛，天行也』。案：一消一息，十二卦而周一歲，故「天行」。則『出入无疾，反復其道』，易虧巽消艮，出震息兑，盈乾虛坤。」案：此參同契納甲之義。張氏惠言云：「『易』謂乾元。」

象曰：山附於地，剥。【注】陸績曰：「艮爲『山』，坤爲『地』。」【案】「附」，説文曰：「附婁，小〔一〕山也。」陰長剥陽，上餘碩果，一陽僅存，坤地至五，艮不足稱山也，故「附於地」，剥使之然。六十四卦，唯此稱「附」。山不成山，所謂「剥，爛也」。消息之義，卦難悉知，經傳明文，可言其畧。消息出入，合而論之，消而未盡，謂之「附」，此是也。消盡從上反下，謂之「入」，「明入地中」是也。明夷上六云「初登于天，後入于地」，則其入在上下之交，所謂「天地際」也。上體盡入，則下體畢升，而三在上矣。其實入者伏焉，六爻實即三爻也。入而未散，謂之「有」，尚有也，「地中有山」、「澤中有雷」、「澤中有火」是也。散則謂之「滅」，謂之「无」，

〔一〕説文解字「小」下有「土」字。

「澤滅木」、「澤无水」是也。散〔一〕而復聚，謂之「在」，「雷在地中」、「天在山中」是也。此皆據其氣之聚者而言，非已成體，故曰「在中」。下卦者，上卦之中，初又其最中者也。故全卦之氣，聚於一爻，氣聚而復息，謂之「生」，「地中生木」是也。生而成體，謂之「有」，有於中也，「地中有水」是也。此有於中〔二〕，則彼有於外，「澤上有地」是也。有於中而達諸外，謂之「出」，「明出地上」、「雷出地奮」是也。而其義之最顯著者，莫如家人。家人「風自火出」，則當其未出，伏於下卦之下可知；其出必由下卦，亦可知矣。「出」者，對「入」之稱，非一出而即全卦俱出者也。其出有漸，以次而升，「澤上於地」、「澤上於天」、「雷上於天」是也。「上於」者，方上之稱，非驟上之謂。故需四曰「需于血，出自穴」，方出也；上曰「入于穴」，則極而反矣。「上於」者，對「入于」之稱也。既升而上，則亦曰「在」，「火在天上」、「雷在天上」是也。「在上」者，對「在中」之稱也。在上則氣動者行，「風行天上」、「風行地上」、「風行水上」是也。「天下雷行」，則行而下者也。氣靜者，亦謂之「有」，「山上有木」是也。動者，動而靜，亦曰「有」，「澤上有雷」、「澤上有風」，此既動而息，將退而未入之氣也。是故陰陽消息，一出一入，天地交則泰，不交則否。三、四者，天地之際，出入所由也。

〔一〕「也散」，原倒，據南菁書院本乙正。
〔二〕「於中」，原倒，據南菁書院本乙正。

至若「雲雷，屯」、「雷電，噬嗑」、「雷風，恒」、「風雷，益」、「雷雨作，解」、「雷電皆至，豐」，則舉兼並之氣而言；「天與水違行，訟」、「天與火，同人」、「上火下澤，睽」，則以其氣之同異言；「上天下澤，履」，則以其分之尊卑言，不以中外異，不以上下殊也。若「山下出泉」，則下卦乃由上卦而出，下卦成象，而上卦升，「坎水就下」也。水流出，則似上爲中，而下爲外矣。要知「山下出泉」，山之體非在泉上，泉之出實由山中，則仍下爲中也。若八卦則自取其本義，不以消息言。其餘稱「在上」者二，「上有」者九，「下有」者四，其義不出此數端。數有始、壯、究，卦有出入、上下、始中終。或本或末，或偏或全，據辭明義，大略可知；爲消爲息，未能細爲區別也。「天下有山」、「天下有風」皆消卦，不言中，言「下有」者，在天中者，例不言中，以地中乃天之極中也。且天下无非天中，言「下」以見天氣之上升。

上以厚下安宅。【案】陽極於上，故特言「上」，六十四卦，唯此耳。坤爲「厚」、爲「安」。艮爲「宅」。坤體在下，故「厚下」。上九「剥廬」，其宅不安，窮上反下，艮宅居坤位，故「安宅」。魏文侯曰：「下不安者，上不可居也。」新序雜事篇文。呂覽務大云：「細之安，必待大。大之安，必待小。細大賤貴〔一〕，交相爲贊，然後皆得其所樂。」惠氏棟云：「君子德輿，民所載也。民安則君安。」

〔一〕「賤貴」，諸本皆倒，據許維遹呂氏春秋集釋乙正。

初六：剥牀以足，蔑貞，凶。【注】虞翻曰：「此卦坤變乾也。動初成巽，巽木爲『牀』，復震在下爲『足』，案：姤、復通。故『剥牀以足』。『蔑』，无；『貞』，正也。失位无應，故『蔑貞凶』。震在陰下，象曰『以滅下也』。」案：陰消之卦，不得之正，故无貞凶，所謂「履霜，堅冰至」也。陰消陽，陽上窮於剥，乃反復生於下。象曰：剥牀以足，以滅下也。【案】滅初陽，故「以滅下」。

六二：剥牀〔一〕以辨，蔑貞，凶。【注】鄭康成曰：「足上稱『辨』〔二〕。謂近膝之下，屈則相近，申則相遠，故謂之『辨』。『辨』，分也。」案：説文：「釆，辨别也，象獸指爪分别也。」「辨」，疑「釆」之假借。【案】陰在二，得正。陰消之卦，陰上長消陽，不正居二，故无貞凶。「剥牀」，謂始消未成剥時，剥其當爻之陽耳。「以足」、「以辨」、「以膚」，則當爻之陽既剥，陰變成爻，氣上消不已矣。凡言「剥牀」，皆无德不能厚下者也。下不安則上危，故「以

〔一〕「剥牀」，諸本皆倒，據周易正義乙正。

〔二〕「辨」，原作「辯」，據湖海樓本周易鄭注及南菁書院本改。

足」、「以辨」、「以膚」，終至「剥廬」。君子則「厚下安宅」。象曰：剥牀以辨〔一〕，未有與也。【案】應稱「與」。陰消五，五陽未得之正，故「未有與」。艮傳云「上下敵應，不相與也」，則相應爲「與」矣。恒傳云「雷風相與」，謂陰陽應也。

六三：剥之，无咎。【案】三應上，剥上也。上剥反三得位，由三之初，息而成復，故「无咎」。象曰：剥之无咎，失上下也。【案】剥上反三，故「失上下也」。張氏惠言云：「剥窮於上，乾魂先反三，失之於上，即反於下。」

六四：剥牀以膚，凶。【注】虞翻曰：「辨上稱『膚』。以陰變陽，至四乾毁，故『剥牀以膚』。」【案】三、四交際之間，四由内達外，終必至上，故「凶」。傳曰：「剥，爛也。」潰爛者，自内達外。象曰：剥牀以膚，切近災也。【注】鄭康成曰：「『切近』，切急也。」見釋文。案：上反三，坎爲災。

六五〔二〕：貫魚，以宫人寵，无不利。【案】「魚」，陰類。「貫魚」，象陰之以次升也。

〔一〕「辨」，原作「辩」，據爻辭及南菁書院本改。
〔二〕「六五」，原作「六四」，據崇文書局本、南菁書院本改。

淮南子曰：「天之且風也，草木未動〔一〕而鳥已翔矣。其且雨也，陰噎未集而魚已噞矣。以陰陽之氣相動也。」泰族文。剥，陽剥而下，陰進而上，象魚感雨澤之氣而升也。「以」者，法「貫魚」之象，以爲宫人承事君子之道，則「寵无不利」也。鄭乾鑿度注云：「陽衰之時，若能執柔順以奉承君子，若魚之序，然後能寵无不利也。」象曰：以宫人寵，終无尤也。【案】陰陽之道，亦男女。戰乾出震，故「无尤」，消息之道然也。

上九：碩果不食，君子得輿，小人剥廬。【案】「碩」，大也。艮爲「果」。乾陽聚於上，故「碩果」。「食」讀爲「日有食之」之「食」，陰食陽也。艮以之止〔二〕，故「不食」。下五陽爲陰所消，唯上「碩果」，陰不能食，是以剥而復生。「君子」謂陽。「得」當作「德」。釋文云：「京、董作『德』。」案：虞云「乾爲德」，則虞亦作「德」。坤爲「輿」，「上以厚下安宅」，故「德輿」，謂反之三，坤民載之也。上之三，則上體純陰，艮宅不見，故「小人剥廬」。太玄夷次六：「夷于廬，其宅丘虚。」測曰：「夷于廬，厥德亡也。」小人无

〔一〕「未動」，原倒，據淮南子及南菁書院本乙正。
〔二〕「之止」，当作「止之」。

德，故「剥廬」也。象曰：君子得輿，民所載也。小人剥廬，終不可用也。【案】坤爲「民」，厚載物，故「民所載」，謂上之三，坤載之也。上降則陰長而終，陽剥而伏，故「終不可用」。此乾上之所以不可動也。

䷗ 震下坤上

復：亨。【注】鄭康成曰：「『復』，反也，還也。陰氣侵陽，陽失其位，至此始還，反起於初，故謂之『復』。」見左傳疏。虞翻曰：「剛反交初，故『亨』。」出入无疾，朋來无咎。【注】虞翻曰：「謂出震成乾，案：復震。入巽成坤。案：姤巽。坎爲『疾』，十二消息不見坎象，故『出入无疾』。」案：十二消息无坎離。坎離者，乾坤之中氣，伏藏於中者也。【案】「朋」謂陽。陽息，故「朋來无咎」。息爲來也。反復其道，七日來復。【注】鄭康成[一]曰：「建戌之月，以陽氣既盡。建亥之月，純陰

[一]「鄭康成」，原作「康成成」，據崇文書局本、南菁書院本改。

用事。至建子之月，陽氣始生。隔此純陰一卦，卦主六日七分，舉其成數言之，而云『七日來復』。」見正義序。案：孔疏云：「易緯稽覽圖云：『卦氣起中孚。』故坎、離、震、兑，各主其一方。其餘六十卦，卦有六爻，爻别主一日，凡主三百六十日。餘有五日四分日之一者，每日分爲八十分。六十卦，卦别各得七分，是每卦得六日七分也。」疏蓋用鄭義，易通以一爻當一日，皆舉成數言也。陽自剥反，復起於初，「其道」謂陽道，所謂「德之本也」。卦氣之説，詳於唐志一行議，然於卦爻配合，究屬難明，兹故闕焉，以俟知者。**利有攸往。**【注】虞翻曰：「陽息臨成乾，『小人道消，君子道長』，故『利有攸往』矣。」

象曰：復亨，剛反，動而以順行，是以出入无疾，朋來无咎。反復其道，七日來復，天行也。利有攸往，剛長也。【案】陽反於初，故「剛反」，所謂「反復其道」也。動震順坤，陽息推陰而上，故「動而以順行」。一消一息，天道周，陽復息初，故「天行也」。陽息成乾，初動之九，故「剛長」。**復，其見天地之心乎！**【注】荀爽曰：「復者，冬至之卦。陽起初九，爲天地心，萬物所始，吉凶之先，故曰『見天地之心』矣。」案：元伏初下，天地之極中也，故「見天地之心」。陽始起，未成爻，畫者也。解在贊元。

象曰：雷在地中，復。先王以至日閉關，商旅不行，后不省方。【注】宋衷曰：「自天子至公侯，不省四方之事，將以輔遂陽體，成致君道也。制之者，王者之事。奉之者，爲君之業也。故上言『先王』，而下言『后』。」案：「先王以」者，法此爲制。「后不省方」，所制典禮也。鄭康成曰：「資貨而行，曰『商』。『旅』，客也。」見釋文。虞翻曰：「『至日』，冬至之日。坤闔户，爲『閉關』。巽爲『商旅』，爲近利市三倍。姤巽伏初，故『商旅不行』。姤象曰：『后以施命誥四方。』今隱復下，故『后不省方』。」案：白虎通誅伐云：「冬至所以休兵不舉事，閉關商旅不行何？此日陽氣微弱，王者承天理物，故率天下靜，不復行役，扶助微氣，成萬物也。」

初九[一]：不遠復，无祇悔，元吉。【注】鄭康成曰：「『祇』，病也。」見釋文。案：鄭蓋以「祇」爲「疷」之假借。【案】元已伏初，故「不遠復」。「出入无疾」，故无病悔。乾元伏初，發而成乾，故「元吉」。太玄周次三：「出我入我，吉凶之魁。」測曰：「出我入我，不可不懼也。」義本此，所謂「復小而辯於物」。象曰：不遠之復，以修身也。【案】「欲

[一]「初九」，原倒，據文義乙正。

修其身者，先正其心」。伏陽發，故「修身」。孟子曰：「所以考其善不善者，豈有他哉？於己取之而已矣。」

六二：休復，吉。【案】「休」，止也。陽發至二，則陰伏，故「休」。陰休而陽復，故「吉」。二得正，伏二本位，不消陽。象曰：休復之吉，以下仁也。【案】「下仁」謂初。初元伏，故曰「仁」，善之長也。二陰以初元息乾，故「休」。

六三：頻復，厲，无咎。【注】虞翻曰：「『頻』，蹙也。三失位，故『頻復，厲』。動而之正，故『无咎』。」【案】「頻」謂陰。三，陽位。陽復至三，陰不能伏，故頻蹙而退。體乾三，故「厲」。陽至三得正，故「无咎」。復陽之生，與乾不同。乾則六畫既已成體，或言先，或言後，所謂息至二、息至三者，據位言耳；所謂陰者，虛位也。復則元始伏於初，陰氣尚盛，故多兼陰言，此其異也。象曰：頻復之厲，義无咎也。【案】陽至三，得位，故「義无咎」。

六四：中行，獨復。【案】「中行」謂四降二，從二而伏。二、四互卦。陽獨上升，故「獨復」。象曰：中行獨復，以從道也。【案】從二地道。從地道，所以奉天道也。

六五：敦復，无悔。【案】坤厚，故「敦」。五，坤中，故「敦復」。陽息至四，與五接，五有伏陽，感而遂通，得位，故「无悔」。**象曰：敦復无悔，中以自考也。**【案】「考」，稽也。伏陽在外〔一〕，故「中以自考」。仁義禮知，非由外鑠。孔子曰：「君子之道四，丘未能一焉。」此聖人之自考也，所謂「復以自知」也。

上六：迷復，凶，有災眚。【注】虞翻曰：「坤冥爲『迷』。」鄭康成曰：「異自內生曰『眚』，自外曰『祥』，害物曰『災』。」見釋文。【案】元伏於中，陰周其外，此坤上凝陽之象也。陰迷而陽復，則戰矣，故「凶」。「龍戰于野，其道窮也」，此亦窮之災也。**用行師，終有大敗，以其國君凶。**【注】荀爽曰：「坤爲衆，故『用行師』，謂上行師而距於初。陽息上升，必消羣陰，故『終有大敗』。『國君』謂初也，受命復道，當從下升。今上六行師，王誅必加，故『以其國君凶』。」案：坤爲「國」。元

〔一〕「外」，當作「中」。

者，國之君也。陰當順陽，不順陽而欲以其國君，是不用君命者也。以君者，叛君者也。**至于十年，不克征。**【注】虞翻曰：「坤爲『十年』。」【案】陰不能距陽，故「至于十年，不克征」。「十」者，陰陽之合也。雖陰陽已合，陰終不能距陽，況在陽息之時乎？**象曰：迷復之凶，反君道也。**【案】陽爲「君道」，迷則背君，故「凶」。後順得常，何凶之有？

周易姚氏學卷第七終

周易姚氏學卷第八

旌德姚配中撰

周易上經彖上傳象上傳

䷘ 震下乾上

无妄：元亨，利貞。其匪正有眚[一]，不利有攸往。【注】虞翻曰：「遯上之初，剛來交初，體乾，故『元亨』。三、四失位，故『利貞』也。案：利成既濟。『匪正』，謂上也。四已之正，上動成坎，故『有眚』。變而逆乘，『天命不祐』，故『不利有攸往』矣。」案：上窮失位，動則見滅於陰。

[一]「眚」，原作「省」，據周易正義及崇文書局本、南菁書院本改。

彖曰：无妄，剛自外來，而爲主於内，【案】「外」謂遯上，「内」謂初。陽爲陰主。**動而健，剛中而應，大亨以正，天之命也。**【注】虞翻曰：「『動』，震也。『健』〔一〕、『大亨』，謂乾。『剛中』謂五，而應二，『大亨以正』，變四承五，乾爲『天』，故曰『大亨以正，天之命也』。」【案】成既濟，「乾道變化，各正性命」，故「天之命」，所謂「至於命」也。**其匪正有眚，不利有攸往，无妄之往，何之矣？天命不祐，行矣哉！**【注】虞翻曰：「『祐』，助也。『行矣哉』，言不可行也。」【案】「无妄」則不宜妄行。上匪正而動，是處无妄之時而妄者也，故曰「无妄之往」。「之」，之匪正者也。匪正而往，何所之也？此謂上不之三而自妄動也。一陰一陽者，天之命。上失位妄行，故「天命不祐」。大有上化順乾，故「自天祐之」。

象曰：天下雷行，物與无妄。【注】虞翻曰：「『與』謂舉。『妄』，亡也。謂雷以動之，震爲反生，萬物出震，『无妄』者也。」荀九家曰：「天下雷行，陽氣普遍，无物

〔一〕「健」，諸本皆作「建」，據李鼎祚周易集解改。

不與，故曰『物與』也。物受之以生，无有災妄，故曰『物與无妄』也〔一〕。」先王以茂對時育萬物。【注】虞翻曰：「乾盈爲『茂』，艮爲『對時』，體頤養象，萬物出震，故『以茂對時育萬物』。」案：「時」，天下雷行時也。月令：「季春布德行惠，孟夏命司徒循行縣鄙，命農勉作，毋休于都。」

初九：无妄，往吉。【案】初得正，故「往吉」，謂動之爻也。象曰：无妄之往，得志也。【案】初得正，四化應初，故「得志」。

六二：不耕穫，不菑畬，則利有攸往。【注】虞翻曰：「有益，『耕』象；无坤田，故『不耕』。震爲禾稼，艮爲手，禾在手中，故稱『穫』。」鄭康成曰：「一歲曰『菑』，二歲曰『新田』，三歲曰『畬』。」見詩采芑疏。【案】耕乃有穫，菑而後畬者，常也。六二中正有應，所謂「不習无不利」者，故「不耕穫，不菑畬」。謀道不謀食，禄在其中，故「則利有攸往」，所謂「則不疑其所行」者也。「往」謂往應五。呂覽

〔一〕「也」，原作「曰」，據李鼎祚周易集解及崇文書局本、南菁書院本改。

曰：「武王以甲子至殷郊，殷已先陳矣。人爲人之所欲，己爲人之所惡，先陳何益？適令武王不耕而穫。」貴因文。案：坊記云：「禮之先幣帛也，欲民之先事而後祿也。」引此以證。注云：「言必先種之，乃得穫，若先菑，乃得畬也。安有無事而取利者乎？」彼蓋謂必耕、必菑乃可往，然後有穫、畬也。若不耕、不菑，安有穫、畬？是則凶矣。故彼「畬」下多一「凶」字。此云「則利有攸往」者，言果不耕而穫、不菑而畬，是乃「不習无〔一〕不利」者，故「則利有攸往」，言不疑其所行也。若非是，則不利矣。坊記義與此可互明。不耕不菑，非不菑耕，所謂直内方外、自立有素也，豈待欲穫始耕乎？孔子曰：「丘之禱久矣。學而優則仕。」未聞以仕學。又案：盤庚云：「若農服田力穡，乃亦有秋。惰農自安，不昏作勞，不服田畝，越其罔有黍稷。」呂覽貴當云：「有不先耕而成霸王者，古今無有。」淮南説林云：「不能耕而欲黍粱，不能織而喜采裳，無事而求其功，難矣。」太玄毅次五：「不田而穀，穀於捒祿。」測曰：「不〔二〕田而祿，食不當也。」義皆與坊記同。**象曰：不耕穫，未富也。**【案】不耕可穫，必不急於求穫，道在己也。「利有攸往」，實未往，故「未富」，言得之有道，不自妄求也。太玄失次六：「滿

〔一〕「无」，原作「元」，據南菁書院本改。
〔二〕「不」上，諸本皆衍「田」字，據太玄删。

其倉，蕪其田，食其實，不養其根。」測曰：「滿倉蕪田，不能脩本也。」義反此。

六三：无妄之災，或繫之牛。行人之得，邑人之災。【注】虞翻曰：「四動之正，坤爲『牛』，巽爲繩。」【案】四之正，成坤。上來之三，得坤牛。坤爲「邑」，「邑人」謂三伏陽。上之三，互坎，伏陽不能發，故「邑人之災」。詩曰：「中原有菽，庶民采之。螟蛉有子，蜾蠃負之。」有民而不能治，則能治者得之，此其所以災也。四化，三在坤中，則「牛」乃三自有之牛也。三伏陽未發，不能自有其有，故「或繫之」。司市：「凡得貨賄六畜者，各於其地，三日而舉之。」「或繫之牛」，蓋邑人失之，而或繫之者矣。阮籍通易論云：「有國而不收其民，有衆而不脩其器，行人得之，不亦災乎？」象曰：行人得牛，邑人災也。【案】邑人失牛，故「災」。

九四：可貞，无咎。【注】虞翻曰：「動則正，故『可貞』。承五應初，故『无咎』也。」象曰：可貞无咎，固有之也。【案】伏陰可發之正，故「固有之」。

九五：无妄之疾，勿藥有喜。【注】虞翻曰：「謂四已之正，上動體坎，坎爲疾病，故曰『无妄之疾』也。巽爲木，艮爲石，故稱『藥』矣。坎爲多眚，藥不可試，故『勿藥有喜』。」象曰：无妄之藥，不可試也。【案】動則失位，故「不可」〔一〕。

上九：无妄，行有眚，无攸利。【案】上當之三，不之三而妄行，則伏陰發，陽窮不能反。象曰：无妄之行，窮之災也。【案】陽窮於上，動則爲陰所消。

䷙ 乾下艮上

大畜：利貞。不家食，吉。利涉大川。【注】虞翻曰：「二、五失位，故『利貞』。二、五易位，成家人。今體頤養象，故『不家食，吉，養賢也』。」【案】「天在山中」，天氣下降，故「大畜」。小畜「密雲不雨，風行天上」，故「小畜」。「不家食」，不但家食也。二、五易位，成成〔二〕坎，故「利涉大川」。利物幹事，君子畜德以及人也，故「大畜，利貞。不家食，吉。利涉大川」。畜之小，但「懿文德」而已，故「密雲不雨」也。惠氏棟云：「以艮畜乾，謂之『大畜』。」

〔一〕「可」下疑脱「試」字。
〔二〕「成成」，南菁書院本作「成一」。疑當作「成互」。

象曰：大畜，剛健篤實，煇光日新，【注】虞翻曰：「『剛健』謂乾。『篤實』謂艮。二已之五，『利涉大川』，互體離坎，離爲日，故『煇光日新』也。」釋文云：「鄭以『日新』絶句。」案：虞注亦以「日新」絶句。大有「其德」連下讀，與此同。**其德剛上而尚賢。**【案】大壯初之上，故「剛上」。在上，故「尚賢」。蠱上「不事王侯，高尚其事」，致仕之賢也。「賁于丘園，束帛戔戔」，方聘之賢也。大畜，艮在乾上，傳曰「養賢」，則已致之於朝者也。蜀才云：「此本大壯卦。」李鼎祚云：「剛自初升，爲主於外。剛陽居上，尊尚〔一〕賢也。」〔二〕**能止健，大正也。不家食，吉，養賢也。**【注】虞翻曰：「『健』，乾；『止』，艮也。二、五易位，故『大正』。」案：虞又云：「舊讀言『能止健』，誤也。」是虞作「健止」。惠氏棟云：「易氣從下生，故象傳之例，先下而上。」鄭康成曰：「自九三至上九，有頤象居外，是『不家食，吉』，而『養賢』。」見表記疏。案：表記云：「事君，大言入則望大利，小言入則望小利。」引「不家食，吉」以證。注云：「言君有大畜積，不與家食

〔一〕「尚」，原作「上」，據李鼎祚周易集解改。

〔二〕「剛自初升」至「尊尚賢也」，據李鼎祚周易集解及孫堂漢魏二十一家易注，係蜀才案語，非李鼎祚案語。

之而已，必有禄賢者。賢有大小，禄有多寡。」是鄭以「不家食」爲不但家食，指養賢者言，非指賢者之家食。象〔一〕曰「養賢也」，則「不家食」指養賢者明矣。**利涉大川，應乎天也。**【注】京房曰：「謂二變五，體坎，案：二之五，化五陰爲陽。故『利涉大川』。五，天位，故『應乎天』。」

象曰：天在山中，大畜。君子以多識前言往行，以畜其德。【案】「天在山中」，艮以畜乾，故「多識」。天降時雨，山川出雲。地秉陰，竅於山川。山中之天，乃山所畜之德，興雲雨者也。是故山以天氣畜其德，而「天在山中」；君子以「前言往行」畜其德，而清明在躬，氣志如神。氣所由來，非始本卦，故曰「前」、「往」。

初九：有厲，利已。【案】初應四，之四則失位乘剛，故「有厲」。「已」，止也，謂不之四。**象曰：有厲利已，不犯災也。**【注】虞翻曰：「謂二變正，四體坎，故稱『災』也。」案：不之四，故「不犯災」。

〔一〕「象」，諸本皆作「彖」，下引「養賢也」出自彖傳，故循本書之例改。

九二：輿説輹。【案】二之五，坎爲車多眚，巽爲繩，兑爲毁折，故「輿説輹」。象曰：輿説輹，中无尤也。【案】小畜，離目不正，故「反目」。大畜，二、五之正，皆得位得中，故「中无尤」。

九三：良馬逐，利艱貞。曰閑輿衛，利有攸往。【注】虞翻曰：「乾爲『良馬』，震爲驚走，故稱『逐』也。謂二已變，三在坎中，故『利艱貞』。」【案】「曰」讀爲日。釋文云：「鄭人實反。」「閑」，闌也，防也。「日閑輿衛」，申誓禁也。兵易擾民，故閑之，乃「利有攸往」，謂得位，動之爻，防其化也。二之五時，離爲日，爲戈〔一〕兵、甲冑，故曰「輿衛」。白虎通封公侯云：「司馬主兵。不言兵，言馬者，馬，陽物，乾之所爲，行兵用焉。不以傷害爲文，故言馬也。」「良馬」者，兵之善者也。古者師過境，必申戒令，故聘禮：「過〔二〕邦假道，誓于其竟。」注云：「勅告衆士，爲其犯禮暴掠也。禮『君行師從，卿行旅從』。」「輿衛」者，從君卿之師，非有所征伐，故不曰行師。象曰：利有攸往，上合志也。【案】上

〔一〕「戈」，原作「弋」，據説卦傳及南菁書院本改。
〔二〕「過」，諸本皆作「遇」，據儀禮聘禮改。

化應三。

六四：童牛之牿，元吉。【案】「牿」，牛馬牢也。艮爲「童」，上陰未發成坤，故曰「童牛」。震爲木，艮爲木多節，牛止其中，故曰「牿」，閑之也。震爲動，防其動而失位，故止之。禮：祀天之牛，「角繭栗」，「繫於牢，芻之三月」，故「童牛之牿」。馨聞於天，天祐之，故「元吉」。「天在山中」，乾元之氣也。鄭云：「巽爲木。互體震，震爲牛之足，在艮體之中，艮爲手，持木以就足，是施梏。」又答泠剛問云：「牛无手，前足施牿。」鄭蓋以「牿」爲「梏」，義亦通。呂覽士容云：「齊有善相狗者，其鄰狗不取鼠，以告相者。相者曰：『此良狗也。其志在獐麋豕鹿，不在鼠。欲其取鼠也，則桎之。』其鄰桎其後足，狗乃取鼠。」據此，是古有桎狗之法，亦應有桎牛之法。桎後足謂之桎，則前足爲梏，審矣。晁説之云「鄭作『角』」，其亦未見周禮疏所引鄭注也。虞注「謂以木楅其角」，説文引作「僮牛之告」，義與虞同，皆畜養之義。陸云「『牿』當爲『角』」，劉氏云「『牿』之言角」，其即「觪且角」之意[一]與？象曰：

六四元吉，有喜也。【案】天祐之，故「有喜」。

〔一〕「意」，崇文書局本、南菁書院本作「義」。

六五：豶豕之牙，吉。【注】鄭康成曰：「『牙』讀爲『互』。」見釋文。案：「牙」、「互」形之誤。劉向傳：「宗族磐互。」注云：「『互』字或作『牙』。」亦形似之訛。【案】周禮牛人：「凡祭祀，共其牛牲之互。」「豶豕之互」，亦謂祭也。二、五易位，上之正，坎爲豕，易位得正，故「吉」。「豶」，幼豕也。牛用童牛，故豕用幼豕。畜之大，莫過於祭，所謂「博碩肥腯」者也。牛人注：司農云：「『互』謂楅衡之屬。」鄭云：「若今屠家縣肉格。」據先鄭義，則「豶豕之互」，亦謂閑之。據鄭義，則謂祭時陳設也。義皆可通。惠氏士奇云：「『童牛』、『豶豕』，幼小之名。爾雅：『豕子〔一〕，豬。𧲈，豶。幺，幼。』注云：『俗呼小豶豬爲𧲈子。』」

象曰：六五〔二〕之吉，有慶也。【注】虞翻曰：「五變得正，案：二之五。故『有慶也』。」

上九：何天之衢，亨。【注】鄭康成曰：「艮爲手，手上，肩也。乾爲首，首肩之閒，荷物處。乾爲天，艮爲徑路，天衢象也。人君在上，負荷天之大道。」見崔駰

〔一〕「子」，黄侃爾雅音訓云：「據郭注，則經本無『子』字。王引之以爲衍文，涉上『兔子嬎』而衍。」

〔二〕「五」，原作「四」，據周易正義及崇文書局本、南菁書院本改。

傳注及文選注。馬融曰：「四達謂之『衢』。」見釋文。象曰：何天之衢，道大行也。【案】在五上，五何之也。二之五，上化之正，陰陽通，故「亨」。賢者道所在，養賢則道行矣，故「道大行」，謂成既濟也。賢得而民得，民得而天與之矣。

䷚ 震下艮上

頤：貞吉。【注】姚信曰：「以陽養陰。」案：鄉射禮記〔一〕：「亨于堂東〔二〕北。」注云：「祖陽氣之所始也。陽氣主養。易曰：『天地養萬物，聖人養賢以及萬民。』」是鄭亦以此爲陽養陰也。上下二陽，包養四陰，互體坤，萬物致養，陽以陰養物也，所謂「地道无〔三〕成，而代有終」。【案】三、上易位，五之正，故「貞吉」。頤上下二陽，四陰在中。二、五，上下之中；三、四，互體之中，所謂中爻也。中爻皆陰象，天包地，陽極於外，盛陰在中之象。象曰「山下有雷」，則不

〔一〕「鄉射禮記」，當作「鄉飲酒禮記」。下引儀禮經文各見於鄉飲酒禮及鄉射禮，然鄭玄注獨見於鄉飲酒禮經文下。
〔二〕「東」，諸本皆作「西」，據儀禮注疏改。
〔三〕「无」，原作「元」，據坤文言傳及南菁書院本改。

取下爲上中之義。「山下有雷」，艮之下，震之上，三、四之交，乃其最中，而陽所伏也。是故六畫之卦，以下爲中者，據其自地中至天上，以一方言之，六畫引爲渾圜，則初在中。太玄周次二所謂「植中樞，周無隅」，元立於中，爻周其外也。頤以三、四之交爲中，則據渾圜之體言之，反復不衰。三、四之交，即元之所伏，天地之極中也。王肅中孚注云：「中孚之卦，外實内虛。」虞小過注云：「或説以卦象，二陽在内，四陰在外。」宋衷云：「二陽在内，上下各陰，有似飛鳥舒翮之象。」據此，是反復不衰之卦，漢魏諸儒亦以爲渾圜之象，故謂三、四爲内也。頤上止下動，亦皆外所噬之物，在三、四之交，乃爲中耳。**觀頤，自求口實。**【注】鄭康成曰：「『頤』，口車輔之名也。震動於下，艮止於上，口車動而上〔一〕，因輔嚼物以養人，故謂之『頤』。『頤』，養也。『觀頤』，觀其養賢與不肖也。頤中有物，曰『口實』。自二至五，有二坤，坤載養物，而人所食之物皆存焉。觀其求可食之物，而貪廉之情可别也。」

彖曰：頤，貞吉，養正則吉也。【注】宋衷曰：「『頤』者，所由飲食自養也。君子

〔一〕「上」，朱震漢上易傳引作「止」。案：作「止」義爲長，疑「上」爲「止」之誤。

割不正不食，況非其食乎？是故所養必得賢明，自求口實必得體宜，是謂『養正』也。」案：「養正」謂成既濟。觀頤，觀其所養也。自求口實，觀其自養也。天地養萬物，聖人養賢以及萬民。頤之時大矣哉！【案】天謂陽，地謂陰。天資始，地資生。天包乎地，物无不養。聖人則天因地，亦无所不養也。素問五運行大論：「帝曰：『地之爲下，否乎？』岐伯曰：『地爲人之下，太虚之中者也。』帝曰：『馮乎？』岐伯曰：『大氣舉之也。』」

象曰：山下有雷，頤。君子以慎言語，節飲食。【注】劉表曰：「山止於上，雷動於下，『頤』之象也。」荀爽曰：「雷爲號令，今在山下閉藏，故『慎言語』。雷動於下〔一〕，以陽食陰，艮以止之，故『節飲食』也。『言出乎身，加乎民』，故『慎言語』，所以養人也。飲食不節，殘賊羣生，故『節飲食』以養物。」案：口訣義引荀注云：「飲食失宜，患之所起。」

初九：舍爾靈龜，觀我朵頤，凶。【注】鄭康成曰：「『朵』，動也。」見釋文。案：李鼎

〔一〕「於下」，李鼎祚周易集解作「於上」，疑當作「而上」。

祚云：「『朵』，頤動下垂〔一〕之貌。」【案】「舍」，止也。「龜」，陰之老也，千歲而「靈」。爾雅：「一曰神龜，二曰靈龜。」初應四，四體艮止，互坤，故「舍爾靈龜」。「我」謂初，初體震動，故「觀我朵頤」。動化失位，故「凶」。「謀及乃心，謀及卜筮」，靈龜不用，朵頤是觀，貪求失正，无所稽疑，謂不欲四正應，而貪望其它也。**象曰：觀我朵頤，亦不足貴也。**【案】屯初「以貴下賤，大得民」，陽貴陰賤也。「觀我朵頤」，陽動而化，故「亦不足貴」。本足貴者也，動而失位，斯「亦不足貴也」矣。

六二：顛頤，拂經于丘頤，征凶。【注】王肅曰：「『拂』，違也。『經』，常也。」【案】「顛」，頂也，謂上，喻高也。二當應五，不應五而養於上，故「拂經」。高以下始，二之之上，由五失位。五艮中，故曰「丘」。「于丘頤」，言由五養之失正，故二之上，言有漸也。上非二應，二征之上，故「征凶」。柳氏興宗云：「書稱『不有康食』，『顛頤』之謂。『拂其耇長』，『拂經于丘頤』之謂。」**象曰：六二征凶，行失類也。**【案】陰與

〔一〕「動下垂」，李鼎祚周易集解作「垂下動」，疑姚氏改之。

陰爲類，言二當應五，不應五而之上，故「行失類」。

六三：拂頤，貞凶。十年勿用，无攸利。【注】虞翻曰：「坤爲『十年』。」【案】三失位，故「拂頤」。「拂頤」則凶至，凶至乃貞，故「貞凶」，所謂「正乎凶也」。方欲之正，而凶已至，尚何益乎？故「十年勿用，无攸利」，悖之甚，則挽之難也。十者，陰陽之合，既濟是也。「十年勿用」，言終勿用也。吕覽曰：「德義之緩，邪利之急，身以困窮，雖後悔之，尚將奚及？」情欲文。象曰：十年勿用，道大悖也。【案】「道」謂三，陽位養道也。拂頤大悖，故「十年勿用」。「小人之使爲國家，菑害並至，雖有善者，亦无如之何」，是以「貞凶」，由辯之不早辯也。

六四：顛頤，吉。【案】「顛」謂上，上之三，四得乘之，有應於初，故「吉」。虎視眈眈，其欲逐逐，无咎。【注】虞翻曰：「坤爲『虎』，離爲目。『逐逐』，心煩皃。」案：説文云：「眈〔一〕，視近而志遠。」【案】謂初也。初欲四「舍爾靈龜，觀我朶頤」〔二〕，

〔一〕「眈」，原脱，據説文解字及崇文書局本、南菁書院本補。
〔二〕「頤」，原作「顛」，據頤初九爻辭及南菁書院本改。

故「眈眈」、「逐逐」，喻貪暴也。上之三，成離，則初應四，故「无咎」。**象曰：顛頤之吉，上施光也。**【注】虞翻曰：「謂上已反三，成離，故『上施光也』。」案：上之三，五化之正，成既濟。

六五：拂經，居貞，吉。【注】虞翻曰：「失位，故『拂經』。」【案】二之「拂經」，實由於五，故五亦曰「拂經」。五與二爲應，五不應二而承上，是五先違常也。二以五違常，故亦應上。五之正，則二應之，故「居貞吉」。**不可涉大川。**【注】虞翻曰：「涉上成坎，乘陽无應，故『不可涉大川』矣。」案：五若之上，則上來之五，二終爲所有，故宜自正也。**象曰：居貞之吉，順以從上也。**【案】二違常，由五，五正則二仍順五，故「順以從上」，五是以「吉」也。

上九：由頤，厲吉，利涉大川。【注】虞翻曰：「『由』，自，從也。體剥居上，衆陰順承，故『由頤』。失位，故『厲』。之五，得正成坎，坎爲『大川』，故『利涉大川』。」案：此與「由豫」同。「由豫」謂四之五，「由頤」謂上之五。爻於五言「不利涉大川」，不可之上，而上可之五者，上之五，得尊位；五之上，則自失其尊位，各有宜也。五之正，則上降三。

上之五，則三化。象曰：由頤厲吉，大有慶也。【注】虞翻曰：「變陽得位，案：謂之五。故『大有慶』。」

䷛ 巽下兌上

大過：棟橈。【注】虞翻曰：「巽爲長木，稱『棟』。初、上陰柔，本末弱，故『棟橈』也。」【案】魯語曰：「不厚其棟〔一〕，不能任重。重莫如國，棟莫如德。」利有攸往，亨。【注】虞翻曰：「謂二也。失位无應，利變應五。」【案】二化，初、四易位，成既濟，故「亨」。

象曰：大過，大者過也。【注】虞翻曰：「陽稱『大』。」案：四陽之卦，不但大過。四陰之卦，不但小過。獨此二卦稱「過」者，反復不衰之卦，皆渾圜之象。頤盛陰充滿，陽將從中生，故太玄準以養，養伏陽也。大過象陽極而陰伏，陽在中四爻，故以「過」言之。小過陰在外，據二、

〔一〕「其棟」，諸本皆倒，據國語乙正。

五，故亦稱「過」。中孚則陰漸以斂，陽從中生矣。雖五陰五陽之卦，非渾圜，不言「過」。**棟橈，本末弱也。剛過而中，巽而説行，利有攸往，乃亨。大過之時大矣哉！**【案】上下陰柔，故「弱」。「中」，中四爻也。反復不衰，以渾圜言，巽亦兑也，故「巽而説行」。二之正，初、四易位，乃成既濟，陰陽通，故「乃亨」也。

象曰：澤滅木，大過。【案】「滅」，盡也。反復不衰，兑亦爲巽，故象棟。渾圜視之，上下皆兑，故「澤滅木」。**君子以獨立不懼，遯世无悶。**【案】「獨立」象棟，「遯世」象巽盡伏也。荀子曰：「天下有中，敢直其身。先王有道，敢行其意。上不循於亂世之君，下不俗於亂世之民。仁之所在无貧窮，仁之所亡无富貴。天下知之，則欲與天下同苦之〔一〕。天下不知之，則傀然獨立天地之閒而不畏，是上勇也。」性惡文。

初六：藉用白茅，无咎。【注】虞翻曰：「位在下稱『藉』。巽柔白爲『茅』。」【案】

〔一〕「同苦之」，舊本荀子同，王先謙荀子集解作「同苦樂之」，御覽人事部引作「共樂之」。王念孫讀書雜志云：「此本作『欲與天下共樂之』。上言『仁之所在无貧窮，仁之所亡无富貴』，則此言『與天下共樂之』者，謂共樂此仁也。」

藉於下不動，則失不見，故「无咎」。禮祭有茅藉，取其絜也。漢書淮陽憲王欽傳：元帝諭憲王曰：「易『藉用白茅，无咎』，言臣子之道，改過自新，絜己以承上，然後免於咎也。」象曰：藉用白茅，柔在下也。

九二：枯楊生稊，老夫得其女妻〔一〕，无不利。【注】虞翻曰：「『稊』，稺也。楊葉未舒稱『稊』。巽爲『楊』，乾爲『老』，老楊，故『枯』。兑爲雨澤，枯楊得澤復生稊。二體乾老，故稱『老夫』。『女妻』謂上兑，兑爲少女，故曰『女妻』。大過之家，『過以相與』，『老夫得其女妻』，故『无不利』。」象曰：老夫女妻，過以相與也。【注】虞翻曰：「謂二過初與五，五過上與二，獨大過之爻得過其應，故『過以相與也』。」案：張氏惠言云：「初比二，而二使之過與五。上比五，而五使之過與二。」

九三：棟橈，凶。【案】巽爲木、爲直，應在兑，爲毁折，其木曲，故「橈」。兑上陰柔，不能輔陽，三化失位體困，輔之益橈，故「凶」。漢書叙傳云：「大過之困，實橈實

〔一〕「女妻」，原倒，據周易正義及崇文書局本、南菁書院本乙正。

凶。」象曰：棟橈之凶，不可以有輔也。【注】虞翻曰：「本末弱，故『橈』。輔之益橈，故『不可以有輔』。陽以陰爲輔也。」案：太玄上次七：「升于顛臺，或柱〔一〕之材。」測曰：「升臺得〔二〕柱，輔弗堅也。」其義本此。

九四：棟隆，吉。有它，吝。【案】惠氏棟曰：「初、四易位，故『吉』。過應上則橈，故『有它吝』。非應稱『它』〔三〕。」象曰：棟隆之吉，不橈乎下也。【案】四之初，則初不弱，故「不橈乎下」。太玄毅次六：「毅于棟柱，利安大主。」測曰：「毅于棟柱，國任彊〔四〕也。」

九五：枯楊生華，老婦得其士夫，无咎无譽。【案】兑象反巽，故「枯楊」。震爲旉，五動失位，成震，故「生華」。兑爲女，乾爲老，故「老婦」，謂五也。初爲元士，二之正，艮爲少男，故曰「士夫」。詩曰：「桃之夭夭，灼灼其華。之子于歸，

〔一〕「柱」，太玄作「拄」。「柱」、「拄」通。下「柱」同。
〔二〕「得」，諸本皆脱，據太玄補。
〔三〕「非應稱它」，諸本皆作小字。詳惠棟周易述，此四字連前文皆屬惠説，非姚氏案語，故據之改爲大字。
〔四〕「彊」，諸本皆作「疆」，據太玄改。

宜其室家。」言婦人以年盛時行也。枯而生華，是狂生也。荀子曰：「危削滅亡之情舉積此矣，而求安樂，是狂生者也。狂生者，不胥時而落[一]。」君道文。五動失位，仍反其本，故「无咎」。无應於二，故「无譽」也。「老夫」、「老婦」，重昏嫁者。「士夫」、「女妻」，初昏嫁者。虞以「老婦」謂初，兹不用。二，「老夫得女妻」，謂二得上，則此「老婦得士夫」，宜謂五得初。禮：「宗子雖七十，無無主婦。」是老夫得再娶。白虎通諫諍云：「棄妻令可嫁。」是婦出得再嫁。**象曰：枯楊生華，何可久也？老婦士夫，亦可醜也。**【注】虞翻曰：「枯而生華，故不可久。」案：太玄上次四：「即上不貞，无根繁榮。」本此。

【案】五動失位，求非其偶，故「亦可醜」。

上六：過[二]涉滅頂凶，无咎。【注】虞翻曰：「兑爲水澤。『頂』[三]，首也。乾爲『頂』，頂没兑水中，故『滅頂凶』。得位，故『无咎』。」案：澤深至上，陽過於中，陰上窮不能反，莫如之何，尚何咎哉？惠氏士奇云：「後漢書趙温曰：『一爲過，再爲涉，三而弗

[一]「落」，王先謙荀子集解云：「宋台州本作『樂』，是也。」

[二]「過」下原衍「頂」字，據周易正義及崇文書局本、南菁書院本删。

[三]「頂」，原脱，據李鼎祚周易集解及南菁書院本補。

改，滅其頂，凶。』當不得不涉之時，有不容復反之勢，又有不可復反之心，君子濡迹以救時，誰得而咎焉？」步長六尺，以長爲深，則涉深六尺，『過涉』則水益深，故有『滅頂』之象。」案：太玄積次八：「積善〔一〕辰禍，維先之罪〔二〕。」測曰：「積善辰禍，非己辜也。」義本此。「過涉滅頂凶」，非己過也。**象曰：過涉之凶，不可咎也。**【案】「震无咎者，存乎悔」。頂已滅矣，不可追咎，此亦不可如何者也。

䷜ 坎下坎上

習坎：有孚。維心亨，行有尚。【注】虞翻曰：「『習』，常也。『孚』，信，謂二、五。水行往來，朝宗於海，不失其時，如月行天，故『習坎，有〔三〕孚』也。坎爲『心』。乾二、五旁行流坤，陰陽會合，故『亨』也。」【案】坎險之世，禮或不行，素位而行，

〔一〕「善」，諸本皆作「義」，據太玄改。
〔二〕「罪」，諸本皆作「害」，據太玄改。
〔三〕「有」，李鼎祚周易集解作「爲」，蓋姚氏改之。

心知禮意，則亦无於禮者之禮也。動也中矣，故「維心亨」。下坎失正，行之離上，成既濟，故「行有尚」。

彖曰：習坎，重險也。【注】虞翻曰：「兩象也，天險地險，故曰『重險也』。」**水流而不盈，行險而不失其信。**【注】荀爽曰：「陽動陰中，故『流』。陽陷陰中，故『不盈』也。」案：陽動陰靜，坎中陽，陽爲之主，故「流」。升則降而爲雨〔一〕，陽使之也。離中陰，陰爲之主，故火雖動，必有所麗，動而不離其處，陰制之也。若无所麗，則陽動而爲烟矣。「坎者，陷也」。陷則不流，精凝而成月。「離者，麗也」。麗則其動有常，精聚而爲日。月光向日而明，動於内也，雖陷而不終止，故坎獨稱「習」。陸績曰：「水性趨下，不盈溢崖岸也。月者水精，月在天，滿則虧，不盈溢之義也。」虞翻曰：「水性有常，消息與月相應，故『不失其信』矣。」**維心亨，乃以剛中也。行有尚，往有功也。**【案】「剛中」謂二、五。坎中陽，離中陰，皆伏焉者。行之離，成既濟，故「有功」。**天險，不可升也。地險，山川丘陵也。王公設險，以守其國。險之時用大矣哉！**【注】虞

〔一〕「雨」，諸本皆作「兩」，據上下文義改。

翻曰：「謂五在天位，五〔一〕從乾來，體屯難，故『天險，不可升也』。坤爲地，乾二之坤，故『地險』。艮爲『山』，坎爲『川』，半山稱『丘』，丘下稱『陵』，故曰『地險，山川丘陵也』。『王公』，大人，謂乾五。案：乾爲王，互震爲公。坤爲邦，乾二之坤，成坎險，震爲『守』，有屯難象，故『王公設險，以守其邦』〔二〕。」案：「守」，掌固注引作「固」，云：「國曰固，野曰險。」義同。

象曰：水洊至，習坎。君子以常德行，習教事。【注】陸績曰：「『洊』，再也。水再至而益通流，不舍晝夜，重重〔三〕習相隨以爲常，有似於習，故君子象之，『以常〔四〕習教事』，如水不息也。」陸績京氏易傳注云：「坎水能深陷於物，處坎之險，不可不習，故曰『習坎』。」案：坎爲水。坎，陷也。「習坎」兼二義。「水洊至」，流行不息也。水陷於坎則

〔一〕「天位五」，諸本皆作「位五天」，據李鼎祚周易集解改。

〔二〕「邦」，曹元弼周易集解補釋云：「『邦』，今本作『國』。『邦』、『國』字易中並見，蓋各家所據本異，非漢人避諱改之。」

〔三〕「重重」，朱本李鼎祚周易集解同，周本李鼎祚周易集解「重」字不重。

〔四〕曹元弼周易集解補釋云：「『常』下脱『德行』二字。」

止，洊至則雖陷而恒流動，是之謂「水洊至，習坎」。象曰：「習坎，重險也。水流而不盈，行險而不失其信。」亦以「水」、「險」並言。水不陷則橫行，有坎而水歸焉。自下生者，出於坎，井是也。自上下者，歸於坎，河海是也。故六十四卦，坎上獨加以「習」。

初六：習坎，入于坎窞，凶。【注】虞翻曰：「『習』，積也。位下，故『習』。坎爲『入』，坎中小穴稱『窞』。上无其應，初、二失正，故曰『失道凶也』。」案：「入于坎窞」，不得之正。**象曰：習坎入坎，失道凶也。**【案】「入于坎窞」，則不能行，故「失道凶」，不得之正也。君子「常德行，習教事」，習坎以濟坎者也。「習坎入坎」，則非所以濟坎，乃愈以入坎，以非賢爲賢，以非法爲法，入之愈深，出之益難矣。或說此講刑名以法陷人者也，卒自離焉，故「入坎」。曾子曰：「出乎爾者，反乎爾者也。」

九二：坎有險，求小得。【注】虞翻曰：「據陰有實，故『求小得』。」【案】「地險，山川丘陵」，二在艮山下，坎中有險，疑坎可出，陷於中，雖據陽〔一〕，終不能出。二有伏陰，故「求小得」，謂不能升離五，得自化之正也。**象曰：求小得，未出中**

〔一〕「陽」，當作「陰」。

也。【案】未能出坎，故但小得而已。

六三：來之坎坎，險且枕入于坎窞，勿用。【案】「枕」當作「沈」。釋文云：「古文作『沈』。」水性就下。三，上下之交，上卦之入由三，故「來之坎坎」。上坎來之下，與三並入坎窞，故「來之坎坎，險且沈入于坎窞」也。三當升離上，今入於初，故「勿用」。乾陽上出，故「終日乾乾」。坎水下降，故「來之坎坎」，所謂「洊至」也。離火炎上，故「兩作」。坎水就下，故「洊至」。「作」，起也。「至」，下也。三雖在艮山下，不既出坎，故亦曰「險」。象曰：來之坎坎，終无功也。【案】上來之三，三之初，俱失位，如水益深，如火益熱，亦運而已矣。

六四：樽酒簋，貳用缶。【注】虞翻曰：「震主祭器，故有『樽』、『簋』。坎爲『酒』。簋，黍稷器。三至五有頤口象。案：「三」當作「二」。震獻在中，故爲『簋』。巽〔一〕爲木，震爲足，坎酒在上，『樽酒』之象。『貳』，副也。坤爲『缶』。禮有副樽，故

〔一〕「巽」，李鼎祚周易集解作「坎」。曹元弼周易集解補釋云：「『坎』當從姚氏改爲『巽』，觀巽也。」

『貳用缶』耳。」鄭康成曰：「六四上承九五，又互體在震上，天子大臣，以王命出會諸侯，主國尊於簋，副設玄酒而用缶也。」見禮器疏。案：舍人注云：「方曰簠，圓曰簋，盛黍稷稻粱器。」疏云：「外神用瓦簋，宗廟當用木。」詩權輿疏云：「考工記『瓬人爲簋』，則簋，瓦器。易損卦注云：『離爲日，日體圓；巽爲木，木器圓，簋象。』」案：簋，有瓦，有木。虞取震象，則亦以爲木器。唯虞據祭言，鄭以饗禮言。云「尊於簋」，則簋乃用以承尊者，如舟、豐、棜、禁之類，爲承尊之器，非黍稷器矣。禮器：「五獻之尊，門外缶，門内壺。君尊瓦甒。」鄭彼注云：「『五獻』，子男之饗禮也。」引此以證。此注云「天子大臣」者，天子使於諸侯，皆使大夫，大夫視子男，禮亦宜五獻。又案：燕禮：「公尊瓦大，兩有豐。」注以「瓦大」爲「有虞氏之尊」，引禮器「君尊瓦甒」以證。則此「樽」，鄭當以爲泰尊，泰用瓦。或説「尊酒」即禮之「側尊」，「簋貳」即禮之「兩敦」。「敦」、「簋」同類，故特牲「兩敦」後又變言「簋」。一樽二簋，故象曰「剛柔際」。要之，易者，象也，觀象繫辭，不必以一時一代之禮拘也。**納約自牖，終无咎。**【注】虞翻曰：「坎爲『内』也。四陰小，故『約』。艮爲『牖』。坤爲户，艮小光照户，『牖』之象。得位承五，故『无咎』。」案：祭於室中，奠於牖下。四得位，神享之，故「无咎」，謂不之初也。**象曰：樽酒簋貳，剛柔際也。**【案】「際」，交際也。四上承五，薦鬼神，羞王公，故

「剛柔際」。釋文本無「貳」字。

九五：坎不盈，祇既平，无咎。【注】虞翻曰：「『盈』，溢也。艮爲止，謂『水流而不盈』。坎爲『平』。得位正中，故『无咎』。」鄭康成曰：「『祇』當作『坻』，小丘也。」見釋文。案：爾雅：「小沚〔一〕曰坻。」謂水中小丘可居者。坎水艮山，陽陷陰中，故不言山而言坻。五在艮上，故「既平」，謂不險也。象曰：坎不盈，中未光大也。【注】虞翻曰：「體屯五中，故『未光大也』。」案：坎雖不盈，終未出坎。

上六：係用徽纆，寘于叢棘，三歲不得，凶。【注】劉表曰：「三股爲『徽』，兩股爲『纆』，皆索名。」虞翻曰：「坎多心，故『叢棘』。」案：「棘」，赤心木。坎陽在中，堅多心，故爲「棘」。元命苞云：「人君樹棘槐〔二〕，聽訟於其下。棘，赤心有刺，言治人情者，原其心，不失赤實。」【案】此三所謂「來之坎坎」者也。上本得位，水性就下，降而之三，失位，故象曰「上六失道」。三互艮手，之正成巽繩，故三係上，「入于坎窞」，重坎之

〔一〕「沚」，諸本皆作「址」，據爾雅改。
〔二〕「樹棘槐」，諸本皆作「槐棘樹」，據春秋元命苞改。

下，故稱「叢棘」。上應在三，爲三所係，「入于坎窞」，不得復至上，故「三歲不得，凶」。**象曰：上六失道，凶三歲也。**【注】鄭康成曰：「上六乘陽，有邪惡之罪，故縛以徽纆，置於叢棘，而使公卿以下議之。其害人者，置之圜土。能復者，上罪三年而赦，中罪二年而赦，下罪一年而赦。「不得」者，不自思以得正道，終不能自改而出諸圜土者，殺，故曰『凶』。」案：本得位，故言「上六」。降失位，故「失道」。

䷝ 離下離上

離：利貞，亨。【案】上卦失正，利貞之坎，與坎下易位，故「利貞，亨」。「亨」在「利貞」之後，故知與坎下易位，言利貞在亨也。**畜牝牛，吉。**【注】荀爽曰：「牛者，土也。生土於火。離者，陰卦；牝者，陰性，故曰『畜牝牛，吉』矣。」案：離二、五，坤之中氣。虞翻曰：「『畜』，養也。坤爲『牝牛』。」

象曰：離，麗也。【注】荀爽曰：「陰麗於陽，相附麗也。亦爲別離，以陰隔陽也。離者，火也，託於木，是其附麗也；煙燄飛升，炭灰降滯，是其別離也。」**日月麗**

乎天，百穀草木麗乎土。重明以麗乎正，乃化成天下。【注】虞翻曰：「兩象，故『重明』。『正』謂五陽。」案：五伏陽。【案】離爲日，坎爲月。月不自明，受日之明。上體離，有伏坎。坎伏於内，離明於外，此日光之被月者也。離既自明，又以明坎，是謂「重明」。坎下卦離明伏，則月合朔光盡向日象也。終與坎易位，成既濟，故「乃化成天下」，謂「日月往來，一寒一暑」。柔麗乎中正，故亨。是以畜牝牛，吉也。【案】上體離與坎下易位，五降二，得「中正」，成既濟，故「亨」。二，坤元之位，是以「畜牝牛，吉」也。

象曰：明兩作，離。大人以繼明照于四方。【注】鄭康成曰：「『作』，起也。」見釋文。虞翻曰：「『兩』謂日與月也。乾五之坤，成坎。坤二之乾，成離。離坎，日月之象。」案：上有伏坎，月得日而明者也。「日往則月來，月往則日來」，故「兩作」。離稱「兩作」，坎不云「兩至」者，水流不絶，故「習坎」。日月異體，故重明麗正，明於此者，麗於彼也。藝文類聚以「黄離元吉」及此列於儲宮，蓋以爲世子之象。【案】上伏坎，月受日光〔一〕，月繼日

〔一〕「日光」，諸本皆倒，據上下文義乙正。

之象。「繼」，續也，謂反復不衰。

初九：履錯然，敬之，无咎。【案】坎三「來之坎坎」，謂上來之三，水就下也。離四「突如其來如」，謂初之四，火炎上也，故「履錯然」。之四失位，仍退居初，故「敬之，无咎」。荀子曰：「仁者必敬人。凡人非賢，則案不肖也。人賢而不敬，則是禽獸也。人不肖而不敬，則是狎虎也。禽獸則亂，狎虎則危，災及其身矣。」臣道文。「履」者，禮也。曲禮曰：「毋不敬。」董子玉英云：「春秋有經禮，有〔一〕變禮。爲而安性平心者，經禮也。至有於性雖不安，於心雖不平，於道無以易之，此變禮也。」**象曰：履錯之敬，以辟咎也。**【案】反之初，故「辟咎」，不之四也。

六二：黃離，元吉。【注】鄭康成曰：「離，南方之卦。離爲火，土託位焉。土色黃，火之子，喻子有明德，能附麗於父之道。文王之子，發、旦是也。」見文選注。【案】「元」，坤元。坤元託位於二，中央土也。離，坤之中氣，故「黃離，元吉」。

〔一〕「禮有」，諸本皆倒，據春秋繁露乙正。

象曰：黄離元吉，得中道也。【案】二得中正，故「得中道也」。

九三：日昃之離，【案】「昃」，日在西方，時側也。三應在上，上失位，化則成豐，所謂「日中則昃，月盈則食」者也。火性炎上，九三之上[一]，故「日昃之離」，麗上也。不鼓缶而歌，則大耋之嗟，凶。【注】鄭康成曰：「詩『坎其擊缶』，則樂器亦有缶。『大耋』，謂年踰七十也。」見詩宛丘疏及車鄰[二]疏。案：説文云：「缶，瓦器，秦人鼓之以節謌。」【案】四化，三互震，爲「鼓」；坤土爲「缶」，震爲樂，成賁，「文明以止」，三不之上，則「鼓缶而歌」。四未化成震艮，故「不鼓缶而歌」。「今者不樂，逝者其耋」，故「大耋之嗟」。兑口，故「嗟」。晝動之爻，陽老於九，故稱「大耋」。極則化而失位，故「凶」。曾子曰：「往而不可還者，親也。至而不可加者，年也。」韓詩外傳云。象曰：日昃之離，何可久也？【案】「日昃」，故「何可久」。

〔一〕「上」，諸本皆無，據上下文義補。
〔二〕「鄰」，原作「粼」，據毛詩注疏及南菁書院本改。

九四：突如其來如，焚如，死如，棄如。【案】「突」，突出也。「其」，其初。火性炎上，故「突如其來如」。初之四，失位，爲四所焚，故「焚如」。四互兑澤，滅離火，故「死如」。初已去其本位，不能復反，故「棄如」。此初之所以不可不敬，必慎所履也。白虎通云：「子養父母何法？法夏養長木。」荀爽對策云：「離在地爲火，在天爲日。在天者，用其精。在地者，用其形。夏則火王，其精在天，温暖之氣，養生百木，是其孝也。冬時則廢，其形在地，酷烈之氣，焚燒山林，是其不孝也。」案：火有養長之義，故鄭以「焚如」爲殺其親之罪，掌戮注又引此以證。匈奴傳如淳注與鄭同。鄭易注唯以「死如」爲殺人之刑，「棄如」，流宥之刑，與周禮注及如淳説稍異。象曰：突如其來如，无所容也。【案】初既去其本位，來之四，又无所附，爲四所棄，故「无所容」。

六五：出涕，沱若；戚嗟若，吉。【注】虞翻曰：「坎爲心，兑爲口，故『戚嗟若』。動而得正，尊麗陽，故『吉』也。」【案】離爲目，伏坎出，故「出涕」，謂成既濟也。象曰：六五之吉，離王公也。【案】「王」謂伏陽，四之正，震爲侯，位尊寵盛，故戚嗟而吉，所謂「如臨深淵，如履薄冰」者與！

上九：王用出征，有嘉折首，獲匪其醜，无咎。【案】「王」謂乾五，乾五出征坤，成離戈兵，故「王用出征」。互兑折乾首，故「有嘉折首」。功成而反，化成既濟，故「獲匪其醜，无咎」也。象曰：王用出征，以正邦也。【注】虞翻曰：「乾五出征坤，故『正邦也』。」案：乾二、五之坤，坤之乾，成坎、離。坎、離上下交，各成既濟，以陽正陰，故「以正邦也」。劉向疏云：「言美誅首惡之人，而諸不順者，皆來從也。」

周易姚氏學卷第八終

周易姚氏學卷第九

旌德姚配中撰

周易下經彖下傳象下傳

䷞ 艮下兑上

咸：亨，利貞，取女吉。【注】鄭康成曰：「『咸』，感也。艮爲山，兑爲澤，山氣下，澤氣上，二氣通而相應，以生萬物，故曰『咸』也。其於人也，嘉會禮通，和順於義，榦事能正，三十之男，有此三德，以下二十之女，正而相親説，娶之則吉也。」

【案】「山澤通氣」，氣通則初、四易位，成既濟，故「亨，利貞」。六爻正，故「取女吉」。上經首乾坤，天地也。天地之氣，以山澤通，以雷風薄，故下經首咸恒。郊特牲曰：「天地合，而後萬物興焉。夫昏禮，萬世之始也。」荀子大略云：「易之咸，見夫婦。夫婦之道，不可不正也，君臣、父子之本也。咸，感也。以高下下，以男下女，柔上而剛下。聘士之義，親迎之道，重始也。」案：士之仕，猶女之嫁，故易多以昏冓爲喻。「一與之齊，終身不改」，始不可不慎也。「漸之進也，女歸吉也」，言進有漸，如女歸，待禮備而後行也。

彖曰：咸，感也。柔上而剛下，二氣感應以相與。【注】虞翻曰：「坤三之上，成女。乾上之三，成男。乾坤氣交以相與。」案：否乾坤。鄭康成曰：「『與』，猶親也。」見釋文。**止而説，男下女，是以亨利貞，取女吉也。**【注】王肅曰：「山澤以氣通，男女以禮感。男而下女，初昏之所以爲禮也。」【案】男女有別，然後父子親；父子親，然後義生；義生然後禮作，禮作然後萬物安，故「止而説」。男子親迎，男先於女，剛柔之義也。天先乎地，君先乎臣，其義一也。**天地感而萬物化生，聖人感人心而天下和平。觀其所感，而天地萬物之情可見矣。**

【注】荀爽曰：「乾下感坤，故萬物化生於山澤。」陸績曰：「天地因山澤孔竅以通其氣，化生萬物也。」虞翻曰：「初、四易位，成既濟，坎爲『平』，故『聖人感人心而天下和平』。此『保合太和』，『品物流形』也。」案：「利貞者，性情」，故「情可見」。

象曰：山上有澤，咸。君子以虚受人。【案】「山澤通氣」，互相感應，皆以虚受者也。荀子曰：「何以知道？曰心。心何以知？曰虛壹而靜。」解蔽文。太玄增次五：「澤庳其容，衆潤攸同。」測曰：「澤庳其容，謙虛大也。」本此。

初六：咸其拇。【注】鄭康成曰：「『拇』，足大指也。」見釋文。案：艮爲指，在下，故足指。【案】四感初，初動應四，故「咸其拇」，此所謂「近取諸身」者也。呂覽曰：「人之有形體四枝，其能使之也，爲其感而必知者也。感而不知，則形體四枝不使矣。人臣亦然，號令不感，則不得而使矣。」圜道文。又曰：「形不動則精不流，精不流則氣鬱。」盡數文。又曰：「國亦有鬱。主德不通，民欲不達，此國之鬱也。」達鬱文。**象曰：咸其拇，志在外也。**【注】虞翻曰：「失位遠應，之四得正，故『志在外』。」

六二：咸其腓，凶，居吉。【注】鄭康成〔一〕曰：「『腓』，膞腸也。」案：虞艮六二注云：「巽長爲股，艮小爲腓。」説文云：「腓，脛腨也。腨，腓腸也。脛，胻也。」膝以下謂之胻。胻，小股也。【案】二與五感，動而失位，故「凶」。居二順五，故「居吉」，謂不化也。**象**

〔一〕「成」字原脱，據崇文書局本、南菁書院本補。

曰：雖凶居吉，順不害也。【案】二化失位，仍反之正，故「雖凶，居吉」。失位則害，之正順五，故「順不害」。咸，二氣相與，六爻皆動之卦也。

九三：咸其股，執其隨，往吝。【注】虞翻曰：「巽爲『股』，爲『隨』。艮爲手，故稱『執』。」【案】與上相感也。「隨」謂初、二，陰從陽，故稱「隨」。此男下女之爻也。男已下女，女當正內，男當正外。三居陽位，而執柔順之道以從上，是亦從婦者也。往而失位，故「吝」。象曰：**咸其股，亦不處也。志在隨人，所執下也。**【案】「處」，處於晝不動也。「亦」，亦初、二。初志在之四，二動而失位，皆動而不處者也。三、上相感，股動則行，故「亦不處」。執初、二陰柔之道，故「所執下」。

九四：貞吉，悔亡。憧憧往來，朋從爾思。【注】虞翻曰：「『憧憧』，懷思慮也。」【案】「貞吉，悔亡」，謂自化之正。「憧憧」謂不化，欲與初易位。易位則成既濟，六爻應，故「朋從爾思」，言皆欲之也。象曰：**貞吉悔亡，未感害也。憧憧往來，未光大也。**【注】虞翻曰：「未動之離，故『未光大也』。」【案】初、四俱失位，相感爲「感害」。四化，不與初感，故「未感害」，言自正也。初、四易位，則成既濟。尚未易位，故「未光大」，言不自正，欲與初易位也。「情僞相感，而利害生」。未與初感，故「未感害」。自之正，正也；與初易位，亦正也，所謂「同歸」。或易位，或自正，是謂「殊塗」。欲自化，爲失正也；欲易位，亦爲失正也，所謂「一致」。一則欲化，一則欲易位，是謂「百慮」。

九五：咸其脢，无悔。【注】虞翻曰：「『脢』，夾脊肉也。謂四已變，坎爲脊，故『咸其脢』。」案：五在坎中，脊也。四之正，與上夾五，脢也。「咸其脢」，謂感上。象曰「志末」，上爲末也。得正，故『无悔』。」象曰：咸其脢，志末也。【案】上爲末。繫辭傳云：「其初難知，其上易知，本末也。」大過傳云：「本末弱也。」「本」皆謂初，「末」皆謂上。

上六：咸其輔頰舌。【注】虞翻曰：「耳目之閒，稱『輔頰』。四變離〔一〕爲目，坎爲耳，兑爲口舌，故『咸其輔頰舌』。」案：説文云：「輔，頰車也。頰，面旁也。」象曰：咸其輔頰舌，縢口説也。【注】虞翻曰：「『縢』，送也。」案：釋文云：「『縢』，虞作

〔一〕「離」，李鼎祚周易集解無，蓋姚氏補之。曹元弼周易集解補釋亦云：「『變』下脱『離』字。」

『媵』。」孔疏云：「鄭作『媵』，送也。咸道極薄，徒送口舌言語相感而已，不復有志於其閒。」是鄭、虞並作「媵」。作「縢」，字之誤。表記云：「口惠而實不至，怨菑及其身，是故君子與其有諾責也，寧有已怨。」不得之三，『山澤通氣』，故『媵口説』矣。」

䷟ 巽下震上

恒：亨，无咎，利貞，利有攸往。【注】鄭康成曰：「『恒』，久也。巽爲風，震爲雷，雷風相須而養物，猶長女承長男，夫婦同心而成家，久長之道也。夫婦以嘉會禮通，故『无咎』。其能和順榦事，所行而善矣。」案：「窮則變，變則通，通則久」。「恒亨」，以亨濟恒，謂二、五易位，通在恒後也。二、五失正易位，故「亨，无咎」。利化成既濟，故「利貞」。窮變通久，終則又始，故「利有攸往」。

象曰：恒，久也。剛上而柔下，雷風相與，巽而動，剛〔一〕柔皆應，恒。【注】蜀才曰：「此本泰卦。」案：虞云「乾初之四」，謂泰初也。李鼎祚云：「六四降初，初九升四，是

〔一〕「動剛」，原倒，據周易正義及崇文書局本、南菁書院本改。

『剛上而柔下』也。」〔一〕【案】雷動風行，六爻皆應，故「相與」，言並起也。恒，亨，无咎，利貞，久於其道也。【案】重言「恒」者，恒以「亨」乃「无咎」，利之正也。得位爲道，「恒亨利貞」，故「久於其道」，通則久也。天地之道，恒久而不已也。【案】「一陰一陽之謂道」，陰陽往來，故「恒久不已」。利有攸往，終則有始也。【注】荀爽曰：「謂乾氣下，終始復升，上居四也。坤氣上，終始復降，下居初者也。」案：虞云：「泰乾坤爲天地，謂終則復始。」義與荀同。此與蠱「終則有始」同義。「有」，又也，謂否泰陰陽升降不已也。日月得天而能久照，四時變化而能久成。【案】二、五易位，初、四之正，成既濟，離日坎月，故「日月得天而能久照」。陰陽往來，一寒一暑，故「四時變化而能久成」也。聖人久於其道，而天下化成。觀其所恒，而天地萬物之情可見矣。【注】虞翻曰：「成既濟定，『乾道變化，各正性命』。」【案】「一陰一陽之謂道」，「變則通，通則久」，恒之所以貴「亨利貞」也。

象曰：雷風，恒。君子以立不易方。【案】宋衷曰：「『雷以動之，風以散之』，二

〔一〕「六四降初」至「是剛上而柔下也」，據李鼎祚周易集解及孫堂漢魏二十一家易注，係蜀才案語，非李鼎祚案語。

者常相薄而爲萬物用，故君子象之，以立身守節而不易道也。」案：「方」，道也。「久於其道」，故「立不易方」，所謂「德之固」，「一德」者也。

初六：浚恒，貞凶，无攸利。【注】虞翻曰：「『浚』，深也。初下稱『浚』，故曰『浚恒』。」【案】初失位，爲恒始，始失而求深，「差以毫釐，謬以千里」，一失而不可復挽，故「貞凶」，此亦正乎凶者也，尚何所利乎？荀子曰：「『涓涓泉〔一〕水，不雝不塞。轂已破碎，乃大其輻。事已敗矣，乃重太息』。其云益乎？」法行文。**象曰：浚恒之凶，始求深也。**【案】始失而求深，故「凶」，是以君子慎始。

九二：悔亡。【注】虞翻曰：「失位，『悔』也。動而得正，處中多譽，案：二、五易位。故『悔亡』。」**象曰：九二悔亡，能久中也。**【案】二中，升之五，亦中，故「能久中」。

九三：不恒其德，或承之羞，貞吝。【注】鄭康成曰：「巽爲進退，『不恒其德』之象。」見後漢書馬廖傳注。荀爽曰：「與初同象，欲據初，隔二；與五爲兑，欲説之，隔四，故『不恒其德』。」【案】三應在上，應上而不妄動，則「恒其德」。以陽居三，故

〔一〕「泉」，荀子法行作「源」。

曰「其德」。動而失位，求非其應，故「不恒其德」。「承」謂二。在下爲承。三動之他，則二陽來據[一]其位，三不能反，故「或承之羞，貞吝」。象曰：不恒其德，无所容也。【案】動求非應，人不應之，退而自反，位又爲二所據，故「无所容」。

九四：田无禽。【案】四應在初，初浚深，四不能獲，故「田无禽」，四失位，不能禽初也。象曰：久非其位，安得禽也？【案】「浚恒」求深，初本不應四，四處非其位，當降之初，不之初而欲獲初，初亦不應，故曰：「久非其位，安得禽？」此恒之所以貴通也。

六五：恒其德，【注】虞翻曰：「動正成乾。」案：謂自正。貞，婦人吉，夫子凶。【注】虞翻曰：「巽爲『婦』。震，乾之子，而爲巽夫，故曰『夫子』。」【案】五應二，以陰從陽，婦人從人，以順爲正，故「貞，婦人吉」，謂降二得正也。「夫子」，丈夫之稱，男位乎外，專行者也。今六五以陰從陽，震夫而從巽婦，无剛德，而婦是

[一]「來據」，諸本皆倒，據上下文義乙正。

從，故「夫子凶」，此謂不自正，不之二，居五而應二也，失位，故「凶」。「貞」，緇衣引作「偵」，注云：「問正爲偵。」與周禮注以「貞丈人」爲「問於丈人」，皆禮家説也。**象曰：婦人貞吉，從一而終也。夫子制義，從婦凶也。**【案】降二從五，故「從一而終」。郊特牲曰：「壹與之齊，終身不改。」不降二則當之正，是爲「制義」。五宜陽也，不之正而應二，故「從婦凶」。

上六：振恒，凶。【注】馬融曰：「『振』，動也。」見釋文。【案】恒惟三、上得位，不可化者，化則成未濟，六爻皆失正，故象曰「大无功」，言其動而成未濟也。公羊傳：「葵丘之會，桓公震而矜之，叛者九國。震之者何？猶曰振振然。矜之者何？猶曰莫若我〔一〕也。」**象曰：振恒在上，大无功也。**【案】初「浚恒」，四「久非其位」，皆不化；五「夫子凶」，則亦不化；五不之正，則二亦不化，此宜化者皆不化也。三「不恒其德」，則三化；上「振恒」，則亦化，成未濟，故「大无功」。基於始求深，終於振在上，以非爲是，終必以是爲非，是以君子慎始。説文引作「榰恒」，云「柱砥」。案：柱砥

〔一〕「若我」，諸本皆倒，據春秋公羊傳注疏乙正。

當在下，今反在上，是倒寘也，亦未濟反既濟之象。

䷠ 艮下乾上

遯：亨，小利貞。【注】虞翻曰：「陰消姤二也。艮爲山，巽爲入，乾爲遠，遠山入藏，故『遯』。以陰消陽，避之乃通，故遯而通。案：陰消陽，陽退以避陰害。『小』，陰，謂二，得位浸長，以柔變剛，故『小利貞』。」案：小浸長，故「利貞」，利正居二，不消陽。

彖曰：遯，亨，遯而亨也。剛〔一〕當位而應，與時行也。【注】虞翻曰：「『剛』謂五，而應二。」【案】陽遯待時乃發，故「遯而亨」。一消一息，四時成歲。君子或出或處，與時偕行也。**小利貞，浸而長也。遯之時義大矣哉！**【注】荀爽曰：「陰稱『小』，『浸而長』，則將消陽，故利正居二，與五相應也。」案：自下浸上，故「浸

〔一〕「也剛」，原倒，據周易正義及崇文書局本、南菁書院本乙正。

而長」。臨，剛浸長，故「大亨以正」。遯，陰浸長，故「小利貞」，言浸長則消陽，正而後利者也。

象曰：天下有山，遯。君子以遠小人，不惡而嚴。【案】陰方浸長，惡則必被其害，故「不惡而嚴」。「人而不仁，疾之已甚，亂也」。「不使不仁者加乎其身」。

初六：遯尾，厲，勿用有攸往。【注】陸績曰：「陰氣已至二，而初在其後，故曰『遯尾』。避難當在前，而在後，故『厲』。往則與災難會，故『勿用有攸往』。」

案：當當遯之時，處失正之位，失正而往之四，成坎災，故「勿用有攸往」。象曰：遯尾之厲，不往何災也？【注】虞翻曰：「之應成坎爲『災』，在艮宜靜，若不往於四，則无災也。」

六二：執之用黄牛之革，莫之勝説。【注】虞翻曰：「艮爲手，稱『執』。『莫』，无也。『勝』，能；『説』，解也。」【案】六爻唯二不言遯，則二乃不遯者。二不遯，固守其志，志在濟時，不使陰得消陽，所謂「小利貞」者也。「執之」，執不遯之志也。坤陰爲牛，二得中正，故「執之用黄牛之革」。止於二，不消陽，故「莫之勝説」。侯果云：「六二體艮履正，上應貴主，志在輔時，不隨物遯，獨守中直，堅如革束。執此之志，莫之勝説，則殷之父師，當此爻矣。」**象曰：執用黄牛，固志也。**【案】貞，故「固志」，謂晝不動也。

九三：係遯，有疾，厲。畜臣妾，吉。【注】虞翻曰：「『厲』，危也。巽繩爲『係』。四變，三體坎，坎爲『疾』，故『有疾，厲』。遯，陰剥陽，三消成坤，與上易位，坤爲『臣』，兑爲『妾』，上來之三，據坤應兑，故『畜臣妾，吉』也。」案：三與陰接，係不能遯，以不遯爲遯者也。宣十七年：「十有一月，壬午，公弟叔肸卒。」穀梁傳云：「其曰『公弟叔肸』，賢之也。其賢之何也？宣弑〔一〕而非之也。非之，則胡爲不去也？曰：兄弟也，何去而之？與之財，則曰我足矣。織屨而食，終身不食宣公之食。君子以是爲通恩也，以取貴乎春秋。」此所謂「係遯」也。異義謹案引此以證「諸侯無去國之義」〔二〕，亦謂不能遯也。**象曰：係遯之厲，有疾憊也。畜臣妾吉，不可大事也。**【注】鄭康成曰：「『憊』，困也。」見釋文。案：上遠於二，故「肥」。三係於二，故「憊」，不肥也。荀爽曰：「『大事』謂與五同任天下

〔一〕「弑」，諸本皆作「刺」，據春秋穀梁傳注疏改。

〔二〕「義」，諸本皆作「異」，據許慎五經異義改。

之政。潛遯之世，但可家居〔一〕畜養臣妾，不可治國之大事。」

九四：好遯，君子吉，小人否。【案】「君子好遯」，辟陰害，陽不爲陰消，遯之初，得位，故「吉」。貪於禄位，則陽爲陰消，故「否」，言不能遯也。象曰：君子好遯，小人否也。【案】陰消至三，成否，則將及四，不遯，故「否也」。

九五：嘉遯，貞吉。【注】虞翻曰：「乾爲『嘉』，剛當位應二，故『貞吉』。」案：惠氏棟云：「亨者，嘉之會。」然則此「遯而亨」者與？【案】子夏曰：「詩〔二〕之於事也，昭昭乎若日月之光明，燎燎乎如星辰之錯行，上有堯、舜之道，下有三王之義。雖居蓬户之中，彈琴以詠先王〔三〕之風，有人亦樂之，無人亦樂之，亦可以發憤忘食矣。詩曰：『衡門之下，可以棲遲。泌之洋洋，可以樂〔四〕飢。』」韓詩外傳文。此所謂「嘉遯」也。象曰：嘉遯貞吉，以正志也。【案】五得正不動，故「正志」。

〔一〕「家居」，李鼎祚周易集解作「居家」。
〔二〕「詩」，許維遹韓詩外傳集釋作「書」。
〔三〕「王」，許維遹韓詩外傳集釋作「生」。
〔四〕「樂」，許維遹韓詩外傳集釋作「療」。

上九：肥遯，无不利。【注】虞翻曰：「乾盈爲『肥』。二不及上，故『肥遯，无不利』。」【案】「二不及上」，上失位，遯而之正，故「无不利」。「肥遯」者，樂其道，无疾憊者也。禮運曰：「安之以樂，而不達於順，猶食而弗肥也。」「肥遯」則達於順。「四體既正，膚革充盈」，所謂「大順」者矣。淮南子曰：「子夏心戰而臞，得道而肥。」原道文。精神篇云：「子夏見曾子，一臞一肥。曾子問其故，曰：『出見富貴之樂而欲之，入見先王之道又説之。兩者心戰，故臞。先王之道勝，故肥。』」亦見韓非子喻老篇。韓詩外傳説閔子騫「内明於去就之義，是以有芻豢之色」，義並同「肥」。張衡思玄賦作「飛」，注引淮南九師道訓云：「遁而能飛，吉孰大焉。」案：「飛」喻无所拘係也。象曰：肥遯无不利，无所疑也。【案】失位當化，故「无所疑」。荀子曰：「志意脩則驕富貴矣，道義重則輕王公矣。」脩身文。

䷡ 乾下震上

大壯：利貞。【注】鄭康成曰：「『壯』，氣力浸强之名。」見釋文。【案】「利貞」謂五。

陽息五，則「大者正」，故「利貞」。

象曰：大壯，大者壯也。剛以動，故壯。大壯利貞，大者正也。正大而天地之情可見矣！【注】荀爽曰：「乾剛震動，陽從下升，陽氣大動，故『壯也』。」案：一消一息，陰陽往來，故「天地之情可見」。

象曰：雷在天上，大壯。君子以非禮弗履。【注】陸績曰：「天尊雷卑，君子見卑乘尊，終必消除，故象以爲戒。」【案】「非禮弗履」，君子之壯也。聘義曰：「有行之謂有義，有義之謂勇敢。故所貴於勇敢者，貴其能以立義也。所貴於立義者，貴其有行也。所貴於有行者，貴其行禮也。故所貴於勇敢者，貴其敢行禮義也。」「非禮弗履」，則敢於行禮。晏子諫篇云：「輕死以行禮，謂之勇。誅暴不避强，謂之力。故勇力之立也，以行其禮義也。」

初九：壯于趾，征凶，有孚。【案】初應四，震爲足，在下，故「壯于趾」。征之四，則失位，故「凶」。陽息之卦，四雖失位，不能即化應初，故「其孚窮」。四之正，而後「有孚」也。象曰：壯于趾，其孚窮也。

九二：貞吉。【注】虞翻曰：「變得正，故『貞吉』。」象曰：九二貞吉，以中也。

【案】二陰由中發，故「以中」，謂二伏陰也。

九三：小人用壯，君子用罔，貞厲。【注】馬融曰：「『罔』，无也。」見釋文。案：京氏傳云：「壯不可極，極則敗。物不可極，極則反。」【案】壯不可極，三動而上，則失位，故「君子用罔」，以不進爲進也。體乾三，故「貞厲」。太玄積次二：「積不用，而至于大用。」「積不用」即「用罔」之義。「非禮弗履」，君子之罔，君子之壯也。太玄務次一：「始務無方，小人亦用罔。」測曰：「始務無方，非小人所理也。」言小人不能創始，故亦「用罔」，君子則用壯也。

羝羊觸藩，羸其角。【注】荀爽曰：「三與五同功，爲兑，故曰『羊』。終始陽位，故曰『羝』。案：説文：「羝，牡羊。」「藩」謂四也。三欲觸四而危之，四反『羸其角』，『角』謂五也。」案：侯果云：「九四體震，爲竹葦，故稱『藩』也。」【案】「觸」，抵也。「藩」，籬落也。「羸」，纍也。釋文云：「鄭、虞作『纍』。」「羝」以言壯，「羊」以喻美。僖四年左傳：「專之渝，攘公之羭。」杜注：「羭，美也。」疏云：「美善之字，皆從羊，故羭爲美。」藩非出入之所，「觸藩」以喻急於進，失其正路，而「用壯」者也。震爲大塗，不取象道路而云藩，故知失其正路。雖有美道，進不以禮，徒被拘纍耳。「纍其角」，傷於壯也，故「君子用罔」。太玄夷次八：「夷其角，厲。」測曰：「夷其角，以威傷也。」義本此。**象曰：小人用壯，君子罔也。**

九四：貞吉，悔亡。藩決不羸，壯于大輿之輹。【案】「貞吉，悔亡」，謂自之正，初應之。「藩決不羸」，謂陽息也。陽由四息至五，體夬，兑爲毁折，震象不見，故「藩決不羸」。四之正，坤爲大輿，五陽正則體坎，坎、坤同體，故「壯於大輿之輹」，言安固也。「藩決不羸」，可以往矣。君子處之安，審之固，進以漸也。**象曰：藩決不羸，尚往也。**【注】虞翻曰：「謂上之五。」案：陽由四息至五。

六五：喪羊于易，无悔。【案】兑爲羊，陰在五失位，陽息五成乾，陰喪其羊，而陽得之，故「喪羊于易」。陽息得位，故「无悔」。**象曰：喪羊于易，位不當也。**【案】陰失位，故陽來據之。

上六：羝羊觸藩，不能退，不能遂，无攸利，艱則吉。【注】虞翻曰：「應在三，故『羝羊觸藩』。『遂』，進也。坎爲『艱』。」【案】三欲之上，爲四所羸，陽息之卦，三本得位，不能化之陰，故「不能退」。陽方至四，未息至上，氣未究，三不能進之九，故「不能遂」，是以无所利也。三、四交際之閒，出入所由，故有是象。若雷已出地，四陽成畫，則氣通，成既濟矣，故「艱則吉」。象曰：不能退，不能遂，不詳也。艱則吉，咎不長也。【案】「詳」，審也。不審時之可否，是以見拘，而進退不能也。陽息之時，終當升上，成既濟，故「咎不長」。詩曰：「狼疐其尾，載跋其胡。公孫碩膚，德音不瑕。」

䷢ 坤下離上

晉：康侯用錫馬蕃庶，晝日三接。【注】鄭康成曰：「『康』，尊也，廣也。」見釋文。荀爽曰：「陰性安靜，故曰『康侯』。虞云：「坤爲『康』。康，安也。」案：尊廣之，即所以安之。坤爲衆，故曰『蕃庶』矣。」虞翻曰：「離日在上，故『晝日』。三陰在下，故『三接』矣。」【案】陰進尊位，諸侯朝王之象也。諸侯朝王，王康之，故「晉，康侯」。「錫」，賜也。「錫馬」，賜之車馬。「蕃庶」，重賜无數。覲禮侯氏一日凡三接見天子，故「晝日三接」。覲禮：「天子賜侯氏以車服。路先設，西上。路下四，亞之。重賜無數，在車南。」所謂「錫馬蕃庶」也。「天子負斧依。侯氏入，奠圭，及取圭，致命，王受之玉，降拜。擯者延之，升成拜，乃出」，此一接也。「三享，侯氏升，致命。王撫玉」，二接也。「事畢，右肉袒，告聽事。王勞之」，三接也。侯果以「三接」爲「三饗」、「三問」、「三勞」等，但問、勞不必一日有三。惠氏棟讀「錫」爲「納錫」、「錫貢」之「錫」，但經云「康侯用錫馬」，與「康周公，故以賜魯也」同義。彼謂「賜魯」，則此宜謂賜諸侯，賜之所以康之，不得謂諸侯錫王也。

彖曰：晉，進也。明出地上，順而麗乎大明。【案】離日麗天，乾爲「大明」。天之明，以日月著。五陽伏陰中，故特言「大明」，謂離中有伏陽也。日之升没，非出入地中。「入地中」、「出地上」者，謂在地之明，非謂日也。日出則在地之明亦出，是謂「明出地上」。日入則在地之明亦入，是謂「明入地中」。在地之陽恒向日，故「順而麗乎大明」。日麗天，地上之明麗日。傳云「日月麗乎天」，云「日往月來，月往日來」，云「日月貞明」，云「懸象著明，莫大乎日月」。易於日月，不言出入，日亦斷无入地中之事。日月在天，據人言之，實往來，非出入。或謂爲出入者，不過以見則爲出，不見則爲入耳，非從地中出入也。「明入地中」，若非實入地中，傳斷不以假象疑人，謂月藏於坤；傳亦斷不指言入地，謂月食闇虚。闇虚者，地影，亦非地中。且明夷下體離，非坎也，謂爲日月食之象則可，謂「明入地中」之義盡於此，則未也。蓋氣之相感也，各以類應。地道剛柔，陰陽亦備。日之方升，則在地之陽亦隨日而出於地上；日之既没，則在地之陽還返入地。地氣卑，根於地，行不能遠，是以還入也。日之夕矣，氣歸於山，可得之目驗者。激燿爲電，此又明在地之最著顯者也。精不能聚，不能自明，必待日而後明，此之謂「明出地上，順而麗乎大明」。日者，天之明。地之明，麗天之明，是以日一出而天下曉。日之烈氣恒踐踐者，地氣也。地氣之出入，不可知，近取諸身，一呼一吸，非往而不還者。淮南覽冥云：「夫陽燧取火於日，方諸取露於月，掌握之中，引類於太極之上，而水火可立致者，陰陽同氣相動也。」據此以言，陽燧尚能取火日之氣，反不能引地氣乎？則在地之陽，其應日也昭然矣。以取火之術驗之，在地之陽，聚於日光之内，天地二陽交相感，復以陽燧假日光而斂之，氣聚則火生矣。離者，麗也。氣有所麗，則火出。地之陽，所謂陰中之陽也。日南至而寒，日北至而暑。日有高下，地氣向日，日下則氣平，而下陰薄於上，故寒；日高則氣直而上，故暑。寒暑不同，實由地氣，非日光異也。驗諸極南、極北之地，氣候不同，多由此耳。蓋天地之間，无非水火，所謂陰陽者，即水火也。故十二消息不見坎離，伏於陰陽内也。淮南天文云：「積陽之熱氣生火，火氣之精者爲日。積陰之寒氣爲水，水氣之精者爲月。」於易，坎者陷也，寒氣陷則聚而成水；離者麗也，熱氣麗則聚而成火。陽感陽，恒多旱。陰感陰，恒多水。陰陽相感，則四時和。日以動陽，月以動陰，日月往來，陰陽既濟，而萬物生成矣。此既濟所以爲一經之終也。柔進而上行，是以康侯用錫馬蕃庶，晝日三接也。【注】虞翻曰：「觀四之五。」案：李鼎祚云：「九五降四，六四進五，是『柔進而上行』也。」〔一〕

象曰：明出地上，晉。君子以自昭明德。【案】地上之明，隨日進，故曰「晉」。說文云：「晉，進也。日出萬物進。」引此以證。案：「萬物進」，在地者也。「日出萬物進」，地氣隨天氣也。明由地出，故「自昭明」。荀子曰：「在天者，莫明於日月。在地者，莫明於水火。在人者，莫明於禮義。故日月不高，則光暉不赫；水火不積，則暉潤不博；禮義不加於國家，則功名不白。故人之命在天，國之命在禮。」天論文。

初六：晉如摧如，貞吉，罔孚，裕无咎。【注】虞翻曰：「動得位，故『貞吉』。坤弱爲『裕』。」【案】初應在四，四互艮手，故「摧」。「摧」，排擠也。初欲之四，爲四所排，反而自正，故「貞吉」。自正无應，故「罔孚」。寬以容四，故「裕无咎」。此小人摧君子之象。象曰「獨行正」，謂初獨之四，求正位，四不欲之初，故摧之。初反而自正，四亦不應，獨則无偶，故「罔孚」。一君子不足以勝小人也，故「裕无咎」，謂容之。若疾之甚，則受小人

〔一〕「九五降四」至「是柔進而上行也」，據李鼎祚周易集解及孫堂漢魏二十一家易注，係蜀才案語，非李鼎祚案語。

之害。象曰「未受命」，「命」，君命。君子未爲君所任用，故小人得摧之，君子亦唯寬以容之耳。若三之「衆允」，則志得行矣。象曰：晉如摧如，獨行正也。裕无咎，未受命也。

【案】初獨之四，四不之初，故「獨行正」，四是以摧之也。五之正，則命初、四易位；五未之正，故「未受命」。陰陽得位謂之命。

六二：晉如愁如，貞吉，受兹介福于其王母。【注】鄭康成曰：「『愁』，變色貌。」見釋文。案：「愁」，鄭子小反，蓋讀作「愀」。說文无愀字，愀从心秋，與「愁」正同，當即「愁」字。說文云：「愁，憂也。」蓋憂在心而形於貌，後遂用以爲凡變色之字耳。「愀」、「愁」本一字。虞翻曰：「得位處中，故『貞吉』。『介』，大也。五已正，乾爲『王』，坤爲『母』。」【案】進如愀如，進而自斂其容，敬也。玉藻曰：「君子之容舒遲，見所尊者齊遬。」「禮有五經，莫重於祭。賢者之祭也，必受其福」〔一〕，故受福于王母。祭統曰：「夫祭者，非物自外至者也，自中出生於心者也。心怵而奉之以禮，是故唯賢者能盡祭之義。」此祭之「愀如」也。「福」，嘏福也。少牢禮曰：「皇尸命工祝，承

〔一〕上引「禮有」至「其福」，獨見於禮記祭統。

致多福無疆于女孝孫。」二應五，五正位，二應之，故受福。「王」，所祭之主。「母」，所配也。少牢禮曰：「以其妃配。」**象曰：受茲介福，以中正也。**【案】二得位，敬由中發，故「中正」。祭統曰：「唯賢者能備，能備然後能祭。致其誠信與其忠敬，奉之以物，道之以禮，安之以樂，參之以時，明薦之而已矣，不求其爲。」此「以中正」之謂也。

六三：衆允，悔亡。【注】虞翻曰：「坤爲『衆』。『允』，信也。三失正，與上易位，則『悔亡』，故象曰『上行也』。」【案】三欲之上，「衆允」，謂无有摧之者。**象曰：衆允之志，上行也。**

九四：晉如鼫鼠，貞厲。【注】荀九家曰：「『鼫鼠』喻貪，謂四也。體離欲升，體坎欲降。五伎皆劣，四爻當之。」案：説文云：「能飛，不能過屋；能緣，不能窮木；能游，不能渡谷；能穴，不能揜身；能走，不能先人。」【案】四互艮，爲鼠，之正亦體艮，成剥，故「貞厲」。荀子曰：「目不兩視而明，耳不兩聽而聰。螣蛇無足而飛，梧鼠五伎而窮。」勸學文。**象曰：鼫鼠貞厲，位不當也。**

六五：悔亡，失得勿恤，往吉，无不利。【注】馬融曰：「離爲矢。」見釋文。案：釋文云：「『失』，孟、馬、鄭、虞本作『矢』。」虞翻曰：「『勿』，无；『恤』，憂也。」【案】「悔亡」謂伏陽之正。「矢」喻直也。正直則得位，无憂恤，故「往吉，无不利」，謂可動之爻，化之正也。象曰：失得勿恤，往有慶也。【注】虞翻曰：「動之乾，乾爲『慶』也。」

上九：晉其角，維用伐邑，厲吉，无咎，貞吝。【注】虞翻曰：「五已變之乾，爲首，位在首上，故稱『角』。坤爲『邑』。」【案】在晉之終，无所復進，故「維用伐邑」，言但可之三也。之三得位，故「厲吉，无咎」。自化之正，體「冥豫」，則明晦，故「貞吝」。離，戈兵，故稱「伐」。象曰：維用伐邑，道未光也。【注】荀爽曰：「陽雖在上，動入『冥豫』，故『道未光也』。」案：「道未光」，故未可自正，但用之三「伐邑」而已。

䷣ 離下坤上

明夷：利艱貞。【注】虞翻曰：「『夷』，傷也。五失位，變出成坎爲『艱』，故『利艱貞』矣。」案：在地之明，春，出在地上，其出入恒在上，不在地中；至冬，入地中，火被水制，陽爲陰凝，故明傷也。

彖曰：明入地中，明夷。內文明而外柔順，以蒙大難，文王以之。【注】荀爽曰：「明在地下，爲坤所蔽，『大難』之象。」虞翻曰：「『以』，用也。『大難』謂坤。」利艱貞，晦其明也。內難而能正其志，箕子以之。【注】虞翻曰：「箕子，紂諸父，故稱『內難』。五乾天位，今化爲坤，箕子之象。坤爲『晦』，箕子正之，出五成坎體離，重明麗正，故『正其志』。」

象曰：明入地中，明夷。君子以莅衆，用晦而明。【注】虞翻曰：「坤爲『衆』，爲『晦』。離爲『明』。」【案】「明入地中」，「晦」也。「明出地上」，「明」也。一入一出，故「用晦而明」也。

初九：明夷于飛，垂其翼。君子于行，三日不食。有攸往，主人有言。【注】荀爽曰：「火性炎上，離爲飛鳥，故曰『于飛』。爲坤所抑，故曰『垂其〔一〕翼』。陽爲

〔一〕「垂其」，諸本皆倒，據爻辭及李鼎祚周易集解乙正。

『君子』。『不食』者，不得食君禄也。陽未居五，陰暗在上，陽爲〔一〕明德，恥食其禄，故『君子于行，三日不食』也。」荀九家曰：「四者初應，衆陰在上，爲『主人』也。」【案】明傷而飛，故「垂其翼」，不能飛也。「翼」以喻賢。翼垂，則賢人退。離三爻，故「三日不食」，言不應四也。「于飛」謂坤應在離，「于行」謂晝動。鳥之飛也以翼，賢臣者，君之翼也。書曰：「庶明厲翼。」又曰：「予欲左右有民，汝翼。」以臣爲羽翼也。明傷則賢人在下，故「君子于行，三日不食」。説苑尊賢云：「夫朝無賢人，猶鴻鵠之無羽翼也。」太玄彊次二：「鳳鳥于飛，修其羽。君子于辰，終莫之圉。」測曰：「鳳鳥于飛，君子得時也。」其義本此而反之。衛風：「考槃在澗，碩人之寬。」箋云：「有窮處成樂在於此澗者，形貌大人，而寬然有虛乏之色。」亦「于行不食」者也。「攸」，所也。有所往，去不善也。「觀近臣，以其所爲主；觀遠臣，以其所主」。去不善而之善，所主不可不辯也，故「主人有言」，謂初不可動而失位也。詩曰：「生芻一束，其人如玉。」箋云：「女行所舍，主人之餼雖薄，要就賢人，其德如玉然。」**象曰：君子于行，義不食也。**【注】荀爽曰：

〔一〕「爲」，李鼎祚周易集解作「有」。

「暗昧在上，有明德者，義不食禄也。」

六二：明夷，夷于左股，用拯馬壯，吉。【案】初之四，巽爲股，二應五，爲五股也。明傷，二不得應五，故傷于左股。在震下，故稱「左」。股傷則不良於行，故「用拯馬」。「拯」，舉也。馬以代勞，亦可行也。「馬」謂三，拯三之五，二得應之，故「吉」。「壯」以言亟也。呂覽曰：「夫士亦有千里。」知士文。太玄割次五：「割其股肱，喪其服馬。」測曰：「割其股肱，亡大臣也。」彼以「股肱」喻大臣，「馬」蓋喻任重强力之臣，義本此。象曰：六二之吉，順以則也。【案】三之五，二得位有應，故「順以則」。三之五，則二之四，明復出地矣。

九三：明夷于南狩，得其大首，不可疾貞。【注】李鼎祚曰：「冬獵曰『狩』。三互體〔一〕離坎，離南坎北，北主於冬，故曰『南狩』。」案：離，田漁，故「南狩」。荀九家曰：「自暗復明，當以漸次，不可卒正。」【案】「明夷于南狩」，明傷而嚮明者也。三本得位，升之五，故「得其大首」，謂五乾位也。三升由四，故「不可疾貞」。象

〔一〕「體」，李鼎祚周易集解無此字。

曰：南狩之志，乃大得也。【案】三之五，得尊位。

六四：入于左腹，獲明夷之心，于出門庭。【案】震爲「左」，坤爲「腹」，坎爲「心」，艮爲「門庭」。晉離入坤出，成明夷，互震坎，三、四交際之間，出入所由，故「入于左腹，獲明夷之心，于出門庭」。「明夷之心」，明傷之本也。國本于家，家本于身，身之脩，本於心。不能正心，則身不脩，而家國天下從之矣。「君子不出家而成教於國。一家仁，一國興仁。一人貪戾，一國作亂」。「左腹」者，尊信臣也。觀其所尊信之臣，而君心可知。吕覽曰：「觀人主也，其朝多賢，左右多忠，此所謂吉主也。」貴當文。詩曰：「維此惠君，民人所瞻。秉心宣猶，考慎其相。維彼不順，自獨俾臧。自有肺腸，俾民卒狂。」象曰：入于左腹，獲心意也。

六五：箕子之明夷，利貞。【注】馬融曰：「箕子，紂之諸父。」【案】箕子之明，謂其欲立微子，帝乙不從而立紂，故明傷。五發之正，故「利貞」。左傳昭二年疏云：「易繫辭云『易之興也，其當殷之末世』云云。鄭注云：『據此言，以易是文王所作，斷可知矣。且史傳讖緯皆言文王演易，演〔一〕謂爲其辭以演説之，易經必是文王作也。』但易之爻辭，有『箕子之明夷，利貞』，箕子明傷，乃在武王之世，文王不得言之。又云：『王用亨于岐山。』又云：『東鄰殺牛，不如西鄰之禴祭，實受其福。』二者之意，皆斥文王。若是文王作經，無容自伐其德，故先代大儒鄭衆、賈逵等或以爲卦下之彖辭，文王所作；爻下之象辭，周公所作。」又左傳序疏云：「易下繫云：『易之興，其當殷之末世，周之盛德，當文王與紂之事。』則謂易象爻彖之辭也。鄭氏據此文，以爲易是文王所作。鄭衆、賈逵、虞翻、陸績之徒，以易有『箕子之明夷』、『東鄰殺牛』，皆以爲易之爻辭，周公所作。」案：以爻辭爲周公作，其説絶無依據。孔穎達以爲不言周公，父統子業，如其説，又烏知非文王作爻辭未竟，而周公補之者？此皆肊測，不足辯。鄭據傳文，至當不易。「王用亨于岐山」等文，不足難鄭，解在當爻。至若箕子明夷，當文王時，紂爲不道，箕子仁人，不見聽用，即是明傷，安在其武王時邪？明夷一卦，著殷所以必失天下之故，爲後世戒。登天入地，不覺言之切耳。文王當紂之世，不敢斥言紂之非，云「箕子之明夷，利貞」者，非但謂箕子之道不行於紂，謂箕子欲帝乙立微子爲明，帝乙不從而立紂爲明傷也。所謂「利貞」者，即孟子「貴戚之卿易位」之義也，不得以傳有「内難」之言，遂以爻辭指武王時事也。小畜云「自我西郊」，其辭與

〔一〕「演」，諸本皆無，據春秋左傳注疏補。

「岐山」、「東、西鄰」相類，將因此而疑卦辭亦非文王作乎？上繫云：「聖人有以見天下之動。」虞注云：「重言聖人，謂文王。動謂六爻。」又：「作易者，其知盜乎？」注云：「謂文王。」又：「易之興也。」注云：「謂文王書易六爻之辭。」據虞諸注，亦以爻辭爲文王作，與鄭同。左傳序疏謂虞翻同賈逵等者，誤也。蓋彖爻辭，皆文王作，故孔子作文言傳以總釋之。文言者，文王之言也。左傳所謂「周公之德」，謂魯春秋；「周之所以王」，謂周易。周之興，本於文王也。左傳序疏云：「見春秋，知周公之德；見易象，知周之所以王。文王制此典，即是身有聖德，聖不空生，必有〔一〕天下。周室之王，文王之功，故觀其書，知周之所以得天下之由也。」**象曰：箕子之貞，明不可息也。**【案】五能自正，即成既濟。不自正，則三來據之矣。天下安危由於一人，殷之明傷，傷於帝乙不從箕子之言，五位之所關者重也。故一爻失位，卦曰「明夷」。若易位立微子，則箕子之明不傷，故曰「箕子之貞」。文王不忍殷之亡，故曰「明不可息」，言文不得已之思也。

上六：不明，晦，初登于天，後入于地。【注】虞翻曰：「應在三，離滅坤下，故『不明，晦』。晉時在上麗乾，故『登于天，照四國』。今反在下，故『後入于地』，

〔一〕「有」，春秋左傳注疏作「王」。

失其則。」案：應劭杜鄴傳〔一〕注云：「初登于天者，初爲天子，以善聞于天也。後入于地者，傷害賢〔二〕仁，佞惡在朝，必以惡終入于地也。」杜鄴云：「日食，明陽爲陰所臨，坤卦乘離，明夷之象也。」是明夷爲日食之象。象曰：初登于天，照四國也。後入于地，失則也。【案】孟子曰：「三代之得天下也，以仁。其失天下也，以不仁。」

周易姚氏學卷第九終

〔一〕「鄴傳」，原倒，據漢書及南菁書院本乙正。
〔二〕「害賢」，漢書杜鄴傳引應劭注作「賢害」。

周易姚氏學卷第十

旌德姚配中撰

周易下經彖下傳象下傳

䷤離下巽上

家人：利女貞。【注】馬融曰：「家人以女爲奥主。」【案】家人唯上失位，之正成坎，所謂「男正位乎外」。離女在内，爻俱得正，云「利女貞」者，家人繼明夷之後，所謂「傷於外者，必反其家」。外所以傷，實自家始。國之本在家，家之本在身，「不出家而成教於國」，君子先有以自反也，故傳於上獨云「反身之謂」。殷之亡，非天下亡之，所謂「亂非降自天，生自婦人」者。周之興也，歷世有賢妃之助。殷、夏之亡，皆以婦人，故特曰「利女貞」，監夏、殷以爲後世戒者也。魏志后妃傳：中郎棧潛上疏云：「在昔帝王之治天下，不惟外輔，亦由內助，治亂所由，盛衰從之，故西陵配黃，英娥降嬀，並以賢明，流芳上世。桀奔南巢，禍階末喜。紂以炮烙，怡悅妲己。是以聖哲慎立元妃，以統六宮，虔奉宗廟，陰教聿修。易曰：『家道正而天下定。』由內及外，先王之令典也。」

象曰：家人，女正位乎內，男正位乎外。男女正，天地之大義也。【案】上化成既濟，中男中女，六爻俱正。家人有嚴君焉，父母之謂也。【注】荀爽曰：「離巽之中有乾坤，故曰『父母之謂也』。」案：乾坤「相見乎離」。陰長成巽，與屯同義。【案】「家人有嚴君」，則家正矣。孝經曰：「孝莫大於嚴父。故親生之膝下，以養父母日嚴。聖人因嚴以教敬，因親以教愛。」父父，子子，兄兄，弟弟，夫夫，婦婦，而家道正，正家而天下定矣。【注】陸績曰：「聖人教先從家始，家正則天下化之，『修己以安百姓』者也。」【案】成既濟，六爻正，故「正家而天下定」。夫婦，人倫之始，王化之端也。

象曰：風自火出，家人。【注】馬融曰：「木生火。火以木爲家，故曰『家人』。火生於木，得風而盛，猶夫婦之道，相須而成。」【案】木生火者，父子也。風自火出，母子也。火性炎上，附於木，而風出焉。春秋傳曰：「晉文公，姬出也。」大戴記曰：「鳳皇生而有仁義之意，虎狼生而有貪戾之心，兩者不等，各以其母。」保傅文。此家人所以「利女貞」也。君子以言有物而行有恒。【案】風者，木之氣。木得火而風出，風出由内，故「言有物」。火有所附，明乃有常，故「行有恒」。詩曰：「天生烝民，有物有則。」

初九：閑，有家，悔亡。【注】馬融曰：「『閑』，闌也，防也。」見釋文。【案】火炎上，化則失位，故閑之，防其變也。閑則家齊，故「有家，悔亡」。象曰：閑有家，志未變也。【案】「志」謂晝，未變之爻，故防之，而有家。若已動之爻，則氣已究，火性炎上，必至於化，不可閑矣。「家人有嚴君」，乃能防於始。若有所辟，則志變。志變，則家不可齊。

六二：无攸遂，在中饋，貞吉。【注】鄭康成曰：「二爲陰爻，得正於内；五，陽爻也，得正於外，猶婦人自修正於内，丈夫修正於外。『无攸遂』，言婦人无敢自遂也。爻體離，又互體坎，火位在下，水在上，飪之象也。『饋』，酒食也。」見後漢楊震及王符傳注。案：詩：「無非無儀，唯酒食是議。」大戴本命云：「婦人者，伏於人也。是故無專制之義，有三從之道，無所敢自遂也。故令不出閨門，事在饋食之間而已。」谷永云：「臣聞三代所以隕社稷、喪宗廟者，皆由婦人與羣惡。易曰：『在中餽，無攸遂。』言婦人不得與事也。」**象曰：六二之吉，順以巽也。**【注】荀九家曰：「謂二居貞，巽順於五，則『吉』矣。」案：此合全卦言。二陰，故「順」；巽在外，故「以巽」，內順外巽也。

九三：家人嗃嗃，悔厲，吉。婦子嘻嘻，終吝。【注】鄭康成曰：「『嗃嗃』，苦熱之意。『嘻嘻』，驕佚喜笑之意。」見釋文。【案】「家人嗃嗃」，謂不化。離火應上，上「威如」，故三「嗃嗃」，喻嚴甚也。无應，故「悔厲」。得位，故「吉」。「婦子嘻嘻」，謂化也。巽爲婦，三化震爲子，相應，震笑言，故「婦子嘻嘻」。三、上俱失位，故「終吝」。**象曰：家人嗃嗃，未失也。婦子嘻嘻，失家節也。**【案】惠氏棟曰：「得位，故『未失』。動失正，故『失家節』。」

六四：富家，大吉。【注】虞翻曰：「得位應初，順五乘三，比據三陽，故曰『富家，大吉』。」**象曰：富家大吉，順在位也。**【注】虞翻曰：「謂順於五也。」案：順五得位。

九五：王假有家，勿恤，吉。【注】陸績曰：「『假』，大也。五得尊位，據四應二，以天下爲家，故曰『王大有家』。」【案】成既濟，六爻相應，故「勿恤，吉」也。象曰：王假有家，交相愛也。【案】相應，故「交相愛」；相愛，故大有家。孟子曰：「樂民之樂者，民亦樂其樂。憂民之憂者，民亦憂其憂。」賈子曰：「禮，天子愛天下，諸侯愛境内，大夫愛官屬，士庶各愛其家。失愛不仁，過愛不義。故禮者，所以守尊卑之經、强弱之稱者也。」禮篇文。「交相愛」，亦愛之以禮而已。

上九：有孚威如，終吉。【案】不孚而威，非也，故「有孚威如，終吉」。化之正，相應，故「有孚」。正則敬心生，故「威如」。居一卦之終，正則六爻俱正，故「終吉」也。象曰：威如之吉，反身之謂也。【案】化之正，以陰居陰，故「反身之謂」。詩曰：「弗躬弗親，庶民弗信。」月令曰：「以道教民，必躬親之。」孔子曰：「得之於身者，得之人。失之於身者，失之人。不出於門户而天下治者，其唯知反於己身者乎！」吕覽先己文。

䷥ 兑下離上

睽：小事吉。【注】鄭康成曰：「『睽』，乖也。火欲上，澤欲下，猶人同居而異志也，故謂之『睽』。」虞翻曰：「『小』謂五，陰稱『小』，得中應剛，故『吉』。」

彖曰：睽，火動而上，澤動而下，二女同居，其志不同行。【注】虞翻曰：「離火炎上，澤水潤下也。『二女』，離、兑也。離上兑下。」説而麗乎明，柔進而上行，得中而應乎剛，是以小事吉。【注】虞翻曰：「『説』，兑；『麗』，離。『明』謂乾。『柔』謂五，應乾五伏陽，非應二也，與鼎五同義也。」荀爽曰：「『小事』，臣事也。百官異體，四民殊業，故睽而不同。『剛』者，君也。柔得其中而應於君，故言『小事吉』也。」【案】「山澤通氣」，天在山中，天氣通於下。説而麗明，地氣出於澤，得日而麗，以上升於天。天之氣自升降，地之氣必麗乃得升。陰不專行，從陽乃行也。天地睽而其事同也，男女睽而其志通也，萬物睽而其事類也。睽之時用大矣哉！【案】初化成未濟，陰陽錯居，陰下有伏陽，陽下有伏陰，異而同者也。

象曰：上火下澤，睽。君子以同而異。【注】荀爽曰：「火性炎上，澤性潤下，故曰『睽』也。」【案】共成一卦，故「同」。火上澤下，故「異」。

初九：悔亡，喪馬勿逐，自復。【注】虞翻曰：「无應，『悔』也。四動得位，故『悔亡』。應在於坎，坎爲『馬』，四失位，之正入坤，坎象不見，故『喪馬』。四動震馬來，故『勿逐，自復』也。」案：初之四，失位，故「勿逐」。四伏陰，自發之正，應初，故「自復」。

見惡人，无咎。【案】「惡人」謂四，初應在四，不得不見，故「見惡人，无咎」。離爲「見」。象曰：見惡人，以辟咎也。【案】禮在當見，不見則失禮，致惡人之害，故「見惡人，以辟咎」。後漢陳寔〔一〕獨弔張讓父喪，黨人之誅，多所全宥，明於「見惡人」之義也。「人而不仁，疾之已甚，亂也」。

九二：遇主于巷，无咎。【注】虞翻曰：「二動，案：二、五易位。體震，爲大塗，艮爲徑路，大塗而有徑路，故稱『巷』。」【案】二升五降，二、五相遇。「巷」喻道也。得

〔一〕「陳寔」，諸本皆作「陳實」，據後漢書改。案：段玉裁說文解字注云：「『實』、『寔』音義皆殊。由趙魏之閒實、寔同聲，故相叚借耳。」

位，故「无咎」。象曰：遇主于巷，未失道也。【案】升降各當，故「未失道」。

六三：見輿曳，其牛掣，其人天且劓，无初有終。【注】虞翻曰：「離爲『見』，坎爲車、爲『曳』，故『見輿曳』。四動坤爲『牛』，牛角一低一仰，故稱『掣』。離上而坎下，『其牛掣』也。案：「掣」，説文引作「觢」。「掣」蓋假借字。黥額爲『天』，割鼻爲『劓』。兑，刑人。故『其人天且劓』。」案：柳氏興宗云：「『天』謂天疾。昭二十年穀梁傳云：『有天疾者，不得入乎宗廟。』大戴本命云：『女有五不取。世有刑人不取，爲其棄於人。世有惡疾不取，爲其棄於天。』『天且劓』，則既棄於天，復棄於人者。巧言云：『既微且尰，爾勇伊何！』亦言天棄之也。」【案】「見」，三見之也。「其」，其四也。「輿」，大器重任也。「輿曳」，必其牛不善，乃其牛則掣也。角以正爲善，掣則不善矣。任器者，不勝也。牛不善，必其人不善，乃其人則「天且劓」也。人如此，而牛又掣，輿鮮有不曳者，失其所以御也。詩曰：「無棄爾輔，員于爾輻。屢顧爾僕，不輸爾載。終踰絶險。」見之而以爲戒，故「无初有終」。周書曰：「前車覆，後車戒。」説苑善説篇文。荀子曰：「知不用愚者謀。前車已覆，後未知更，覺何時？」成相文。此蓋文王見紂所信任者，小大之臣，咸非吉士，欲其知所監而善厥終，所謂「殷監不遠，在夏后之世」者與？太玄更次八：「駟馬跙跙，而更其御。」測曰：「駟馬跙跙，更御乃良也。」義本此。又闕〔一〕次八：「輔其折，盧其缺，其人暉且偈。」其人暉偈，故能輔折盧缺。亦本此，而反之也。韓非子外儲説云：「國者，君之車也；勢者，君之馬也。無術以御之，身雖勞，猶不免亂；有術以御之，身處佚樂之地，又致帝王之功也。」又難勢云：「以國位爲車，以勢爲馬，以〔二〕號令爲轡，以刑罰爲鞭筴。使堯、舜御之，則天下治；桀、紂御之，則天下亂，則賢不肖相去遠矣。夫欲追速致遠，不知任王良；欲進利除害，不知任賢能，此則不知類之患也。夫堯、舜，亦治民之王良也。」**象曰：見輿曳，位不當也。无初有終，遇剛也。**【案】三失位，與四互坎，「見輿曳」，恐其從四，危之也。上來之三，三遇之，得以自正，故「无初有終」。

九四：睽孤，遇元夫，交孚，厲，无咎。【注】虞翻曰：「震爲『元夫』，謂二已變，動而應震，故『遇元夫』也。」【案】火上澤下，不相應，故「睽孤」。四之正相應，故

〔一〕「闕」，原作「閨」，據太玄改。

〔二〕「以」，諸本皆作「爲」，據商務本及韓非子改。

「交孚，厲，无咎」。四剛而不中，本有「厲」者。象曰：交孚无咎，志行也。

【案】相應，故「志行」。

六五：悔亡，厥宗噬膚，往何咎？【注】虞翻曰：「二動體噬嗑，故曰『噬』。」【案】「悔亡」，謂二、五之正。「厥宗噬膚」，謂五之二。「涣」者，散也，散則廟以聚之。「睽」者，乖也，乖則宗以聯之。此睽而復合者也。「噬膚」謂二宜陰，五之二也。坊記曰：「因其酒肉，聚其宗族，以教民睦也。」在睽之卦，疑往而不合，故明言「往何咎」。「厥宗噬膚」，則疏者親，散者聚矣。此宗法之所由立也。太玄親次八：「胏附乾餱，其榦已良，君子攸行。」義本此。特牲禮疏引書傳：「天子有事，諸侯皆侍。宗室有事，族人皆侍終日。大宗已侍於賓奠，然後燕私。」蓋自天子及士，祭畢皆有噬膚之事，所以親親也。睽言宗，涣立廟，皆使之聚也。象曰：厥宗噬膚，往有慶也。【案】五往之二，則二來慶五。詩曰：「爾殽既將，莫怨〔一〕具慶。」

上九：睽孤，見豕負塗，載鬼一車。【注】虞翻曰：「離爲『見』。坎爲『豕』、爲雨。

〔一〕「怨」，諸本皆作「遠」，據毛詩注疏改。

四變時，坤爲土。土得雨，爲泥塗。四動艮爲背，豕背有泥，故『見豕負塗』矣。」【案】「見」，上見四也。共在上體，故上見之。「豕」喻躁，「塗」喻不絜。詩曰：「維此良人，作爲式穀。維彼不順，征以中垢。」躁動污穢，是匪人也，故「載鬼一車」。七、八謂之神，九、六謂之鬼。鬼，遊魂也。荀子曰：「惡之如鬼。」王霸篇文。三之上，爲四所隔，故三欲之上，先見四，幾從四而不之上，故「无初」。上欲之三，亦先見四，三、四互坎，四爲惡人，疑三類四，故先亦張弧待三，因四疑三也。太玄疑次七：「鬼魂疑。」測曰：「鬼魂之疑，誠不可信也。」「載鬼一車」，疑使之然。太玄義本此。**先張之弧，後説之弧，匪寇婚媾，往遇雨則吉。**【注】虞翻曰：「坎爲『弧』，離爲矢，張弓之象也。『匪』，非。坎爲『寇』。之三歷坎，故『匪寇』。陰陽相應，故『婚媾』。三在坎下，故『遇雨』。與上易位，坎象不見，各得其正，故『則吉』也。」【案】疑三，故「先張之弧」，以爲寇也。三、上相應，故「後説之弧」。三、上易位，坎離不見，故説弧。乖離之卦，彼此不孚，故每動疑生也。往與三遇，故「遇雨」。乖離之卦，應不相應，乖戾氣消，卒然而合，故皆言遇，如不期而遇者焉。**象曰：遇雨之吉，羣疑亡也。**【案】「疑」，上下相疑也。火亢於上，澤涸於下，上降遇雨，坎離復交，陰陽和，睽者合矣，故「羣疑亡」。

䷦ 艮下坎上

蹇：利西南，不利東北。【案】西兑，南離，西南坤也。水蹇於山，還反地上，之坤五成比，得地而流，故「利西南」。東震，北坎，東北艮也。之艮則仍是蹇，故「不利東北」。六十四卦相受，或以旁通，反復不衰之卦是也；或反復而又旁通，否泰是也；其餘皆反復相受，各以兩卦爲一偶。唯蹇既與解反，復又與睽旁通，易例至此一變，著殷、周革易之由也。故六爻多往來迭見，與他卦不同。蹇六爻唯初失正，餘皆得位，其所以蹇，實於本卦无與，皆睽使之然也。「西南」即謂睽，睽，離兑之卦也。殷紂乖離，周得有之，五據坤成比，建萬邦，親諸侯，周所以王也。「東北」即謂蹇，蹇卦全化則成睽，此紂所以失天下之由也。故爻多往來並稱，此失彼得，卦象交呈，故與他卦不同。他卦亦有旁通，不如此之著也。**利見大人，貞吉。**【注】虞翻曰：「離爲『見』，『大人』謂五，二得位應五，故『利見大人』。五當位正邦，故『貞吉』也。」案：初之正，成既濟。

象曰：蹇，難也，險在前也。見險而能止，知矣哉！蹇利西南，往得中也。不利東北，其道窮也。【注】虞翻曰：「離『見』坎『險』，艮爲『止』。」荀爽曰：「『西南』謂坤，乾動往居坤五，故『得中也』。」案：坎五即乾居坤五成比者也。險在前，見險而止，止而往西南，故云「利西南」。「利西南」，在蹇後。惠氏棟云：「升二之五。」張氏惠言云：「乾五當使三之復二成睽。」非是。東北，艮也。艮在坎下，見險而止，故「其道窮也」。利見大人，往有功也。當位貞吉，以正邦也。蹇之時用大矣哉！【注】虞翻曰：「『大人』謂五，五多功，故『往有功也』。」荀爽曰：「謂五當尊位，羣陰順從，故能『正邦』。」案：「正邦」謂成既濟。

象曰：山上有水，蹇。君子以反身修德。【注】陸績曰：「水在山上，失流通之性。水本應山下，今在山上，終應反下，故曰『反身』。」見孔疏。【案】坎水反下，則在地上。山之下，地之上，則蹇之初也。蹇初失正，故「反身」，謂成既濟也。睽六爻唯初得正，初化則成未濟。蹇唯初失正，初化即成既濟。此睽、蹇之殊也。然睽初得正，其本正也。聖人處此，本正事舉，睽化成既濟。蹇初失正，本先撥也，本不正而順以往，斯成未濟矣。「反身修德」，慎在始也。商之天下，流風善政猶有存者，紂一失而莫挽。本於身，及於家，睽於天下，此爻所云「往蹇」者也。乖必有難，難者，乖爲之，於蹇得位之爻實无與。爻所云「往蹇」，皆謂睽，紂由蹇而成睽也。所云「來」，謂睽化來之蹇初，終化成既濟，象周定殷亂也。

初六：往蹇，來譽。【案】睽化成蹇，蹇化成睽，一往一來，互相因也。「往蹇」謂成乖難，言睽也。「來譽」，自睽化來也。睽而復合，非失之過，即失之不及，然不害其爲合也。故雖失正，而「來譽」。**象曰：往蹇來譽，宜待也。**【案】待時也。釋文作「宜待時也」。時至則初自化，既濟成矣。

六二：王臣蹇蹇，匪躬之故。【案】「王」謂五，「臣」謂二，文之君臣，皆王臣也。文王蒙大難，蹇也；四臣從之，亦蹇，故「王臣蹇蹇」。二得正應五，文王蒙難，非文君臣之故，乃紂之乖睽也，故「匪躬之故」。**象曰：王臣蹇蹇，終无尤也。**【案】二、五皆正，終能濟難，成既濟，故「終无尤」。

九三：往蹇，來反。【案】往失位，成睽難，故「往蹇」，喻紂囚文王也。「來反」，由睽來反之正，喻文王反國也。**象曰：往蹇來反，内喜之也。**【案】反來得位，陰得承陽，故「内喜之」，喻文王臣民也。

六四：往蹇，來連。【案】「連」，連及初也。四應在初，初亦之正，故「來連」，喻文王蒙難而歸，天下叛紂歸周也。象曰：往蹇來連，當位實也。【案】陽稱「實」，四當位，初化應之，故「當位實」。

九五：大蹇，朋來。【案】「大蹇」謂睽五，喻紂失道日甚也。「朋來」謂三分天下有其二。象曰：大蹇朋來，以中節也。【案】五居中處正，上下應之，故「朋來」。以服事殷，不敢失臣節也，故曰「以中節」。諸侯歸周，臣於周也，謂之爲「朋」，不敢臣也，以服事殷，是爲「中節」。

上六：往蹇，來碩，吉，利見大人。【注】虞翻曰：「離爲『見』，『大人』謂五。」【案】「碩」，大也。往而遇難，來復自修，大其德也。「反身修德」，不敢尤人，故「吉」。「利見大人」，喻文之小心翼翼，事君終臣節也。象曰：往蹇來碩，志在内也。利見大人，以從貴也。【案】「反身修德」，初化之正，故「志在内」。紂雖不道，以服事殷，文王視之，猶聖主也，故「利見大人，以從貴」，從君也。孟子曰：「王庶幾改之，予日望之。」文王之心亦猶是也。詩序：「采薇，遣戍役也。文王之時，西有昆夷之患，北有玁狁之難。以天子之命，命將率遣戍役，以守衛中國。」箋云：「天子，殷王也。西伯以殷王之命，命其屬爲將率。」出車：「我出我車。」箋云：「西伯以天子之命，出我戎車於所〔一〕牧之地。」詩諸所稱「天子」及「王」，與易「利見大人」，皆尊王也。故孔子曰：「周之德，其可謂至德也已矣。」

䷧ 坎下震上

解：利西南。【案】「西南」謂坤。震動雨施，水流就下，流入坤中，水行地中，故「利西南」。**无所往，其來復，吉。**【案】謂五。震從下起，五先本居二，初動，二隨之升五，雷雨已作，无所復往，當仍反於下，故「无所往，其來復，吉」，謂來復之二，得中正也。此蓋喻紂政刑失所，當反之正，若猶是暴虐，將何往哉？**有攸往，夙吉。**【注】虞翻曰：「謂二也。『夙』，早也。」【案】坎降爲雨，二本自五來，今還升五，復其本位，故「夙吉」。此喻殷先澤猶存，反正，難斯解也。陰陽升

〔一〕「所」，諸本皆脱，據毛詩注疏補。

降，往復不留，故雷雨稱「作」，不分上下體者也。「山上有水」，即坎雲從山出入之象。不言雲者，繼睽之後，義取蹇難也。彼言「水」，以見當下。此言「雨」，已降者也。

彖曰：解，險以動，動而免乎險，解。解利西南，往得衆也。其來復吉，乃得中也。【注】虞翻曰：「『險』坎『動』震。解，二月，『雷以動之，雨以潤之』，物咸孚甲，萬物生震，震出險上，故『免乎險』也。」荀爽曰：「乾動之坤，而『得衆』。」【案】五非陰位，來之二，乃爲得中，故「其來復吉，乃得中也」。**有攸往，夙吉，往有功也。**【注】荀爽曰：「五位无陽[一]，二陽又卑，往居之者，則『吉』。據五解難，故『有功也』。」**天地解而雷雨作，雷雨作而百果草木皆甲坼。解之時大矣哉！**【注】荀爽曰：「乾坤交通，動而成解，坎下震上，故『雷雨作』也。案：冬陰凝閉，則雲雷屯。仲春之月，草木萌芽，『雷以動之，雨以潤之，日以烜之』，故『甲坼』也。」案：震爲反生，戴甲出土，是爲「甲坼」。鄭康成曰：「木實曰『果』。」見文選注。

象曰：雷雨作，解。君子以赦過宥罪。【案】月令：「仲春之月，始雨水，雷乃發

[一]「陽」，李鼎祚周易集解作「君」。

聲。是月也，安萌芽，養幼少，存諸孤。命有司省囹圄，去桎梏，無肆掠，止獄訟。」

初六：无咎。【案】失位，咎也。雷雨交作之卦，初非極下，上非極上，雷上雨下，同時同位者也。象曰：剛柔之際，義无咎也。【案】雷雨交作，初非定象，非失位者也。泰三：「无往不復，天地際也。」謂交際。否泰，反復也。此「剛柔之際」，亦謂雷雨一上一下，故「義无咎」。先言「剛柔之際」，明初非定位也。

九二：田獲三狐，得黄矢，貞吉。【注】虞翻曰：「二稱『田』。田，獵也。坎爲弓，離爲『黄矢』。之正得中，故『貞吉』也。」案：之正謂升五。【案】坎爲狐。未濟：「小狐汔濟。」干寶云：「坎爲狐。」案：説文云：「狐，祅獸，鬼所乘。」坎，隱伏，故爲狐。兹依用之。三爻，故「三狐」，謂三爻俱升也。象曰：九二貞吉，得中道也。【注】虞翻曰：「動得正，故『得中道』。」

六三：負且乘，致寇至，貞吝。【注】虞翻曰：「二變時，艮爲背〔一〕，坤爲車，三在

〔一〕「背」，諸本皆作「負」，據李鼎祚周易集解改。

坤上，故『負且乘』。」【案】坎爲寇，謂四也。三與坎連體，故「致寇至」。之正應上，見隔於四，故「貞吝」。雷雨作則難解，「負且乘」，徒致寇耳。此蓋喻殷之小人在位，不能解難也。象曰：負且乘，亦可醜也。自我致戎，又誰咎也？【注】虞翻曰：「以離兵伐三，故轉『寇』爲『戎』。艮手招盜，故『誰咎也』。」【案】乘者，君子之器。乘非，「可醜也」。「負且乘」，故「亦可醜」。「又誰咎」，言當自咎。

九四：解而拇，朋至斯孚。【注】陸績曰：「『拇』，足大指。」案：見釋文。案：震爲足，二化，四互艮爲指。【案】「而」，女也，謂四。四體離坎，欲上欲下，故「解而拇」，謂二上之五，四降居初也。二升五，陽與陽爲朋，故「朋至」。二升則四降，初得位有應，故「朋至斯孚」。象曰：解而拇，未當位也。

六五：君子維有解，吉。有孚于小人。【注】虞翻曰：「『君子』謂二，之五得正。『小人』謂五，陰爲小人。君子升位，則小人退在二，故『有孚于小人』。」案：屯五「屯膏」，雨以解之。陽在二，失位，升之五以解之。一張一弛，可與權者也。象曰：君子有解，小人退也。【注】虞翻曰：「二陽上之五，五陰小人退之二也。」案：「君子有解」，反之正，則小人自退。劉向云：「湯用伊尹，不仁者遠，而衆賢至，類相致也。」

上六：公用射隼于高墉之上，獲之，无不利。【注】虞翻曰：「上應在三。離爲『隼』。」【案】震，諸侯，故曰「公」。離矢坎弓，故「用射」。不言弓矢者，君子藏器於身也。二之五，巽爲高。四之初，艮爲城。上應在三，弓動矢發，三之正，成既濟，則悖解矣。「隼」喻其悖也。沔水：「鴥彼飛隼，載飛載止。」箋云：「隼欲飛則飛，欲止則止，喻諸侯之自驕恣。」其取義與易同。「高墉」，見者博，言去惡，明无所蔽也。荀子勸學云：「吾嘗跂而望矣，不如登高之博見也。」紂爲不道，崇、密助之，文不斥言紂，故爻多以去小人爲義。伐崇伐密，文王爲紂解悖耳，豈文有覬覦之心哉？西伯戡黎，祖伊奔告，以文爲紂解悖，而紂乃日甚，知天命之必歸周，故但責紂自絶，不言文也。象曰：公用射隼，以解悖也。【案】卦唯上六得位，故「用射隼」。成既濟，故「解」〔一〕。

〔一〕「解」下疑脱「悖」字。

䷨ 兑下艮上

損：有孚，元吉，无咎，可貞，利有攸往。【注】鄭康成曰：「艮爲山，兑爲澤，互體坤，坤爲地。山在地上，澤在地下，澤以自損，增山之高也。猶諸侯損其國之富，以貢獻於天子，故謂之『損』矣。」【案】「孚」謂二、五。「元」，乾坤之元也。損自泰來。二、五易位，則元各正，故「有孚，元吉，无咎」也。「可貞」謂二，二正則上之五。二之五則上之三，故「利有攸往」。此文王修德遠害之卦也。損下益上，文自損以益紂。「有孚，元吉，无咎」，喻紂能信任之也。紂信任文，則君臣俱正，上下相應矣。**曷之用？二簋可用享**〔一〕。【案】「曷」，何也。二互震，之正亦體震，震爲簋，故「二簋」。「苟有明信，沼谿澗沚〔二〕之毛，可薦鬼神，可羞王公」。「二簋可用享」，言不在多儀也。「享」，獻也。上下交孚，二簋可獻，所謂「損，先難而後易」者，故文王不以事紂爲難，終盡臣節，望其感孚耳。

〔一〕「享」，原作「亨」，據下文姚氏案語所引及周易正義、南菁書院本改。
〔二〕「沼谿澗沚」，春秋左傳注疏隱公三年作「澗谿沼沚」。

彖曰：損，損下益上，其道上行。【注】李鼎祚曰：「坤之上六，下處乾三；乾之九三，上升坤六，損下益上者也。陽德上行，故曰『其道上行』也。」〔一〕損而有孚，元吉，无咎，可貞，利有攸往。曷之用？二簋可用享。二簋應有時，損剛益柔有時。損益盈虚，與時偕行。【注】虞翻曰：「『時』謂春秋祭祀。乾爲『盈』，坤爲『虚』。」【案】「應」，當也。二簋雖薄，用之當時，言合禮也。消則損剛益柔，息則損柔益剛，否泰反復，陰陽往來，終則又始者也。

象曰：山下有澤，損。君子以懲忿窒欲。【案】「懲」，當作「澂」，清也。釋文云：「劉作『澂』，清也。」鄭云：「『徵』，猶清也。」則鄭亦作「澂」。蜀才作「澄」，「澄」同「澂」。作「懲」，字之誤。古「懲」多作「徵」，與「澂」相近，故「澂」誤作「徵」，又轉作「懲」。「窒」，塞止也。泰乾爲「忿」，坤爲「欲」。虞云：「乾陽剛武，爲忿。坤陰吝嗇，爲欲。」三之上，乾成兑澤，故清忿。艮止坤上，故「窒欲」。此君子之用損也。

初九：已事遄往，无咎，酌損之。【案】「已」，以也。釋文云：「『已』，本亦作『以』。」説文

〔一〕「坤之上六」至「故曰其道上行也」，據李鼎祚周易集解及孫堂漢魏二十一家易注，係蜀才案語，非李鼎祚案語。

亦引作「目」。作「已」，字之誤。「事」，職也。「以事」，以初之職事，喻文之事紂也。初得位，故「以事遄往」，以正往應四也，故「无咎」。「酌」，斟酌也。周語曰：「耆艾修之，而王斟酌焉。」「酌損之」，喻文益紂，欲其斟酌而用之也，故象曰「尚合志」。象曰：已事遄往，尚合志也。【案】初、四以正相應，與四合志也。

九二：利貞，征凶。【注】虞翻曰：「失位，當之正，故『利貞』。『征』，行也。」【案】「利貞」，謂自化，所謂「可貞」也。二未之正，之五則得位。二已之正，之五則失位，二陰不相應，故「利貞，征凶」。此喻文修德見囚於紂也。二本陽爻，之五則成益，不得有凶。此「利貞，征凶」連文，是已化之陰，復征之五，二陰不應，之五失位，故「凶」也。弗損，益之。【案】陽化之陰，則自損。不化，故「弗損」。之五成益，故「益之」，益五也。此所謂「利有攸往」者也。蒙難而歸，獻地除刑，益上之心，文始終一也。象曰：九二利貞，中以爲志也。【案】自化之正，故「中以爲志」。

六三：三人行，則損一人。一人行，則得其友。【案】下三爻爲「三人」。初得位不升，故「損一人」。「一人行」謂三，三之上，則上之三，相應，故「得其友」。氣求聲應，各以類從，小人用則君子退，君子用則羣君子進，喻殷之賢佞並立，將損賢臣，欲其專任賢臣，以進羣賢也。**象曰：一人行，三則疑也。**【案】言一人行則得友，若三則疑矣，賢佞不並也。劉向曰：「夫執狐疑之心者，來讒賊之口；持不斷之意者，開羣枉之門。讒邪進則衆賢退，羣枉盛則正士消。」本傳封事。陰陽相感以正，故繫辭傳引以證天地男女焉。

六四：損其疾，使遄有喜，无咎。【案】「疾」謂二。四應初，而隔於二，二其疾也。二之正，四得初應，故「損其疾，使遄有喜」。得位，故「无咎」。詩曰：「君子如怒，亂庶遄沮。」潛夫論曰：「凡治病者，必先知脈之虛實，氣之所結，然後爲之方，故疾可愈而壽可長也。爲國者，必先知民之所苦，禍之所起，然後設之以禁，則姦可塞，國可安矣。」述赦文。**象曰：損其疾，亦可喜也。**

六五：或益之十朋之龜，弗克違，元吉。【案】二益五也。二自正，則不益五；二不之正，則升之五，益五，故曰「或」。坤陰之老爲龜，直十朋也。漢志：貝二枚爲一朋，有大貝、壯貝、幺貝、小貝。龜四品，元龜，直大貝十朋；公龜，直壯貝十朋；侯龜，直幺貝十朋；子黿，直小貝十朋。其義即本於此。黿，北方之靈，信則至矣。黿以爲畜，人情不失，吉凶定焉。二以十朋之黿益五，文王三分有二以服事殷之象也。二升五降，皆得位，故「弗克違，元吉」。乾元，正君位也。文王益紂，紂能用文不違文，則殷道中興矣。**象曰：六五元吉，自上祐也。**【案】「上」謂五。二來益五，五不違二，而降居二，上下交孚，君之明，臣之福也，故「自上祐」。紂不用文，文雖益之，豈能元吉哉？文不能致君明聖，紂不祐文也，此憂患之所以獨深也。脩德遠害，克自主者，如此而已。

上九：弗損，益之，无咎，貞吉。利有攸往，得臣无家。【案】「弗損」，謂不化。「益之」，謂益五。二自化，不之五，則上之五，得位，故「无咎，貞吉」。二已之五，則上利往之三，成既濟，故「利有攸往」。陽在上，不事王侯。二升五爲君，上降三，五得臣之。二稱家，二已升五，故「无家」。王者无外，以天下爲家也。漢書五行志：谷永云：「易稱『得臣无家』，言王者臣天下，无私家也。」**象曰：弗損益之，大得志也。**【案】之五得位，故「大得志」。

䷩震下巽上

益：利有攸往。利涉大川。【注】鄭康成曰：「震爲雷，巽爲風，雷動風行，二者相成，猶人君出教令，臣奉而行之，故『利有攸往』。坎爲大川，故『利涉大川』也。」【案】二、五相應，故「利有攸往」。三之上，涉坎，成既濟，故「涉大川」。

彖曰：益，損上益下，民説无疆。自上下下，其道大光。【注】宋衷曰：「明君之德，必須損己而利人，則下盡益矣。」見口訣義。鄭康成曰：「人君之道，以益下爲德。」虞翻曰：「坤爲『无疆』。」【案】損乾四，益坤初，故「損上益下」。「其道」，益道。上之三，成既濟，故「大光」。利有攸往，中正有慶。利涉大川，木道乃行。【注】虞翻曰：「『中正』謂五，而二應之。乾爲『慶』也。」【案】三、上易位，震巽交，故「木道乃行」。不言風雷，言「木道」者，木，東方，生氣也。「雷以動之」，萬物生。「風以散之」，萬物齊。故「木道乃行」，生物之道，利益物者也。益動而巽，日進无疆。天施地生，其益无方。凡益之道，與時偕行。【注】虞翻曰：「震上〔一〕動爲離，案：謂三。離爲『日』，巽爲『進』，坤爲『疆』，日與巽俱進，故『日進无疆』也。乾下之坤，震爲出生，萬物出震，故『天施地生』。陽在坤初，爲『无方』。」案：陽在坤初，伏而未著，故「无方」，謂乾元也。萬物資始資生，不見其益，而物无不益。不見不聞，體物而不遺者也。【案】生物之氣，不疾迅，故「益動而巽」，遂物性也。出震齊巽，相見乎離，故「與時偕行」。

象曰：風雷，益。君子以見善則遷，有過則改。【注】子夏傳曰：「『雷以動之，風以散之』，萬物皆益。」【案】雷動風行，三、上失位，易位乃得正，故遷善改過，象風雷之疾也。

初九：利用爲大作，元吉，无咎。【注】虞翻曰：「『大作』謂耕播。耒耨之利，蓋取諸此也。『日中星鳥，敬授民時』，故以耕〔二〕播也。」侯果曰：「處益〔三〕之始，居震

〔一〕「上」，李鼎祚周易集解作「三」。
〔二〕「耕」，諸本皆作「耨」，據李鼎祚周易集解改。
〔三〕「益」，諸本皆作「利」，據李鼎祚周易集解改。

之初，震爲稼穡，益之大者，莫大耕植，故初九之利，利爲大作。若能不厚勞於下民，不奪時於農畯，則大吉无咎矣。」【案】風行雷動，食爲民天，富庶之本也，故曰「大作」。天氣下降，初得位，故「元吉，无咎」，乾元也。象曰：元吉无咎，下不厚事也。【案】坤爲厚，乾來益坤，故「下不厚事」。仲春之月，毋作大事，以妨農事。

六二：或益之十朋之龜，弗克違，永貞吉。王用亨[一]于帝，吉。【案】損二益五，五亦益二，五之二，得位成益。不可化，故「永貞吉」。「王」謂益五。五君得二聖臣，元首明，股肱良，二、五皆得位，故「用亨于帝，吉」。此文之望於殷王者也。象曰：或益之，自外來也。【案】損五之二，成益。五在外，故「自外來」。

六三：益之用凶事，无咎[二]。有孚中行，告公用圭。【注】荀九家曰：「天子以尺二寸玄圭事天，以九寸事地也。上公執桓圭九寸，諸侯執信圭七[三]寸，諸伯

[一]「亨」，周易正義及崇文書局本、南菁書院本作「享」，「亨」同「享」。下「亨」同。
[二]「无咎」，諸本皆脱，據周易正義及下文姚氏案語補。
[三]「七」，諸本皆作「九」，據周禮注疏及李鼎祚周易集解改。

執躬圭七寸，諸子執穀璧五寸，諸男執蒲璧五寸。五等諸侯各執之，以朝見天子也。」虞翻曰：「乾爲『圭』，乾之三，故『告公用圭』。」案：上之三。【案】「凶事」，征伐之事。兵凶戰危，在益用之，疑於咎，故明言「无咎」。除暴救民，「凶事」即所以益之也。荀子曰：「仁者愛人，愛人，故惡人之害之也。義者循理，循理，故惡人之亂之也。兵者，所以禁暴除害也。故仁人之兵，所存者神，所過者化。」議兵文。三失位不臣，故五使上「用凶事」以「益之」，征不服也。上之三，離爲戈兵、甲胄，師之象也。五使上來正三，三自化之正，孚五，故「有孚」。伏陽由中發，故「中行」，誠服也。三服則上復命，故「告」，告王也，告於王曰「公用圭」。公者，爵稱。言其已服，用圭而來朝王也。此文王爲方伯，率叛國事殷之象與？震爲侯，故曰「公」。**象曰：益用凶事，固有之也。**【注】虞翻曰：「失位〔一〕當變，故『固有之』。」案：伏陽當發。

六四：中行，告公從，利用爲依遷國。【案】「中行」謂三也。四承五據三，三化

〔一〕「位」，李鼎祚周易集解作「正」。

從五，故四告於五。坤爲國，三之正，坤象不見，故「遷國」。成坎爲險，「王公設險，以守其國」，故曰「爲依」，依於險也。「遷國」亦所以益之也。盤庚曰：「視民利用遷。」此蓋喻殷民化紂俗日久，難與爲善。文欲紂徙居善地，所謂「用亨于岐山」也。乃殷不自徙，而周徙之，豈周之過哉？象曰「益志」，文王小心事紂，紂有從之之志，故文益之。獻地除刑，亦其一也。有志而不能終，上九所以有「立心勿恒」之象與？**象曰：告公從，以益志也。**【案】「志」，遷國之志。文王率諸侯以輔紂，益紂志爲善，則從之者衆矣。文之爲殷興利也，豈有己乎？

九五：有孚惠心，勿問，元吉。有孚惠我德。【注】虞翻曰：「三、上易位，已成既濟，故『有孚惠心，勿問，元吉』。」【案】「有孚惠心」，入人深也。呂覽曰：「聖人南面而立，以愛利民爲心，號令未出，而天下皆延頸舉踵矣，則精通乎民也。」精通文。書曰：「故一人有事於四方，若卜筮，罔不是乎。」此上之有以孚下也。「我」，我五。上孚下，則下亦孚上，故「有孚惠我德」。感德而歸，是惠德也，謂成既濟，衆爻皆順五也。**象曰：有孚惠心，勿問之矣。惠我德，大得志也。**

【案】「勿問之矣」，言不必問。天下歸之，故「大得志」。「告公用圭」，「告公從」，亦不必問者也。

上九：莫益之，或擊之，立心勿恒，凶。【注】虞翻曰：「『莫』，无也。艮爲手，故『或擊之』。上體巽爲進退，故『勿恒』。」【案】上不降三，則三不益上，所謂「莫之與」也。失位背五，故五來「擊之」。「莫之與，則傷之者至矣」。有孚惠德，天下與之；衆叛親離，故「莫之與」。蓋以喻殷也。上當之正，進退不果，故「立心勿恒，凶」。象曰：莫益之，偏辭也。或擊之，自外來也。【注】孟喜曰：「『偏』，周匝也。」見釋文。釋文云：「『偏』，孟作『徧』。」案：虞云「『偏』，周币也」，則與孟同。衆皆不與，故曰「偏」。【案】五來「擊之」，故「自外來」。五非應，故曰「或」。上之「自外來」，與二異。二本在内，外來益之，是遠者亦益之。上本在外，外來擊之，是親近者亦擊之矣，此其所以「凶」也。

周易姚氏學卷第十終

周易姚氏學卷第十一

旌德姚配中撰

周易下經彖下傳象下傳

䷪ 乾下兑上

夬：揚于王庭，孚號有厲。【注】鄭康成曰：「『夬』，決也。陽氣浸長至於五，五，尊位也，而陰先之。是猶聖人積德説天下，以漸消去小人，至于受命爲天子，故謂之『夬』。『揚』，越也。五互體乾爲君，又居尊位，『王庭』之象也。陰爻越其上，小人乘君子，罪惡上聞於聖人之朝，故曰『夬，揚于王庭』。」【案】「孚號」，謂衆陽孚五，皆欲決上也。夬，書契號令之象。決上成乾，重剛，故「厲」。告自邑，不利即戎，利有攸往。【注】虞翻曰：「陽息動復，剛長成夬。坤爲『自邑』。

陽息陰消，君子道長，故『利有攸往，剛長乃終』。」【案】陽長決陰，陰從下升，故「告自邑」，陰不順陽，聞於王庭者，自其邑來告也。上窮反三，體離爲戎。陽息之卦，陰不得居三，窮无所入，故「不利即戎」。

彖曰：夬，決也，剛決柔也。健而説，決而和。【注】虞翻曰：「乾決坤也。『健』，乾；『説』，兑也。以乾陽獲陰之和，故『決而和』也。」揚于王庭，柔乘五剛也。孚號有厲，其危乃光也。【案】一陰揜陽，決之成乾，重剛，陽道光明，故「其危乃光」。告自邑，不利即戎，所尚乃窮也。【案】「尚」，上也。陰窮於上，反三成離，三陽位，不受，窮无所之，故「窮也」。利有攸往，剛長乃終也。【注】虞翻曰：「乾體大成，以決小人，終乾之剛，故乃以終也。」

象曰：澤上於天，夬。君子以施禄及下，居德則忌。【注】陸績曰：「水氣上天，決降成雨，故曰『夬』。」虞翻曰：「陽極陰生，謂陽忌陰。」【案】不雨則旱，膏澤不下於民。「澤上於天」，夬而爲雨，故「君子以施禄及下」也。一陰在上，終足致悔，故「居德則忌」，言必決之盡也。表記曰：「君子不失足於人，不失色於人，不失口於人。甫刑曰：『敬忌而罔有擇言在身〔一〕。』」注云：「『忌』之言戒也，言己外敬而心戒慎也。」

初九：壯于前趾，往不勝爲咎。【注】虞翻曰：「夬變大壯，大壯震爲『趾』，位在前，故『壯于前趾』〔二〕。」【案】陽息大壯成夬，陰已至上，初不能及。「往」，往決陰也。陽息之卦，陽往決陰，是也；不能勝陰，故「爲咎」。咎者，不勝之所爲，非往之過也，故曰「爲咎」。孫子曰：「夫未戰而廟算勝者，得算多也。未戰而廟算不勝者，得算少也。」計篇文。又曰：「勝兵先勝而後求戰，敗兵先戰而後求勝。」形篇文。象曰：不勝而往，咎也。

九二：惕號莫夜，有戎勿恤。【案】「剛柔者，晝夜之象」，陰已至上，故曰「莫夜」。「惕號」謂戒令，所謂忌也。掌固：「夜三鼜以號戒。」挈壺氏：「凡軍事，縣壺以序聚㰌。」皆莫夜之號也。大宗伯：「以恤禮哀寇亂。」號戒嚴，寇不能至，故「有

〔一〕「身」，禮記正義作「躬」。
〔二〕「趾」，李鼎祚周易集解無，蓋姚氏補之。

戎勿恤」。陽息之卦，防陰長也。上反三，離爲戎。象曰：有戎勿恤，得中道也。【案】陽息之卦，不宜化之陰。二雖失位，得乾之中，故「有戎勿恤」。此又不以位之得失論也。

九三：壯于頄，有凶。【注】翟玄曰：「『頄』，面也。謂上處乾首之前，稱『頄』。頄，頰閒骨。三往壯上，故『有凶』。」案：上、三正應，相應不決陰，則陰來之三，三動失位，故戒以「有凶」。君子夬夬，獨行遇雨，若濡有愠，无咎。【注】荀爽曰：「九三體乾，乾爲『君子』。三、五同功，二爻俱欲決上，故曰『君子夬夬』也。『獨行』謂一爻獨上，與陰相應，爲陰所施，故『遇雨』也。雖爲陰所『濡』，能『愠』不說，得『无咎』也。」案：三應上，「夬夬」，言必欲決之，所謂忌也。表記曰：「君子莊敬日强，安肆日偷，君子不以一日使其躬儳焉，如不終日。」「不使不仁者加乎其身」，故「夬夬」。三獨應上，故「獨行遇雨」。兑爲雨澤，言小人亦以恩澤結人心也，易以溺人，君子慎之，故「有愠，无咎」，所謂「其危乃光也」。象曰：君子夬夬，終无咎也。

九四：臀无膚，其行次且。牽羊悔亡，聞言不信。【注】虞翻曰：「二、四已變，坎爲『臀』，兑爲『羊』，巽爲繩。」【案】二、四互坎，陰俱不見，故「无膚」。此言一陰一陽之謂道，陰亦不可廢也。陰之於陽，猶膚之於骨。乾純陽爲瘠，故「无膚」，謂陽過剛〔一〕也。孤陽不生，故「其行次且」。「次且」，行不進也。「牽羊」，謂牽上，使居四，得位，故「悔亡」，言不爲陽所決也。坎爲耳，未之正，故「聞言不信」。象曰：其行次且，位不當也。聞言不信，聰不明也。

九五：莧陸夬夬，中行无咎。【案】「莧陸」，草名，子夏傳云：「莧陸，木根草莖，剛下柔上也。」馬、鄭云：「『莧陸』，一名『商陸』。」宋云：「『莧』，莧菜。『陸』，商陸。」喻陰也。陽息大壯，已決五成夬，又欲決上，故「夬夬」。春秋傳曰：「爲國家者，見惡如農夫之務去草焉，芟薙蘊崇之，絶其本根，勿使能殖。」書曰：「乃有不吉不迪，顛越不恭，暫遇姦宄，我乃劓殄滅之，無遺育，無俾易〔二〕種于茲新邑。」五得中，以陽夬陰，夬之當，故「中行无咎」。象曰：中行无咎，中未光也。【案】陽尚在五，決

〔一〕「過剛」，原倒，據南菁書院本、商務本乙正。
〔二〕「易」，諸本皆作「異」，據尚書正義改。

陰未盡，爲陰所揜，故「中未光」，但「无咎」而已。剛長至上，決陰使盡，則所謂「其危乃光」者也。

上六：无號，終有凶。【案】上不孚五，爲陽所決。決之使盡，陰氣散亡，故「无號，終有凶」。「惕號」，「勿恤」〔一〕；「无號」，是以「凶」也。蓋喻殷當決小人，嚴其號令也。象曰：无號之凶，終不可長也。【注】虞翻曰：「陰道消滅，故『不可長也』。」

䷫ 巽下乾上

姤：女壯，勿用取女。【注】鄭康成曰：「『姤』，遇也。一陰承五陽，一女當五男，苟相遇耳，非禮之正，故謂之『姤』。女壯如是，壯健以〔二〕淫，故不可取。婦人以婉娩爲其德也。」

〔一〕「恤」，諸本皆作「慍」，據爻辭改。
〔二〕「以」，諸本皆作「似」，據李鼎祚周易集解改。

彖曰：姤，遇也，柔遇剛也。勿用取女，不可與長也。天地相遇，品物咸章也。剛遇中正，天下大行也。姤之時義大矣哉！【注】虞翻曰：「陰息剥陽，以柔變剛，故『勿用取女，不可與長也』。」荀爽曰：「謂乾成於巽，而舍於離；坤出於離，與乾相遇，南方夏位，萬物章明也。」案：荀九家云：「謂陽起子，運行至四月，六爻成乾。巽位在巳，故言『乾成於巽』。既成，轉舍於離，萬物皆盛大，坤從離出，與乾相遇。」【案】「剛」謂陽，「中正」謂陰。風行天下，故「大行」。坤出於離，一陰初生，即離象也。陰生天地之中，正位於二，陽正位於五，故「剛遇中正」。「女壯」言其消陽，「中正」言其成離。「復見天地之心」，謂陽在極中也。

象曰：天下有風，姤。后以施命誥四方。【注】虞翻曰：「『后』，繼體之君。乾爲『施』；巽爲『命』、爲『誥』。」翟玄曰：「天下有風，風行〔一〕无不周布，故以施命誥四方之民矣。」

初六：繫于金柅，貞吉。有攸往，見凶。羸豕孚蹢躅。【注】虞翻曰：「『柅』，謂

〔一〕「行」，李鼎祚周易集解無，蓋姚氏補之。

二也。巽爲繩，故『繫柅』。乾爲『金』，巽木入金，『柅』之象也。王肅云：「柅，織績之物，婦人所用。」荀九家曰：「絲繫於柅，猶女繫於男，故以喻初宜繫二也。」案：說文：「簑，收絲者也。尿，簑柄也，或从木，尼聲。」然則柅即尿，絲繫於簑，簑制於柅。以陰消陽，『往』謂成坤。」【案】初繫於二，與二易位，得正居中，故「貞吉」。若居初而動，則失見，故「有攸往，見凶」。「往」謂動之爻，陰消至上，初變成六。「羸豕」謂陰息成離，陽伏爲坎，坎爲豕，巽爲進退。初陽伏於下，爲陰所羸，不能進，而因伏也。象曰：繫于金柅，柔道牽也。【注】虞翻曰：「陰道『柔』，巽爲繩，『牽』於二也。」

九二：包有魚，无咎，不利賓。【注】虞翻曰：「巽爲白茅，在中稱『包』。詩曰：『白茅包之。』『魚』謂初陰，巽爲『魚』。乾稱『賓』。案：鄉飲酒：『立賓以象天。』二據四應，故『不利賓』。」【案】姤陽包陰，故曰「包」。初之二，故「包有魚」。得位，故「无咎」。初之二，則不應四，故「不利賓」，此四之所以「无魚」也。謂之「賓」者，民爲他人所有，所謂「虞賓」、「周客」者與？「包」同「苞」。苞，苴也。曲禮：「凡以弓劍、苞苴、簞笥問人者。」注云：「苞苴，裹魚肉者也〔一〕。或以葦，或以茅。」少儀「苞苴」注云：「苞苴，謂其編束萑葦以裹魚肉也。」「包有魚」，喻下以實應得民心也。「无魚」斯「遠民」，「遠民」斯不爲之主，而稱之爲賓，喻殷之自遠其民也。　**象曰：包有魚，義不及賓也。**【案】初之二，得位，不應四，故「義不及賓」。

九三：臀无膚，其行次且，厲，无大咎。【案】此據陰未至二時言也。三互坎，伏陰未發，故「无膚，其行次且」。剛而不中，故「厲」。得位，不爲陰所化，故「无大咎」。　**象曰：其行次且，行未牽也。**【案】陰之生，必麗於陽，故「柔道牽」，初牽於二也。初牽於二，不及三，故「行未牽」。

九四：包无魚，起凶。【案】四不得初應，故「包无魚」，「莫之與」也。四本失位，自遠其民，民爲邦本，遠民，凶所由起。「莫之與，則傷之者至矣」，言陰不應而消陽也。　**象曰：无魚之凶，遠民也。**【案】四遠初也。陰長消陽，絶之甚，則横行，若防川然。　順而道之，陰亦能養物。　天地相遇，乃以成既濟之功也。　陰本

〔一〕「者也」，禮記曲禮鄭注無。

順陽，過之甚，則變陽，從内消也。民本順君，遠之甚，則叛君，從内潰也。賈子曰：「刑罰不可以慈民，簡泄不可以得士。故有不能求士之君，而無不可求〔一〕之士。有不能治民〔二〕之吏，而無不可治之民。」大政文。

九五：以杞包瓜，含章，有隕自天。【注】虞翻曰：「『隕』，落也。巽爲『杞』。」

案：埸人：「祭祀，供其果蓏。」詩信南山：「疆埸有瓜，是剥是菹，獻之皇祖。」「以杞包瓜」，祭之象也。心怵而奉之以禮，唯賢者能盡祭之義，所謂「含章，中正也」。致其誠信與其忠敬，賢者之祭也，必受其福，故「有隕自天」，詩所謂「曾孫壽考，受天之祜」〔三〕也。姤陰消陽，鬼神之象。陽窮上反下，復息於中，鬼神祐助其子孫之象也，所謂「志不舍命」。【案】陰已消至四，五互艮體巽，艮爲果蓏，故「以杞包瓜」。陰復消五，五消而伏，故「含章」。五，乾元之位，陰消陽不能盡，是以伏而含也，故象曰「中正也」。陰消五成剥，碩果自上反，故「有隕自天」。**象曰：九五含章，中正也。有隕自天，**

〔一〕「求」，賈誼新書作「得」。
〔二〕「民」，諸本皆作「世」，據賈誼新書改。
〔三〕「祜」，原作「祐」，據毛詩注疏及南菁書院本改。

志不舍命也。【案】「九五含章」，言本陽位，陽消而伏，故「含章」也。據已消，當復息，言已化於外，復息於中，外化而内息也。「命」謂太極，天地之中，元之所藏者也。陽窮上反下，還息於中，故「志不舍命」。此以窮上反下言。淮南子曰：「從外入者，無主於中，不止；從中出者，無應於外，不行。」原道文。陽之内萌而外反，亦猶是。

上九：姤其角，吝，无咎。【注】虞翻曰：「乾爲首，位在首上，故稱『角』。動而得正，故『无咎』。」象曰：姤其角，上窮吝也。

䷬ 坤下兑上

萃：亨，王假有廟。【注】鄭康成曰：「『萃』，聚也。坤爲順，兑爲説。互有艮巽，巽爲木，艮爲闕，木在闕上，宮室之象也。」陸績曰：「『假』，大也。」【案】二、五相應，故「亨」。「王」謂五，羣陰順之，積德厚，故大有廟。大戴記曰：「有天下者事七世。持〔一〕手而食者，不得立宗廟。所以别，積厚者流澤光，積薄者流澤卑也。」禮三本文。荀子禮論注云：「持其手而食，謂農工〔二〕食力也。」利見大人，亨，利貞。用大牲吉，利有攸往。【注】虞翻曰：「『大人』謂五，三、四失位，利之正，變成離，離爲『見』，故『利見大人，亨，利貞』，聚以正也。坤爲牛，故曰『大牲』。」案：之正成既濟。二用坤牛，往應五，所謂「孚乃利用禴」者。

彖曰：萃，聚也。順以説，剛中而應，故聚也。【注】荀爽曰：「謂五以剛居中，羣陰順而從之，故能聚衆也。」王假有廟，致孝享也。利見大人，亨，聚以正也〔三〕。【案】「天子之祭也，與天下樂之。諸侯之祭也，與境内樂之」。孝經曰：「昔者周公郊祀后稷，以配天；宗祀文王於明堂，以配上帝。是以四海之内，各以其職來祭。夫聖人之德，又何以加於孝乎！」此所謂「致孝享也」。潛

〔一〕「持」，原作「特」，據大戴禮記及南菁書院本改。
〔二〕「工」，諸本皆作「功」，據荀子楊倞注改。
〔三〕「王假有廟」至「聚以正也」，原脱，據周易正義及崇文書局本、南菁書院本補。

夫論曰：「否泰消息，陰陽不並，觀其所聚，而興衰之端可見也。」本政文。「聚以正」，故「利見大人」也。用〔一〕大牲吉，利有攸往，順天命也。觀其所聚，而天地萬物之情可見矣。【案】二順五，故「順天命」。呂覽曰：「賢者所聚，天地不壞，鬼神不害，人事不謀，此五常之本事也。」求人文。

象曰：澤上於地，萃。君子以除戎器，戒不虞。【注】荀爽曰：「澤者卑下，流潦歸之，萬物生焉，故謂之『萃』也。」鄭康成曰：「『除』，除去也。」見釋文。案：蜀才云：「除去戎器，修行文德也。」【案】周語曰：「先王燿德不觀兵。夫兵戢而時動，動則威，觀則玩，玩則不震。是故周文公之頌曰：『載戢干戈，載櫜弓矢。我求懿德，肆于時夏，允王保之。』『倒載干戈，包之以虎皮』，『除戎器』也。井田之法，兵寓於農，『戒不虞』也。說苑指武云：『司馬法曰：『國雖大，好戰必亡。天下雖安，忘戰必危。』易曰：『君子以除戎器，戒不虞。』夫兵不可玩，玩則無威；兵不可廢，廢則召寇。」

初六：有孚不終，乃亂乃萃。【注】虞翻曰：「『孚』謂五也。初、四易位，五坎中，

〔一〕「用」上，李鼎祚周易集解有「利貞」二字。

故『有孚』。坤爲聚，故『乃亂乃萃』。失位不變，則相聚爲『亂』，故象曰『其志亂也』。」【案】不與四易位，故「不終」。失位，故「亂」。詩曰：「謀夫孔多，是用不集。如彼築室于道謀，是用不潰于成。」「乃亂乃萃」，「有孚」所以「不終」，喻殷多小人也。**若號，一握爲笑，勿恤，往无咎。**【注】虞翻曰：「巽爲『號』。案：號令。艮爲手。初動成震，震爲『笑』。」【案】「若」，順也。坤爲順，初之四，故「若號」。初之四，五互艮，初體震，故「一握爲笑」。初上孚五，孚可終矣。「一握爲笑」，言易也。孟子曰：「武丁朝諸侯，有天下，猶運之掌。」列子曰：「天下可運於一握。」湯問文。初、四易位，俱得正應，故「勿恤，往无咎」。**象曰：乃亂乃萃，其志亂也。**【案】艮止震動，忽動忽止，故「志亂」。

六二：引吉，无咎。【注】虞翻曰：「應巽爲繩，艮爲手，故『引吉』。得正應五，故『无咎』。」【案】「引」，五引二也。二得中，未動之爻，故五引之，使應己。二不苟進，五下求賢也。**孚乃利用禴。**【注】馬融曰：「『禴』，殷春祭名。」見釋文。案：鄭、虞皆以爲夏祭名，但文王作易，猶是殷世，不當以周之祭名爲説。禘祫志云：「周公制禮，乃改夏爲禴。」鄭既以爻辭文王作，則禴自是殷春祭名。云夏者，以周禮爲説耳，或字之誤也。

【案】初、四易位，震爲春，三之正，成既濟，故「孚乃利用禴」，謂二動之爻，應五也。殷之臣民，散而不萃，言君當有以引之使萃，則能長保其位，故五云「有位」也。上下皆有嘉德，祭雖薄，神必享之，故「孚乃利用禴」。象曰：**引吉无咎，中未變也。**【案】未變之爻，故五引之。此與家人初九「志未變」義同。「未變」，喻殷之賢臣无二心，可引之即孚者也。若已變成爻，則氣究將化，引之不孚矣。

六三：萃如嗟如，无攸利，往无咎，小吝。【案】三應在上，兑口，故「嗟」。謂三陰聚於下，不應上，故萃嗟也，上所謂「齎咨」也。三失位，故无所利。「往」謂化之正。之正應上，得位，故「无咎」。雖失位，終化之正，故「小吝」。象曰：**往无咎，上巽也。**【案】上「齎咨」求應，三之正，故上巽順之。

九四：大吉，无咎。【案】「大」謂陽，陽爻聚，故「大吉」。四失位，嫌於咎，故明言「无咎」。象曰「位不當」，以其失位，嫌於咎，故既言「大吉」，而又言「无咎」也。「澤上於地」，由下而上，地有坎，而後澤出焉。澤聚於坎，實亦地中，非地上，故曰「上於」，不曰「澤在地上」。此四所以「位不當」而「大吉」者也。「澤上於地」，由地中生，亦原泉也。四，澤所從出，故「大吉」獨在四。象曰：大吉无咎，位不當也。【注】虞翻曰：「以陽居陰，故『位不當』。」

九五：萃有位，无咎，匪孚。元永貞，悔亡。【注】虞翻曰：「得位居中，故『有位，无咎』。」【案】得衆，故「萃有位」。孟子曰：「得乎丘民而爲天子。」「匪」，非也，謂失正者，亦化之正，孚五，成既濟也。乾元得位不化，故「元永貞，悔亡」。感應之效，唯君最速。象曰：萃有位，志未光也。【案】未動之爻，云「元」云「位」，故知未動之爻。爲陰所揜，故「未光」，須引賢以助理也。

上六：齎咨涕洟，无咎。【注】鄭康成曰：「『齎咨』，嗟歎之辭也。自目曰『涕』，自鼻曰『洟』。」見釋文。虞翻曰：「三之四，體離坎，艮爲鼻，涕淚〔一〕流鼻目，故曰『涕洟』。」【案】上无應，位兑口，故「齎咨」。此亦「既憂之，咎不長」者，文蓋望紂自悔，散可復萃也。象曰：齎咨涕洟，未安上也。【注】虞翻曰：「乘剛遠應，故『未安上也』。」【案】成既濟，則六爻安。桀、紂之失天下，自以爲安故也。若

〔一〕「淚」，諸本皆脱，據李鼎祚周易集解補。

涕洟自悔，則不安者安矣。

䷭ 巽下坤上

升：元亨。用見大人，勿恤。南征吉。【注】鄭康成曰：「『升』，上也。案：釋文云：「鄭作『昇』。」「升」，假借字。坤地巽木，木生地中，日長而上，故謂之『升』。『升』，進益之象也。」案：「地中生木」，春時也。乾元將出震，故「元亨」。虞翻曰：「謂二當之五，爲『大人』。離爲見，坎爲恤，二之五得正，故『用見大人，勿恤』，有慶也』。離，南方之卦，二之五成離，故『南征吉』。」

彖曰：柔以時升，【案】「柔」謂初。知者，「地中生木」，由下升上，下體唯初柔。巽，一索得女之卦，以初陰爲主，故知謂初。初先之四，象木之生，戴孚甲也。震爲反生，陽先下行。「地中生木」，陰先上出，義相因也。虞云：「『柔』謂五，『升』謂二。」似失之。如虞説，當云「柔以剛升，剛以時升」，不得云「柔以時升」也。「用見大人」、「南征吉」，乃謂二之五耳。**巽而順，剛中而應，是以大亨。**【注】荀爽曰：「謂二以剛居中，而來應五，故能『大亨』，上居尊位也。」

用見大人，勿恤，有慶也。南征吉，志行也。【注】荀爽曰：「『大人』，天子，謂升居五，羣陰有主，无所復憂，而『有慶也』。」【案】二升五，上下應之，故「志行」。

象曰：地中生木，升。君子以順德，積小以高大。【注】荀爽曰：「『地』謂坤，『木』謂巽。『地中生木』，以微至著，升之象也。」【案】荀子曰：「積土成山，風雨興焉。積水成淵，蛟龍生焉。積善成德，而神明自得，聖心循焉。故不積蹞步，無以至千里；不積小流，無以成江海。」勸學文。

初六：允升，大吉。【案】「允」，信也。應在坤，土性信，謂信之而後升，所謂「時升」也。二升居五，初之四，得位承五，故「大吉」。象曰：允升大吉，上合志也。【案】「上」謂五，二升五，初與之合志也。

九二：孚乃利用禴，无咎。【案】二應在五，五互震爲春，二之五，得位，故「孚乃利用禴，无咎」。「苟有明信，沼谿澗沚〔一〕之毛，可薦於鬼神」。此喻紂能改悔，

〔一〕「沼谿澗沚」，春秋左傳注疏隱公三年作「澗谿沼沚」。

孚其臣民，則二升居五，猶是殷之天下也。象曰：九二之孚，有喜也。【案】之五得正，故「有喜」。

九三：升虚邑。【注】荀爽曰：「坤稱『邑』也。五虚无君，利二上居之，故曰『升虚邑，无所疑也』。」案：董子立元神云：「何謂本？天地人，萬物之本也。天生之，地養之，人成之。天生之以孝悌，地養之以衣食，人成之以禮樂。三者相爲手足，合以成體，不可一無也。無孝悌則亡其所以生，無衣食則亡其所以養，無禮樂則亡其所以成也。三者皆亡，則民如麋鹿，各從其欲，家自爲俗，父不能使子，君不能使臣，雖有城郭，名曰虚邑。」象曰：升虚邑，无所疑也。【注】虞翻曰：「上得中，故『无所疑』。」案：謂二之五。【案】「虚邑」可「升」，故「无所疑」。孟子曰：「不信仁賢，則國空虚。」此亦「闃其无人」者，蓋喻紂不自悔，則成「虚邑」，有德者將來居之。

六四：王用亨于岐山，吉，无咎。【注】鄭康成曰：「『亨』，獻也。」見釋文。荀爽曰：「巽升坤上，據三成艮。巽爲岐，艮爲山。『王』謂五也。」【案】此文王欲紂用其道也。「王」謂殷王。時殷播棄典刑，任用羣小，雖欲自悔，无所適從，故言

「王用亨于岐山」，欲其用文王之道，以上格天心也。井三所謂「可用汲」者，即此意也。夫亡國之主，其所以終至滅亡者，不能自改耳。苟知悔悟，忠言是從，則其感激臣民，較崛起之君爲尤易。崛起之君，秖能得人歡心。悔悟之誠，且能令人感泣。民情不大可見乎？先澤猶存，人心易挽，使紂果能用文，烏睹殷商之季，不易爲中興之朝乎？此文之所切望於紂，而孔子稱爲「至德」者也。三分有二，以服事殷。以服事殷，即欲殷有以撫之。此文王之憂患所以獨深也。不然，周則麾之不去，殷則招之不來，文豈不知而虚爲此服事哉？子曰「至德」，其所以「至」者，蓋有在矣。云「吉无咎」者，亦所謂「復自道，何其咎？吉」者也。四，諸侯之位，二升由四。象曰：王用亨于岐山，順事也。【案】坤爲順，二升居五，用仁道以升聞於天，故「順事」。行仁政而王，尚莫之能禦，况天下本其所有乎？此喻紂能自悔，挽天人之心甚易也。後世有以哀痛之詔感發其臣民者矣。

六五：貞吉，升階。【注】虞翻曰：「二之五，故『貞吉』。巽爲高，坤爲土，故『升階』也。」案：此喻紂能用文，則中興易如「升階」然。象曰：貞吉升階，大得志也。【注】荀爽曰：「陰正居中，爲陽作階，使升居五，己下降二，與陽相應，故吉而『得志』。」

上六：冥升，利于不息之貞。【注】荀爽曰：「坤性暗昧，今升在上，故曰『冥升』也。陰用事，爲消；陽用事，爲息。陰正〔一〕在上，陽道不息，陰之所利，故曰『利于不息之貞』。」【案】上陰得位，一體俱陰，故「利于不息之貞」。繼世以有天下，天之所廢，必若桀、紂者也，故益、伊尹、周公不有天下。此喻紂稍能自改，亦可暫安，乃紂不用文，既自困，且又困文，而文之道終不行，商之天下終莫挽。文王徒心惻耳，故受之以困、井。象曰：冥升在上，消不富也。【注】荀爽曰：「陰升失實，故『消不富也』。」

☵☱ 坎下兌上

困：亨，貞大人吉，无咎。有言不信。【注】鄭康成曰：「坎爲月，互體離，離爲

〔一〕「正」，諸本皆作「王」，據李鼎祚周易集解改。

日。兑爲暗昧，日所入也。今上揜日月之明，猶君子處亂代，爲小人所不容，故謂之『困』也。君子雖困，居險能説，是以通而『无咎』。」虞翻曰：「『貞大人吉』，謂五也。在困无應，宜靜則无咎，故『貞大人吉，无咎』。」【案】處困之時，不見信於人，故「有言不信」。

彖曰：困，剛揜也。險以説，困而不失其所，亨，其唯君子乎！【注】荀爽曰：「謂二、五爲陰所揜也。」案：鄭據卦，荀據畫，義互備。【案】「困者，德之辯」。孔子曰：「達於道之謂達，窮於道之謂窮。故内省而不疚於道，臨難而不失其德。大寒既至，霜雪既降，吾是以知松柏之茂也。」呂覽慎人文。**貞大人吉，以剛中也。有言不信，尚口乃窮也。**【注】荀爽曰：「謂五雖揜於陰，近无所據，遠无所應，體剛得中，正居五[一]位，則『吉无咎』也。」【案】兑口在上，故「尚口」。「澤无水」，故「窮」。處困之時，非口舌所能[二]辯也。

[一]「五」，諸本皆作「王」，據李鼎祚周易集解改。

[二]「能」，原作「既」，據崇文書局本、南菁書院本改。

象曰：澤无水，困。君子以致命遂志。【案】水涸，故「无水」。襄二十五年左傳疏云：「兑爲澤，坎爲水，水在澤下，則澤中无水也。」案：孔説似失之。易例以下卦爲中。此以卦言，當云「澤中有水」，如「地中有水」、「澤中有雷」、「澤中有火」之比。不云「澤中有水」，或「水在澤中」，或「澤下有水」，而云「澤无水」者，下坎三爻皆失位，離伏於下，有水之形，无水之實，中乾者也，故曰「澤无水」，非「水在澤下」之謂。「致命」謂至於命，化之正也。「君子居易以俟命」，「素位而行，不願乎外」，故「遂志」。此所以窮而通，「困而不失其所，亨」者也。子貢曰：「古之得道者，窮亦樂，達亦樂，所樂非窮達也。道得於此，則窮達一也，爲寒暑風雨之序矣。」呂覽慎人文。

初六：臀困于株木，入于幽谷，三歲不覿。【案】坎爲「臀」。「株」，木根也。「株木」謂伏離，離爲科上槁。初陰失位，故「困」，火涸水也。「荏苒柔木，君子樹之」。「困于株木」，所樹傷也。「温温恭人，如集于木。惴惴小心，如臨于谷」，斯无困辱之患矣。「株木」喻惡也。坎爲隱伏，初最在下，離伏不見，故「入於幽谷」。離三爻，故「三歲」。火爲水滅，是以「不覿」也。**象曰：入于幽谷，幽不明也。**【注】荀爽曰：「爲陰所揜，故『不明也』。」案：初陽爲陰揜。

九二：困于酒食，朱紱方來。【注】鄭康成曰：「文王將王，天子制用朱韍。」見士冠禮疏。「韍」同「紱」。斯干：「朱芾斯皇，室家〔一〕君王。」箋云：「芾者，天子純朱，諸侯黄朱。」疏云：「芾從裳色，祭時服纁裳，故芾用朱赤。但芾所以明尊卑，雖同色而有差降。乾鑿度以爲『天子之朝朱芾，諸侯之朝赤芾』。」是朱芾，天子制也。「紱」即「韍」，祭服謂之紱。李鼎祚云：「上九降二，乾爲大赤，朱紱之象也。」「朱紱」，宗廟之服。【案】坎水兑水，伏有離火，「酒食」之象。否坤爲「紱」。坤爲裳。「紱」，裳類。否上之二，二之上，成困。乾上來之二，故「方來」。二，臣位也。上來之二，象殷之否，而天命歸周也。乾鑿度云：「紱者，所以別尊卑，彰有德也。」九五，文王爲紂三公，故言「困于赤紱」。至於九二，周將王，故言「朱紱方來」。利用享祀，征凶，无咎。【案】二雖失位，在廟中，全於子，全於臣，以尊居卑，故「利用享祀」。「征」謂之五，五已爲陽，不受二，故「征凶」。自化之正，故「无咎」。象曰：困于酒食，中有慶也。【案】二雖失位，陽方來二，二得「朱紱」，當升五爲君，故「中有慶」。

〔一〕「室家」，諸本皆倒，據毛詩注疏乙正。

六三：困于石，據于蒺蔾。【注】虞翻曰：「二變正，三在艮山下，故『困于石』。坎爲『蒺蔾』。李鼎祚云：「坎爲叢棘，爲木多心，『蒺蔾』之象。」案：釋草：「茨，蒺蔾。」郭云：「布地蔓生，細葉，子有三角，刺人。」二變艮手據坎，故『據蒺蔾』。」【案】「石」堅喻禮。三失位，故「困于石」，不克濟也。「蒺蔾」喻所據非人也。襄二十五年左傳云：「『困于石』，往不濟也。『據于蒺蔾』，所恃傷也。」詩曰：「瞻彼中林，侯薪侯蒸。」「蒺蔾」之謂也。箋云：「林中〔一〕大木之處，而維薪蒸耳，喻朝廷宜有賢者，而但聚小人。」「謀之其臧，則具是違。謀之不臧，則具是依。」「據蒺藜」之謂也。所謂「非所困而困，非所據而據」者，蓋以喻〔二〕殷也。入于其宮，不見其妻，凶。【注】虞翻曰：「巽爲『入』。二動艮爲『宮』，兑爲『妻』，謂上无應也。三在陰下，離象毁壞，故『不見其妻，凶』也。」案：「三在陰下」，疑當作「三陰在下」，或「陰」爲「艮」之訛。孟子曰：「不推恩，無以保妻子。」象曰：據于蒺蔾，乘剛也。入于其宮，不見其妻，不祥也。

〔一〕「林中」，諸本皆倒，據毛詩注疏乙正。
〔二〕「以喻」，原倒，據崇文書局本、南菁書院本乙正。

【案】「祥」，善也。三失位，不爲天所祐，故「不祥」，所謂「死期將至」者也。

九四：來徐徐，困于金車，吝，有終。【注】虞翻曰：「『徐徐』，舒遲也。否乾爲『金』，坤爲『車』。易位得正，故『吝，有終』。」【案】「來」，四欲初來也。象曰「志在下」，初爲坎曳，不得即之四，故「徐徐，困于金車」。或説四爲諸侯。「金車」，金路，謂四困金車也。象曰：來徐徐，志在下也。雖不當位，有與也。【案】初、四陰陽應，故「有與」，言終易位也。

九五：劓刖，困于赤紱。【注】鄭康成曰：「『劓刖』當爲『倪仉』。」見釋文。案：釋文云：「荀作『臲卼』，不安貌。」義與鄭同。【案】「赤紱」謂四，互離爲赤，喻文有聖德，終守臣節，天下歸之，而志愈不安，故「劓刖，困于赤紱」，爲諸侯所困也。諸侯歸文王，廉、來惡之，文王不得遂其臣服之志，故「劓刖，困于赤紱」。象曰「志未得」，臣服之志未得也。若謂文不得爲天子，則三分有二，得志不難。正唯文欲終事殷，而天下多歸文，是以不安耳。乃徐有説，利用祭祀。【注】虞翻曰：「兑爲『説』。」【案】坎爲曳，故「徐」。二化應五，故「乃徐有説」，喻文王終以臣節終也。「利用祭祀」，謂二不化，象廟中祀神之象。五尊象神，二象君在廟中，故「利用」之義，二、五並稱。象曰：劓刖，志未得也。【案】「朱紱方來」，天命歸周，否上降二，殷將失國之象也。文王以服事殷，欲仍使二之五，五化而降居二，以終臣節，乃天下歸之，陽得其位，不能化之陰，殷之天下莫可挽，故「志未得」。若謂文未得爲天子，困在諸侯，則五固天子之爻也。乃徐有説，以中直也。利用祭祀，受福也。【案】直其正也，謂二，陰由中發而應五，故「以中直」。天命所歸，不能終却，非周有覬覦之心也。「受福」，謂受五神福也。

上六：困于葛藟，于臲卼，曰動悔，有悔，征吉。【注】虞翻曰：「巽爲草莽，稱『葛藟』，謂三也。案：陸璣草木疏：「藟，一名巨苽，似燕薁，亦延蔓生，葉艾白色，其子赤。」乘陽，故『動悔』。變而失正，故『有悔』。」【案】「臲卼」，不安貌。「葛藟」喻歸附文王者。三「據于蒺藜」，紂用羣小也。上「困于葛藟」，天下歸文王，文王困也。頍弁：「蔦與女蘿，施于松柏[一]。」傳云：「喻諸公非自有尊，託王之尊。」義與此同。「曰」，詞也。動而見忌，故「動悔」，謂畫動之爻。變則化，故「有悔」，化之陽也。化之陽，可與三易位，故「征吉」。文王見忌於

[一]「柏」，諸本皆作「上」，據毛詩注疏改。

紂，特言「曰」者，戒辭也。孔子曰：「周之德，其可謂至德也已矣。」蓋於易見之。「易之興也，當殷之末世，周之盛德，當文王與紂之事」，「懼以終始」者也。**象曰：困于葛藟，未當也。動悔有悔，吉行也。**【注】虞翻曰：「謂三未變應上故也。」【案】上本得位，三「未當」，故上困。三分有二，以服事殷，明諸侯當奉殷，不當歸周也。上已動，故「吉行」，吉在行也。此其文以服事殷，困而反國之象與？

䷯ 巽下坎上

井：改邑，不改井。【注】虞翻曰：「泰初之五也。坤爲『邑』，乾初之五折坤，故『改邑』。」鄭康成曰：「『井』，法也。」見釋文。案：干寶云：「井，德之地也，所以養民性命而清絜之主也。自震化行，至於五世，改殷紂比屋之亂俗〔一〕，而不易成湯昭假之法度也，故曰『改邑，不改井』。」【案】泰初之五，故「改邑」。初之五成井，剛得位得中，不化，故

〔一〕「俗」，諸本皆脱，據李鼎祚周易集解補。

「不改井」。傳云：「改邑不改井，乃以剛中也。」是剛來「改邑」，得位不化，故「不改井」，皆謂五。虞云：「初爲舊井，四應甃之，故『不改井』。」與傳不合。**无喪无得，往來井井。**【注】荀爽曰：「此本泰卦。陽往居五，得坎爲『井』；陰來在下，亦爲『井』，故曰『往來井井』也。」【案】泰五不失位，則初不得之五，故「无喪无得」，以喻殷不失其養人之道，則周不得也。「无喪」則「无得」，所以往來者，彼喪其井，而此得其井也。彼失其井，「井泥不食」；此得其井，「井洌寒泉食」，故曰「往來井井」，言往來爲養民耳。**汔至亦未繘井。**【注】荀爽曰：「『繘』者，所以出水，通井道也。」虞翻曰：「巽繩爲『繘』。」【案】「汔」，水涸也，喻殷德衰也，初所謂「井泥」者也。至既汔，而水復至也，喻文王服事殷也，三所謂「井渫」也。「汔」則无以養人，「至」則「可用汲」以養人，所謂「可用汲，王明並受其福」者也。紂能用文，井養不致窮也；乃「汔」，固无以爲養，「至亦未繘」以養，文之道，終以不行於紂。象曰「未有功」，九三所謂「爲我心惻」者也。**羸其瓶，凶。**【注】虞翻曰：「『羸』，鉤羅也。艮爲手，巽爲『繘』，離爲『瓶』，手繘折其中，故『羸其瓶』。體兑毁缺，瓶缺漏，故『凶』矣。」【案】此喻紂非特不用文，且并棄其舊法也。經解曰：「發號出〔一〕令而民說，謂之和。上下相親，謂之仁。民不求其所欲而得之〔二〕，謂之信。除去天地之害，謂之義。義與信，和與仁，霸王之器也。有治民之意而無其器，則不成。」有意无器尚不成，况「羸其瓶」乎？象曰「是以凶也」。

彖曰：巽乎水而上水，井。井，養而不窮也。【注】荀爽曰：「『巽乎水』，謂陰下爲巽也。『而上水』，謂陽上爲坎也。木入水出，井之象也。」虞翻曰：「兑口飲水，坎爲通。」鄭康成曰：「井以汲人，案：當作「井以養人」。水无空竭，猶君子〔三〕以政教養天下，惠澤无窮也。」改邑不改井，乃以剛中也。汔至亦未繘井，未有功也。羸其瓶，是以凶也。

象曰：木上有水，井。君子以勞民勸相。【案】井養不窮，養之所以勞勸之也。

〔一〕「出」，諸本皆作「施」，據禮記正義改。
〔二〕「之」，諸本皆脱，據禮記正義補。
〔三〕「君子」，李鼎祚周易集解作「人君」。

坎爲勞卦。「勞」者，勞之。

初六：井泥不食，舊井无禽。【注】干寶曰：「在井之下，體本土爻，故曰『泥』也。井而爲泥，則不可食，故曰『不食』。此託紂之穢政不可以養民也。『舊井』，謂殷之未喪師也，亦皆无水禽之穢，又況泥土乎！故曰『舊井无禽』矣。」案：泰坤爲土，來之井下，爲水所淫，故稱「泥」。「舊井」謂泰乾。泰初得位，今已易位，故曰「舊井」。「井泥」固「不食」，「无禽」則非泥矣，言可食也，喻殷之舊章也。泰五之初，成巽，爲魚，互離爲鼈蟹。初未之五，未有離巽，故「舊井无禽」。魯語：「登川禽。」注云：「川禽，鼈蜃之屬。」張衡東京賦云：「内阜川禽，外豐葭菼。」庖人「禽獻」，有鱐、鱻之類。是鱗介亦得稱「禽」，明爲人所禽制也。教成之祭，「牲用魚」。是魚亦可謂之牲。或說「无禽」謂无祀之者，故象曰「時舍」。白虎通五祀云：「祭五祀，天子、諸侯以牛，卿、大夫以羊。一說井以豕，或曰井以魚。」**象曰：井泥不食，下也。舊井无禽，時舍也。**【案】既非「舊井」，則非其時，故「舍」。「舍」，止也。泰初之五，初下仍有伏陽。殷不用之，則爲「舊井」。周來修之，猶爲新井也，四所謂「井甃」者也，豈舊井之不可食與？

九二：井谷射鮒，甕敝〔一〕漏。【注】虞翻曰：「巽爲『鮒』，小鮮也。離爲『甕』。甕瓶毁缺，『羸其瓶，凶』，故『甕敝漏』也。」【案】離矢坎弓，二應在五，故「射鮒」。吕覽知度云：「射魚指天而欲發之當也。」淮南時則云：「天子親往射魚。」説苑正諫云：「魚固人所射也。」蓋古有射魚之法。詩曰：「魚躍于淵。」喻民樂也。「井谷射鮒」，苛其民矣。太玄法次七：「密網離於淵，不利於鱗。」測曰：「密網離淵，苛法張也。」義本此。泉出通川爲谷，本以養魚，乃反射之，言虐甚也。虐其民甚，則民困潰，故「甕敝漏」。荀子曰：「王者富民，霸者富士，僅存之國富大夫，亡國富筐篋〔二〕，實府庫。筐篋已富，府庫已實，而百姓貧，夫是之謂上溢而下漏，入不可以守，出不可以戰，則傾覆滅亡可立而待也。」王制文。象曰：井谷射鮒，无與也。【案】失位无應，自賊其民，故「无與」。

九三：井渫不食，爲我心惻。【注】鄭康成曰：「謂已浚渫也，猶臣修正其身以事

〔一〕「敝」，原作「敞」，據周易正義及崇文書局本、南菁書院本改。

〔二〕「篋」，諸本皆作「篚」，據荀子改。下「篋」同。

君。」見文選注。荀爽曰：「渫去穢濁，清絜之意也。三者得正，故曰『井渫』。不得據陰，喻不得用，故曰『不食』。道既不行，故『我心惻』。」案：此喻紂不用文王也。不用養人之道，將至危亡，故「心惻」也。**可用汲，王明，並受其福。**【注】荀爽曰：「謂五可用汲三，則王道明，天下並受其福。」京房曰：「言我道可汲而用也。」見史記集解。【案】「王」謂泰五。泰五失位，欲其之正成離坎，用文王之道以養天下也。象曰「求王明」，則王本不明，喻文王望紂也，故知謂泰五。若井五已體坎離，乃「改邑」之王也。泰五失位，故初得而改之。若泰五自正，天下猶是殷有也，誰得而改之？井之一卦，爲殷家著所以必至「改邑」之故，下卦多危辭。傳曰「求王明」，文王求殷王也，孟子所謂「予日望之」之義也。史記屈原傳云：「人君無愚知賢不肖，莫不欲求忠以自爲，舉賢以自佐。然亡國破家相隨屬，而聖君治國累世而不見者，其所謂忠者不忠，而其所謂賢者不賢也。易曰：『井渫不食，爲我心惻。可以汲，王明，並受其福。』王之不明，豈足福哉！」潛夫論釋難云：「君子夙夜箴規，蹇蹇非懈者，憂君之危亡，哀民之亂離也。故君子推其仁義之心，愛君猶父母，愛民猶子弟。父母將臨顛隕之患，子弟將有陷溺之禍，豈能默乎哉？易曰：『王明，並受其福。』是以次室倚立而嘆嘯，楚女揭幡而激王，忠愛之情，固能已乎？」其義並以此經爲「望之」之象，皆本傳義也。**象曰：井渫不**

食，行惻也。求王明，受福也。【案】文欲行道以救商政之失，道不行，故「心惻」。泰五之正，則二化成既濟，天下受其福，故「求之」。

六四：井甃，无咎。【注】虞翻曰：「以瓦甓壘井稱『甃』。」案：惠氏棟云：「初『舊井无禽』，變之正，與四應，四來修初，故『无咎』也。」【案】喻殷棄其舊井，而周修之也。象曰：井甃无咎，修井也。【注】虞翻曰：「『修』，治也。」

九五：井洌寒泉，食。【案】「洌」，水清也。坎爲寒泉，井已至五，水出在上，故「食」，喻養民有道也。象曰：寒泉之食，中正也。【案】五得中居正。

上六：井收勿幕，有孚元吉。【注】虞翻曰：「『幕』，蓋也。『收』謂以轆轤收繘〔一〕也。」【案】「元」，乾元，謂五。「有孚元吉」，謂成既濟。乾元不言於五，言於上者，以見六爻皆正，在上大成也。惠氏棟云：「既濟之功，至上而成。」象曰：元吉在上，大成也。【注】虞翻曰：「謂初、二已變，成既濟定，故『大成也』。」干寶曰：「井以養生，政

〔一〕「收繘」，諸本皆倒，據李鼎祚周易集解乙正。

以養德。无覆水泉而不惠民，无藴典禮而不興教，故曰『井收綱幕』。案：「勿」，干作「綱」，義同。『綱幕』，則教信於民。民服教，則大化成也。」

周易姚氏學卷第十一終

周易姚氏學卷第十二

旌德姚配中撰

周易下經彖下傳象下傳

䷰ 離下兌上

革：己〔一〕日乃孚，元亨，利貞，悔亡。【注】鄭康成曰：「『革』，改也。水火相息而更用事，猶王者受命，改正朔，易服色，故謂之『革』也。」虞翻曰：「遯上之初。『悔亡』謂四也。四失正，動得位，故『悔亡』。離爲日，四動體離，故『己日乃

〔一〕「己」，諸本皆作「巳」，周易正義、李鼎祚周易集解作「已」。本書姚氏屢引參同契「坎戊月精，離己日光」以證經義，故據下文姚氏案語「離爲『己曰』」及自序釋數、繫辭上傳「乾坤成列，而易立乎其中矣」下姚氏案語，當作「己」，故改。後文「己日」之「己」，諸本或作「巳」，或作「已」，係刊誤，皆當作「己」，不再出校。

乎』。以成既濟，『乾道變化，各正性命，保合太和，乃利貞』，故『元亨，利貞，悔亡』矣。」案：二、五，乾坤之元。

象曰：革，水火相息。二女同居，其志不相得，曰革。【注】虞翻曰：「『息』，長也。離爲『火』，兑爲『水』。繫曰：『潤之以風雨。』風，巽；雨，兑也。四革之正，坎見，故獨於此稱『水』也。」釋文云：「『息』，説文作『熄』。」案：説文云：「熄，畜火也。」革四化體坎，互體離，並在一爻，故「相息」。此水火並居，乾坤以坎離戰陰陽，乾元入藏於中宫，所謂「己日」也。「『二女』，離、兑。離火志上，兑水志下，故『其志不相得』。」己日乃孚，革而信之。文明以説，大亨以〔一〕正，革而當，其悔乃亡。天地革而四時成。湯、武革命，順乎天而應乎人。革之時大矣哉！【注】虞翻曰：「『文明』謂離。『説』，兑也。『大亨』謂乾。四動成既濟定，故『大亨以正』。革而當位，故『悔乃亡』也。」【案】陰陽各得爲正命。四失位，化之正，故「革命」。陰陽

〔一〕「以」，原作「之」，據周易正義及崇文書局本、南菁書院本改。

相應，故順天應人也。「禮，時爲大」。堯授舜，舜授禹，湯放桀，武王伐〔一〕紂，時也。四時迭運，五行代興，故「時大」也。

象曰：澤中有火，革。【案】「水火相息」，成既濟；「不相射」，不相革者也。「二女同居，其志不相得」，乃革。水火偏則无以相養，氣不和而爲災。既濟，一陰一陽，坎互離，離亦互坎，此水火之相並處而不相離者也。陰陽交則氣和，而水火之形皆伏，所謂「相息」也。「澤中有火」，二氣相滅，不相交，故革。君子以治曆明時。【注】虞翻曰：「曆象謂日月星辰也。『天地革而四時成』，故『君子以治曆明時』也。」案：王者受命，必改正朔。「治曆」所以敬天，「明時」所以授民。後漢志賈逵論云：「易金火相革之卦，象曰：『君子以治曆明時。』又曰：『湯、武革命，順乎天，應乎人。』言聖人必曆象日月星辰。」董子三代改制質文篇云：「王者必受命而後王。王者必改正朔，易服色，制禮樂，一統於天下。」

初九：鞏用黃牛之革。【注】馬融曰：「『鞏』，固也。」見釋文。干寶曰：「在革之

〔一〕「伐」，原作「代」，據崇文書局本、南菁書院本改。

初，而无應據，未可以動，故曰『鞏用黄牛之革』。」案：離得坤中氣，坤爲黄牛。初得位，不可化，故固也，此不可革者也。象曰：鞏用黄牛，不可以有爲也。【注】虞翻曰：「得位无應，動而必凶，故『不可以有爲也』。」

六二：己日乃革之，征吉，无咎。【案】離爲「己日」。「革之」，謂革四。陰伏離中，坤元也。革四之正，陰由二發，故「己日乃革之」。二得位，動應五，故「征吉，无咎」。象曰：己日革之，行有嘉也。【案】革四承五，二動之爻，應五，成既濟，故「行有嘉也」。

九三：征凶，貞厲。革言三就，有孚。【案】三本得位，動失位，故「征凶」。居三得正，剛而不中，故「貞厲」。「就」，成也。「革言」謂革四，兑口爲「言」，所謂「改命」也。四化成既濟，六爻相應，火就燥炎上，故「革言三就」。「有孚」，謂四化，六爻俱應也。象曰：革言三就，又何之矣？【注】虞翻曰：「四動成既濟定，故『又何之矣』。」

九四：悔亡，有孚，改命吉。【注】虞翻曰：「『革而當，其悔乃亡』。『孚』謂五也。」【案】四失位，故「改命吉」。改亂命，行治命也。象曰：改命之吉，信志也。【案】之正，陰陽應，故「信志」。

九五：大人虎變，未占有孚。【注】宋衷曰：「五以陽居中，故曰『大人』。兑爲白虎，九者變爻，案：爻由畫變，七變之九也。故曰『大人虎變』。」馬融曰：「虎變威德，折衝萬里，以喻舜舞干羽，而有苗自服；周公修文德，越裳獻雉，故曰『未占有孚』矣。」虞翻曰：「『占』，視也。離爲『占』。四未之正，五未在坎，故『未占有孚』也。」象曰：大人虎變，其文炳也。【注】虞翻曰：「四[一]動成離，故『其文炳也』。」案：五變成爻，四化順之，五在坎互離。

上六：君子豹變，小人革面，征凶，居貞吉。【注】陸績曰：「兑之陽爻稱『虎』，陰爻稱『豹』。豹，類虎[二]而小者。君子小於大人，故曰『豹變』。」虞翻曰：「陰稱『小人』也。『面』謂四，『革』爲離，以順承五，故『小人革面』。」【案】「變」，畫變

［一］「四」，諸本皆無，朱本李鼎祚周易集解同，今據周本李鼎祚周易集解補。
［二］「類虎」，李鼎祚周易集解作「虎類」。

之爻，八變之六也。「小人」謂民。上居卦終，與四同體，故四於上言之。乾爲首，四位在乾，故稱「面」。「面」，鄉也。四本陽爻，化而順五，故「革面」，言易鄉也。上本得位，征之三，則失位，故「凶」。與三「征凶」同義。不之三，故「居貞吉」。

象曰：君子豹變，其文蔚也。小人革面，順以從君也。【注】虞翻曰：「乾，君，謂五也。四變順五。」干寶曰：「『君子』，大賢，次聖之人，謂若太公、周、召之徒也。『豹』，虎之屬。『蔚』，炳之次也。君聖臣賢，殷之頑民，皆改志從化，故曰『小人革面』。」案：據周爲説，革命之際，莫不皆然。

䷱ 巽下離上

鼎：元吉，亨。【注】鄭康成曰：「『鼎，象也』。卦有木火之用，互體乾兑。乾爲金，兑爲澤，澤鍾金而含水，爨以木火，鼎亨孰物之象。鼎亨孰以養人，猶聖君興仁義之道，以教天下也，故謂之『鼎』矣。」【案】「元」謂五伏陽，陰養之，乾坤之交也，故「元吉，亨」。

象曰：鼎，象也。以木巽火，亨飪也。【注】荀爽曰：「巽入離下，中有乾象，木火在外，金在其內，鼎鑊亨餁之象也。」荀九家曰：「鼎言『象』者，卦也。木火互有乾兑，乾金兑澤，澤者，水也，爨以木火，是鼎鑊亨餁之象。」案：士冠禮注云：「煮於鑊曰亨，在鼎曰升，在俎曰載。」是鼎不亨，經傳亦无以鼎亨之事。此云「亨餁」，統謂釜鬵之屬，非指陳設之鼎。宣三年左傳：王孫滿曰：「昔夏之方有德也，遠方圖物，貢金九牧，鑄鼎象物，百物而爲之備，使民知神、姦。」説文云：「昔禹收〔一〕九牧之金，鑄鼎荆山之下。」據此，是鼎之制始自禹。史記封禪書方士稱「黄帝有鼎」，不足信。伏羲之易，有卦象，无卦名，卦名皆文王所加，故以亨餁之象名之爲「鼎」，舉重以概輕也。傳曰：「鼎，象也。以木巽火，亨餁也。」明卦爲亨餁之象，非陳設之鼎，且以見伏羲時未有鼎也。聖人亨以享上帝，而大亨以養聖賢。【注】虞翻曰：「初、四易位，體大畜，震爲『帝』，在乾天上，故曰『上帝』。」【案】上言象，此言用。「亨上帝」言「亨」、「養聖賢」言「大亨」者，神人之别也。孫先生云：「郊特牲：『郊血，大饗腥，三獻爓，一獻孰。至敬不饗味而貴氣臭也。』神貴臭，故但言『亨』，

〔一〕「收」，諸本皆作「牧」，據説文解字改。

略亨之也；人享味，故『大亨』，孰之也。」巽而耳目聰明。【注】虞翻曰：「謂三也。三在巽上，動成坎離，有兩坎兩離象，乃稱『聰明』。『日月相推而明生焉』，故『巽而耳目聰明』。」案：三化成未濟，六爻失正。在鼎之卦，以木巽火，坎水在中，馨香上達，坎升離降，成既濟，故「巽而耳目聰明」也。柔進而上行，得中而應乎剛，是以元亨。【注】虞翻曰：「『柔』謂五，得上中，應乾五剛，非謂應二剛，睽五同義也。」

象曰：木上有火，鼎。君子以正位凝命。【注】荀爽曰：「木火相因，金在其閒，調和五味，所以養人，鼎之象也。」鄭康成曰：「『凝』，成也。」見釋文。【案】成既濟，六爻正，故「正位凝命」。有所革，故有所凝。失則革之，正乃凝之。春秋傳曰：「在德不在鼎。」荀子曰：「凝士以禮，凝民以政。禮脩而士服，政平而民安。士服民安，夫是之謂大凝。以守則固，以征則强，令行禁止，王者之事畢矣。」議兵文。

初六：鼎顛趾，利出否。得妾以其子，无咎。【注】鄭康成曰：「『顛』，踣也。『趾』，足也。无事曰趾，陳設曰足。爻體巽爲股，初爻在股之下，足之象也。」見御覽。虞翻曰：「初陰在下，故『否』。利出之四，故曰『利出』。兑爲『妾』，四變得正，案：初出之四，四來之初，俱得正。成震，震爲長子，繼世守宗廟而爲祭主，故『得妾以其子，无咎』也。」【案】殷失其養人之道，將革命而莫能守其重器者，紂爲之也。紂之爲君，帝乙立之也。使帝乙立微子，則殷之天下，未可量也。文王蓋以此喻微子不得立，而殷道終衰與？呂覽當務云：「紂母之生微子啓與中衍也，尚爲妾。已而爲妻，而生紂。紂之父母欲置微子啓以爲太子，太史據法而爭之曰：『有妻之子，而不可置妾之子。』紂故爲後。」案：「天子、諸侯，后、夫人无子不出」，得以姪娣媵妾之子爲其子。左傳：「王后無適，則擇立長。年鈞以德，德鈞以卜。」又衛莊姜無子，以厲嬀娣戴嬀之子爲己子。儀禮喪服：「庶子爲父後。」亦謂適无子，以庶子爲子也。鄭同人注云：「天子、諸侯，后、夫人无子不出。」亦此義也。鄭此注云：「嫁於天子，无子，不廢遠之。坤爲順，又爲子母牛，今在后妃之旁側，妾之例〔一〕也。有順德，子必賢，賢而立以爲世子，又何咎也？」義同。鼎初失正，故「顛」。以陰承陽，故象曰「未悖」。无子不出，以其不悖也，故「利出否」，言利出妾之子以爲子。「否」，閉

〔一〕「例」，御覽引作「列」。

也，卑下不得上通者。「出」讀爲「出溺」之「出」。出妾子，立以爲嗣，故象曰「從貴」。子爲父後，與尊者爲一體也。象曰：鼎顛趾，未悖也。利出否，以從貴也。【注】荀爽曰：「以陰承陽，故『未悖也』。」虞翻曰：「出初之四，承乾五，故『以從貴也』。」案：成既濟，四承五。

九二：鼎有實。【案】二陰位，陽居之，故「有實」。以陽居陰，獨不以失位言，云「有實」者，鼎實在鼎中，非在鼎下，此據離中伏陽言。三化成坎，即離下伏坎，離爲大腹，坎水在中，乃鼎實也，非謂巽木。以「木上有火」言，則離火巽木皆在鼎下者也。以亨調五味言，則三化失〔一〕正，坎在離中，離爲大腹，乾金兑口，皆在木火之上者也。故曰：「鼎，象也。」我仇有疾，不我能即，吉。【注】虞翻曰：「二據四婦，故相與爲『仇』。謂三變時，四體坎，坎爲『疾』，故『我仇有疾』。」案：二據四應，三化時，二升五，四降初，不及二，故「不我能即」。象曰：鼎有實，慎所之也。我仇有疾，終无尤也。【案】二之五，乃得位，故「慎所之」。成既濟，故「終无尤」。

〔一〕「失」，諸本皆作「之」，據上下文義改。

九三：鼎耳革，其行塞，雉膏不食。方雨，虧悔，終吉。【注】虞翻曰：「動成兩坎，坎爲『耳』，鼎以耳行。案：五行志注：師古曰：「鼎非舉耳不得行，故云『以耳行』。」離爲『雉』，坎爲『膏』、爲『雨』。」鄭康成曰：「『雉膏』，食之美者。」見釋文。【案】「革」謂化也。三本得位，不可化。化成兩坎，而皆在下，耳不可扛，故「耳革」、「行塞」。動而失位，坎水不通，兑口不見，故「不食」，三化成坎，鼎實在中，此以下卦在上卦中言。三化，坎耳在下，此以未濟六爻倒置言。「以木巽火」，亨之象；鼎耳趾足，器之象；「雉膏」、「公餗」，食之象，已見者也。但曰「鼎實」，則在中未見者也。喻美道不行也。潛夫論曰：「何以知人且病也？以其不嗜食也。何以知國之將亂也？以其不嗜賢也。」思賢文。陰陽終必相交，三、五互坎，坎雨降，成既濟，故「方雨，虧悔，終吉」。失位，「悔」也。水流不盈，成既濟，故「虧悔」。象曰：鼎耳革，失其義也。【注】虞翻曰：「耳革行塞，故『失其義也』。」

九四：鼎折足，覆公餗，其形渥，凶。【注】虞翻曰：「謂四變時，震爲『足』，足折入兑，故『鼎折足』。兑爲『刑』。」案：荀子注：「『形』與『刑』同。」鄭康成曰：「『餗』，美饌。鼎三足，三公象。案：前漢五行志、師丹傳、彭宣傳，後漢明帝紀、劉愷傳，荀悦罷司空官論，皆以鼎足象三公，蓋經師説盡然也。若三公傾覆王之美道，屋中刑之。」見司烜疏。案：「形渥」，釋文云：「鄭作『刑剭』。」司烜氏：「邦若屋誅。」注云：「『屋』讀如『其刑剭』之『剭』。『剭誅』，謂所殺不於市，而以適甸師氏者也。」蓋屋中刑之，故謂之「剭」，作「剭」是也。掌戮云：「王之同族與有爵者，殺之于甸師氏。」故知屋中刑之。漢書叙傳亦作「剭」，服虔云：「周禮有屋誅，誅大臣于屋下，不露也。」引此亦作「剭」，義與鄭同。師古以「剭」爲厚誅，則用九家義。案：九四失位，化之正，艮爲宫室，與兑連體，故「刑剭」。鄭又云：「震爲竹，竹萌曰筍。筍者，餗之爲菜也。」説文云：「鬻，鼎實。惟葦及蒲。」義與鄭同。荀九家曰：「鼎者，三足一體，猶三公承天子也。三公謂調陰陽，鼎謂調五味。折足覆餗〔一〕，猶三公不勝其任。」【案】四失位，折足覆餗，安得不凶？蓋喻殷之在位也。象曰：覆公餗，信如何也？【案】言不勝任，必致折足覆餗，所謂「鮮不及」者也。詩曰：「是究是圖，亶其然乎？」董子精華云：「以所任賢，謂之主尊國安；所任非其人，謂之主卑國危。萬

〔一〕「折足覆餗」，李鼎祚周易集解作「足折餗覆」。

世必然，無所疑也。其在易曰『鼎折足，覆公餗』。夫『鼎折足』者，任非其人也；『覆公餗』者，國家傾也。是故任非其人而國家不傾者，自古至今，未嘗聞也。」

六五：鼎黄耳金鉉，利貞。【注】馬融曰：「『鉉』，扛鼎而舉之也。」見釋文。鄭康成曰：「『金鉉』，喻明道能舉君之官職也。」見唐律疏議注。【案】伏坎爲耳，離得坤中氣，故「黄耳」。發而成乾，爲「金」。坎一體俱發，離降在下，成既濟，鼎耳在上，以金鉉舉鼎，其行不塞，故「利貞」。象曰：鼎黄耳，中以爲實也。【案】陽伏五中，發而當位，故「中以爲實」。

上九：鼎玉鉉，大吉，无不利。【注】干寶曰：「玉又貴於金者。凡亨飪之事，自鑊升於鼎，載於俎，入於口，馨香上達，動而彌貴，故鼎之義，上爻愈吉也。鼎主亨飪，不失其和。金玉鉉之，不失其所。公卿賢仁〔一〕，天王明聖〔二〕之象也。」【案】五發成乾，爲「玉」。坎一體俱發，成既濟，故「大吉，无不利」。象曰：玉

〔一〕「賢仁」，李鼎祚周易集解作「仁賢」。
〔二〕「明聖」，李鼎祚周易集解作「聖明」。

鉉在上，剛柔節也。【案】發成乾，復成既濟，一陰一陽，發皆中節，故「剛柔節也」。

䷲ 震下震上

震：亨。震來虩虩，笑言啞啞。【注】鄭康成曰：「震爲雷。雷，動物之氣也。雷之發聲，猶人君出政教以動國中之人也，故謂之『震』。人君有善聲教，則嘉會之禮通矣。」馬融曰：「『虩虩』，恐懼。『啞啞』，笑聲。」見釋文。【案】震雷出地，陰陽氣交，萬物達，故「亨」。萬物震驚，故「虩虩」。句萌達，鬱氣舒，故「啞啞」。春生之氣也。震驚百里，不喪匕鬯。【注】鄭康成曰：「雷發聲，聞於百里，古者諸侯之象。後漢酈炎對問〔一〕：「問者曰：『古者聖人封建諸侯皆百里，取象於雷，何取也？』炎對曰：『易：震爲雷。亦爲諸侯。雷震驚百里。』曰：『何以知之？』炎曰：『以其數知

〔一〕「對問」，古文苑作「對事」。

之。夫陽動爲九，其數三十六；陰靜爲八，其數三十二。震，一陽動，二陰靜，故曰百里。』問者稱善。」諸侯之〔一〕教令，能警戒其國内，則守其宗廟社稷，爲之祭主，不亡匕與鬯也。人君於祭之禮，匕牲體、薦鬯而已，其餘不親爲也。升牢於俎，君匕之，臣載之。鬯，秬酒，芬芳條鬯，因名焉。」虞翻曰：「坎爲棘，震爲『鬯』。」

彖曰：震，亨。震來虩虩，恐致福也。笑言啞啞，後有則也。震驚百里，驚遠而懼邇也。出可以守宗廟社稷，以爲祭主也。【注】虞翻曰：「震爲『守』，艮爲『宗廟社稷』。長子，主祭器〔二〕，故『以爲祭主也』。」【案】震雷動物，發生以時，故「有則」。「出」，出疆之政，謂四。「守宗廟社稷，爲祭主」，謂初也。易卦初爲元士，四爲諸侯。震侯已位四，諸侯也，初則諸侯世子也。天下无生而貴者，故世子亦居士位。此與乾五天子、二爲世子同義。世子，君之貳，君行則守。此云「出可以守宗廟社稷，以爲祭主」，則諸侯出疆，或缺一時之祭，世子主之矣。御覽引王肅云：「處則諸侯執其政，出則長子掌

〔一〕「之」，李鼎祚周易集解作「出」。
〔二〕「主祭器」，諸本皆作「祭主」，據李鼎祚周易集解改。

其祀。」

象曰：洊雷，震。君子以恐懼修省。【案】驚遠懼邇，故「洊雷，震」。詩曰：「畏天子之威，于時保之。」故「恐懼修省」也。

初九：震來虩虩，後笑言啞啞，吉。【注】虞翻曰：「得位，故『吉』也。」案：初爲震，始得正，故卦辭復發於初，以見恐懼修省，无在不宜然者也。象曰：震來虩虩，恐致福也。笑言啞啞，後有則也。【注】虞翻曰：「得正，故『有則也』。」

六二：震來厲，億喪貝，躋于九陵，勿逐，七日得。【注】鄭康成曰：「十萬曰『億』。」見釋文。案：六五「億无喪」，傳云：「大无喪。」「大」謂億也。虞翻曰：「『厲』，危也。乘剛，故『厲』。三動離爲蠃蚌，故稱『貝』。在艮山下，故稱『陵』。震爲足，足乘初九，故『躋于九陵』。」【案】雷已在上，則反動而下。雷未在上，則由下而上。二陰乘初陽，初陽動出，激而爲雹，動成離貝，薄而成雷。二隨初升，不得在下成離，故「震來厲，億喪貝，躋于九陵」，陰隨陽升也。雷終反下，故「勿逐」。陽反於初，陰亦隨陽反，故「七日得」也。九者陽之極，極則反。象曰：震來厲，乘剛也。

六三：震蘇蘇，震行无眚。【注】虞翻曰：「死而復生稱『蘇』。三死坤中，動出得正，震爲生，故『蘇蘇』。坎爲『眚』，三出得正，坎象不見，故『无眚』。春秋傳曰：『晉獲秦諜，六日而蘇也。』」案：淮南時則：「孟春蟄蟲始振蘇，仲春蟄蟲咸振蘇。」所謂「蘇蘇」也。動心忍性，生於憂患，恐懼修省，動而得正，故「震蘇蘇，震行无眚」。象曰：震蘇蘇，位不當也。【案】失位，故動之正。

九四：震遂泥。【注】虞翻曰：「坤土得雨爲『泥』，位在坎中，故『遂泥』也。」【案】「遂」，進也。本在坎中，進之五，亦體坎，陽爲陰揜，故象曰「未光」。此雲雷屯而未能即發者也。象曰：震遂泥，未光也。【注】虞翻曰：「在坎陰中，與屯五同義，故『未光也』。」

六五：震往來厲，億无喪，有事。【案】「往」謂五之二，「來」謂二之五，升降皆乘陽，故「往來厲」。陰終反二，四進之五，三發成既濟，故「億无喪」，言六爻皆得也。六爻皆得相應，故「有事」，動作云爲也。象曰：震往來厲，危行也。其事在中，大无喪也。【案】往來皆乘陽，故「危行」。成既濟，故「大无喪」。「在中」謂四之五。

上六：震索索，視矍矍，征凶。【注】鄭康成曰：「『索索』猶縮縮，足不正也。『矍矍』，目不正也。」見釋文。案：皆恐懼貌。虞翻曰：「欲之三，隔坎，故『震索索』。三已動，應在離，故『矍矍』者也。」【案】上〔一〕本得位，不可之三，故「征凶」。震不于其躬，于其鄰，无咎。婚媾有言。【案】上本得位，故「不于其躬」。三、五失位，當正，故「于其鄰」。因鄰而自震懼，故「无咎」。上應三，三失位，故「有言」，辯其正否也。既濟，日東月西爲鄰。象曰：震索索，中未得也。雖凶无咎，畏鄰戒也。【注】虞翻曰：「四未之五，故『中未得也』。」案：四未之五，失正，上與四同體震，故「索索」。【案】雖云「征凶」，而克「无咎」者，畏鄰而自戒，不征之三故也。

〔一〕「上」，諸本皆作「三」，據上下文義改。

䷳ 艮下艮上

艮其背，不獲其身；行其庭，不見其人，无咎。【注】鄭康成曰：「『艮』之言很也。見釋文。艮爲山。山立峙各於其所，无相順之時，猶君在上，臣在下，恩敬不相與通，故謂之『艮』也。」虞翻曰：「艮爲多節，故稱『背』。震爲行人，艮爲庭，坎爲隱伏，故『行其庭，不見其人』。三得正，故『无咎』。」案：李鼎祚云：「艮爲門闕，今純艮，重其門闕，兩門之間，庭中之象。」【案】互坎爲脊，上下皆止，故「艮其背」。兩相背，故「不獲其身」。敵應不相與，不必見者也，故「不見」，「无咎」。

彖曰：艮，止也。時止則止，時行則行，動靜不失其時，其道光明。【注】虞翻曰：「位窮於上，故『止也』。『時止』謂上陽窮止，故『止』。『時行』謂三體處震，爲『行』也。『動』謂三，『靜』謂上。艮止則止，震行則行，故『不失時』。五動成離，故『其道光明』。」案：三得位，可動之爻。上失位，不可動。當其可之謂時，艮止震動，故「不失其時」也。艮其止，止其所也。上下敵應，不相與也。是以不獲其身，行其庭，不見其人，无咎也。【注】虞翻曰：「謂兩象各止其所。『艮其背』，背也。

兩象相背，故『不相與也』。」【案】以陽應陽，以陰應陰，故曰「敵應」。

象曰：兼山，艮。君子以思不出其位。【案】兩象，故「兼山」。山止，故「艮」。「止其所」，故「君子以思不出其位」，不越其職也。不言「重」，言「兼」者，重則爲一，上下氣通；「兼山」猶言兩山，各止其所也。以六位言，謂爲上下。以兩象言，則各爲一山。此又卦象之不分中外上下，而以並偶言者也。

初六：艮其趾，无咎，利永貞。【注】虞翻曰：「震爲『趾』，故『艮其趾』矣。失位，變得正，故『无咎，永貞』也。」【案】震反成艮，故「艮其趾」。艮六爻皆近取諸身，各止其所者也。象曰：艮其趾，未失正也。【注】虞翻曰：「動而得正，故『未失正也』。」

六二：艮其腓，不拯其隨，其心不快。【注】馬融曰：「『拯』，舉也。」見釋文。虞翻曰：「巽長爲股，艮小爲『腓』。艮爲止，震爲動，故『不拯其隨』。坎爲『心』，故『其心不快』。」【案】「隨」謂初也。咸三陽動應上，故「執其隨」。艮二陰靜不應五，故「艮其腓，不拯其隨」。坎爲心病，故「不快」。「快」，喜也。象曰：不拯其隨，未退聽也。【注】虞翻曰：「坎爲耳。」【案】初失位，溺坎下，當拯之使居四，艮止之卦，上下不應，故「不拯其隨，未退聽也」，言二與五相艮，不相下，未聽從五，故不拯初也。五之正，巽爲退。

九三：艮其限，列其䏰，厲薰心。【注】虞翻曰：「『限』，腰帶處也。坎爲腰。『䏰』，脊肉。艮爲背，坎爲脊，艮爲手，震起艮止，故『列其䏰』。坎爲『心』。『厲』，危也。」馬融曰：「薰灼其心。」案：内經有「君火」、「相火」之稱。初之正，體離在坎下，水中之火也，故「薰心」。虞以馬爲非，似失之。乾坤以日月戰陰陽，水火並居，水之中未嘗无火。「列」，分解也。艮限列䏰，故「厲薰心」。詩云：「憂心如薰。」象曰：艮其限，危薰心也。

六四：艮其身，无咎。【案】四本得位，故「艮其身，无咎」。象曰「止諸躬」，言不願乎外也。象曰：艮其身，止諸躬也。

六五：艮其輔，言有序，悔亡。【注】虞翻曰：「三至上體頤象。艮爲止，在坎車上，故『艮其輔』。」【案】感其輔，故送口說。止其輔，故「言有序」。失位，化之正，故「悔亡」。祭義云：「壹舉足而不敢忘父母，壹出言而不敢忘父母。」此「艮趾」所以「利永貞」，「艮輔」所以「悔亡」也。象曰：艮其輔，以中正也。【注】虞翻曰：「五動之中，

案：當作「五動之正」。故云『以正中也』。」案：當作「以中正」。

上九：敦艮，吉。【案】上失位，化成坤，故「敦艮，吉」。象曰「以厚終」，坤爲厚也。艮上失位，陽極而化，故上獨以動言。自初至五，皆云「艮其」。「艮其」者，止其也。上獨云「敦艮」，以坤厚其止也。化得位，坤至靜，動而仍靜，故「敦艮，吉」。虞云：「坤爲厚。」象曰：敦艮之吉，以厚終也。

䷴ 艮下巽上

漸：女歸吉，利貞。【注】虞翻曰：「否三之四。『女』謂四。『歸』，嫁也。坤三之四承五，『進得位，往有功』。反成歸妹，兑『女歸吉』。初、上失位，故『利貞』。」

案：女子外成，故三之四爲歸，自父母家歸夫家也。

象曰：漸之進也，女歸吉也。進得位，往有功也。【注】虞翻曰：「三進四得位，

陰陽體正，故『吉也』。四進承五，故『往有功』。」【案】女歸有漸，以言進不可驟也。昏禮「納采」、「問名」、「納吉」、「納徵」、「請期」、「親迎」，凡六禮，是進有漸。昏禮用鴈，取其順陰陽往來，故爻多取象於鴻。君子進必利物，不失其正，故「利貞」，「往有功也」。

進以正，可以正邦也。其位，剛得中也。止而巽，動不窮也。【案】否坤爲邦，坤三失位，三之四，則四之三，皆得正，故「進以正，可以正邦」。四來之三，互體之中，故「其位，剛得中」。漸與歸妹旁通，又反歸妹，艮止震動，巽而不〔一〕躁，故「動不窮也」。

象曰：山上有木，漸。君子以居賢德善俗。【案】何休曰：「漸者，物事之端，先見之辭。」公羊注。艮爲山，東北之卦，成終成始。巽木生於山，積小高大，由微及著，故曰「漸」。法言學行〔二〕云：「或問『進』。曰：『水。』或曰：『爲其不舍晝夜與？』曰：『有是哉。滿而後漸者，其水乎？』或問『鴻漸』。曰：『非其往不往，非其居不居，漸猶水乎！』請問『木漸』。曰：『止於下而漸於上者，其木也哉！亦猶水而已矣。』」「進以正」，得位，故「居

〔一〕「而不」，原倒，據崇文書局本、南菁書院本乙正。
〔二〕「行」，諸本皆作「問」，據法言改。

賢德善俗」。緇衣曰：「有國者章善癉惡，以示民厚，則民情不貳。」晏子曰：「先王之立愛也，以勸善也。其立惡，以禁暴亂〔一〕也。昔者三代之興也，利於國者愛之，害於國者惡之，故明所愛而賢良衆，明所惡而邪僻滅，是以天下治平，百姓和集。」内篇諫上文。

初六〔二〕：鴻漸于干，小子厲，有言，无咎。【注】虞翻曰：「『鴻』，大鴈也。『漸』，進也。小水從山流下稱『干』。艮爲山、爲小徑，坎水流下山，故『鴻漸于干』也。艮爲『小子』，初失位，故『厲』。變得正，故『有言，无咎』。」案：詩「考槃在澗」，韓詩「澗」作「干」，云「墝埆之處也」。斯干毛傳：「干，澗也。」【案】鴻當漸于中澤，「漸于干」，失其所也。詩曰：「鴻飛遵渚。」傳云：「鴻不宜循渚者也。」箋云：「喻周公失其所漸。」失位，化之正，故「有言，无咎」，辯之早也。象曰：小子之厲，義无咎也。【注】虞翻曰：「動而得正，故『義无咎也』。」

〔一〕「亂」，晏子春秋無。
〔二〕「初六」，原作「六初」，據崇文書局本、南菁書院本乙正。

六二：鴻漸于磐，飲食衎衎，吉。【注】馬融曰：「山中石磐紆，故稱『磐』也。『衎衎』，饒衍也。」見孔疏及釋文。案：虞云：「艮爲山石，坎爲聚。」【案】「衎」，樂也。詩曰：「嘉賓式燕以衎。」二得正有應，初、上化，成既濟，故「鴻漸于磐，飲食衎衎，吉」。詩曰：「鴻雁于飛，集于中澤。」言得其所也。象曰：飲食衎衎，不素飽也。【注】虞翻曰：「『素』，空也。承三應五，故『不素飽』。」【案】詩曰：「彼君子兮，不素餐兮。」言有功乃食禄也。「素飽」則不安，貪而畏人，詩所謂「碩鼠」者矣。

九三：鴻漸于陸，夫征不復，【注】馬融曰：「山上高平曰『陸』。」見釋文。案：「漸陸」言得位。【案】離爲甲冑、戈兵，故「征」。坎中男，離之夫也。三无應於上，動之歸妹，不復其本位，故「夫征不復」。象曰「離羣醜」，謂與出征者俱在外也。婦孕不育，凶。利禦寇。【注】虞翻曰：「『孕』，姙娠也。『育』，生也。巽爲『婦』，離爲『孕』，三動成坤，離毁失位，故『婦[一]孕不育，凶』。『禦』，當也。巽

[一]「婦」，諸本皆脱，據李鼎祚周易集解補。

爲高，艮爲山，離爲戈兵、甲冑，坎爲『寇』。自上禦下，三動坤順，坎象不見，故『利用禦寇，順相保』。『保』，大也。」象曰：夫征不復，離羣醜也。【案】「離」，麗也。三動之歸妹，麗羣陽。婦孕不育，失其道也。利用禦寇，順相保也。【注】虞翻曰：「三動離毀，故『失其道』。三動坤順，坎象不見，故以『順相保也』。」

六四：鴻漸于木，或得其桷，无咎。【注】虞翻曰：「巽爲『木』。『桷』，椽也，方者謂之『桷』。巽爲長木，艮爲小木，坎爲脊，離爲麗。小木麗長木，象脊之形，椽桷象也，故『或得其桷』。得位順五，故『无咎』。」案：鴻，水鳥，不木止者。初失位，不應四，故四「漸于木」，失其應也。詩曰：「肅肅鴇羽，集于苞栩。」舍初承五，非正應，故曰「或」。象曰：或得其桷，順以巽也。【注】虞翻曰：「坤爲『順』，以巽順五。」

九五：鴻漸于陵，婦三歲不孕，終莫之勝，吉。【注】虞翻曰：「三動受上時，而四體半艮山，故稱『陵』。巽爲『婦』，離爲『孕』，三動離壞，故『婦三歲不孕』。『莫』，无；『勝』，陵也。得正居中，故『終莫之勝，吉』。上終變之三，成既濟定，故象曰『得所願也』。」**象曰：終莫之勝，吉，得所願也。**

上九：鴻漸于陸，其羽可用爲儀，吉。【注】虞翻曰：「『陸』謂三也。」案：三化，上之三。【案】「其羽」，鴻羽也。上已之三，故曰「其羽」。化而得位，故「可用爲儀，吉」。鳥之飛以羽，君之翼以臣。太玄翕次四：「翕其羽，利用舉。」測曰：「翕其羽，朋友助也。」次六：「黄心鴻翼，翕於天。」測曰：「黄心鴻翼，利得輔也。」班固連珠云：「鸞鳳養六翮以淩雲，帝王乘英雄以濟民。」引此以證。是皆以羽翼喻輔佐也。案：「其羽可用」，非但謂鳥以翼飛，其翼並可則效者也。上已之三，謝事之象。上化得位，其所詒也。以君言，上爲宗廟，「其羽」者，宗祖之舊章、老臣也。以臣言，上爲高上其事之爻，「其羽」者，老臣既退，其所薦之賢與爲國所立之法。是之謂「其羽可用爲儀」。春秋隱五年：「考仲子之宫，初獻六羽。」何休注云：「婦人無武事，獨奉文樂。羽者，鴻羽也，所以象文德之風化疾也。」是古者文樂用鴻羽。**象曰：其羽可用爲儀，吉，不可亂也。**【注】虞翻曰：「六爻得位，成既濟定，故『不可亂也』。」

䷵ 兑下震上

歸妹：征凶，无攸利。【注】虞翻曰：「『歸』，嫁也。兑爲『妹』。泰三之四，坎月離日，俱『歸妹』象。『陰陽之義配日月』，則『天地交而萬物通』，故以嫁娶也。三之四，不當位，故『征凶』。四之三，失正无應，以柔乘剛，故『无攸利』也。」

象曰：歸妹，天地之大義也。【注】虞翻曰：「乾天坤地，三之四，天地交，以離日坎月戰陰陽，『陰陽之義配日月』，則萬物興，故『天地之大義』。乾主壬，坤主癸，日月會北。震爲玄黄，天地之雜。震東兑西，離南坎北。六十四卦，此象最備四時正卦，故『天地之大義也』。」案：乾壬坤癸，乾坤交，於正北戰，乾出震復，陽伏於中，此所謂「陰凝陽」、「龍戰于野」者也。陰凝陽，天地雜，故震爲玄黄。此乾元、坤元之交也，故虞以復初爲乾元。以六位言，復初陽伏於下。以渾圜言，陽伏於中，陰凝於外，坎象也，所謂「血卦」也。乾坤一交，坎離並處，以震薄，以兑通，坎離震兑，三、四兩爻，備陰陽消息之義，於此可得其大凡矣。三、四交際之閒也。天地不交，而萬物不興。歸妹，人之終始也。【注】虞翻曰：「天地以坎離交陰陽，故『天地不交，則萬物不興』矣。」【案】女終於嫁，從一而終。歸妹，女之終也。夫婦，人倫之始。郊特牲曰：「天地合而後萬物興焉。夫昏禮，萬世之始也。」說以動，所歸妹也。征凶，位不當也。无攸利，柔乘剛也。【注】虞翻曰：「『説』，兑；『動』，震也。謂震嫁兑，所歸必妹也。」

象曰：澤上有雷，歸妹。君子以永終知敝。【注】虞翻曰：「坤爲『永終』，兑爲毁折。」【案】劉向曰：「雷以二月出，其卦曰『豫』，言萬物隨雷出地，皆逸豫也。以八月入，其卦曰『歸妹』，言雷復歸入地，則孕毓根核，保藏蟄蟲，避盛陰之害。」見漢書五行志。歸妹唯初、上得正，化則成未濟。震陽入地，則地氣漸低，不能上與天接，天地不通，卦成未濟，故「永終知敝」。「君子禮以坊德，刑以坊淫，命以坊欲」，所以救敝者也。

初九：歸妹以娣，跛能履，征吉。【注】虞翻曰：「初无〔一〕應，變成坎，坎爲曳。變爲陰，故『征吉』也。」【案】初爲二娣，化之陰，之四，乃得位，故「征吉」。震嫁兑，以娣行，初化之陰，與二俱升也。公羊莊十九年傳云：「諸侯取一國，則二國往媵之，以姪娣從。姪者何？兄之子也。娣者何？弟也。諸侯一聘九女，諸侯不再娶。」案：「二國往媵之」，所謂左右媵也。嫡與左右媵各有姪娣，凡九人。士直以姪娣爲媵，但或姪或娣，不必俱備。士昏禮：「女從者。」注云：「謂姪娣也。」又：「婦人徹于房中，媵、御餕，姑酳之。雖無娣，媵先。」

〔一〕「无」，李鼎祚周易集解作「九」，據上下文義，當作「无」，「九」乃「无」之誤，蓋姚氏改之。

注云：「古者嫁女，必姪娣從之，謂之媵。」據此〔一〕，是士有姪娣爲媵也。白虎通云：「卿大夫一妻二妾何？尊賢重嗣也。不備姪娣何？北面之臣卑，勢不足盡人骨肉之親。士一妻一妾何？下卿大夫，禮也。」其云「不備姪娣」，亦謂不必俱備，與經「雖無娣〔二〕，媵先」之言正合。其云「不足盡人骨肉之親」，謂若必姪娣俱備，是盡人骨肉之親也。其義與經合，與鄭亦不異。「不備姪娣」，非無姪娣也。秦氏蕙田據「不備姪娣」之言，因謂「女從者」爲婦人送者，以士不得有姪娣，非也。經云「女」，則不得以婦人當之；云「從者」，則與送者別。媵受主人服，衽良席，餕主人之餘；既寢，則侍於户外，呼則聞。此皆將承事君子者所宜爲，非婦人送者所宜爲也。故雖壻家之御，亦不侍于户外。以此例之，昭然明矣。且經云「女」，云「雖無娣，媵先」，則媵非娣即姪可知。倘非將承事君子，固宜以未嫁之女從婦至壻家爲諸事者乎？抑大不倫矣。若云婦人送者，亦謂之媵，則經固云「雖無娣，媵先」，則此媵非婦人送者，其爲姪娣明矣。「二妾」、「一妾」即媵妾，非必別買者也。**象曰：歸妹以娣，以恒也。跛能履，吉相承也。**【注】虞翻曰：「動初承二，故『吉相承也』。」【案】夫婦之道，不可以不久。无子則出，嫉妒則出，則夫婦

〔一〕「此」，原作「北」，據崇文書局本、南菁書院本改。
〔二〕「娣」，原作「弟」，據上引經文及崇文書局本、南菁書院本改。

之道不恒。以娣者，所以絶嫉妒、廣嗣續，以恒夫婦之道也，故曰「以恒也」。大戴本命云：「婦有七去。無子去，爲其絶世也。妒去，爲其亂家也。」白虎通嫁娶云：「備姪娣從者，爲其必不相嫉妒也。一人有子，三人共之，若己生之。」是姪娣所以絶嫉妒、廣嗣續也。「一人有子，三人共之」，則嫡雖無子，姪娣有子，亦不出矣。此所以必有姪娣之義，故云「以恒也」。若嫡無子即出，復何須姪娣爲？初承二，化則隨二升居四，故「相承」。娣承嫡，以承事君子者也。「跛」喻非正嫡，「能履」喻其能盡妾媵之禮，是以「吉也」。

九二：眇能視，利幽人之貞。【注】虞翻曰：「震上兑下，離目不正。」【案】「幽人」謂伏陰，未發之正，故「利幽人之貞」。士之與女，其出處當慎，一也。**象曰：利幽人之貞，未變常也。**【注】虞翻曰：「『常』，恒也。」案：伏陰未發之爻，故「未變」，是以利之正。若已發，則反其常矣。

六三：歸妹以須，反歸以娣。【案】「須」，同「嬃」，姊也。説文：「賈侍中説：『楚人謂姊爲嬃。』」鄭云：「『須』，有才智之稱。天文有須女〔一〕。屈原之姊，名女須。」案：「須」蓋「嬃」之

〔一〕「須女」，諸本皆倒，據湖海樓本周易鄭注乙正。

假借，又通「胥」。互離中女，兑之姊。兑少女，離之妹。女子自爲姊妹，故歸妹得以姊也。「歸妹以須」，嫡也，謂二。「反歸以娣」，媵也，謂初。反歸始以娣行者，娣之待年者也。隱二年：「伯姬歸于紀。」七年：「叔姬歸于紀。」何休云：「伯姬之媵也。至是乃歸者，待年父母國也。婦人八歲備數，十五從嫡，二十承事君子。」據此，則女年未十五，雖備數，尚未從嫡而待年也，故反歸始以娣。象曰「未當」，言娣幼，姊先行也。二升之五，五下之二，二與五易位，初乃與四易位，三化，成既濟，陰陽應，故「反歸以娣」。**象曰：歸妹以須，未當也。**【案】兑三失位，故「未當也」。

九四：歸妹愆期，遲歸有時。【注】虞翻曰：「『愆』，過也。坎月離日爲『期』。坎爲曳，震爲行，曳，故『遲』也。」【案】四互體離坎，本有期者也。四失位，坎離皆不正，故「愆期」，即謂待年者也。穀梁隱七年集解：「許叔重云：『姪娣年十五以上，能共事君子，可以往，二十而御。』」引此經以證。是以「愆期」爲待年。包氏世榮云：「非禮不行，三族不虞亦不行，皆爲『愆期』，當兼言之。」二、五易位，初化之四，故「遲歸有時」，謂成既濟，日月正也。**象曰：愆期之志，有待而行也。**

六五：帝乙歸妹，其君之袂，不如其娣之袂良。【注】虞翻曰：「震爲『帝』，兑爲口，乾爲衣、爲『良』。」【案】五尊位，陰居之，帝妹象也。「君」謂五，陰居尊位，小君象也。「娣」謂二，五失位當降，二當升居五，故「其君之袂，不如其娣之袂良」。象曰「以貴行」，二陽貴，宜升五也。此喻嫡犯非禮，當廢黜，而娣得攝其事也。鄭同人二、鼎初注以「后、夫人無子不出，其犯六出，則廢之、遠之」。白虎通嫁娶云：「適夫人死後，更立夫人者，不敢以卑賤承宗廟。或曰：適死不復更立，明適無二，防篡[一]煞也。祭宗廟，攝而已。」據此，是適死娣得攝祭事，則適廢亦當攝矣。不斥言之，但云「袂」者，士昏禮：「女出於母左，父西面戒之，必有正焉，若衣，若笄。昏禮[二]，母施衿結帨，曰：『勉之敬之，夙夜無違宮事。』庶母及門內，施鞶，申之以父母之命，視諸衿、鞶。」蓋女子從人，衣衿託戒，言袂則人可知，猶詩之比興也。詩人刺宣姜云：「象服是宜。」閔莊姜云：「衣錦褧衣。」妾上僭，夫人失位，云：「綠衣黃裳。」皆是也。「不如其娣[三]之袂良」，猶云德薄位尊，不稱其服也。此殆以五陰失位當降，言適犯非禮，尚當廢遠，況其非適乎？喻紂之嬖妲己也。殷禮王女下嫁无可考，周

〔一〕「篡」，諸本皆作「纂」，據白虎通疏證改。
〔二〕「昏禮」，儀禮士昏禮無，疑衍。
〔三〕「娣」，原作「弟」，據爻辭及崇文書局本、南菁書院本改。

制則王姬車服下王后一等，使同姓諸侯主之。月幾望，吉。【注】虞翻曰：「坎月離日，兑西震東，日月象對，故曰『幾望』。」【案】「幾」，近也。二、五易位，成既濟，六爻正，故「吉」。「月」者，小君之象，喻得正也。象曰：帝乙歸妹，不如其娣之袂良也。其位在中，以貴行也。

上六：女承筐，无實；士刲羊，无血。无攸利。【注】鄭康成曰：「宗廟之禮，主婦奉筐米。士昏禮：『婦入三月，而後祭行。』」見特牲饋食禮疏及詩葛屨疏。案：上居卦終，妹已嫁，婦道成，故以祭言之。祭必三月者，三月一時，天氣變，婦道可成。虞翻曰：「『女』謂應三兑也。自下受上稱『承』。震爲『筐』。『刲』，刺也。震爲士，兑爲羊，離爲刀，故『士刲羊』。」【案】此以兩象言也。兑承震，故「女承筐」。初化與四易位，上體无陽，二陰不應，故「无實」。初化與四易位，坎象不見，故「无血」。无實无血，故无所利也。「筐」，竹器。象曰：上六无〔一〕實，承虛筐也。

〔一〕「无」，原誤植於前句「竹」下，據崇文書局本、南菁書院本改。

䷶ 離下震上

豐：亨，王假之，勿憂，宜日中。【注】鄭康成曰：「豐之言腆，充滿意也。」見釋文。虞翻曰：「陰陽交，故『通』。」姚信曰：「『假』，大也。四宜之五，得其盛位，謂之『大』。」【案】「憂」，憂游也。憂本憂游字，㥑乃㥑愁字，優則優伶字。此「勿憂」，當用本訓。當豐大之時，不可憂游，宜明政刑以照天下，遲則有悔。既憂之，則咎不長，斷未有以不必憂患教人者。窮大失居，紂不知憂患，而曰「有命在天」，殷之所以亡也。作易者，有憂患，日昃不暇食，周之所以興也。四化成坤，陰性柔裕，故稱「憂」。四化則成明夷，不可化，宜升居五，故「勿憂」。「宜日中，宜照天下也」。及是時，明其政刑，則豐可長保。盤樂怠傲，是自求禍也。「日中則昃，月盈則食」。「生於憂患，死於安樂」。盛者衰所伏也，故以「勿憂」戒之，所謂「過旬災」者也。「日中見斗」，「日中見沬」，不能照天下，怠傲而失其居矣，可不戒哉？

彖曰：豐，大也。明以動，故豐。王假之，尚大也。勿憂，宜日中，宜照天下也。【案】四尚之五，故「尚大」。四宜升之五，成離，照天下，故「宜照天下也」。

日中則昃，月盈則食，天地盈虛，與時消息，而況於人乎！況於鬼神乎！【注】鄭康成曰：「言皆有休已，无常盛也。」見公羊疏。【案】四、五之正，成既濟，離日坎月，日月貞明。四未之五時，離日在兑下，西方日昃象，離三所謂「日昃之離」者也。四未之五，坎月爲兑口所食，故「月盈則食」，四化成明夷也。張衡靈憲云：「日者，陽精之宗。月者，陰精之宗。月光生於日之所照，魄生於日之所蔽，當日則光盈，就日則光盡也。當日之衝，是謂闇虛。月過則食。」案：月食必於望，故「盈則食」。陰陽消息以時，故「與時消息」。

象曰：雷電皆至，豐。君子以折獄致刑。【注】荀爽曰：「『豐』者，陰據不正，奪陽之位，而行以豐，故『折獄致刑』，以討除之也。」案：噬嗑「動而明」，故「明罰敕法」。豐「明以動」，故「折獄致刑」，審之明則斷之決也。兑爲「折」，爲「刑」，坎爲「獄」也。

初九：遇其配主。【注】鄭康成曰：「嘉耦曰妃。」見釋文。釋文云：「鄭作『妃』。」案：「配」，説文云：「酒色也。」經傳多假作妃耦字。【案】五陰失正，暴主也。四當升五，爲天下君，初爲之應，故「遇其配主」。雖旬无咎，往有尚。【注】虞翻曰：「謂四失位，變成坤，應初。坤數十。」案：鄭均人注云：「易坤爲均。今書亦有作『旬』者。」案：

十日爲「旬」，與「均」同義。【案】四化成明夷，有咎者也。化得正，應初，故「无咎」。雖暫无咎，過則明傷，而災至矣，故曰「雖旬无咎」，言雖化亦得暫无咎，然過旬則災。唯不化而往居五，乃「有尚」也，所謂「勿憂，宜日中」也。**象曰：雖旬无咎，過旬災也。**【案】四不之五，化則互坎爲災，成明夷，日月明傷，所謂「中則昃」、「盈則食」者也。「過旬災」，故不可化，而宜升五。

六二：豐其蔀，日中見斗。【案】「雷電皆至」，陰氣隨陽行，宣發於外，蔽陽明，故爻多暗昧之象。二應在五，五陽位，以陰居之，小人竊國柄，蔽君明，若夏、商之季，羣小在朝也，故「豐其蔀」。陰蔽陽，日晦不明，故「見斗」。「日」喻君。「斗」喻諸侯，謂四也。斗非日中所宜見，諸侯非天下所宜歸。日不明而斗見，君不明而天下歸諸侯，此湯、文之象也。離六二「黃離元吉」，陰伏於內，陽明於外。豐則「明以動」，「雷電皆至」，陰與陽並行，陽光爲陰所揜，故日无色。太陽暗而少陽見。震，少陽也，爲諸侯。**往得疑疾。有孚發若，吉。**【案】「往」，二往應五也。二本得位，往應五，五爲陰所揜，昏暗於上，反疑疾二，故「往得疑疾」，若桀、紂之囚湯、文也。五雖蔽於陰，本有伏陽，可發之正。二盡臣節，動以至誠，五若感悟，信之而不疑疾，則五發四化，亦成既濟，故「有孚發若，吉」。象曰「信以發志」，五正四化，日明而陰斂，小人退矣。呂覽曰：「戎人，生乎戎、長乎戎而戎言；楚人，生乎楚、長乎楚而楚言。今使楚人長乎戎，戎人長乎楚，則楚人戎言，戎人楚言矣。由是觀之，吾未知亡國之主不可以爲賢主也。」用衆文。五不發之正，則四不化，升居五，若桀、紂不悟，終以滅亡也。**象曰：有孚發若，信以發志也。**【案】信二，自發之正。

九三：豐其沛，日中見沬。【注】虞翻曰：「『沛』，不明也。『沬』，小星也。」案：荀九家云：「大暗謂之『沛』。『沬』，斗杓後小星也。」【案】三應在上，「豐其沛」，謂暗至上也。「沬」，小星，諸侯之臣象也。**折其右肱，无咎。**【案】虞翻曰：「兑爲『折』、爲『右』。艮爲『肱』。」【案】震象反艮，「右肱」謂上也。上得位，爲五右肱，五之賢臣，所以佐五者也，若紂之臣商容、箕、比之倫也。折之，是自折其右肱也。「君之卿佐，是謂股肱」。芟夷股肱，獨任胸腹，有不亡者乎？故象曰「終不可用」。「右肱」者，得用者也。右肱折，人斯廢矣，尚何用哉？云「无咎」者，自取敗亡，无所歸咎，所謂「又誰咎」者也。「折」謂折上居三，失位。鄭云：「三，艮爻。艮爲手，互體爲巽，巽又爲進退，手而便於進退，『右肱』也。猶大臣用事於君，君能誅之，故『无咎』。」鄭蓋以「右肱」爲用事之臣，即蔽君者也，故折之无咎。象曰「終不可用」，亦言其蔽君明，爲罪重也。五行志及王商傳張匡對引此，皆以爲折去右肱之臣，乃免咎，義與鄭同。蓋舊説然也。

象曰：豐其沛，不可大事也。折其右肱，終不可用也。【案】大事已去，有賢臣尚或可挽。折其賢臣，誰與爲善哉？故「終不可用」。此喻紂之始於用佞，終於棄賢，不可救藥，亦終必亡而已矣。蓋至紂違比干之諫，廢商容，而文王望紂之心始絶矣。

九四：豐其蔀，日中見斗。遇其夷主，吉。【案】四升之五，坎爲平，六爻皆正，故「遇其夷主，吉」。「夷」，平也。易知有親則曰「妃」，易從有功則曰「夷」。詩曰：「彼徂矣，岐有夷之行。」天下歸周之象也。象曰：豐其蔀，位不當也。日中見斗，幽不明也。遇其夷主，吉行也。【案】四升之五，成既濟，故「吉行」，五所謂「來章，有慶譽」者也。

六五：來章，有慶譽，吉。【案】四來之五，正陽位，上下應之，成既濟，故「吉」。

象曰：六五之吉，有慶也。【案】六五失位，乘陽不吉。陽來正位，陰退居四，故「有慶也」。

上六：豐其屋，蔀其家。【注】虞翻曰：「『蔀』，蔽也。」干寶曰：「『豐其屋』，此蓋託紂之侈造璿宮〔一〕玉臺也。『蔀其家』者，以託紂多傾國〔二〕之女也。」【案】上爲宗廟。震反艮，爲宮室。五互體大過「棟橈」。三、上易位，艮宮室在下，皆失正。此據四末之五時，五暴恣益甚，无所不侈，无所不蔽也。豐屋蔀家，天不之禍，乃實以禍之。象曰：「天際祥也。」春秋傳曰：「楚王方侈，天或者欲逞其心，以厚其毒，而降之罰，未可知也。」詩曰：「上帝耆之，憎其式廓。乃眷西顧，此維與宅。」箋云：「耆，老也。天須假此二國養之，至老猶不變改，憎其所用爲惡者浸大也，乃眷然運視西顧，見文王之德，而與之居。」闚其户，闃其无人，三歲不覿，凶。【案】坤陰爲闔户，離目在下，故「窺其户」。上本得位，五折之，使與三易位，則離象毀，

〔一〕「宮」，李鼎祚周易集解作「室」。
〔二〕「國」，諸本皆作「宮」，朱本李鼎祚周易集解同，今據周本及四庫全書本李鼎祚周易集解改。

體噬嗑，惡積而罪大者也。賢臣退黜，小人在朝，故「闃其无人」。淮南泰族引此云：「非無衆庶也，言無聖人以統理之也。」莊四年公羊傳：「上無天子，下無方伯。」注云：「有而無益於治曰『無』。」引此以證。僖三十一年穀梁傳：「乃者，亡乎人之辭也。」注引此，義並同。太玄廓〔一〕次七：「外大扢，其中失〔二〕。君子至野，小人入室。」測曰：「外大扢，中無人也。」義本此。詩曰：「咨汝殷商，時無背無側。」上之三，入坎下，失位，故「三歲不覿，凶」。此象昏昧者之顛倒賢否也。**象曰：豐其屋，天際翔也。**【注】孟喜曰：「天降下惡祥也。」案：釋文云：「『翔』，鄭、王作『祥』。」據孟注，則孟已作「祥」。「降下惡祥」，蓋訓「際」爲「降」也。太玄盛上九：「極盛不救，禍降自天。」義本此。處豐之時，動須合禮，故「豐亨，王大之」。豐不合禮，是爲「窮大」，所謂「豐屋」也。天地盈虚，與時消息，故「降祥也」。五行志云：「異物生，謂之眚。自外來，謂之祥。」**闚其户，闃其无人，自藏也。**【注】鄭康成曰：「戕，傷也。」見釋文。案：釋文云：「『藏』，衆家作『戕』。」折上之三，小人在位，是自戕也。

〔一〕「廓」，諸本皆作「竈」，據太玄改。
〔二〕「失」，諸本皆脱，據太玄補。

䷷ 艮下離上

旅：小亨，旅貞吉。【注】虞翻曰：「『小』謂柔，得貴位〔一〕而順剛，麗乎大明，故『旅小亨』。」案：柔麗乾五。【案】五陽當發之正，故「旅貞吉」。重言「旅」者，明五非陰位，居之如旅耳。陽可發之正，五所謂「射雉，一矢亡」，言去之易也。王者无外，天下爲家；諸侯亦各有其國，无所謂旅〔二〕。「小」謂臣民也。若天子、諸侯而爲旅，則失國之象，所謂「窮大失其居，无所容」者，何「亨貞吉」之有？蓋以喻殷也。

彖曰：旅小亨，柔得中乎外，而順乎剛，止而麗乎明，是以小亨，旅貞吉也。旅之時義大矣哉！【注】荀爽曰：「謂陰升居五，與陽通者也。」案：「山澤通氣」，地氣之上，必麗天，氣乃升。睽「説而麗乎明，柔進而上行，得中而應乎剛」，此地氣出於澤，得日而麗，以上升於天者也。旅「止而麗乎明」，此地氣之出於山，麗日而升者也。

象曰：山上有火，旅。君子以明慎用刑，而不留獄。【注】侯果曰：「火在山上，

〔一〕「貴位」，諸本皆倒，據李鼎祚周易集解乙正。
〔二〕「旅」，原作「旋」，據崇文書局本、南菁書院本改。下「而爲旅」之「旅」同。

其勢非長久，『旅』之象也。」虞翻曰：「離爲『明』，艮爲『愼』，兑爲『刑』，坎爲『獄』。」案：説文：「荆，罰辠也。从井从刀。易曰：『井，法也。』」此統言「荆罰」字。又：「型，鑄器之法也。」此「儀型」、「型法」字，經傳多通用「荆」。又：「刑，剄也。从刀幵聲。」此「致刑」、「用刑」字。旅明止，故「愼」。旅，故「不留」。

初六：旅瑣瑣，斯其所取災。【注】鄭康成曰：「『瑣瑣』，猶小小也。爻體艮。艮，小石，小小之象。」見聘禮疏。陸績曰：「履非其正，應離之始，離爲火，艮爲山，以應火災，焚自取也。」案：初旅非其位，伏陽終當發，成離焚初。虞翻曰：「艮手爲『取』。」【案】孔子曰：「動行不知所務，止立不知所定。日選於民，不知所貴；從物而流，不知所歸。」大戴哀公問文。其「旅瑣瑣」之謂乎？象曰：旅瑣瑣，志窮災也。【案】初非陰位，陰窮陽生，成離火，故「志窮災」。

六二：旅即次，懷其資，得童僕，貞。【注】荀九家曰：「『即』，就；『次』，舍也。『資』，財也。以陰居二，即就其舍，承陽有實，故『懷其資』。初者卑賤，二得履之，故『得童僕』。處和得位，故正。」虞翻曰：「艮爲『童僕』。」象曰：得童僕

貞，終无尤也。【案】二得正，故「終无尤」，謂不化也。

九三：旅焚其次，喪其童僕，貞厲。【注】虞翻曰：「離爲火，艮爲『童僕』。」【案】初發成離，艮象壞，故「旅焚其次，喪其童僕」。剛而不中，故「厲」。**象曰：旅焚其次，亦以傷矣。以旅與下，其義喪也。**【案】「以」，已也。「已傷」，言甚也。「下」謂初。三本得位，當自正，御下有法，乃既居三而欲之初，初陽發而焚之。與童僕雜居齊齒，則小人犯上，有童僕而不爲用矣，故「以旅與下，其義喪也」。

九四：旅于處，得其資斧，我心不快。【注】虞翻曰：「離爲『齊斧』。」釋文云：「『資』，子夏及衆家並作『齊』。張晏曰：『齊，整〔一〕也。』」案：四互巽爲齊，作「齊」是也。【案】四欲之初，初陽自發，仍反於四，故「旅于處」。初化成離，四之正有應，故「得其資斧」。之正，互坎爲心病，故「不快」。**象曰：旅于處，未得位也。得其資斧，心未快也。**【案】未得之初，以陽居陰，故「未得位」。「資斧」者，征伐之權

〔一〕「齊整」，經典釋文作「整齊」。

也。得資斧而心未快，其文王爲西伯，專征伐而見讒之象與？漢書王莽傳注：「應劭曰：『齊，利也。亡其利斧，言無以復斬斷〔一〕也。』」叙傳注：「張晏曰：『齊斧，越斧也，以整齊天下也。』」是「齊斧」喻征伐。

六五：射雉，一矢亡，終以譽命。【注】虞翻曰：「離爲『矢』。五變體乾，矢動雉飛，離象不見，故『一矢亡』矣。」象曰：終以譽命，上逮也。【案】「一矢亡」，謂離全卦俱化成坎也。五發，上亦之正，終及上，故「終以譽命」，一陰一陽，成既濟也。

上九：鳥焚其巢，旅人先笑後號咷，喪牛于易，凶。【注】虞翻曰：「離爲『鳥』、爲火。巽爲木、爲高。四失位，變震爲筐，『巢』之象也。今巢象不見，故『鳥焚其巢』。震爲『笑』，震在前，故『先笑』。應在巽，巽爲『號咷』。巽象在後，故『後號咷』。」案：阮籍通易論云：「同人『先號』，思其終也。旅上之『笑』，樂其窮也。是以失荆者嚴而不檢，喪德者高而不尊。」【案】「牛」謂五，離得坤中氣，所畜牝牛也。五發成乾，牛爲乾所得，故「喪牛于易」。坎一體俱發，終必及上，故「凶」。象曰「終莫之

〔一〕「斬斷」，御覽所引同，漢書王莽傳注作「斷斬」。

聞」，言其不以五失位見奪爲戒，而急化之正，則凶必及之。象曰：以旅在上，其義焚也。【注】虞翻曰：「離火焚巢，故『其義焚也』。」喪牛于易，終莫之聞也。【案】坎耳伏，故「終莫之聞」，言其不知戒懼，以至於亡也。牛，大牲，所以祭宗廟、郊天地者也。「喪牛」，則失其所以事鬼神者矣。蓋喻紂之淫戲自絶，不聽忠言也。祖伊奔告，責命於天，所謂「終莫之聞」也。呂覽禁塞云：「若令桀、紂知〔一〕國亡身死，殄無後類，吾未知其厲爲無道之至於此也。」案：祭義：「古者天子、諸侯必有養獸之官，及歲時，齋戒沐浴而躬朝之。犧牷祭牲〔二〕，必於是取之，敬之至也。君召牛，納而視之，擇其毛而卜之，吉，然後養之。君皮弁、素積，朔月、月半，君巡牲，所以致力，孝之至也。」牛喪，則孝敬何有乎？「鼷鼠食郊牛角」，牛死，春秋不一書，蓋深譏之。

周易姚氏學卷第十二終

〔一〕呂氏春秋「知」下有「必」字。

〔二〕「牲」，諸本皆作「物」，據禮記正義改。

周易姚氏學卷第十三

旌德姚配中撰

周易下經彖下傳象下傳

䷸ 巽下巽上

巽：小亨，利有攸往，利見大人。【注】虞翻曰：「柔得位而順五剛，故『小亨』也。『大人』謂五。離目爲『見』。二失位，利正，往應五，故『利有攸往，利見大人』矣。」案：二與初易位，初之二應五，故彖曰「柔皆順乎剛」。初之二，則二正。

彖曰：重巽以申命，剛巽乎中正而志行，柔皆順乎剛，是以小亨，利有攸往，利見大人。【注】陸績曰：「巽爲命令。」案：風雷者，天之號令。二得中，五得正，體兩巽，故『剛巽乎中正』也；皆據陰，故『志行』也。」【案】「重」，故「申」。「柔」謂初、四。四承五；初之二，應五。

象曰：隨風，巽。君子以申命行事。【注】荀爽曰：「巽爲號令，兩巽相隨，故『申命』也。法教百端，令行爲上，貴其必從〔一〕，故曰『行事』也。」【案】風者，氣也，故曰「隨」，兩象合也。號令相繼，故「申」。風行無所不周，故「行事」也。

初六：進退，利武人之貞。【注】虞翻曰：「巽爲『進退』。初失位，利之正。」【案】「進」，進之爻。「退」，謂化。失位，故「進退」。與二易位，成離，爲戈兵、甲冑，故曰「武人」。疑者決之，故「利武人之貞」，謂剛斷也。**象曰：進退，志疑也。利武人之貞，志治也。**【注】荀爽曰：「風性動，進退欲承五，爲二所據，故志以疑也。」【案】初動之爻，欲之四承五，四已爲陰，初仍退而自化，故「志疑」。與二易位得正，故「志治」，謂成既濟也。九二「巽在牀下」，謂之初。宋衷云：「巽爲木。二陽在上，初陰在下，故曰『巽在牀下』也。」

九二：巽在牀下，用史巫紛若，吉，无咎。【注】荀爽曰：「『牀下』以喻近也。二

〔一〕「從」，諸本皆作「行」，據李鼎祚周易集解改。

者，軍帥；三者，號令，故言『牀下』，以明將之所事，不過軍中事也。史以書勳，巫以告廟。謂二以陽應陽，君所不臣，軍帥之象也。征伐既畢，書勳告廟，當變而順五則吉，故曰『用史巫紛若，吉，无咎』。」案：二之初，故「巽在牀下」。互兑爲「史巫」。二、初易位，故「用史巫紛若，吉，无咎」。白虎通云：「天子遣將必於廟何？示不敢自專也。」案：古者出師必告廟，二受命，出師之象也。**象曰：紛若之吉，得中也。**【注】荀爽曰：「謂二以處中和，故能變。」案：初之二，「得中」。二降之初，成離，初所謂「利武人之貞」者也。初、二皆得位，故「吉，无咎」。

九三：頻巽，吝。【案】復三「頻復」，陰退而陽復，故「无咎」。巽三「頻巽」，陽動而失位，故「吝」。**象曰：頻巽之吝，志窮也。**【注】荀爽曰：「乘陽无據，爲陰所乘，號令不行，故『志窮也』。」化而失位，故「窮」。

六四：悔亡，田獲三品。【注】虞翻曰：「无應，『悔』也。欲二之初，已得應之，故『悔亡』。」翟玄曰：「『三品』，下三爻也。」李鼎祚曰：「『三品』，一爲乾豆，二爲賓客，三爲充君之庖。上殺爲豆實，次殺供賓客，下殺充庖厨。」**象曰：田獲三**

品，有功也。【案】初、二易位成離，稱「田」。得位有應，故「有功」。

九五：貞吉，悔亡，无不利，无初有終。【注】虞翻曰：「得位處中，故『貞吉，悔亡，无不利』也。震巽相薄，雷風无形，當變之震矣。巽究爲躁卦，故『无初有終』矣。」**先庚三日，後庚三日，吉。**【案】「庚」，更也。「先庚三日」，謂下三爻，化成益也。「後庚三日」，謂上三爻，化成恒。雷風恒，相與益物，故「吉」。雷風相薄，亦終而復始者也。**象曰：九五之吉，位正中也。**【注】虞翻曰：「居中得正，故『吉』也。」案：五位正得中，風雷交，陰陽化，五主之，乾元之位也。

上九：巽在牀下，喪其資斧，貞凶。【案】巽爲「齊」。離，戈兵，爲「斧」。上失位當化，不得之初成離，故「喪其齊斧」。上爲宗廟，閫內之政也。君不主其內政，而預於軍事，令於軍中，則將不威，令不行，至兵徒橈敗，乃始悔悟，則凶已至矣，故「貞凶」，言正於凶至時也。孫子謀攻云：「君之所患於軍者三：不知軍之不可以進，而謂之進；不知軍之不可以退，而謂之退，是謂縻軍。不知三軍之事，而同三軍之政，則軍士惑矣。不知三軍之權，而同三軍之任，則軍士疑矣。軍士既惑且疑，則諸侯之難至矣。是謂亂軍引勝。」白虎通三軍云：「大夫將兵出，不從中御者，欲盛其威，使士卒一意繫心也。故但聞將軍令，不聞君命〔一〕，明進退在大夫也。」二之初得位，故「吉，无咎」。上不能之初，窮而失位，故「貞凶」。**象曰：巽在牀下，上窮也。喪其資斧，正乎凶也。**【案】失位，故「窮」。「巽在牀下」，「志窮」者，「頻巽」，令无所措也。位窮者，「巽在牀下」，乖其令也。上欲之初，二已之初，上窮而无所之，故「上窮也」。「正乎凶」，言无及。呂覽曰：「德義之緩，邪利之急，身以困窮，雖後悔之，尚將奚及？」情欲文。詩曰：「訊予不顧，顛倒思予。」箋云：「歌以告之，汝不顧念我言，至於破滅顛倒之急，乃思我之言。言其晚也。」亦「正乎凶」之謂也。

䷹ 兑下兑上

兑：亨，利貞。【案】「山澤通氣」，故「亨」。利之正，成既濟，故「利貞」。說則嘉會禮通，「民忘其勞」，「忘其死」，利民而不失其正也。

〔一〕「命」，諸本皆作「令」，據白虎通疏證改。

彖曰：兑，説也。剛中而柔外，説以利貞，是以順乎天而應乎人。説以先民，民忘其勞。説以犯難，民忘其死。説之大，民勸矣哉！【注】虞翻曰：「『剛中』謂二、五，『柔外』謂三、上也。二、三、四利之正，故『説以利貞』也。」案：緇衣云：「上好仁，則下之爲仁爭先人。故長民者章志、貞教、尊仁，以子愛百姓，民致行己以説其上矣。詩云：『有梏德行，四國順之。』」

象曰：麗澤，兑。君子以朋友講習。【案】「麗」，相麗也。上爲雨澤，下爲藪澤。藪澤之氣，升爲雨澤；雨澤之降，歸於藪澤，故「麗澤，兑」。兑爲口，上下相麗，故「以朋友講習」。「合志同方，營道同術，竝立則樂，相下不厭」者也。

初九：和兑，吉。【注】虞翻曰：「得位，四變應己，故『和兑，吉』矣。」案：賈子道術云：「剛柔得適謂之和，反和爲乖。」象曰：和兑之吉，行未疑也。【注】虞翻曰：「四變應初，故『行未疑也』。」

九二：孚兑，吉，悔亡。【注】虞翻曰：「『孚』謂五也。二動得位，應之，故『孚兑，吉，悔亡』矣。」象曰：孚兑之吉，信志也。【案】二化應五，皆得中正，故「信志」，相說以正者也。

六三：來兑，凶。【案】三本失位，上來之三，亦失位，故「來兑，凶」，說不以道也。賈子曰：「知足以爲原泉，行足以爲表儀；問焉則應，求焉則得；入人之家，足以〔一〕重人之家；入人之國，足以重人之國者，謂之師。柔色傴僂，唯諛之行，唯言之聽，以睚眦之閒事君者，廝役也。故與師爲國者帝，與廝役爲國者亡。」官人文。象曰：來兑之凶，位不當也。

九四：商兑未寧，介疾有喜。【注】鄭康成曰：「『商』，隱度也。」見釋文。虞翻曰：「坎爲『疾』。」【案】四據三，上下相麗，不欲即化，而失位又當化，故商兑未安。成既濟，則六爻安矣。「介」，界也。四之正，在兩坎之閒，故「介疾」；得位，故「有喜」，謂成既濟定也。象曰：九四之喜，有慶也。

九五：孚于剥，有厲。【注】虞翻曰：「『孚』謂五也。二、四變，體剥象，故『孚于

〔一〕「足以」，原倒，據賈誼新書及崇文書局本、南菁書院本乙正。

剥』。在坎未光，『有厲』也。」象曰：孚于剥，位正當也。【案】「位正當」，故但「有厲」而已。

上六：引兑。【案】上引三也。三失位，上引之，使之正應己。「説以先民」，「説以犯難」，有以引之也。「民忘勞」，「民忘死」，引之而民説矣。三互巽爲繩。四之正，艮爲手。象曰：上六引兑，未光也。【注】虞翻曰：「二、四已變，而體屯上，三未爲離，故『未光也』。」案：三之正，則成離，謂既濟也。

䷺ 坎下巽上

涣：亨。王假有廟，利涉大川，利貞。【注】虞翻曰：「否四之二，成坎震，案：互震。天地交，故『亨』也。」荀爽曰：「『假』，大也。」【案】「王」謂二；巽爲木，艮爲宮闕，宗廟之象，故「王大有廟」。涣者，使之聚也。二體坎，爲「大川」；「利涉」，上乘巽，巽四、五易位成離，受坎以成既濟。此卦例之特變者也。傳云「利涉大川，乘木有功」，謂乘巽。六四「涣其羣，元吉」，陰與陰爲羣，四之五，故「涣其羣」。傳云「光大」，謂成離。陰在離中，坤元也。坤元升五，以受坎中乾元，此爲爻例特變。四陰不得升陽位也，故爻辭云：「渙有丘，匪〔一〕夷所思。」言陰升陽位，非常也。「王假有廟，王乃在中」，在二，下體之中也。五陽在上，先君之象，在廟之神主也。九五「渙汗其大號，渙王居」，天王升遐之象也。天王升遐，嗣子在喪，故「渙王居」。四升攝之，所謂「百官總己，以聽於冢宰」者也。喪除嗣位，二乃升五，正位爲君，故傳云「王居无咎，正位也」。天王升遐，王居渙；天子嗣位，乃正王居，離降在下，以成既濟定。

彖曰：渙亨，剛來而不窮，柔得位乎外而上同。【案】剛來之二，世子之象也。互震爲長子，長子繼世，故「剛來而不窮」。「柔」謂四，「上同」謂四升五，攝君事。渙卦彖傳特與他卦不同，他卦有言「剛來」者，未有言「而不窮」者。云「而不窮」，則「不窮」係於「剛來」，言有嗣君也，非謂一陽來之下，又一陽來之下。他卦有言「柔得位乎外」，未有言「而上同」者。「上同」，若周公攝政之比也。言「上同」，明其非君，但君所當爲之政則盡爲之，與君同，故不言中，言升、言得尊位等。特言「上同」，著名分也。故傳於「王假有廟」又特申之云「王乃在中也」，言四攝五事，王在下中也。云「乃」者，喪畢而祭於祖廟也。鄭王制注云：「天子、諸侯

〔一〕「匪」，原作「非」，據經文及崇文書局本、南菁書院本改。

之喪畢，合先君之主於祖廟而祭之，謂之祫。」是也。三年喪畢，致新死者，則廟以次遷。王假有廟，王乃在中也。利涉大川，乘木有功也。【案】二在廟中，全於臣，全於子；升五則出廟而正尊位矣。二涉坎乘巽，故「乘木有功」，嗣先王之位，資輔弼之臣也。詩曰：「淠彼涇舟，烝徒楫之。」楊子〔一〕曰：「舍舟航而濟乎瀆者，末矣。舍五經而濟乎道者，末矣。」吾子篇文。竊謂舍帝王之道、聖賢之臣而濟乎天下者，未之有也。

象曰：風行水上，涣。先王以享于帝立廟。【注】虞翻曰：「『享』，祭也。震爲『帝』，爲祭；艮爲『廟』。四之二，殺坤大牲，故『以享帝立廟』。」【案】散者使之聚，故「享于帝立廟」。小記曰：「王者禘其祖之所自出，以其祖配之，而立四廟。」廟制代增，至周而七。

初六：用拯馬壯，吉。【注】馬融曰：「『拯』，舉也。」見釋文。【案】「馬」謂二。初

〔一〕「楊子」，諸本皆誤作「陽子」，據法言改。

應四，艮爲手，二互震爲馬，初承二，故「拯馬」，拯二居五也。拯二居五，初之四，得位順五，故「吉」。象曰：**初六之吉，順也。**

九二：涣奔其机，悔亡。【案】「机」謂巽。二在下，失位，當涣散之時，宜急升五，乘巽正位，散者使之聚，故「涣奔其机，悔亡」也。象曰：**涣奔其机，得願也。**【案】升五得位，「乘木有功」，故「得願」。

六三：涣其躬，无悔。【案】「涣其躬」，謂去三之上，佐二濟難，不自有其躬也。之上得位，故「无悔」。象曰：**涣其躬，志在外也。**【案】志在升上。

六四：涣其羣，元吉。【案】陰與陰爲「羣」，四乘三應初，「羣」也。「涣其羣」，謂四升五，攝君事。孔子曰：「君薨，百官總己，以聽於冢宰。」「元」，坤元。升五，故「元吉」。呂覽召類云：「易曰：『涣其羣，元吉。』涣者，賢也。羣者，衆也。元者，吉之始也。『涣其羣，元吉』，其佐多賢也。」彼以「涣」爲賢，義別。**涣有丘，匪夷所思。**【注】虞翻曰：「位半艮山，故稱『丘』。『匪』，非也。」【案】「有丘」，謂四本得位者也。「夷」猶等也。曲禮曰：「在醜夷不爭。」四得位，陰不當升居五；今攝尊位，故「非夷所思」。象曰：渙其羣，元吉，光大也。【案】四之五，成離，故「光大」。冢宰之位，非坤元不足以當之，所謂「含弘光大」也。

九五：渙汗其大號，渙王居，无咎。【注】鄭康成曰：「『號』，令也。」見釋文。【案】天子崩，變故之大者，故「渙汗其大號」，謂布誥天下也。五降之四，互坎爲「汗」，令出不還，二來升五，此書所謂「誓言嗣」者與？劉向上封事云：「易曰：『渙汗其大號。』言號令如汗〔一〕出而不反者也。」案：彼以凡出令言，此專以命嗣言，命莫重於此。不可移易者，亦莫過於此也。素問陰陽别論云：「陽加於陰謂之汗。」王崩，嗣王在服，故「渙王居」。在服，非曠位，故「无咎」，言服除，則正王位也。象曰：王居无咎，正位也。【案】二升五，正君位。不言渙者，據服除後言，明其已正君位，非渙也。

上九：渙其血去逖出，无咎。【注】虞翻曰：「坎爲『血』，爲『逖』。逖，憂也。」案：説文：「惕，敬也，或从狄。逖，遠也。逷，古文。」此蓋假借字，義與小畜同。【案】五、四易

〔一〕「汗」，原作「渙」，據漢書及崇文書局本、南菁書院本改。

位，坎升離降，成既濟，則六爻正，故「渙其血去逖出，无咎」。**象曰：渙其血，遠害也。**【案】遠凝陽之害。此謂四升居五，攝君事，與坤五同，舉一卦言也。坎爲血卦，升上，成既濟，陰陽和，君臣正，故「血去逖出」。周公攝政，羣叔流言，況其下者乎？位高權重，猜忌所由生也。

䷻ 兑下坎上

節：亨。【注】虞翻曰：「泰三之五，天地交也。」案：節而合禮，故「亨」。「不以禮節之，亦不可行也」。【案】地中衆者，莫過於水。不節則澤中无水，變而爲困矣。故澤中有水，特名曰「節」，導其原，清其流，不可以多而費也。賈子道術云：「費弗過適謂之節，反節爲靡。」**苦節，不可貞。**【注】虞翻曰：「謂上也，應在三，三變成離，火炎上作苦，位在火上，故『苦節』。雖得位，乘陽，故『不可貞』。」案：法久弊生，弊則更張之，「變則通，通則久」，故「苦節，不可貞」，上化成中孚。一說「苦節」謂當之者以爲苦也，苦之，故「不可貞」。安之甘之，故「亨」、「吉」。

彖曰：節亨，剛柔分而剛得中。【案】泰三之五，五之三，故「剛柔分」。三之五，「得中」。苦節不可貞，其道窮也。說以行險，當位以節，中正以通。天地節而四時成。節以制度，不傷財，不害民。【注】虞翻曰：「位極於上，乘陽，故『窮』也。兑『說』坎『險』，震爲『行』，故『說以行險』也。『中正』謂五，坎爲『通』也。泰乾『天』坤『地』。」鄭康成曰：「空府藏則傷財，力役繁則害民，二者奢泰之所致。」見後漢書王符傳注。

象曰：澤上有水，節。君子以制數度，議德行。【注】侯果曰：「『澤上有水』，以隄防爲『節』。」案：「澤上有水」，互震艮，震動艮止，故曰「節」。必云「節」者，震爲竹，艮多節。【案】水居澤上，澤能積水，陽止於陰，故爲「節」。節者，止其所止也。震起艮止，不失其時，則中節矣。「數度」，出納征役與凡財用之節。「德行」，官人之節也。用得其當，則財足。官得其人，則政理。制之、議之，貴其中節也。

初九：不出户庭，无咎。【注】李鼎祚曰：「初九應四，四互艮。艮爲門闕。四居艮中，是爲内户〔一〕，『户〔二〕庭』之象也。」【案】初之四，則失位，故「不出户庭，无咎」，謂不之四。象曰：不出户庭，知通塞也。【注】虞翻曰：「坎爲『通』。」【案】艮爲止，水止，故「塞」。塞，故初不之四，成既濟，則相應矣。

九二：不出門庭，凶。【注】虞翻曰：「變而之坤。艮爲『門庭』。二失位，不變出門應五，則『凶』。」象曰：不出門庭凶，失時極也。【注】虞翻曰：「『極』，中也。未變之正，故『失時極』矣。」【案】當其可之謂時。二當化不化，故「失時極」。呂覽曰：「不知事者，時未至而逆之，時既往而慕之，當時而薄之。」任地文。

六三：不節若，則嗟若，无咎。【案】三在兑口，震爲聲，失位，當化不化，故「不節若，則嗟若」。節而失正，尚爲非禮，况不節而能免於嗟乎？自取之也，尚誰咎？象曰：不節之嗟，又誰咎也？【案】言无所歸咎。

六四：安節，亨。【注】虞翻曰：「得正承五，有應於初，故『安節，亨』。」象曰：安

〔一〕「内户」，諸本皆倒，據李鼎祚周易集解乙正。

〔二〕「户」，諸本皆脱，據李鼎祚周易集解補。

節之亨，承上道也。【注】荀九家曰：「言四得正奉五，上通於君，故曰『承上道也』。」案：謂合禮。

九五：甘節，吉，往有尚。【案】謂泰三也。泰坤爲土，稼穡作甘，三之五，得位居中，故「甘節，吉，往有尚」。「甘節」者，得中和，皆中節者也。象曰：甘節之吉，居位中也。

上六：苦節，貞凶，悔亡。【注】虞翻曰：「二、三變，在〔一〕兩離，火炎上作苦，故『苦節』。乘陽，故『貞凶』。得位，故『悔亡』。」【案】上居坎極，極則反。雖帝王之善政，極必生弊，弊則當革。「通其變，使民不倦」，弊法不可復行，故「貞凶」。象曰「不可貞」，謂當化也。此相時制宜，不以位拘者，三代之法，所以不可復行於後世也。上得位而爲「苦節」，所謂「琴瑟專一，以水濟水」者也。上動成中孚，與民更始，故節之後受以中孚。節，止也。中孚，信也。冬，水歸於澤，陽入歸土，故卦氣起中孚。象曰：

〔一〕「在」，朱本李鼎祚周易集解同，周本李鼎祚周易集解作「有」。

苦節貞凶，其道窮也。【注】荀爽曰：「乘陽於上，无應於下，故『其道窮也』。」【案】窮則變，變則化，成中孚。二、三化，成既濟，則上成「苦節」，故不成既濟，而成中孚。若初「不出户庭」，初得位，不化。二「不出門」〔一〕，三「不節若」，二、三失位，亦皆不化。四「安節」，五「甘節」，皆得位，亦不化。唯上「苦節，不可貞」，故雖得位，獨化成中孚。

䷼ 兑下巽上

中孚：豚魚吉。【案】中孚、小過，反復不衰，亦渾圜之象。三、四之交，天地之中也。陽起於中，土性信，故曰「中孚」。陽生陰中爲坎，坎爲豕，故稱「豚」。陰生離中，姤巽爲「魚」。中孚，十一月卦，當坎位，卦爲復，復與姤通，一消一息，出入中宫，无或失時，故「豚魚吉」。取象「豚魚」者，見陰陽之生物无不驗，以喻君以中信及物若陰陽，則亦无不孚也。詩無羊：「衆維魚矣。」傳云：「陰陽和則魚衆多。」

〔一〕疑「門」下脱「庭」字。

利涉大川，利貞。【注】虞翻曰：「坎爲『大川』。」【案】坎中互頤，離中互大過。坎初、上化，成中孚，陽發外也；離初、上化，成小過，陰發外也。坎離得中氣，乾坤二用，山澤所由出入，風雷所以宣布也。坎化中孚，故「利涉大川」。坎陽發，而雷以動之，艮以止之，澤以通其氣，風以宣其號，陰陽交而既濟成矣，故「利貞」。呂覽上德云：「三苗不服，禹請攻之。舜曰：『以德可也。』行德三年，而三苗服。孔子聞之曰：『通乎德之情，則孟門、大行不爲險矣。』」

彖曰：中孚，柔在内而剛得中，説而巽，孚，乃化邦也。豚魚吉，信及豚魚也。【注】王肅曰：「三、四在内，二、五得中，兑説而巽順，故『孚』也。」【案】終成既濟，故「化邦」。「信及豚魚」，不言而信也。詩曰：「魚在在藻，有頒其首。」一物之微，可以驗天下之大。信之所至，治亂一也。堯、舜之民從仁，桀、紂之民從暴。淮南子曰：「同言而民信，信在言前也。同令而民化，誠在令外也。動於上，不應於下，情與令殊也。」繆稱文。荀子曰：「瓠巴鼓瑟，而流魚出聽；伯牙鼓琴，而六馬仰秣。」勸學文。末技之妙，感物猶然，況信之所及者乎！利涉大川，乘木舟虚也。【注】鄭康成曰：「『舟』謂集板，如今自空大木爲之，曰『虚』。」見詩谷風疏。

王肅曰：「中孚之象，外實內虛，有似可乘虛木之舟也。」【案】詩曰：「汎汎楊舟，載沈載浮。」喻用賢也。楊子曰：「乘國者，其如乘航乎！航安，則人斯安矣。」寡見文。**中孚以利貞，乃應乎天也。**【案】成既濟，一陰一陽，「乾道變化，各正性命」，故「應乎天也」。呂覽曰：「天行不信，不能成歲。」貴信文。

象曰：澤上有風，中孚。君子以議獄緩死。【案】澤以恩被之，風以教化之，上下相孚，故曰「中孚」。「議獄緩死」，則不濫刑；刑不濫，則當。孟子曰：「以逸道使民，雖勞不怨；以生道殺民，雖死不怨殺者。」

初九：虞吉，有它不燕。【注】荀爽曰：「『虞』，安也。初應於四，宜自安虞，无意於四，則『吉』，故曰『虞吉』也。四者承五，有它意於四則不安，故曰『有它不燕』也。」案：初應在四。四承五，不應初；初宜自安，无意於四，則不生怨望之情，故安吉也。「它」謂非應。初雖不往應四，亦不宜有意於它。有意於它，是有它意於四也。它意猶云二心，失其正應，故「不燕」，謂不孚也。或說：「虞」，度也，度之則不妄動，故「吉」。**象曰：初九虞吉，志未變也。**【注】荀爽曰：「初位潛藏，未得變而應四也。」案：畫未變之爻，故「志未變」。晝動之爻，乃相應。

九二：鳴鶴在陰，其子和之。我有好爵，吾與爾靡之。【注】孟喜曰：「『靡』，共也。」見釋文。虞翻曰：「震爲善〔一〕鳴。『爵』，位也。」【案】震，善鳴。「鶴」，善鳴之鳥。「在陰」謂在陰位，山之北也。「其子」謂伏陰，二動則伏陰發，而下體亦成震，故「鳴鶴在陰，其子和之」也。二互震，伏陰發亦成震，陰陽俱在二，故「我有好爵，吾與爾靡之」。中孚者，聲相應，氣相求也。若出言不善，斯爲惡聲之鳥矣，上之「翰音」是也。詩曰：「爲梟爲鴟。」喻言之不善也。賈子君道引此云：「士民之報也。」**象曰：其子和之，中心願也。**【案】二陰由中發，故「中心願」。呂覽貴信云：「夫可與爲始，可與爲終，可與尊通，可與卑窮者，其唯信乎！」

六三：得敵，或鼓或罷，或泣或歌。【注】荀爽曰：「三、四俱陰，故『得敵』也。」【案】皆謂三也。三之上，隔於四，故「得敵」；有應，故「鼓」而「歌」；失正，故「罷」而「泣」。震動爲「鼓」，艮止，故「罷」。三之正，三、上易位，離目坎水，故

〔一〕「善」，李鼎祚周易集解無，蓋姚氏補之。

「泣」。震，笑言；兑爲口，故「歌」也。象曰：或鼓或罷，位不當也。【案】三失位，故「位不當」。位雖不當，有應，故「鼓」而「歌」。既乃悔悟，故「罷」而「泣」，泣則化之正矣。此亦中誠相感者也。

六四：月幾望，馬匹亡，无咎。【注】虞翻曰：「坎爲『月』，離爲日。」【案】既濟離日坎月，爲「望」。三、四俱陰，稱「匹」。震爲「馬」，二化，三、上易位，成既濟，震象不見，故「月幾[一]望，馬匹亡」。四得位，故「无咎」。象曰：馬匹亡，絶類上也。【案】三、四俱陰，稱「類」，所謂「敵」也。雖爲陰類，上下異體，故三絶四而上，與上易位，而四亡其馬匹也。

九五：有孚攣如，无咎。【注】虞翻曰：「『孚』，信也。巽繩艮手，故『攣』。二使化爲邦，得正應己，故『无咎』也。」象曰：有孚攣如，位正當也。

上九：翰音登于天，貞凶。【注】虞翻曰：「應在震，震爲『音』。『翰』，高也。巽

〔一〕「月幾」，原倒，據爻辭及南菁書院本乙正。

爲高。」案：小宛：「宛彼鳴鳩，翰飛戾天。」傳：「翰，高；戾，至也。行小人之道，責高明之功，終不可得。」【案】在五上，故「登于天」。失位亢上，惡聲上聞也，故「貞凶」，言貞則已凶，巽上同義。漢書叙傳注：劉德云：「上九處非其位，亢極，故『何可長也』。位在上高，故曰『翰音』。」案：此喻紂腥聞在上也。象曰：翰音登于天，何可長也！【案】失位上窮，故「不可長」。已不正，而人正之矣。

䷽ 艮下震上

小過：亨，利貞。可小事，不可大事。【案】陰爻過，故曰「小過」。「亨」謂四升之五，初化之正，成既濟，故「亨，利貞」。飛鳥遺之音，不宜上，宜下，大吉。【注】宋衷曰：「二陽在內，上下各陰，有似飛鳥舒翮之象，故曰『飛鳥』。震爲聲音，飛而且鳴，鳥去而音止，故曰『遺之音』也。」【案】離爲「飛鳥」，離中陰發，初、上化，成小過，則鳥飛。震音艮止，故「遺之音」。「不宜上」，謂上得位，不可化；「宜下」，謂初宜化之正。初正則四之五，成既濟，故「大吉」也。

彖曰：小過，小者過而亨也。過以利貞，與時行也。【案】當過而過，因時制宜，故「與時行也」。柔得中，是以小事吉也。剛失位而不中，是以不可大事也。有飛鳥之象焉，飛鳥遺之音，不宜上，宜下，大吉，上逆而下順也。【案】上化失位，故「逆」。初之正得位，故「順」。上化則三降二，成未濟。初化則四之五，成既濟。

象曰：山上有雷，小過。君子以行過乎恭，喪過乎哀，用過乎儉。【案】表記曰：「與仁同功，其仁未可知也。與仁同過，然後其仁可知也。」

初六：飛鳥以凶。【案】離爲「飛鳥」。上化則四體離，上體俱失正，故「飛鳥以凶」。「以」，已也。凶已成，「不可如何」者也。上化，四成離，火炎上，不與初易位；三降二，成未濟，故「凶」。象曰：飛鳥以凶，不可如何也。

六二：過其祖，遇其妣；不及其君，遇其臣，无咎。【案】二應五，五陽伏，故「過其祖」。「妣」[一]謂上，母死稱「妣」。上爲宗廟，謂過五、遇上也。此其爲人後

[一]「祖妣」，原倒，據爻辭及南菁書院本乙正。

者之象與？五伏陽，不應二；二、五俱陰，不相應，二退而應四，故「不及其君，遇其臣」，此謂不及五、遇四也。二本得位，在小過之卦，亦「過以相與」者，故或遇上，或遇四，皆得「无咎」也。象曰：不及其君，臣不可過也。【案】二之五，必歷四，故「臣不可過」。

九三：弗過，防之，從或戕之，凶。【注】虞翻曰：「『防』，防四也。」【案】「弗過」，弗過四也。三應在上，爲四所隔，故「弗過」。四失位，將反初，故「防之」，防其戕害也。艮止，故「防」。四隔三應，故「弗過」。三隔四應，故四戕三。四之初，體明夷。夷者，傷也。四非三應，故「從或」。飛鳥翼折，故「凶」，所謂「垂其翼」者也。象曰：從或戕之，凶如何也！

九四：无咎，弗過遇之，往厲必戒，勿用永貞。【注】荀九家曰：「以陽居陰，『行過乎恭』，今雖失位，進則遇五，故『无咎』也。四體震動，位既不正，當動上居五，不復過五，故『弗過遇之』矣。」【案】「往」謂之初。四欲之初，三防之。初發成離，爲甲冑、戈兵。四不得之初，故「往厲必戒」。初已發成離，四化之正，則成明夷，故「勿用永貞」，言勿用自化之正，當升居五也。象曰：弗過遇之，位不當也。往厲必戒，終不可長也。【案】四失位當升，五失位當降，故「遇」。初陽終發，四不之初，故「不可長」。

六五：密雲不雨，自我西郊。【案】「雲」，山澤氣也。艮山兑澤，五在兑口，雲方出穴，未成既濟，故「密雲不雨」。兑爲「西」，乾爲「郊」，五下有伏陽，故「自我西郊」。公弋，取彼在穴。【注】虞翻曰：「『弋』，矰繳射也。坎爲弓彈，離爲鳥矢，艮爲手。」【案】震爲侯，故曰「公」，謂四也。「弋」，弋上也。四升之五，成離，弋上飛鳥也。「取彼在穴」，謂取初。初陽伏，故「在穴」。謂四升五，初發成既濟也。司弓矢：「矰矢、茀矢，用諸弋射。」注云：「結繳於矢謂之矰。矰，高也。茀矢象焉，茀之言制也。二者皆可以弋飛鳥。」案：「弋」，謂弋飛鳥。「取彼在穴」，謂雛也。詩云：「既取我子。」「在穴」，故「取」。「飛鳥」，則過惡已成，故「弋」之。「在穴」喻惡始萌，絶之易也，故「取」。「肇允彼桃蟲，拚飛維鳥」，言始不絶，則終大也。此「飛鳥以凶」，所以「不可如何也」。「公弋，取彼在穴」，既絶其大，復遏其細。上化成飛鳥，則弋之使反正；初未發，則取之使正，以成既濟者也。

象曰：密雲不雨，已上也。【案】四升之五，成坎。雲下，坎爲艮所止，故「不雨」。

上六：弗遇過之，飛鳥離之，凶，是謂災眚。【案】此謂成未濟也。上居亢位，已過五，不得遇五，故「弗遇過之」，謂不得遇五者，已過五故也。上已亢，化而失位，成離，故「飛鳥麗之，凶」，初所謂「飛鳥以凶」者也。上化成離，三降二爲坎，六爻失位，離火坎災，故「是謂災眚」。象曰：弗遇過之，已亢也。【案】上居亢位，過五而不遇五，故「已亢也」。

䷾ 離下坎上

既濟：亨小，利貞。初吉，終亂。【注】鄭康成曰：「『既』，已也，盡也。『濟』，度也。」見釋文。虞翻曰：「『小』謂二也。柔得中，故『亨小』。六爻得位，『各正性命，保合太和』，故『利貞』矣。」【案】六爻已正，不可妄動，故「利貞」，言不可化。六爻皆正，故「初吉」。動則成未濟，故「終亂」。

象曰：既濟亨，小者亨也。利貞，剛柔正而位當也。【注】荀爽曰：「天地既交，陽升陰降，故『小者亨也』。」案：虞云：「泰五之二。」【案】六爻當位，防其化，故復言「利貞」。**初吉，柔得中也。終止則亂，其道窮也。**【注】虞翻曰：「『中』謂二。」【案】六爻得正，周流不息，治不忘亂，則不亂。既濟而「終止」，以爲不亂，忘亂而亂生，故「終止則亂」。極則反，故「其道窮也」。

象曰：水在火上，既濟。君子以思患而豫防之。【注】陸績曰：「坎水潤下，離火炎上，二氣相交，爲『既濟』。」易傳注。荀爽曰：「六爻既正，必當復亂，故君子象之，『思患而豫防之』，治不忘亂也。」案：荀子仲尼篇云：「智者之舉事也，滿則慮嗛，平則慮險，安則慮危，曲重其豫，猶恐及其禍，是以百舉而不陷也。」大戴禮察云：「君子之道，譬猶防與！夫禮之塞，亂之所從生也；猶防之塞，水之所從來也。凡人之知，能見已然，不能見將然。禮者，禁將然之前；而法者，禁已然之後。」周書和寤云：「緜緜〔一〕不絕，蔓蔓若何。豪末不掇，將成斧柯。」此皆思患豫防之義也。潛夫論慎微云：「文王小心翼翼，武王〔二〕夙夜敬止，思慎

〔一〕「緜緜」，原作「縣縣」，據崇文書局本改。
〔二〕「武王」，諸本皆作「成王」，據汪繼培潛夫論箋改。

微眇，早防未萌，故能太平而傳子孫。」

初九：曳其輪，濡其尾，无咎。【注】宋衷曰：「初在後，稱『尾』。得正有應，於義可以危而无咎矣。」【案】坎爲「輪」、爲「曳」。初應在四，坎水潤下，坎降則成未濟，故「曳其輪」，不使降也。「尾」謂初，在坎下，故「濡其尾」。得位有應，故「无咎」。**象曰：曳其輪，義无咎也。**【案】曳輪不降，濡尾不升，則不成未濟。

六二：婦喪其茀，勿逐，七日得。【注】虞翻曰：「離爲『婦』。」鄭康成曰：「『茀』，車蔽也。」見釋文。案：婦人乘車必有蔽。「喪茀」，喻失其所以蔽也。巾車：「王后之五路：重翟、厭翟、安車皆有容蓋。」鄭司農云：「容謂幨車，山東謂之裳幃。」「容」即「茀」。【案】坎爲車，坤爲裳，二化失位，故「婦喪其茀」。六爻爲六日，成既濟，二仍化之正，故「勿逐，七日得」。**象曰：七日得，以中道也。**【案】二得中正，坤元之位也。周而復始，故「七日得」。

九三：高宗伐鬼方，三年克之，小人勿用。【注】虞翻曰：「『高宗』，殷王武丁。『鬼方』，國名。」干寶曰：「離爲戈兵，故稱『伐』。坎，北方，故稱『鬼』。」案：高宗伐鬼方，无可考。竹書紀年：「高宗三十二年，伐鬼方，次於荆。三十四年，王師克鬼方，氐、羌來賓。」亦依詩、易爲之耳。蕩篇「覃及鬼方」，傳云：「鬼方，遠方也。」後漢西羌傳云：「武丁征西戎鬼方，三年乃克。故其詩曰：『自彼氐、羌，莫敢不來王。』」其意與竹書同。以氐、羌西戎，遂以鬼方爲西戎耳。鮮卑傳：蔡邕議云：「湯伐鬼方，皆所未詳也。」【案】此謂坎離互易，成既濟也。坎下三爻，失位，離來正之，故「高宗伐鬼方」。三爻，故「三年」。「小人」謂下坎失位爻也。離來正坎，成既濟，六爻正，故「小人勿用」。**象曰：三年克之，憊也。**【注】鄭康成曰：「『憊』，劣弱也。」見釋文。虞翻曰：「坎爲勞，故『憊也』。」案：嚴助傳：淮南王安諫武帝云：「易曰『高宗伐鬼方，三年而克之』。鬼方，小蠻夷。高宗，殷之盛天子也。以盛天子伐小蠻夷，三年而後克，言用兵之不可不重也。」

六四：繻有衣袽，終日戒。【注】虞翻曰：「乾爲『衣』，故稱『繻』。『袽』，敗衣也。乾二之五，衣象裂壞，故『繻有衣袽』。離爲日，坎爲盜，在兩坎閒，故『終日戒』。」【案】「繻」同「襦」。射禮：「君袒朱襦，大夫與士射則袒纁襦。」文飾之衣也。四互離爲文明。「有」，又也。「又衣袽」，不見其美也，詩所謂「衣錦尚褧」者也。釋文云：「『繻』，子夏作『⿰糸烏』。薛虞云：『古文作繻。』」案：「⿰糸烏」即「襦」字，古文作「繻」，則「縛」今文也。羅氏：「蜡則作羅襦。」鄭司農云：「襦讀爲『繻有衣袽』之『繻』。」是「襦」、「繻」同也。弓人：「厚其帤，則木堅。薄其帤，則需。」鄭司農云：「帤讀爲『襦有衣絮』〔一〕之『絮』。帤謂弓中裨。」疏云：「謂『弓中裨』者，造弓之法，弓榦雖用整木，仍於榦上裨之，乃得調適也。」案：説文云：「裨，接益也。」是裨爲加益之意，則袽在繻外明矣。弓人注「繻」作「襦」，「袽」作「絮」，蓋今文也。釋文：「京作『絮』〔二〕。」説文：「繻，繒采色。」讀若此。又：「絮，絜緼也。一曰敝絮。」易曰：『需有衣絮。』」太玄迎次四：「裳有衣襦。」測曰：「裳有衣襦，陰感陽也。」蓋本此而反之。

象曰：終日戒，有所疑也。【案】「疑」，故「戒」，謂懼化也。

九五：東鄰殺牛，不如西鄰之禴祭，實受其福。【注】鄭康成曰：「互〔三〕體爲坎也，又互體爲離，離爲日，坎爲月。日出東方，『東鄰』象也。月出西方，『西鄰』象也。」見坊記疏。案：坊記云：「子曰：『敬〔四〕則用祭器，故君子不以菲廢禮，不以美没禮。

〔一〕「絮」，諸本皆作「絜」，周禮注疏同。當作「絮」，據段玉裁周禮漢讀考、孫詒讓周禮正義改。下兩「絮」字同。
〔二〕「絮」，諸本皆作「絜」，經典釋文同。孫詒讓周禮正義云：「先鄭及許君並從京氏易作『絮』。」今從孫説改。
〔三〕「互」，諸本皆作「五」，據禮記正義改。
〔四〕「敬」，諸本皆作「祭」，據禮記正義改。

故食禮，主人親饋，則客祭；主人不親饋，則客不祭。故君子苟無禮，雖美不食焉。』」引此以證。注云：「『東鄰』謂紂國中也。『西鄰』謂文王國中也。既濟離下坎上，離爲牛，坎爲豕。西鄰禴祭則用豕，與言殺牛而凶，不如殺豕受福；奢而慢，不如儉而敬也。春秋傳曰：『黍稷非馨，明德惟馨。』信〔一〕矣。」是鄭以東、西鄰爲紂與文王。班固遂志賦云：「東鄰虐而殲仁兮，王合位乎三五。」其意亦以「東鄰」謂紂。竊謂此乃説者之意，非經之本旨也。時文王爲紂臣，不得指爲鄰。天命未改，不得先改祭。湯既克夏，尚用玄牡〔二〕，豈文王未爲天子，遽改殷禮者乎？「東鄰」、「西鄰」，自泛以喻有德、无德者耳，故坊記引以證「不以菲廢禮，不以美没禮」之義。郊祀志：杜鄴説王商云：「『東鄰殺牛，不如西鄰之瀹祭』，言奉天之道，貴以誠質大得民心也。行穢祀豐，猶不蒙祐，德修薦薄，吉必大來。」是亦泛言其義，非專有所指也，豈文王自謂乎？孔穎達左傳疏及八論，據此以爻辭爲周公作，非也。泰，天地交，春也。成既濟，陰陽應，故「實受其福」。「牛」謂坤，泰五降二，二升五，故「東鄰殺牛，不如西鄰之禴〔三〕祭」。「禴」，殷春祭名。**象曰：東鄰殺牛，**

〔一〕「信」，諸本皆脱，據禮記正義補。
〔二〕「牡」，原作「牝」，據尚書及崇文書局本、南菁書院本改。
〔三〕「禴」，原作「瀹」，據爻辭及南菁書院本改。

不如西鄰之時也。實受其福，吉大來也。【案】天地氣交，春時也。二升之五，故「吉大來」。

上六：濡其首，厲。【案】坎爲下首，位極乘陽，反成未濟，在兩坎下，故「濡其首，厲」。象曰：濡其首厲，何可久也！【注】荀爽曰：「居上濡五，處高居盛，必當復危，故『何可久也』。」虞翻曰：「位極乘陽，故『何可久』。」【案】坎水潤下爲下首，故「濡其首」。此既濟之極，反成未濟，所謂「終亂」也。

䷿ 坎下離上

未濟：亨。小狐汔濟，濡其尾，无攸利。【注】虞翻曰：「柔得中，天地交，故『亨』。六爻皆錯，故稱『未濟』也。」干寶曰：「坎爲『狐』。」説文曰：「汔，涸也。」案：離火燥，故「汔」。【案】「未濟，男之窮也」。「物不可窮也，故受之以未濟」。「窮則變，變則通」，窮者不窮矣，故「未濟，亨」。「尾」謂初，初最在下，故曰「尾」。濡尾不進，不能成既濟，六爻失正，故无所利也。

象曰：未濟亨，柔得中也。小狐汔濟，未出中也。【注】荀爽曰：「柔上居五，與陽合同，故『亨』也。」案：虞云「否二之五」。虞翻曰：「謂二未變，在坎中也。」案：二未升五，尚在坎中，故「未出中」。濡其尾，无攸利，不續終也。【案】爻皆失正，不能自成既濟，故「不續終」。史記：春申君上秦昭王書云：「易曰：『狐涉水，濡其尾。』此言始之易，終之難也。」雖不當位，剛柔應也。【注】荀爽曰：「雖剛柔相應，而不以正，由未能濟也。」

象曰：火在水上，未濟。君子以慎辯物居方。【注】侯果曰：「火性炎上，水性潤下，雖復同體，功不相成，所以『未濟』也。」案：陸績易傳注云：「離火炎上，坎水務下。二象不合，各殊陰陽。」【案】「物」，陰陽之物。「方」，道也，謂一陰一陽之道，六畫定位也。六畫失正，辯之在早。荀子曰：「君子居必擇鄉，游必就士，所以防邪僻而近中正也。」勸學文。呂覽曰：「使人大迷惑者，必物之相似者也。」疑似文。

初六：濡其尾，吝。【案】在坎下，故「濡其尾」。失位，故「吝」。象曰：濡其尾，亦不知極也。【案】六爻失正，急當自化，濡尾不進，不知極之當反，終以不化，故曰「亦不知極也」。

九二：曳其輪，貞吉。【注】姚信曰：「坎爲『曳』，爲『輪』，兩陰夾陽，『輪』之象也。二應於五，而隔於四，止而據初，故『曳其輪』。處中而行，故曰『貞吉』也。」【案】坎水就下，二不得升五，故「曳」。坤元之位，中有伏陰，能自化之正，故「貞吉」也。能自之正，亦足以榦事，未濟者，使之濟矣。象曰：九二貞吉，中以行正也。【案】二得中，化之正，故「中以行正」。

六三：未濟，征凶，利涉大川。【案】離上坎下，三未能之上，動則失見，故「征凶」。利與四易位，成蠱，事亂者復理，故「利涉大川」。象曰：未濟征凶，位不當也。

九四：貞吉，悔亡。震用伐鬼方，三年有賞于大國。【注】虞翻曰：「動正得位，故『吉』而『悔亡』矣。」案：此謂自化之正。【案】「震」，動也。坎，北方爲鬼。虞以坤爲鬼方。謂與初易位也。未濟六爻失正，坎離不交，非震奮不能有爲也。離爲兵戈，離來之坎，故「伐鬼方」。成既濟，三爻，故「三年有賞于大國」。象曰：

貞吉悔亡，志行也。【案】化之正，故「志行」。

六五：貞吉，无悔。君子之光，有孚，吉。【注】虞翻曰：「之正則吉，故『貞吉，无悔』。動之乾，離爲『光』，故『君子之光』也。『孚』謂二，二變應己，得有之，故『有孚，吉』。」【案】淮南子曰：「積薄爲厚，積卑爲高，故君子日孳孳以成煇，小人日怏怏以至辱。」繆稱文。象曰：君子之光，其暉吉也。【案】離爲日，五陽發，故「其暉吉」。

上九：有孚于飲酒，无咎。濡其首，有孚失是。【注】虞翻曰：「六位失正，故『有孚失是』。若紂沈湎於酒，以失天下也。」【案】坎水爲「酒」，上、三易位得正，故「有孚于飲酒，无咎」。書曰：「越庶國，飲惟祀，德將無醉。」又曰：「無若殷王受之迷亂，酗于酒德哉！」所謂「有孚失是」也。三、上不易位，剛柔亦應；坎爲下首，三不之上，六爻失正，故「濡其首，有孚失是」。高宗伐鬼方，殷所以中興；後嗣王酣身，殷所以亡也。九四言「震用伐鬼方」，不言「高宗」，其猶望紂法高宗之行與？「濡首有孚」，喻殷俗上下同也。象曰：飲酒濡首，亦不知節也。【注】虞翻曰：「『節』，止也。」案：賈子先醒云：「懷王問於賈君曰：『人之謂知道者先生，何也？』對曰：『非爲先生也，爲先醒也。彼〔一〕世主不學道理，則嘿然昏於得失，不知治亂存亡之所由，忳忳然猶醉也。而賢主者，學問不倦，好道不厭，鋭然獨先達乎道理矣。故未治也，知所以治；未亂也，知所以亂；未安也，知所以安；未危也，知所以危。故昭然先寤於所以存亡矣。故曰「先醒」，辟猶俱醉而獨先醒也。』」

周易姚氏學卷第十三終

〔一〕「彼」，諸本皆作「後」，據賈誼新書改。